रामेश्वर टांटिया रचनावली

(खण्ड-१)

(कहानियां, संस्मरण एवं लेख और दैनंदिनी)

सम्पादक
डॉ. अर्जुन तिवारी

वाणी प्रकाशन

वाणी प्रकाशन

4695, 21-ए, दरियागंज, नयी दिल्ली 110 002

शाखा

अशोक राजपथ, पटना 800 004

फ़ोनः +91 11 23273167 फ़ैक्सः +91 11 23275710

www.vaniprakashan.in
vaniprakashan@gmail.com
sales@vaniprakashan.in

RAMESHWAR TANTIA RACHNAWALI-1
Edited by Dr. Arjun Tiwari

ISBN : 978-93-5229-524-1
Rachnawali

प्रथम संस्करण

मूल्य : ₹ 2000 (प्रत्येक खण्ड)

थॉमसन प्रेस, नयी दिल्ली-110 020 में मुद्रित

वाणी प्रकाशन का लोगो मक़बूल फ़िदा हुसेन की कूची से

अनुक्रम

ऐतिहासिक कहानियां

संस्मरण एवं लेख

दैनंदिनी

सम्पादकीय

न सत्यं दानमानो वा न यज्ञाश्चाप्तदक्षिणः।
तथा बलकराः सीते यथा सेवा पितुर्हिता ।।

वाल्मीकि रामायण (अयो.)

[हे सीता! पिता की सेवा करना जिस प्रकार कल्याणकारी माना गया है, वैसा प्रबल साधन न सत्य है, न दान-सम्मान है और न प्रचुर दक्षिणा वाले यज्ञ ही हैं।]

भारतीय संस्कृति में पितृ-सेवा से बढ़कर कोई दूसरा धर्म नहीं है। अपने सत्कर्म, सदाचरण से जो पिता को सर्वदा प्रसन्न रखता है उसे ही पुत्र कहते हैं। इस बदले जमाने में पिता के प्रति अटूट श्रद्धा, भक्ति, आस्था के प्रतीक श्री नन्दलाल टांटिया हैं जो समस्त भारतीय नागरिकों हेतु अनुकरणीय हैं। इतिहास निर्माता सांसद, अप्रतिम समाजसेवी, दूरदर्शी राजनेता, आदर्श उद्योगपति एवं सत्साहित्य रचयिता, विख्यात साहित्यकारों के अंतरंग सखा, विश्वव्यापी श्रद्धेय रामेश्वर टांटिया जैसे देशरत्न की प्रवृत्तियों को पल्लवित पुष्पित कर उनके पुत्र ने भावी पीढ़ी को सन्मार्ग पर चलने का आग्रह किया है।

'रामेश्वर टांटिया रचनावली' में 'कुछ देखी : कुछ सुनी', 'इतिहास के निर्झर', 'मेरा गाँव : मेरा बचपन', 'मेरा संघर्ष : मेरा कलकत्ता', 'विश्व यात्रा के संस्मरण', 'कुछ अपनी कुछ जग की', 'क्या खोया क्या पाया', 'संसद में रामेश्वर टांटिया', इटली की मनुएला सिया के शोध सारांश की प्रत्येक पंक्ति में एक साधक वीतरागी के जीवन का निचोड़ है, उसके शब्द अमृत हैं, मानवता, विश्वबन्धुत्व, सेवा धर्म के पाथेय हैं।

सम्पादक
अर्जुन तिवारी
निदेशक
काशी पत्रकारिता पीठ
जानकीनगर, वाराणसी-221106

निवेदन

पिताजी को अपने समय के लगभग सभी बड़े रचनाकारों-लेखकों का सान्निध्य मिला, जिन्होंने अपने सुझावों व निर्देशों से उनके लेखन को सँवारा तथा विभिन्न पत्र-पत्रिकाओं के सम्पादकों ने अपनी पत्र-पत्रिकाओं में और प्रकाशकों ने उसे पुस्तकाकार प्रकाशित किया, इसी से आज ये रचनाएँ हमें उपलब्ध हैं। इन सभी के प्रति मैं अत्यंत विनम्रतापूर्वक कृतज्ञ हूँ।

१९३२ से १९७७ तक की दैनन्दिनी, जो ठीक से पढ़ने में नहीं आती थी, को भाई बालकृष्ण गर्ग ने पिताजी के प्रेम के वशीभूत होकर पुनः लिखा, उसे अथक परिश्रम से रूपान्तरित किया। १९९० में 'रामेश्वर टांटिया समग्र' प्रकाशित करने का प्रसंग आया तो स्व. कृष्णचन्द्रजी बेरी ने बड़े उत्साह एवं कृतज्ञता से कहा कि आदरणीय टांटियाजी के मेरे पर बड़े उपकार हैं, अतः यह सद्कार्य मैं करना चाहता हूँ और उन्होंने ८३० पृष्ठों का वह सचित्र ग्रंथ प्रकाशित कर मात्र ५० रुपये प्रति के मूल्य में उपलब्ध करवाया। स्व. विश्वनाथजी मुखर्जी ने सामग्री संकलन एवं संपादन का कार्य किया। मैं हृदय से भाई बालकृष्णजी, माननीय कृष्णचन्द्रजी बेरी तथा डॉ. विश्वनाथजी मुखर्जी के प्रति सदा नतमस्तक रहूँगा।

मेरी पुत्रवधू सौ. अनुजा ने सम्पूर्ण चित्रों का संकलन सजाकर, लेखों में सुझाव देकर व पिताजी के शतवार्षिकी (२६ जनवरी २०१०) जन्मोत्सव की तैयारी में बहुत ही महत्वपूर्ण भूमिका निभाई, उसे तो मैं धन्यवाद क्या दूँ, पिताजी का आशीर्वाद उस पर और सारे परिवार पर मेघ-मल्हार की तरह बरसता रहेगा।

नन्दलाल टांटिया

न्यासी : रामेश्वर टांटिया स्मृति न्यास

भूमिका*

(प्रथम)

जीवन के विभिन्न क्षेत्रों में विविध परिवेशों के बीच मनुष्य के विचारों में न जाने कितनी बार, कितने संघर्ष आते हैं और तब मन विश्व की कितनी समस्याओं में कहाँ-कहाँ घूम आता है?

विचार-सरणियों की यात्रा में जिन-जिन अनुभवों के बीच से गुजरा तभी उन्हें रेखांकित करता गया और समय-समय पर विभिन्न पत्र-पत्रिकाओं में ये स्फुट विचार प्रकाशित होते रहे। इनमें कहीं-कहीं विरोधाभास भी मिल सकता है जो कि विभिन्न परिस्थितियों के समय उतार-चढ़ाव के कारण हुआ होगा।

इनमें कुछ लेख, मारवाड़ी होने के नाते जो कटु अनुभव हुए हैं, उस मार्मिकता की अभिव्यक्ति है। राजनैतिक दाँवपेंचों का एक प्रत्यक्षदर्शी होने से देश की उखड़ती राजनीति और बिखरती आर्थिक अवस्था के बारे में समय-समय पर जब सोचने बैठा तो अन्तर का द्वन्द्व कागज पर उतर आया। संभव है, निकट के व्यक्तियों को भी इससे कुछ आघात पहुँचा हो परंतु ऐसा अनचाहे, अनजाने में ही हुआ।

कुछ अपनी-कुछ जग की कहकर, देश की वर्तमान सामाजिक, राजनैतिक और आर्थिक समस्याओं को पाठकों के विचारार्थ रख रहा हूँ, किसी व्यक्ति विशेष के प्रति दुर्भावना की दृष्टि से नहीं।

इनमें वर्णित घटनाओं का उल्लेख करते समय औचित्य की दृष्टि से कहीं-कहीं नाम और स्थान में परिवर्तन किये गये हैं, लेकिन घटनाएँ सही हैं एवं तथ्यों में कोई परिवर्तन नहीं किया गया है।

कलकत्ता
जुलाई १९६७ ई.

–रामेश्वर टांटिया

*'कुछ अपनी : कुछ जग की' कहानी संग्रह (हिन्दी पुस्तक एजेन्सी, कलकत्ता, १९६७) से उद्धृत

भूमिका*

(द्वितीय)

सब मनुष्य एक से नहीं होते और घटनाएँ भी एक-सी नहीं होतीं। प्रत्येक के पीछे अपना एक कारण होता है। जाने-अनजाने बहुत से पात्रों, चरित्रों व घटनाओं से जीवन में सम्पर्क होता है और छूट जाता है। इन्हें गहराई से देखने-समझने पर इनसे प्रेरणा मिलती है।

कुछ घुमक्कड़ी स्वभाव और कुछ जिज्ञासु प्रवृत्ति के कारण जीवन में इन्हीं जाने-अनजानों में, स्वयं अपने को और अपनों को खोजा, पाया और खोया भी। भाव, भाषा की नाप-तौल जानता नहीं, फिर भी अपनी कुछ देखी-सुनी घटनाओं और संस्मरणों को लिखता रहा हूँ। पत्र-पत्रिकाओं के माध्यम से पाठकों का अपनापन मिला। पाठकों और मित्रों के प्रोत्साहन से लिखने का क्रम टूटा नहीं।

आदर्श अथवा प्रेरणादायक व्यक्ति केवल आभिजात्यों या धनिकों में ही नहीं होते बल्कि सर्व-साधारण में भी बहुतायत से पाये जाते हैं। जाने-अनजाने में ऐसे चरित्र और पात्र मिले जैसे चन्दरी बुआ, हमीद खाँ भाटी, कविराज ब्रजमोहन आदि।

जिन्दगी के सफर में इसी तरह के जो रत्न मिलते गये उन्हें मानस की झोली में भरता गया। माँ भारती के अक्षय कोष में इन्हें रखकर यदि अपना दायित्व निभा पाया तो अपने को धन्य समझूंगा।

–रामेश्वर टांटिया

कलकत्ता
१९७४ ई.

---

*'कुछ देखी : कुछ सुनी' कहानी संग्रह (हिन्दी पुस्तक एजेन्सी, कलकत्ता, १९७४) से उद्धृत

साकूत वाचा*

श्री रामेश्वरजी टांटिया बड़े सहृदय सैलानी, भावुक पर्यटक और जिज्ञासु घुमक्कड़ हैं। अपने विस्तृत व्यवसाय की व्यस्त वात्या से उन्मुक्त होकर जब वे बाहर निकल पड़ते हैं तो सम्पूर्ण भू-प्रकृति, अपने समस्त भव्य वैभव के साथ, उनके जिज्ञासु मानस को गुदगुदाती चलती है, समग्र मानव-विभूति, अपने समस्त भूत और वर्तमान प्रपंच के साथ अपनी मधुर और अमधुर गाथाएँ लेकर उनके मर्मस्थल को झकझोरने लगती है और व्यापक मानव-समाज अपनी विविधता के आडंबर में अपना कल्मष और अकल्मष लेकर उनकी बुद्धि को उद्वेलित करने लगता है। टांटियाजी की दुर्बलता कहिए या उदारता, वे इन समस्त नैसर्गिक और मानवीय सृष्टि के कूट-अकूट अनुभवों को अपने हृदय में ही छिपाये रखने की कृपणता नहीं कर पाते। अपने अनुभवों में दूसरों को भी साझीदार बनाते चलने के लिए, अपने राग और विराग का रस दूसरों को भी देकर उन्हें भी विभावित कर डालने के लिए, टांटियाजी का हृदय कुलबुला उठता है, मचल उठता है, व्याकुल और व्यग्र हो उठता है और इस सात्विक आकुलता में वे पुस्तक के रूप में अपना समस्त संचित अनुभव समेटकर सबके मनोरंजन, ज्ञानवर्द्धन, भावपरिष्कार और मनस्तोष के लिए प्रकाशित कर डालते हैं।

इस संग्रह में संकलित कहानियाँ भी ऐसे ही पर्यटनों के अवसर पर अथवा व्यापक ऐतिहासिक अध्ययन के माध्यम से संप्राप्त अनुश्रुतियों, जनश्रुतियों अथवा ऐतिहासिक गाथाओं का ऐसा भूतिमय भंडार है जिसमें उन तेजस्वी पुरुषों और मनस्विनी महिलाओं की ज्वलंत गाथाएँ हैं जिनकी उपेक्षा इतिहास-लेखक करना चाहें तो भले ही करें, किन्तु कृतज्ञ और भावुक जन-मानस जिन्हें भुला सकने की धृष्टता और कृतघ्नता कभी नहीं कर सका। किसी सामान्य या विशेष अवसर पर, किसी सामान्य या विशेष व्यक्ति द्वारा सहसा कोई ऐसा अकल्पनीय कार्य हो जाता है कि

*'इतिहास के निर्झर' कहानी संग्रह (विश्वविद्यालय प्रकाशन, वाराणसी, १९७७) से उद्धृत

युगों तक संसार भर का मानव-समाज आश्चर्य और श्रद्धा के साथ उसे सुनकर ही चकित रह जाता है कि क्या ऐसा भी संभव है? किन्तु हो जाता है यह सत्य है और आगे आनेवाली सारी पीढ़ियां परंपराक्रम से, कथा के रूप में, कविता के रूप में, नाटक के रूप में उस गाथा की आवृत्ति करती हुई उसके द्वारा कृपण को उदार, कापुरुष को शूर और दुर्बल को पराक्रमी बनने की प्रेरणा देती रहती हैं।

सत्य तो कल्पना से कहीं अधिक विचित्र होता है, इसलिए स्वभावतः किसी अकल्पित मार्मिक घटना के लिए कोई निश्चित कारण नहीं बताये जा सकते कि केवल अमुक परिस्थिति में ही, केवल अमुक प्रकार का व्यक्ति ही, अमुक प्रकार का व्यवहार कर सकता है। सत्य तो यह है कि अकस्मात् किसी ऐसे क्षेत्र के, किसी ऐसे सामान्य व्यक्ति के द्वारा कोई ऐसा अद्‌भुत कार्य हो निकलता है कि सम्पूर्ण मानव-समाज उसके त्याग और बलिदान की, उसके शौर्य और आत्मोत्सर्ग की गाथा सुनकर ही श्रद्धावनत हो उठता है। हमारा यह देश तो त्याग और तपस्या की उस गोद में पला है जहाँ स्वार्थ का कोई महत्त्व रहा ही नहीं। शिवि, दधीचि, हरिश्चन्द्र आदि ने वे साके कर दिखाये कि आज भी हमारा इतिहास उनकी अमर कहानी कहकर फूला नहीं समाता। राजस्थान, बुंदेलखण्ड, गुजरात और महाराष्ट्र ने तो इस युग में भी उन ज्वलंत गाथाओं को जिलाये रक्खा है जहाँ मृत्यु के भय ने न पुरुषों को कभी आतंकित किया, न महिलाओं को और न बालक-बालिकाओं को ही। कैसी वह वीर जाति थी जो अपनी आन के लिए अपने प्राणों को कुछ नहीं समझती थी, जहाँ के वीर-बाँकुरे लड़ाई में लड़ते हुए प्राण-विसर्जन करने के लिए तरसते रहते थे, जहाँ की महिलाएँ अपने पतियों के स्वर्गस्थ हो जाने पर सोलह शृंगार करके हँसती हुई चिताओं पर कूद पड़ती थीं। टांटियाजी ने राजस्थान, गुर्जर प्रदेश, महाराष्ट्र और बुंदेलखंड की ऐसी ही मर्मस्पर्शिणी गाथाओं का संकलन इस संग्रह में किया है। विस्मृत प्रेरक कालचक्र न तो मनुष्य की महत्ता को ही चिरजीवित रहने देता है और न किसी घटना का वर्चस्व ही उसके चक्र से स्थिर रह पाता है। इसलिए पुस्तक ही प्रारंभ से ऐसा साधन रहा है जिसके माध्यम से ऐसे महापुरुषों और सतियों की समुज्ज्वल गाथाओं को कालकवलित होने से बचाया जा सकता है। टांटियाजी ने वही लोक-कल्याण का मार्ग अपनाया है और इस प्रयास के लिए वे निश्चय ही साधुवाद के पात्र हैं।

टांटियाजी बहुश्रुत भी हैं, बहुपठ भी। उन्हें पुस्तकों से भी बहुत अधिक स्नेह है और सत्संग से भी। प्रायः सैलानी लोग नयन-सुख अधिक चाहते हैं और उसके साथ भोजन-सुख। ऐसे लोग अपने साथ कैमरा भी लिए रहते हैं और मनोरम दृश्यों का चित्र-संग्रह करके वे समझते हैं कि हमने यात्रा का फल पा लिया। किंतु वास्तविक पर्यटक वही है जो

प्रत्येक नवीन स्थान, प्राचीन खंडहर, किसी देश के मानव-समाज के विषय में परिचय प्राप्त करने के लिए उत्सुक होकर अपने कान भी खुले रखे, आतुर होकर उनके संबंध में प्रश्न भी करे और जान लेने पर विवेकपूर्वक उसकी वास्तविकता पर विचार भी करे। टांटियाजी ऐसे ही जिज्ञासु पर्यटक हैं और इसीलिए इनकी कहानियों में वह जिज्ञासु-वृत्ति पग-पग पर प्रकट होती चलती है।

टांटियाजी की भाषा में किसी प्रकार की बनावट, मिलावट, दिखावट या सजावट नहीं है। वे अत्यंत सीधी, सरल और सर्वबोध्य भाषा में इस प्रकार अपनी बात समुपस्थित करते चलते हैं कि किसी दृश्य या घटना से जो मार्मिक प्रतिक्रिया उनके मस्तिष्क और हृदय पर हुई है उस प्रतिक्रिया से पाठक भी अछूता न बचा रह जाए। इसलिए ये कथाएँ अधिक सुगमता से वाचनीय और हृदयंगमनीय हो गई हैं।

मैं हृदय से टांटियाजी के इस सत्प्रयास की सराहना करता हूँ और विश्वास करता हूँ कि भारतीय समाज इन ओजस्विनी गाथाओं से विभावित होकर अपने चरित्र का विकास कर सकेगा। मैं आशा करता हूँ कि हमारे शिक्षा-विधायकगण ऐसी पुस्तकों को छात्रों के हाथों में देकर उन छात्रों के साथ-साथ देश का भी बहुत अधिक कल्याण करेंगे।

–आचार्य सीताराम चतुर्वेदी

बेनिया बाग,
उत्तर काशी

प्राक्कथन*

स्वर्गीय रामेश्वजी टांटिया मेरे अच्छे मित्रों में थे। कलकत्ता आने के उपरान्त ही सन् १९४५ में उनसे मेरा परिचय स्व. मोहनसिंह सेंगर ने कराया था। स्व. टांटियाजी उन दिनों विवेकानन्द रोड पर रहते थे और मैं भी वहीं पर। उस समय से ही मैंने उनकी साहित्यिक अभिरुचि का स्पष्ट स्फुरण ही नहीं, क्रियात्मक पक्ष भी देखा और जब भी उनसे अन्य मित्रों के साथ मिलना होता, वे सदैव साहित्य, संस्कृति, कला और दर्शन आदि की ही चर्चा करते रहते। उनका व्यक्तित्व अकृत्रिम और उन्मुक्त था–सरल, मृदुल और आत्मीयता से पूर्ण–यही उनकी लोकप्रियता का रहस्य भी था। उनका अन्तर और बाह्य एक था–कहीं दुराव या विसंगति नहीं। उनकी साहित्यिक अभिरुचि व्यवसाय और उद्योग के ऊहापोह में भी कभी कुण्ठित नहीं हुई। वे स्वाध्यायी और ग्रंथपिपासु व्यक्ति थे। उनकी इस प्रकृति ने उनकी रचनात्मक प्रतिभा को और अधिक प्रखर बना दिया। वे स्वभाव से यायावरी वृत्ति के व्यक्ति थे पर इस यायावरी वृत्ति के अन्तर्गत भी उनमें ज्ञानात्मक और अनुभवात्मक प्रवृत्ति ही मुख्य थी और इसके कारण उनकी वैचारिकता भी सहज संवेदनशीलता के साथ अपनी सर्जनात्मक भाव-भूमि पर भिन्न-भिन्न रूपों में अभिव्यक्त हुई। इसका प्रमाण उनकी रचनाएं हैं। जहां एक ओर उन्होंने अपनी दैनन्दिनी (डायरी) लिखी तो दूसरी ओर अपनी विश्व यात्रा के संस्मरण। संस्मरण और डायरी लेखन अपनी मूल अन्तर्धारा और रचनात्मक प्रक्रिया में कहानी, वार्त्ता और बोधकथा के निकट पड़ते हैं। इसी से उनकी कहानियां भी केवल कल्पना प्रसूत नहीं रहीं वरन् उनमें जीवन की प्रत्यक्ष अनुभूतियां ही अभिव्यक्त हुईं। स्व. टांटियाजी प्रत्यक्ष-प्रमाण से पुष्ट मनःपर्याय में विश्वास करते थे। उनकी समस्त रचना प्रक्रिया लोकचित्त के साथ संवाद स्थापित करती हुई अपना तादात्म्य खोजती है। यहीं हमें यह भी जान लेना चाहिए कि कोई भी साहित्यिक कृति मानवीय जीवन के समानान्तर ही अपनी सार्थकता स्थापित करती है

---

*'भूले न भुलाये' कहानी संग्रह (रामेश्वर टांटिया स्मृति न्यास, कलकत्ता, १९८४) से उद्धृत

और जीवन की यही सामान्य भूमि उसे अर्थवत्ता देती है। रामेश्वरजी की रचनाएं इसका स्पष्ट प्रमाण हैं। उनकी समस्त कहानियां प्रायः बोध कथाएं हैं और उनका धरातल ऐतिहासिक, सामाजिक, सांस्कृतिक व धार्मिक है। उनकी इतिहास-दृष्टि पैनी और प्रखर है। उनकी मानसिकता समाज के साथ जुड़कर अपना रूप निर्धारित करती है। उनकी वैयक्तिकता संस्कृति के उन तत्वों से निर्मित है जो मानव जीवन के प्रकृत और मान्य प्रतिमानों को अपनाते हुए जीवन की व्यापकता और विभिन्नता में उन प्रतिमानों को स्थापित करते हैं।

कुछ वर्ष पहले मैं केरल विश्वविद्यालय में व्याख्यान देने गया था तो वहां की पाठ्य-पुस्तक में रामेश्वरजी की रचना को निर्धारित पाया। मैंने अपने मित्र और तत्कालीन विभागाध्यक्ष डॉ. विश्वनाथ अय्यर से सहजभाव से पूछा कि रामेश्वरजी की रचना को पाठ्यक्रम में स्थान देने का क्या कारण था। उनका उत्तर प्रभावी और सारवान था। उन्होंने बताया कि उनकी रचनाओं में भाषा की सहजता और सरलता के साथ-साथ प्रभविष्णुता है जो अपनी अभिधा और मृदुता के कारण कथ्य तथा तथ्य को स्पष्ट करती है। डॉ. विश्वनाथ अय्यर के अनुसार दूसरा कारण था, उनका जीवन को सहज दृष्टि से देखना, समझना और परखना जो अनिवार्यतः पाठक या यों कहा जाए कि विद्यार्थी को प्रभावित और आकर्षित कर सकेगी। यह विचार और भाव का या संवेदना और विवेक के पारस्परिक गुंथन का परिणाम होता है। डॉ. अय्यर का यह विश्लेषण सही है। इसी कारण से उनके ग्रन्थ 'इतिहास के निर्झर' को राजस्थान सरकार ने विभिन्न पुस्तकालयों के लिये क्रयार्थ प्रस्तावित किया है।

यहां प्रस्तुत कहानियां लघु बोध-कथाएं हैं। इन बोध-कथाओं की आधारभूमि इतिहास और संस्कृति है। इन लघु कथाओं में लेखक ने सहज और सामान्य कथावस्तु में अपने रचनात्मक कौशल से जीवन के गंभीर पक्षों का तथ्यानुशीलन और निरूपण किया है। बोध कथा का वैशिष्ट्य उसकी नैतिक अर्थवत्ता में होता है। उसके मूल्यांकन का भी यही आधार है। किशोर जीवन के सम्यक विकास में बोध कथाओं का बड़ा महत्व रहता है—वे अन्तस्तल को छूकर हमारी जातीय चेतना और संस्कारशीलता के परिष्करण में सहायक होती हैं और इसीसे उनकी रचना भी सोद्देश्य और सप्रयोजन है। रामेश्वरजी की अनेक बोध कथाएं संस्मरणात्मक हैं और इसी से उनकी भावभूमि भी अत्यन्त पुष्ट है। 'प्रभु का प्यारा' का हीरू और 'पिता का कर्ज' का रामदयाल जहां ऐतिहासिक हैं, वहीं 'सती' का रामूजी वर्तमान का एक जीवन्त पात्र है। हजारी दरोगा, सामन्ती शासन की क्रूरता के सामने निरीह प्रजा का

प्रतीक है तो चन्दरी बुआ राजस्थान की ग्रामीण और पिछड़ी नारी जाति की प्रतीक है। रामेश्वरजी को लोक जीवन और लोक चित्त की गहरी और सही पहचान थी, इसीसे उनकी कहानियां हमारी संवेदना को छूती हुई व्यापक और स्थायी प्रभाव छोड़ती हैं। यही उनका रचना वैशिष्ट्य है।

मुझे प्रसन्नता है कि उनके सुयोग्य और समर्थ पुत्र श्री नन्दलाल टांटिया उनके साहित्य को प्रकाशित-प्रसारित करने में सक्रिय हैं। 'भूले न भुलाये' कहानी संग्रह भी इसी सुचेष्टा का परिणाम है। मुझे विश्वास है कि ये लघु कथाएं अवश्य ही समादृत होंगी और आज के किशोर वर्ग के व्यक्तित्व के विकास में सहायक।

कलकत्ता
मकर संक्रान्ति
वि.सं. २०४०

–प्रो. कल्याणमल लोढ़ा
वरिष्ठ आचार्य, हिन्दी विभाग
कलकत्ता विश्वविद्यालय एवं
भूतपूर्व कुलपति, जोधपुर विश्वविद्यालय

कहानियां

स्नेह सूत्र

बात शायद बीसवीं शताब्दी के शुरू की है। राजस्थान के किसी कस्बे में रामस्वरूप और राधेश्याम दो सगे भाई थे। सम्पन्न परिवार था। व्यापार और धन-दौलत के अतिरिक्त दो-तीन गाँवों की जमींदारी थी। जमींदारी और व्यापार के सब काम छोटा भाई राधेश्याम सँभालता था। बड़े भाई के जिम्मे गाँव की पंच-पंचायती, अपना धर्मादा खाते का काम और परिवार वालों तथा पड़ोसियों की विभिन्न समस्याओं का समाधान करना था। दोनों भाइयों के प्रेम को देखकर लोग उन्हें राम-लक्ष्मण की जोड़ी बताते थे। उन दोनों के बीच में रामस्वरूप के केवल एक तीन वर्ष का लड़का था। बच्चा अधिकतर अपनी चाची के ही पास रहता था। रात में भी उसी के साथ सोता था। कभी-कदाच उसकी माँ ले लेती तो जोर-जोर से रोने लग जाता था। वह हँसकर कहती – "छोटी बहू, तुमने किशन पर टोना कर दिया है।"

वास्तव में, वह टोनों का युग था। राधेश्याम की पत्नी सन्तान-प्राप्ति के लिए नाना प्रकार के जप-तप, देवी-देवताओं की पूजा आदि करती थी।

एक बार बालक किशन बीमार पड़ा। लगातार ज्वर रहने से बहुत दुबला हो गया। वैद्य-डाक्टरों के अनेक उपचारों के बावजूद बीमारी बढ़ती गई। पड़ोस की एक महिला ने बड़ी बहू के मन में विश्वास जमा दिया कि तुम्हारी देवरानी बाँझ है, इसलिए उसने बच्चे पर टोना कर दिया है। वैसे वह देवरानी को बहुत प्यार करती थी। दोनों की आयु में पर्याप्त अन्तर था। वही अपनी पसन्द से उसे घर की बहू बनाकर लायी थी। परन्तु दुर्भाग्य से उस दिन इस अनहोनी बात को उसने सच मान लिया।

पत्नी की बात में आकर रामस्वरूप ने दूसरे दिन छोटे भाई को बुलाकर बहुत बुरा-भला कहा। क्रोध में मनुष्य की मति मारी जाती है। उसने यहाँ तक कह दिया कि तुम पति-पत्नी चाहते हो कि बच्चा न रहे तो सारी सम्पत्ति तुम्हें मिल जाय।

राधेश्याम बड़े भाई को पिता-तुल्य मानता था। कभी उसके सामने सिर उठाकर

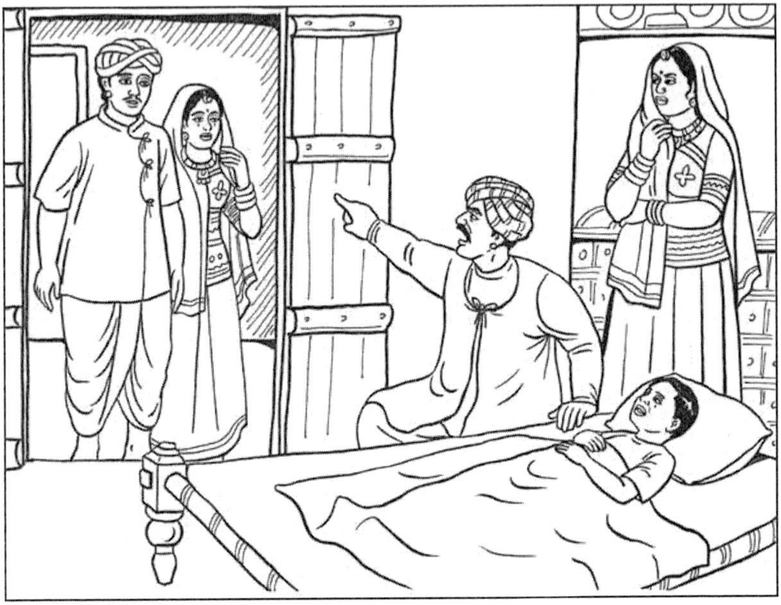

बात भी नहीं की थी। इस प्रकार अप्रत्याशित रूप से ऐसा लांछन सुन सुबक-सुबक कर रोने लगा। कहने लगा – "भैय्या जी, इतना बड़ा कलंक लेकर अब हम किस मुँह से यहाँ रह सकेंगे ?" थोड़ी देर बाद स्वस्थ होकर बड़े भाई के पैरों में गिरकर कहा – "हम आज ही नगर छोड़कर गाँव के घर में चले जायेंगे। मुन्ना जितना आपको प्यारा है, उससे कम हमलोगों को नहीं। उसकी चाची तो उसके बिना एक घड़ी भी नहीं रह सकती। हमारे भाग्य फूट गये कि आपके मन में इस प्रकार के विचार आये। आपके चरणों की सौगन्ध खाकर कहता हूँ कि आगे आप हमें कभी इस घर की देहली पर नहीं पायेंगे।"

अपना जन्मस्थान सभी को प्यारा होता है। अगर चाहता तो राधेश्याम घर का आधा हिस्सा लेकर वहीं रह सकता था। परन्तु उसको किसी प्रकार भी यह स्वीकार नहीं था कि उसके कारण से परिवार का अनिष्ट हो। विदा के समय पति-पत्नी दोनों ने भाभी-भैय्या के पैर छुए, परन्तु बहुत मन होने पर भी कमरे में जाकर बीमार बच्चे के सिर पर हाथ नहीं फेर सके।

उनके जाने के बाद रामस्वरूप गुमसुम-सा रहने लगा। कुछ इस प्रकार का मानसिक कष्ट हुआ कि उसने खाट पकड़ ली। थोड़े दिनों बाद बच्चा भला-चंगा हो

गया, परन्तु वह दिन-पर दिन सूखने लगा। उसको लगातार ज्वर रहने लगा। उस समय तक क्षय-रोग का निदान नहीं था।

पत्नी से बीमारी का कारण छिपा नहीं था। परन्तु संकोचवश गाँव जाकर देवर-देवरानी को मनाकर लाने का साहस नहीं हुआ। उधर आरम्भ में तो राधेश्याम लोगों द्वारा बड़े भाई की बीमारी का समाचार मँगवाता रहा, परन्तु जब नहीं रहा गया तो गाँव से आकर हवेली के बाहर बैठ जाता और वैद्य-डाक्टरों से पूछ-ताछकर चिकित्सा की व्यवस्था करता रहता। सौगन्ध खायी हुई थी, इसलिए बहुत इच्छा होते हुए भी घर में जाकर अन्तिम घड़ी में भी भाई की सेवा नहीं कर सका। मृतक के क्रियाकर्म के सारे कामों के लिए पति-पत्नी पास के एक घर में आकर ठहर गए। बारह गाँवों के गरीबों को भोजन कराया गया। काशी के पण्डितों को श्राद्ध-कर्म के लिए बुलाया। इतना बड़ा आयोजन आज तक इस कस्बे में कभी नहीं हुआ था। तेरहवें दिन पूरी बिरादरी को न्यौता गया और चौदहवें दिन वे गाँव चले गए।

समय बीतता गया; किशन का बड़ी धूमधाम से विवाह हुआ। उसकी माँ बीमार रहने लगी थी। इसलिए चाचा-चाची ने दिन-रात परिश्रम करके सारे नेगचार बड़ी अच्छी तरह से निपटाए।

राजस्थान में नयी बहू से पैर-छुआई और उसकी मुँह-दिखाई का नेगचार होता है। परिवार के और पास-पड़ोस के लोग उसके घर आकर कुछ-न-कुछ भेंट देते हैं।

जब वह पड़ोस के घर में चाचीजी के पैर छूने गई तो उन्होंने सन्दूक में से एक डिब्बा निकाला और अपना सारा गहना, जो उन्हें विवाह के समय मिला था, बहू को पहना दिया और कहा – "इस शुभ दिन के लिए मैंने भगवान से न जाने कितनी मनौतियाँ मानी और कितने व्रत-उपवास किए। उन्होंने मेरी लाज रख ली, मेरा कलंक मिट गया। पितरों के आशीर्वाद से मेरा किशन फले-फूले और तुम सदा सुहागिन रहो। दूधों नहाओ और पूतों फलो।" इसके बाद उसका गला भर आया। शुभ घड़ी में आँसुओं से कहीं अमंगल न हो जाय, इसलिए शीघ्र ही भीतर के कमरे में चली गई।

पिता का कर्ज

राजस्थान में चूरू एक पुराना कस्बा है। आज से सवा सौ, डेढ़ सौ वर्ष पहले यहाँ एक प्रतिष्ठित वैश्य परिवार रहता था। जिसका मालवा में बड़े पैमाने पर व्यापार था। जब अफीम को लेकर ब्रिटेन और चीन का युद्ध हुआ तो इनको घाटा लग गया, काम बन्द हो गया और देनदारी रह गई।

इसके बाद परिवार के स्वामी सेठ उजागरमल को घर के बाहर निकलते कभी नहीं देखा गया। कभी-कदाच कोई आदमी उनसे मिलने भी गया तो उनका चेहरा नहीं देख पाया, क्योंकि वे अपना मुँह चद्दर से ढके रहते थे। इसी शोक से छोटी उम्र में ही उनका देहान्त हो गया। परिवार में उनकी विधवा पत्नी और तेरह वर्ष का पुत्र, रामदयाल रह गए।

गहने और जमीन-जायदाद बेचकर उजागरमल ने अपना बहुत-सा कर्ज तो चुका दिया था, फिर भी मरते समय कुछ कर्ज बाकी रह गया था। अन्तिम समय में उन्होंने पत्नी और पुत्र रामदयाल को एक कागज दिया जिस पर कर्ज देनेवालों के नाम और रकमें लिखी थी। पुत्र को उनका अन्तिम आदेश था कि उनकी आत्मा को तभी शान्ति मिलेगी, जब किसी दिन वह यह सारा कर्ज ब्याज समेत चुका देगा।

दो वर्ष बाद रामदयाल का विवाह हुआ। इस मौके पर विधवा माँ ने थोड़ा-बहुत कर्ज लेकर पूरी बिरादरी को न्यौता दिया। बहू की अगवानी के समय किसी ने ताना कस दिया कि बाप का कर्जा तो चुका ही नहीं और विवाह में इतनी धूमधाम है! किशोर रामदयाल को यह बात चुभ गई और विवाह के कंगन-डोरे खुल भी नहीं पाए थे कि उसने सुदूरपूर्व असम जाने का निश्चय कर लिया। माँ और पड़ोसियों ने रामदयाल को बहुत समझाया कि कुछ दिन ठहर जाओ और थोड़े बड़े हो जाने पर चले जाना, पर उसने किसी की भी न सुनी और रोती-बिलखती माँ और बालिका बहू को छोड़कर, कुछ लोगों के साथ, जो पूरब की यात्रा पर जा रहे थे, वह भी चल पड़ा।

उस समय असम की यात्रा में तीन-चार महीने लग जाते थे। ट्रेन कलकत्ते से कानपुर तक ही बनी थी। राजस्थान से कानपुर जाने में २५-३० दिन लगते थे। कलकत्ता से नौका में बैठकर असम जाने में भी डेढ़-दो महीने लग जाते थे। रास्ते में पद्मा नदी पड़ती थी जिसके तेज बहाव में कभी-कभी नौकाएँ डूब जाती थीं। इसके सिवाय जल-दस्युओं का भी डर बना रहता था, इसलिए कई आदमी एक साथ मिलकर और पूरा बन्दोबस्त कर असम-यात्रा पर जाते थे। एक बार जाकर लोग ८-१० वर्ष की मुसाफिरी करके लौटते थे। रास्ते इतने संकटमय थे कि बहुत से लोग तो वापस ही नहीं आ पाते थे। यात्रा के समय रामदयाल के पास संबल स्वरूप एक धोती, एक लोटा और कुछ चना-चबैना था और दृढ़ विश्वास एवं साहस।

असम की आबोहवा बहुत ही नम रहने के कारण वहाँ मलेरिया और काला ज्वर का प्रकोप रहता था; पर व्यापार में गुंजाइश थी, इसलिए लोग पानी की जगह चाय पीकर रहते थे। बुखार हो जाने पर दवाइयाँ खाते। कुनैन का तो उस समय तक आविष्कार ही नहीं हुआ था।

रामदयाल को राजस्थान से तिनसुकिया (असम) पहुँचने में चार महीने लग गए। वहाँ जाकर उसने कपड़े की फेरी का काम शुरू किया। सुबह कन्धे पर कपड़े

लादकर गाँवों में निकलता और शाम को एक या दो रुपये कमाकर अपने डेरे पर वापस आ जाता।

इस समय तक वहाँ मारवाड़ियों की कुछ दुकानें हो गई थीं और यह आम-रिवाज था कि नया आया हुआ कोई भी व्यक्ति निस्संकोच उनके बासे में खाना खा सकता था। जब अच्छी कमाई होने लगती तब अपनी अलग व्यवस्था कर लेता। इसके सिवाय पहले से बसे हुए मारवाड़ियों से व्यापार में भी वाजिब सहायता और प्रोत्साहन मिलता रहता था। रामदयाल को इनका पूरा सहयोग मिला।

कड़ी मेहनत और ईमानदारी से दस वर्षों में उसने इतना धन कमा लिया जिससे वह अपने पिता का पूरा कर्ज ब्याज सहित चुका सकता था। वर्ष में एक-दो बार किसी पड़ोसी से लिखाया हुआ माँ का पत्र मिल जाता, जिसमें देश आने का तकाजा रहता था। उन दिनों बेचारी पत्नी पति को पत्र देने का साहस ही नहीं कर सकती थी।

इसी प्रकार ६-७ वर्ष और व्यतीत हो गए। इस बीच में रामदयाल के पास ४०-५० हजार की पूँजी हो गयी और अपनी निज की दुकान भी। एक दिन अचानक ही पत्र मिला कि उसकी माँ सख्त बीमार है और अन्तिम समय में उसको देखना चाहती है।

अपनी दुकान की सारी व्यवस्था मुनीमों को सौंपकर वह देश के लिए रवाना हुआ और जैसे आया था, उसी प्रकार तीन महीने में भिवानी पहुँचा। इस समय तक रेल लाइन कानपुर से भिवानी तक बन गयी थी। असम जाते वक्त तो रुपयों के अभाव में रामदयाल अपने घर (राजस्थान) से पैदल ही कानपुर तक आया था, पर अब उसकी स्थिति अच्छी हो गयी थी, इसलिए भिवानी से ऊँट किराए पर लेकर वह अपने गाँव के लिए रवाना हुआ। १६-१७ वर्ष के लम्बे समय के बाद वह राजस्थान लौट रहा था। असम की हरी-भरी उपजाऊ भूमि से उसका इतना सान्निध्य हो गया था कि इस रेतीली मरुभूमि को एक प्रकार से भूल-सा गया था, परन्तु जैसे ही उसने बड़े-बड़े टीलों और उनकी चमचम करती हुई बालू को देखा तो उसे अपने बचपन के दिन याद आ गए जब वह इन पर हम-उम्र संगी-साथियों के साथ खेलता और लोटता था। उसका मन हुआ कि ऊँट पर से इसी दम उतर पड़े और जी-भरकर एक बार फिर इस रेत का आलिंगन करे।

चार दिन बाद, एक सुबह जब वह अपने गाँव के कांकड़ (सीमा) पर पहुँचा तो देखा कि कुछ व्यक्ति एक सधवा स्त्री की अर्थी लिये हुए जा रहे हैं। रामदयाल १६-१७ वर्ष के बाद गाँव लौटा था, इसलिए न तो वह किसी को पहचानता था और न कोई उसे ही। अर्थी के साथ जा रहे लोग आपस में बातें कर रहे थे कि इस बेचारी (मृत महिला)

ने जीवन में देखा ही क्या? १७ वर्ष पहले ब्याह होते ही पति परदेश चला गया और अभी तक वापस नहीं लौटा। एकमात्र सास का सहारा था वह भी तीन महीने पहले इसे सदा के लिए छोड़ गई।

रामदयाल के मन में कुछ आशंका और जिज्ञासा हुई। उसने लोगों से पूछा तो पता चला कि यह तो उसकी ही पत्नी की अर्थी है।

जिस वात्सल्यमयी माँ और स्नेहमयी पत्नी से मिलने की आकांक्षा लिये वह आया था, वे दोनों ही अब नहीं रही। जो कुछ शेष रहा, वह था गाँव-पड़ोस के लोगों के द्वारा निन्दा-स्तुति। रामदयाल ने अपने पिता का कर्ज चुकाया और उल्टे पैरों चुपचाप वापस लौट गया। उसका पैतृक मकान अभी था, परन्तु सूने मकान में जाने की हिम्मत नहीं हुई। इतने बड़े संकट में भी उसे संतोष और सहारा इसी बात का था कि उसने अपने पिता का सारा कर्ज ब्याज सहित चुका दिया था।

रामदयाल के पिता ने उसे केवल एक कागज दिया था, जिस पर लेनदारों के नाम और रकमें लिखी थी। उस समय न तो स्टाम्प के कागज पर ही कर्ज की लिखा-पढ़ी होती थी और न कोई गवाह या जामिन होते थे, परन्तु वे लोग सबसे बड़ी लिखा-पढ़ी और गवाह-जामिन ईश्वर को ही मानते थे और पिता-पितामह का कर्ज चुकाये बगैर सार्वजनिक उत्सवों में कभी-कदाच ही शामिल होते थे। ऐसे अनेक उदाहरण मिलेंगे कि ३०-४० वर्ष बाद तक पुत्र और पौत्रों ने अपने पिता और पितामह के कर्ज चुकाये हैं।

यही कारण है कि हाल के वर्षों तक हमारे पूर्वजों के (बिना मात्रा के हरफों में) लिखे बही-खातों की अदालत में भी साख और इज्जत थी।

चन्दरी बुआ

राजस्थान में पुराने जमाने में ऐसी प्रथा थी कि एक ही गाँव में शादी-विवाह नहीं होते थे। लड़की को दूसरे गाँव में देते और दूसरे गाँव की लड़की को बहू बनाकर लाते थे। यहाँ तक होता था कि अगर किसी गाँव में बारात आती तो वर-पक्ष के गाँव की जितनी भी लड़कियाँ वहाँ ब्याही हुई होतीं, सबको मिठाइयाँ भेजी जाती थीं।

अपने गाँव की लड़की को, चाहे किसी भी जाति की हो, आयु के अनुसार भतीजी, बहिन या बुआ कहकर पुकारा जाता था। मुझे याद है कि घर के पास मुसलमान लखारों का एक घर था, हम उन सबको चाचा, ताऊ या चाची, ताई कहकर पुकारते थे।

अब गाँव, कस्बों में परिवर्तित हो गए हैं और यातायात के साधन सुलभ होने से आवागमन भी बढ़ गए हैं, इसलिए यह प्रथा कम होती जा रही है।

इस कथा की नायिका चन्दरी बुआ का जन्म राजस्थान की बीकानेर रियासत के एक गाँव में आज से करीब ११० वर्ष पहले एक ब्राह्मण-परिवार में हुआ था।

जब चन्दरी बुआ १२ वर्ष की हुई तो उसका विवाह हुआ। पास के गाँव से बारात आई और सारे कार्य धूम-धाम से सम्पन्न हुए।

उसका पिता साधारण स्थिति का ब्राह्मण था, परन्तु उन दिनों विवाह-शादियों में घर वालों को कुछ विशेष नहीं करना पड़ता था। गाँव के पुरुष और स्त्रियाँ सारे कामों का आपस में बँटवारा कर लेते थे। प्रति घर से एक-दो रुपए टीके या दान के रूप में दिए जाते जिससे माँ-बाप के लिए खर्च का बोझ भी कम हो जाता था।

विवाह तो बचपन में हो जाते, पर गौना तीन या पाँच वर्ष बाद होता था। इससे पहले बहू ससुराल नहीं जाती थी। चन्दरी के पति का देहान्त गौना होने के पूर्व ही हो गया, फिर वह ससुराल नहीं गई और मायके में ही रहने लगी।

पहले तो वह शायद बेटी या बहन के नाम से पुकारी जाती होगी, पर मैंने जब होश संभाला, तब तक वह प्रौढ़ा हो चुकी थी और उसे बुआ का पद मिल चुका था। उसके माँ-बाप स्वर्गवासी हो चुके थे। वह सारे मुहल्ले की बुआ कहलाने लगी थी।

दान-दक्षिणा लेने में उसे प्रारम्भ से ही ग्लानि थी। इसीलिए वह सबके साथ अच्छे सम्बन्धों के कारण श्रम करके ही अपना जीवन-निर्वाह करती थी। सुबह चार बजे उठकर चक्की पीसने बैठ जाती और सूर्योदय तक ८-१० सेर तक अनाज पीस लेती। इससे प्रतिदिन दो-अढ़ाई आने तक कमाई हो जाती। उसे कभी काम का अभाव न रहता, क्योंकि एक तो वह काम में स्वच्छता रखती तथा अनाज को साफ करके पीसती तथा दूसरे, पिसाई में आटा घटाती न थी।

जब कभी हमारी नींद पहले खुल जाती तो चन्दरी बुआ के भजन तथा उनकी चक्की की आवाज सुनाई पड़ती। उन दिनों एलार्म घड़ियाँ तो सुलभ थी नहीं, अतः जिसे कभी मुहूर्त साधकर जाना होता या पहले उठना होता, वह चन्दरी बुआ को समय पर जगाने को कह जाता और वह उसे नियत समय पर जगा देती। उस समय तारों को देखकर समय का ज्ञान बड़ी-बूढ़ी स्त्रियों को रहता था।

उनकी आवश्यकताएँ कम थीं। इसलिए दो-ढाई आने में सामान्य जीवन-निर्वाह हो जाता था। चन्दरी बुआ ने इससे अधिक कमाने की आवश्यकता नहीं समझी। दिन में वह मुहल्ले के बच्चों की देखभाल करती तथा कोई बीमार होता तो उसकी सेवा करती रहती। उन दिनों प्रसव का काम सयानी स्त्रियाँ या दाइयाँ ही संभालती थीं। कठिन से कठिन समय में भी चन्दरी के आ जाने पर घर वालों को और जच्चा को सान्त्वना व साहस मिल जाता था।

उसने न तो कभी पति-प्रेम को जाना और न उसके बच्चे ही हुए परंतु जीवन का सारा प्रेम और ममत्व दूसरों के बच्चों पर उँड़ेल दिया। मुहल्ले के बच्चे सारे दिन उसे घेरे रहते। किसी को पतंग के लिए लेई चाहिए तो किसी को अपनी गुड़िया के विवाह के लिए रंग-बिरंगे कपड़े। उसके दरवाजे से निराश जाते किसी को नहीं देखा।

संगीत की शिक्षा लिए बिना ही उसे ताल और स्वर का यथेष्ट ज्ञान था। विधवा होने के कारण विवाह-शादी के गीत तो नहीं गाती, परन्तु भजन और 'रतजगा' (रात्रि-जागरण) उसके बिना नहीं जमते थे। मीरां और सूर के पदों को इतनी लवलीन होकर मधुर रागिनी से गाती कि सुनने वाले भावविभोर हो जाते।

जब वह काफी वृद्धा हो चली तब भी मैंने उसे देखा था। उस समय अनाज पीसना तो उसके वश की बात नहीं थी, फिर भी कुछ छोटा-मोटा काम करती रहती थी। वह इतनी बूढ़ी हो चुकी थी कि उसके हाथ और गर्दन काँपने लग गये थे और आवाज में भी हकलाहट-सी आ गई थी।

प्रतिवर्ष गर्मी के मौसम में लोग हरिद्वार और बदरीनाथ जाते थे। चन्दरी बुआ से लोगों ने बहुत बार आग्रह किया, परन्तु उराका एक ही जवाब होता कि मुझ गरीब और अभागिन के भाग्य में तीर्थ-यात्रा कहाँ है, यह सब तो भाग्यशाली लोगों को

मिलता है।

एक दिन उसने मुझे बुलाया और कहने लगी – "आजकल स्वास्थ्य जरा ठीक नहीं रहता, पता नहीं कब शरीर छूट जाय। मेरे मन में अपनी ससुराल के गाँव में एक कुआँ बनाने की साध है। वहाँ एक ही कुआँ है इसलिए गर्मी में गायें और ढोर तो प्यासे रहते ही हैं, मनुष्य को भी पूरा पानी नहीं मिलता। तुम पता लगाकर बताओ कि कुएँ पर कितना खर्च बैठेगा। मैं सोचने लगा कि बुढ़ापे में बुआ का दिमाग खराब हो गया है। आजकल दोनों वक्त का खाना तक खुद नहीं जुटा पाती, इस पर भी कुआँ बनाने की धुन लगी है।

बात आई-गई हो गई, परन्तु १०-१२ दिन बाद देखता हूँ कि लाठी टेकती बुआ सुबह-सुबह हाजिर है। मन में अपने ऊपर ग्लानि और क्षोभ हुआ कि जिसके स्नेह की छाया में बचपन के इतने वर्ष बिताए, जिससे नाना-प्रकार के छोटे-मोटे काम लिए, बहुत रात गए तक कहानियाँ सुनीं, उसके एक छोटे-से काम पर भी मैंने ध्यान नहीं दिया! मैंने कहा – "वहाँ पानी बहुत नीचा है, इसलिए कुएँ पर दो-ढाई हजार रुपये खर्च होंगे। यदि कुंई (छोटा कुआँ) बनायी जाय तो शायद डेढ़ हजार तक में बन सकेगी।"

मेरा उत्तर सुनकर बुआ के झुर्रियों से भरे चेहरे पर एक गहरी उदासी छा गयी,

वह मन-ही-मन कुछ हिसाब-सा लगाने लगी। दूसरे दिन मुझे अपने घर आने को कहकर चली गई।

अगले दिन जब मैं उसके यहाँ पहुँचा तो देखा कि वह मेरा इन्तजार कर रही है। थोड़ी देर इधर-उधर देखकर मुझे भीतर की एक कोठरी में ले गयी। खाट के नीचे से एक पुराना डिब्बा निकाला और उसे खोलकर मेरे सामने उड़ेल दिया।

रानी विक्टोरिया, एडवर्ड और जार्ज पंचम की छाप के पुराने रुपये थे तथा कुछ रेजगारी थी। थोड़े-से चाँदी के गहने और एक सोने की मूर्ति थी, जो शायद उसकी माँ ने उसके विवाह के समय उसको दी होगी।

मैं रुपये गिन रहा था और पिछले ६०-७० वर्षों का इतिहास मेरे मानस में तैर रहा था। सोच रहा था, इस वृद्धा की सारी उम्र की गाढ़ी कमाई का यह पैसा है जो उसने कठिन जीवन बिताकर, यहाँ तक कि तीर्थयात्रा की बलवती इच्छा को दबाकर इकट्ठा किया है। आज जीवन के संध्याकाल में सारा-का-सारा परोपकार में लगा देना चाहती है। गिनकर मैंने बताया कि लगभग ९०० रुपये हैं। ३०० रुपये के गहने होंगे। इतने में काम बन जाएगा; जो कुछ थोड़ी कमी रहेगी उसकी व्यवस्था हो जाएगी; कोई चिन्ता की बात नहीं है।

वह बोली – "बेटा, मेरे पति के निमित्त कुआँ बनेगा। इसमें दूसरों का पैसा नहीं ले सकूँगी। नहीं होगा तो एक मज़दूर कम रख कर कुछ काम मैं कर दिया करूँगी।" मैंने पूछा – "बुआ कुएँ पर किसके नाम का पत्थर लगेगा?" अपनी धुँधली आँखों को कुछ फैलाने की चेष्टा करते हुए बुआ ने जवाब दिया – "नाम की इच्छा से पुण्य घट जाता है, फिर मानुष तो स्वयं क्षणभंगुर है, उसके नाम का मूल्य ही क्या?"

मुझे इस अनपढ़ वृद्धा के तर्क पर आश्चर्य के साथ श्रद्धा हो रही थी। यह कुआँ बनाने के परोपकारी काम के लिए सर्वस्व लगाकर भी न तो अपना और न अपने पति के नाम का पत्थर लगाने की इच्छा रखती है जबकि आज १ लाख लगाकर ५ लाख की इमारत पर या संस्था पर नाम लगाने की खींच-तान धनवान और विद्वानों में लगी रहती है तथा उद्घाटन-समारोह किस मंत्री या नेता से करायें, इस पर भी काफी सोच-विचार होता है। तय नहीं कर पा रहा था कि कौन बड़ा दानी है और किसका दान ज्यादा सात्विक है।

कुछ दिनों बाद उस गाँव में गया तो कुआँ बन रहा था और चन्दरी बुआ भी मजदूरों के साथ टोकरी ढो रही थी। उसकी लगन और परिश्रम देखकर दूसरे मजदूर-कारीगर भी जी-जान से काम में जुटे थे।

किसी ने कहा – "बुआ, तुम्हारे कुएँ का पानी तो बहुत मीठा निकला है, परन्तु तुम तो बहुत दिन नहीं पी सकोगी।" वह बोली "मेरा इसमें क्या है? तुम सब लोगों में रहकर कमाया हुआ पैसा था, वह भले काम में लग गया। दूसरों के कुओं से सारी उम्र पानी पिया है, इसलिए इस छोटे-से प्रयत्न के द्वारा मैंने अपना ऋण चुकाने का प्रयास किया है। मेरी आखिरी इच्छा है कि जब मेरे प्राण निकलें तो गंगाजल की जगह इसी कुएँ का पानी मेरे मुँह में डालना।"

कुआँ बनकर तैयार हो गया, परन्तु बुआ थक कर बीमार हो गई। जिस दिन हनुमान जी का जागरण और प्रसाद हुआ, वह बेहोश-सी थी।

जागरण में आस-पास से देहात के काफी लोग इकट्ठे थे। भजन-कीर्तन चल रहा था; थोड़ी देर बाद वहीं सबके सामने बुआ का देहान्त हो गया।

आज वह गाँव बड़ा हो गया है और दूसरे कुएँ भी बन गए हैं, परन्तु चन्दरी-कुएँ के पानी के समान मीठा पानी किसी का भी नहीं है।

उतार-चढ़ाव

उन्नीसवीं सदी के अन्तिम चरण की बात है। कराची के एक मध्यवर्गीय सिन्धी परिवार में हरनाम नाम का एक बालक था। माँ बचपन में ही मर चुकी थी। बाप ने प्रौढ़ावस्था में फिर से एक गरीब घर की लड़की से विवाह कर लिया। उसके दो सौतेले बहन-भाई भी हो गए थे।

हरनाम की शादी-शुदा अपनी एक बड़ी बहन थी, परन्तु उसे कभी त्यौहार पर भी पीहर नहीं बुलाया जाता था। कभी-कभी छुपकर भाई की पाठशाला में आती और कुछ चीजें दे जाती। घर में छोटे भाई-बहन के लिए विशेष अवसरों पर नए कपड़े और तरह-तरह की मिठाइयाँ बनतीं, परन्तु हरनाम को कोई भी नहीं पूछता। बेचारा बालक ललचाई आँखों से देखता रहता। कभी-कदाच, वे दोनों इसे कुछ देना चाहते तो माँ उन्हें मना कर देती।

एक दिन, किसी साधारण से कसूर पर विमाता ने हरनाम को बहुत पीटा। पिता भी पत्नी के डर से कुछ नहीं बोला। भूखा-प्यासा बच्चा घर से भागकर समुद्र किनारेखड़े किसी भार-वाही जहाज में जाकर छिप गया।

थोड़ी देर बाद, जब जहाज रवाना हुआ तो उसे वस्तुस्थिति का भान हुआ और वह सुबक-सुबक कर रोने लगा। परशियन ऑयल कम्पनी का जहाज था। ज्यादातर मल्लाह अरब के थे, दो-चार आफिसर भी थे। जब उन्होंने १२-१३ वर्ष के एक अति सुन्दर बालक को इस स्थिति में देखा तो आश्चर्यचकित रह गए। धीरे-धीरे सारी बातों की जानकारी ली। जहाज का करॉंची वापस जाना सम्भव नहीं था। बालक पर कप्तान का स्नेह हो गया। उसने अपनी कैबिन में उसे रख लिया। ईरान पहुँचकर कप्तान ने उसे एक धनी ईरानी परिवार में नौकर रखवा दिया। हरनाम की बुद्धि कुशाग्र थी। थोड़े दिनों में ही उसे अरबी, फारसी और अँग्रेजी बोलने का अच्छा अभ्यास हो गया।

उन दिनों, ईरान में तेल कम्पनी के बहुत से अँग्रेज अधिकारी थे। परशियन ऑयल कम्पनी का बड़ा साहब वहाँ ब्रिटेन की तरफ से सर्वोच्च राजदूत भी था। एक दिन साहब और उसकी पत्नी टहलते हुए किसी अरबी शब्द के बारे में बहस कर रहे थे। हरनाम उधर से गुजर रहा था। उसने क्षमा माँगते हुए विनयपूर्वक कहा कि मेम साहिबा का जुमला सही है।

अब तो हरनाम पर उन दोनों की पूर्ण कृपा हो गई। उसे उन्हीं के बंगले में रहने, खाने की सुविधा मिल गई। हाथ-खर्च के लिए दो सौ रुपया महीना दिया जाने लगा। काम था, मेम साहिबा को अरबी और फारसी पढ़ाना।

प्रथम महायुद्ध में ईरान, मध्य-पूर्व का सप्लाई-केन्द्र बना। करोड़ों रुपये महीने का सामान वहाँ से वितरण होने लगा। तेल कम्पनी का बड़ा साहब निदेशक नियुक्त हुआ।

अधिकांश सामान के वितरण का काम मिला हरनाम दास एण्ड कम्पनी को। सन् १९१८ ई० तक हरनाम दास करोड़पति सेठ बन गया। वहीं चार-छः मुताह (कंट्राक्ट मैरिज, या अल्पकालीन विवाह) कर लिये। इन बीवियों के अलावा, उसके रंगमहल में एक-से-एक सुन्दरी दासियाँ थी। सैकड़ों नौकर-चाकर, मुनीम-गुमाश्ते घर और आफिस का काम देखते, उसके दरवाजे पर अनेक अतिथि और प्रतिनिधि आते रहते, सबका यथायोग्य आदर-सत्कार होता।

संयोग से, एक दिन एक भारतीय साधु घूमता हुआ वहाँ जा पहुँचा। स्वदेश के संन्यासी की दूसरों की अपेक्षा अधिक खातिरदारी होनी स्वाभाविक ही थी। एक महीने तक किसी राजा-महाराजा का-सा आयोजन उनके लिए हुआ। विदाई की दक्षिणा में कीमती शाल-दुशाले तथा अच्छी रकम नकद दी गई।

पन्द्रह वर्ष के लम्बे समय के बाद, एक साधु महाराज हरिद्वार के पास मुनि की रेती में एक बड़े-पकौड़ी की दूकान पर खड़े होकर, दूकानदार को बड़े ध्यान से देख रहे थे। महाराज को प्रेम से नाश्ते का निमन्त्रण मिला। पहले से ही ४-५ संन्यासी प्रसाद पा रहे थे। दूकान पर ग्राहकों की अच्छी भीड़ थी।

दूकानदार ने पूछा – "महाराज! आप इतने ध्यान से मुझे क्यों देख रहे थे?"

संन्यासी ने १५ वर्षों पहले के ईरान प्रवास की अपनी कहानी सुनाकर कहा कि सेठ हरनामदास का चेहरा आपसे एकदम मिलता-जुलता है।

जब उन्हें पता चला कि वे उस हरनामदास से ही बातें कर रहे हैं तो उनके आश्चर्य का ठिकाना नहीं रहा।

जो कहानी उन्हें सुनाई गई, वह इस प्रकार थी –

आपके चले जाने के एक वर्ष बाद, बड़े साहब का तबादला हो गया और छोटे साहब ने काम सम्हाला। मैंने कभी उसकी परवाह नहीं की थी, इसलिए वह और उसके मुँहलगे दोस्त एवं कर्मचारी मुझसे जलते रहते थे। कुछ ही दिनों बाद मुझपर जालसाजी का मुकदमा चलाया गया जिसकी सजा होती मौत।

जल्दी से व्यवस्था करके, मुनीमों को काम सम्हलाकर मैं ४-५ लाख की सम्पत्ति लेकर, अपने सचिव के साथ, ईरान से छद्‌मवेश में रवाना हुआ। रास्ते में मेरा सचिव सन्दूकें लेकर न जाने कहाँ उतर गया। मैं जब बम्बई बन्दरगाह पहुँचा तो मेरे पास थोड़े से रुपये और एक बहुमूल्य हाथ-घड़ी बची थी।

घड़ी बेचने के लिए दो-तीन दूकानों में गया। दूकानदार मेरी मैली वेश-भूषा और बढ़ी हुई दाढ़ी देखकर सन्देह करने लगे कि शायद मैं घड़ी चुराकर लाया हूँ। केवल ५०-६० रुपये तक देने को तैयार हुए। मैंने क्रोध में आकर घड़ी को समुद्र में फेंक दिया।

जगह-जगह मजदूरी करता हुआ, संयोग से यहाँ आकर बड़े-पकौड़ी की यह दूकान कर ली। थोड़े दिनों तक तो मन में संताप रहा, फिर एक दिन एक महात्मा आये। उनका उपदेश था – "बच्चा, धन और मान में सच्चा सुख नहीं है। ईश्वर के बन्दों की सेवा करो, शान्ति मिलेगी।" तब से महात्माओं को प्रसाद देकर जो बच जाता है उसी से दो जून की खुराक आराम से मिल जाती है। सुबह ६ बजे से लेकर रात के १२ बजे तक मेहनत करने से शरीर स्वस्थ रहता है और मन भी नाना चिन्ताओं से मुक्त है। भगवती गंगा का तट है और साधु-महात्माओं का संग-लाभ; सचमुच, बहुत आनन्द में हूँ।

संन्यासी ने प्रसाद पाकर हरनामदास को प्रणाम किया और कहा कि वास्तव में ही आप सुख-दुःख के समदर्शी-समभोगी हैं।

सन् १९६१ में हरनामदास की मृत्यु हुई। मेरे मित्र स्वर्गीय श्रीराम शर्मा (सम्पादक, विशाल भारत) के घर पर एक-दो बार उनसे मुलाकात हुई थी। गरीबी होने पर भी आदतें पहले जैसी ही थी। एक-दो कम्बल या कोट पास में होता तो वे किसी जरूरतमन्द को दे देते। कई दिनों तक कड़ाके की सर्दी भुगतने के बाद संभव होता तो फिर कोट बनवा पाते परन्तु कभी उनके चेहरे पर दीनता के भाव नहीं दिखाई दिए।

आत्मीयता

बात पुरानी है, परन्तु बहुत पुरानी भी नहीं, क्योंकि चालीस-पचास वर्ष पहले ऐसे व्यक्ति थे, जिन्होंने उन सेठ जी को देखा था। उनका अपना गाँव तो राजस्थान के शेखावाटी क्षेत्र में था, परन्तु ज्यादातर वे रहते थे बम्बई में। वहाँ बड़े पैमाने पर रूई और आढ़त वगैरह का उनका कारोबार था।

वर्ष में एक बार गाँव जाते तो गरीब और जरूरतमन्दों में महीनों पहले से चर्चा शुरू हो जाती। गाँव के सैकड़ों व्यक्ति दो-चार कोस अगवानी करने के लिए आते। सेठजी भी छोटे-बड़े सबको उनके नाम से सम्बोधित करके राजी-खुशी का हाल पूछते। इतने बड़े व्यक्ति से अपना नाम सुनकर लोगों के मन में गुदगुदी-सी होती और अपने को भाग्यवान मानते।

जितने दिन वे वहाँ रहते, प्रायः रोज ही कभी हनुमानजी के प्रसाद तो कभी सत्यनारायण भगवान की कथा-उद्यापन के उपलक्ष्य में गाँव के लोगों को भोजन के लिए बुलाते रहते। ब्राह्मणों को प्रति-घर एक रुपया, एक धोती और एक साड़ी भेंट दी जाती। यद्यपि आज के बड़े धनिकों के अनुपात में उनके पास रुपया कम था, परन्तु उन दिनों चीजें बहुत सस्ती थी और उनका मन बहुत ऊँचा था, इसलिए जितनी आय होती उसका अधिकांश दान-धर्म में खर्च कर देते।

उनके एक-मात्र लड़के का विवाह, देश (शेखावाटी-राजस्थान) के गाँव में ही होना निश्चित हुआ। उन दिनों छपे हुए निमंत्रण-पत्र भेजने की प्रथा नहीं थी। नाई या ब्राह्मण गाँव के सब घरों में जाकर न्यौता-बुलावा देते थे, परन्तु जो गोत्र-भाई थे उनको न्यौता देने सेठजी स्वयं गये। वैसे उनके साथ पाँच-दस व्यक्ति तो हमेशा रहते ही थे।

संयोग से उनकी बिरादरी में एक घर ऐसा भी था, जिसके भुने हुए चने-मुरमुरे की दुकान थी। लोगों को बड़ा ताज्जुब हुआ जब इतने बड़े सेठ एक गरीब भाई की दुकान पर रखी हुई मूंज की खाट पर बैठ गए।

दो-तीन बार निमंत्रण की याद दिलाने के बाद भी सामने वाला व्यक्ति चुप रहा।

शायद सेठजी उसकी चुप्पी का मतलब समझ गए। उन्होंने कहा – "भाई, सुबह से घर से निकला हुआ हूँ, प्यास लग रही है, थोड़ा-सा पानी मँगवा दो।" दुकानदार जब लोटे में पानी लेकर आया तो सेठजी ने हँसकर कहा – "तुम इतना तो जानते ही हो कि खाली पेट पानी पीने से वायु हो जाती है, इसलिए थोड़ा-सा गुड़ और चने-मुरमुरे खाकर पानी पीऊँगा।" उसने सहमते हुए ये दोनों चीजें लाकर दीं, जिन्हें खाकर बड़े प्रेम से सेठजी ने पानी पीया।

पास खड़े हुए लोगों ने देखा कि उस गरीब की आँखों से हर्ष की अश्रुधारा बह चली। इतने बड़े व्यक्ति उसके दरवाजे पर बड़े प्रेम से चना-मुरमुरा खा रहे थे। उसने हाथ जोड़कर कहा – "पूज्यवर, भोज में शामिल होने का मन तो नहीं था, क्योंकि मेरा ऐसा ख्याल था कि मेरे यहाँ काम पड़ने पर आप आएँगे नहीं, परन्तु मेरी धारणा गलत निकली, इसलिए मैं लज्जित हूँ और हम सपरिवार भोजन के लिए आपके यहाँ आएँगे।"

कहा जाता है कि दावत चार-पाँच दिनों तक चलती रही। आसपास के गाँवों से हजारों व्यक्ति आए। सबका यथायोग्य आदर-सत्कार किया गया।

विवाह के कामों में व्यस्त रहते हुए भी सेठजी के ध्यान में यह बात आई कि घर की भंगिन 'भूरी' की जगह काम करने के लिए कोई दूसरी ही आ रही है। उसे बुलाकर पूछा

तो कहने लगी – "आपकी भंगिन की लड़की के विवाह पर रुपये की अटक पड़ गई थी, इसलिए मैंने १०० रुपये उधार देकर आपका घर गिरवी रख लिया है।" उसकी बात सुनकर सेठजी बहुत गुस्सा हुए और उन्होंने उसी समय 'भूरी' को बुला भेजा।

बम्बई से बीसों दोस्त-मित्र शादी में आए हुए थे, उन सबके सामने ही सेठजी ने कहा – "भूरी चाची, भला तुमने यह गलत काम क्यों किया? जब-जब तुम्हारे यहाँ से समाचार गए तब-तब तुम्हें बम्बई से रुपये भिजवा दिए थे।" भूरी ने कुछ सहमते हुए-से स्वीकार किया कि "पहली तीनों लड़कियों के विवाह के रुपये तो आपके यहाँ से आ गए थे, उस समय आपके चाचा भी जीवित थे। इस समय कुछ जल्दी में थी, अच्छा घर और वर मिल रहा था, इसलिए एक बार जीवणी से रुपये उधार लेकर धापी (लड़की) का विवाह कर दिया, उसी की एवज में आपका घर गिरवी रखना पड़ा, चार-छः महीनों में छुड़ा लूँगी।"

एक गरीब भंगिन के प्रति सेठजी द्वारा 'चाची' का सम्बोधन सुनकर उपस्थित लोगों को आश्चर्य होना स्वाभाविक था और भूरी बिना झिझक के अपने स्वर्गीय पति को सेठजी का चाचा बता रही थी।

जीवणी किसी तरह भी विवाह के पहले घर छोड़ने को तैयार न थी, किसी तरह समझा-बुझाकर उसे २०० रुपये देकर वापस भूरी को काम सौंप दिया गया।

आजकल की मान्यताओं और तहजीब के आधार पर ये बातें अटपटी-सी लगेंगी, परन्तु उस समय तन की छूआछूत रखते हुए भी लोगों के मन में प्यार था, एक दूसरे के दुःख-सुख में शामिल रहते और आत्मीयता के साथ आपस में सम्बोधन भी चाचा, ताऊ, मामा इत्यादि का था।

पाप का धन

कुछ वर्षों पहले बम्बई में अशरफ भाई नामक व्यक्ति जवाहरातों का एक दलाल था। धनवान तो नहीं, परन्तु नेक और मेहनतकश इतना था कि व्यापारियों का उस पर पूर्ण विश्वास था; इसलिए वे बहुत रुपयों का माल उसे बेहिचक सौंप देते थे। एक बार, एक सेठ के यहाँ हीरों की खरीददारी थी। अशरफ भाई सेठ की पसन्द के लिए एक पुड़िया ले गया। सेठ ने कहा – "पुड़िया छोड़ जाओ, दो-एक दिन में जवाब दे दूँगा।"

सेठ काफी धनी और नामी-गरामी था। अशरफ ने पुड़िया छोड़ दी और घर लौट आया। रास्ते में उसे ख्याल आया कि एक छोटी-सी पुड़िया जिसमें १५ बेशकीमती हीरे थे, सेठ के वहीं छूट गई। वह उल्टे पैरों भागा-भागा सेठ की कोठी पर पहुँचा और बहुत ही संकोच के साथ बोला – "सेठ जी, मैंने अभी जो पुड़िया आपके पास छोड़ी है, उसमें एक छोटी पुड़िया और थी; भूल से वह भी उस बड़ी पुड़िया में रह गई है। कृपया देख कर मुझे लौटा दें।" सेठ जी ने अपनी आलमारी से पुड़िया निकाल कर ज्यों-की-त्यों अशरफ के सामने रख दी। काफी उलट-पुलट कर देखने के बाद भी उसमें छोटी पुड़िया नहीं मिली। अशरफ के पैरों तले से जमीन खिसक गई। वह रुंधे गले से सिर्फ इतना ही बोल पाया – "सेठ जी, मैं तो मर गया। जिस जौहरी से वे हीरे लाया था, उसे क्या जवाब दूँगा?"

सेठ ने सहानुभूति दिखाते हुए कहा – "भाई, तुम अच्छी तरह याद करो, जल्दी में कहीं भूल गये होगे, घर जाकर तलाश करो। मेरे यहाँ तो जो पुड़िया तुम दे गये थे, वैसी-की-वैसी तुम्हारे सामने है। अभी हड़बड़ाए हुए हो, आश्वस्त होकर शान्ति से घर में ढूँढ़ोगे तो कहीं मिल जाएगी।"

अशरफ ने कहा – "सेठ जी, वह छोटी पुड़िया इसी बड़ी पुड़िया में थी, ऐसा मुझे याद है। इसे छोड़ कर जैसे ही मैं आपके यहाँ से गया मुझे रास्ते में ही याद आई और वापस यहाँ आया हूँ। आप अपनी आलमारी में फिर से देख लें।" सेठ ने आलमारी खोल कर अशरफ को दिखा दी, वहाँ कोई पुड़िया नहीं थी।

हताश और चिन्तित अशरफ वहाँ से अपने घर आ गया। मन की तसल्ली के लिए उसने अपने यहाँ भी खोज-बीन की, पर पुड़िया नहीं मिलनी थी, नहीं मिली। वह रोने लगा। खाना-पीना सब छूट गया। दो-एक दिन निकल गए। हिम्मत करके फिर वह सेठ के यहाँ गया और गिड़गिड़ा कर कहने लगा – "सेठ जी, मुझ गरीब पर रहम कीजिए। पुड़िया आपके यहाँ छूटी है। हो सकता है, आप कहीं रख कर भूल गए हों। एक बार फिर देख लीजिए।" सेठ जी को अशरफ की इन बातों से गुस्सा आ गया। उनकी नीयत पर एक मामूली दलाल शक करे यह असहनीय था। डाँट कर उन्होंने उसे कोठी से बाहर निकाल दिया।

अब अशरफ की आँखों के सामने अंधेरा छा गया, लेकिन वह हताश नहीं हुआ। वह उस जौहरी के पास गया, जिससे कीमती हीरों की पुड़िया ली थी। बहुत ही स्पष्ट शब्दों में उसने सारी बात बता दी। सेठ पर अपना शक भी जता दिया।

जौहरी अशरफ को बहुत समय से जानता था। उसकी ईमानदारी और नेकनीयती में भी शक करने की गुंजायश नहीं थी। वह उसे ढाढ़स देते हुए बोला – "घबराने की कोई बात नहीं, कहीं इधर-उधर रख कर भूल गए होगे, या सेठ के यहाँ कहीं भूल से रखी पड़ी होगी, दस पाँच दिन में मिल जाएगी।" अशरफ को सन्तोष तो नहीं हुआ, परन्तु करता भी क्या? घर आ गया।

लेकिन मन को चैन नहीं मिला। ३-४ दिन बाद ही वह फिर जौहरी के पास पहुँचा और बोला – "भाई साहब, वह पुड़िया तो मिली नहीं। मैं जानता हूँ कि इस समय उन हीरों की कीमत इतनी अधिक है कि उसे चुकाना मेरे बस की बात नहीं। बड़ी कृपा होगी, यदि आप उनकी लागत कीमत मुझसे ले लें। अधिकांश तो अभी चुका दूँगा, बाकी रकम का रुक्का लिख दूँगा।"

जौहरी ने धीरज से सब कुछ सुना और अशरफ को सलाह दी कि तुम एक बार पुनः सेठ के यहाँ जाओ, शायद पुड़िया मिल जाए। अशरफ ने दिल कड़ा किया और एक बार फिर सेठ जी के घर पहुँचा और उनके पैरों पड़ कर रोने लगा – "सेठ जी, मैं बाल-बच्चों वाला आदमी हूँ, वे सब बरबाद हो जाएँगे। आइन्दा कौन मेरा विश्वास करेगा? कौन मुझे जवाहरात सौंपेगा? मेरा धन्धा ही चौपट हो जाएगा। आप एक बार फिर तलाश लें।" सेठ ने सब कुछ सुना और उसे पहले की भाँति इस बार भी दुत्कार कर घर से निकाल दिया।

इसके बाद अशरफ को इतना सदमा पहुँचा कि वह विक्षिप्त-सा रहने लगा। कभी-कभी रात में चौंक कर उठ बैठता और रोने लगता। जौहरियों से अशरफ की यह अवस्था छिपी नहीं थी। उन्होंने सेठ से बातचीत की और इन दोनों के बीच एक पंच नियुक्त कर दिया।

पंच के सामने अशरफ ने अपना बयान देते हुए बताया कि जिस दिन मैं सेठजी के पास हीरे रख कर गया था, उस दिन और कहीं नहीं गया। १५ हीरों की पुड़िया उस बड़ी पुड़िया में थी, ऐसा मुझे याद है। सेठ जी के यहाँ पुड़िया छोड़ कर घर आ रहा था कि रास्ते में ही दूसरी पुड़िया की याद आई और उल्टे पैर लौट कर सेठ जी की कोठी पर आया। मुझे यकीन है कि पुड़िया वहीं रह गई है। पंच ने प्रत्यक्ष प्रमाण माँगा तो उसने 'ना' कह दी और बताया कि न तो मेरे पास कोई तीसरा प्रत्यक्ष गवाह है और न मैंने इन्हें अपनी जानकारी में वह पुड़िया ही दी थी। इधर, सेठ ने अपने जवान लड़के के सिर पर हाथ रखकर सौगन्ध खाई कि मेरे पास इसकी कोई दूसरी पुड़िया नहीं आई थी। फैसला अशरफ के खिलाफ हो गया।

अचानक अशरफ सेठ के पैरों पर गिर पड़ा और कहने लगा – "यह आपने क्या किया? आपका चेहरा बताता है कि हीरे आपके पास हैं। क्यों आपने इकलौते जवान बेटे के सिर पर हाथ रख कर इतनी बड़ी कसम खाई? खुदा का दिया आपके पास सब कुछ है।"

संयोग से तीन-चार दिनों बाद ही सेठ के लड़के को गर्दन तोड़ (मैनेनजाइटीज) बुखार हो गया और वह दूसरे दिन ही चल बसा। उस घर में तो शोक हुआ ही, परन्तु अशरफ भी दुःखी होकर रोने लगा कि उसके कारण से यह संयोग बना।

दो-तीन दिन बाद सेठ हीरे की पुड़िया लेकर अशरफ के पास आया और उसके गले लगकर बिलख-बिलख कर कहने लगा – "अशरफ भाई, मेरे मन में लालच समा गया और मैंने बेटे से अधिक धन को तौला, किन्तु भगवान के घर देर है, अंधेर नहीं। मेरी पत्नी कहती है कि मेरे ही पापाचार ने मेरे बेटे के प्राण ले लिए।"

दान

एक दिन किसी मित्र के साथ एक संस्था देखने गया। वहाँ के पंखों की तीनों ताड़ियों पर बड़े-बड़े अक्षरों में उनके द्वारा प्रदान की घोषणा लिखी हुई थी। जब मैंने इस सन्दर्भ में कुछ नहीं कहा तो वे कहने लगे कि पिछले वर्ष ये चारों पंखे हमने ही दिये हैं। मुझे ऐसा लगा कि वे यहाँ आने वालों में से अधिकांश लोगों से यही बात दोहराते हैं। मैंने हँसकर कहा कि यह तो इतने बड़े-बड़े अक्षरों के विज्ञापन से ही पता चल जाता है। देखा कि मेरी बात सुनकर वे कुछ झेंप-से गए।

वैसे दान देकर नाम-बड़ाई सभी व्यक्ति चाहते हैं। परन्तु इसकी भी एक सीमा होनी उचित है। आज अधिकांश दानी सौ देकर पाँच सौ का नाम चाहते हैं, परन्तु आज से चार सौ वर्ष पहले प्रसिद्ध दानवीर रहीम को किसी ने पूछा था कि दान देते समय आँखें नीची क्यों रखते हैं? इस पर उनका जवाब था कि–

देनहार कोऊ और है भेजत है दिन रैन।
लोग भरम हम पर करै ताते नीचे नैन।।

खानखाना अब्दुल रहीम अद्‌भुत दानी थे, परन्तु इस तरह के कुछ व्यक्ति बिरले ही होते हैं। इस संदर्भ में विभिन्न समय के तीन चित्र उपस्थित करता हूँ।

देश के प्रसिद्ध नेता श्री श्रीप्रकाशजी के पूर्वजों में दो सौ वर्ष पहले इसी प्रकार के एक दानवीर हो गये हैं। उनके यहाँ बीसों नौकर, मुनीम-गुमाश्ते थे, जिनका वेतन था एक रुपया से दस रुपया माहवार। एक बार लगातार दो वर्षों तक अकाल पड़ा, चीजों के दाम ऊँचे होते गए। सर्वसाधारण के भूखों मरने की नौबत आ गई। शाहजी ने एक दिन तीन-चार मुनीमों को बुलाकर कहा– "बहुत दिनों से तहखाने में पड़ी रहने के कारण अशर्फियाँ गीली हो गई हैं, इसलिए उनको धूप में सुखा लो।" शाम को तौलने पर अशर्फियाँ उतनी ही रही, भला सोने का क्या सूखता? शाहजी ने उन्हें कहा– "तुम लोग कुछ काम करना नहीं जानते, कल इनको अच्छी तरह से सुखाओ।" इशारा स्पष्ट था। दूसरे दिन अशर्फियाँ एक पाव कम थी, शाहजी खुश थे।

सूखी हुई अशर्फियाँ वापस तहखाने में रख दी गयीं। इसी तरह जब तक वे जीये जरूरतमन्दों को गुप्त-रूप से हर प्रकार की सहायता देते रहे। यहाँ तक कि एक हाथ का दिया दूसरे हाथ को भी पता नहीं चलता। लोग उन्हें झक्की समझते और प्यार और हँसी में 'झक्कड़शाह' कहने लगे। उनके परिवार वालों ने बड़ाबाजार के प्रसिद्ध मनोहरदास कटरा के साथ-साथ धर्मतल्ला के मैदान में मनोहरदास तालाब बनवाया था। इसके चारों तरफ की छतरियों में आज भी सैकड़ों व्यक्ति धूप और वर्षा में आश्रय लेते हैं और उनके द्वारा छोड़ी हुई गोचर-भूमि में सैकड़ों जानवर चरते रहते हैं।

इस प्रसंग में, रामगढ़ (शेखावाटी) के एक सेठ की बात याद आ जाती है। पौष-माघ में, इस क्षेत्र में बहुत ज्यादा सर्दी पड़ती है। कभी-कभी तो रात में बाहर रखा हुआ पानी जम कर बर्फ हो जाता है। ऐसी ही एक रात में सेठ जी ने गीदड़ों की 'हुँआ-हुँआ' सुनी। दूसरे दिन पण्डितों को बुलाकर पूछा तो उन्होंने बताया कि ज्यादा सर्दी के कारण गीदड़ सब ठिठुर रहे हैं। गीदड़ों की संख्या पूछने पर चौदह सौ-पन्द्रह सौ बता दी और उतनी ही रजाइयों की आवश्यकता भी। सेठजी ने गुस्से से कहा – "महाराज ऐसा अंधेर क्यों करते हैं? पन्द्रह सौ में पाँच सौ बच्चे भी तो होंगे, उनको अलग रजाई की क्या दरकार है? वे तो माँ-बाप के साथ ही सो जायेंगे।"

खैर, दो-तीन दिनों में ही हजार रजाइयाँ भरवाकर पण्डितों की मार्फत भेज दी गयी। सेठजी, मित्रों और सेठानी को हँसकर कह रहे थे कि मुझे ठगना सहज नहीं है; देखो – किस प्रकार पाँच सौ रजाइयों की बचत कर ली!

दूसरी रात फिर गीदड़ों की दर्द-भरी पुकार सुनकर सेठजी की नींद उचट गयी। पूछने पर उत्तर मिला कि श्रीमान्! रजाइयों से सर्दी तो मिट सकती है, परन्तु पेट की भूख नहीं; बेचारे कई दिनों से भूखे हैं, इसलिए रो रहे हैं। दूसरे दिन बहुत-सा हलुआ-पूड़ी बनवाकर भेज दिया गया। अगली रात फिर वही आवाजें आयीं। लिहाजा, फिर पण्डितों को बुलाया गया। इस बार हँसते हुए उन्होंने कहा – "सेठ जी! वे अच्छी तरह खा-पीकर आराम से रजाइयाँ ओढ़कर बैठे हैं। आपको आशीर्वाद दे रहे हैं और रोज इसी तरह देते रहेंगे।"

मुनीमों ने सेठजी को बहुतेरा कहा कि इन पण्डितों ने आपको ठग लिया है, भला कहीं गीदड़ भी रजाइयाँ ओढ़ते हैं या पंगत लगाकर हलुआ-पूड़ी खाते हैं? परन्तु सेठजी किसी तरह यह स्वीकार करने को तैयार नहीं थे। शायद मन में तो वे भी जानते थे, परन्तु उनको इस प्रकार के कार्यों से एक नैसर्गिक आनन्द मिलता था और इस बहाने गाँव के गरीब ब्राह्मणों के पास कुछ चीजें पहुँच जाती थीं।

ये बातें सौ-डेढ़-सौ वर्ष पहले की हैं, परन्तु इन दिनों में भी ऐसे व्यक्ति हुए हैं। मेरे मित्र श्री महावीर त्यागी ने भारत-सरकार के तत्कालीन खाद्य-मन्त्री स्वर्गीय रफ़ी अहमद किदवई की एक घटना सुनायी थी, जिसे सुनकर वहाँ बैठे हुए मित्रों की आँखें गीली हो गयी थीं।

एक दिन किदवईजी की नई दिल्ली वाली कोठी में ५-६ मित्र बैठे थे। एक पुराना कांग्रेस कार्यकर्त्ता आकर उदासी भरे लहजे में कहने लगा– "रफ़ी भाई! लड़की बड़ी हो गयी है, विवाह तय हो गया है; तीन हजार की जरूरत है, इससे कम में किसी तरह भी काम पार नहीं पड़ेगा।" रफ़ी साहब के पास अपना तो था ही क्या? परन्तु उनके कुछ मित्र थे जो उनकी ऊलजलूल फरमाइशों को पूरी करते रहते थे। खैर, उसको तीन हजार रुपये दिला दिये।

उसके जाने के बाद श्री बालकृष्ण शर्मा 'नवीन' ने कहा– "रफ़ी तुम भी अव्वल दर्जे के बेवकूफ हो, फ़िजूल में रुपये ठगा बैठे। उस साले की शादी तो हुई ही नहीं, फिर यह बेटी कहाँ से आ टपकी?" किदवईजी ने मंजूर किया कि वे भी जानते हैं कि न तो उसकी शादी हुई है और न उसके बेटी ही है। फिर तो त्यागीजी ने किदवईजी को बुरा-भला कहना शुरू किया– "वज़ारत से कुल बाईस सौ रुपये मिलते हैं, वे तो नवाब साहब पाँच-चार दिनों में खर्च कर दिया करते हैं। भला, यह

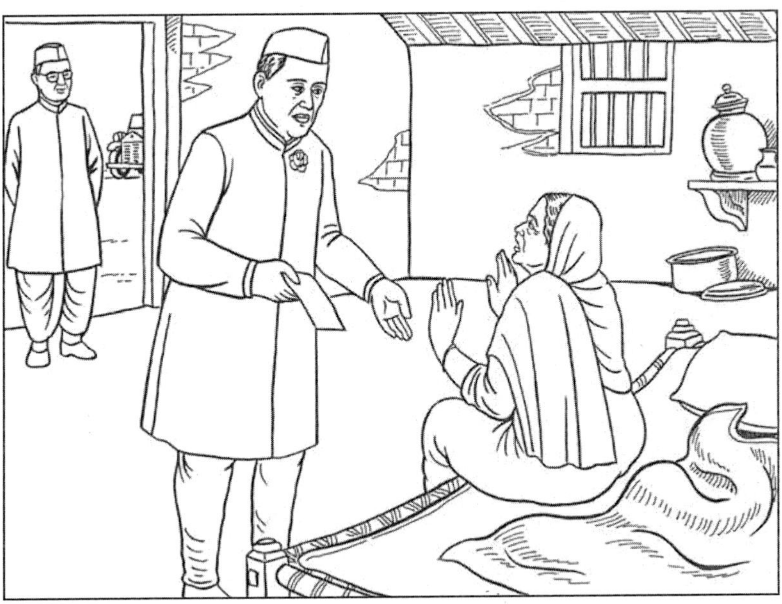

भी कोई बात हुई?"

देखा गया कि किदवईजी की आँखों में आँसू आ गये, कहने लगे– "भाई मेरे, यह बेचारा जरूर किसी आफ़त में पड़ गया होगा, तभी तो बेटी की शादी का नाम लेकर रुपया माँगने आया था। भला मैं उसको बेईमान साबित करने बैठता या मुसीबत में थोड़ी-सी सहायता करता? जिनसे दिलाता हूँ, वे तो लखपति-करोड़पति हैं। उनके लिए १०-२० हजार में क्या फर्क पड़ता है।"

कहते हैं कि जब पंडित नेहरू स्वर्गीय किदवईजी के गाँव गये और उन्होंने टूटे खपरैलों का उनका छोटा-सा मकान देखा तो उन्हें रुलाई आ गयी थी। चारों तरफ गरीबी और अभाव नजर आ रहा था। उन्होंने बेगम से पेंशन लेने को बहुतेरा कहा, परन्तु उनका जवाब था – "जवाहर भाई, मुझे ऐसे शख्स की बेवा होने का फख्र हासिल है जिसने अपनी सारी ज़िन्दगी फ़ाका-मस्ती में गुजार दी, परन्तु उम्र-भर दोनों हाथों से ज़रूरतमन्दों को दिया ही दिया। भला, अब मैं ज़िन्दगी के आखिरी दिनों में सरकार से पेंशन लेकर क्या करूँगी? आखिर मेरा अकेली का खर्च ही कितना है?"

भूरी की नानी

बात बहुत पुरानी है, पर लगता है जैसे कल की ही हो। भूरी की नानी जाति से वैश्य, दुबली-पतली-सी काठी, साँवले रंग और साधारण नाक-नक्शे की थी। प्रौढ़ अवस्था पार कर वह बुढ़ापे की ओर बढ़ रही थी। प्रातः ४ बजे से रात्रि के १० बजे तक काम करती रहती। अपना काम तो था ही क्या, परन्तु लोग उसकी कमजोरी पहचान गए थे। "नानी, तुम्हारे बिना यह काम पार नहीं पड़ेगा" बस इतना कहना ही पर्याप्त था। फिर तो वह काम में जी-जान से जुट जाती और रात-दिन एक कर देती।

नानी की बेटी या दोहिती 'भूरी' को शायद ही किसी ने देखा होगा। दोनों बहुत पहले ही मर गई थीं, परन्तु भूरी का नाम सुनकर उसे ३० वर्ष पहले की एक बालिका की याद आ जाती थी और आँखें गीली हो जातीं। अब तो वह बच्चों से लेकर प्रोढ़ों तक सब की नानी बन गई थी।

प्रतिवर्ष, गर्मी में गाँव के लोग बदरी-केदार की यात्रा पर जाते। रास्ते बीहड़ थे। आवागमन के साधनों के अभाव में नाना प्रकार के कष्ट झेलने पड़ते थे। परन्तु 'गया-बदरी, काया सुधरी' की एक ऐसी मान्यता थी कि बीमार और वृद्ध व्यक्ति भी इस विकट और दुर्गम यात्रा के लिए तैयार हो जाते थे।

महीनों पहले से ही साथ ले जाने वाले सामान की तैयारी होने लग जाती, जैसे गरम कपड़े, छाता, सूखा साग, फीके-मीठे पकवान, लौंग, जावित्री, जायफल आदि। पास-पड़ोस के लोगों से मिलकर क्षमा-याचना भी कर ली जाती कि शायद वापस आना न हो सके।

उन दिनों नौकरों का २ रुपये माहवार वेतन भी लोगों को भारी लगता था। अतः यात्रा में सब लोग आपस में मिलकर सारा काम कर लेते थे। वैसे तो यात्रियों की संख्या २५-३० तक हो जाती थी, परन्तु वे सब ५-७ दलों में बँट जाते। यात्रा के बहुत दिनों पहले से ही भूरी की नानी से लोग वचन ले लेते कि वह उनके साथ जाएगी, क्योंकि सिवाय खाने के, उसे और कुछ तो देना नहीं पड़ता था और काम

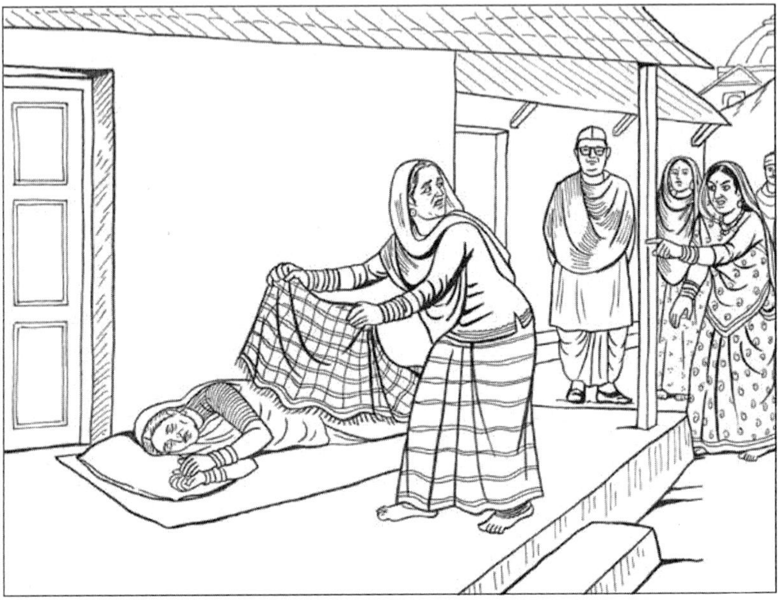

करती चार आदमियों के बराबर। इसके सिवा, कई बार उत्तराखण्ड की यात्रा कर चुकी थी, अतः एक अच्छे 'गाइड' का काम देती थी। किस चट्टी में ठहरने की सुविधा है, कहाँ देखने योग्य क्या-क्या है – यह सब उसे भलीभाँति मालूम था।

नानी जिनको पहले वचन दे देती, उनके ही साथ जाती। उसके बाद नजदीक के सम्बन्धियों के दबाव पर भी अपनी बात नहीं बदलती।

लगभग २५ वर्ष पहले हमलोग बदरी-केदार गए थे। भूरी की नानी को हमने पिछले वर्ष से ही कह रखा था, इसलिए वह हमारे दल के साथ थी।

ऋषिकेश से ही पैदल, टट्टू पर अथवा डांडी में जाना पड़ता था। उन दिनों साबित रुपये को भुनाना आज के एक सौ के नोट को भुनाने के बराबर होता था। सामान ढोने के लिए लोग कुली नहीं करते थे। अपना-अपना बोझा स्वयं लेकर चलते थे। शुरू के दिनों में तो सभी राजी-खुशी जाते, परन्तु बाद में किसी को दस्त, किसी को बुखार या किसी को सिर-दर्द की बीमारी हो जाती। तब नानी अपनी गठरी के अलावा बीमार व्यक्तियों का बोझा भी जिद्द करके ले लेती।

सात-आठ मील चलने के बाद लोग जब किसी चट्टी पर पहुँचते तब थकावट से चूर-चूर होकर लेट जाते। जितने ज्यादा पैर दुखते, उससे कहीं अधिक पेट की भूख

बढ़ी हुई होती। ऐसी हालत में खाना बनाना भी एक समस्या थी, परन्तु नानी को कहने की आवश्यकता नहीं पड़ती। चूल्हे पर दाल चढ़ाकर आटा गूँथने बैठ जाती। कभी-कदाच हम लोग पूछते – "नानी, कितनी बार बदरी आ चुकी हो?" उत्तर में वह दोनों हाथों की ८-९ अंगुलियाँ दिखा देती। वह कहती कि मुँह से कहने पर 'पुन्न' घटता है।

जैसे-जैसे ऊपर पहुँचते, सर्दी बढ़ने लगती। नानी के पास ओढ़ने के दो कम्बल और बिछाने की एक चादर थी। जोशीमठ पहुँचने के पहले ही नानी ने अपना एक कम्बल किसी दक्षिणी साधु को दे दिया। जब हम जोशीमठ पहुँचे तब रात हो गई थी। थोड़ी वर्षा भी शुरू हो गई थी। चट्टी के बारामदे में एक वृद्धा सर्दी से ठिठुर रही थी। भूरी की नानी ने अपना बचा हुआ कम्बल उसको ओढ़ा दिया। साथ वालों ने इस पर उसे बहुत बुरा-भला कहा।

सर्दी से बचाव के लिए साथ की एक महिला ने उसे अपना एक कम्बल उधार दे दिया।

जहाँ भी हम लोग पहुँचते, पता नहीं क्यों भूखे-नंगे लोग उसे ही घेरे रहते। हनुमान चट्टी पहुँचे, तब तक सर्दी बहुत बढ़ गई थी। नानी ने उधार लिया हुआ कम्बल एक गरीब महिला-यात्री को दे दिया। जिस महिला का कम्बल था, वह गाली-गलौज पर उतर आयी। "पास नहीं धेला, चली है दानी-कर्ण बनने को।" दूसरे लोग शायद बीच-बचाव करते, परन्तु वे नानी की इस आदत से खिझे हुए थे।

वैसे, रसोई बनाते समय दोनों वक्त दो-चार व्यक्तियों को वह चुपचाप रोटी दे देती थी और यह बात बर्दाश्त भी कर ली जाती, लेकिन धीरे-धीरे किसी की जाकेट कम होने लगी तो किसी की चद्दर; जिन्हें नानी दूसरे जरूरतमन्द लोग़ों को चुपके से दे देती थी।

मैंने देखा कि उसे लोग चोट्टी तक कहे जा रहे थे और वह सबके कटु-वाक्य चुपचाप सुन रही थी। उसकी आँखों से अश्रुधारा बह रही थी।

अगले दिन नानी को दल से एक प्रकार से अलग-सा कर दिया गया। जब दूसरे साथी पीछे रह गए, तो मैंने उससे पूछा कि उसने ऐसा काम क्यों किया? थोड़ी देर बाद, उदास मन से कहने लगी – "इन लोगों के पास तो जरूरत से ज्यादा कपड़े हैं, पर जिनको दिया गया, वे सर्दी से ठिठुर रहे थे। बच्चों के साथ भला वे इस प्रकार की ठंडक कैसे सह पाते? मैं देश जाकर मजदूरी करके इन सबकी कीमत चुका दूँगी।"

सोचने लगा कि नानी ने न तो मार्क्स को पढ़ा और न एंजिल्स को, फिर पता नहीं किस प्रकार से इन अपरिग्रह व समता के सिद्धान्तों का उसे ज्ञान हो गया। शायद मानवीय संवेदना, सिद्धान्तों की मुखापेक्षी नहीं होती। सहज करुणा की अनुभूति किसी भी पुस्तकीय ज्ञान से बड़ी है।

लौटते समय भी वह रसोई वगैरह का काम तो उसी प्रकार से करती रही, परन्तु अब उसमें वह उत्साह नहीं रह गया था। सदैव उदास, डरी-डरी और सहमी हुई-सी रहती। जब भी दो-चार व्यक्ति कोई बात करते तो वह समझती कि उसकी ही चर्चा हो रही है।

हरिद्वार आने पर कुछ लोग मथुरा-वृन्दावन चले गए, कुछ वापस राजस्थान। सभी लोगों ने आपस में एक दूसरे से क्षमा-याचना की, आलिंगन किया। परन्तु नानी सबसे अलग एक कोने में खड़ी थी; उससे बातचीत करने की शायद किसी ने जरूरत ही नहीं समझी। लोगों ने यह भी नहीं पूछा कि उसके पास वापस देश जाने के लिये खर्चा है या नहीं!

हमें वहाँ से काशी जाना था। हमने नानी को साथ चलने के लिए कहा, परन्तु उसने ना कह दिया, उसके मन में एक प्रकार की झेंप-सी आ गई थी। ऐसा लगा कि कुछ दिनों के लिए वह एकान्त चाहती है। विदा होते समय मैंने नानी को कुछ रुपये देने चाहे, परन्तु उसने नम्रतापूर्वक मना कर दिया। वैसे उसकी अपनी जरूरतें थीं भी कितनी?

ट्रेन में बैठा हुआ मैं समाचार-पत्र पढ़ने का प्रयत्न कर रहा था, परन्तु रह-रह कर नानी की बात याद आ जाती थी। सोचने लगता था कि क्या वास्तव में नानी चोर है? उसके पास तो दो धोती और दो चद्दर के सिवा कुछ भी नहीं है।

दुःख में सुख

पुराने जमाने में राजस्थान में ऐसी मान्यता थी कि अगर व्यक्ति की अर्थी में पुत्र का हाथ नहीं लगे या क्रिया-कर्म करने के लिए पुत्र न हो तो उसे मोक्ष नहीं मिलती। इसीलिए वहाँ निपूते की गाली बहुत खराब मानी जाती थी। पुत्र-प्राप्ति के लिए लोग व्रत-पूजन और कठिन तपस्या करते थे।

शेखावाटी अंचल के एक शहर में धनाढ्य सेठ थे। सब प्रकार की धन-सम्पत्ति से भरा-पूरा घर होने पर भी सन्तान के बिना पति-पत्नी दुःखी रहते थे। अनेक प्रकार के व्रत-उपवास, दान-धर्म और तीर्थ-यात्रा की, परन्तु परमात्मा ने उनकी नहीं सुनी। प्रौढ़ावस्था होने लगी तब एक प्रकार से निराश हो गए। पड़ोस में उन्हीं की जाति का एक गरीब व्यक्ति था जिसके यहाँ सात लड़के थे। एक दिन पति-पत्नी उसके घर गये। देखा कि डेढ़-दो वर्ष से लेकर १४-१६ वर्ष तक के बच्चे आंगन में खेल रहे थे। उन्हें देख कर दोनों की आँखें भर आईं। सेठानी ने गृह-स्वामिनी से कहा – बहिन, लोग मुझे निपूती कहकर ताना देते हैं। तुम्हारे सेठजी जब दूकान से सूने घर में आते हैं तो दुःखी-से रहते हैं। मैं तुमसे आँचल पसार एक की भीख माँग रही हूँ। परमेश्वर ने तुम्हें सात दिये हैं, इनके सात सौ हो जायें।

बहुत आरजू-मिन्नत के बाद भी उन लोगों को निराश वापस लौटना पड़ा।

फतेहपुर (शेखावाटी) के पास एक टीले पर नाथ सम्प्रदाय के एक महात्माजी रहते थे। सब प्रकार से निराश होकर एक दिन वे उनकी शरण में गए और पैर पकड़कर रोने लगे।

कहते हैं कि नाथजी महाराज वचनसिद्ध थे। उन्होंने कहा कि अकाल का वर्ष है। भूखे-नंगे बच्चों का पालन करो, भगवान तुम्हारी सुनेगा।

अपने गाँव आकर एक बड़े नोहरे में गरीबों के भूखे बच्चों को खिलाने-पिलाने लगे। दोनों पति-पत्नी सारे दिन उनकी देख-भाल करते रहते।

भगवान की कृपा से एक वर्ष के भीतर ही उनके घर में पुत्र-जन्म हुआ। उस

अवसर पर सेठजी ने जी खोलकर दान-धर्म और पूजा-पाठ किया। सारे गाँव में मिश्री-बादाम बाँटे।

बच्चे को लेकर वे नाथजी महाराज की सेवा में गए। महाराजजी ने कहा कि आप दोनों की अवस्था भगवान के भजन करने की है। संसार की मोह-माया में जितना कम पड़ोगे उतना ही अच्छा है।

सेठ-सेठानी उस समय इतने हर्ष-विभोर थे कि नाथजी की इस गूढ़ बात पर उन्होंने ध्यान नहीं दिया।

सुख के दिन बीतते देर नहीं लगती। देखते-देखते बालक बिहारी सोलह वर्ष का हो गया; बहुत ही सुन्दर, स्वस्थ, शिक्षित और विनयी।

दीपावली के बाद वे प्रतिवर्ष महाराजजी के पास धोक खाने को बिहारी के साथ जाते थे। उस बार उन्होंने जब उसके विवाह करने की आज्ञा चाही तो महाराजजी ने टाल-मटोल कर दी और कहा कि इतनी जल्दी क्या है?

लाड़-प्यार का इकलौता बालक था। सेठ-सेठानी कभी उसे आँखों से ओझल नहीं होने देते। कभी-कदाच उसका पेट या सिर दुखने लगता तो वैद्य-डाक्टर से घर भर जाता, परन्तु कहते हैं कि मृत्यु सौ रास्ते बना लेती है।

राजस्थान में जिस दिन अच्छी वर्षा हो जाती है, लोग हर्ष-विभोर होकर जोहड़-तालाब में कितना पानी जमा हुआ है, यह देखने को जाते हैं। पानी को माथे से

लगाकर आचमन करते हैं।

ऐसे ही एक दिन बिहारी, मित्रों के साथ गाँव के जोहड़े पर गया था। आचमन करते समय पैर फिसल गया और क्षण भर में ही जलमग्न हो गया। बहुत बड़ा तालाब भी नहीं था, परन्तु साथियों के बहुत प्रयत्न करने पर भी कुछ फल नहीं निकला।

सेठ-सेठानी का बुरा हाल था। पागल-से हो गए, तालाब में डूबने के लिए जिद्द करने लगे; लोगों ने मुश्किल से पकड़ रखा।

दूसरे दिन ही दोनों महाराजजी के टीले पर जाकर उनके पैर पकड़कर बैठ गए। कहने लगे कि आपने हमें इस बुढ़ापे में उल्टा दुःखी कर दिया, इससे तो अच्छा होता कि हमारे पुत्र पैदा ही न होता।

महाराजजी ने समझाने का प्रयत्न किया कि जो कुछ होता है सब ईश्वर की इच्छा से होता है और मनुष्य को उसे शिरोधार्य करना ही चाहिए। बिहारी से तुम्हारा इतने दिनों का ही सम्बन्ध था।

बहुत विनती-प्रार्थना पर महाराज ने कहा कि गरीब और अनाथ बच्चों के लिए एक स्कूल खोलकर उनकी पढ़ाई की और रहने-खाने की व्यवस्था करो।

सेठजी ने एक मकान में इस प्रकार के छोटे बच्चों का एक स्कूल खोल दिया। दोनों पति-पत्नी दूसरे सारे कार्यों को छोड़कर सुबह से शाम तक उनकी शिक्षा, देखभाल और खिलाने-पिलाने की व्यवस्था करने लगे।

बच्चे उनसे इतने हिल-मिल गए कि उन्हें 'माताजी', 'पिताजी' कहने लगे। वे कभी उनकी गोद में आकर बैठ जाते तो कभी पीछे से आकर आँख बन्द कर देते। कभी-कदाच कोई बच्चा बीमार हो जाता तो उनके हाथ से दवा लेने की जिद्द करने लगता।

सदा की भांति, दीपावली के बाद वे दोनों दर्शन और चरण-स्पर्श के लिए महाराजजी के पास गए। उन्होंने पति-पत्नी को सुखी रहने का आशीष दिया और हाल-चाल पूछा।

सेठ-सेठानी का उत्तर था – "महाराज, आपके आदेश का हम पालन कर रहे हैं। अब हम सुखी हैं, परम सुखी। हमें पाठशाला के बच्चों में अपना बिहारी मिल गया।"

लक्ष्मी बहन

बचपन में देखते थे कि माँ और चाची जब-बूढ़ियों के पैर छूतीं तो उन्हें 'सात पूतों की माँ' होने की आशीष मिलती। हमारे मोहल्ले में एक माँजी थी। उनके सात लड़के, उनकी बहुएँ और बहुत से पोते-पोतियाँ थीं।

बार-त्योहार पर सधवा स्त्रियाँ उनसे आशीर्वाद लेने के लिए जाती थीं, क्योंकि सात पुत्रों की माँ होना उस समय गौरव और शुभ-लक्षणों की बात मानी जाती थी।

ऐसा लगता है कि उन दिनों जमीन के अनुपात में जनसंख्या बहुत कम थी। यांत्रिक खेती थी नहीं, इसलिए हर प्रकार के उत्पादन के लिए ज्यादा आदमियों की आवश्यकता रहती थी। इसके सिवा छोटे-छोटे राज्य थे, जिनमें आपस में आए दिन लड़ाइयाँ होतीं और उनमें भी लड़ने के लिए सिपाहियों की जरूरत रहती।

विधवा और बाँझ महिला को अशुभ माना जाता था। परदेश विदा होते समय यदि संयोग से कभी इस प्रकार की स्त्री रास्ते में मिल जाती तो बुरा मुहूर्त समझ कर वह यात्रा स्थगित कर दी जाती। विदा के समय सगी चाची या ताई भी अगर विधवा होती तो सामने आकर आशीष नहीं देती थी। इसी सन्दर्भ में उन दिनों की एक घटना मुझे याद है।

हमारे मोहल्ले में लक्ष्मी बहिन सर्वमान्य और सर्वप्रिय थी। छोटे-बड़े सब उसका आदर करते थे। अपने माता-पिता की वह पहली सन्तान थी। उसके बाद लगातार पाँच पुत्र हुए और घर में धन-सम्पदा भी बढ़ती गई।

उन दिनों, लड़कियों के विवाह बचपन में ही हो जाते थे, परन्तु लक्ष्मी अपने पिता की लाड़ली बेटी थी, इसलिए वे १४ वर्ष तक उसे बालिका ही समझते रहे। आखिर बहुत खोज-बीन के बाद एक सम्पन्न परिवार में उसकी शादी तय हुई। विवाह में माता-पिता ने दिल खोलकर खर्च किया। वर-पक्ष को बहुत बड़े दहेज के अलावा, लड़की को कीमती गहने-कपड़ों से लादकर विदाई दी। उसकी सास का तो विवाह से पहले देहान्त हो गया था, ससुराल में जेठानियाँ थीं। उसके रूप और धन से उन्हें ईर्ष्या होने लगी। उसे हर समय उनके कटु वचन सुनने पड़ते। उन सबको खुश करने के

लिए वह रात-दिन काम में जुटी रहती। पीहर से जो चीजें आतीं, वे सब भी उनके पास ही भेजती, परन्तु उनको इसमें भी लक्ष्मी के पिता का दिखावा नज़र आता।

तीन-चार वर्ष तक जब उसके सन्तान नहीं हुई तो उन्होंने देवर के कान भरने शुरू कर दिए कि बहू बाँझ है। दूसरी शादी करनी चाहिए। पति अपनी बीमारी के बारे में जानता था। परन्तु पुरुष भला अपना दोष कब स्वीकार करता है?

लक्ष्मी जब पीहर आती तो बहुत ही उदास और मुरझाई हुई रहती। माता या भौजाई के बहुत पूछने पर भी बात टाल देती। थोड़े दिनों बाद क्षय-रोग से उसका पति मर गया। उस समय यह रोग असाध्य-सा माना जाता था। बाईस वर्ष की अवस्था में लक्ष्मी विधवा होकर रोती-बिलखती पिता के घर आ गई। उसके बाद भी दो-एक बार ससुराल गई थी, परन्तु उसके साथ वहाँ बहुत ही अशोभनीय व्यवहार किया गया। तरह-तरह की भद्दी गालियाँ भी दी गईं। शुरू से ही वह स्वाभिमानी स्वभाव की थी तथा मान-सम्मान के वातावरण में पली थी, इसलिए सारे गहने और कपड़े उन्हें सौंपकर केवल एक साड़ी पहने पिता के घर आ गई। इसके बाद ससुराल वालों ने उसकी खोज-खबर कभी नहीं ली।

कुछ वर्षों बाद माता-पिता का देहान्त हो गया। अब बड़ी होने से लक्ष्मी बहन ही उस सम्पन्न परिवार की वास्तविक मालकिन थी। भाई और भाभी उसकी हर इच्छा को आज्ञा की तरह मानकर चलते।

सुबह से शाम तक साधु-संन्यासी, गरीब और जरूरतमन्द उसे घेरे रहते। सबको प्रेमपूर्वक उत्तर देती और सहायता करती। अपनी कोई सन्तान नहीं हुई, परन्तु बहुत से गरीब ब्राह्मणों की कन्याओं के विवाह उसने सम्पन्न कराये, जिनमें कन्यादान अपने हाथों किया। विवाह के बाद भी वार-त्योहार पर उनको बुलाती रहती।

राजस्थान के उस इलाके में कई बार अकाल पड़े। उन दिनों लक्ष्मी बहन को उसके भाइयों के आसामी घेरे रहते। किसी को अपने कर्ज की अदायगी में मोहलत चाहिए, तो किसी को नया कर्ज। उसके पास से निराश होकर शायद ही कोई लौटता था। कभी-कभी भाई नाराज भी होते, परन्तु बहन की बात टालने की हिम्मत उन्हें नहीं होती। अपने माँ-बाप से बच्चे नहीं डरते थे, पर क्या मजाल कि बुआ के सामने कुछ भी गलत-सही बात करें या झगड़ा-झंझट करें। कभी-कदाच आपस में लड़ लेते तो दोनों पक्ष उसके पास शिकायत लेकर पहुँचते।

रागग पाकर पहले भतीजे का विवाह मंडा (तय हुआ)। बारात पास के गाँव में जाने को थी। निकासी पर वर की 'घुड़चढ़ी' के समय आरती करने का नेग बुआ का

होता है। वर को बुआ ने ही पाल-पोसकर बड़ा किया था। वह उसे अपने पेट के जन्मे पुत्र से भी ज्यादा प्रिय था। स्वयं विधवा और निस्सन्तान थी, इसीलिए अमंगल के डर से आरती के लिए उसने किसी दूर के सम्बन्ध की बुआ को बुला लिया था। यहाँ तक तो सब ठीक चल रहा था, परन्तु एक बार वह अपने भतीजे को वर-राजा के वेश में सेहरा पहने हुए देखना चाहती थी। उसके मन में बहुत दिनों से इसकी साध थी।

नेगचार के बाद जब बारात की रवानगी का समय आया तो प्रथानुसार घोड़ी पर चढ़ने के पहले वर बड़े-बूढ़ों के पैर छूने लगा। माता-पिता के पैर छूकर वह जब

बुआ की तरफ जाने लगा तो उसके पिता ने रोक लिया। बहन को भी गुस्से में बुरा-भला कह दिया – "इस शुभ बेला में तुम्हें कुछ तो ख्याल रखना चाहिए था। अशगुन करने को हर समय बीच में आ जाती हो।"

शायद, एकान्त में समझा कर कहने से वह स्वयं ही नहीं आती, परन्तु सैकड़ों सगे-सम्बन्धियों के बीच इस प्रकार के अनधारे अपमान से बुआ का हृदय तिलमिला गया। उसे लगा जैसे वह सिंहासन से उतार कर कीचड़ में गिरा दी गई है। थोड़ी देर तक तो वह फटी-फटी आँखों से देखती रही, फिर जोर-जोर से रोते हुए कहने लगी-

-"वर्षों से तुम्हारे घर में रात-दिन मेहनत करती रही हूँ। सर्दी-गर्मी की परवाह किए बिना तुम्हारे बच्चों को पाल-पोस कर बड़ा किया है। आज मैं कुलक्षणी और अमंगली हो गई! इसलिए अपने, गिरधारी की बारात भी नहीं देख सकती! जिसको मैंने बीस वर्ष तक पाला-पोसा है, भला उसका मैं अमंगल चाहूँगी? इसके पहले ही मेरी आँखें न फूट जाएंगी!" रोते हुए अचेत होकर कटे वृक्ष की तरह गिर गई।

उसके प्रति लोगों के मन में अटूट श्रद्धा-भक्ति थी। इस अप्रत्याशित काण्ड से उन सबके मन में भय-सा समा गया। अब तो भाई भी बहुत पछता रहा था, परन्तु कही हुई बात तो वापस आ नहीं सकती। बारात का मुहूर्त टला जा रहा था, परन्तु वर अन्य सब बच्चों के साथ बुआ के पास बैठकर बच्चों की तरह रोने लग गया था। बहुत समझाने-बुझाने पर भी वह उठना नहीं चाहता था। थोड़ी देर बाद लक्ष्मी बहन को चेत होने पर वस्तुस्थिति का ज्ञान हुआ। सुसंस्कृत और प्रतिष्ठित घराने की बेटी थी। अच्छे-बुरे की पहचान भी पूरे तौर पर थी। शीघ्र ही एक नतीजे पर पहुँच गई। वर को उठाकर छाती से लगाया और विदा होने का आदेश देकर जल्दी से अपने कमरे में जाकर किवाड़ बन्द कर लिए।

हजारी दरोगा

राजस्थान के बीकानेर राज्य में उस समय जिस महाराजा का शासन था उसके बारे में खुशामदी लोग कहते थे कि चोर-डाकू राज्य की सीमा में घुसने की हिम्मत नहीं करते, अन्नदाता के पास घूसखोर अफ़सरों की शिकायत पहुँचते ही उन्हें बेइज्जत करके निकाल दिया जाता है, आदि। वैसे इन सब बातों में कुछ तो तथ्य था। जो भी हो, उन दिनों जनता को अपने अधिकारों के बारे में जानकारी नहीं थी। यहाँ तक कि तहसीलदार को भी अन्नदाता और मालिक कहकर पुकारते थे। बड़े ओहदे आमतौर पर राजपूत छुटभैयों को दिए जाते, चाहे वे पढ़े-लिखे बिलकुल न हों।

ठाकुरों के गाँव में दूसरी जातिवाले घोड़े या ऊँट पर चढ़कर नहीं जा पाते थे। बेगार में मजदूरी ली जाती थी। किसी ठाकुर के मरने पर गाँव के सब बड़े-बूढ़ों को सिर मुँड़ाना पड़ता था।

दूसरे सब देशों में गुलामी प्रथा समाप्त हो गई थी, परन्तु हमारे राजस्थान में दरोगा जाति के रूप में बहुत बाद तक यह प्रथा चालू थी। राजाओं और ठाकुरों के विवाह में दरोगा लड़कियों को दहेज में दिया जाता था। नाम-मात्र के लिए उनके विवाह तो कर दिए जाते, परन्तु वे आमतौर पर कुँवर-साहब की उप-पत्नी के रूप में रहती थी।

बीदासर के पास के गाँव का एक बड़े ठिकाने का जागीरदार महाराजा के यहाँ ऊँचे ओहदे पर था, महाराजा का मुँहलगा था; उसे हर प्रकार के अत्याचार करने की छूट थी। लोग तो यहाँ तक कहते थे कि उसके सात खून माफ़। उसी गाँव में हजारी नाम का दरोगा का लड़का था। बचपन से ही कुश्ती-दंगल लड़ता था। घर में गाय-भैंस थी, खाने-पीने की कमी नहीं थी। १८ वर्ष की उम्र में ही पास-पड़ोस में उसके बल-पौरुष की ख्याति फैल गई थी।

एक दिन पास के कस्बे से एक राजपूत पहलवान आया। पैर में साँकल डाले सात दिन तक घूमता रहा, परन्तु किसी की हिम्मत साँकल रोकने की नहीं हुई। लोग हजारी के बाप के पास जाकर कहने लगे, गाँव की इज्जत का प्रश्न है। हमेशा के

लिए यह बात चालू रह जाएगी कि अमुक गाँव में कोई भी मर्द नहीं था। बहुत डरते हुए उसने बेटे को उनके साथ भेज दिया। कस्बे में जाकर हजारी ने पहलवान के पैर की साँकल रोक ली – जिसका अर्थ था, उससे दंगल करना।

कुश्ती के दिन आस-पास के गाँवों के भी हजारों व्यक्ति जमा हो गए। वे सब सहमे-से थे, कहाँ तो दैत्य-सा पहलवान और कहाँ बेचारा हजारी जिसकी अभी मसें ही नहीं भीगी थीं।

जोड़ शुरू होते ही लोगों ने देखा कि हजारी ने पहलवान को सिर पर उठा लिया और थोड़ी देर तक इधर-उधर घुमाकर बड़े जोर से एक तरफ फेंक दिया। फिर तो भिड़ने की हिम्मत ही उसकी नहीं हुई। शर्मिन्दा-सा एक तरफ के रास्ते से बाहर चला गया। वहाँ जो राजपूत सरदार मौजूद थे, उन्होंने इसमें अपनी जाति का अपमान महसूस किया। एक दरोगा के छोकरे ने नामी राजपूत घराने के सरदारों की हजारों व्यक्तियों के सामने बेइज्जती कर दी! वे लोग ठाकुर साहब के पास शिकायत लेकर गढ़ में पहुँचे, परन्तु उस समय लोगों का रुख देखकर बात आई-गई कर दी गई। फिर भी वे सब मौका देखकर बदला लेने की ताक में रहने लगे।

थोड़े दिनों बाद हजारी का विवाह हुआ। प्रथा के अनुसार बहू रावले में ठकुरानीजी के पैर छूने गयी। नई बहू बहुत ही सुन्दर थी। संयोग से ठाकुर साहब ने उसे देख लिया और खवास को उसे रात में महल में हाजिर करने को कहा। जाति-बिरादरी के लोगों के बहुत समझाने पर भी हजारी, बहू को रावले में भेजने को तैयार नहीं हुआ। खवास को एक प्रकार से धमकाकर अपने घर से निकाल दिया। दूसरे दिन गढ़ में उसकी बुलाहट हुई। उसने खवास को गाली-गलौज दी थी, इसकी कैफियत माँगी गई। उसका कहना था कि महाराज, आप तो मेरे पिताजी की आयु के हैं और गाँव के मालिक होने के कारण हमारे पिता-तुल्य हैं, इसलिए मेरी पत्नी आपकी पुत्री के समान है, परन्तु इस खवास ने उससे बहुत ही गन्दी बातें कही, इसलिए मैंने भी इसे गुस्से में कुछ कह दिया था।

एक दरोगा के लड़के की ठाकुर साहब के सामने ऊँची नजर करके यह सब कहने की हिम्मत उस जमाने में अभूतपूर्व घटना थी। कुछ पुरानी अदावत थी ही, मुसाहिबों ने कहा कि महाराज, यह तो आँखें दिखाता है और अपनी पत्नी को आपकी पुत्री बनाकर स्वयं जमाई बनता है, इसलिए इसकी आँखें निकाल देनी चाहिए।

ठाकुर साहब गहरे नशे में थे, हुक्म हुआ – "इसकी आँखों में लोहे की गरम सलाखें डाल दी जाएँ!"

उसी समय उसे पकड़ कर बाँध दिया गया। लोहे की बड़ी-बड़ी सलाखें गरम

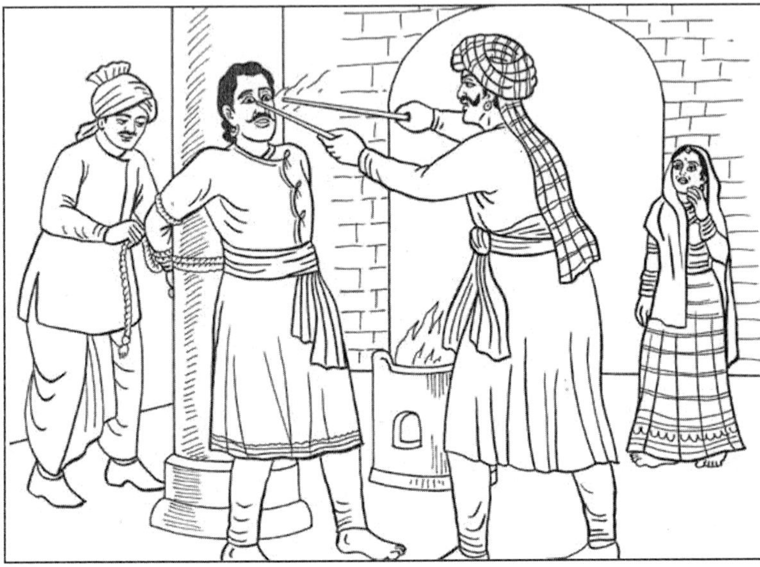

की गईं और गाँव के सैकड़ों लोगों के सामने उसकी आँखों में भोंक दी गईं। उसके माँ-बाप और पत्नी एक कोने में खड़े उसकी करुणा-भरी चीख-पुकार सुनकर सुबुक रहे थे।

महाराजा को फरियाद की गयी, परन्तु वहाँ से भी न्याय नहीं मिला, क्योंकि ठाकुर उनका ए.डी.सी. था।

हजारी के घरवालों ने सोचा कि अब बहू की इज्जत भी शायद ही बच पाये, इसलिए सब दूसरे गाँव में जाकर रहने लगे।

बीदासर के एक सेठ उस ठाकुर के मित्र थे। एक दिन वे ठाकुर साहब की न्याय-प्रियता की प्रशंसा करते हुए मुझसे कहने लगे कि हजारी को दण्ड तो कुछ कड़ा जरूर दिया गया, परन्तु इन छोटी जातिवालों को सिर पर चढ़ाना भी अच्छा नहीं रहता। पद और उम्र में वे मेरे से बड़े थे, परन्तु मुझे उस दिन कुछ ज्यादा ही गुस्सा आ गया था, इसलिए कह ही बैठा – "आप शायद ठाकुर साहब की हुक्म-उदूली नहीं करते और रावले में अपनी बहू को भेज देते।" मैंने देखा कि वे मेरी बात सुनकर बहुत ही क्रोधित हो गए हैं।

मैंने हजारी को सन् १९५७ के शुरू में देखा था। राजाओं के राज्य समाप्त हो चुके थे, वे भी साधारण लोगों की तरह वोट माँगते फिर रहे थे। उस समय वह ५०-

५५ वर्ष का हो गया था। झुर्रियों से भरे चेहरे पर एक असीम शोक की छाया नजर आती थी। दुःख और सन्ताप ने उसे असमय में ही वृद्ध बना दिया था। पत्नी दूसरों के घर झाड़ू-बर्तन का काम करके कुछ कमा लेती थी, जिससे दोनों किसी तरह उदर-पूर्ति करते थे।

विवाह होते ही जो घटना हो गई थी, उससे कुछ ऐसी ग्लानि उन दोनों के मन में हुई कि उन्होंने प्रतिज्ञा कर ली कि 'ठाकुरों के लिए गुलाम बच्चे पैदा नहीं करेंगे' और वे वानप्रस्थियों की तरह रहने लगे थे।

मेरे साथ उसी कस्बे के कुछ कार्यकर्त्ता थे। उनका हजारी से अच्छा सम्पर्क था। उनके साथ हजारी के घर गया। जीवनचर्या के बारे में पूछताछ की। शुरू में तो हजारी की पत्नी को थोड़ी-सी झिझक हुई, परन्तु कुछ देर के बाद ऐसा लगा कि बहुत दिन पहले की ढँकी हुई परतें उधेड़ने में उसके दिल का बोझ हलका हो रहा है। कहने लगी – "उस दिन इसकी करुणा-भरी चीख सुनकर मैं तो बेहोश हो गई थी। होश आया तो देखा कि बड़ी-बड़ी सुन्दर आँखों की जगह खून से सने दो गड्ढे हो गए हैं। शायद लोहे की सलाखों में कुछ जहर जैसी चीज थी। पास में साधन भी नहीं था कि कुछ दवा-पानी करते। किसी तरह नीम के पानी और पत्तों की सेंक से ३-४ महीनों में घाव भरे। इसी दुःख से मेरे सास-ससुर की मृत्यु हो गयी। भला हो, इन गाँववालों का, जिन्होंने हमें सहारा देकर बचा लिया। परन्तु मेरे पति को उस घटना से कुछ इस तरह का सदमा पहुँचा कि बराबर रोगी रहने लगा। इस समय भी कभी-कभी बरसात की रातों में आँखों में टीस चलती है तो दर्द से चिल्ला उठता है। ठाकुर के तीन-तीन जवान बेटे हैं, गाँव की किसी भी बहू-बेटी की जब चाहे इज्जत ले लेते हैं। जमींदारी चली गई, परन्तु जमीनें तो हैं ही। इसके सिवा पहले का भी बहुत है। लोग कहते हैं कि परमात्मा के घर न्याय है, परन्तु मुझे तो इसका विश्वास नहीं होता।"

मैंने देखा कि बात करते हुए उसकी आँखों से अश्रुधारा बह चली थी।

राजा भी चुनाव लड़ रहा था, उसी गाँव में उसकी मीटिंग थी। लोगों ने स्वागत में तोरण-दरवाजे बनाए थे। 'अन्नदाता की जय', 'घणी खम्मा' आदि कह रहे थे। लोग कांग्रेसी शासन से राजाओं का राज्य अच्छा बता रहे थे। मेरे मन में हुआ कि हजारी को और उसकी बहू को ले जाकर उन सबके सामने मंच पर उपस्थित करूँ।

परन्तु पैंतीस वर्ष पहले की घटना पर अब हजारी को रोष नहीं रह गया था। उसका कहना था कि पूर्व-जन्म के पाप थे, जिससे दरोगा की जाति में हमने जन्म लिया, इसमें दूसरे किसी को क्यों दोष दिया जाय?

अनायास ही उस सहिष्णु-वीर के प्रति मेरा सिर झुक गया।

हरखू की माँ

बात शायद ५०-५५ वर्ष पहले की है। उस समय राजस्थान के प्रायः प्रत्येक गाँव में किसी बट या पीपल के वृक्ष पर या किसी सूने कुएँ की सारण (ढलान) में भूत-प्रेत या जिन्न का निवास माना जाता था। गाँव में बहुत से ऐसे व्यक्ति मिल जाते थे जो कसम खाकर कहते कि अपनी आँखों से एक रात अमुक स्थान पर सफेद कपड़े पहने बड़े-बड़े पैरों वाले, वृक्ष की-सी ऊँचाई के एक भूत को देखा था।

भूत-भूतनी के सिवाय प्रत्येक कस्बे या गाँव में एक-दो डाकी या डाकिन भी होते थे। मुझे अपने गाँव की एक घटना अब भी अच्छी तरह याद है। हरखू की माँ वहाँ डाकिन के रूप में प्रसिद्ध थी। उस समय वह प्रौढ़ावस्था में थी। स्वास्थ्य भी साधारणतया ठीक था, परन्तु लोग उससे डरते थे, इसलिए किसी घर में उसे काम-काज मिलता नहीं था। कमाने वाला कोई था नहीं, भीख माँगकर किसी तरह अपना निर्वाह करती थी। जब मोहल्ले में आती तो सारे घरों में पहले से ही उसके आने की खबर फैल जाती। स्त्रियाँ बच्चों को छिपा लेती और घर के दरवाजे पर से ही जल्दी से अनाज या रोटी देकर उसे वापस कर देती। हम बच्चे सहमे हुए से उसे जाते हुए पीछे से देखने का प्रयत्न करते।

उन दिनों गाँवों में डाक्टर-वैद्य तो थे नहीं। बच्चों को 'डब्बा' या अन्य किसी प्रकार की बीमारी होने पर हरखू की माँ पर सन्देह जाता था। दो-तीन सयाने व्यक्ति जाकर उसका थूक लाकर बच्चों पर छिड़कते थे। उनमें से बहुत-से तो अपने आप ठीक हो जाते, मगर कुछ मर जाते। मरने वालों की जिम्मेदार हरखू की माँ समझी जाती। हरखू की माँ ने भी इस अपमानित जीवन से एक प्रकार का समझौता-सा कर लिया था, क्योंकि जीवन-यापन करने के लिए किसी-न-किसी प्रकार से अन्न-वस्त्र की व्यवस्था करना तो जरूरी था ही।

कई वर्षों बाद अपने गाँव गया था। दूसरी बातों के साथ-साथ हरखू की माँ की भी चर्चा आई तो पता लगा कि वह बहुत दिनों से बीमार है, इसलिए भिक्षा के लिए

नहीं आ पाती। उसे नजदीक से जानने की जिज्ञासा तो बहुत वर्षों से थी ही और अब मेरे लिए उसका कोई भय भी नहीं रह गया था, इसलिए लोगों के मना करने पर भी एक मित्र के साथ उसके घर मिलने के लिए गया।

वह गाँव से बाहर एक झोंपड़ी में रहती थी। वहाँ जाकर देखा कि एक टूटी-सी खाट पर वह लेटी हुई थी। दो-चार मिट्टी के और अल्युमिनियम के बरतन इधर-उधर बिखरे हुए पड़े थे। कई दिनों से शायद सफ़ाई नहीं की गई थी, इसलिए कूड़ा-करकट भी फैला पड़ा था।

दो-तीन बार आवाज़ देने पर वह उठी और फटी-फटी आँखों से हमें देखने लगी। उसे विश्वास ही नहीं हो रहा था कि कोई उसे भी पूछने के लिए आ सकता है। दुखी मनुष्य को जब सान्त्वना मिलती है तो वह द्रवित हो जाता है। हमें देखकर वह रोने लगी। कुछ कहना चाहती थी, परन्तु हिचकियाँ बँध गई; अतः कह न सकी। फ्लास्क में चाय ले गए थे, एक बड़े कटोरे में पीने को दी, सब पी गई। शायह बहुत भूखी-प्यासी थी।

मैंने अपने मित्र को मोहल्ले में से किसी एक मजदूर को लाने के लिए भेजा, परन्तु कोई भी उसके पास आने को तैयार नहीं हुआ। मेरे साथ कलकत्ते से एक

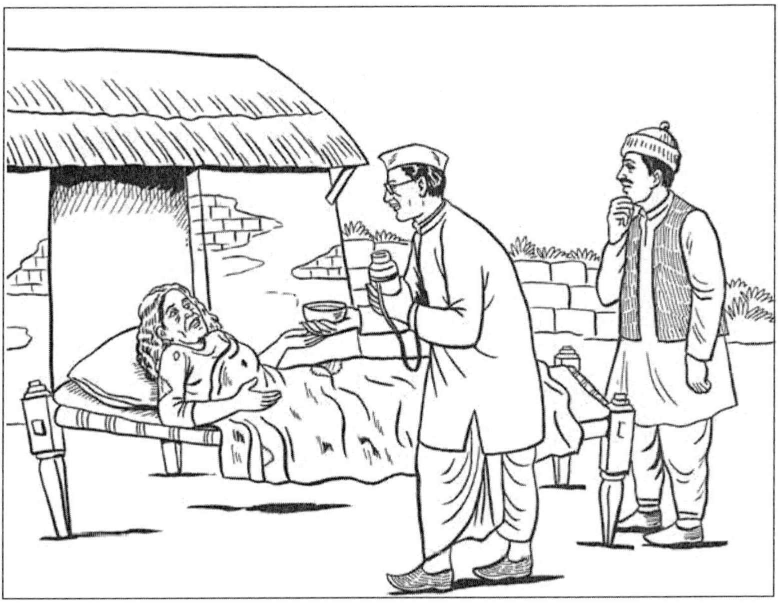

नौकर आया हुआ था। उसे साथ लेकर मैं शाम को पुनः उसके यहाँ गया, साथ में गरम दूध, दलिया तथा साधारण ताकत की औषधि ले गया था। जितनी राहत उसे पथ्य और दवा से नहीं मिली, शायद उससे ज्यादा इस बात से मिली कि उस उपेक्षिता के प्रति भी किसी की सहानुभूति है।

दूसरे दिन समझा-बुझाकर एक वैद्यजी को ले गया और उसकी चिकित्सा शुरू की। उचित पथ्य और दवा की समुचित व्यवस्था से थोड़े दिनों में ही वह स्वस्थ हो गई। फिर तो कई बार वहाँ गया, उसके प्रति एक आत्मीयता-सी हो गई थी। मन में एक कचोट-सी भी थी कि इस असहाय के साथ अन्ध-विश्वास के वशीभूत होकर, समाज और गाँव के लोगों ने बहुत बड़ा अन्याय किया है।

एक दिन मैंने कहा – "हरखू की माँ! मैं तुम्हारे बारे में कुछ जानकारी प्राप्त करना चाहता हूँ। अगर बुरा न मानो तो मुझे अपने जीवन की सारी बातें बताओ।" थोड़ी-सी हिचकिचाहट के बाद जो इतिहास उसने बताया, वह इस प्रकार है –

"जब मैं १३ वर्ष की थी तब अमुक गाँव के ठाकुर साहब की बाई-सा के विवाह में दायजे में दे दी गयी थी। उनकी ससुराल में आकर मेरा विवाह वहाँ के एक दरोगा के लड़के के साथ कर दिया गया। हम दोनों पति-पत्नी रावले की चाकरी में रहते थे। साधारण खाने-पहिनने को मिल जाता था। पति कँवर साहब का काम करता और मैं कँवरानी जी का।

कुछ वर्षों बाद हमें एक बच्चा हुआ, प्यार का नाम रखा गया हरखू! एक बार गाँव में हैजा फैला। मेरा पति भी इससे अछूता न बचा। गाँव का एकमात्र वैद्य दूसरे बड़े लोगों की चिकित्सा में लगा हुआ था। बहुत आरजू-मिन्नत करने पर भी वह मेरे पति को देखने नहीं आया और दवा-दारू के अभाव में वह मर गया। रावले में खबर भेजी गयी परन्तु वहाँ से कोई भी श्मशान तक साथ जाने के लिए नहीं आया; क्योंकि हैजे के रोग से मृत व्यक्ति की छूत लग जाने का डर जो था! मैंने दो-चार पड़ोसियों की सहायता से किसी प्रकार उसका दाह-संस्कार किया। घर आने पर बच्चे को भी दस्त और उल्टी होते हुए पाया। दवा के नाम पर भगवान का नाम लेकर प्याज का रस देने की तैयारी कर ही रही थी कि ठाकुर साहब के यहाँ से बुलावा आ गया। बहुत रोने-गिड़गिड़ाने पर भी छुटकारा नहीं मिला। कँवरानीजी की चोटी-कंघी करके जब मैं भागती हुई घर लौटी तो मेरा हरखू सारे दुःखों को भूलकर सदा के लिए सोया हुआ मिला। इसके बाद मैं पागल-सी रहने लगी, रात-दिन हरखू को पुकारती रहती। थोड़े दिनों के बाद ही फिर से मुझे रावले के काम पर जाना पड़ा। हम दरोगे एक प्रकार से ठाकुरों के ज़र-खरीद गुलाम की तरह होते थे।

संयोग से उन्हीं दिनों कँवरानीजी के दोनों पुत्र मर गए। मुझे कुलक्षणी समझ कर वहाँ से निकाल दिया गया और फिर मैं इस कस्बे में आकर मेहनत-मजदूरी करके निर्वाह करने लगी। मुझे बच्चों से कुछ इस प्रकार का मोह हो गया था कि बिना मेहनताने के ही मोहल्ले के बच्चों का काम करती रहती, उन सबमें मुझे अपने हरखू की झलक मिलती थी।

शायद पूर्व-जन्म में मैंने बड़े पाप किए थे। एक दिन एक बच्चे को मैं उसकी माँ से लाकर खेला रही थी कि थोड़ी देर में ही कमेड़ा आकर उसका देहान्त हो गया। उसके बाद तो मैं गाँव में डाकिन के नाम से बदनाम हो गई। औरतें मुझे देखते ही बच्चों को छिपा लेती थीं। गाँव के बड़े, बच्चे पीछे से पत्थर मार कर चिल्लाते – हरखू की माँ डाकिन है। पहले तो लोगों के घर से कुछ मिल जाता था, अब वह भी बन्द हो गया। पचास वर्ष हो गए तबसे भीख माँगकर ही किसी प्रकार अपना यह पापी पेट पालती हूँ, परन्तु आज भी जब मैं किसी छोटे बच्चे को देखती हूँ तो मुझे अपना हरखू याद आ जाता है।"

उसने खाट के नीचे से टीन का एक गोल डिब्बा निकाला और उसमें से गोट लगे हुए टोपी-कुरते निकाल कर दिखाने लगी। वे सब उसके हरखू के थे। दो छोटे-छोटे चाँदी के कड़े और एक हनुमानजी की मूर्ति भी थी। यह सब दिखाते-दिखाते वह अपने-आपको और ज्यादा न रोक सकी। उसके धीरज का बाँध टूट गया और आँखों से अविरल अश्रुधारा बहने लगी। बड़े जोर से रोते हुए कहने लगी – "परमात्मा जानता है, मैंने गाँव में किसी का कोई नुकसान नहीं किया। फिर भी पिछले ५० वर्षों से इन लोगों ने मुझे बदनाम कर रखा है और मेरा इतना बड़ा अपमान करते आ रहे हैं, अब और सहा नहीं जाता। दुनिया में इतने लोग मरते हैं, पर मुझ अभागिन को मौत भी नहीं आती।"

बहुत भारी मन से मैं उस दिन उसे सान्त्वना देकर घर लौटा। दो-तीन दिन बाद ही आवश्यक कार्य से मुझे अपने गाँव से रवाना होना पड़ा। कलकत्ता आकर अनेक प्रकार के झंझटों में फँसकर हरखू की माँ की बात भूल गया। तीन-चार वर्ष बाद मैं पुनः गाँव गया तब पता चला कि हरखू की माँ की गाँव के लोगों ने दिन-दहाड़े हत्या कर दी थी।

घटना इस प्रकार बतायी गयी कि एक दिन गाँव के एक प्रतिष्ठित सेठ का बच्चा बीमार हो गया। संयोग से इसके पहले दिन हरखू की माँ उनके यहाँ रोटी लेने गई थी, अतः उस पर उनका शक़ जाना स्वाभाविक था। चार-पाँच व्यक्ति उसके यहाँ गए और एक कटोरी में थूकने के लिए कहा। उस दिन उसे भी कुछ इस प्रकार की जिद्द

हो गई कि वह थूकने को तैयार ही नहीं हुई।

निरीह बुढ़िया का थूक निकालने के लिए उनमें से दो-तीन व्यक्तियों ने जोर से उसका गला दबाया। बीमार और कमजोर वृद्धा भला कहाँ इतना जोर-जुल्म सह पाती? झाग और थूक के साथ-साथ उसके प्राण भी निकल गए।

घर आकर देखा गया कि वह बच्चा भला-चंगा खेल रहा है, परन्तु गाँव के 'समझदार' लोगों की धारणा थी कि अगर उससे जबरन थूक नहीं लिया जाता तो शायद बच्चे की जान नहीं बचती। डाक्टर और पुलिस को किसी प्रकार राजी करके मामला दबा दिया गया। उस गरीब औरत के लिए किसको पड़ी थी कि सेठजी से बैर मोल लेता?

थोड़े दिनों बाद सेठजी के यहाँ बच्चे के स्वास्थ्य-लाभ की खुशी में हनुमानजी के प्रसाद का भोज हुआ। गाँव के पचासों व्यक्ति दाल-चूरमा खाते हुए हरखू की माँ की मौत के बारे में इस प्रकार से बातें कर रहे थे, जैसे वह एक साधारण-सी घटना थी। मैं भी निमंत्रण में तो गया था, परन्तु किसी प्रकार भी भोज में सम्मिलित न हो सका। मुझे वहाँ की हवा में उस वृद्धा के अन्त समय की चीख-पुकार सुनाई पड़ रही थी।

अछूत

सेठ रामजीलाल अपने कस्बे में ही नहीं, बल्कि प्रान्त-भर में प्रसिद्ध थे। उनके विभिन्न प्रकार के पाँच-छः कारखाने थे जिनमें हजारों मजदूर काम करते थे। विदेशों के साथ भी आयात-निर्यात का, करोड़ों रुपये का कारोबार था। व्यापार के सिवा सार्वजनिक क्षेत्र में भी अच्छा नाम था। उनके द्वारा संचालित कई स्कूल, कॉलेज, छात्रावास और अस्पताल थे। वे निम्बार्क-सम्प्रदाय के वैष्णव थे, इसलिए उन्होंने अपनी हवेली के पास ही श्रीनाथजी का एक विशाल मन्दिर बनवाया था, जिसमें घर के हर व्यक्ति के लिए, नित्य दोनों समय जाकर प्रसाद लेना जरूरी था।

सब तरह से सम्पन्न और सुखी परिवार था परन्तु सन्तान न होने से पति-पत्नी दुखी रहते थे। एक बार वे कुम्भ के पर्व पर यात्रा के लिए हरिद्वार गये। वहीं उन्हें दो वर्ष का एक बच्चा सेवा-समिति के स्वयंसेवकों द्वारा मिला। सेठानी तो लड़के को गोद लेते ही निहाल हो गयी। उसका गौर-वर्ण और सुन्दर रूप-रंग देखकर ही अनुमान लगा लिया कि जरूर यह किसी कुलीन घराने का है। अपने गाँव आकर बहुत धूम-धाम से गोद के नेगचार किए गए। हजारों व्यक्तियों को भोज दिया गया। इस अवसर पर एक अस्पताल और एक कॉलेज की नींव डाली गयी। बच्चे का सुन्दर-सा नाम रखा गया, गोपाल कृष्ण। उस समय लोगों ने भी ज्यादा पूछताछ की जरूरत नहीं समझी।

बच्चे का आना कुछ ऐसा शुभ हुआ कि एक वर्ष के भीतर ही उनके एक पुत्री हुई। धन-दौलत भी रात-दिन बढ़ती गयी।

इसी प्रकार १७-१८ वर्ष आनन्द से व्यतीत हो गये। गोपाल और छोटी बहिन सुमन दोनों कॉलेज में पढ़ते थे। आपस में सगे भाई-बहन से भी ज्यादा प्यार था। गोपाल पढ़ने के सिवा खेल-कूद में भी हमेशा प्रथम या द्वितीय रहता था। एम.ए. में उसे कॉलेज में प्रथम स्थान मिला।

एम.ए. करने के बाद पढ़ने के लिए वह विदेश जाना चाहता था, परन्तु सेठजी

शादी करके उसे व्यापार में लगा देना चाहते थे। सुमन ने अपनी एक सुन्दर और सम्पन्न सहेली का चयन भी कर लिया था – यहाँ तक कि उसको कई बार अपने घर बुलाकर गोपाल और माता-पिता को दिखा भी दिया था। एक तरह से बात पक्की हो गयी थी, केवल नेगचार होने बाकी थे।

उसी वर्ष बीकानेर के उत्तरी हिस्से में अकाल पड़ा। हजारों व्यक्ति अपने गाँव छोड़कर पशुओं के साथ मालवा की तरफ जाने लगे।

सेठजी ने अपने कस्बे में उनके विश्राम के लिए व्यवस्था कर रखी थी। एक-दो दिन वहीं रहकर यात्री सुस्ता लेते थे। दूसरे स्वयं-सेवकों के साथ-साथ गोपाल और सुमन भी इस काम में दिलचस्पी लेते थे। एक दिन वे इसी प्रकार के एक यात्री-दल की व्यवस्था कर रहे थे कि उनमें से एक अधेड़-सा व्यक्ति गोपाल को घूर-घूर कर देखने लगा। थोड़ी देर में अपनी पत्नी को भी बुला लाया।

सुमन ने हँसकर कहा कि बाबा इस प्रकार आप क्या देख रहे हैं; और आपकी आँखों में आँसू क्यों हैं? थोड़ी देर तो वृद्ध चुप रहा फिर सहमते हुए कहा – "बाई-सा, मेरा लड़का रामू आज से १८ वर्ष पहले हरिद्वार के कुम्भ मेले में गुम हो गया था। उसका रंग भी इसी तरह साफ था। उसके बायें गाल पर भी इसी

प्रकार का निशान था। कुँवर साहब को देखकर हमें अपने खोये हुए पुत्र की याद आ गई है।"

घर जाकर सुमन ने पिताजी को जब यह बात कही तो उनके चेहरे पर उदासी छा गई।

रात में उस वृद्ध को बुलाकर पूछताछ की गई तो पता चला कि वे लोग जाति के चमार हैं। उस वर्ष कुम्भ-स्नान करने के लिए गए थे। वहीं उनका एकमात्र पुत्र भीड़ में खो गया जिसका आज तक पता नहीं चला। लड़के के कुछ और भी चिह्न थे क्या? यह पूछने पर उसने कहा कि उसके दायें हाथ में चोट का एक निशान भी था।

ये सब बातें गोपाल और उसकी माँ भी सुन रहे थे। उस समय वृद्ध को १००-२०० रुपये देकर उसे यह कह कर विदा किया कि तुम्हें इस प्रकार की फ़िजूल बातें नहीं करनी चाहिए। अच्छा हो कि तुम लोग कल यहाँ से चले जाओ।

परन्तु ऐसी बातें छिपी नहीं रहतीं। लोगों को अपना हर्ज करके भी दूसरों के छिद्र ढूँढ़ने का शौक रहता है। यह बात धीरे-धीरे सारे कस्बे में फैल गई।

इधर सेठजी और सेठानी दोनों कमरा बन्द करके भीतर बैठ गए। बहुत कहने-सुनने पर भी भोजन के लिए बाहर नहीं निकले।

गोपाल हर प्रकार से योग्य और समझदार था। वस्तु-स्थिति उसकी समझ में आ गई थी। वह एक निश्चय पर आकर दूसरे दिन सुबह सुमन के पास जाकर कहने लगा – "बहन जी, जो कुछ होना था वह तो हो गया। परमात्मा जानता है कि इसमें मेरा कोई कसूर नहीं है, फिर भी मेरे कारण आप लोगों को इतना बड़ा अपमान सहना पड़ा। अब किसी तरह पिताजी और माताजी को भोजन कराने का उपाय करो, वे कल से ही भूखे-प्यासे हैं।"

सुमन ने देखा कि जो भाई उससे हमेशा हँसी-मजाक करता रहता और सुमन कहकर पुकारता था, वह 'बहन जी' कह रहा है और सहमा-सा थोड़ी दूरी पर बैठा हुआ है।

उन दोनों ने बहुत अनुनय-विनय करके कमरे का दरवाजा खुलवाया। देखा कि एक दिन में ही पिताजी वृद्ध से लगने लगे हैं। माता एक तरफ अचेत पड़ी हुई है। अन्य दिनों की तरह आज गोपाल ने पिता के पैर नहीं छूए। कुछ दूरी से कहा, "पिताजी, मेरा आपका सम्बन्ध इतने दिनों का ही ईश्वर को मंजूर था। अब आप हिम्मत करके मुझे विदा दें। माताजी का बुरा हाल है, उन्हें भी सान्त्वना दें। आपने

जितना लिखा-पढ़ा दिया है, उससे २००-३०० रु. माहवार आसानी से कमा सकूँगा।"

बहुत देर का रोका हुआ उद्वेग एक बरसाती नाले के बाँध की तरह टूट गया। इतने बड़े प्रतिष्ठित सेठ, छोटे बच्चे की तरह जोर-जोर से रोने लगे। कहने लगे– "मैं भले ही चमार हो जाऊँगा, परन्तु किसी हालत में भी तुम्हें नहीं छोड़ूँगा। हो सकता है, तुमने जन्म अछूतों के घर लिया हो, परन्तु भला कोई बताये तो कि तुम जैसा धार्मिक और निष्ठावान युवक ऊँची जातिवालों में भी कितने हैं? राम तो १४ वर्ष के लिए ही वनवास गए थे, परन्तु तुम मुझे बुढ़ापे में, सदा के लिए छोड़कर जाना चाहते हो!"

इधर हवेली में सुबह से ही किसी-न-किसी बहाने सगे-सम्बन्धी आकर इकट्ठे हो गए थे और झूठी सहानुभूति दिखा रहे थे। सब कुछ जानते-बूझते हुए भी 'क्या हुआ, कैसे हुआ' आदि पूछ रहे थे। साथ में उन चमारों में से भी कुछ को ले आए थे।

थोड़ी देर में ही गोपाल उन सबके सामने जाकर कहने लगा कि आपने जो कुछ सुना है, वह सब सत्य है। मैं कोलायत के चमारों का लड़का हूँ। इसी समय घर और आपका गाँव छोड़कर जाने को तैयार हूँ। कृपा करके आप सेठजी को क्षमा कर दें। उन्होंने जो कुछ किया, बिना जानकारी के किया है। फिर, बड़े से बड़े कुसूर का भी प्रायश्चित तो होता ही है।

परन्तु सेठजी किसी तरह भी गोपाल को छोड़ने को तैयार नहीं थे। आँसू की धारा बह रही थी, वे उसे जबर्दस्ती गले लगाकर कहने लगे – "सुमन भी कपड़े बाँधकर तुम्हारे साथ जाने की तैयारी कर रही है, फिर भला हम अकेले इस घर में रह कर ही क्या करेंगे? किसी दूसरे गाँव में जाकर चमारों के साथ रह लेंगे।"

गोपाल चाहता तो सेठजी के इन स्नेहपूर्ण उद्‌गारों का लाभ उठा सकता था, परन्तु उसने सुमन और सेठजी को अनेक प्रकार से समझा-बुझाकर वहाँ से विदा ली। दूसरे दिन ही एक यात्री-दल के साथ मालवा के लिए रवाना हो गया। बहुत अनुनय-विनय के बावजूद भी उसने घर से दो-चार धोती-कुर्त्तों के सिवा अन्य कोई भी वस्तु साथ में नहीं ली।

विदा के समय एक प्रकार से सारा गाँव ही उमड़ पड़ा था। कल तक इस घटना में लोग ईर्ष्यायुक्त रस ले रहे थे, परन्तु आज वे फूट-फूट कर रोते हुए देखे गए।

परोपकार

आज से पचास-साठ वर्ष पहले राजस्थान में बड़े शहरों के सिवा अन्यत्र कहीं भी डॉक्टर नहीं थे। अगर कोई धनी व्यक्ति ज्यादा बीमार हो जाता तो इलाज के लिए जोधपुर या बीकानेर से डॉक्टर को बुलाया जाता। हमारे कस्बे में एक बार एक सेठ के इलाज के लिए कलकत्ता से एक बंगाली डॉक्टर आये थे। इन्हें देखने के लिए स्थानीय लोगों के अलावा आसपास के गाँवों से बहुत से ग्रामीण भी आये थे क्योंकि एक सौ रुपया प्रति दिन की फीस उस समय एक अद्भुत और अनोखी बात थी।

बीमारियाँ तो उस समय भी होती थीं, परन्तु डाक्टरी इलाज का प्रचलन नहीं के बराबर था। सर्दी, जुकाम, सिर-दर्द और यहाँ तक कि मलेरिया और मियादी बुखार में कालीमीर्च और लौंग की चासनी या दशमूल का काढ़ा दे दिया जाता। अधिकांश रोग इन्हीं देशी जड़ी-बूटियों से दूर हो जाते।

वैद्यों के अलावा हर मोहल्ले में एक-दो सयानी स्त्रियाँ रहतीं जिनकी कोथली (थैली) में जच्चा और बच्चा दोनों के लिए दवाएँ रहतीं। बीमार के घरवालों को इन्हें बुलाने की आवश्यकता नहीं पड़ती। खबर पाकर वे स्वयं ही पहुँच जातीं और रोगी की सेवा में लग जातीं। किसी प्रकार की फीस या औषधि के मूल्य का तो प्रश्न ही नहीं था बल्कि ऐसे मौकों पर पुराने बैर-बदले भी समाप्त हो जाते।

थोड़े वर्षों बाद, शायद, सन् १९३० के लगभग एकाध डाक्टर भी आ गए थे, जिनके गले में या कोट के ऊपर की जेब में रबर का स्टेथिस्कोप पड़ा रहता। फीस अधिकतम दो रुपया होती, किन्तु उस समय लोगों को यह भी अखरती थी, इसलिए अधिकांश रोगी झाड़-फूँक या स्थानीय वैद्यजी का सहारा ही लेते।

वैद्य का बेटा अपने आप वैद्य हो जाता। आयुर्वेद की डिग्रियाँ तो थी नहीं, परन्तु बड़ों द्वारा प्राप्त नाड़ी और औषधि का ज्ञान उन्हें यथेष्ट रहता। आजकल की तरह थूक-खून और मूत्र की परीक्षा के साधन न होने पर भी नाड़ी-ज्ञान द्वारा ये लोग रोग का सही निदान कर देते। कुछ एक पुश्तैनी वैद्यों के पास विश्वसनीय और कीमती आयुर्वेदिक दवाएँ अच्छी मात्रा में पाई जातीं, जिनका असर अचूक होता।

शायद सन् १९३६ की बात है। हमारे कस्बे और आस-पास के गाँवों में बड़े जोर का हैज़ा फैला। प्रतिदिन २०-३० आदमी मरने लगे। लोगों में घबराहट फैल गई। जिनके पास साधन थे, वे दूर के गाँवों और कस्बों में अपने सगे-सम्बन्धियों के यहाँ चले गए। यहाँ तक कि डॉक्टर और वैद्य भी गाँव छोड़कर चले गए क्योंकि जिनसे फीस मिलने की आशा थी, वे तो पहले से ही जा चुके थे। बच गए थे गरीब लोग, जिनके पास फीस तो क्या दवा के दाम भी नहीं थे। इतना ही नहीं, रोग का प्रकोप ज्यादा बढ़ा तो घरवाले भी रोगियों को छोड़कर भागने लगे।

घर-घर में रोगी पड़े थे और डाक्टर-वैद्यों में से केवल एक ही रह गए थे, कविराज बृजमोहन गोस्वामी। यद्यपि परिवारवालों ने और मित्रों ने उनसे बहुत आग्रह किया कि वे भी कस्बा छोड़ दें; आखिर अकेले कर ही कितना पायेंगे? साथ ही, जान भी जोखिम में रहेगी। उनका जवाब था कि मेरे पितामह और पिता माने हुए वैद्यराज थे। उन्होंने कभी संकट के समय रोगी को नहीं छोड़ा। यहाँ तक कि गरीबों के लिए दवा के सिवा कभी-कभी पथ्य की भी व्यवस्था उन्होंने अपने पास से की। इस समय अगर मैं भी भागकर चला जाऊँगा तो इन असहायों का क्या होगा? मृत्यु तो अवश्यम्भावी है, एक दिन होगी ही फिर कर्त्तव्य-विमुख होकर अपकीर्ति का बोझ क्यों उठाऊँ?

हैजे का सबसे ज्यादा प्रकोप था चमारों और भंगियों के मुहल्लों में। वीरान गाँव, भयावह गलियाँ, सूने घर और मुर्दों की सड़ांध से पूरा गाँव श्मशान-सा नजर

आता था। गोस्वामीजी सुबह ६ बजे उठते और दोपहर १२ बजे तक बीमारों को देखते रहते। फिर खाना खाकर बिना सुस्ताये रात के १० बजे तक वही कार्यक्रम चालू रहता। उस समय तक हैजे के इंजेक्शन और एलोपैथिक दवाएँ ईजाद हो चुकी थीं, पर वहाँ न तो इंजेक्शन देने वाले डाक्टर या कम्पाउण्डर थे और न दवाफ़रोश ही। वैद्यजी को तीन-चार हिम्मतवाले युवकों ने साथ दिया, मनों प्याज का रस निकाल कर मटके भर लिए और ऊँटों का मूत्र भी बड़ी मात्रा में इकट्ठा कर लिया। रोगियों को भगवान का नाम लेकर वे ये दोनों औषधियाँ पिलाने लगे और इनसे ही चमत्कारिक लाभ होने लगा।

उस समय राजस्थान में छुआछूत बहुत थी। गोस्वामीजी परम वैष्णव थे, परन्तु उन्हें तो इन भंगी-चमारों में वास्तविक हरि-दर्शन होने लगा। बहुत बार तो उनके मल-मूत्र भरे कपड़े धोने पड़ते और जगह की सफ़ाई भी करनी पड़ती। बीमार माता और छोटे बच्चों को लोरी गाकर सुलाना पड़ता। जान और माल का मोह छोड़ भी दें, तो भी नाम और यश की कामना तो रहती ही है और इसी के चलते ऐतिहासिक बलिदान हुए हैं परन्तु उस बीमार इलाके में न तो समाचार-पत्रों के संवाददाता थे जो वैद्यजी के सेवा-कार्य को प्रचार-प्रसार देते, न वैद्यजी ही अपने नाम और काम का ढिंढोरा पीटना चाहते थे। उन्होंने तो अपना कर्त्तव्य समझ कर ही मृत्यु का आलिंगन करना स्वीकार किया था।

उनका शरीर भारी था, वृद्धावस्था हो चली थी। रात को थक कर चूर हो जाते परन्तु जैसे ही थोड़ा-सा खा-पीकर सोने जाते कि रोती हुई कोई महिला आती और अपने बच्चे के उल्टी-दस्त की बात कह कर गिड़गिड़ाने लगती। वैद्य बृजमोहन का मनुष्यत्व जाग उठता और वे प्रभु का नाम लेकर उसी समय चल देते। सारी रात बाहर ही बीत जाती। इस प्रकार कई बार हुआ। एक कहावत है कि जाको राखे साइयाँ मारि सके न कोय। महामारी समाप्त हो गयी, लोग वापस आने लगे। उन्होंने देखा कि गोस्वामीजी सही-सलामत हैं। हाँ, शरीर से काफी थक गए हैं, एक प्रकार टूट-से गये हैं।

आसपास के कस्बों के लोग उन्हें देखने आने लगे। उनके सार्वजनिक अभिनन्दन का प्रस्ताव रखा गया, परन्तु उन्होंने नम्रतापूर्वक इसकी मनाही कर दी। उनका कहना था – "मैंने अपना कर्त्तव्य पालन किया है। यही तो भारतीय परम्परा रही है और यही भगवान धन्वन्तरि की आज्ञा है। बचानेवाले तो ईश्वर हैं, मैं तो केवल निमित्त-मात्र हूँ।"

कुछ दिनों बाद ही गोस्वामीजी बीमार पड़े। सैकड़ों व्यक्ति रोज उनके दर्शन को आते, लेकिन आयु समाप्त हो चुकी थी। वैद्यजी का देहान्त हो गया। सारे गाँव में, विशेषकर हरिजनों और गरीबों की बस्ती में शोक छा गया। उनके दाह-कर्म में इतने स्त्री और पुरुष गए जितने आज तक किसी भी व्यक्ति की मृत्यु में नहीं गए थे।

मजदूर से मालिक

बात पुरानी है, परन्तु बहुत पुरानी नहीं। यही कोई साठ-सत्तर वर्ष पहले की होगी। उस समय खत्री समाज का कलकत्ते के व्यवसाय-वाणिज्य में विशिष्ट स्थान था, बड़े-बड़े अंग्रेजी ऑफिसों की बेनियनशिप इनके पास थी। उस समय तक देश में कारखाने बहुत कम बन पाये थे, इसलिए अधिकांश आवश्यक वस्तुएं विदेशों से, खासकर ब्रिटेन से आयात की जाती थीं। १९१०-११ ई. तक भी पालका और फिटन गाड़ियों का युग था। शौकीन रईसों के पास दो घोड़ों की गाड़ियाँ तो थी ही, परन्तु किसी-किसी के यहाँ ४ घोड़ों की भी थी जिन्हें चौकड़ी कहा जाता था। कोचवान और साईस की पोशाकें बहुत ही आकर्षक होती थीं। उन वेलर घोड़ों की फिटनों के सामने आज की बड़ी-से-बड़ी मोटरों का भी कोई मुकाबला नहीं है।

सेठ निक्कामल घोड़ों की रास थाम अपनी सोने की नक्काशी की हुई सुन्दर फिटन में बैठे हुए जिधर से निकलते तो लोग घर के भीतर से दौड़कर देखने को बरामदे में आ जाते थे। कहा जाता है कि उनके घोड़ों को बेहतरीन गुलाब और केवड़ा के जल से स्नान कराया जाता था और जिधर से उनकी गाड़ी निकलती, वहाँ सुमधुर सुगन्ध से समाँ बँध जाता था। ऐसे थे सेठ निक्कामल। खत्री, कार-तारक-कम्पनी के बेनियन और सर्वेसर्वा। यद्यपि उनकी वार्षिक आय एक-डेढ़ लाख से ज्यादा नहीं थी। परंतु प्रथम महायुद्ध के पहले वस्तुएं बहुत सस्ती थी और प्रचुर मात्रा में दैनिक आवश्यक चीजें उपलब्ध थीं, इसलिए उस समय आज से पाँच प्रतिशत की आय में भी लोग अच्छी तरह से रह सकते थे।

सेठ बहुत देर से सोकर उठते। उसके बाद ताश-शतरंज से फुरसत मिलने पर जब वे खा-पीकर ऑफिस आते तब तक तीन-साढ़े तीन बज जाते। वे ऑफिस का काम स्वयं बहुत कम देखते थे। उनके नीचे कई दलाल और दूसरे लोग काम करने वाले थे। उनमें से गिरधारीलाल नामक १५ वर्ष का मारवाड़ी लड़का भी था। इसका मासिक वेतन १४ रु. था और काम था बाजार के पुर्जा चुका लाने का। इन चौदह रुपयों में ही गिरधारी

को अपने छोटे भाई और विधवा माँ का खर्च भी चलाना पड़ता था। यद्यपि अभाववश स्कूल और कॉलेज की पढ़ाई तो नहीं हो पाई थी फिर भी वह शुरू से ही परिश्रमी और होशियार होने के अलावा देखने में सुन्दर और सुशील भी था।

पुर्जे चुकाने के सिलसिले में उसे दुकानदारों के पास प्रायः नित्य ही जाना पड़ता था, इसलिए विभिन्न तरह के कपड़ों के दाम भी उसे याद हो गए थे। सेठ के कुछ अपने बँधे हुए दुकानदार थे, जिन्हें किसी कारणवश बाजार से कुछ सस्ते दर पर कपड़ा दिया जाता था। एक दिन बड़ी नम्रता से उसने सेठ का ध्यान किसी एक सौदे के बारे में आकर्षित किया जो बाजार-भाव से कुछ नीचे में हुआ था।

उसे बड़ा दुःख हुआ जब सेठ ने शाबाशी के बजाय उसे धमका दिया कि उसका काम केवल पुर्जा चुका लाने का है, उसे इन सब बातों से कोई प्रयोजन नहीं रखना चाहिए।

ऑफिस के बड़े साहब का ध्यान गिरधारीलाल के व्यवहार और परिश्रम की ओर गया। वह कभी-कभी उसको अपने कमरे में बुलाकर बातचीत करने लगा। उस समय के अधिकांश अंग्रेज-व्यापारी साधारण हिन्दी और बंगला बोल लेते थे। सेठ को यह मेल-जोल अच्छा नहीं लगा और उसने गिरधारीलाल को साहब से मिलने की मनाही कर दी।

गिरधारी स्वामी-भक्त था और उसे साहब से कुछ आशा-भरोसे का सवाल नहीं था, इसलिए वह उनसे अलग-सा रहने लगा।

कुछ दिनों बाद एक दिन साहब ने उसे बुलाकर नहीं मिलने का कारण पूछा। चूँकि वह किसी प्रकार भी मालिक की शिकायत नहीं करना चाहता था, इसलिए उसने सच्ची बात न बताकर दूसरे कामों में फँसे रहने का बहाना कर दिया। इतने में ही सेठ निक्कामल वहाँ आ गया। साहब को इस मामूली छोकरे से हँस-हँस कर बातें करते देखकर उन्हें बहुत ही गुस्सा आया परन्तु उस समय वे कुछ बोले नहीं। दूसरे दिन गिरधारीलाल को घर पर बुला कर एक-सौ रुपया देते हुए सेठ ने उसे नौकरी से अलग कर दिया और कहा कि आइन्दा वह ऑफिस की तरफ न आये।

यद्यपि उस समय एक सौ रुपया उस गरीब युवक के लिए बहुत बड़ी राशि थी परन्तु उसने नम्रतापूर्वक वह रकम वापस कर दी, क्योंकि बिना कमाई का पैसा वह नहीं लेना चाहता था। उसने सेठ को विश्वास दिलाया कि मैंने आपका नमक खाया है, मेरे से आपका किसी प्रकार का भी अहित नहीं होगा।

घर आने पर माँ के पास जाकर उसे रुलाई आ गई। उसे नौकरी से क्यों हटाया गया, इसका वह कोई कारण नहीं बता सका। अपने पुत्र की ईमानदारी और मेहनत पर माँ को पूरा भरोसा था। फिर भी उसने यही सीख दी – "बेटा, कुछ-न-कुछ तो गलती हुई ही

है, नहीं तो तुम्हें मालिक क्यों छोड़ते? खैर, अपने शरीर में उनका नमक है, इसलिए उनकी बुराई हो, ऐसा काम कभी मत करना।"

सेठ निक्कामल का इतना दबदबा था कि उनके छोड़े हुए व्यक्ति को रखने का किसी को साहस नहीं होता था, इसलिए बेचारा युवक रोज इधर-उधर घूम-फिर कर वापस घर आ जाता। जो कुछ पास में था, वह समाप्त हो गया और अन्त में उन लोगों के भूखे रहने की नौबत आ गई।

गिरधारीलाल को विश्वास था कि साहब के पास जाने पर कुछ-न-कुछ जरूर मिल जायेगा, किन्तु मालिक ने ऑफिस में जाने की मनाही जो कर दी थी।

दस-पन्द्रह दिन बाद साहब ने सेठ से उसके बारे में पूछा तो बीमार होने का बहाना कर दिया गया।

कुछ दिन और बीत जाने पर एक दिन साहब ने अपने बड़े दरबान को बुलाकर कहा कि वे गिरधारीलाल के घर उसे देखने जाएंगे, वह शायद ज्यादा बीमार है। दरबान से पता चला कि वह बीमार नहीं है, वरन् उसको नौकरी से अलग कर दिया गया है।

उस दिन शनिवार था। सेठ ऑफिस नहीं आए थे; क्योंकि वे नियमानुसार शुक्रवार की शाम को चुने हुए मुसाहिबों के साथ अपने लिलुआ के बगीचे चले गए थे और सोमवार सुबह वापस आने को थे।

गिरधारीलाल को बुलाकर जब साहब ने पूछताछ की तो उस स्वामी-भक्त युवक ने सेठ को बचाने के लिए कहा – "मेरे से एक बड़ी गलती हो गई, इसलिए उन्होंने मुझे हटा दिया है।"

बात तो उसने कह दी, परन्तु आधा-पेट भूखे छोटे भाई और माँ का ख्याल आने पर उसे बरबस रुलाई आ गई। प्रयत्न करने पर भी आँसुओं को नहीं रोक सका।

साहब ने कहा – "तुम तो विभिन्न प्रकार के कपड़ों के दाम और व्यापारियों को जानते हो, अगर तुम्हें कपड़े बेचने का काम दिया जाय तो कर सकोगे?" उसने जवाब दिया – "श्रीमान्, यह मेरे मालिक का हक है। आज यद्यपि मैं उनके यहाँ नहीं हूँ; पर मैंने उनका नमक खाया है, इसलिए मैं यह काम नहीं करूँगा।"

उस फटेहाल लड़के की इस बात ने साहब को और भी प्रभावित किया और उसने हर प्रकार से उसे समझाया कि इससे सेठ को किसी प्रकार की क्षति नहीं होगी। यह तो नया काम है। उसे कुछ कपड़ों के नमूने देकर और कीमतें बताकर १००० गाँठ तक बेच देने का आदेश दिया।

बनिये का लड़का था, व्यावसायिक बुद्धि प्रचुर मात्रा में थी ही। वह उन दुकानदारों के पास गया जो इस ऑफिस का माल लेने को तरसते रहते थे। साहब ने जो भाव बताए थे, उससे प्रति गज एक-दो पैसे ऊँचे में सौदे पक्के कर लिए और खरीददारों को ऑफिस में लाकर साहब से रजू करा दिया।

सारे बाजार में चर्चा फैल गई कि कार-तारक-कम्पनी का कपड़ा गिरधारीलाल ने बेचा है। निक्कामल के व्यापारी घोड़े-गाड़ियाँ लेकर लिलुआ के बगीचे में खबर देने पहुँचे।

सेठ मुसाहिबों से घिरे हुए नाच-गाना देखने-सुनने में मस्त थे परन्तु जब इस बात का पता चला तो नशा हिरन हो गया। तबले की थाप और सारंगी की तान बन्द हो गई और उसी समय फिटन दौड़ाते हुए ऑफिस पहुँचे।

वे ऑफिस के पुराने बेनियन थे और उनकी इज्जत तथा धाक भी थी। शायद अपनी गलती मंजूर कर लेने पर साहब मान जाता, परन्तु क्रोध में मनुष्य की मति भ्रष्ट हो जाती है।

उन्होंने आते ही बड़े साहब पर रोब गाँठना शुरू किया, परन्तु साहब झगड़ा बढ़ाना नहीं चाहता था। उसने कहा – "एक महीने से यह माल बिक नहीं रहा था और जिन दामों में हम बेचना चाहते थे, उससे भी चार-पाँच पाई प्रति गज ऊँचा बिका है। गिरधारीलाल की तो केवल दलाली ही रहेगी, बाकी बेनियनशिप-कमीशन तो आपका ही है।"

साहब की नम्रता को कमजोरी समझकर सेठ निक्कामल ने विलायत के बड़े साहबों से अपनी मित्रता और प्रभाव की धौंस जताते हुए कहा कि दलाल चुनना मेरा काम है न कि ऑफिस का! इसलिए इस सौदे की जिम्मेदारी मैं नहीं लूँगा। गिरधारीलाल के पास तो एक कानी कौड़ी भी नहीं है कि वह आपको जमानत के रूप में दे सके। मैं अब आपकी ऑफिस से किसी प्रकार का सम्बन्ध भी नहीं रखना चाहता। उसी समय सेठ ने बेनियनशिप से इस्तीफा लिखकर दे दिया।

सेठ को पूरा भरोसा था कि साहब दब जायेगा और मान-मनुहार करके इस्तीफा वापस कर देगा, परन्तु जब टाइपिस्ट को बुलाकर इस्तीफे की मंजूरी लिखा दी गयी तो निक्कामल सेठ की आँखों के आगे अँधेरा छा गया, क्योंकि उनकी शान-शौकत और मौज-बहार तो सब इस ऑफिस के भरोसे ही थी। उन्होंने साहब से गलती और गुस्से के लिए क्षमा भी माँगी, परन्तु बात बहुत आगे बढ़ चुकी थी और अब किसी प्रकार का समझौता सम्भव नहीं था।

कलकत्ते के ऑफिस से, बिना रुपये जमा लिए ही गिरधारीलाल के लिए बेनियनशिप की सिफारिश लन्दन ऑफिस को गयी। इधर सेठ निक्कामल ने भी पूरा

जोर लगाया। अपने तीस वर्षों के सम्बन्ध और गिरधारीलाल की नाजुक आर्थिक स्थिति और नातजुर्बेकारी के बारे में बड़े-बड़े तार दिए। दूसरे व्यापारियों से भी तार दिलाए, परन्तु बात बड़े साहब की ही रही।

अब कार-तारक-कम्पनी के बेनियन बने सेठ गिरधारीलाल मटरूमल ; कल के १४ रुपये महीने में पुर्जा चुकाने की नौकरी करने वाले। बहुत वर्षों तक दोनों भाइयों ने ईमानदारी और कड़ी मेहनत से काम किया। ऑफिस के काम की भी उनके समय में अच्छी तरक्की हुई। उनके अपने लाभ के सिवा व्यापारियों को भी उनके द्वारा अच्छा मुनाफा होता रहा।

धनाढ्य हो जाने पर भी उन्होंने अपने रहन-सहन में सादगी रखी और गरीबी के दिनों को नहीं भूले। जो भी कोई गरीब युवक उनके पास आया, उसे हर प्रकार की सहायता दी। कुछ वयोवृद्ध लोग अभी तक हैं, जिन्होंने गिरधारीलाल को देखा है। हरिसन रोड में उनकी धर्मशाला है। राजस्थान में भी कुआँ, तलाब और धर्मशाला है। गरीब विद्यार्थियों के लिए अन्नक्षेत्र भी, शायद कुछ समय पहले तक था। ऐसा कहा जाता है कि बीसियों गरीब लड़कियों की तो गुप्त-रूप से उन्होंने शादियाँ कराई थीं।

आज न तो गिरधारीलाल हैं और न कार-तारक-कम्पनी का साहब। परन्तु उनके स्मारक और भलाई की बातें लोगों के मन में अभी तक बसी हुई हैं और दूसरे व्यक्तियों को प्रेरणा प्रदान करती रहती हैं।

बलिदान की परम्परा

राजस्थान की भूमि वीर-प्रसविनी कहलाती है। चित्तौड़ का यश तो सर्वविदित है। भूतपूर्व जोधपुर रियासत में अनेक वीर पैदा होते रहे हैं, जिनकी गाथाएं उन क्षेत्रों के चारण गद्गद् होकर आज भी गाते हैं। बाबा रामदेव, वीर दुर्गादास और प्रण-वीर पाबूजी राठौड़ का नाम आज भी अमर है। सन् १९६२ में मेजर शैतान सिंह चीनी आक्रमणकारियों से बहुत बहादुरी के साथ देश की रक्षा करते हुए शहीद हो गये थे। उसी मरुधारा की 'ढाणियों' की एक छोटी-सी राजपूत-बस्ती, वीरपुरी में एक साधारण परिवार है, जहां की यह परम्परा चली आ रही है कि प्रत्येक पुरुष तीस-बत्तीस वर्ष की उम्र पाने से पूर्व ही किसी-न-किसी युद्ध में वीरगति प्राप्त कर लेता है।

इस परिवार को जोधपुर रियासत से सिरोपाव, सोना और नगारे की इज्जत मिली हुई थी। यहाँ तक कि दरबार में जाने पर महाराजा स्वयं खड़े होकर परिवार के सरदार का स्वागत करते थे। कहा जाता है कि इनके पूर्वजों में कई ऐसे अद्भुत जुझार पैदा हुए जो सिर कट जाने के पश्चात भी काफी देर तक हाथ में तलवार लिए युद्ध करते रहे। इसी घराने के ठाकुर हीरसिंह ने प्रथम महायुद्ध में, फ्रांस की रणभूमि में जर्मनों के छक्के छुड़ा दिये थे। स्वयं घायल होकर भी एक दूसरे घायल सिपाही को कन्धे पर डालकर ले जाते हुए, उसको सुरक्षित स्थान पर पहुँचाते समय दुश्मन की गोलियों से उनका प्राणान्त हो गया।

ठाकुर हीरसिंह की मृत्यु का समाचार, उनकी विधवा माँ और पत्नी को मिला तो शोकाकुल माता ने सर्वप्रथम यह बात पूछी कि मेरे पुत्र के शरीर में गोली किस जगह पर लगी, यद्यपि उसको यह पता चल गया था कि किस प्रकार वह जर्मन सिपाहियों को मौत के घाट उतारता रहा और अन्त में घायल साथी के प्राण बचाते हुए धोखे से मारा गया, फिर भी वह अपने शेष जीवन में इसी संताप से ग्रस्त रही कि उसका पुत्र पीठ में लगी गोली से मारा गया, जो उस परिवार के लिए कलंक था।

विधवा-माँ और पत्नी, मृत ठाकुर के मासूम बच्चे पर सारी आशाएँ केन्द्रित कर

उसे वीरता-भरी कहानियाँ सुनाया करती थी। जब उसकी आयु तेईस-चौबीस वर्ष की हुई तो द्वितीय विश्व-महायुद्ध का प्रारम्भ हो चुका था। जोधपुर नरेश के बुलाने पर युवक भूरसिंह परिवार की परम्परानुसार दादी, माता और पत्नी के पास विदा लेने गया। विदा करते हुए माँ ने कहा – "बेटा, मुझे एक संताप आज भी खाए जा रहा है, यद्यपि तेरे स्वर्गीय पिता को यथेष्ट यश मिला था, किन्तु उनकी मृत्यु पीठ पर गोली लगने से हुई। अतः यह ध्यान रखना कि इसकी पुनरावृत्ति न हो। पित्रेश्वरों के आशीर्वाद से तुम्हें विजयश्री प्राप्त हो, मेरी कोख व परिवार के नाम को उज्ज्वल करना।"

युवक भूरसिंह ने अपने पिता से भी ज्यादा यश प्राप्त किया। सैकड़ों दुश्मनों को इटली के रणक्षेत्र में मौत के घाट उतार कर वह वीरगति को प्राप्त हुआ। गोलियों से छलनी हुई लाश को श्रद्धा के साथ मस्तक झुकाकर शत्रु-सेना के अफसरों ने भी सलामी दी और सम्मानपूर्वक उसे दफना दिया गया।

जब भूरसिंह घर से चला था तो पत्नी गर्भवती थी। उसकी मृत्यु के समय बालक पुत्र की आयु केवल दो वर्ष की थी। सरकारी पेंशन से किसी प्रकार घर का निर्वाह होता रहा। वैसे उनकी थोड़ी-सी जमीन भी थी, किन्तु परिवार में कोई पुरुष सदस्य खेती को देखने वाला था नहीं; अतः जो कुछ बँटाई से प्राप्त होता उससे गुजारे में मदद मिल जाती थी।

बचपन से ही बालक बड़ा हृष्ट-पुष्ट था; इसलिए उसका नाम रखा गया जोरावरसिंह। दस साल की उम्र में जोरावर सिंह में इतनी ताकत व हिम्मत थी कि स्कूल में अपने से दुगुनी उम्र के लड़कों को पछाड़ दिया करता था, फलतः आसपास के गाँवों में कई प्रकार की किंवदन्तियाँ उसके बल के बारे में प्रचलित हो गयीं। उन बातों को सुनकर विधवा माँ का हृदय सदैव भयभीत रहता था। वह पुत्र को सैनिक स्कूल में भर्ती न करवा कर घर पर ही दूसरे प्रकार की शिक्षा दिलाना चाहती थी। परन्तु जोरावर सिंह माँ से बिना कुछ कहे एक दिन छुपकर घर से चल दिया और सैनिक-स्कूल में भर्ती हो गया। स्कूल से उसने अपनी विधवा माँ को पत्र लिखा – "... यद्यपि देश स्वतन्त्र हो गया है; पर हमारी उत्तरी सीमा पर दुश्मन चढ़ आया है। इस हालत में भारत-माता को किसी भी समय वीरों के बलिदान की आवश्यकता हो सकती है और यदि उसमें सर्वप्रथम हमारे परिवार का योग न रहा तो आपकी कोख से मेरा जन्म लेना ही व्यर्थ होगा।" पत्र पढ़ते समय माँ की दाहिनी आँख फड़क रही थी; फिर भी उसने आशीर्वाद सहित जोरावर को सैनिक शिक्षा की मंजूरी दे दी।

अक्टूबर-नवम्बर १९६२ का समय था। चीन का आक्रमण हुआ। जोरावर सिंह

सेना की सर्वोच्च परीक्षा में सफलता से उत्तीर्ण होकर निकला था। उसकी प्रबल इच्छा थी कि उसे लड़ाई में जाने का अवसर मिले, परन्तु यह इच्छा पूर्ण हो, इसके पहले ही युद्ध विराम हो गया।

कुछ अर्से बाद पाकिस्तान ने हमारे देश पर हमला किया। कश्मीर, पंजाब व राजस्थान के बाड़मेर की सीमाओं पर हमलावरों को रोकने के लिए जिन फौजों को भेजा गया था, उनमें एक टुकड़ी का नायक था युवक जोरावर सिंह। मोर्चे पर जाने से पूर्व वह अपने गाँव माँ से मिलने आया।

विदा के समय माँ को 'असगुन' हो रहे थे। बहुत यत्न करने पर भी वह अपने आँसू न रोक सकी। उसने अपने पुत्र को छाती से लगाकर आशीर्वाद दिया और इतना ही कहा, "बेटा ! मुझ से बड़ी तुम्हारी भारत-माँ है, उस पर आज दुश्मनों ने हमला किया है। कुलदेवता तुम्हें विजयी बनायेंगे, परन्तु याद रखना, अगर युद्ध में वीरगति प्राप्त हो तो दुश्मन की गोली पीठ में न लगे।"

मरुभूमि-बाड़मेर के सूने इलाके में सिर्फ, सात अन्य जवानों के साथ इस बहादुर रण-बाँकुरे को एक सीमा चौकी की रक्षा का भार सौंपा गया। युद्ध का अधिक जोर कश्मीर और पंजाब की सीमा पर ही था, अतः राजस्थान के इस वीरान इलाके में थोड़े-से सिपाहियों को साधारण हथियार व गोलियाँ देकर ही तैनात किया गया था।

सितम्बर के दूसरे सप्ताह में एक दिन अचानक ही इस चौकी पर सत्तर-अस्सी

पाकिस्तानी सिपाहियों ने गोला-बारूद और हथियारों से लैस होकर हमला बोल दिया। दुश्मन के बहुत से सिपाही मौत के घाट उतार दिए गए, किन्तु इस तरफ भी केवल तीन ही जवान शेष बचे। वे बुरी तरह घायल हो चुके थे तथा उनकी गोलियाँ भी समाप्त हो गई थीं।

जोरावर सिंह घायल अवस्था में ही दो बार मरे हुए दुश्मनों के पास जाकर हथियार व गोला-बारूद लाने में सफल हुआ, परन्तु तीसरी बार आगे बढ़ते ही सामने से शत्रु-दल ने उस पर एक साथ गोलियों की बौछार शुरू कर दीं और वह बेहोश होकर गिर गया। कुछ समय पश्चात दूसरी चौकी के हमारे सिपाही वहाँ पहुँच गए और उनको देखकर बुजदिल पाकिस्तानी हमलावर भाग गए। इस समय तक जोरावर सिंह को भी कुछ होश आ चुका था, परन्तु उसके शरीर से इतना खून निकल गया था कि वह अन्तिम साँसें ले रहा था।

मरते समय उसने अपने साथियों से कहा – "गोलियाँ सीने में लगी हैं... अगर सम्भव हो तो मेरी लाश को मेरे गाँव भेज देना, क्योंकि मेरी माँ ने कहा था... मैं चाहता हूँ कि मेरी माँ देखे कि मैंने कुल की परम्परा का पूर्णतया पालन किया है...।" इतना कहने के पश्चात उसका शरीर शान्त हो गया। पास में खड़े उसके साथी सिपाहियों ने देश के प्रति कुर्बान हुए उस शहीद को सैनिक सलामी दी।

आत्माभिमान

बिसेसर बहुत वर्षों बाद बम्बई से राजस्थान अपने गांव आया था। साथ में पत्नी और बच्चा भी था। दो-तीन नौकर-दाई भी थे। बहुत बड़ा कारोबार छोड़कर १०-१५ दिनों के लिए आता तो नहीं, परन्तु बच्चा वर्षों बाद हुआ था। उसके मुंडन की मनौती थी, सालासर के हनुमानजी की। पत्नी बहुत बार याद दिला चुकी थी, इसीलिए आना पड़ा। गांव में उसके मामा-मामी थे, जिन्होंने उसे पाल-पोस कर और पढ़ा-लिखा कर होशियार किया था, अतएव अपनी सूनी हवेली में न रुक कर ननिहाल में ही ठहरना उचित समझा।

बम्बई के अपने कारोबार में उसे अभूतपूर्व सफलता मिली, इसीलिए पिछले पन्द्रह वर्षों से रहन-सहन एकदम बदल गया था। वहां के बँगले में एयर-कन्डीशनर, बेहतरीन फर्नीचर, बड़ी-बड़ी मोटरें और अन्य सब प्रकार की सुख-सुविधाएं थीं।

देश में गल्ले की छोटी-सी दुकान मामा की थी। गरीबी तो नहीं थी फिर भी साधारण-सा घर था। मामी चूल्हे-चौके से लेकर घर को झाड़ने-बुहारने तक के सब काम हाथ से करती थी। बिसेसर और उसकी पत्नी को किसी प्रकार की असुविधा न हो, इसलिए एक कमरे को अच्छी तरह संवार दिया था। दो-एक निवार के पलंग डाल दिए। आगरे की एक दरी बिछा दी।

सुबह मामी ने चाय-नाश्ता दिया तो बिसेसर ने देखा की चीनी-मिट्टी के बर्तनों की जगह कांसे के बर्तन हैं। खैर, वह मामी का बहुत अदब रखता था, कुछ नहीं बोला, परन्तु उसकी पत्नी ने तो कह ही दिया कि मामीजी, इस प्रकार के बर्तनों में तो हमारे यहां दाई-नौकर भी चाय नहीं पीते। मामी के मन पर चोट तो लगी, पर कुछ बोली नहीं।

दूसरे दिन पास के शहर से बिसेसर के दो मित्र मिलने आए। मामा भी वहीं बैठे थे, परन्तु वे देहाती वेश-भूषा में थे। इसलिए मित्रों से उनका परिचय कराना उचित नहीं समझा। उसी दिन वह बाजार से स्टेनलेस-स्टील के बर्तन, अच्छे किस्म का एक

टी सेट और बहुत सा सामान खरीद लाया। मामी के पूछने पर कहा कि उसके दोनों मित्र बड़े आदमी हैं, वे भला कांसे के बर्तनों में भोजन कैसे करेंगे?

मामी बड़े घर की बेटी थी। उसके पीहर में स्टील के सिवा चांदी के बर्तन भी थे, किन्तु अपने घर में हैसियत और आय के अनुरूप सम्हाल कर खर्च करती थी, पर उसमें स्वाभिमान कूट-कूट कर भरा था। उसे बहू का तौर-तरीका अच्छा नहीं लगा। उसकी बातचीत में धन के अभिमान की स्पष्ट झलक दिखाई दी। फिर भी, मामी ने सोचा की दो-चार दिनों की ही तो बात है; अतः चुपचाप सह लेना ही उचित है।

एक दिन बिसेसर और उसकी पत्नी बातें कर रहे थे। उन्हें पता नहीं था कि मामी पास ही रसोई में है। पत्नी कह रही थी – "अच्छा किया जो आपने तीन-चार सौ इन सारी चीजों पर खर्च कर दिए। हमारे ऊपर इनका भी तो खर्च हो जायेगा। देखती हूं कि मामाजी की हालत अच्छी नहीं है। स्वयं तो वे शायद ही कुछ कहें।"

थोड़े दिनों बाद ही वे बम्बई के लिए रवाना हुए। बिसेसर ने औपचारिकता के तौर पर मामी से कहा कि मुझे यहां आकर बहुत अच्छा लगा, बचपन के दिन याद आ गए। बहुत बार आने की सोचता रहा, परन्तु काम के झंझटों से आ नहीं सका। एक बार तो उसके जी में आया, मामाजी को बता दूं कि उनके लिए स्टील के अच्छे बर्तन और टी सेट छोड़कर जा रहा हूँ, परन्तु फिर सोचा कि दो-चार दिन बाद उन्हें

स्वयं पता चल ही जायेगा।

ट्रेन के पहले दर्जे के डिब्बे में सारे सामान रख दिए गए। रास्ते के लिए खाने-पीने की अनेक तरह की सामग्री मामी ने दी और विदा के समय पुनः आने का आग्रह भी किया, परन्तु दो-तीन दिनों से उसके चेहरे पर एक संजीदगी-सी थी जो बिसेसर से छिपी नहीं रही।

अगले स्टेशन पर जब खाने-पीने के सामान की टोकरी खोली गयी तो देखा कि सारे बर्तन, टी सेट तथा जो दूसरे सामान जिन्हें वे खरीद लाए थे, सहेज कर रखे हुए हैं। साथ में एक पुर्जा था जिस पर लिखा था कि हम आप लोगों की तरह धनवान नहीं हैं, परन्तु घर आए मेहमानों से रहने-खाने के बदले में कुछ कीमत लेनी पड़े, ऐसे गरीब भी नहीं। पति-पत्नी के चेहरे शर्म से झुक गए। वे मन-ही-मन अपने को छोटा, बहुत छोटा अनुभव कर रहे थे।

हमीद खां भाटी

प्रत्येक गाँव या कस्बे में कभी-कभी ऐसे व्यक्ति हो जाते हैं, जिनको बहुत समय तक लोग याद किया करते हैं और उनकी अमिट छाप जनमानस पर अंकित हो जाती है। इस प्रकार के मनुष्य केवल धनी अथवा विद्वान घरानों में ही पैदा होते हैं, ऐसी बात नहीं है।

बीकानेर के उत्तर में पूगल नाम का इलाका है। कहा जाता है, किसी समय में यहां पद्मिनी स्त्रियां होती थीं। जो भी हो, आजकल तो वहां वीरान, रेतीली बंजर-भूमि है। पीने के पानी की कमी रहती है, इसलिए गांव भी छोटे और दूर-दूर हैं।

यहां के बासिन्दों का मुख्य धन्धा भेड़ पालना है। थोड़े से ब्राह्मण और बनिये हैं, जो लेन-देन या दुकानदारी का काम करते हैं। उनके सिवा यहां मुसलमान गूजरों की पर्याप्त संख्या है, जिनके पास बेहतरीन किस्म की गायें हैं। वे इनका दूध-घी बेचकर अपना निर्वाह करते हैं। कहावत है – 'सेवा से मेवा मिलता है' शायद इसीलिए इनकी गायें दूध ज्यादा देती हैं और अच्छी नस्ल के बछड़े-बछड़ियां भी।

सन् १९५१ में इस तरफ भयंकर अकाल पड़ा था। कुओं में पानी सूख गया। घरों में जो थोड़ा-बहुत घास और चारा बचा हुआ था, उससे उस वर्ष किसी प्रकार पशुओं की जान बची। अब दूसरे वर्ष भी वर्षा नहीं हुई और अकाल पड़ गया तो यहां के लोगों की हिम्मत टूट गई।

कलकत्ते की मारवाड़ी-रिलीफ सोसाइटी ने दोनों वर्ष ही वहां राहत का काम किया था। मैं भी दूसरे वर्ष कुछ समय तक उस सिलसिले में वहां रहा। हम देखते कि नित्य प्रति हजारों स्त्री-पुरुष और बच्चे अपने ढोरों को लिए पैदल कोटा, बारां और मालवा की तरफ जाते रहते थे। ४-५ महीनों के बाद वापस आने की संभावना रहती, इसलिए घर का सारा सामान भी गायों और बैलों पर लदा हुआ रहता। घर छोड़कर जाने में दुःख होना स्वाभाविक है और फिर अभावों से घिरी हुई हालत में। बीहड़ लम्बा रास्ता, वैशाख की गर्मी, इसलिए सबके चेहरों पर दुःख एवं थकान की

स्पष्ट छाया नजर आती थी। रास्ता काटने के लिए स्त्रियां भजन गाती हुई चलतीं। उन लोगों से पूछने पर प्रायः एक-सा ही उत्तर देते कि पानी, अनाज, घास और चारा मिलता नहीं है, क्या हम खाएं और क्या इन पशुओं को खिलाएं?

हमें पूगल क्षेत्र के गांवों के सीमान्त पर गाय-बैलों के बहुत से कंकाल और लाशें देखने को मिली। पता चला कि बूढ़े बैलों और गायों को उनके मालिक जंगलों में छोड़ गए। यहां भूख, प्यास और गर्मी से इनके प्राण निकल गए।

कई बार तो सिसकती हुई गायें भी दिखाई दीं। उनके लिये यथाशक्ति चारे-पानी की व्यवस्था की गई, परन्तु समस्या इतनी कठिन थी कि यह बन्दोबस्त बहुत थोड़े पैमाने पर ही हो सका। यह भी पता चला कि अच्छी हालत के लोगों ने भी पानी और चारे की कमी के कारण बेकाम गाय-बैलों को मरने के लिए जंगल में छोड़ दिया है।

ज्यादातर घरों में इस प्रकार की वारदातें हो चुकी थीं, इसलिए कोई आपस की निन्दा-स्तुति की गुंजाइश भी नहीं थी।

यहीं के एक गांव में एक दिन दोपहर के समय पहुंचा। धरती गर्मी से धू-धू करके जल रही थी। अंगारों के समान तपती हुई रेत की आंधी चल रही थी। तालाबों और कुओं में पानी कभी का सूख गया था। लोग १०-१५ मील की दूरी से पानी लाकर प्यास बुझाते। अधिकांश लोग गांव-इलाका छोड़कर चले गए थे, कुछ ब्राह्मण और बनिये बचे हुए थे। यहीं मैंने हमीद खां भाटी के बारे में सुना और उसके घर जाकर मिला।

घर कच्चा था; पर साफ-सुथरा और गोबर से लिपा-पुता। हमीद खां की उम्र ६५-७० वर्ष के लगभग थी। शरीर का ढांचा देखकर पता लगा कि किसी समय काफी बलिष्ठ रहा होगा। अब तो हड्डियां निकल आई थीं, चेहरे पर गहरी उदासी छाई थी।

दुआ-सलाम के बाद मैंने पूछा – "खां साहब गांव के प्रायः सारे लोग चले गए फिर आप क्यों यहां इस तरह की किल्लत में अकेले रह रहे हैं?"

वह कुछ देर तक तो मेरी तरफ फटी-फटी आंखों से देखता रहा फिर कहने लगा – "अल्लाह मालिक है, उसका ही भरोसा है। कभी-न-कभी तो वर्षा होगी ही। बेटे-बहुएं बच्चों और धन (यहां गाय-बैल, ऊंट आदि को धन कहते हैं) को लेकर एक महीने पहले ही मालवा चले गये हैं। मुझे भी साथ ले जाने की बहुत जिद्द करते रहे, पर भला आप ही बताइये, अपनी धौली और भूरी दोनों को छोड़कर कैसे जाऊं? इन दोनों से तो एक कोस भी नहीं चला जाता। (धौली और भूरी इसकी बूढ़ी

गायें थीं जिनमें एक लंगड़ी और दूसरी बीमार थी)।

आज इनकी इस प्रकार की हालत हो गयी है, नहीं तो दोनों ने न जाने कितने नाहर-भेड़ियों से मुठभेड़ ली हैं। दूध भी इनके बराबर आस-पास के गाँवों में किसी गाय के नहीं था। ३-४ सेर तो बछड़े ही पी जाते, फिर भी १०-१२ सेर प्रत्येक का हमारे लिए बच जाता।

ये दोनों मेरे घर की ही बेटियाँ हैं, जिस वर्ष मेरे छोटे लड़के फत्ते का जन्म हुआ था, उसके लगभग ही ये दोनों जन्मी थीं। बीस वर्ष तक हम लोग इनका दूध पीते रहे। अब आप ही बताइये बुढ़ापे में इन्हें कहां निकाल दूँ? भला कोई अपनी बहन-बेटी को घर से थोड़े ही निकाल देता है?" बातें करते हुए उसकी आवाज रुंआसी हो आई थी। देखा, उसकी धुंधली आंखों से टप-टप आंसू गिर रहे हैं।

बातें तो और भी करना चाहता था, परन्तु इतने में सुनाई दिया कि बाहर से सहन में धौली और भूरी रम्भा रही हैं, शायद भूखी या प्यासी होंगी। हमीद खां उठकर बाहर चला गया।

गांव के मुखिया पं. बंशीधर के साथ ८-१० व्यक्ति रात में मिलने को आए। उनके कहने के अनुसार ५० वर्षों में ऐसा भयंकर अकाल नहीं पड़ा था। हमीद खाँ की

बात चलने पर उन्होंने कहा – "हमीद खां भी जिद्दी कम नहीं है। अपने लिए दो जून का खाना तक नहीं जुटा पाता पर इन दोनों गायों पर जान देता है। दिन में धूप बहुत हो जाती है, इसलिए रात को दो बजे उठकर ५ मील दूर स्थित तालाब से दोनों के लिए एक मटका पानी लाता है। घरवाले जो अनाज छोड़कर गए थे, उसमें से बहुत-सा बेचकर इनके लिए चारा और भूसा खरीद लाया। जब वह चुक गया तो अपना मकान ऊंचे ब्याज पर गिरवी रखकर और चारा लिया है।"

गर्मी के मौसम में भी इस तरफ रातें ठंडी हो जाती हैं, परन्तु मुझे नींद नहीं आ रही थी। सोच रहा था – क्या वास्तव में ही हमीद खां मूर्ख और जिद्दी है? बातचीत से तो ऐसा नहीं लग रहा था। हां, एक बात समझ में नहीं आई, वह तो मुसलमान है जिसके लिए गाय 'माता' नहीं है, फिर क्यों इन दो बेकाम गायों के पीछे नाना प्रकार के कष्ट सहकर इनके चारे-पाले के लिए अपना मकान गिरवी रख दिया है। थोड़े दिनों बाद मूल और ब्याज बढ़कर इतना होगा कि चुकाना असम्भव हो जायेगा। जब उसके बाल-बच्चे मालवा से थके-हारे वापस आएंगे तो उन्हें शायद अपना पैतृक घर छोड़ देना पड़ेगा।

जाने से पहले एक बार फिर हमीद खां से मिलने की इच्छा हुई। बहुत सुबह वहां जाकर देखा कि वह धौली और भूरी के शरीर पर तन्मय होकर हाथ फेर रहा है और वे दोनों बड़ी ही करुण दृष्टि से उसकी तरफ देख रही हैं, शायद कह रही होंगी कि गांव छोड़कर सब चले गए, फिर भी तुम इस प्रकार भूखे-प्यासे रहकर मृत्यु के मुख में जा रहे हो। हमें अपने भाग्य पर छोड़कर बच्चों के पास चले जाओ।

सोसाइटी की तरफ से थोड़ी-बहुत व्यवस्था कर मन-ही-मन उस अपढ़ मुसलमान को प्रणाम करके भारी मन से उस गांव से रवाना हुआ। १५ वर्ष बाद भी हमीद खां का वह गमगीन चेहरा आज तक भुला नहीं पाया हूं। अभी तक मन में यह जिज्ञासा बनी हुई है कि वास्तविक गो-रक्षक उस गांव के पं० बंशीधर और लाला रामकिशन हैं या हमीद खां भाटी।

लक्ष्मी दरोगी

श्रीमती स्टो की विश्व प्रसिद्ध कृति 'अंकल टामस केबिन' का हिन्दी अनुवाद 'टाम काका की कुटिया' बहुत वर्षों पहले पढ़ा था। उस पुस्तक में अमेरिका के हब्शी गुलामों का कुछ ऐसा हृदयद्रावक वर्णन है कि ४० वर्ष बाद भी वह मेरे मानस-पटल पर अंकित है।

बहुत वर्षों बाद अगर स्पेन, पुर्तगाल, ब्रिटेन और डचों द्वारा हब्शी-गुलामों और दक्षिण अफ्रीका में भारतीयों के साथ किए गए अत्याचारों के वर्णन नहीं पढ़ लेता तो ऐसा लगता कि शायद मिसेज स्टो ने अतिशयोक्ति से काम लिया है।

वैसे मौर्य-काल में हमारे यहां भी दासियों के बारे में वर्णन मिलते हैं, किन्तु भारत में यह प्रथा ज्यादा दिन नहीं रही और यहाँ गुलामों के साथ व्यवहार भी यूरोप और अमेरिका के सदृश नृशंसतापूर्ण नहीं था। वाल्मीकि रामायण में भी राजा जनक द्वारा सीताजी के दहेज में दास-दासियों का दिया जाना लिखा है, परन्तु ये सब गुलामों की कोटि में थे या नहीं, यह विवादास्पद है।

मुगल बादशाहों द्वारा आए दिन अपमानित और लांछित राजपूत राजाओं को अपना आक्रोश निकालने और ऐयाशी के लिए कोई साधन चाहिए था, इसी दौर में सत्रहवीं शताब्दी में दूसरी अनेक बुराइयों के साथ-साथ राजस्थान के राजघरानों में दारोगा या गोला-प्रथा का प्रादुर्भाव हुआ। अठारहवीं और उन्नीसवीं सदी में राजाओं के अलावा छोटे-छोटे सरदारों के यहां भी दस-बीस गोले-गोलियां रहते थे। इनके पुरुषों का काम होता था, ठाकुर या कँवर साहब की चाकरी करना और स्त्रियों का ठकुरानी या कुंवरानी का साज-शृंगार करने के सिवा पलंग-सेवा का।

बहुत से पाठक जो राजस्थानी सामन्तों की प्रथाओं से अनभिज्ञ हैं, पलंग-सेवा का अर्थ नहीं समझ पायेंगे। राजा या ठाकुर जब रानी या कृपापात्री रखैल के साथ काम-क्रीड़ा में रहते तो उस समय पलंग के इर्द-गिर्द २-४ गोलियां शराब के गिलास, तौलिये, रूमाल अथवा केसरिया दूध आदि पौष्टिक पदार्थ लेकर खड़ी रहती थीं।

कभी-कभी, मन हो जाने पर रानी को अलग हटाकर इन गोलियों में से किसी एक या दो को पलंग पर बुला लिया जाता था।

गोले और गोली, एक प्रकार से रावले के गुलाम होते थे। इनकी सन्तानों पर राजाओं और ठाकुरों का पूर्ण अधिकार था। अधिकांश तो उनकी अपनी नाज़ायज सन्तति ही होती थी।

कुँवरानी के विवाह में अपनी हैसियत के मुताबिक ५ से लेकर १०० तक अविवाहित गोलियों को दहेज में दिया जाता था।

इनका नाम-मात्र का विवाह वर-पक्ष के गोलों से कर दिया जाता, परन्तु उन सबको रहना पड़ता था कुँवर साहब या उनके कृपापात्र मुसाहिबों की रखैलों के रूप में।

आकृति-विशेषज्ञों का कहना है कि वर्ण-संकर सन्तानें ज्यादा सुन्दर और कुशाग्रबुद्धि की होती हैं। शायद, इसीलिए ये गोले और गोलियाँ राजकुमार और राजकुमारियों से अधिक आकर्षक होते थे। इनमें से बहुत से रावले की सुविधाओं के कारण अच्छी शिक्षा भी प्राप्त कर लेते।

मेरे राजनीतिक क्षेत्र के एक जागीरदार के गाँव में एक दारोगा कांग्रेस-कार्यकर्ता है, बहुत ही परिश्रमी और सूझ-बूझ वाला। एक प्राइमरी स्कूल में अध्यापक है। मासिक वेतन ११० रुपया है। हिन्दी-साहित्य में उसकी रुचि है। अध्ययन भी पर्याप्त है, इसलिए समय निकाल कर आपस में हम कुछ साहित्य-चर्चा कर लेते थे।

उन दिनों शक्ल-सूरत से वह किसी आंग्ल राजकुमार-सा लगता था। शिक्षा साधारण-सी थी, परन्तु स्मृति और प्रतिभा इतनी थी कि अगर मौका मिलता तो शायद बड़ा विद्वान होता।

पहली बार देखने पर ही उसके प्रति मेरा आकर्षित हो जाना स्वाभाविक था। जान-पहचान बढ़ जाने पर एक दिन उसने मुझे अपने घर भोजन पर बुलाया। दही, छाछ की राबड़ी, शुद्ध घी और शक्कर के साथ बाजरे की रोटी और कैर-सांगर का साग। आज भी वह सुस्वादु भोजन याद आता है।

छोटे-से सुसंस्कृत परिवार में माँ, पति-पत्नी और एक बच्चा था। वैसे, पत्नी भी सुन्दरी थी, परन्तु माँ तो उस प्रौढ़ अवस्था में भी अप्सरा-सी लगती थी। उसकी बातचीत और तौर-तरीकों में राज-घराने की तहजीब स्पष्ट थी।

पता नहीं क्यों, इन लोगों के प्रति सहानुभूति बढ़ती गई। जब भी गाँव में जाता, इनसे मिलता। शायद ही कभी उन्होंने अपने किसी कार्य के लिए मुझसे कहा होगा।

खेती और स्कूल की शिक्षकी से जो आय होती, उसी में अपना खर्च चला लेते।

असेम्बली के चुनाव में उस क्षेत्र से मेरा कांग्रेस-मनोनीत साथी बुरी तरह हार गया और वहां का जागीरदार जीत गया। वैसे, बहुत प्रकार की गन्दी बातें उस ठाकुर के बारे में प्रचलित थीं, परन्तु न जाने क्यों लोगों ने उसे इतने अधिक मत दिए।

वहां इस बात की आम-चर्चा थी कि मेरे मित्र की माँ उस ठाकुर के पिता के गढ़ में थी। वह पर्दायत तो नहीं हो पायी, परन्तु कुछ वर्षों तक बड़े ठाकुर की उस पर विशेष कृपा रही थी। ठाकुर की और मेरे मित्र की शक्ल-सूरत इतनी मिलती-जुलती थी कि वहां के लोगों में धारणा थी कि वह वर्तमान ठाकुर के पिता का औरस-पुत्र है।

चुनाव के नतीजे के बाद एक दिन मैं उनके घर गया हुआ था। ठाकुर के बारे में बातें हो रही थीं। मैंने देखा कि वृद्धा की आँखें गीली हो गयी हैं। शायद, उसे बीते जमाने की बातें याद आ गईं।

वैसे, वह मितभाषिणी थी, परन्तु उस दिन शायद बहुत मुखर हो गई, संकोच भी नहीं रहा। उसने जो आत्मकथा सुनाई उसका संक्षेप यह है–

"मेरी माँ एक बड़े जागीरदार की उपपत्नी थी। मैं अपनी माँ की इकलौती संतान थी। वह ठाकुर मुझे अपनी पुत्री की तरह ही प्यार करता था। चूंकि मुझ पर बाई सा (कुंवरानी) का बहुत स्नेह था इसलिये मां के बहुत आरजू-मिन्नत के बावजूद मुझे उनके साथ दहेज में दे दिया गया।

इस ठिकाने में आकर मेरे दुःखों का पार नहीं रहा। विवाह तो एक प्रथा के अनुसार एक दारोगा से कर दिया गया, परन्तु रहती थी मैं कुँवर साहब की सेवा में ही, कभी-कभी वे मुझे कुँवरानी जी के सामने ही पलंग पर बुला लेते थे।

दो वर्ष बाद रामू का जन्म हुआ। कुँवर साहब इसको बहुत प्यार करते थे, परन्तु बाई सा हम दोनों से बहुत नाराज रहने लगी। रात-दिन जली-कटी सुनाती रहती। एक दो बार तो बच्चे को जहर देने का भी प्रयास किया गया।

थोड़े दिनों बाद ही कुँवर साहब की कृपा एक दूसरी दरोगी लड़की पर हो गयी और मुझे अपने घर भेज दिया गया। ठाकुर साहब के स्वर्गवासी होने के बाद कुँवर साहब ठाकुर बने। फिर तो उनके ऐशो-इशरत की कोई सीमा नहीं रही। एक दिन उन्होंने मुझे पलंग-सेवा के लिए बुलाया। उस दिन मेरे पति बहुत बीमार थे। उन्हें छोड़कर मैं नहीं जा सकी। दूसरे दिन रावले से तीन-चार व्यक्ति आए और मुझे एवं मेरे पति को पकड़ कर गढ़ में ले गए। उस दिन ठाकुर साहब ने अपने मुसाहिबों द्वारा बारी-बारी से मेरे पति के सामने ही मुझ पर जो अत्याचार कराया, वह वर्णन योग्य

नहीं है। मेरे बीमार पति ने कुछ रोक-थाम का प्रयत्न किया तो हत्यारों ने तत्काल उसको गला घोंटकर मार दिया।"

कुछ क्षण चुप रहकर उसने फिर कहा –

"विक्षिप्त और आधी-बेहोशी की हालत में रोती-बिलखती मैं अपने घर आ गई। इसके थोड़े दिन बाद ही वर्तमान ठाकुर का जन्म हुआ। इनकी और मेरे रामू की शक्ल इतनी मिलती-जुलती थी कि ठाकुर साहब को बाई सा पर बहम हो गया और आपस में अनबन हो गयी। कुछ समय बाद बाई सा ने ठाकुर साहब को जहर देकर मरवा दिया। राज घरानों में इस प्रकार की घटनाएं प्रायः ही होती रहती थी।

बाई सा अपने एक कृपा-पात्र मुसाहिब के जरिये ठिकाने का कार्य संभालने लगी। पता नहीं क्यों, पुनः उनका मेरे प्रति स्नेह हो गया और मुझे रावले में बुला लिया गया। रामू कुँवर साहब के साथ-साथ पढ़ने लगा।" मैंने देखा कि उसकी आंखों से टप-टप आंसू गिर रहे रहे हैं। उसने मुंह फेर लिया और शीघ्रता से घर के भीतर चली गई।

शिवजी भैया

कुछ इस प्रकार के व्यक्ति होते हैं, जिनसे मिलते-जुलते लोग हर काल, समाज और देश में मिल जाते हैं। मैं शरत बाबू का उपन्यास 'विराज बहू' पढ़ रहा था। उसमें नीलाम्बर चक्रवर्ती के प्रसंग में मुझे राजस्थान के शिवजीराम की याद आ गई। अगर यह पुस्तक उस अंचल के किसी लेखक द्वारा लिखी गई होती तो जानकार लोगों को नीलाम्बर के चरित्र में शिवजीराम का भ्रम होता।

इस कथा के नायक का जन्म आज से सौ वर्ष पहले शेखावाटी के किसी कस्बे में हुआ था। पिता का देहान्त बहुत पहले हो गया था। साधारण-सी सम्पन्न गृहस्थी थी। घर में माता और दो भाई थे। माता यद्यपि पढ़ी-लिखी तो नहीं थी, परन्तु बहुत ही चतुर और बुद्धिमती थी। पति के मरने के बाद दोनों पुत्रों को अच्छी शिक्षा दी। घर-गृहस्थी को भी सम्भाल कर रक्खा। दोनों भाइयों में आपस में इतना प्रेम था कि गाँव के लोग इनको राम-लक्ष्मण की जोड़ी की उपमा देते। उस समय की रीति के अनुसार दोनों के विवाह बचपन में ही हो गए थे।

एक दिन, बड़े भाई रामकिशन ने बम्बई जाकर काम करने का विचार माता के सामने रक्खा। यद्यपि उसकी आयु केवल बीस वर्ष की ही थी, कभी परदेश जाने का अवसर भी नहीं मिला था। यात्राएँ बीहड़ और कष्टमय थी, परन्तु पिता का साया सिर पर था नहीं। जो कुछ पास में था, वह पिछले वर्षों में खर्च हो गया था। इसलिए भारी मन से माता ने आज्ञा दे दी।

छोटे भाई शिवजीराम और पत्नी को वृद्धा माता की सेवा के लिए घर पर छोड़ कर वह बम्बई के लिए विदा हो गया। शिवजीराम के जिम्मे कुछ काम तो था नहीं, इसलिए भाई के छोटे बच्चे को खेलाता रहता और गांव में कभी साधु-सन्त आते तो उनकी सेवा में सबसे आगे पहुँच जाता।

तीन मील दूर जंगल में एक कुआँ था। सुबह जल्दी उठकर नित्यकर्म के लिए

वहाँ चला जाता। साथ में चार-पाँच सेर अनाज ले जाता जो वहाँ पक्षियों को चुगा देता। वहां से आकर अपनी दो गायों को दाना-पानी खिलाता, उनके ठाण की सफाई आदि का सब काम वही करता। फिर स्नान करके नियम से रामजी के मन्दिर जाता, वे उनके कुल-देवता थे।

गांव रहकर वैद्यक और नाड़ी-परीक्षा का अच्छा ज्ञान प्राप्त कर लिया था। इसलिए बचे हुए समय में गरीब रोगियों की चिकित्सा करता और बहुतों को दवा के सिवा पथ्य भी अपने पास से दे देता था।

इन सबके अलावा, उसने एक नियम यह भी बना रखा था कि गाँव में किसी की भी मृत्यु हो, वहाँ जरूर पहुँच जाता और चलावे के सारे कामों में पूरे मनोयोग से हिस्सा लेता। चाहे बैसाख-जेठ की गर्मी हो या पूस-माघ की सर्दी की रात, ऐसा कभी नहीं हुआ कि शिवजीराम ऐसे मौके पर नहीं पहुँचा हो।

उन दिनों छुआछूत का बहुत विचार था, परन्तु उसकी मान्यता थी कि मृत्यु के बाद भगवान की जोत में जोत मिल जाती है। मृतक की कोई जाति नहीं होती। इसलिए गरीब हरिजनों के यहाँ भी ऐसे मौकों पर पहुँच जाता। अपने गाँव और आस-पास के देहात में सब लोग उसको शिवजी भैया कहकर पुकारते थे।

माता धार्मिक-भावना की थी और उसकी प्रेरणा से ही शिवजीराम की इन कामों में रुचि हुई थी, परन्तु पत्नी और भौजाई बराबर नाराज रहती। वे कहतीं -- "सब ऊलजलूल काम तुम्हारे जिम्मे ही पड़े हैं।"

कभी-कभी गाँव के संडे-मुसंडे भी बीमारी या कष्टों का बहाना करके ठग ले जाते थे। शिवजीराम के पास आकर शायद ही कोई निराश लौटा हो। बड़ा भाई तीन-चार वर्षों के अन्तराल से गांव आता और दो-तीन महीने रहकर फिर बम्बई चला जाता। माता का देहान्त होने के बाद पत्नी और पुत्र को भी वह अपने साथ बम्बई ले गया। गाँव में अब पत्नी और बच्चों के साथ शिवजीराम अकेले रह गये।

सन् १९०१ में बम्बई में जो महामारी हुई, उसमें रामकिशन की मृत्यु हो गयी। उसकी पत्नी और चौदह वर्ष का पुत्र रामदयाल दोनों रोते-बिलखते अपने गाँव वापस आ गये। शिवजीराम ने तो कभी कमाया नहीं था, परन्तु अब सारा भार उस पर पड़ा। बम्बई न जाकर अपने कस्बे में ही गल्ले की दुकान कर ली, भतीजे को भी साथ ले जाकर काम सिखाने लगा।

दुकानदारी में जो सूझ-बूझ और चालाकी चाहिए, उसका शिवजीराम में सर्वथा अभाव था। लोग उधार ले जाते, रुपया-पैसा देते नहीं। वे जानते थे, शिवजीराम कभी कचहरी जाकर अदायगी के लिए नालिश नहीं करेगा। आखिर, दो-तीन वर्ष बाद नुकसान देकर दुकान उठानी पड़ी। इसी बीच, भतीजा रामदयाल अपने पिता की तरह ही काफी होशियार हो गया और बम्बई चला गया।

रामदयाल के पिता का वहां के बड़े व्यापारियों से अच्छा सम्पर्क था और उसकी ईमानदारी की साख भी थी। बम्बई जाकर उसने कॉटन-एक्सचेंज में अपने पिता के नाम के पुराने फर्म को फिर से चालू कर लिया। संयोग ऐसा बना कि थोड़े वर्षों में ही काम जम गया और उसके पास लाखों रुपये हो गये।

कई बार चाचा को बम्बई आने के लिए रामदयाल ने लिखा, परन्तु गाँव में इतने तरह के काम रहते कि शिवजीराम बम्बई न जा सका। बाद में द्वारका धाम की यात्रा के समय उसको सपरिवार बम्बई ठहरने का मौका मिला। वहाँ अपने भतीजे का वैभव और सुनाम देखकर उसे बड़ी प्रसन्नता हुई। रामदयाल ने और उसकी पत्नी ने उन्हें सदा के लिए वहीं रहने का आग्रह किया, परन्तु उसका मन इस महानगरी में नहीं लगा और थोड़े दिनों बाद ही वापस राजस्थान आ गया। अब शिवजी भैया की जगह सेठ शिवजीराम हो गया।

दान-धर्म की मात्रा बढ़ गई, परन्तु प्रौढ़ हो गया था, इसलिए पहले जितनी भागदौड़ नहीं कर पाता था।

इतने गुणों के बावजूद उसमें एक कमी रही कि घर की समस्याओं की तरफ कभी ध्यान नहीं दिया। दोनों लड़कियों का विवाह तो अच्छे घरों में हो गया, परन्तु एकमात्र लड़का लिख-पढ़ नहीं पाया।

कुछ ऐसे लोग भी थे जिनको शिवजीराम के यश और मान-बड़ाई से ईर्ष्या होने लगी। उन्होंने बम्बई में रामदयाल के कान भरने शुरू किए कि इतनी मेहनत करके कमाते तो तुम हो और वाह-वाही तथा सेठाई सब तुम्हारे चाचाजी की होती है। उसकी स्त्री तो पहले से ही भरी बैठी थी, पर पति के डर से चुप थी। उसके बहुत कहने-सुनने पर कई वर्षों बाद रामदयाल स्त्री-बच्चों सहित बम्बई से अपने गाँव आया। वास्तव में ही, जो बात लोगों ने कही थी, वह सही निकली। चारों तरफ सेठ शिवजीराम की प्रशंसा हो रही थी। वे जिस तरफ से निकल जाते लोग खड़े होकर, राम-राम करते। सुबह-शाम सैकड़ों अभ्यागतों के लिए अन्न-क्षेत्र चालू था। मौका देखकर रामदयाल ने चाचा से बँटवारे के लिए कहा। एक बार तो शिवजीराम को बहुत कष्ट हुआ; पर तुरन्त ही सम्हल कर बोले – "बेटा, कमाया हुआ तो सब तुम्हारे पिताजी का ही है, मैंने तो उम्र भर केवल खर्च ही किया, इसलिए जैसे चाहो कर लो, मुझे इसमें क्या कहना है?"

एक कागज पर सम्पत्ति का ब्यौरा लिखा गया। बड़ी हवेली और बम्बई का फर्म रामदयाल ने अपने लिए रखना चाहा। नकद रुपयों का दो बराबर का हिस्सा हुआ। अपना मकान छोड़कर जाने में बहुत क्लेश होता है, परन्तु शिवजीराम के चेहरे पर जरा भी शिकन नहीं आयी। उसने कहा – "तुम्हारी मान-बड़ाई और इज्जत के लिए बड़ी हवेली में रहना सर्वथा उचित भी है। मैं कल ही छोटी हवेली में चला जाऊँगा। अब रही नगद रुपये की बात, सो मुझे तो अन्दाज ही नहीं था कि अपने पास इतना सारा रुपया है! मैं इनको कहाँ सम्हाल पाऊँगा? देवदत्त जैसा है, तुम जानते ही हो, इन रुपयों को तुम अपने पास ही रहने दो। खर्च के लिए जितनी जरूरत होगी, मँगवा लिया करूँगा।" अन्तिम वाक्य कहते हुए उसकी आँखें जरूर गीली हो गई थीं। रामदयाल सोचने लगा कि न तो चाचाजी ने हिसाब की जाँच की, न हवेली छोड़ने में आपत्ति की और न बम्बई के फर्म की साख (गुडविल) के बदले में ही कुछ चाहा; बल्कि सारे रुपये भी मेरे पास ही छोड़ रहे हैं।

उसे अपने आप पर ग्लानि और लज्जा हो आयी। रोता हुआ चाचा के पैरों पर

गिर कर क्षमा माँगने लगा। कहने लगा – "लोगों के बहकावे में आकर मैंने यह नासमझी की। मुझे किसी प्रकार का भी बँटवारा नहीं करना है। बड़े भाग्य से आप सरीखे चाचा मिलते हैं। पिताजी तो बचपन में ही छोड़कर चले गए। अगर आप पढ़ा-लिखाकर मुझे योग्य नहीं बनाते तो भला आज हम सबका क्या होता?"

कुछ दिनों बाद बम्बई जाते समय अपने छोटे भाई देवदत्त को भी साथ ले गया। वहाँ जाकर उसकी पुरानी आदतें छूट गयी और वह भी काम में लग गया।

मैंने जब शिवजीराम को देखा था, उस समय वे अस्सी वर्ष के वृद्ध थे। संयम और त्याग का जीवन रहा, इसलिए उस समय भी स्वास्थ्य अच्छा था। दान-धर्म के तौर-तरीके बदल गए थे। सदाव्रत और ब्राह्मण-भोजन के साथ-साथ, उनके द्वारा स्थापित स्कूल, अस्पताल और जच्चाघर भी जनता की सेवा कर रहे थे।

भाग्य-चक्र

उन्नीसवीं सदी की बात है। रामगढ़ से फतेहपुर (शेखावाटी) बारात जा रही थी। बहुत से हाथी, घोड़े, रथ और ऊँट थे, जो जरीदार रेशमी कपड़ों की 'झूल' के साथ चाँदी और सोने के गहनों से सजे थे। बारातियों की संख्या हजार तक पहुँच गयी थी। गाँव के गरीब-से-गरीब घर का आदमी भी बारात में निमन्त्रित था। यह बारात थी सेठ रामबिलास के पुत्र नन्दलाल के विवाह की, जिसकी चर्चा बाद के बहुत वर्षों तक होती रही।

उनका बड़े पैमाने पर भिवानी में कारबार था। उन दिनों व्यापार की वह बड़ी मंडी थी। राजस्थान की चीजें दूसरे प्रान्तों में और वहाँ से राजस्थान में, भेजने-मंगाने का भिवानी ही माध्यम था।

सेठ के अपने परिवार में कुल चार व्यक्ति थे। स्वयं, पत्नी, पुत्र और पुत्र-वधू, परन्तु वे इतने उदार और कुटुम्ब-वत्सल थे कि दूर के बहुत से सम्बन्धी भी उन पर आश्रित रहते। उनके दरवाजे से शायद ही कभी कोई अतिथि या याचक निराश लौटा हो। यह उदारता यों किंवदन्ती बन गयी थी कि उन्होंने गीदड़ों के लिए भी सर्दी से बचाव के लिए रजाइयाँ बनवायी थीं।

प्रौढ़ होने के पहले ही सेठ का देहान्त हो गया और इसके साथ ही इस परिवार का संकट-काल भी प्रारम्भ हो गया। गाँव के सारे लोग दुखी होकर रो रहे थे, जैसे कि उनके कुटुम्ब का ही कोई मर गया हो। साथ ही एक और दुर्घटना घट गई। उनके शव की प्रदक्षिणा के लिए स्त्रियाँ जब सेठानी को लाने गई तो देखा कि वह भी इहलोक छोड़कर पति की आत्मा के पास जा चुकी हैं। दोनों की अर्थी साथ-साथ उठी और एक ही चिता में दाह-संस्कार किया गया। शायद ही गांव और आस-पास का कोई आदमी बचा होगा जो इनकी शवयात्रा में शामिल न हुआ हो।

विशाल हवेली में अब उनका पुत्र, अपनी पत्नी तथा दो बच्चों के साथ रह गया था। मनुष्य के भाग्य और फिरत-घिरत की छाया को एक ही उपमा दी गई है।

‘सूतक’ की समाप्ति के बाद आए हुये मेहमान जब चले गए तो नन्दलाल कारबार सम्हालने के लिए भिवानी गया। वहाँ उसे अपनी आर्थिक स्थिति की जो जानकारी मुनीमों से मिली, उससे आश्चर्य और दुःख का ठिकाना न रहा। पिछले कई वर्षों से व्यापार तो घाटे में चल रहा था जबकि दान-पुण्य और दूसरे खर्चे प्रतिवर्ष बढ़ते जा रहे थे।

धन्धा बन्द हो गया। मुनीम-गुमाश्ते छोड़कर चले गए। कर्ज चुकाने में पत्नी के सारे गहने बिक गए और बड़ी हवेली रेहन रख दी गई। वे सब किराये के एक छोटे से मकान में रहने लगे। परिस्थिति यहां तक बिगड़ती गई कि दोनों समय का खाना जुटाना भी मुश्किल हो गया। पत्नी बड़े घर की बेटी थी और बड़े घर में ही बहू बनकर आई थी। किसी समय बीसों नौकर और नौकरानियाँ घर के काम के लिए थे, पर अब रसोई के अलावा बर्तन मांजना और बुहारना-झाड़ना आदि सब काम उसे स्वयं करने पड़ते। थोड़ी-बहुत सहायता बच्चे कर देते थे। मुँह-अँधेरे ही पति-पत्नी कुएँ से पानी ले आते, क्योंकि दिन चढ़ने के बाद लोगों की भीड़ में उन्हें संकोच होता था।

जब कष्ट सीमा से बाहर होने लगे तो पत्नी ने अपने भाइयों के पास सहायता के लिए जाने को कहा जिनका मालवा तथा दूसरे देशावरों में बड़े पैमाने पर कारबार था। जिन लोगों ने सब कुछ जानते हुए भी, बहन और उसके बच्चों की संकट के समय खबर तक नहीं ली, उनके यहाँ सहायता के लिए जाने की इच्छा तो नहीं थी; पर पत्नी द्वारा बार-बार आग्रह के कारण उसने उज्जैन जाना तय कर लिया। विदा के समय पत्नी ने किसी तरह व्यवस्था की, रास्ते के लिए खाने का सामान तैयार कर एक कपड़े में बाँध दिया।

एक शाम, तालाब के किनारे हाथ-मुँह धोकर खाने की तैयारी में था कि कुछ साधु-महात्मा आ गये और भिक्षा माँगी। जिसके घर में पिता के समय सैकड़ों अतिथि-अभ्यागत नित्य भोजन पाते थे वह भला ना कैसे करता? स्वयं भूखा रहकर सारा सामान उन्हें दे दिया।

दूसरे दिन, दोपहर के बाद जब वह ससुराल की कोठी पर पहुँचा तो रास्ते की थकावट एवं भूख के कारण कैसा ही लग रहा था। उसके दोनों साले वहाँ कई मित्रों के साथ बातचीत कर रहे थे। उन्होंने न तो उसकी आवभगत की और न बहन या बच्चों की कुशल-क्षेम ही पूछी। शाम होने पर मुनीमों को उसे ढाबे में खिलाने को कहकर घर चले गए।

इस प्रकार अपमानित होने पर उसके दुःख और ग्लानि की सीमा न रही। गाँव लौटने का किसी प्रकार का साधन नहीं था; इसलिए उसी शहर में अपने एक मित्र के यहां गया जिसकी किसी समय उसके पिता ने सहायता की थी।

सब मनुष्य एक से नहीं होते। मित्र बहुत ही प्रेम से मिला और सारी स्थिति की जानकारी के बाद हर प्रकार की सहायता का वचन दिया। दूसरे दिन से ही, 'रामविलास नन्दलाल' की फर्म फिर से स्थापित हो गई। देशावरों में इस फर्म की ईमानदारी और कार्य-क्षमता की साख थी; इसलिए पहले के व्यापारिक सम्बन्ध फिर से जुड़ गए तथा थोड़े समय में ही व्यवसाय जम गया।

एक वर्ष बाद वह लखपति बनकर घर लौटा। पत्नी ने भाइयों के बारे में समाचार पूछा तो राजी-खुशी की कहकर दूसरी बातों में टाल दिया। उसकी पत्नी को तो यही विश्वास था कि मायके वालों के सहयोग और कृपा से ही यह सब हुआ है।

एक महीने बाद ही फिर वह उज्जैन आ गया और इस बार ज्यादा हिम्मत से व्यापार करने लगा। भाग्य ने साथ दिया और दो वर्ष बाद, दूसरी बार अपने गाँव लौटा, तब नन्दलाल करोड़पति हो गया था। कर्ज चुका कर पिता की बनाई हुई बड़ी हवेली छुड़ा ली। फिर से एक बार मुनीम-गुमाश्ते, नौकर-चाकरों तथा कुटुम्बियों से घर भर गया।

ससुराल में साले के लड़के का विवाह था। निमन्त्रण देने के लिए स्वयं वर का बड़ा भाई कुंकुम-पत्रिका लेकर आया। जो पत्र वह साथ लाया था, उसमें बहुत वर्षों से बहन और बच्चों को नहीं भेजने का उलाहना था एवं इस अवसर पर सबको जरूर-जरूर बुलाया था।

नन्दलाल की इच्छा वहाँ जाने की नहीं थी, परन्तु पत्नी बार-बार भाइयों के उपकार का बखान कर रही थी। इस बीच में उसने मायके जाने की सारी तैयारी भी कर ली थी, अतः विवाह में शामिल होने के लिए वे सब रवाना हुए। वह स्वयं तो घोड़े पर था, पत्नी और बच्चे रथों पर तथा दूसरे राजपूत-सरदार, नाई, नौकर-दाई ऊँटों पर। फतेहपुर से एक कोस दूर पर ही अगवानी के लिए दोनों सालों के सिवा गाँव के बहुत से प्रतिष्ठित व्यक्ति भी आए। पत्नी तो हवेली में चली गयी और सेठ नन्दलाल के डेरे लगे एक बहुत सजी हुई कोठी में। रात्रि में भोजन के लिए हवेली में तैयारी की गई थी। चाँदी-सोने के थालों में नाना प्रकार के व्यंजन सजे थे। खातिरदारी में परिवार के सारे लोग हाथ बाँधे खड़े थे। स्त्रियाँ मधुर रागिनी में सीठणे गा रही थीं।

भोजन के लिए कहा गया तो उसने अपने हाथ की हीरे की अंगूठी को थाल में

रखकर उसे खाने के लिए कहा। उनलोगों की समझ में बात नहीं आई। दूसरी बार आग्रह करने पर उसने गले से पन्ने के हार को निकालकर उसे भोजन करने को कहा। किसी बड़े-बूढ़े ने कहा – "जमाईजी, हँसी-दिल्लगी बहुत हो चुकी, अब कृपया भोजन कीजिये।"

वह बिना भोजन किये ही उठ गया और कहने लगा – "यह मान-सम्मान तो मेरे हीरे-पन्ने और धन-दौलत का हो रहा है, अन्यथा जब मैं ३ वर्ष पूर्व इनके यहां गया तो इन्होंने मुझे पहिचाना तक नहीं था। पत्नी को वास्तविकता की जानकारी कराने के लिए मुझे आना पड़ा वरना मैंने उसी दिन इनलोगों से किसी प्रकार का सम्बन्ध न रखने की प्रतिज्ञा कर ली थी।"

महिलाओं में बैठी पत्नी को बुलाकर, अपने बच्चों तथा दूसरे साथ के लोगों को लेकर उसी समय रामगढ़ रवाना हो गया।

विवाह का अवसर था। घर नाते-रिश्तेदारों से भरा था, परन्तु इतनी बड़ी घटना के बाद किसी की भी हिम्मत उन्हें रोकने की नहीं हुई।

मोती काका

हमारे गाँव में बाहर से साधु-महात्मा आते रहते थे। उनके प्रवचनों के समय देखा जाता कि एक वृद्ध नियमित रूप से सबसे पहले आता और सबके बाद जाता। लोगों की जूतियों के पास बैठकर हाथ में माला लिए जाप करता रहता। आयु लगभग साठ को पार कर चुकी थी, परन्तु शरीर की काठी देखकर अनुमान होता था कि किसी समय बहुत सुन्दर और बलवान रहा होगा। गोरे चेहरे पर झुर्रियाँ थी, परन्तु आँखों में तेज की चमक थी।

बच्चों से उसे ऐसा प्यार था कि सारे-दिन वे उसे घेरे रहते, कोई दाढ़ी खींचकर भाग जाता तो कोई पीठ पर धौल जमाकर।

पत्नी, पतोहुओं और पोते-पोतियों से भरा-पूरा घर था। दो जवान लड़के फौज में थे। गाँव के पास ही खेत थे, जिनसे अच्छी आय हो जाती थी।

लोग कहते थे कि किसी समय मोती काका नामी डाकू थे, उन्होंने सैकड़ों डाके डाले थे, परन्तु ब्राह्मण या गाँव की बहिन-बेटी को कभी नहीं लूटा। यहाँ तक कि ब्राह्मणों की बेटियों के विवाह में अपने आदमियों के द्वारा दान-दहेज भेजते रहते थे।

शुरू-शुरू में तो हम बच्चे उनसे सहमे से रहते, परन्तु कुछ अरसे बाद इस प्रकार हिलमिल जाते कि उनके कंधों पर चढ़कर नाचते रहते। यद्यपि उस समय डाकू क्या होता है, इसके बारे में स्पष्ट जानकारी हमें नहीं थी; फिर भी ऐसा समझते थे कि वह कोई खराब आदमी होता है। काका से पूछने पर वह हँसकर बात टाल देते। कभी-कभी दोनों हाथों से आँखों को बड़ी-बड़ी करके डराने लग जाते।

उस बार, बहुत वर्षों तक 'दिसावर' रहने के बाद मैं गांव आया। मोती काका ७५-८० वर्ष के हो गये थे, चल फिर नहीं सकते थे। हाथ-पैर काँपने लगे थे, परन्तु आँख-कान दुरुस्त थे। बचपन में उनसे कहानियाँ सुनते हुए मैं कहा करता कि हम बड़े होंगे तब आपके लिए एक अच्छी-सी ऊनी चद्दर लायेंगे। वह बात मुझे याद रही और धारीवाल की एक चद्दर उनके लिए ले गया था।

बातें करते हुए मैंने देखा कि उनकी आँखों में हर्ष के आँसू आ गये थे। वे कहने लगे – "सुना है, तुम्हारी १०,००० रु. महीना तनख्वाह है; मैं इसके लिए हमेशा भगवान से प्रार्थना किया करता था, रामजी ने मेरी बात सुन ली।"

उन दिनों काका को गाँधीजी के दर्शन करने की प्रबल इच्छा थी। हमारे उधर, राजस्थान के गाँवों में, उनके बारे में बहुत-सी किवदन्तियाँ फैली हुई थीं जैसे कि 'उनको भगवान के साक्षात् दर्शन होते हैं', 'जेल के फाटक अपने आप खुल गए', 'चोर-डाकू भी उनके सामने आकर सच्ची बात कहने से पाप-मुक्त हो जाते हैं' आदि।

काका का शरीर इतना अस्वस्थ रहने लगा कि उस इच्छा की पूर्ति नहीं हुई, परन्तु उन्हीं दिनों हरिद्वार से एक बड़े महात्मा अपने कई शिष्यों के साथ आये। मोती काका ने बड़े आग्रहपूर्वक उनको निमंत्रित किया और साथ-ही-साथ गाँव के दूसरे प्रतिष्ठित व्यक्तियों को भी।

भोजन के पहले काका ने सैकड़ों आदमियों के सामने हाथ जोड़कर कहा – "मेरा अन्त समय अब नजदीक है। जीवन में मैंने जघन्य पाप किये हैं। मुझे कल रात में सपना आया है कि महात्माजी और गाँव के लोगों के समक्ष अपने पापों को स्वीकार करूँ, इससे मुझे शान्ति मिलेगी।" उन्होंने अपने जीवन की जो घटनाएँ बताईं, उन्हें सुनकर यह निश्चय नहीं कर सका कि वे पापी हैं या धर्मात्मा।

मोती काका ने अपनी जीवन-गाथा इस प्रकार सुनायी –

"मैं अपने माँ-बाप का इकलौता बेटा था। विवाह होकर बारात वापस आई थी। अभी कंगन-डोरे भी नहीं खुले थे कि गाँव का महाजन अपने कर्ज के तकाजे के लिए आकर बैठ गया। उन दिनों कर्ज न चुकाने पर कैद की सजा होती थी। बहुत से सगे-सम्बन्धियों के बीच बापू को पुलिस के सिपाही हथकड़ी डाल कर ले गए। उस दिन के बाद तो शर्म के मारे मेरा घर से निकलना दुश्वार हो गया।

मैंने प्रतिज्ञा कर ली कि जैसे भी होगा, कर्ज चुका कर पिता को जेल से छुड़ाऊँगा, किन्तु बहुत प्रयत्न करने के बावजूद काम नहीं मिल पाया। संयोग से मेरी जान-पहचान प्रसिद्ध डाकू रामसिंह के साथियों से हो गयी और मैं उनके दल में शामिल हो गया। हिम्मत, सूझ और शारीरिक बल के कारण रामसिंह के मरने के बाद दल का मुखिया मुझे ही चुना गया।

कर्ज से दुगुना रुपया लेकर एक रात को सेठ के घर पहुँचा। उस सेठ के प्रति मेरे मन में ऐसी घृणा हो गयी थी कि कर्ज चुकती की रसीद लेकर लौटते समय मैंने

उसके नाक-कान काट लिये। उसके बाद तो मैंने सैकड़ों डाके डाले पर परमात्मा जानता है कि मैंने कभी ब्राह्मणों और गाँव की बहू-बेटियों को नहीं सताया, न गरीब और निम्नवर्ग के लोगों को ही।

मुझे प्रायः ही खबरें मिलतीं कि मेरे माँ-बाप को नाना प्रकार की यातनाएँ दी जा रही हैं। एक दिन यह भी सुना कि मेरी पत्नी को थाने में बन्द कर रखा है और उसके साथ बहुत ही अमानुषिक बर्ताव किया जा रहा है।

एक अँधेरी रात में १०-१२ साथियों के साथ मैंने उस पुलिस चौकी पर हमला कर दिया। ८-१० सिपाही और अफसर मारे गए, हमारे भी ३-४ साथी खेत रहे। पत्नी दर्द से कराह रही थी। उसकी हालत देखकर मन लज्जा और ग्लानि से भर गया, परन्तु पास के थानों से कुमुक पहुँचने के अंदेशे से भागकर हमें जंगल में जाना पड़ा।

माँ-बाप और पत्नी की दुर्दशा के समाचारों से मैं रात-दिन बेचैन रहने लगा। उधर पुलिस की सतर्कता भी बहुत ज्यादा बढ़ गई। मेरे जिन्दा या मरे पकड़ा देने पर सरकार द्वारा १०,००० रुपये इनाम की घोषणा की गयी।

गाँव में एक ब्राह्मण की बेटी का विवाह, रुपये के बिना अटक रहा था। मेरे पास रुपयों की व्यवस्था उस समय थी नहीं। समय कम था, मैं पशोपेश में पड़ गया

कि कैसे मदद करूँ। मुझे सरकारी घोषणा की बात याद आ गयी। मगर मेरे साथी इसके लिए तैयार नहीं हुए। आखिर, मैं अकेला ही उस ब्राह्मण के पास गया और समझाया कि मुझे थाने में हाज़िर करने से उसे १०,००० रुपये मिल जायेंगे।

पहले तो वह तैयार नहीं हुआ, परन्तु बहुत समझाने-बुझाने पर मान गया।

विभिन्न अपराधों में मुझे १५ वर्ष की कड़ी कैद की सज़ा हुई, परन्तु मेरे अच्छे चाल-चलन के कारण १० वर्ष में ही मुझे छोड़ दिया गया।

अब उन बातों को प्रायः २५-३० वर्ष हो गए हैं, परन्तु मेरे मन में अपने पुराने पापों की याद से अब भी ग्लानि और लज्जा भरी पड़ी है। कहते हैं कि परमात्मा के भक्तों की सेवा करने से जघन्य पाप भी दूर हो जाते हैं, इसलिए कथा-वार्त्ता में आने वालों की जूतियों की सम्हाल रखता हूँ। बहन-बेटियों के बच्चों को बहलाता रहता हूँ।..."

काका की बातें सुनकर लोगों के साथ-साथ महात्माजी भी हर्ष से गद्गद हो गए। उन्होंने उठकर उसे छाती से लगा लिया।

भाग्य का मारा

रात के नौ बजे थे। भोजन करके कुछ पढ़ रहा था कि मकान के फाटक पर शोरगुल-सा सुनाई दिया। थोड़ी देर तो ध्यान नहीं दिया परन्तु जब आवाजें रोने-चिल्लाने में बदल गयी तो नीचे जाना पड़ा।

देखा, २०-३० व्यक्ति एक १२-१३ वर्ष के दुबले-से लड़के को घेरे हुए हैं, उसकी नाक और मुँह से खून निकल रहा है। लोग बीच-बीच में उसके दो-एक धौल भी जमा रहे हैं।

पूछने पर पता चला कि पास के सिनेमा-घर के बाहर मुड़ी-चनों के खोमचे से दुकानदार की आँख बचाकर मुड़ी लेकर भागता हुआ यह लड़का पकड़ा गया, फिर तो मोहल्ले के बदमाश लड़कों को अपनी जोर आजमाइश करने का मौका मिल गया और मारते-मारते इसकी यह हालत कर दी।

उस मासूम बच्चे के चेहरे पर करुणा की मार्मिक याचना देखी तो खोमचे वाले को दो रुपये देकर विदा किया और अन्य सब लोगों को समझा-बुझाकर वहाँ से हटा दिया।

दरबान से लड़के को भीतर लाने के लिए कहा। लड़का उस समय भी भय से काँप रहा था और अन्दर आने में झिझक रहा था। शायद डरता था कि और मार न लगे या कोई नई विपत्ति न आ पड़े। एक प्रकार से धकेलते हुए ही उसे लाया गया। मैंने प्यार से सिर पर हाथ रख कर पूछा कि उसने ऐसा बुरा काम क्यों किया तो सुबुक-सुबुककर रोने लगा। थोड़ी देर तो कुछ बोल ही नहीं पाया। ऐसा लगता था कि मार और भूख से बहुत ही व्याकुल हो गया है। उसे बेहोशी-सी आ रही थी। खाने के साथ एक गिलास गर्म दूध दिया तब कहीं थोड़ा संभल पाया।

मैंने उसे दूसरे दिन सुबह तक वहीं रहने को कहा तो रोकर कहने लगा– "मेरी बीमार माँ घर पर अकेली है और कल से भूखी है, वह मेरी राह देख रही होगी। मुझे इतनी रात तक नहीं पाकर बहुत चिंतित होगी इसलिए अभी घर जाने दीजिए।" कुछ खाने-पीने का सामान देकर दूसरे दिन उसे फिर आने को कह कर भेज दिया।

दो-तीन दिन बीत गए। लड़के की भोली सूरत भूल नहीं सका। दरबान को उसे

बुलाने भेजा। देखा कि बालक के सिर एवं हाथ पर पट्टी बँधी है और उनके साथ एक युवा, किन्तु कृशकाय और बीमार-सी स्त्री भी है। साड़ी में जगह-जगह पैबन्द लगे हुए थे, चेहरे पर दैन्य और बीमारी की स्पष्ट छाया थी। फिर भी उसके नाक-नक्श की सुघड़ाई से लगता था कि शायद किसी समय बहुत ही रूपवती रही होगी।

कहने लगी कि उस दिन मार से बच्चे को बुखार आ गया था, कहीं-कहीं सूजन भी। स्त्री के बोलने के लहजे से समझ पाया कि पूर्वी बंगाल की है। जो आत्मकथा उसने सुनाई वह इतने दिनों बाद भी भूल नहीं सका हूं। कभी-कभी जब दुबले-पतले बच्चों को भीख मांगते देखता हूं तो उस मासूम बच्चे की तस्वीर आँखों के सामने आ जाती है।

खुलना के पास के किसी देहात में उनकी अच्छी-खासी खेती की जमीन थी। एक छोटा पोखर भी था। सब प्रकार से सुखी गृहस्थी थी। देश के विभाजन के बाद भी वे लोग वहीं रह गए। यद्यपि नाना प्रकार के कष्ट और अपमान झेलने पड़ते थे, परन्तु एक तो कहीं अन्यत्र आसरा नहीं था, दूसरे पूर्वजों के घर और जमीन आदि के प्रति मोह-ममता भी थी जो उन्हें गाँव छोड़कर चले जाने से रोके हुए थी।

सन् १९५८ में एक दिन अचानक ही गाँव के हिन्दुओं पर हमला बोल दिया गया। जो मुसलमान हो गए, उनके जान-माल बच गये, जिन्होंने सामना किया वे कत्ल कर दिए गए।

उसका पति वैष्णव, कंठीधारी कायस्थ था। किसी समय गाँव का मुखिया भी था और दोनों समय घर के ठाकुरजी की पूजा-अर्चना करता था। वह किसी प्रकार भी धर्म त्याग करने को तैयार नहीं हुआ। उसे खुदा के बन्दों ने काट कर पास के पोखर में डाल दिया। पड़ोसियों के बीच-बचाव से किसी प्रकार बेचारी विधवा अपने ८ वर्ष के बच्चे को साथ लेकर सीमा पार करके भारत के 'बनगाँव' में आकर रहने लगी। जो कुछ थोड़ा-बहुत सामान साथ में था, वह सब रास्ते में लोगों ने लूट लिया।

उसने देखा कि वहाँ पर पहले से ही पाकिस्तान से आए हुए शरणार्थी बड़ी संख्या में हैं और सरकारी कैम्पों में किसी प्रकार पेट पाल रहे हैं और 'परमात्मा की दया' से इनमें से बहुत से अनेक प्रकार की बीमारियों से जल्दी-जल्दी मरकर रोज-रोज की यातनाओं से शीघ्र मुक्ति भी पा रहे हैं।

२६-२७ वर्ष की आयु, सुगठित अंग-प्रत्यंग, चेहरे पर लावण्य की स्पष्ट आभा। विपत्ति में सुन्दरता भी अभिशाप बन जाती है। कैम्प के लिए नाम दर्ज कराने वाला इन्सपेक्टर रात में उसकी 'सरकी' में आकर लेट गया। शरणार्थियों के पुनर्वास और उनकी देखभाल के लिए रखे गए लोग इतने बेशर्म और निधड़क हो गए थे कि न तो उन्हें किसी की निन्दा का डर था और न मान-मनुहार की आवश्यकता। किसी भी शरणार्थी लड़की या स्त्री के साथ मनचाहा व्यवहार करना वे अपना अबाध अधिकार मानते थे। शरणार्थी स्त्रियाँ बेचारी विपत्ति की मारी, भूखे पेट और थके तन को लेकर आखिर विरोध कहाँ तक कर पाती? कैम्प में स्थान और सरकारी सहायता न मिलने पर सन्तान सहित तिल-तिलकर मरना पड़ता, इसलिए जीवित रहने के लिए ऐसे अपमान को भी आवश्यक मान लिया गया था।

लेकिन सुरमा उस धातु की नहीं बनी थी। वह अपना शरीर नहीं दे सकी और जोर-जोर से चिल्लाने लगी। खैर, उस समय तो वह इन्सपेक्टर चुपचाप खिसक गया परन्तु दूसरे दिन तो फिर दरख्वास्त लेकर उसी के पास जाना होता। सुरमा को यह स्वीकार न था। अतः रजिस्ट्री-ऑफिस में न जाकर उसने अपने बच्चे को साथ लिया और रास्ते के अनेक कष्ट झेलते हुए कलकत्ता आ गई। यहाँ उसे एक घर में दाई का काम मिल गया, रहने को एक छोटी-सी कोठरी भी।

रूपवती विधवा युवती मुहल्ले के युवकों के लिए अपने आप में एक आकर्षण हो गई। वे बिना काम ही उसके घर के आसपास मँडराते। कभी सीटी बजाते और कभी गन्दी आवाजें कसते। लिहाजा उसे वह आसरा भी छोड़ देना पड़ा। सोचा तो यह था कि भारत-भूमि में सहधर्मी बन्धुओं के बीच जीवन के बाकी दिन किसी प्रकार चैन से बिता पाएगी, अपने बच्चे की जैसे-तैसे परवरिश करेगी, किन्तु उसे क्या पता

था कि पाकिस्तान की तरह यहाँ भी मनुष्य के रूप में भूखे भेड़ियों की कमी नहीं है।

कई बार मन में आया कि तेजाब छिड़क कर मुँह को बदरंग कर ले, परन्तु कुछ तो पीड़ा के भय से और कुछ बच्चे का ख्याल करके वह यह सब नहीं कर पाई।

कई जगह भटकते हुए उसे ढाकुरिया लेक के पास एक शरणार्थी-परिवार के यहाँ रहने का सहारा मिल गया, परन्तु केवल आवास की व्यवस्था से पेट की भूख नहीं मिटती। भीख मांगने में पहले-पहल तो झिझक हुई, फिर आदत पड़ गयी और किसी तरह दो जून खाना मिलने लगा।

लड़का देखने में सुन्दर और बातचीत में चतुर था। सुबह-शाम जो सैलानी लेक पर आते, उनकी मोटरों की सफाई और सम्हाल करता रहता। वे दो-चार आने बख्शीश के तौर पर उसे दे देते या कभी धमका कर ऐसे ही भगा देते।

एक दिन माँ को बुखार आ गया, सीलन भरी जमीन पर बिना चारपाई के सोने से और भूखजनित कमजोरी से – यह साधारण और स्वाभाविक बात थी। डाक्टर को दिखाने का प्रश्न ही नहीं था। पड़ोस की एक वृद्धा ने उसे दो गोली कुनैन की लाकर दी और लाई खाने को कहा। बच्चा लाने के लिए घर से निकला। दिन भर खड़े रहने पर भी उस दिन जब कुछ भी प्राप्ति नहीं हुई तो माँ की भूख का ख्याल करके सड़क पर के खोमचे से उसने कुछ लाई चुरा ली। परन्तु भागते हुए पकड़ लिया गया।

यही कहानी थी जो उसकी माँ की जुबानी मैंने उस दिन सुनी।

लड़के की पढ़ाई नहीं के समान थी, इसलिए उसे अपने ऑफिस में चपरासी के रूप में रख लिया। यह कई वर्ष की बात है। सुरेन अब बड़ा हो गया है, कुछ अंग्रेजी और हिन्दी भी पढ़ ली है। मेरे यहाँ जितने कर्मचारी हैं, उनमें वह सबसे मेहनती और ईमानदार है। गरीब बंगालियों में लड़कियों की कमी नहीं है। सम्भव है, थोड़े वर्षों में उसका विवाह हो जायेगा, तब उसकी दुखिया माँ को भी बहुत वर्षों बाद गृहस्थी का थोड़ा-सा सुख देखने को मिलेगा।

आज भी मैं कभी-कभी सोचता हूँ कि क्या उस दिन सचमुच सुरेन ने चोरी की थी? बाद में तो कभी भी कोई शिकायत नहीं मिली? मनुष्य स्वभाव से चोर होता है या परिस्थितियाँ उसे मजबूर करती हैं?

प्रभु का प्यारा

(टालस्टाय की एक कहानी की प्रेरणा से)

उत्तराखण्ड के बदरी-केदार की यात्रा का महत्त्व, हजारों वर्षों से हमारे देश के लोगों के मन और जुबान पर है। जनश्रुति है कि द्वापर में पाण्डवों ने केदारनाथ की यात्रा की थी और ईसा से डेढ़ सौ वर्ष पूर्व आद्य शंकराचार्य केरल से ढाई हजार मील चलकर बदरीनाथ आये थे। यह भी कहा जाता है कि वर्तमान 'पीठ' उन्हीं की स्थापित की हुई है।

अठारहवीं शताब्दी की बात है। पूना के श्रीमन्त पेशवा के दीवान वृद्धावस्था में राजकाज छोड़कर घर ही पर विश्राम करते थे। उनके मन में बहुत वर्षों से बदरी-केदार यात्रा की कामना थी, किन्तु कोई-न-कोई कारण उपस्थित हो जाता और वे तीर्थयात्रा पर निकल नहीं पाते। आखिर, एक बार उन्होंने सब तैयारियां कर लीं। कौन-कौन से मुसाहिब, नौकर, रसोइये, सिपाहियों आदि को साथ रखा जाए और कैसी सवारियां, यान-वाहन आदि रहें, इस सबों की फेहरिस्त बन गयी। यहां तक कि रसद के सामान की भी, सावधानी से सूची बना डाली गयी।

उनके पड़ोस में हीरू नाम का एक दर्जी रहता था। उसके मन में भी बदरी-केदार जाने की इच्छा थी, किन्तु अच्छा साथ नहीं मिल पाया, इसलिए जा नहीं सका था।

उसने भी कई अन्य लोगों की तरह दीवानजी से चलने की स्वीकृति ले ली। उन दिनों रास्ते बीहड़ थे, सड़कें भी अच्छी न थी। चोर-डाकुओं का डर बना रहता। इसके अलावा, साँप-बिच्छु और जंगली हिंसक पशुओं के आक्रमण का भय तो था ही। बीमारियाँ भी होती रहतीं। इन्हीं कारणों से लोग ऐसी बीहड़ यात्राओं में बड़े लोगों के किसी दल में शामिल होने का सुयोग ढूँढ़ते थे।

दीवानजी ने महीनों पहले से ही, अपने बेटों और पोतों को काम की सम्हाल देनी शुरू कर दी थी। कारिन्दों और पटवारियों को, कहाँ से कितनी अदायगी मिलनी है और उनके हलके की जमीन-जायदाद के पट्टे आदि के बारे में क्या और कैसे करना है, इसकी भी हिदायतें देकर आदेश दिया कि पीछे से किसी प्रकार का नुकसान न पहुँचे।

हीरू ने चलते समय पत्नी और पुत्र को केवल इतना कहा कि भगवान का

स्मरण करते रहना; यदि उनकी कृपा रही तो फिर मिलेंगे।

निश्चित मुहूर्त पर यात्री-दल ने प्रस्थान किया। शंख बजाए गए, मन्दिरों के घण्टे बजे। विदा देने के लिए लोग उमड़ पड़े। लगभग एक कोस तक स्त्री-पुरुष और बच्चे भजन गाते हुए, पहुँचाने के लिए साथ चले। बड़ी श्रद्धा से सबने 'पालागन' किया।

तेरह सौ मील की लम्बी यात्रा थी। रोज पन्द्रह-बीस मील चलते। रात में किसी निरापद स्थान पर रुक जाते। भजन-कीर्तन होता रहता। इसी तरह चलते-चलते मालवा के किसी गाँव के पास एक दिन इनका पड़ाव हुआ। जगह सुनसान-सी लगी। पूछ-ताछ करने पर पता चला कि गाँव में हैजे का प्रकोप है, इसलिए अधिकांश लोग यहाँ से चले गए हैं। कुछ गरीब और हरिजन बच गए हैं। चिकित्सा के अभाव में, उनमें से भी कई-एक रोजाना भगवान के यहाँ चले जाते हैं।

रात घनी हो आई, भजन-कीर्तन समाप्त हो गए और यात्री सो गए। हीरू को नींद नहीं आई। एक अजीब-सी बेचैनी उसे सता रही थी। वह चुपचाप उठा और पहरेदारों की नज़र बचाकर गाँव की ओर चल पड़ा। पास पहुँचते-पहुँचते हवा के झोंकों के साथ सड़ांध आने लगी। वह तेजी से बढ़ा। एक घर से किसी छोटे बच्चे के रोने की आवाज सुनाई पड़ी। भीतर जाकर देखा कि दो-तीन वर्ष का एक बालक पास में लेटी हुई अपनी माँ का आंचल खींच-खींच कर रो रहा है। माँ विसूचिकाजनित गन्दगी में लिपटी सिसक रही है। सारी बातें एक क्षण में उसके मस्तिष्क में घूम गयी। दौड़कर उसने आंगन में बँधी बकरी को दूहा और बच्चे को दूध पिलाया। फिर उसे

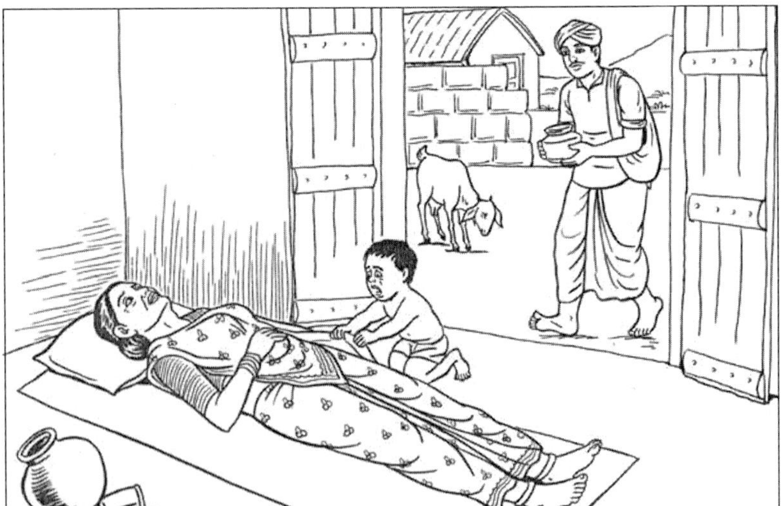

एक ओर बैठाकर उस महिला को धो-पोंछकर साफ किया। उसे ख्याल आया कि दवाइयों की पोटली तो उसकी पेटी में है, क्यों न वह ले आए, इसकी जान बच जाएगी।

फौरन वह उल्टे पाँव, पड़ाव की ओर भागा। लोग गहरी नींद में थे। 'पेटी खोलने पर खटका होगा', 'बिस्तर में धोती और कपड़े हैं, शायद जरूरत पड़ जाये' – सोचते हुए उसने चुपचाप बिस्तर और पेटी उठाई और गाँव में लौट आया। वहाँ आकर देखा कि बच्चा आराम से सोया है और महिला को भी कुछ राहत है। उपचार के लिए साथ लाई हुई दवा दी। ईश्वर-कृपा से उसे लाभ हुआ। सुबह होने पर वह दूसरे घरों में गया। वहाँ भी हैजे के रोगी कराह रहे थे। वह उन्हीं की सेवा में लग गया।

उधर तीर्थ-यात्रियों का पड़ाव उठने लगा। थोड़ी देर तक लोगों ने हीरू की प्रतीक्षा की, फिर आगे के लिए चल पड़े।

लगभग एक महीने तक हीरू उस गाँव में रहा। यात्रा के लिए जो पूँजी लेकर चला था, समाप्त हो चुकी थी। महामारी के हट जाने पर लोग गाँव में वापस आने लगे। सभी कृतज्ञ थे। उसका गुणगान करते थे परन्तु हीरू मौन रहता। उसके मन में रह-रह कर यही बात उठती कि तीर्थयात्रा न कर, शायद उससे कोई अपराध हो गया। एक दिन वह अपने घर के लिए रवाना हुआ। विदा के समय गाँव के लोगों ने अपने घरों से गुड़-चने-चिवड़े दिए। गाँव की सीमा तक पहुँचाने आए। उन सब की आँखें गीली थीं। श्रद्धा और स्नेहभरी शुभाकांक्षा के अलावा, वे गरीब दे भी क्या सकते थे?

कुछ दिनों बाद, थका-हारा हीरू अपने घर वापस पहुँचा। लोगों को बड़ा आश्चर्य हुआ कि यात्रा पूरी न कर वह बीच में क्यों लौट आया? तरह-तरह के प्रश्न पूछे 'क्यों आए? क्या बीमार हो गए? झगड़ा-तकरार हो गया?' आदि। वह चुपचाप गर्दन झुकाए रहता। पत्नी से केवल इतना कहा कि तीर्थ-यात्रा का पुण्य उसके भाग्य में बदा न था। पर-निन्दा और आलोचना में लोगों को आनन्द आता है। तरह-तरह की बातें उस गरीब के बारे में फैलाई गई, परन्तु हीरू ने कोई सफाई नहीं दी। सिर्फ इतना कह देता – "मेरे जैसे पापी की पहुँच, प्रभु के दरबार में कहाँ?"

दो महीने बाद, दीवानजी का दल पूना लौट आया। शहर के लोग, उनके स्वागत और चरण-रज के लिए आए। हीरू भी दुबका-सा आया और पैर छूकर, एक ओर बैठ गया। उन्होंने एक बार, उसकी ओर देखा मगर कुछ कहा नहीं।

यात्रा निर्विघ्न सम्पन्न हुई – इस उपलक्ष्य में, अगले दिन बारह गाँवों के लोगों का, भगवान के प्रसाद के लिए भोज हुआ। सभी दीवानजी का यशोगान और जय-जयकार कर रहे थे।

दस-बारह दिन बाद उनके यहाँ से हीरू का बुलावा आया। उसे लगा दीवानजी बुरा-भला जरूर कहेंगे। सहमा-सा वह उनकी कोठी पर पहुँचा और द्वारपाल को

खबर दी। दीवानजी खुद ही निकल आए और उसे साथ लेकर अपने निजी कक्ष में गए। एकान्त में उन्होंने हीरू से कहा – "जब से मैं आया, तुमसे एक बात पूछने की मन में थी, किन्तु काम-काज की देखभाल और लोगों की भीड़भाड़ में मौका ही नहीं लग पाया। तुम्हें भगवान की सौगन्ध है, झूठ मत बोलना। ऐसा लगता है कि उस दिन तुम हम लोगों को उस गाँव के पड़ाव पर छोड़कर अकेले ही आगे चले गए, मैंने देखा कि तुम भगवान बदरी विशाल का शृंगार कर रहे हो और पास में बड़े पुजारीजी आरती कर रहे हैं। कई आवाजें देकर तुम्हें बुलाया भी, परन्तु भीड़ में तुम न जाने कहाँ समा गए। इसके बाद केदारजी की आरती और शृंगार में भी देखा कि तुम जगमोहन-कक्ष में हो। वहाँ तो केवल प्रमुख पुजारी ही जा सकते हैं, तुम्हें कैसे जाने दिया? मैंने भगवान की भेंट में सोने के गहने और ज़री की पोशाकें दीं, फिर भी मुझे चौखट तक ही जाने दिया गया।"

हीरू ने दीवानजी के पैर पकड़कर रोते हुए कहा – "बापजी, आप यह क्या कह रहे हैं ? मैं तो उस रास्ते के गाँव में रोगियों की सेवा के लिए कुछ दिनों तक रुका रहा और फिर वहीं से घर वापस आ गया। मुझसे बड़ा अपराध हो गया कि आपसे बिना पूछे, दल छोड़ दिया। आप-जैसे महापुरुषों के साथ का सुयोग पाने पर भी भगवान के दर्शन-लाभ से वंचित रह गया।"

दीवानजी को असमंजस हुआ। कानों-सुनी बात झूठी हो सकती है, पर आँखों देखी नहीं। उन्हें हीरू की आँखों में अब भी भगवान बदरी-विशाल की मूर्ति दिखाई दे रही थी। "भाई! तुम सचमुच ही प्रभु के प्यारे हो" – यह कहते हुए उन्होंने गद्‌गद् होकर हीरू को गले लगा लिया।

एक मनुष्य : तीन रूप

मेरी जान-पहचान के एक मित्र हैं, जिनके घर की स्थिति शुरू से ही साधारण थी। मित्रों की सहायता और छात्र-वृत्ति से वे किसी प्रकार पढ़-लिखकर राजनैतिक और सामाजिक क्षेत्रों में काम करने लगे। सन् १९५७ में उन्हें विधान-सभा का टिकट मिल गया और अपने क्षेत्र में वे चुन लिए गए। नये मन्त्री-मण्डल में उनको भी लिया गया। मैंने उनको बधाई का तार भेजा। उसके बदले में धन्यवाद-ज्ञापन का जो पत्र उनका आया, उसमें मुझे थोड़ा-सा अहंभाव लिए हुए कुछ औपचारिकता लगी, लेकिन उस समय मैंने इस बात पर ध्यान नहीं दिया।

कुछ महीनों बाद जब मैं राजधानी गया तो उनके बँगले पर मिलने गया। फाटक पर वर्दीधारी सिपाही, अच्छी शानदार कोठी, सुन्दर करीने से लगाया हुआ बगीचा और पोर्टिको में बड़ी-सी कार। अर्दली से पूछने पर पता चला कि साहब घर पर ही हैं। उनके निजी सचिव को अपना कार्ड दिया और ड्राइंगरूम में प्रतीक्षा करने लगा। वहाँ और भी पाँच-सात व्यक्ति पहले से ही बैठे थे।

ड्राइंगरूम का फर्नीचर ऊँचे दर्जे का था। फर्श पर कीमती गलीचा बिछा था। कमरे में गाँधीजी और नेहरूजी की तस्वीरें टँगी थी, तीन-चार उनके अपने स्वागत-समारोहों की भी। बैठा हुआ मैं सोचने लगा कि गाँधीजी ने स्वराज्य मिलने के कुछ ही दिनों पहले कहा था कि यदि स्वराज्य मिल गया तो राष्ट्रपति भवन और राज्यपाल भवन, अस्पताल और गरीब विद्यार्थियों के लिए आवासगृह तथा स्कूल व कॉलेजों के काम में लाए जाएँगे। राष्ट्रपति और राज्यपाल साधारण भवनों में रहेंगे।

आपसी बैठकों में मेरे यह मित्र भी अक्सर कहा करते कि राष्ट्रपति और राज्यपालों की बात छोड़ भी दें तो हमारे केन्द्र और राज्यों के मंत्री, राज्य-मंत्री, उप-मंत्री और संसदीय सचिव जिनकी संख्या ३५०० के करीब है – इन सब पर भी करदाताओं की एक बहुत बड़ी रकम प्रतिवर्ष खर्च होती है। इनके दफ्तरों का काम प्रायः सचिव या अफसर देखते हैं, क्योंकि इन लोगों को तो विभिन्न प्रकार के जलसों और उद्घाटनों से ही फुरसत नहीं मिलती; ताकि अन्य कामों में समय दे सकें; यहाँ

तक कि कई बार मन्त्री-महोदय किसी पेट्रोल पम्प या बीड़ी के कारखाने का उद्घाटन करने के लिए भी चले जाते हैं। इन दौरों के लिए मोटरों और अफसरों का खर्च तो सरकारी है ही, इसके अलावा डी. ए. और टी. ए. के रूप में भत्ता अलग से बनता है।

यहाँ बैठे-बैठे मैंने लक्ष्य किया कि मेरे मित्र को समय का ज्ञान कम रह गया है। बड़ा खेद हो रहा था कि एक संघर्षशील कार्यकर्ता को मंत्रित्व के पद ने अकारण ही विलासप्रिय बनाकर जन-समाज से छीन लिया। सोच रहा था कि आखिर पिछले तीन महीनों में ऐसी कौन सी बात हो गयी, जिससे इनके और इनके परिवार के रहन-सहन में इतना फर्क आ गया।

आधे घण्टे की प्रतीक्षा के बाद वे भीतर से आये। कब आया, कहाँ ठहरा आदि उन्होंने पूछा। मुझे ऐसा लगा कि उनकी बातों में बड़प्पन का आभास है। हो सकता है कि दूसरे बहुत से लोग वहाँ बैठे थे, इसलिए उनके सामने उन्होंने इस ढंग से बात करना जरूरी समझा हो।

थोड़े दिनों के बाद वे किसी सरकारी काम से कलकत्ता आये। उनके सचिव का फोन आया कि मन्त्रीजी आए हुए हैं और मुझे मिलने के लिए बुलाया है। वैसे मैं खुशी-खुशी उनके यहाँ जाता, लेकिन उनके सचिव की बात का लहजा कुछ जँचा नहीं और मैंने नम्रतापूर्वक टाल दिया। इससे पहले उनके यहां आने की सूचना तार तथा पत्र द्वारा भी आ चुकी थी और ऐसा पता चला कि यह इत्तिला दूसरे कई लोगों को भी दी गई थी।

कुछ दिनों बाद, मेरे एक मित्र ने मुझसे कहा कि वे कह रहे थे कि आप कलकत्ता में न तो उनको लेने के लिए स्टेशन आये और न उनसे मिले ही। इसलिए वे आपसे कुछ नाराज हैं।

जब नया मन्त्री-मण्डल बना तो उनमें वे नहीं लिए गए। इसके बाद जैसा कि आम-तौर से लोग करते हैं, उन्होंने भी खादी की एक संस्था और सहकारी-समिति की स्थापना कर ली और अपना काम देखने लगे।

एक दिन अचानक ही वे दिल्ली स्टेशन पर मिल गए। छोटा-सा बिस्तर उनकी बगल में था और थर्ड क्लास में जगह खोज रहे थे। वैसे मन्त्री बनने के पहले भी तीसरे दर्जे में ही यात्रा करते थे; पर इस बार मुझे देखकर वे बहुत झेंपे।

मैंने तीन वर्षों में एक मनुष्य के तीन रूप देखे। पहला – खादी की ऊँची धोती, बिना इस्त्री किये हुए कपड़े, अभावग्रस्त परिवार; लेकिन हर प्रकार का सेवा-कार्य

करने के लिए तैयार। दूसरा – बगुले के पंख-से सफेद कपड़े, सजा हुआ शीत-ताप नियन्त्रित बँगला, बड़ी कार और तौर-तरीकों में अभिमान की स्पष्ट झलक। अब तीसरा रूप था – बिगड़ी हुई आदतों के कारण बढ़े हुए खर्चे की पूर्ति के लिए खादी या सहकारी-संस्था के नाम से कुछ कमाना और अगर उसमें भी सफल न हुए तो फिर वही साधारण रहन-सहन; पर अब झेंप के साथ?

मन्त्रीजी का जन्म-दिन

किसी एक मन्त्रीजी के जन्म दिन के उत्सव का निमन्त्रण-पत्र मिला। आयोजकों के नामों की तीन पेज की सूची थी। एक आयोजन-कमेटी भी बनी थी जिसमें अध्यक्ष, उपाध्यक्ष, संयोजक, कोषाध्यक्ष के सिवा ३१ व्यक्तियों की कार्यकारिणी थी।

जितनी बड़ी सूची थी, उसके अनुरूप ही जलसा था। ऐसा लगा कि १५००-२००० निमन्त्रण-पत्र जरूर भेजे गए हैं; क्योंकि ७००-८०० दर्शक थे जिनके लिए बड़े-से लॉन में छोलदारी लगाकर कुर्सियाँ सजाई गई थीं। विशिष्ट अतिथियों के लिए सुसज्जित ऊँचा मंच बनाया गया था जिसे नाना प्रकार के फूलों से सजाया गया था। मंच पर गाँधीजी, राष्ट्रपति, नेहरूजी के बड़े-बड़े चित्रों के साथ मन्त्रीजी का अपना बड़ा-सा चित्र भी था।

उत्सव प्रायः दो-अढ़ाई घण्टे चला। चाय, हल्का नाश्ता और ठंडे पेय की सुव्यवस्था थी। मंत्रीजी के बारे में इतनी बड़ी-बड़ी बातें कही गयीं, जिनका पता शायद स्वयं उनको भी नहीं रहा होगा। गौरव गाथा गाने वालों में आपस में होड़ लगी हुई थी। आम-तौर पर किसी भी समझदार व्यक्ति को अपने बारे में अतिरंजित बड़ाई सुनकर संकोच-सा होता है परन्तु यहाँ तो मंत्री-महोदय बड़े चाव से मुस्करा रहे थे।

सबसे पहले स्वागताध्यक्ष का भाषण हुआ (वे मंत्रीजी के ही किसी विभाग में ठेकेदारी का काम करते हैं)। उन्होंने कहा कि मुझे मंत्रीजी को बचपन से ही जानने का सौभाग्य रहा है और लोगों को इनकी मेधाशक्ति, वाक्चातुर्य और श्रमशीलता को देखकर पहले से ही यह पता चल गया था कि आगे जाकर ये देश के भाग्य-विधाता होंगे। दूसरे व्याख्यानदाता नगर के मेयर थे, उन्होंने स्वागताध्यक्ष द्वारा की गयी बड़ाई की ताईद तो की ही परन्तु साथ में इतना और जोड़ दिया कि शुरू से ही ये ऊँचे दर्जे के ईमानदार और सच्चरित्र रहे हैं। अन्तिम वाक्य सुनकर वहाँ बैठे हुए बहुत से जानकार स्त्री-पुरुषों को मुस्कराते हुए देखा गया।

इसी प्रकार एक के बाद एक, कई प्रभावशाली व्यक्तियों के भाषण हुए, इन सबका प्रयत्न केवल यह दिखाना था कि वे मंत्रीजी के अधिक-से-अधिक नजदीकी मित्रों में हैं।

सोचने लगा कि पुराने राजा-बादशाहों के बन्दीगणों तथा भाटों में और इन आयोजकों में क्या फर्क है? उन राजाओं को तो हम आज मूर्ख और खुशामद-पसन्द कहते हैं, परन्तु आज के इन राजाओं को स्पष्ट बात कहकर नाराज करने की हिम्मत हमारे में नहीं है।

इतिहास में पढ़ा था कि रोम में एक सनकी बादशाह हुआ जिसे कविता करने की धुन सवार हुई। मुशायरों में वह भी स्वरचित कविताएँ सुनाता था परन्तु उससे ज्यादा दाद (वाह-वाही) दूसरे कुछ बड़े कवियों को मिलती। नतीजा यह हुआ कि सारे बड़े-बड़े कवि पकड़कर जेल भेज दिए गए।

बादशाह ने अपनी कविता सुनाने के लिए ५०० मुसाहिब नौकर रख लिए जिनका काम कविता सुनने के समय वाह-वाह करना और ताली बजाना ही था।

एक प्रकार से हमारे आज के शासकों में भी कुछ उसी प्रकार की खुशामद सुनने

की भावना बनती जा रही है, जबकि बादशाहों का राज्य तो पैतृक और स्थायी था पर इनकी वजारत जोड़-तोड़ से मिली हुई और अस्थायी है। ऐसे जलसों में दूसरे बड़े-बड़े नेता और मन्त्रीगण काफी संख्या में आते हैं, क्योंकि उनको भी तो कुछ समय बाद अपने जन्मदिन पर इसी प्रकार की भीड़ और उत्सव की आकांक्षा लगी रहती है।

आज से सौ-दो सौ वर्ष पहले सम्पन्न व्यक्ति कुएँ, बावड़ी, धर्मशाला और प्याऊ लगा कर यश और नाम कमाते थे। आज वे बातें पुरानी हो गयी हैं और उनकी जगह स्कूल, कॉलेज और अस्पतालों ने ले ली हैं। परन्तु ये सब तो बहुत अर्थ-साध्य काम हैं, इसलिए बिना हर्रे और फिटकरी लगे चोखा रंग लाने का मार्ग भी निकाल लिया गया है। वह है अनेक चित्रों सहित अभिनन्दन-ग्रन्थ तैयार कराके बड़े जलसे में उसे स्वयं को समर्पित करवाना।

मेरे एक बुजुर्ग मित्र हिन्दी के मूर्धन्य कवि थे। वे राम के भक्त थे और आमतौर पर दूसरे, किसी की भी प्रशंसा में कविता नहीं लिखते थे। एक दिन एक प्रभावशाली व्यक्ति का उनके पास किसी अभिनन्दन-ग्रन्थ में कविता के लिए फोन आया। उन्होंने नम्रतापूर्वक अस्वस्थता के कारण लिखने से नाही कर दी।

इसके बाद भी हर प्रकार से उन पर दबाव डाला गया। फिर भी उन्होंने कविता नहीं दी। ग्रन्थ प्रकाशित होने पर देखा गया कि देश के प्रसिद्ध लेखकों, कवियों और नेताओं की रचनाएँ तथा सन्देश मन्त्रीजी के यशोगान से भरे पड़े थे। ग्रन्थ की साज-सज्जा तो हर प्रकार से दर्शनीय थी ही।

अभिनन्दन के सिवा अपने नाम के पहले 'डॉक्टर' लिखना भी इन विशिष्ट लोगों के लिए आजकल साधारण प्रथा-सी हो गई है। विश्वविद्यालयों के महत्त्वपूर्ण पदों पर पहले से ही अपने आदमियों को सिफारिश-कोशिश कर नियुक्त करवा दिया जाता है। वे जोड़-तोड़ बैठाकर वर्ष-दो वर्ष में इन्हें डॉक्टरेट दिला देते हैं।

कई मन्त्रियों और नेताओं के तो हर बड़े शहर में कुछ वैतनिक कार्यकर्ता रहते हैं, जिनका वेतन उनसे सम्बन्धित किसी संस्था द्वारा दिया जाता है। उनका काम मन्त्रीजी की उस शहर में या आस-पास की यात्रा के समय भीड़ को इकट्ठी करके जय बुलवाना और फूल-मालाएँ पहनाना रहता है। इसके लिए कभी-कभी तो जय बोलने वालों को और माला पहनाने वालों को पैसा भी देना पड़ता है।

वैसे, विश्व में उचित मान और बड़ाई पाने की इच्छा सबकी रहती है परन्तु इसके लिए जिस प्रकार के प्रयत्न आजकल हमारे यहाँ होने लग गए हैं वे बहुत ही अवांछनीय और लज्जास्पद हैं।

कितनी जमीन : कितना धन

राजस्थान के एक गाँव में एक सुखी किसान-परिवार था। पति-पत्नी और एक पुत्र, पचास बीघा जमीन और दो-फसली खेती। रहने के लिए अपना छोटा-सा मकान था। कड़ी मेहनत कर निर्वाह के लायक पैदा कर लेते। कुछ बच जाता तो वह पास-पड़ोस, अतिथि और साधु-सन्तों के काम आ जाता।

एक दिन एक रिश्तेदार शहर से आकर किसान के घर ठहरा। उसके बच्चे जरी-गोटे के कपड़े पहने थे और स्त्री आभूषणों से लदी थी। किसान-पत्नी के पूछने पर अतिथि की स्त्री ने बताया कि ये गहने सोने के हैं और उनमें सच्चे हीरे-जवाहरात जड़े हैं। यह भी कहा कि बड़े आदमियों के लिए यही शोभा है।

दो-तीन दिन रहकर मेहमान तो चले गए, परन्तु कृषक-पत्नी के मन में एक तीव्र आकांक्षा छोड़ गए। उसे रात-दिन उन गहनों का ख्याल बना रहता। सोती तो सपने में जड़ाऊ गहने नजर आते। बच्चा भी गोटे-किनारी के कपड़ों के लिए मचल उठता। पत्नी के बारम्बार कहने पर कुछ दिनों बाद, किसान अपने गाँव के जमींदार के यहाँ गया और उधारी पर पचास बीघे जमीन खरीद ली। दोनों ने डटकर मेहनत करनी शुरू कर दी। संयोग से, वर्षा भी समय पर हो गई। दो-तीन वर्षों में ही जमीन की कीमत अदा कर दी। आगे चलकर एक सौ बीघा जमीन और ले ली। अब उसके पास दो सौ बीघा जमीन हो गई और वह सम्पन्न किसानों में गिना जाने लगा। किसी समय का परसा किसान अब परसरामजी बन गया। ड्योढ़ी पर चार जोड़ी अच्छे बैल, एक रथ और दो ऊँट शोभा बढ़ाते। पत्नी के पास सोने के तरह-तरह के जड़ाऊ गहने हो गए। बच्चा भी बड़ा होकर स्कूल जाने लगा। घर में बहुत से नौकर-चाकर थे।

खेती-बारी के अलावा, वह बोहरगत (उधार देने का काम) भी करने लगा। इससे आमदनी के साथ-साथ साख भी बढ़ी। इतना सब होने पर भी परसराम का चित्त अशान्त रहता। पड़ोसी गाँव के जमींदार की उससे भी ज्यादा जमीन थी। वह सोचता कि उसके दरवाजे पर हाथी कितनी मस्ती से झूमता रहता है, जबकि मेरे पास

तो केवल ऊँट है। उसे यह धुन सवार हुई कि किसी प्रकार जमींदार से वह अधिक समृद्ध बन सके। संयोग से, एक दिन खबर मिली कि बीकानेर रियासत के गंगानगर इलाके में नहर आने वाली है और वहाँ बहुत सस्ते दामों में जमीन मिल रही है जो आगे चलकर सोना उगलेगी। यह बात उसके मन में बैठ गयी। पत्नी और पुत्र को गंगानगर में जमीन लेने का अपना विचार बताया। उन लोगों ने कहा – "सुना है कि वहाँ आबादी नहीं है। वीरान जगह है, बाघ-भेड़िये घूमते रहते हैं। हमें ईश्वर ने सब कुछ दे रखा है, फिर क्या जरूरत है कि इस ढलती उम्र में आप वहाँ जाकर खतरा मोल लें?" परन्तु परसराम को तो ज्यादा से ज्यादा जमीन और धन की चाह लगी थी। कड़ी मेहनत से वह जीवन में कभी पीछे हटा नहीं, उसे इसका फल भी मिला, अतः अपने निश्चय पर अटल रहा। साथ में यथेष्ट रुपये लेकर गंगानगर के लिए रवाना हो गया। कई दिनों की यात्रा के बाद वहाँ पहुँचा। काफी थक गया था, कुछ ज्वर भी हो आया। अगले दिन, अधिकारियों से मिला। पता चला कि जमीन की कीमत प्रति मुरब्बा सात सौ रुपये है। नहर के किनारे चकबन्दी में जितनी चाहे उतनी खरीद सकता है। परन्तु नहर निकल आने पर तीन वर्षों के अन्दर ही जुताई शुरू कर देनी होगी और दस वर्ष तक वह किसी को जमीन बेच नहीं सकता। परसराम खेती की नस-नस पहचानता था। निजी अनुभव था। नहर के आने पर जमीन क्या-से-क्या

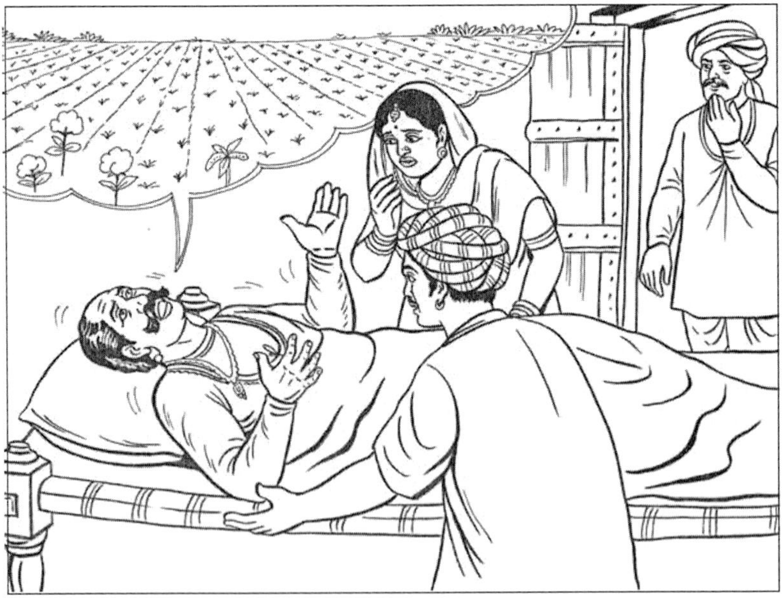

हो जाएगी, वह जानता था। पंजाब से बहुत से समृद्ध किसान भी इसीलिए आये हुए थे। उसने सोचा, ज्यादा-से-ज्यादा ले ली जाय वरना मौका हाथ से निकल जाएगा।

उन दिनों, सवारियों की व्यवस्था वहाँ नहीं थी। बीमारी के बावजूद वह पैदल ही निकला और उसे अच्छी-से-अच्छी जमीन की जाँच के लिए दूर-दूर तक चलना भी पड़ा। कड़ी मेहनत से उसका बदन टूटने लगा, बुखार तेज हो गया परन्तु जैसे ही लौटने की सोचता तो सामने और भी अच्छी जमीन नजर आती, बीमारी की परवाह न करके फिर आगे बढ़ जाता। जब वह डेरे पर वापस पहुँचा, उस समय उसकी हालत बहुत ही खराब हो गई थी।

समाचार पाकर चार-पाँच दिन बाद जब उसकी पत्नी और पुत्र गाँव से वहाँ पहुँचे तो उस समय वह सन्निपात में बड़बड़ा रहा था – "जमीन बहुत है, खूब पैदा होगी, अनाज की जगह सरसों, कपास लगायेंगे" आदि।

जो भी थोड़ा-बहुत उपचार वहाँ सम्भव था, सब किया गया, किन्तु वह बचाया न जा सका।

वहाँ के लोगों ने परसराम के पुत्र के हाथ से उसकी दाह-क्रिया करा दी। उसे मिली सिर्फ पांच हाथ जमीन।

सती

सन् १९६४ ई० की बात है। संसद के कई मित्र, सदस्यों के साथ राजस्थान के दर्शनीय स्थानों का भ्रमण करते हुए जोधपुर पहुँच गया। पता चला, पास ही मंडोवर का ऐतिहासिक स्थान है।

अगले दिन, हम इसे देखने गए। वीरान-सी जगह; लगता था जैसे अभिशापग्रस्त हो। पत्थर की छोटी-बड़ी बहुत-सी छतरियां देखने में आईं जो मकराने के बेहतरीन पत्थरों की बनी थीं। नक्काशी का काम भी इन पर बड़ा उम्दा किया हुआ था।

एक स्थानीय वयोवृद्ध रामू जी दारोगा हमारे गाइड थे। मेरे एक मित्र ने इन्हें हमारे साथ कर दिया था। उन्होंने मुझे प्रायः सारी छतरियाँ दिखायीं। पिछले साठ वर्षों से वे इन छतरियों की सम्भाल करते आ रहे थे। मृत राजाओं की जन्मतिथि, राज्यकाल, मृत्यु तथा उनके जीवन से सम्बन्धित प्रमुख घटनाएँ उन्हें कण्ठस्थ थीं।

लगभग चार सौ वर्षों से इस स्थान पर स्थानीय राजाओं की दाहक्रिया सम्पन्न होती रही है। उन्हीं की यादगार में ये छतरियाँ बनीं। रेत से कई-एक ढंकी-सी थीं। कुछ पर झाड़ियाँ उग आई थीं। उपेक्षित और बेमरम्मत होने की वजह से, ढह भी रही थीं।

ऐतिहासिक स्मारकों को देखकर, भावना और कल्पना के पंखों पर बैठा मनुष्य सुदूर अतीत की एक झांकी कुछ क्षणों के लिए पा जाता है। दिल्ली के लाल किले में जहाँ सल्तनत मुग़लिया की शान-ओ-शौकत के साथ, 'बाअदब बामुलाहिजा होशियार' की गूंज दीवारों से निकलती है, वहीं अभागे दाराशिकोह के कटे सिर की अधखुली आँखें, आज भी कुछ कह जाती हैं।

मंडोवर का ऐतिहासिक वैभव इस टक्कर का नहीं है। फिर भी, राजस्थान के रजवाड़ों का एक ऐसा पृष्ठ यहाँ मेरी आँखों के सामने उभरा जो अब तक अन्यत्र कहीं नहीं मिला। एक बड़ी-सी छतरी के पत्थरों पर, नागरी-लिपि में एक लेख देखा। पढ़ने पर पता चला कि अमुक महाराजा युद्धवीर, धर्मवीर, दानवीर और प्रजावत्सल

थे। उनके साथ, तीन रानियाँ और बाईस दरोगनें सती हुईं। एक अन्य छतरी महाराजा अजितसिंह की यादगार में बनी थी। इसके शिलालेख में सहमरण की रानियों की संख्या थी छः और दरोगनों की बाईस। इस प्रकार विभिन्न छतरियों पर, कम या अधिक, जलमरने वाली स्त्रियों की संख्या का उल्लेख था।

बरबस खो-सा गया उस प्राचीन बहुचर्चित सामन्ती युग में। मैं सोचने लगा – "रानियों का सहमरण तो, पत्नी होने के नाते, तत्कालीन प्रथा और परम्पराओं के अनुसार, गौरवपूर्ण माना जा सकता है, किन्तु दरोग़नें स्वेच्छा से सती हुईं या उन्हें विवश किया गया?"

रामूजी दारोगे के समक्ष मैंने अपने प्रश्न रखे और यह भी पूछा – "यदि बाध्यतामूलक सहमरण रहा होगा तो विरोध भी होता था या नहीं?"

उन्होंने कहा – "यह सर्वविदित है कि मुगलों के सम्पर्क में आने के कारण राजपूत सामन्त एवं सरदार ऐयाश एवं आराम-तलब हो गए थे। कामपिपासा की तृप्ति के लिए ज्यादा-से-ज्यादा रानियां, उपपत्नियां और रखैल रख लेते। रनिवास में ऐसी औरतों की अधिकाधिक संख्या, उनके पौरुष और वैभव का प्रतीक मानी जाती थी। यह प्रथा, सत्रहवीं से लेकर बीसवीं शताब्दी के प्रारम्भिक काल तक प्रचलित रही। कहा जाता है कि जयपुर-नरेश स्वर्गीय महाराजा माधोसिंहजी की, सब मिलाकर, सात-आठ सौ रानियाँ और रखैलें थीं।"

इस प्रथा की शुरुआत के बारे में एक जनश्रुति उन्होंने बतायी – "राजपूतों में नियम था कि केवल रानियाँ ही पति के शव के साथ चिता में अपने को भस्म कर सती होने का गौरव प्राप्त करें। एक बार एक बड़े जाने-माने महाराजा की मृत्यु हो गई। युवराज को किसी मुसाहिब ने सुझाव दिया कि दिवंगत महाराजा पुण्यात्मा थे। इसलिए, आजीवन उन्होंने ऐश्वर्य-भोग किया। अब उनकी मृत्यु के उपरान्त हमारा यह धर्म है कि परलोक में भी उनकी सेवा के लिए रनिवास की उनकी बाँदियाँ भी उनके साथ में स्वर्ग भेज दी जाएँ।"

"बस, फौरन हुक्म हुआ कि आठ-दस बांदियाँ महाराजा के शव के साथ जला दी जाएँ। परम्परा बन गई। आगे चलकर तो, यह संख्या पचास-साठ तक पहुंच गयी। जिन औरतों को इस प्रकार जलाने के लिए बाध्य किया जाता, उनके पति और बच्चों का रोना-चीखना स्वाभाविक था। लेकिन उन दिनों परवाह ही कौन करता इन बातों की? राज्य अपना, हुकूमत अपनी, सर उठाने की बात तो दूर, अँगुली तक उठाने की मजाल किसकी थी?"

कहते-कहते रामू जी की आवाज कांपने लगी। वे पास के एक चबूतरे पर बैठ गए। मैंने समझा, वृद्ध शरीर है, थक गए होंगे। कुछ पूछना चाहता था कि देखा, उनकी आंखों से आंसू उमड़ रहे हैं। कहने लगे, "मेरी अभागिन परदादी की बात याद आ गई क्योंकि उसे भी जबरन जलाया गया था।"

मेरे विशेष अनुरोध पर उन्होंने यह घटना सुनायी –

"सन् १८०४ में, जोधपुर में, महाराजा भीम का राज्य था। उनके पास बड़ी-छोटी कुल मिलाकर सैकड़ों रानियां और रखैलें थीं, जिनमें उनकी अपनी समवयस्का से लेकर ४० वर्ष के अन्तर तक की थी। उस समय ऐसा रिवाज था कि जब कभी महाराजा का मन हुआ, किसी छोटे-बड़े जमींदार की लड़की को मंगवा लेते। वह बेचारा कन्या-ऋण से तो मुक्त होता ही, साथ ही लड़की को भी राजरानी देखने का स्वप्न सँजो बैठता। दरबार में उसका रुतबा भी बढ़ जाता। इस प्रकार रानियों की एक बड़ी फौज, महलों में इकट्ठी हो जाती। इन सबके साथ दारोगा जाति की कुंवारी कन्याएं भी दहेज में आतीं। उन सबका, नाम मात्र का विवाह तो, उसी जाति के लड़कों से कर दिया जाता, परन्तु वे रहतीं महाराजा की रखैल के रूप में। इनमें से किसी-किसी के पास तो महाराजा दो-चार वर्षों में भी नहीं जा पाते थे।

महाराजा भीम की आयु ६० वर्ष की हो गई थी। उनका शरीर अफीम, शराब और औरतों के कारण, समय से पहले ही जर्जर हो गया। हकीमों और कविराजों की एक लम्बी कतार, हाजिरी में खड़ी रहती जिनका काम था उनके लिए ज्यादा से ज्यादा उत्तेजक दवाइयां तैयार करते रहना।

परन्तु जिसकी नींव खोखली हो गई हो, वह मकान भला कितने दिन टिक पाता? आखिर, उन्हें असाध्य बीमारी ने धर दबोचा। सारे हकीम और वैद्य देखते रह गए। मृत्यु के कुछ दिनों पहले, उन्होंने अपने मुसाहिबों से सलाह करनी शुरू कर दी कि कौन-कौन सी रानियाँ और दरोगिनें, उनकी परलोक सेवा के लिए सहमरण करेंगी।

इधर रनिवास में कोहराम मच गया। महाराजा की जान से ज्यादा, अपनी जान के लिए, जो छोटी उम्र की रानियाँ या दरोगिनें थीं; वे और भी ज्यादा डरती थीं, क्योंकि स्वर्ग में भी, महाराजा के लिए, उन्हीं की जरूरत समझी जाती थी। खैर, मृत्यु के समय महाराज ने, श्रीमुख से रानियों के नाम बता दिये और प्रत्येक के साथ चार-चार दरोगिनें सेवा के लिए।

मेरी परदादी की आयु उस समय केवल १९ वर्ष की थी। विवाह हुए चार वर्ष

हुए थे। केवल दो वर्ष का एक पुत्र था। पति और पुत्र को बहुत प्यार करती थी। महाराजा की सेवा से छुट्टी मिलते ही दौड़कर घर आ जाती।

जब उसे भी महाराजा के साथ सहमरण का हुक्म हुआ तो वह सन्न रह गई। परदादा तो, एक प्रकार से विक्षिप्त से हो गए। दो दिनों तक पुत्र को छाती से लगाए, इस क्षीण आशा में पड़ी रही कि शायद अन्तिम समय तक कुछ रद्दोबदल हो जाए परन्तु कुछ भी नहीं हुआ। रावले से १०-१५ व्यक्ति आये और उसे जबरन भांग, धतूरा और अफीम खिला दिया गया। स्नान कराकर नये कपड़े पहना दिए गए और सजे हुए रथ पर बैठाकर श्मशान ले जाने की तैयारी करने लगे। कहा जाता है कि किसी अशुभ घटना की आशंका, पशुओं और अबोध बच्चों को भी हो जाती है। उस दिन मेरे दादा, अपनी माँ को किसी प्रकार भी छोड़ने को तैयार नहीं हुए। जब देर होने लगी तो दरबार के निर्दयी मुसाहिबों ने उनके जबड़े पर जोर का मुक्का मारा, जिसके निशान उनकी मृत्यु पर्यन्त थे।

श्मशान में पहले से ही तीस-पैंतीस स्त्रियां सुबुक-सुबुककर रो रही थीं। लोग कह रहे थे कि महाराजा के शोक में रोती हैं। सबने कसूमल लाल रंग के कपड़े पहन रखे थे। हाथ-पैरों पर मेंहदी रची थी। सुहागन का बाना सजा हुआ था, क्योंकि वे अपने पति देवता और अन्नदाता से मिलने के लिए स्वर्ग जा रही थीं।

चन्दन काठ की बहुत बड़ी चिता सजाई गई। पहले बड़ी महारानी को बैठाकर उनकी गोद में महाराजा का सिर रख दिया गया। चारों तरफ दूसरी रानियां बैठ गईं। इनके पीछे गोलियों को बैठा दिया गया।

पंडितों ने, उच्च स्वरों में मन्त्रोच्चार प्रारम्भ किया और चिता में आग लगा दी गई। चारों ओर करुणा-भरी चीख-पुकार सुनाई पड़ने लगी परन्तु जोर-जोर से बजते हुए ढोल-नगारों और बाजों के शोर-शराबे में इनका कुछ भी पता नहीं चला। कहते हैं कि मेरे परदादा, अपने पुत्र को गोद में लिए वहीं खड़े हुए यह सब देख रहे थे। एक बार तो, मेरी परदादी ने चिता से बाहर कूदने का प्रयत्न भी किया, परन्तु हत्यारों ने उसे बांसों से ढकेल कर चिता में फेंक दिया। धधकती आग में थोड़ी देर में ही, सब कुछ स्वाहा हो गया।

'महाराजा की जय हो', 'महाराज बड़े प्रतापी और पुण्यवान थे' – इन आवाजों के साथ-साथ जो रानियां और दरोगिनें जला दी गई थीं, उनके पति, पुत्र और पुत्रियों की सिसकती आहें भी हवा में फैल गईं।

आंसू पोछते हुए रामूजी कहने लगे – "इन बातों को बहुत वर्ष बीत गये, परन्तु इन्हें दोहराते समय घाव आज भी हरे हो जाते हैं।"

मैंने हाथ का सहारा देकर उन्हें उठाया। छतरियों के चबूतरे की सीढ़ियों से हम उतर रहे थे।

दिन ढल चुका था। ऐसा लगा कि अस्ताचल का सूर्य इन घटनाओं को सुनकर, तेजी से कहीं दूर छिपना चाहता है।

सम्बन्ध बराबरी का

महाभारत में कथा है कि एक दिन बालक अश्वत्थामा दूध के लिए मचल गया। उन दिनों दूध बहुत सस्ता था, किन्तु गरीब माँ के लिए वह भी सम्भव न था। आँसू भरी आँखों से आटे का घोल पिलाकर बहलाने का प्रयत्न किया, किन्तु उसे चुप न करा सकी।

द्रोणाचार्य घर लौटे। देखा, बालक रो रहा है। असली बात का पता चला तो स्तब्ध रह गए। अपने ऊपर ग्लानि हुई। दारिद्र्य से मुक्ति के लिए वे आकुल हो उठे।

सहपाठी मित्र महाराज द्रुपद के यहाँ पहुँचे। उन्हें गुरुकुल की बातें याद दिलाई। द्रुपद ने कहा – "ब्राह्मण! चाहो तो कुछ भिक्षा मिल सकती है। बचपन के किसी समय के परिचय को मित्रता का रूप देकर मेरी भावुकता को उभारने का प्रयत्न मत करो। सम्बन्ध और मैत्री तो बराबरी की होती है।"

अपमानित द्रोण के मन में बात चुभ गई। उन्होंने उसी क्षण एक निर्णय लिया और वहीं से सीधे हस्तिनापुर चले गए। धनुर्विद्या के अप्रतिम आचार्य थे ही। कौरव और पाण्डव कुमारों को शिक्षा देने के लिए राज्य ने उन्हें आदरपूर्वक नियुक्त कर दिया। द्रोण ने कठोर परिश्रम एवं लगन से कुमारों को अस्त्र-शस्त्र संचालन में थोड़े ही समय में निष्णात कर दिया। अर्जुन, भीम और दुर्योधन जैसे अपने पराक्रमी शिष्यों को देखकर वे गदगद हो उठते।

शिक्षा पूरी हुई। दीक्षान्त के अवसर पर जब गुरुदक्षिणा के लिए आचार्य से आग्रह किया गया तो उन्होंने द्रुपद पर चढ़ाई करने की दक्षिणा माँगी।

कुमारों ने सहर्ष स्वीकार किया। कौरव सेना के प्रचण्ड आक्रमण और रण-कौशल के सामने द्रुपद टिक न सका। बन्दी बनाकर शिष्यों ने उसे आचार्य के समक्ष प्रस्तुत किया।

"कहो राजन! अब तो मित्रता हो सकती है?" – द्रोणाचार्य ने पूछा। द्रुपद

लज्जित थे। क्या जवाब देते? यह बात द्वापर के अन्तिम चरण की है। इन दिनों की एक सच्ची घटना इस सन्दर्भ में याद आ जाती है।

भिवानी के एक गरीब वैश्य का पुत्र किसी सम्पन्न परिवार में दत्तक के रूप में कलकत्ता आया। बहुत वर्षों बाद उसके माता-पिता की इच्छा हुई कि जगन्नाथपुरी की यात्रा की जाए और इसी अवसर पर अपने पुत्र-पौत्रों को भी देख लें।

थके-हारे एक दिन कलकत्ता पहुँचे। पत्नी को दूसरे सहयात्रियों के साथ धर्मशाला में ठहरा कर स्वयं पुत्र से मिलने के लिए वृद्ध पिता उसकी कोठी पर गया। पुत्र अपनी गद्दी पर बैठा था। उसकी खुशहाली और वैभव देखकर पिता का हृदय गदगद हो उठा।

मैले कपड़े, ऊँची धोती और बढ़ी दाढ़ी; सकुचाते हुए वृद्ध पिता एक तरफ बैठ गया। मित्रों के साथ पुत्र गप-शप करता रहा। न तो उठकर पाँव छुए और न राजी खुशी के समाचार पूछे। किसी एक मित्र के पूछने पर बताया कि हमारे गाँव के जान-पहचान के हैं।

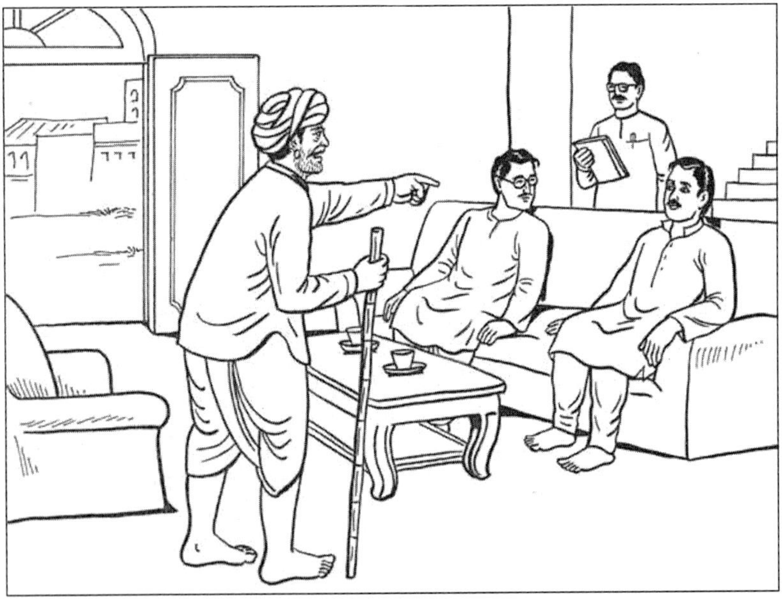

वृद्ध निर्धन था, किन्तु आत्माभिमान के धन से वंचित नहीं। उसके मन में वैभव के मद में चूर पुत्र की बात चुभ गयी। राजस्थान की हवा में पला था, अपमान नहीं सहा गया। कह बैठा – "सेठजी के देश का तो मैं जान-पहचान का व्यक्ति हूँ परन्तु इनको जन्म देने वाली का पति हूँ। ये धनवान और हम गरीब, इसलिए इनका हमारा

सम्बन्ध कैसा? गलती हुई जो यहाँ चला आया। अच्छा हुआ जो इसकी माँ को ये बातें नहीं सुननी पड़ीं, उसे धर्मशाला में ही छोड़ आया।"

ऐसी अप्रत्याशित और अप्रिय घटना के बाद बैठक जम नहीं पाई। धीरे-धीरे मित्र खिसक गए। वृद्ध तो पहले ही जा चुका था।

कलकत्ता आने के बाद युवक सेठ ने जन्म देने वाले माता-पिता की कभी खोज-खबर न ली। उसमें गुमान आ गया था। परन्तु मुनीम-गुमाश्तों के सामने हुई इस घटना के कारण वह बहुत झेंप गया। घोड़ा-गाड़ी में पत्नी को साथ लेकर शाम को धर्मशाला में पहुँचा। माता-पिता तब तक पुरी के लिए रवाना हो चुके थे।

कहते हैं कि भाग्य घिरत-फिरत की छाया है। कुछ वर्षों में उसके सगे छोटे भाइयों ने बहुत धन कमा लिया जबकि व्यापार में घाटा होने के कारण उसकी अपनी सम्पत्ति समाप्त हो गई। गरीबी की बात जब देश पहुँची तो माँ का दिल नहीं माना। जिद्द करके वृद्ध पति के साथ कलकत्ते के लिए रवाना हो गई। उस समय तक उसके अपने पुत्रों का यहाँ मकान हो गया था और कारोबार भी बढ़ता जा रहा था।

खबर मिलने पर पत्नी और बच्चों सहित सकुचाता हुआ बड़ा पुत्र मिलने आया। माँ-बाप के पैरों पर गिर पड़ा और बहुत वर्षों पहले किए गए अपने दुर्व्यवहार के लिए क्षमा माँगने लगा

"अब तो तुमने मुझे पहचान लिया होगा?" – कहते हुए पिता मुँह फेर कर बैठ गया। वृद्ध माता एकटक देख रही थी, अपने बड़े बेटे और बच्चों को। बीस वर्ष पहले बारह वर्ष के बालक को उसके सुख की कामना से अपने सीने से पृथक किया था। पुत्र-कुपुत्र भले ही हो जाए माता कुमाता नहीं होती। उसने बेटे को खींचकर छाती से लगा लिया और भरे गले से कहने लगी – "भगवान का दिया तुम्हारे भाइयों के पास बहुत है। मूँग-मोठ में कौन बड़ा कौन छोटा? चारों मिलकर कारोबार सम्हालो।"

उसकी आँखें गीली हो आई थीं, दोनों पौत्रों को गोद में उठाकर जल्दी से कमरे के बाहर हो गई।

चोंच दी वह चुग्गा भी देगा

उन्नीसवीं शताब्दी की बात है। राजस्थान के किसी शहर में एक करोड़पति सेठ था। सब तरह से भरा-पूरा परिवार, सुन्दरी पतिपरायणा पत्नी और दो आज्ञाकारी स्वस्थ पुत्र। व्यापार के लाभ और ब्याज से प्रतिवर्ष सम्पत्ति बढ़ती रहती। आडम्बर शून्य जीवनचर्या थी, खर्च में वह बहुत मितव्ययी था। साल के अन्त में आय-व्यय का मिलान करता और देख लेता कि पिछले वर्ष की अपेक्षा कितनी बढ़ोत्तरी हुई, व्यय कितना रहा।

एक दिन, शहर में एक प्रसिद्ध ज्योतिर्विद् महात्मा आए। सेठ ने उनकी प्रसिद्धि सुन रखी थी। आदर-सत्कार के साथ उन्हें अपने घर ले आया। सेवा से उन्हें प्रसन्न कर दिया। महात्माजी ने जन्म-पत्री देखी। उन्होंने बताया – "बृहस्पति उच्च का है, सब प्रकार के सुखों में जीवन व्यतीत होगा, यश भी भाग्य में खूब लिखा है। आप साधु-महात्माओं और दीन-दुखियों को प्रतिदिन अन्न भेंट किया करें, इससे आपके वंश में पाँच पीढ़ी तक धन, वैभव और यश अक्षुण्ण रहेगा।"

महात्माजी यह सब बताकर चले गए। सेठ उनके कहे अनुसार दूसरे दिन से अन्न वितरण करने लगा। परन्तु उसके मन में एक चिन्ता रहने लगी – "मेरी छठी पीढ़ी कैसे रहेगी? उसका क्या हाल होगा? उसके लिए क्या किया जाए? इत्यादि।"

सेठानी और मुनीम-गुमाश्तों ने बहुतेरा समझाया कि छठी पीढ़ी की अभी से क्या चिन्ता है? इतनी सम्पत्ति है, जमा हुआ कारबार, पाँच पीढ़ी तक तो चलेगा ही, आगे भी कोई-न कोई समर्थ होगा जो सम्भाल लेगा। मगर सेठजी का मन मानता नहीं, वे चिन्ता में दुबले होते गए, कुछ बीमार भी रहने लगे।

एक दिन अन्न वितरण के लिए अपनी कोठी की ड्योढ़ी पर बैठे थे कि एक गरीब ब्राह्मण भगवत-भजन करते हुए सामने से गुजरा, सेठ ने कहा कि महाराज, अन्न की भेंट लेते जाइए। उसने विनम्रता से उत्तर दिया – "सेठजी इस समय के लिए मुझे पर्याप्त अन्न की प्राप्ति हो गयी, सायंकाल के लिए भी संभवतः किसी दाता ने घर

पर सीधा भेज दिया होगा। न होगा तो मैं पूछ कर बता दूँगा।"

कुछ देर बाद ब्राह्मण वापस आया। उसने बताया कि घर पर भी कहीं से सीधा आ गया है, इसलिए आज के लिए अब और नहीं चाहिए।

सेठजी कुछ चकित से रह गए, कहने लगे – "महाराज, आप जैसे सात्विक ब्राह्मण की कुछ सेवा मुझसे हो जाए। कम से कम एक छाज (एक तौल) अन्न अपने आदमियों से पहुँचवा देता हूँ, बहुत दिनों तक काम चल जाएगा।"

ब्राह्मण ने सरल भावना से कहा – "दयानिधान, शास्त्रों में लिखा है, परिग्रह पाप का मूल है, विशेषतः हम ब्राह्मणों के लिए। आप किसी और जरूरतमन्द को यह अन्न देने की कृपा करें। दयालु प्रभु ने हमारे लिए आज की व्यवस्था कर दी है। कल के लिए फिर अपने आप ही भेज देगा। जिसने चोंच दी है, वह चुग्गा भी देगा।"

सेठजी उस गरीब ब्राह्मण की बात सुन रहे थे। मन ही मन विस्मित भी थे, "इसे तो कल की भी चिन्ता नहीं, जो आसानी से मिल रहा है, उसे भी लेना नहीं चाहता। एक मैं हूँ जो छठी पीढ़ी की चिन्ता में घुला जा रहा हूँ।"

दूसरे दिन से वे स्वयं प्रसन्न दिखाई देने लगे। दानधर्म की मात्रा भी बढ़ गई। उनके चेहरे पर शान्ति की आभा विराजने लगी।

जिस देश में गंगा-जमुना बहती है

पिछले दिनों दिल्ली के संसद भवन के सेण्ट्रल हॉल में गया। मेरे मित्र श्री भोला रावत एम० पी० ने कहा कि आइये आपको एक पुराने मित्र से मिलवाएं। मैंने चारों ओर नजर घुमाई किन्तु जान-पहचान का कोई भी व्यक्ति दिखाई न पड़ा। पास की बेंच पर गेरुआ वस्त्रधारी एक बाबाजी बैठे थे। भोला बाबू ने हँसते हुए कहा – "पहचाना नहीं? ये हैं श्री महेन्द्र कुमार सिंह, आपके साथ १९६२ तक संसद सदस्य रह चुके हैं!" फिर तो उस दाढ़ी मूँछोंवाले हँसते चेहरे में दस वर्ष पहले के महेन्द्र बाबू मुझे दिखाई दिए।

१९६२ के पहले ही उनके मन में वैराग्य जाग गया था। आगे के संसदीय चुनाव में खड़े नहीं हुए। अपना भरा-पूरा परिवार और सम्पत्ति त्यागकर संन्यास ले लिया।

पिछले दस वर्षों से भारत के प्रायः सभी तीर्थों और पहाड़ों की यात्रा कर चुके हैं। मैंने पूछा कि क्या आपको किसी प्रकार की असुविधा का अनुभव नहीं होता? सीधा-सा उत्तर मिला – "वैसे तो संन्यासी को सुख-सुविधा, मान-अपमान ध्यान नहीं रखना चाहिए। गंगा-जमुना का पवित्र देश है हमारा, इसके हर गाँव और खेड़े में श्रद्धालु माँ-बहनें मिल जाती हैं, इसलिए जानी-अनजानी, किसी भी जगह जाता हूँ तो दो रोटी और रहने का स्थान मिल ही जाता है, कभी-कभी तो दूध, दही और सब्जी भी। हाँ, रेल में बिना टिकट नहीं चलता। वैसे तीसरे दर्जे में सफर करता हूँ, फिर भी इसके लिए पैसे की जरूरत तो पड़ती ही है। यदि सरलता से व्यवस्था न हो तो पैदल ही यात्रा कर लेता हूँ।"

थोड़ी ही देर में उन्हें बहुत से परिचित मित्रों ने घेर लिया। एक ने पूछा – "महाराज, आप तो बहुत आराम और मौजशौक से रहते थे, इस प्रकार के जीवन से आपको कष्ट नहीं होता?" उत्तर मिला – "इस नये मोड़ से वास्तव में मुझे सुख और शान्ति मिली है, जिसका शतांश भी इससे पहले जमींदारी और राजनीतिक जीवन में नहीं मिल पाया।"

दूसरे मित्र ने प्रश्न किया – "क्या आप अपने परिवार में कभी जाते हैं?" उन्होंने कहा – "हाँ, कभी-कदाच, जैसे दूसरे घरों में ठहरता हूँ, उसी तरह एक-दो दिन के लिए वहाँ भी ठहर जाता हूँ।"

महेन्द्र बाबू से हम हमेशा राजनीतिक बहस और हँसी दिल्लगी किया करते थे परन्तु मैंने देखा अब उनके प्रति सबके मन में श्रद्धा है, एक-दो की आँखें तो गीली हो आईं।

उसी रात मुझे जयपुर जाना था। ऊपर की बर्थ मिली थी। सदा की भाँति भगवे रंग का खादी का कुर्ता पहने था। रक्तचाप उपचार के लिए मेरे मित्र श्री रामाश्रय दीक्षित द्वारा दी हुई रुद्राक्ष की माला गले में थी जो संयोग से बाहर दिखाई दे रही थी। कंडक्टर गार्ड टिकट चेक करता हुआ मेरे पास आया। बड़ी श्रद्धा से मेरी ओर देखा और किसी तरह नीचेवाली बर्थ की व्यवस्था मेरे लिए कर दी। मैंने सोचा, गार्ड मेरे वेश से प्रभावित हुआ, क्यों न इस यात्रा में महेन्द्रजी का नुस्खा आजमाया जाए।

जयपुर का काम थोड़ी देर में निपटा कर ढाई बजे वाली बस से आगरा के लिए रवाना हुआ। बस कंडक्टर ने कहा – "बाबाजी, रास्ते में मेंहदीपुर के हनुमानजी का मन्दिर पड़ता है। दर्शन जरूर कीजिए, तुरन्त परचा देते हैं।" इस स्थान का नाम बहुत दिनों से सुन रखा था। वहाँ पहुँचते-पहुँचते शाम के पाँच बज गये। मैं उतर पड़ा। मुख्य सड़क से मन्दिर दो मील भीतर की ओर है। ताँगा लेकर वहाँ छः बजे पहुँचा।

हलवाइयों, मोदियों की छोटी-छोटी दुकानें, दो-चार धर्मशालाएँ और बेडौल-सा मन्दिर, यह था मेंहदीपुर। भीतर जाकर देखा, ढोलक पर कीर्तन हो रहा है और तीन-चार औरतें उसकी ताल पर सर धुन रही हैं, कभी-कभी चिल्ला उठती हैं। मन्दिर के सम्बन्ध में यह बात कही जाती है कि बालाजी के प्रभाव से प्रेतबाधा मिट जाती है। खैर, मैं इस विवाद में पड़ना नहीं चाहता कि वास्तव में वे प्रेत-पीड़ित थी या दर्शनार्थियों को प्रभावित करने के लिए पुजारियों द्वारा नियुक्त।

गर्मी, सड़ाँध और दुकानों की मक्खियों से ऊब उठा और वापस मुख्य सड़क पर आ गया। सात बज रहे थे। घंटे भर खड़ा रहा परन्तु आगरा जाने वाली कोई बस नहीं आई। पता चला, अब कोई बस मिलेगी नहीं। लाचार, सड़क के किनारे सामान रखकर पास के कुएं की जगत पर बैठ गया। आठ बज गए, अंधेरा हो आया। सोचने लगा, शायद वापस मेंहदीपुर जाकर किसी धर्मशाला में ठहरना पड़ेगा। इतने में ही दूर से आती रोशनी दिखाई पड़ी। कुछ देर बाद देखा, एक ट्रक आ रहा है। पास आने पर हाथ दिखाकर उसे रोका। ड्राइवर ने पूछा – "कहाँ जाना है बाबाजी?" मैंने कहा – "आगरा।" इससे आगे कुछ और कह पाऊँ कि उसने बड़े रोब से अपने खलासी को मेरा सामान ट्रक पर चढ़ाने के लिए कहा। जब तक वह नीचे उतरे, आस-पास खड़े भक्तों ने मेरा सामान उसे पकड़ा दिया। ड्राइवर ने ट्रक के ड्राइवर-केबिन की छत की ओर इशारा करते हुए कहा – "आप ऊपर आसन लगा लें, कोई कष्ट न होगा।" उसकी आवाज में स्नेह, श्रद्धा और विनय पाकर मैं कुछ कह न सका। लोहे की सीढ़ियों के सहारे छत पर चढ़ गया। खलासी ने अपने सोने की जगह के पास ही मेरे सोने के लिए अपना एक पुराना-सा गद्दा बिछा दिया। मैं उस पर लेट गया।

ट्रक चौड़ी सड़क के दोनों ओर के ऊँचे-ऊँचे पेड़ों की झुकी डालियों के नीचे से चला जा रहा था। ऊपर खुला आसमान, झिलमिलाते तारे। खलासी नई उमर का था, फुर्तीला और तेज। अपना सुख-दुःख सुनाने लगा – "पाँच-छः वर्ष से ट्रकों में घूमा करता हूँ। घर की गरीबी ने कठोर जीवन के लिए बाध्य किया। माँ, छोटे दो भाइयों और बहन की देखभाल करती है। बाप शराबी था, पाँच बीघा जमीन थी, रेहन रखकर मर गया। ट्रक दौसा से सोफ्टस्टोन लादकर कानपुर जा रहा है। ट्रक के ड्राइवर को उस्ताद मानता हूँ। उसी ने खलासी में भरती किया। उसकी जुबान कड़वी है मगर दिल मीठा। बहुत गालियाँ देता और मारता था, मगर काम सिखाकर छोड़ा। साल-दो साल हुए ड्राइविंग का लाईसेन्स भी दिला दिया। कभी-कभी स्टिअरिंग पकड़ा देता है, मगर अभी पूरी तौर पर गाड़ी छोड़ता नहीं। तनख्वाह के अलावा अक्सर अपने पास से कुछ पैसे दे देता है।"

मैं सुनता जा रहा था, मगर थकान से आँखें झपती थी। कब गहरी नींद में सो गया, पता नहीं। एकाएक ड्राइवर की आवाज सुनाई पड़ी – "महाराज! भोजन करेंगे?" घड़ी देखी, रात के ग्यारह बजे थे। जंगल में रास्ते के किसी ढाबे के सामने ट्रक रुका था। हाथ-मुँह धोकर वहीं रखी मूँज की खटिया पर लेट गया। थोड़ी देर बाद शुद्ध देशी घी में छौंकी दाल, सुस्वादु रोटियाँ और अच्छा दही थाली में आया, साथ में अचार और प्याज, तृप्त होकर खाया। चलते समय पैसे देने लगा तो ढाबेवाला संकोच करने लगा।

रात करीब डेढ़-दो बजे ट्रक आगरे की सीमा चुंगी पर रुका। सुनाई पड़ा – "ऊपर कौन है?" आवाज सुनते ही मैं जग पड़ा था। ड्राइवर ने बताया – "एक महात्मा हैं।" ट्रक स्टार्ट करते हुए उसने मुझसे पूछा – "कहाँ उतरेंगे महाराज?" मैंने कहा – "किसी भी धर्मशाला के पास छोड़ दो।" उसने अनुरोध किया – "आज रात क्यों-न इसी ट्रक पर आराम करें, सुबह जहाँ मर्जी चले जायें।" मुझे नींद आ रही थी, उसकी बात मान ली और ट्रक पर ही सो रहा।

सुबह पाँच बजे उठा तो देखा कि शहर के बाहर एक पेट्रोल पम्प पर दूसरे ट्रकों के साथ हमारा ट्रक भी खड़ा था। ड्राइवर और खलासी मेरे पास ही गहरी नींद में सोए थे। पास की झाड़ियों में शौचादि से निवृत्त होकर आया। उस समय तक वे जग चुके थे। ट्रक जमुना के इस पार नौ-निहाई में रुका था। संयोग से सुबह की पाली पर जाता हुआ एक रिक्शा मिल गया। हाथ का झोला मैंने साथ ले लिया और अटैची ट्रक में ही रहने दी। ड्राइवर को अपना कार्ड देकर कहा कि कानपुर में अपने ऑफिस में रखवा देना, मैं वहाँ से मँगवा लूँगा। उसने कहा –"फ्रिक न करें महाराज, आपका बक्स परसों सुबह तक पहुँच जायेगा।" रिक्शे में बैठकर जब बेलनगंज से गुजरने लगा तो सोचा कि न तो ट्रक का नम्बर लिया और न ड्राइवर का नाम पता पूछा। परन्तु मन ने कहा कि धोखा नहीं होगा।

आगरे में अपने साहित्यिक मित्र रावीजी के यहाँ सारा दिन बिताकर रात में जब स्टेशन पहुँचा तो पता चला कि कानपुर जाने वाली पैसेन्जर ट्रेन में फर्स्ट क्लास की सारी सीटें पहले से ही भरी हैं। तीन दिन की लगातार यात्रा से थका हुआ था। मन में चिन्ता हुई। देखा, एक कम्पार्टमेंट में पति-पत्नी और तीन बच्चे थे। मैंने कहा – "भाई एक सीट आप मुझे देने की कृपा करेंगे?" उन्होंने बच्चों को एक सीट पर कर दिया और एक पूरी बर्थ मुझे दे दी। मैंने देखा, यहाँ भी मेरे वेश ने अपना चमत्कार दिखाया। जब कानपुर उतरा तो पति-पत्नी और बच्चों ने भक्ति-भाव से मुझे प्रणाम किया।

घर पहुँचा तो दो-तीन घंटे बाद अरोड़ा ट्रान्सपोर्ट का फोन आया कि आपकी अटैची हमारे ट्रक से अभी आयी है, ड्राइवर यहीं बैठा है, आपको प्रणाम कह रहा है। उसने यह भी पूछा कि क्या मैं स्वयं ट्रक से आया था या आपके यहाँ आने वाले कोई महात्माजी थे। मैंने जब उन्हें बताया कि मेंहदीपुर से आगरा तक मैं ही ट्रक पर आया हूँ, तब जाकर उन्हें विश्वास हुआ।

इस यात्रा में एक अभिनव अनुभव हुआ कि आज भी हमारे देश के जन-मानस में गंगा की पवित्रता और जमुना का प्रेम वर्तमान है। हजारों वर्षों से दोनों बहनों की पुण्य भूमि पर बसे लोग साधु महात्माओं की सेवा करते आ रहे हैं। देश का सौभाग्य है कि यह परम्परा कुछ अंशों में अवशिष्ट है। यही कारण है कि बिना किसी सम्बल के बदरीनाथ से कन्याकुमारी और द्वारिका से सुदूर कामाख्या तक साधु-संन्यासी यात्राएँ कर पाते हैं।

ऐतिहासिक कहानियां

जीवन की उपलब्धि

ईस्वी पूर्व पहली शताब्दी में रोम में सिसेरो नाम का एक विलक्षण विचारक और वाग्मी हुआ। अपने सदाचार, सद्विचार और निष्ठापूर्ण जीवन के कारण जनमानस को उसने प्रभावित किया था।

रोमन सभ्यता और संस्कृति का वह स्वर्णिम युग था। पश्चिम में ब्रिटेन, रोम और स्पेन व पूर्व में मेसोपोटामिया और बेबीलोन तथा दक्षिण में भूमध्य सागर तटीय अफ्रीका के देश विशाल रोमन साम्राज्य के अंग थे। रोम की सड़कों पर विदेशों से लाए सोने, सुन्दरियों और गुलामों का प्रदर्शन, सामन्त बड़ी शान से करते थे। वह जमाना था जब संसार की सभी सड़कें रोम को जाती थीं।

आमोद-प्रमोद, भोग-विलास और बुद्धि-विलास रोमन नागरिकों की दिनचर्या थी, तर्क-वितर्क में पराजित कर देना प्रतिष्ठा की बात समझी जाती थी। यदि इससे निर्णय नहीं होता तो तलवारें खिंच जातीं। रोम के चौक में असि-द्वन्द्व और वाक-द्वन्द्व के दृश्य आए दिन देखने में आते। सिसेरो के भी व्याख्यान वहाँ होते। उसका सिद्धान्त था कि जनतंत्र ही शासन संचालन का श्रेष्ठ पंथ है। जनता मंत्रमुग्ध होकर सुनती।

उन दिनों यूरोप में समता और बन्धुत्व की बात कोई नहीं कहता था। गुलामी की प्रथा प्रचलित थी। सुसभ्य ग्रीक और रोम में भी दास सम्पत्ति के रूप में थे। अरब और अफ्रीका से लाए सैकड़ों गुलाम रोमन सामन्तों के घरों में रहते।

ईसा से लगभग ५० वर्ष पूर्व सेनापति सीजर फौज के बल पर रोम का एकाधिनायक बन बैठा। जिन्होंने विरोध किया, मौत के घाट उतार दिए गए। प्रान्तों में विद्रोह के प्रयास को क्रूरता से कुचल डाला गया। सीजर ! महान सीजर !! लोग नाम से थर्रा उठते।

यद्यपि सिसेरो व्यक्तिगत विरोध में नहीं पड़ा, परन्तु जनतंत्र के सिद्धान्तों का रोमन फोरम में डटकर प्रचार करता रहा। उसकी जनप्रियता देखकर सीजर ने उसके प्राण नहीं लिए, केवल राजधानी से निर्वासित कर दिया।

अपने कुछ नजदीकी शिष्यों और गुलामों के साथ वह एक गाँव में रहकर जनतंत्र पर ग्रन्थ लिखने लगा। बीच-बीच में उसे सीजर के आतंक और अत्याचारों की खबरें मिलती रहतीं।

अधिनायकवाद महत्वाकांक्षी अधिनायकों को जन्म देता है और अधिनायक का अन्त भी उन्हीं के द्वारा होना एक स्वाभाविक प्रक्रिया है। एक दिन सीजर के विश्वस्त मित्र और सेनापति ब्रूट्स ने सभासदों की एक बैठक में उसकी हत्या कर दी। मरते समय सीजर केवल इतना ही कह पाया "ब्रूट्स! तुम भी..."।

राजधानी में अशान्ति फैल गई। विशाल रोमन साम्राज्य में अव्यवस्था बढ़ जाने के लक्षण दिखाई देने लगे। सेना लेपिडिस के साथ थी। राजकोष और साधन प्रधानमंत्री एण्टोनी के पास थे। किन्तु अधिनायकवाद से त्रस्त जनता थी युवक नेता आक्टेवियस के साथ। तीनों में युद्ध की तैयारियाँ होने लगीं।

आक्टेवियस ने अपने गुरु सिसेरो को रोम आने का निमंत्रण देते हुए लिखा – "रोम पर भयानक विपत्ति आई है। बचपन से ही आपके सिद्धान्तों का कायल रहा हूँ। जनता मेरे साथ है, परन्तु धन और सेना की कमी है। यदि इस संकटकाल में आकर मेरी सहायता करेंगे तो जनतंत्र की स्थापना संभव हो सकेगी।"

मातृभूमि के प्रति अपने कर्तव्य पालन के लिए सिसेरो रोम पहुँचा। बहुत वर्षों बाद आया था। बाल सफेद हो गए थे, दाँत गिर चुके थे, शरीर जर्जर हो गया था, फिर भी वाणी में पहले की सी ओजस्विता थी। उसकी सभाओं में लाखों की संख्या में रोमन नागरिक आने लगे। एण्टोनी, लेपिडिस और आक्टेवियस डर गए कि कहीं जनता विद्रोह न कर बैठे।

आखिर, एक दिन रोम के बाहर तीनों की एक गुप्त बैठक हुई। सभी भयभीत थे। तय हुआ कि आपस में व्यर्थ की लड़ाई क्यों करें। रोमन साम्राज्य के तीन हिस्से हुए – रोम, ब्रिटेन और स्पेन तथा अफ्रीका के प्रदेश। राज्यों के संचालन के लिए विपुल धन की आवश्यकता थी। तीनों ने अपने-अपने धनी मित्रों के नाम बताए। उनको मारकर धन संग्रह की योजना बनी। इसके बाद ऐण्टोनी ने कहा कि सुचारु रूप से राज्य-संचालन के लिए सबसे बड़े बाधक होंगे बुद्धिजीवी, अतएव उन्हें भी अविलम्ब समाप्त कर देना चाहिए। ऐसे नामों की सूची बनी, पहला नाम था सिसेरो का।

आक्टेवियस इस पर अड़ गया। कहने लगा – "जिसकी सहायता से मैं वर्तमान स्थिति पर पहुँच सका, जो मेरे लिए पितृतुल्य हैं, उनकी हत्या के लिए मैं सहमति कैसे दे सकता हूँ।" समझौता उस दिन के लिए रुक गया किन्तु दूसरे दिन उस महान विचारक की हत्या के लिए तीनों एकमत हो गए। इस प्रकार रोमन साम्राज्य का बँटवारा हुआ।

सिसेरो को सूचना मिल गई। कुछ समय बाद 'रिपब्लिका' ग्रन्थ पूरा कर अपने पुत्र और मित्रों को सौंपते हुए उसने कहा – "मेरे जीवन का उद्देश्य पूरा हुआ, अब तुम्हें कष्ट न दूँगा।" उन लोगों ने समझाने की कोशिश की, "सामने ही द्रुतगामी नौका है, स्वीकृति दें, हम आपको सकुशल ग्रीस पहुँचा देंगे। ग्रीक आपका स्वागत कर गौरव का बोध करेंगे।"

सिसेरो का उत्तर था – "मृत्यु अवश्यम्भावी है, थोड़े दिन जीने के लिए मातृभूमि छोड़कर नहीं जाना चाहता। इसी मिट्टी में पैदा हुआ, इसी में मिल जाने पर मेरी आत्मा को शान्ति मिलेगी, मनुष्य का जन्म एक उद्देश्य से होता है, उसकी पूर्ति ही जीवन की सबसे बड़ी उपलब्धि है। अब जीवन का मोह क्यों।"

सूचना राजधानी में पहुँची। सिसेरो के सिर के लिए बहुत बड़ा इनाम घोषित था। बीसियों सशस्त्र सिपाही उसे बन्दी बनाने आए। उसके साथियों ने अपनी तलवारें निकाल लीं। "सावधान! रक्तपात नहीं, बिल्कुल नहीं" – कहते हुए सिसेरो ने

आत्म-समर्पण कर दिया।

सैनिक उसका सिर और हाथ काटकर रोम ले गए। राजधानी के उसी चौक में उन्हें सलीब पर टाँगा गया जहाँ उसने सैकड़ों बार लोगों को अपने सारगर्भित उपदेशों से अभिभूत किया था।

सिसेरो का आत्मोत्सर्ग व्यर्थ नहीं गया, उसका उद्देश्य 'जनतंत्र' जनमानस में अमर हो गया। सम्राट और सामन्तों की भोगलिप्सा बढ़ती गई। अत्याचार बढ़ते-बढ़ते कुछ वर्षों बाद सम्राट नीरो की सनक और क्रूरता में साकार हो उठे। अबाध भोग-लिप्सा का अगला कदम पतन की ओर बढ़ता है, वही हुआ। जनता के अन्दर अधिनायकवाद से मुक्ति की चिनगारी ने ज्वाला का रूप धारण किया। उसकी लपट में नीरो भस्म हुआ। साम्राज्य खण्ड-विखण्ड हो गया और साक्षी देने के लिए बच गये खण्डहर।

सम्राट और साधु

तेईस सौ वर्ष पहले की बात है। यूनानी विजेता सिकन्दर तुर्की आदि देशों को रौंदता हुआ पंजाब और सिन्ध प्रान्त में पहुँच गया। उसके साथ साठ हजार की फौज थी, जिसमें प्रशिक्षित घुड़सवार, तीरन्दाज और पैदल सैनिक थे। इनके पास बेहतरीन किस्म के तीर-धनुष, भाले और तरह-तरह के नये हथियार थे। वर्षों पहले यूनान से रवाना हुआ, कहीं भी पराजय नहीं देखी, इसीलिए मनोबल ऊँचा था।

पंजाब में उस समय पुरु नाम का पराक्रमी और वीर राजा था। वह औरों की तरह सहज में ही परास्त न किया जा सका। अनेक प्रकार के छल-कपट और देशद्रोही सैनिक अधिकारियों से भेद लेकर सिकन्दर ने उसके राज्य को जीत लिया। वहाँ की व्यवस्था करने के बाद वह पाटलीपुत्र-मगध और वैशाली की ओर बढ़ना चाहता था जो उन दिनों भारत के समृद्धतम राज्यों में थे।

इसी बीच, उसने सुना कि रावी के तट पर एक त्रिकालदर्शी महात्मा रहते हैं। सिकन्दर के मन में उनसे मिलने की इच्छा हुई। दूसरे दिन अपने कुछ अधिकारियों को उन्हें बुलाने के लिए एक सुसज्जित रथ के साथ भेजा। साधु के आश्रम पर पहुँचकर उन्होंने सिकन्दर का सन्देश सुनाया। महात्माजी ने कहा कि भाई, मैं यहाँ वन में रहकर जितना हो पाता है परमात्मा के चिन्तन में लगा रहता हूँ। राजा-महाराजाओं को मुझ जैसे व्यक्तियों से भला क्या काम? सेना के अधिकारी पसोपेश में पड़ गये। सम्राट सिकन्दर महान के निमन्त्रण को आज तक किसी ने अस्वीकार करने का साहस नहीं किया था। उन्हें चिंता हुई कि वे क्या उत्तर देंगे। सिकन्दर ने चलते समय यह भी कहा था कि संन्यासी से जोर-जबर्दस्ती न की जाए। उनलोगों ने बहुत अनुनय-विनय की, किन्तु महात्माजी नहीं गए।

डरते-डरते सैनिक अधिकारी सिकन्दर के शिविर में आए। सम्राट ने जब सुना कि उसके आदेश की अवज्ञा हुई तो नथुने फड़क उठे। महात्माजी को हाजिर करने के लिए कड़ककर आदेश देने को था कि उसे अपने गुरु अरस्तू की बात याद आ गई।

विश्व-विजय अभियान के पूर्व उसने कहा था कि भारत विचित्र देश है, धन-धान्य और शौर्य से पूरित ; किन्तु वहाँ वैभव माना जाता है त्याग में, भोग में नहीं। तुम देखोगे कि वहाँ के लोग अध्यात्म चिन्तन में अतुलनीय हैं।

सिकन्दर ने सोचा कि गुरु की बात परखने का अच्छा मौका है। आदेश की प्रतीक्षा में खड़े अधिकारियों से गंभीरतापूर्वक इतना ही कहा कि वह खुद ही जाएगा।

अगले दिन सैकड़ों घोड़ों, हाथी और सैनिकों के साथ वह महात्माजी की पर्णकुटी पर पहुँचा। जाड़े के दिन थे, ठंडी तेज हवा चल रही थी। वैसे भी पंजाब की सर्दी कड़ी होती है। उसने देखा, वे सिर्फ एक लंगोटी पहने ध्यान में बैठे हैं। वह आगे बढ़ा और अपने सेनापतियों के साथ उनके बिल्कुल करीब आकर खड़ा हो गया, फिर भी महात्माजी का ध्यान न टूटा। उनके मुखमण्डल पर ऐसी आभा दिखाई पड़ी कि विश्वविजेता सिकन्दर आत्म-विस्मृत-सा देखता रहा। कुछ देर बाद समाधि भंग हुई। उनके सामने भेंट लाए हुए फल-फूल, शाल-दुशाले, रत्नादि सोने के थालों में सजा कर रख दिए गए।

महात्माजी ने कहा – "भाई, ईश्वर के दिए ताजे फल मुझे वृक्षों से हमेशा मिल जाते हैं। माता रावी दूध के समान स्वच्छ जल पीने के लिए दे देती हैं। दिन में भगवान सूर्य गरमी पहुँचा देते हैं और रात में कुटी में जाकर वल्कल ओढ़

लेता हूँ। फिर भला, मुझे इन चीजों की क्या आवश्यकता है?"

सिकन्दर ने कहा – "इतनी ठंडी हवा चल रही है और आपके शरीर पर एक भी वस्त्र नहीं, हम पाँच-पाँच गर्म कपड़े पहने हुए हैं, फिर भी सर्दी लग रही है।" महात्माजी का उत्तर था – "राजन्, यह तो अभ्यास की बात है; जैसे, तुम्हारी नाक और मुँह को ठंड सहने का अभ्यास हो गया है, वही बात मेरे सारे शरीर पर लागू होती है।"

सिकन्दर घुटने टेककर उनके पास बैठ गया। वह कहने लगा – "महाराज, मैंने इतने सारे देश जीते, मेरे पास अपार धनराशि है और असंख्य दास-दासियाँ; फिर भी न जाने क्यों मेरे मन में अशान्ति बनी रहती है और अधिक पाने की लालसा मिटती नहीं।" महात्माजी ने उसके ललाट की ओर देखते हुए कहा– "युवक सम्राट, जिसकी तृष्णा मिटी नहीं, वह चाहे कितना ही धनी हो, मन से भिक्षुक होता है; यह बात तुम्हारे लिए भी है। अपनी महात्त्वाकांक्षा के आवेश में तुमने इस छोटी-सी आयु में कितनी महिलाओं को विधवा किया, कितने बच्चों को अनाथ बनाया, कितने गाँव और खेत उजाड़ दिए, मगर अतृप्त ही रहे! अब भी तुम्हारे मन में इसी प्रकार की भूल करने की प्रबल इच्छा है, परन्तु यह सब किसलिए? ये सारे धन, दौलत, फौज, हथियार तुम्हारे काम नहीं आएंगे। तुम्हारे जीवन की घड़ी को एक पल भी नहीं बढ़ा पाएंगे।"

सिकन्दर के साथी आश्चर्य कर रहे थे कि जिसके सामने बड़े से बड़े पराक्रमी योद्धा, राजा और सम्राट सिर झुकाते रहे, वह आज एक मामूली फकीर से हाथ बाँधे कह रहा है कि मेरा भविष्य क्या है, इसे बताने की कृपा करें।

महात्माजी थोड़ी देर मौन रहे। फिर उन्होंने कहा – "ऐसा लगता है कि जीवन की उपलब्धियों की सीमा पर अब तुम आ गए हो। इस समय तुम्हारी आयु ३३ वर्ष की है। आज से एक सौ बीस दिन बाद तुम्हारा ऐहिक जीवन समाप्त हो जाएगा। दुर्योग से तुम अपने परिवारवालों से भी नहीं मिल पाओगे, क्योंकि तुम्हारी मृत्यु रास्ते में एक गाँव में होगी। जीवन के इस थोड़े से समय को यदि भगवत् भजन और अच्छे कामों में लगा पाओ तो तुम्हें शान्ति मिलेगी। आज तक जोर-जुल्म कर बहुतों से लिया, अब जरूरतमन्दों को, दीन-दुखियों को देने का आयोजन करो। इसी में तुम्हारा कल्याण है। यह शाश्वत सत्य है कि धन और धरती किसी के साथ जाती नहीं। मनुष्य जैसे खाली हाथ आता है, वैसे ही संसार से चला जाता है।"

महात्माजी के सदुपदेश का कुछ ऐसा प्रभाव पड़ा कि सिकन्दर महान विजय अभियान के लिए पूर्व की ओर न बढ़कर वहीं से वापस लौट गया। महात्माजी के

बताए हुए दिन उसकी मृत्यु हो जाएगी, इसका एक भय-सा उसके मन पर छा गया।

कहा जाता है कि आखिरी दिनों में उसके मनोभावों में परिवर्तन आ गया, वह पहले जैसा नहीं रह गया, जिसकी भृकुटि मात्र से बड़े-बड़े सेनापति और राजा आतंकित हो उठते थे।

इतिहास में प्रसिद्ध है कि बेबीलोन के एक गाँव में मृत्यु के दिन सम्राट ने सभी प्रमुख दरबारियों एवं सेनानायकों को बुलाया और उन्हें आदेश दिया कि सभी जवाहिरात, आभूषण, हाथी-घोड़े, रथ और मेरी निजी तलवार को मेरी मृत्यु के बाद मेरे शव के पास सजा देना। ध्यान रहे, दोनों हाथ चादर से बाहर निकले रहें, ताकि लोग देख सकें कि विश्वविजेता सम्राट सिकन्दर अपना समस्त वैभव पृथ्वी पर छोड़कर खाली हाथों जा रहा है।

राजा और रंक

राजस्थान के बूंदी राज्य में हाड़ा-राजपूतों का शासन था। सन् १७५० ई. में महाराजा उमेद सिंह यहाँ राज्य करते थे। छोटी आयु में ही पिता की मृत्यु हो जाने से इन्हें राजगद्दी मिल गयी। इन्हें शिकार खेलने का बड़ा शौक था। प्रायः ही १०-१५ मुसाहबों और शिकारियों को साथ लेकर पहाड़ों और जंगलों में शिकार के लिए चले जाते।

माघ का महीना था। एक दिन महाराजा अपने सरदारों और शिकारियों के दल के साथ पास के पहाड़ों में शिकार के लिए गए। शाम होते-होते एक बड़े चीतल को देखा तो राजा ने अपना घोड़ा उसके पीछे दौड़ा दिया। दौड़ते-दौड़ते जंगल में रास्ता भूलकर बहुत दूर निकल गये। सभी साथी पीछे छूट गए।

रात हो गई और भयंकर तूफान के साथ ओले गिरने लगे और वर्षा शुरू हो गई। राह में चारों तरफ पानी जमा हो गया। ऊपर से बर्फीली हवा साँय-साँय करके चल रही थी।

ऐसी भयंकर सर्दी में महाराजा ठिठुर कर बेहोश हो गए, किन्तु घोड़ा बहुत ही समझदार था। वह उन्हें अपनी पीठ पर लादे घूमता हुआ एक झोंपड़ी के द्वार पर आया और हिनहिनाने लगा। जब कुछ देर तक किवाड़ नहीं खुले तो घोड़े ने दरवाजे पर पैरों की टाप लगाई। हाथ में दीपक लिए एक वृद्ध बाहर आया और कुछ क्षणों में सारी परिस्थिति समझकर बेहोश युवक को पीठ पर लादकर भीतर ले गया। कीमती कपड़े और गहने देखकर वह यह तो समझ गया कि यह अवश्य ही कोई बड़े घर का युवक है, परन्तु उसने स्वप्न में भी कभी यह न सोचा था कि स्वयं महाराजा उसके अतिथि बनेंगे।

झोंपड़ी में उसकी किशोरी पुत्री रूपमती के सिवाय और कोई न था। पिता-पुत्री दोनों ने मिलकर युवक के भीगे वस्त्र उतारे और उसे आग के पास लिटा दिया। चम्मच से मुँह खोलकर गरम दूध पिलाने लगे। बहुत प्रयत्न करने पर भी युवक की बेहोशी दूर नहीं हुई। शरीर ठंडा ही बना रहा। डर लगा कि कहीं वह मर न जाए।

एक क्षण को वृद्ध विचलित-सा हुआ किन्तु वह अनुभवी था, वैद्यक का ज्ञाता भी। उसने पुत्री को सकुचाते हुए कहा – "बेटी, इसके शरीर में गरमी लाने का अब एक ही उपाय है। तुम इसकी शय्याचारिणी बनो, इसके शरीर को अपने शरीर की गर्मी पहुँचाओ।" बेटी को लज्जित देखकर वृद्ध ने दृढ़ स्वरों में कहा – "घर आए अतिथि के प्राण बचाना हमारा कर्त्तव्य है। इससे बड़ा पुण्य पृथ्वी पर नहीं है। तुम संकोच त्यागकर धर्म का पालन करो अन्यथा नर-हत्या का पाप हम दोनों के मत्थे चढ़ेगा।"

उच्च आचार-विचार वाली कुमारी कन्या के लिए, जिसने पिता के सिवाय किसी पर-पुरुष को छुआ तक नहीं था, पिता की यह आज्ञा बहुत ही कठोर थी। गहरे मानसिक द्वन्द्व के उपरान्त वह पिता के आदेश को मानते हुए मेहमान को भीतर ले गयी।

बहुत देर बाद युवक के शरीर में गरमी आयी। उसने अपने आपको एक किशोरी की नग्न बाहों में पाया तो विचलित हो उठा। जब सुबह हुई तो कुमारी रूपमती स्त्री बन चुकी थी।

महाराजा ने अपने वृद्ध मेजबान के कुल, जाति आदि की जानकारी ली तो ज्ञात हुआ कि वह भी राजपूत सरदार है, अपनी स्त्री के किसी सामाजिक अपराध से दुःखी

होकर एकमात्र कन्या के साथ लोगों की दृष्टि से दूर १४ वर्षों से इस निर्जन से गाँव में रहने लगा है, परन्तु अब उसे अपनी जवान पुत्री के विवाह की चिन्ता है।

दूसरे दिन सुबह महाराजा के साथी उन्हें खोजते हुए इसी झोंपड़ी के पास आए, बाहर खड़े अश्व ने हिनहिनाकर स्वामी के अन्दर होने का संकेत दिया। महाराजा को सुरक्षित पाकर सबको बड़ी प्रसन्नता हुई।

राजा ने वृद्ध को बहुत-सा धन उपहार में देना चाहा, परन्तु बाप-बेटी दोनों ने नम्रतापूर्वक अस्वीकार कर दिया। कहने लगे कि हमने जो कुछ किया, वह सब कर्त्तव्य के वश किया है न कि धन के लोभ में।

विदा होते समय महाराजा ने वृद्ध के समक्ष उसकी पुत्री को अपनी रानी बनाने का प्रस्ताव रखा। एक बार तो उसे विश्वास ही नहीं हुआ, परन्तु जब हीरे-जड़ी अँगूठी पहना दी गयी तो उसकी आँखों में हर्ष के आँसू आ गए।

तीन-चार महीने बीत गए। इस बीच बेटी के कहने से पिता दो बार बूंदी गया। महाराजा से भेंट हुई, कन्या के विवाह की उन्हें याद दिलाई तो वे क्रोधित हो उठे, कहा – "आदमी को अपनी हैसियत देखकर संबंध की बात करनी चाहिए। तुम लोग चाहो तो सौ-दो सौ रुपये महीने का वसीका राज्य से मिल सकता है। फिर कभी मत आना, नहीं तो अपमानित होकर जाना पड़ेगा।"

आखिर, एक दिन रूपमती ने अपने पिता को संकोच त्यागकर सारी बात कह दी और बता दिया कि उसे महाराजा का गर्भ है। यह सुनकर वृद्ध को ऐसा सदमा पहुँचा कि वह थोड़े दिनों में मर गया।

समय पाकर रूपमति ने एक बहुत ही सुन्दर बालक को जन्म दिया। सेवा-सुश्रूषा के लिए देहाती स्त्रियाँ थीं जो इस पितृहीन युवती को प्यार करती थीं।

पूछने पर रूपा बराबर यही कहती कि उसका पति एक बहुत बड़ा राजा है और जल्द ही उसे राजधानी ले जायेगा।

एक दिन उसने सुना कि महाराजा आमेर की राजकुमारी से विवाह करके बारात लिए लौट रहे हैं। यद्यपि रूपमती ने राजधानी न जाने की एक प्रकार से सौगन्ध खा ली थी; पर उस दिन मन को कड़ा करके, बच्चे को जुलूस दिखाने नगर की ओर चल दी।

सारे शहर में अपूर्व सजावट हुई थी। चारों तरफ तोरण-बन्दनवार बँधे थे। शहनाइयाँ बज रही थीं, पटाखे छूट रहे थे, पुर-नारियाँ मधुर गीत गा रही थीं।

रूपमति ने देखा कि गाजे-बाजे सहित महाराजा की सवारी आ रही है। सोने के हौदे सजे हाथी पर महाराज और उनके पीछे रथ में नव-विवाहिता महारानी। लोग गर्व से एक दूसरे से कह रहे थे कि महाराजा कितने प्रतापी हैं, तभी तो आमेर की राजकुमारी से सम्बन्ध हुआ है, आदि।

लोगों के धक्कों से किसी प्रकार बचती हुई रूपमती अपने शिशु को लिए राजा के सामने जा पहुँची। महाराजा ने उन्हें क्षण भर के लिए देखा और मुँह फेर लिया।

थोड़ी देर बाद भीड़ में शोर मचा, कुछ हलचल हुई। लोगों ने देखा कि अतीव सुन्दर नवयौवना अपने नवजात शिशु के साथ जमीन पर कुचली पड़ी थी। चारों तरफ ताजे लहू की धार बह रही थी। उनमें से कुछ लोग कह रहे थे– "हमने इसे, दौड़कर हाथी के पैरों के नीचे जाते देखा था।"

लाशों को रास्ते से अलग हटा दिया गया। बाजे और नगाड़े फिर जोर से बजने लगे। आखिर किसी पगली के पीछे इतने बड़े उत्सव में व्यवधान क्यों आये?

छज्जों से महाराजा के हाथी पर पुष्पों की वर्षा हो रही थी। 'महाराजा की जय हो', 'अन्नदाता घणी खम्मा' की आवाजों से आकाश गूँज रहा था।

बलजी-भूरजी

आज से सत्तर-अस्सी वर्ष पहले राजस्थान के शेखावाटी अंचल में बलजी-भूरजी धाड़ैतियों (डाकुओं) का बड़ा दबदबा था। लोग उनके नाम सुनकर ही कांपने लगते। ऐसी भी घटनाएँ सुनने में आईं कि १००-१५० बारातियों के हथियारों से लैस दल को बलजी-भूरजी के ५-६ साथियों के सामने अपना सामान और धन-दौलत रख देना पड़ता था।

जो भी हो, उनका एक नियम था। उन्होंने कभी भी ब्राह्मण, हरिजन, गाँव की बहन-बेटी अथवा दुःखी-दरिद्र को नहीं सताया। इनके प्रति वे इतने सदाशय रहे कि कई बार तो प्राणों की बाजी लगाकर या गिरफ्तारी की जोखिम उठाकर भी वे गरीब ब्राह्मणों की कन्याओं के विवाह में मायरा (भात) भरने के लिए जाया करते थे।

कुछ वर्षों बाद, उनके नाम का नाज़ायज फ़ायदा उठाकर नानिया नाम का एक रूंगा (राजस्थान की एक नीच जाति) अपने को बलजी बता कर निरीह लोगों को सताने लगा। इस बात की चर्चा बलजी-भूरजी तक भी पहुँची, किन्तु उन्होंने इसे गम्भीरता से नहीं लिया।

इसी बीच एक वारदात हो गई। बिसाऊ नाम का एक कस्बा शेखावाटी के उत्तरी कोने में है। यहाँ के सेठ खेतसीदास पोद्दार अत्यन्त सरल और धर्मप्राण व्यक्ति थे। उनके दान-पुण्य की चर्चा पास-पड़ोस के अंचल में फैली हुई थी। लोग उनका नाम बड़े आदर के साथ लिया करते थे। जरूरतमन्दों को वे गुप्तरूप से सहायता करते, नाम या शोहरत की उन्होंने परवाह कभी की नहीं।

एक दिन सेठजी अपने चीलिये ऊँट पर सवारी कर पास के गाँव में रिश्तेदारी में जा रहे थे। उनके इस ऊँट की चर्चा आस-पास के गांवों और कस्बों में थी। वह सवारी में जितना आरामदेह था, उतना ही चाल में चील की तरह तेज था, इसीलिये उसका नाम चीलिया पड़ गया था। आमतौर से सेठजी के साथ सफ़र में हमेशा एक-दो ऊँट या घोड़े और दो-चार सरदार रहते थे, किन्तु संयोग की बात कि उस दिन वे अकेले ही थे।

पौष की संध्या थी। हल्की सर्दी पड़ने लगी थी, झुटपुटा हो चला था। सेठजी ने

देखा कि कुछ दूर रास्ते के किनारे एक अर्धनग्न वृद्ध उन्हें रुकने का संकेत कर रहा है। तेजी से ऊँट बढ़ाकर वे उसके पास पहुँचे।

पूछने पर पता चला कि वह भी उसी गाँव जा रहा है जहाँ सेठजी जा रहे थे। पैर में मोच आ गयी इसलिए लाचारी से बैठ जाना पड़ा। जाना जरूर है, यदि सेठजी उसे साथ ले लें तो बड़ी कृपा हो।

सेठजी ने ऊँट को जैका (बैठा) लिया और सहारा देकर वृद्ध को अपने पीछे बैठाकर ऊँट को आगे बढ़ाया।

थोड़ी देर में ही उन्हें पीछे से जोर का एक झटका लगा। वे ऊँट पर से नीचे गिर पड़े। दौड़ते ऊँट पर से गिरने के कारण एक बार तो उन्हें गश आ गया, किन्तु किसी तरह से वे सम्हल गये। एक पैर के घुटने की हड्डी टूट गयी, पीड़ा जोरों से बढ़ने लगी।

ऊँट स्वामीभक्त था और समझदार भी। बहुत मारपीट और खींचातानी पर भी वह आगे नहीं बढ़ा। अड़ गया और टरडाने (आवाज करने) लगा।

सेठजी ने देखा, ऊँट के सवार की सफेद दाढ़ी-मूँछें हट चुकी थीं, उसकी शक्ल बड़ी भयावनी दिखाई दे रही थी। असह्य पीड़ा से वे विकल हो रहे थे; फिर भी स्थिति समझने में उन्हें देर नहीं लगी। उन्होंने सवार से कहा – "तुम्हारा परिचय जानना चाहूँगा।"

डाकू ने मूँछों पर हाथ फेरते हुए प्रसन्नता से अट्टहास करते हुए कहा – "मैं बलजी का आदमी हूँ, उनका मन इस ऊँट पर बहुत दिनों से था, पर मौका नहीं लग

रहा था। अब आप या तो इस ऊँट को अपने संकेत से मेरे साथ जाने के लिए राजी कर दें, नहीं तो मुझे आपको इस दुनिया से उठा देना पड़ेगा।"

सेठजी बड़े मर्माहत हुए। उन्हें बलजी-भूरजी से इस प्रकार के धोखे की कल्पना नहीं थी। उन्हें सहसा विश्वास भी नहीं हो पा रहा था। उन्होंने कहा – "बलजी-भूरजी डाकू जरूर हैं, पर इस ढंग की धोखेबाजी उन्होंने की हो, ऐसा सुनने में अब तक नहीं आया। मुझे इस बात में कुछ धोखा-सा लगता है। खैर, तुम जो कोई भी हो, तुम्हें जीण माता की सौगन्ध है कि आज की इस घटना की बात कहीं भी नहीं कहना। तुम चाहो तो ऊँट के साथ सौ-दो सौ रुपये और दे दूँगा!"

डाकू ने देखा कि उसका पाला एक अजीब आदमी से पड़ा है। ऊँट तो जा ही रहा है, कुछ रुपये देने को तैयार है। ताज्जुब तो यह कि घटना के बारे में चुप रहने की शर्त रखता है!

कुछ असमंजस से उसने सेठजी से शर्त समझाने के लिए कहा। सेठजी ने बताया कि वे डरते हैं कि इस घटना की चर्चा यदि फैली तो भविष्य में लोग अपरिचित बूढ़ों या असहाय राहगीरों की सहायता करने से डरेंगे। उन्हें इसमें धोखा नजर आएगा। मनुष्य का अपनी ही जाति पर से विश्वास उठ जाएगा। तुमने बेकार ही इतना सब किया। तुम्हें ऊँट इतना पसन्द था, मुझसे यूँ ही माँग लेते।

इतनी बातें सुनने पर भी डाकू ने सेठजी से ऊँट को चलने का इशारा देने को कहा। सेठजी ने इशारा किया और ऊँट चल पड़ा। डाकू ने उन्हें उसी घायल हालत में बियाबान जंगल में छोड़ दिया।

दूसरे दिन सेठजी को ढूँढ़ते हुए लोग वहाँ पहुँचे और उन्हें घर ले गए। क्या हुआ, ऊँट कैसे गया, इसकी चर्चा को उन्होंने टाल दिया।

असलियत बहुत दिनों छिपाये छिपती नहीं। बलजी-भूरजी को सेठजी का ऊँट गायब हो जाने की खबर लग गयी और यह भी पता चला कि नानिया रूंगा के पास वह ऊँट है। वे सारी बातें समझ गए।

कुछ ही दिनों बाद सेठजी का ऊँट उनके नोहरे से बँधा हुआ मिला। उसके गले में बँधी एक दफ्ती पर लिखा था – "सेठ खेतसीदासजी को बलजी-भूरजी की भेंट। वे डाकू जरूर हैं, पर धोखेबाज नहीं।"

ठीक इसी के दूसरे दिन नानिया रूंगा की लाश झुंझनू के पास की पहाड़ी की तलहटी में पाई गई।

प्रतिशोध

राजस्थान में डूंगजी-जुहारजी नाम के दो धाड़ैतियों (डाकुओं) का उन्नीसवीं शताब्दी के उत्तरार्ध में बड़ा आतंक था। उनके नाम से ही लोग थर्राते थे। सैकड़ों आदमियों की बारात को वे दोनों, दो-चार साथियों के साथ ही लूट लेते थे परन्तु एक बात का उनका नियम था कि ब्राह्मण और अछूतों को कभी नहीं छेड़ते। कभी-कभी दूसरी जाति के लोग भी अपने को ब्राह्मण बताकर बच जाते। यह सब जानते हुए भी वे इसलिये उन्हें छोड़ देते कि कहीं भूल से भी ब्रह्महत्या का पाप न लगे। इसके अलावा, ससुराल से पीहर जाती हुई लड़की को भी वे कभी नहीं सताते।

सन् १८५९-६० के आसपास की बात है। एक बार आगरे के पास वे पकड़े गये। कड़े पहरे में उन्हें वहाँ के केन्द्रीय कारागार में रखा गया। उस जेल का सुपरिंटेंडेंट था एक अंग्रेज। नाम था अलबर्ट, भयंकर क्रूर और परम दम्भी। कैदियों को नाना प्रकार की अमानुषिक यन्त्रणा देकर उन्हें सताने में उसे बड़ा मजा आता था।

डूंगजी-जुहारजी के बारे में उसने बहुत कुछ सुन रखा था। अपनी कैद में उन्हें पाकर उसके मन की पाशविकता भड़क उठी। बहादुरी साबित करने के लिए दूसरे कैदियों के सामने उन्हें टूटी-फूटी हिन्दी में भद्दी और गन्दी गालियाँ दिया करता। कभी-कदाच दो-चार ठोकरें भी मार देता। आँखों से अंगारे बरसते मगर वे मन मसोसकर रह जाते, उनके दोनों हाथों और पैरों में लोहे की मोटी-मोटी भारी बेड़ियां पड़ी थी।

कैदियों के साथ रहने के कारण अलबर्ट बहुत-सी देशी गालियां सीख गया था। एक दिन बड़े ही भद्दे तरीके से उसने जुहारजी को माँ-बहन की गाली दी। अपमान और क्रोध के आवेश में वे उछल पड़े, हाथ पैरों की जंजीरें झनझना उठीं। दांत पीसते हुए उन्होंने कहा – "अगर मैंने राजपूतनी का दूध पिया है तो इसका बदला तुमसे लूंगा, तेरे वंश को मिटाकर।"

अलबर्ट आग बबूला हो उठा। उसने जुहारजी की इतनी बुरी तरह से पिटाई की कि उनका सारा बदन सूज गया। इतना ही नहीं, उनके घावों पर उसने सबके सामने

पेशाब भी किया।

ये खबरें जेल की ऊँची-मोटी दीवारों के बाहर फैलीं और बढ़-चढ़कर उनके साथियों के पास पहुँची। उन सबकी एक गुप्त बैठक हुई। चार आदमियों को डूंगजी-जुहारजी को जेल से बाहर निकालने का भार दिया गया। योजना बना ली गई और इसकी खबर जेल के अन्दर उन तक पहुँचा दी गयी।

अमावस की अँधेरी रात, घनघोर वर्षा। निश्चित समय पर चारों साथी जेल की दीवार के किनारे पहुँचे। कमन्दें डाल दी गयीं। डूंगजी-जुहारजी ने अन्य कैदियों के कन्धों पर चढ़कर छोरें पकड़ लीं। साथियों ने बाहर से रस्से खींचे। दीवार लांघकर वे दोनों बाहर आ गये।

अगले दिन जब अलबर्ट को पता चला तो उसके हाथ के तोते उड़ गए। उसकी कैद से निकल जाना मामूली बात नहीं थी। अपनी शान और इज्जत पर पहला प्रहार लगा देख वह तिलमिला उठा, मन में भय भी हुआ। 'इसका बदला लूंगा, तेरे वंश को मिटाकर' ये शब्द बार-बार उसके कानों में गूंज उठते। उसने पता लगाने की बहुत कोशिशें कीं। भेदिये छोड़े, इनाम की घोषणा की, गाँव उजाड़े, बेगुनाह लोगों को बहुत सताया मगर डूंगजी-जुहारजी पकड़ में न आए; उनका कोई भी सुराग न मिल सका। आए दिन सरकारी खजाने लूटे जाने लगे। राज के सिपाहियों में इतना आतंक फैल गया कि वे इनका नाम सुनते ही माल-असबाब छोड़कर भाग खड़े होते।

जेल-सुपरिंटेंडेंट के घर के आसपास छाया की तरह उनके आदमी मंडराने लगे। वह भी सतर्क रहने लगा। एक रात, पत्नी और बच्चे के साथ वह किसी जलसे में जा रहा था। बग्घी के आगे-पीछे हथियारबन्द सिपाही घोड़ों पर थे। सुनसान सड़क, सनसनाती हवा चल रही थी। काफी दूर निकल जाने पर कुछ देहाती आग तापते मिले। गाड़ी इनके पास से होती हुई थोड़ी ही आगे बढ़ी होगी कि आँधी के वेग से साहब के सिपाहियों पर देहाती झपट पड़े। एक ने बग्घी पर चढ़कर अलबर्ट की पिस्तौल छीन ली। सिपाही भाग चुके थे, कोचवान को धक्के देकर नीचे गिरा दिया गया। गाड़ी लेकर वे बीहड़ जंगल के रास्ते बढ़ने लगे। साहब को अचानक इस हमले के कारण यह पता नहीं चला कि वे डूंगजी-जुहारजी के साथी हैं। वह चिल्ला-चिल्लाकर गालियां बक रहा था। अगले दिन फाँसी पर लटकाने की धमकी दे रहा था। इधर उसके हाथ-पैर मजबूत रस्सियों से बाँधे जा चुके थे। उसकी पत्नी सिमटी-सी एक कोने में बैठी थी, बच्चा उसकी गोद में था।

आगरे से थोड़ी दूर जमुना और चम्बल की कटान के इतने गहरे खड्ड हैं कि उनमें हाथी भी छिप सकते हैं। इन्हीं के आस-पास की एक सड़क के किनारे गाड़ी

खड़ी हुई। अलबर्ट और उसकी पत्नी की आँखों पर पट्टियां बाँध दी गयी और उन्हें पैदल ले जाने लगे। काफी घुमावदार और ऊँची-नीची जगह थी। कहाँ से जाया जा रहा है, इसका अन्दाज तक लगाना सम्भव न था। एक निर्जन स्थान पर पहुँचकर उनकी पट्टियाँ खोल दी गयीं। गुफानुमा एक मकान के अन्दर पहुँचकर अलबर्ट ने देखा, मशालों की रोशनी के बीच एक ऊँची चौकी पर बैठे थे डूंगजी-जुहारजी। उनके इर्दगिर्द हाथों में भाले, तलवार और बन्दूकों से लैस बीस-पच्चीस व्यक्ति आदेश की प्रतीक्षा में थे।

अलबर्ट को देखकर जुहारजी के होठों पर मुस्कराहट खेल गई। उन्होंने कहा – "आइये अलबर्ट साहब, बहुत दिनों बाद आपके दर्शन हुए!" फिर गम्भीर गूंजती आवाज में उन्होंने कहा – "साहब, हम तुम्हारी कैद में थे, तुम्हारे कानून के

लिहाज से सजा भुगत रहे थे, बेड़ियों में भी जकड़े थे, फिर भी तुमने बिना कारण हमारा अपमान किया!" उसकी ओर अँगुली उठाकर कड़कती आवाज में बोले – "तुमने हमें माँ-बहनों की गालियाँ दीं और हमारे घावों पर सबके सामने पेशाब किया!"

साहब का कंठ तो इन्हें देखते ही सूख चुका था। उनकी आवाज से उसकी

घिग्घी बँध गई।

जुहारजी ने हँसकर कहा – "कायर, मरने से इतना डरता है? हमने सुना था कि अंग्रेजों की कौम बहादुर होती है, वे मरना जानते हैं। ऐसा लगता है, जरूर तुम उनमें से किसी नीच जाति के हो।"

जुहारजी ने साथियों की तरफ देखा। अभिप्राय समझकर उन्होंने राय दी कि अलबर्ट के शरीर को लोहे की गरम सलाखों से दागकर उसे भूखे भेड़ियों के बीच छोड़ दिया जाए। इस तरह दो-चार घंटों में इसके लोथड़े नुच जायेंगे और धीरे-धीरे प्राण भी निकल जायेंगे। इसकी पत्नी और बच्चे को पहले ही इसके सामने गोली से उड़ा दिया जाए।

अब जुहारजी ने बड़े भाई डूंगजी की ओर देखा। उनका निर्देश ही अन्तिम आदेश था। उन्होंने संयत भाव से कहा – "उस दिन तुमने इसके वंश को नाश करने का व्रत लिया था। इसलिए इसके पुत्र को मार डालना भी उचित है, किन्तु इस तीन वर्ष के अबोध बालक का कसूर क्या है? अब रही इसकी पत्नी, सो अब तक हमने किसी स्त्री की हत्या नहीं की। मेरी राय है कि इसे वापस सकुशल भेज दो। बच्चे को अपने पास रखकर ऐसी शिक्षा की व्यवस्था की जाए कि इस प्रकार के घृणित अंग्रेजों से बदला लेने वाले सेनानियों में हमारे एक विश्वस्त साथी की संख्या बढ़े। इस प्रकार यह बच्चा इसका उत्तराधिकारी नहीं रहेगा। इसके गुण-दोष भी नहीं सीखेगा। वह हमारा होगा, हमारा रहेगा। इसका वंश ही मिट जाएगा। जहाँ तक अलबर्ट को मारने का सवाल है, दूसरों में दहशत पैदा करने के लिए दुश्मन को क्रूरता से मारा जाता है। इसलिए जिस बेरहमी से इसने और इसके तबके के लोगों ने हाल के गदर में हमारे आजादी के सिपाहियों को मारा है, उसका नमूना जरूर दिखाना चाहिए।"

थोड़े दिनों बाद, आगरे के अंग्रेज मुहल्ले में अलबर्ट की क्षत-विक्षत लाश टंगी मिली। आँखों की जगह दो जले गड्ढे थे और गले में तख्ती झूल रही थी। जिस पर लिखा था, "आगरा सेण्ट्रल जेल का सुपरिंटेंडेंट अलबर्ट जिसने बहुत से बेकसूरों को सताया और देशभक्तों की आँखों में गरम सलाखें डलवाईं।"

सती का शाप

पिछले वर्ष सौराष्ट्र की यात्रा के समय वहाँ के ऐतिहासिक शहर और किसी समय की गुर्जर देश की राजधानी अन्हिलवाड़ पाटन भी गया।

आज से १०००-१२०० वर्ष पहले यह बहुत बड़ा और भव्य शहर रहा होगा, परन्तु इस समय तो टूटे-फूटे खण्डहर, कुछ पुराने मन्दिर और कुएँ-बावड़ी बच गए हैं। अधिकांश पाटनवासी रोजगार-धन्धे के लिए अहमदाबाद, सूरत और बड़ौदा की तरफ चले गये हैं, इसलिए अब यह एक छोटा-सा कस्बा मात्र रह गया है।

मुन्शीजी के 'पाटन का प्रभुत्व' और 'गुजरात के नाथ' के कोट्यधीश सेठ सज्जन मेहता और मुंजाल मेहता के महल भी बड़े-बड़े भयावने खंडहरों में बदल गये हैं।

वहाँ पर जाने वाले पर्यटकों को एक विशाल तालाब अवश्य दिखाया जाता है। इसके चारों तरफ पक्का पुश्ता बँधा हुआ है। चार बड़ी-बड़ी कलात्मक मकराने पत्थरों की छतरियां हैं। घाटों की सीढ़ियाँ जैसलमेर के लाल-पीले पत्थरों से मढ़ी हुई हैं। यद्यपि वर्षा का मौसम था, परन्तु तालाब में पानी बिल्कुल नहीं था। कुछ गाय-भैंसें चारों तरफ घूम-फिर रही थीं।

मैंने गाइड से इसके बारे में पूछा तो वह कुछ उदासी-भरे लहजे में कहने लगा कि यही दिखाने के लिए तो मैं आपको यहाँ लाया हूँ।

इस तालाब के चारों तरफ कंकरीला मैदान है, इसलिए वर्षा के दिनों में इसमें अथाह पानी आता है, परन्तु थोड़ी देर में ही सारा विलय हो जाता है। बड़े-बड़े इंजीनियरों ने इसकी जाँच की, पेंदे में बहुत-सी सीमेंट की ढलाई की, मजबूत पत्थर जड़े गये, परन्तु फल कुछ भी नहीं हुआ। यहाँ इसका नाम 'शापित तालाब' है। इसके पीछे एक ऐतिहासिक कथा है।

आज से ८५० वर्ष पहले गुजरात में एक प्रसिद्ध राजा सिद्धराज जयसिंह का राज्य था। वे अपने शौर्य और दानशीलता के लिए प्रसिद्ध थे। मुंजाल मेहता जैसा प्रतापी उनका प्रधानमन्त्री तथा काकभट्ट जैसा प्रसिद्ध योद्धा सेनापति था। एक से लेकर ग्यारह ध्वजा वाले वहाँ कई एक सेठ थे (एक ध्वजा एक करोड़ रुपये की कीमत की थी)।

जब जयसिंह छोटा-सा बच्चा था, तभी उसके पिता कर्णदेव का देहान्त हो गया। माता मीनल देवी अत्यन्त चतुर, विदुषी परन्तु दुर्धर्ष थी। उनके कड़े नियंत्रण में रहकर जयसिंह अपने समय का प्रसिद्ध युद्ध-विशारद हुआ। गुजरात के नाथ के सिवाय उसे सिद्धराज भी कहा जाने लगा। पाटन की प्रभुता गुजरात के सिवाय अन्य प्रान्तों में भी फैल गयी। कहा जाता है कि रुके हुए पानी का बाँध टूट जाता है तो फिर वह अत्यन्त वेग से बढ़ चलता है, किसी भी अवरोध-अटक की परवाह नहीं करता। कुछ ऐसा ही मीनल देवी के देहान्त के बाद हुआ। सिद्धराज जयसिंह के रणवास में बहुत ही सुन्दर रानियाँ और दासियाँ थीं, परन्तु उसके मुसाहिब नित्य नयी सुन्दरियों की खोज में रहते थे। आयु के साथ-साथ राजा की कामलिप्सा बढ़ती जा रही थी।

जूनागढ़ का राजा रा-खेंगार उस समय का अद्‌भुत वीर था। उसका किला पश्चिम भारत में ही नहीं, बल्कि देश के इने-गिने किलों में से था। उसकी रानी का नाम था राणकदेवी, जो अपनी सुन्दरता और शालीनता के लिए देशभर में प्रसिद्ध थी, दूर-दूर के लोग उसका दर्शन करने के लिए जूनागढ़ आते थे।

जयसिंह उससे विवाह करना चाहता था, परन्तु वह हृदय से चाहती थी रा-खेंगार को। जयसिंह के कड़े अवरोध की बिना परवाह किये रा-खेंगार विवाह करके उसे जूनागढ़ ले गया था।

मन्त्रियों, सभासदों और सेनाध्यक्षों के विरोध के बावजूद जयसिंह ने एक बड़ी फौज लेकर जूनागढ़ के किले को घेर लिया। जब बहुत दिनों तक सफलता नहीं मिली और उसकी फौजें थकने लगीं, तब उसने वहाँ के किलेदार को मिलाकर किला फतह कर लिया। रा-खेंगार दूसरे साथियों के साथ बहादुरी से जूझता हुआ मारा गया। जिस समय जयसिंह राणकदेवी से मिलने के लिए किले में पहुँचा तो वहाँ महल के एक कोने में उस सती के जले हुए शरीर की राख की ढेरी मात्र थी। पैरों में महावर लगाकर और सोलह श्रृंगार करके सती अपने पति के सिर को गोद में लेकर भस्म हो गयी थी। उसके पैरों के निशानों को आज तक हजारों-लाखों सधवा और कुमारी कन्याएँ पूजती हैं। मैंने जूनागढ़ में राणकदेवी का महल देखा और वह स्थान भी देखा

जहाँ वह सती हुई थी। आज तक गुजरात, सौराष्ट्र और राजस्थान में उसके नाम के गीत गाये जाते हैं।

कामी और क्रोधी की विचार-शक्ति नष्ट हो जाती है। बौखलाया हुआ जयसिंह और भी ज्यादा क्रूर और कामुक हो गया। रात-दिन प्रजा की बहू-बेटियों को फुसला-धमकाकर महल में बुलाने लगा। पाटन में उसने अपने नाम पर एक बहुत बड़ा तालाब खुदवाना शुरू किया। हजारों मजदूर-मजदूरनी माटी खोदने और ढोने के काम में लगे थे। राजा बीच-बीच में स्वयं वहाँ चला जाता था। एक दिन उसने देखा कि दो-चार मजदूर स्त्रियाँ मिट्टी की कठौती लिए चुहल करती जा रही हैं। उनमें से एक अत्यन्त सुन्दरी पर उसकी नज़र टिक गई। यद्यपि उसके महल में देश भर की चुनी हुई सुन्दरियाँ थीं जिन्हें नाना प्रकार के उबटन और श्रृंगार से ज्यादा मोहक बनाने के प्रयत्न होते रहते थे परन्तु मिट्टी से सने चेहरे पर के पवित्र सौन्दर्य और कड़ी मेहनत से मँजे हुए सुडौल शरीर वाली गरीब युवती के वे सब पासंग में भी ठहरने लायक नहीं थीं। राजा ने पता लगाया कि उसका नाम जस्सो है और उसका पति टिकू भी तालाब पर ही मजदूरी करता है। वे लोग दूसरे औड़ों (मिट्टी खोदने वालों की जाति) के साथ पश्चिमी राजस्थान से यहाँ आये हैं।

दूसरे दिन टिकू को बुलाकर मजदूरों का सरदार बना दिया गया। मजदूरी २ पैसे प्रतिदिन की जगह १० पैसे मिलने लगी। (उस समय १ पैसे में ५ सेर अनाज मिलता था)। काम भी केवल दूसरे मजदूरों की सम्हाल रखना ही था। रहने के लिए तालाब के पास ही एक अलग झोंपड़ा मिल गया।

राजा के मुसाहिब जस्सो के लिए कुछ-न कुछ भेंट-सौगात लाने लगे।

वे बेचारे देहाती इन सब कुचालों को क्या समझते? उन्हें लगा कि परमात्मा ने उनके कष्ट के दिन दूर कर दिये और अब कमाई में से बचाकर कुछ देश में अपने वृद्ध माता-पिता को भेज सकेंगे।

एक दिन राजा के यहाँ से एक दासी आयी और टिकू से कहने लगी कि महाराजा के महल में एक दासी की आवश्यकता है, जस्सो को वह काम मिल सकता है। १० पैसे रोजाना मेहनताना के सिवाय रोटी-कपड़े भी मिलेंगे।

टिकू तो राजी हो गया, सोचा – बेचारी सारे दिन कड़ी मेहनत से थक जाती है, वहाँ आराम से रहेगी। परन्तु न जाने क्यों जस्सो के मन में कुछ अशुभ का-सा आभास हुआ। उसने पति के पास रहकर मिट्टी ढोने का काम ही करना चाहा। पर भला पानी में रहकर मगरमच्छ से बैर कैसे निभता?

दो-तीन दिन बाद राजा के सिपाही टिकू और जस्सो को पकड़कर महल में ले गये। पहले तो हर प्रकार से उन दोनों को अलग-अलग समझाया गया। नाना प्रकार के प्रलोभन दिये गये, परन्तु जब वे किसी प्रकार भी राजी नहीं हुए तो राजा को क्रोध आ गया और टिकू को जस्सो के सामने खड़ा करके कोड़े मारने की आज्ञा दी। कोड़ों की मार से टिकू लहू-लुहान होकर बेहोशी में एक तरफ लुढ़क गया। मुँह से खून आता देखकर जस्सो ने समझा कि वह मर गया है।

घर से आते समय वह अपनी चोली में एक तेज कटार ले गई थी। उसे छाती में भोंकते हुए उसने कहा – "हे दुष्ट और कामी राजा, यदि मैं मन, वचन और कर्म से पवित्र हूँ तो तुझे श्राप देती हूँ कि तेरे इस बड़े तालाब में एक घड़ा पानी भी नहीं ठहरेगा, चाहे कितनी भी वर्षा हो। लोग जब इस सुन्दर और बड़े तालाब को सूखा देखेंगे तो तेरे इस दुष्कर्म की याद करके युग-युग तक तुझे शाप देते रहेंगे। यही नहीं, तेरे इस बड़े राज्य को भोगने वाला वंशधर भी नहीं पैदा होगा।"

सती के दोनों शाप सत्य हुए। जयसिंह को पुत्र नहीं हुआ। उसका राज्य उसके प्रतिद्वन्द्वी के पुत्र कुमारपाल को मिला।

धर्म की समाधि

दिल्ली से ७० मील उत्तर में सरधना नाम का एक छोटा-सा कस्बा है। इस समय इसकी दशा खराब है। टूटे हुए पुराने महल, दो-चार गिरजे, थोड़े से जैन मन्दिर एवं कुछ पुराने जीर्ण-शीर्ण मकान हैं। इन सबके सिवा एक छोटा-सा बाजार है, जिसमें स्थानीय दूकानदारों के अलावा बीस-तीस शरणार्थियों की दूकाने हैं। परन्तु आज से लगभग २० वर्ष पहले इस कस्बे का अपना महत्व था। देश-विदेश के अनेक प्रकार के सामानों से यहां की दूकानें भरी रहतीं। पंजाब से दिल्ली के रास्ते में यह कस्बा पड़ता है, इसलिए यहाँ प्रायः बड़े-बड़े सरदार, फौजी अफसर, व्यापारी एवं अन्य लोग आते रहते थे। यहाँ का शासन बेगम समरू नाम की एक दुर्धर्ष, बहादुर परन्तु कामुक एवं सुन्दरी विधवा के हाथ में था।

बेगम समरू की भी अपनी एक कहानी है। ऐसी औरतें सौ-पचास वर्षों में दो-चार ही पैदा होती हैं। इस सन्दर्भ में इंग्लैण्ड की महारानी एलिजाबेथ, आस्ट्रिया की मैरिया थेरेस्सा और हमारे यहां की रज़िया बेगम के नाम लिए जा सकते हैं। बचपन में सकूर खां नाम के एक सरदार ने इसे गुलामों के सौदागरों से खरीदा था। सकूर खां के मरने के बाद उसके लड़के बशीर खां के हरम में वह पांच वर्ष तक रही। एक दिन मेरठ के नौचन्दी के मेले में प्रसिद्ध फ्रांसीसी जनरल समरू ने उसे देख लिया और उसकी सुन्दरता पर मोहित होकर १० हजार सोने की अशर्फियों में मुन्नी उर्फ दिल-आराम को बशीर खां से खरीद लिया। वहां जाकर मुस्लिम मजहब छोड़कर वह ईसाई हो गई, नाम भी दिल-आराम से बदल कर हो गया जुबाना उर्फ समरू बेगम।

दोनों पति-पत्नी बहादुर और सूझ-बूझ वाले थे। एक अच्छी सुशिक्षित फौज इनके पास थी, जिसको किराये पर भेजते रहते। उन दिनों, छोटी-छोटी लड़ाइयां होती रहती थीं जिनसे इन्हें अच्छी आय हो जाती थी। सेना की शिक्षा एवं संचालन का कार्य दोनों स्वयं करते। रुहेलों से दिल्ली के बादशाह शाह-आलम को बचाने के कारण इन्हें शाही खिलअत और सरधना का उपजाऊ परगना इनाम में मिला। थोड़े वर्षों बाद

ही संदेहात्मक ढंग से बूढ़े नवाब का देहान्त हो गया और तब सत्ता रह गई, एक मात्र विधवा बेगम के हाथ में। इसके बाद, उसने अपनी फौजी ताकत और भी बढ़ाई। विदेशी विशेषज्ञों द्वारा उसे नए ढंग से सुसज्जित किया। बड़ी-बड़ी तोपें, बेहतरीन बन्दूकें और तेज दौड़ने वाले घोड़े दूर-दूर से मंगाए गए। टामस और लवसुल नाम के दो बहादुर विदेशी सेनापतियों के संरक्षण में इसकी फौजें थीं, दोनों उसके प्रेमी थे। उस समय के जागीरदार लड़ाइयां न होने पर डाके डलवाते थे, परन्तु बेगम ऐसे कार्यों को बुरा समझती। यहां तक कि उसके परगने में डाकुओं की लूट-मार करने की हिम्मत कभी भी नहीं हुई, वह अपराधियों को बहुत कड़ा दण्ड देती थी। किसी की आँख निकलवा लेती तो किसी को जमीन में गड़वा कर उस पर कुत्ते छुड़वा देती थी। उन दिनों लोगों में आतंक उत्पन्न करने के लिए ये सभी बातें जरूरी भी थी।

वैसे सरधना में अब भी सौ-पचास घर अग्रवाल-जैनियों के हैं, परन्तु उस समय तो वहां उनकी प्रधानता थी। वे बेगम के खजांची, अर्थ-मंत्री एवं गृह-प्रबन्धन जैसे ऊँचे ओहदों पर थे।

ज्ञानचन्द नाम के एक वैश्य की वहां मोदीखाने की बड़ी दुकान थी। वहां से बेगम की फौजों के लिए रसद आती थी। ज्ञानचन्द दुकान का काम सँभालता और उसका एकमात्र पुत्र रतनचन्द रसद का आर्डर लाने के लिए किले में जाता था। रतनचन्द की आयु लगभग २९-३० वर्ष की थी। घर में बहुत सी गाय-भैंस थी, खाने-पीने के लिए कमी नहीं थी। बचपन से ही कसरत-कुश्ती करता रहा, इसलिए चेहरे पर सुन्दरता के साथ पौरुष की आभा भी यथेष्ट थी। एक दिन, किले में वह गया हुआ था कि बेगम की नजर उस पर पड़ी। इसके बाद, महल के बुलावे आने शुरू हो गए। बेगम के कहने पर गल्ले के सिवा उसने एक कपड़े की दुकान भी कर ली। दोनों दुकानें बहुत अच्छी चलने लगीं।

पौष मास की एक रात्रि में रतनचन्द के लिए बेगम साहिबा के यहाँ से बुलावा आया। खिदमतगार उसे ख्वाबगाह में छोड़कर बेगम को खबर देने चली गई। रतनचन्द पहली बार ही महल के उस हिस्से में गया था। बिल्लौरी शीशे के झाड़-फानूसों में हजारों मोमबत्तियां रोशन थीं, हीना की खुशबू चारों तरफ फैल रही थी। नंगी औरतों की आदमकद बड़ी-बड़ी तस्वीरें विभिन्न कामोत्तेजक मुद्राओं में दीवारों पर लगी हुई थी। बीच में सोने-चाँदी का एक बहुत बड़ा पलंग था, जिसके पास ही तरह-तरह की शराब की सुराहियां और खाली प्यालियां रखी थीं। हीरे-पन्नों से जड़ा हुआ मोतियों की झालर का एक हुक्का भी रक्खा हुआ था। थोड़ी देर बाद बेगम आई, उसके साथ चार पांच दासियाँ हमेशा रहती थीं, पर आज वह अकेली थी।

कपड़े भी कुछ अजीब ढंग से पहने हुए थी। रतनचन्द ने बाअदब उठकर सलाम अता किया और कहा – "हुजूर ने इस वक्त गुलाम को किस लिए याद फरमाया?"

जान-बूझ कर कमरे में केवल एक पलंग रखा गया था। बेगम ने रतनचन्द से खड़े न रहकर अपने पास बैठने को कहा। जिसके भय और प्रताप से लोग कांपते रहते, वह बेगम आज उस साधारण व्यक्ति से जिस प्रकार पेश आ रही थी, वह बात रतनचन्द थोड़ी ही देर में समझ गया। बेगम ने अपने हाथों से फ्रांस की बेहतरीन शराब डालकर एक जाम रतनचन्द को दिया, परन्तु उसने डरते हुए पीने से ना कर दी। इसके बाद जब इशारे ज्यादा साफ होने लगे तब उसने हाथ जोड़कर कहा – "आप हमारी पूज्या हैं; अन्नदाता हैं, आयु में और पद में भी बड़ी हैं। शायद, आज आपकी तबीयत परेशान है, इसलिए मैं कल हाजिर होऊंगा।" फन कुचली विषैली नागिन की सी फुँफकार से बेगम ने डपटकर कहा – "नादान छोकरे, या तो तुम अव्वल दर्जे के बेवकूफ हो या हिंजड़े; जिसकी इनायत की एक नज़र के लिए बड़े-बड़े सरदार और जमींदार तरसते रहते हैं, वह मुल्के जमानिया बेग़म समरू तुम्हारी मोहब्बत मांगती है और तुम हो कि फिजूल बकवास की जुर्रत करते जा रहे हो? खैर, मैं तुम्हें सात दिन की मोहलत देती हूं, इस बीच में मेरी मोहब्बत के साथ लाखों रुपयों की तिजारत या मौत, दोनों में से एक को तुम्हें चुनना है। खबरदार, अगर एक लफ्ज भी इसके बारे में बाहर निकाला तो तुम्हें जंगली कुत्तों से नुचवा दिया जायेगा।"

दूसरे दिन से रतनचन्द उदास रहने लगा। पिता-माता और पत्नी ने बहुत कुछ पूछताछ की, परन्तु बेगम के डर से कुछ भी न कह सका। आधी रात में पत्नी के अनुनय-विनय पर उसने सारी बातें खोल कर बता दीं।

भारतीय पतिव्रता स्त्री थी, बेगम की क्रूरता से परिचित भी। पति को बहुत प्रकार समझाने-बुझाने लगी कि जान है तो जहान है, आप बेगम की बात मान लीजिए। अगर आपको कुछ हो गया तो फिर माता-पिता, मेरा और इन बच्चों का क्या होगा। दूसरे दिन रतनचन्द एक निश्चय पर पहुंच गया और पत्नी से कहा – "भगवान को साक्षी देकर सौगन्ध ली थी कि मैं एक पत्नी-व्रत रहूंगा, फिर भला इस क्षण-भंगुर जीवन के लिए यह पाप क्यों?" थोड़ी देर में ही दोनों पति-पत्नी ने सोते हुए बच्चों को प्यार किया और संखिया खाकर सो गए।

दूसरे दिन ही सारे कस्बे में इनकी दर्दनाक मौत की खबर फैल गई। लोगों को संदेह तो पहले ही हो गया था क्योंकि ऐसी बातें छिपी नहीं रहतीं। रतनचन्द सर्वप्रिय व्यक्ति था। जब पति-पत्नी दोनों की अर्थियां उठीं तो सारे कस्बे के लोग रोते-बिलखते साथ थे। बेगम का भय यहां तक फैल गया कि कई माता-पिता ने तो अपने जवान पुत्रों को सरधना से बाहर भेज दिया।

कहते हैं कि पाप का फल अवश्यम्भावी है, गरीब और अमीर, सबके लिए। थोड़े दिनों बाद ही विद्रोही फौज ने बेगम के प्रेमी लवसुल की हत्या कर दी और बेगम को बेइज्जत करके एक खम्भे से बांध दिया। अगर समय पर टामस नहीं पहुंचता तो उसकी भी बोटियां नोच लेते।

रतनचन्द और उसकी पत्नी की समाधि सरधना के वीरान गांव में इस समय भी जीर्ण-शीर्ण अवस्था में है। यहां आस-पास के गाँवों से विवाहित जोड़े मनौती के लिए आते रहते हैं और भादों के महीने में एक मेला लगता है।

गोगाबापा

राजस्थान के शौर्य और बलिदानों का इतिहास विश्व में बेजोड़ माना जाता है। सम्मान और सतीत्व की रक्षा के लिए बच्चों को गोद में लिए हुए हजारों महिलाओं का धधकती आग में कूदकर प्राण दे देना, अपने-आप में एक अद्वितीय दृष्टान्त है। भारत के सिवा ऐसे उदाहरण शायद ही विश्व में और कहीं मिल पायेंगे। रणथंभौर और चित्तौड़ में इस प्रकार के कई जौहर हुए हैं। सबसे पहला जौहर बीकानेर के भादरा गाँव के पास गोगामढ़ी में सन् १०२४ में हुआ था। इसमें ७०० कुलवधुएँ अपने बच्चों को गोद में लिए हुए जलकर भस्म हो गई थीं। जब गजनी की फौज गोगामढ़ी में पहुंची तो उसे राख की ढेरी, कुछ अधजले मांस के लोथड़े और उन पर मंडराते हुए गिद्ध दिखाई दिए थे।

गोगामढ़ी के चौहान सरदार गोगाजी का अद्भुत इतिहास है। यूरोप के १२वीं शताब्दी के क्रुसेड अभियान के कई-एक नेता, भारत के जयमल, पत्ता और वीर चूड़ावत सरदार के बलिदानों से भी गोगाजी का बलिदान अधिक उज्ज्वल और अनोखा है।

मुहम्मद गजनवी की पचास हजार की सुसज्जित फौज के डर से लोहकोट (लाहौर) और मुलतान के हिन्दू राजा मुँह में तिनका लेकर अपनी फौज सहित उसके साथ हो गये थे। रास्ते के सामन्तों की बिसात ही क्या थी? मरुभूमि की सीमा पर पहुँचते-पहुँचते उसके पास तीस हजार सवार और पचास हजार पैदल फौज थी।

जहाँ तक सम्भव हुआ, मुहम्मद रास्ते के सामन्तों से समझौता करता हुआ, सोमनाथ की प्रसिद्ध मूर्ति ध्वंस करने के लिए आगे बढ़ रहा था। उसने गुर्जर देश की समृद्धि के बारे में सुन रखा था। वहाँ जाकर सिपाहियों को लूट का लालच था और गजनवी को महादेव की मूर्ति तोड़कर गाजी बनने का।

उसे भाटी प्रदेश (इस समय का बीकानेर क्षेत्र) होते हुए जालौर मारवाड़ के मार्ग से गुजरात-सौराष्ट्र जाना था। रास्ते में गोगामढ़ी थी, वहाँ के वृद्ध सरदार गोगाजी

की यशोगाथा उसने सुन रखी थी।

गजनवी ने एक देश-धर्मद्रोही तिलक नाम के भारतीय के साथ अपने सेनापति सालार मुहम्मद को गोगाबापा के पास हीरे-जवाहरातों का थाल देकर भेजा। उसने कहा कि अमीर गजनवी अपनी फौजों के साथ आपके क्षेत्र से होकर प्रभास-पाटन जा रहा है, उसे आपकी सहायता चाहिए।

नब्बे वर्ष के गोगाबापा का शरीर क्रोध से काँपने लगा। गम्भीर गर्जन करते हुए उन्होंने कहा – "तेरा अमीर भगवान सोमनाथ के विग्रह को तोड़ने जा रहा है और मुझसे सहायता माँगता है! तू हिन्दू होकर उसकी हिमायत के लिए आया है!! जा, अपने मालिक से कह दे कि गोगाबापा रास्ता नहीं देगा।" यह कहकर उन्होंने हीरे-मोतियों के थाल को ठोकर से दूर फेंक दिया।

बापा के इक्कीस पुत्र, चौहत्तर पौत्र और सवा सौ प्रपौत्र थे। इनके सिवा उनके पास नौ-सौ शूरवीरों की छोटी-सी सेना थी। पन्द्रह दिनों तक तैयारी होती रही। गढ़ की मरम्मत हुई। हथियार संवारे गये। चण्डी का और महारुद्र का पाठ होने लगा। एक दिन देखा कि गजनवी की फौज एक विशाल अजगर की तरह सरकती हुई गोगामढ़ी से आगे निकल रही है। शायद वह बापा से उलझना नहीं चाहता था।

प्रधान पुजारी नन्दीदत्त ने कहा – "बापा संकट टल गया है – यवन फौजें आगे

बढ़ती जा रही हैं।" बापा की सफेद मूँछें और दाढ़ी फड़कने लगी।

उन्होंने कहा – "महाराज, हमारे शरीर में रक्त की एक बूँद के रहते भगवान शंकर के विध्वंस के लिए म्लेच्छ कैसे जा सकता है? हमलोग उनका पीछा करेंगे। आप गढ़ी में रहकर महिलाओं और बच्चों की सद्गति कर दें। ऐसा न हो कि उनके हाथों में मेरे वंश का कोई जीवित व्यक्ति पड़ जाय।"

युद्ध की तैयारी के बाजे बजे। घोड़े और ऊँट सजाये गये। केसरिया बाना पहने ११०० वीर हाथों में तलवार, तीर और फरसे लिये हुए गजनवी की सवा लाख फौज का विध्वंस करने चले।

दस वर्ष से छोटे बच्चों और स्त्रियों के लिए एक बड़ी चिता तैयार करके पुरोहित नन्ददत्त ने उसमें अग्नि प्रज्ज्वलित कर दी। उसका अपना जवान पुत्र तो बापा के साथ जूझने चला गया था। पत्नी, पुत्र-वधू और बच्चे सब जौहर की आग में कूद गये।

गढ़ के नीचे खड़ी यवन सेना देख रही थी कि तीर की तरह तेजी से केसरिया वस्त्रों में थोड़े से वीर आ रहे हैं। 'अल्लाह हो अकबर' की गर्जना हुई। हरी पगड़ी और लाल दाढ़ीवाला अमीर हाथी पर चढ़ा हुआ अपनी फौजों को बढ़ावा देने लगा।

नब्बे वर्ष के वयोवृद्ध बापा बिजली की तरह कड़ककर यवन फौजों का नाश कर रहे थे। एक बार तो गजनवी की फौज में तहलका मच गया, परन्तु संख्या का और साज-सामान का इतना अन्तर था कि दो घड़ी में सारे के सारे चौहान वीरगति को प्राप्त हो गये। दुश्मन के दसगुने आदमी मारे गये। गोगाबापा के वंश में बच गया एक पौत्र सज्जन और उसका पुत्र सामन्त। वे दोनों मुहम्मद के आक्रमण की अग्रिम सूचना देने प्रभास पाटन गए हुए थे। वापस आते समय उन्होंने रास्ते में भागते हुए लोगों से सारी बातें सुनीं। एक बार तो दुख से रोने लगे, परन्तु तुरन्त ही संभलकर अपना कर्त्तव्य निश्चित किया। सामन्त तेज ऊँटनी पर चढ़कर गुर्जर नरेश भीमदेव के पास चला गया।

सज्जन चौहान जालौर के रावल से मिलने गये। बहुत समझाने-बुझाने पर भी रावल नहीं माने। उन्होंने कुछ दिन पहले ही गजनवी के दूत को रास्ता देने की स्वीकृति दे दी थी। उनका कहना था कि गुर्जर नरेश भीमदेव इतना अभिमानी हो गया है कि हमलोगों को कुछ गिनता ही नहीं। अब जब उस पर संकट आया है तो मैं क्यों उसकी सहायता करूँ? सज्जन ने बहुत कुछ समझाया – "महाराज, यह तो भीमदेव

और आपके वैमनस्य का प्रश्न नहीं है। देश-धर्म पर संकट आया है! इस समय पारस्परिक भेदभाव को भूलकर यवनों का नाश करना चाहिए।" इस पर भी जब रावल नहीं माना तो व्यर्थ में देर न करके सज्जन ने अपनी ऊँटनी गजनवी की फौजों की तरफ बढ़ा दी। तीन-चार दिन तेजी से चलने पर उसे गजनवी का दूत अपने सैनिकों की टुकड़ी के साथ मिला। सात आदमियों सहित उसको मारकर रावल का स्वीकृति-पत्र, दूत की कटार और गुप्त निशान लेकर वह गजनवी की फौजों की तरफ बढ़ा। उस समय तक उसकी फौज में तीस हजार घुड़सवार, पचास हजार तीरंदाज और तीन सौ हाथी थे। चार हजार ऊँटों पर केवल रसद और पानी था। इसके पहले इतनी बड़ी फौज किसी भी सम्राट के पास नहीं सुनी गयी थी।

नायक को उसने निशान दिखाया। वह गजनवी के पास ले जाया गया।

एक बड़े तख्त पर अमीर बैठा था। चारों तरफ नंगी तलवारें लिये तातारी सिपाही खड़े थे। सज्जन ने दुभाषिये के माध्यम से बताया कि आपके दूत को रक्षकों सहित जालौर के रावल ने मार दिया है। रावल और मारवाड़ के राजा रणमल्ल की सम्मिलित फौजें लड़ाई के लिए तैयार हैं। निशानी के लिए दूत की कटार गजनवी के पैरों के पास रख दी। तीन-चार दिन के थके हुए और भूखे चौहान की बातों पर मुहम्मद को यकीन आ गया।

उसने अपना परिचय जैसलमेर के एक जागीरदार के रूप में दिया और कहा कि अगर अमीर चाहें तो वह उन्हें सीधे रास्ते से केवल बीस-बाईस दिनों में सोमनाथ पहुँचा सकता है। उस रास्ते पर किसी प्रकार की रोक-थाम का अंदेशा भी नहीं है। इसके बदले में उसने अपनी जागीर के पास के एक सौ गाँव चाहे। इतनी अच्छी तरह से उसने रास्ते के गाँव और खेड़ों का परिचय दिया कि सेनापति तथा अन्य हलकारे उसकी बात को प्रामाणिक मान गये।

दूसरे दिन गजनवी ने अपनी फौजों को रास्ता बदलने का हुक्म दे दिया। अब वे सीधे कोलायत, बाफ और जैसलमेर के रेगिस्तान होकर जाने लगे। सज्जन अपनी प्रिय ऊँटनी पर सबके आगे चला। चार दिन की यात्रा के बाद हलकारों ने शोर मचाना शुरू किया कि आगे बीहड़ रेगिस्तान है जहाँ आदमी तो क्या पक्षी भी नहीं जा सकते। सेनापति सालार महमूद ने सज्जन को धमकाया, परन्तु वह अपनी बात पर अडिग रहा। वापस जाने में फिर पाँच दिन लगते, इसलिए हिम्मत करके वे आगे बढ़े। पाँचवें दिन दोपहर होते ही सामने भयानक अंधड़ आता हुआ दिखाई दिया। जलती हुई गरम रेत मुँह बाए हुए राक्षसी-सी बड़े वेग से बढ़ रही थी। चौहान की ऊँटनी

जान की जोखिम लेकर तेजी से बढ़ने लगी। पीछे-पीछे मुहम्मद की सेना। थोड़ी देर में ही प्रलय का दृश्य उपस्थित हो गया। गर्म रेत के उमड़ते हुए ढेर-के ढेर, पशुओं और मनुष्यों को अंधा बनाने लगे। फौज बेतहाशा पीछे लौटी, परन्तु प्रलयकारी तूफान की-सी तेजी थके-मांदे पशुओं में कहाँ से आती? दसों हजार ऊँट-हाथी और सिपाही गरम रेत के नीचे दब कर मर गये। जो बचे, उनमें से बहुतों को रात में बिलों में से निकले हुए क्रुद्ध काले-पीले साँपों ने डस लिया। ऐसा लगता था कि शिव ने अपने गणों को यवनों की फौज का नाश करने के लिए भेजा है।

वीर चौहान ने भी अपनी ऊँटनी सहित वहीं मरु-समाधि ली। उसके चेहरे पर उल्लास और आनन्द था कि उसने दुश्मनों को इस प्रकार समाप्त कर दिया।

गोगाबापा और उसके वंशजों की पुण्य कहानी यहीं समाप्त हो जाती है। उनका यशोगान उत्तर भारत के हर व्यक्ति की जबान पर आज भी है। भाद्र मास में गोगामढ़ी में उनकी पुण्य-स्मृति में एक बड़ा-सा मेला लगता है। मुहम्मद ने अपनी बची हुई सेना को सँभालकर किस प्रकार जालौर-मारवाड़ के रास्ते से सोमनाथ पर हमला किया, यह कथा देश के इतिहास में प्रामाणिक रूप से उल्लिखित है।

अपूर्व त्याग

भीष्म की प्रतिज्ञा और त्याग सर्वविदित है। १५वीं शताब्दी की एक ऐतिहासिक कथा इसी प्रकार की है। मेवाड़ के राणाओं में कुम्भा, सांगा, प्रताप और राजसिंह के नाम वीरता और देशभक्ति में बड़े गौरव से लिए जाते हैं। उसी तरह राणा लाखा का नाम वीरता के साथ-साथ दानियों में लिया जाता है। अलाउद्दीन खिलजी के तोड़े हुए मन्दिरों का इन्होंने पुनर्निर्माण कराया, बहुत से नये मंदिर, कुएँ और बावड़ियाँ बनवाई। उदयपुर की पिछोला झील इन्हीं के समय में बनी थी।

सन् १४१३ की बात है – लाखा को गद्दी पर बैठे ३० वर्ष हो गये थे। वृद्ध हो गये थे, दाढ़ी मूँछें सफेद हो गई थीं, चेहरे पर सलवटें पड़ गई थीं। अब वे अपने ज्येष्ठ पुत्र चण्ड को राज्य सौंपकर पहाड़ों में तपस्या के लिए जाने का विचार कर रहे थे।

एक दिन सरदारों से घिरे हुए चित्तौड़ के किले के दरबार में बैठे थे। युवराज चण्ड अभी तक नहीं आया था।

उसी समय मारवाड़ का दूत आया और कहने लगा – "महाराणाजी, मारवाड़पति महाराज रणमल ने अपनी प्रिय बहिन हंसा का युवराज चण्ड के साथ विवाह के अभिप्राय से नारियल भेजा है। कृपया स्वीकार करके मारवाड़ का गौरव बढ़ाएं। राजकुमारी रूप और गुणों में सब प्रकार से युवराज के अनुरूप है।"

महाराणा ने सारी बात ध्यान से सुनी, फिर अपनी सफेद दाढ़ी पर हाथ फेरते हुए हँसकर कहा कि क्या आपके महाराज हमारे जैसे वृद्धों पर यह कृपा नहीं करेंगे। जब इस प्रकार की हँसी-दिल्लगी हो रही थी, राजकुमार सभा में आया। राणा की कही हुई बात उसने सुनी। इस परिहास की बात को सुनकर वह गम्भीर चिंता में पड़ गया। सोचने लगा कि मारवाड़ की राजकुमारी के लिए स्वयं महाराणा ने इच्छा व्यक्त कर दी, अब वह मेरी माता के तुल्य हो गयी है। भला अब मैं उसे अपनी पत्नी के रूप में कैसे ग्रहण कर सकता हूँ।

राणाजी ने युवराज को बहुत प्रकार से समझाया। कहने लगे कि साधारण हँसी

में कही हुई बात को तुम इतनी गम्भीरता से क्यों लेते हो। भला यह भी कोई अस्वीकृति का कारण है।

परन्तु चण्ड अपने निर्णय पर दृढ़ रहा। राणा ने क्रुद्ध होकर कहा – "आज तक तुमने मेरी आज्ञा का उल्लंघन नहीं किया, फिर आज क्यों इस प्रकार का हठ कर रहे हो? आज मारवाड़ हमारा मित्र राज्य है, परन्तु इस अपमान के बाद वे शत्रु हो जायेंगे। दोनों राज्यों में युद्ध होकर हजारों वीरों की मृत्यु अवश्यम्भावी है। पहले से ही तुगलकों की हम पर नजर है, फिर इस हालत में हम मारवाड़ से बैर कैसे ले सकेंगे? अगर मैं अपने लिए टीका मंजूर करता हूँ तो मारवाड़-नरेश अपनी प्रिय बहिन का मुझ जैसे वृद्ध के साथ विवाह करके उसे क्या दुखी बनायेंगे?"

"पिताजी, मेरा निश्चय तो अटल है, अगर वे आपका रिश्ता मंजूर नहीं करते हैं तो मैं युद्ध करके उनकी बहिन को लाकर आपके चरणों पर गिरा दूँगा।"

राणा उद्विग्न होकर कहने लगे– "अगर तुम इसी बात पर अड़े हुए हो तो तुम्हें यह राज्य भी त्याग करना होगा। मारवाड़ की राजकुमारी से जो पुत्र होगा, वही मेवाड़ का राणा होगा, बोलो, यह मंजूर है?"

"हाँ महाराज, मुझे मंजूर है।"

दूत ने मण्डोवर जाकर सारी बातें रणमल से कही। १४ वर्ष की राजकुमारी हंसा का विवाह ६० वर्ष के वृद्ध राणा से हो गया। उन दिनों राजाओं में इस प्रकार बेमेल विवाह होते भी थे।

दूसरे वर्ष एक पुत्र उत्पन्न हुआ, जिसका नाम मोकल रखा गया। उसका लालन-पालन भविष्य के मेवाड़ के अधिपति की तरह होने लगा। मोकलजी पाँच वर्ष के हुए तब गया तीर्थ पर तुगलकों के आक्रमण की सूचना मिली। राणा लाखा ने कुमार चण्ड और सरदारों को अपनी चुनी हुई सेना के साथ इस धर्मयुद्ध में शामिल होने का निर्णय बताया, कहने लगे– "तुर्कों की बड़ी सेना से हम एक प्रकार से केशरिया पहनकर साका (मरने का निश्चय) करने जा रहे हैं। मुझे केवल एक ही चिन्ता है कि मेरे पीछे बालक मोकल का क्या होगा?"

राणा को भय था कि सरदार सब चण्ड की तरफ हैं, वह अपूर्व वीर है, शायद बालक मोकल को मारकर स्वयं गद्दी पर बैठ जायेगा। प्रिय पत्नी हंसा की भी दुर्गति होगी।

चण्ड समझ गया कि महाराणा का इशारा उसकी तरफ था। उसने खड़े होकर

कहा – "महाराज, आप मोकलजी की चिन्ता न करें, वे मेवाड़ के महाराणा होंगे। हम सब उनके राज्य और मान के लिए जरूरत पड़ने पर जीवन की आहुति देंगे। अच्छा होगा, आपके सामने ही उनका राजतिलक कर दिया जाय।"

राणा तो मन से यही चाहते थे। दो-चार दिनों में तिलक की रस्म बड़ी धूमधाम से हुई। सबसे पहले युवराज चण्ड ने राज्यभक्ति की शपथ खाकर बालक मोकल की अभ्यर्थना की। चण्ड के इस अद्‌भुत त्याग की पावन कथा आज भी राजस्थान में बड़े गर्व से कही जाती है। मेवाड़ राज्य की सेना का हरावल उसी के वंशधरों के पास रहता है।

चित्तौड़ का तीसरा साका

सन् १९६४ में भारत के विभिन्न प्रदेशों के हम पचास संसद-सदस्य चित्तौड़ गए थे। वैसे तो सारा गढ़ ही अनूठा है, किन्तु सूरजपोल और किले का भीतरी आंगन विशेष रूप से पवित्र है, क्योंकि यहाँ तीन बार 'जौहर' हुआ, इन्हें देखकर मन में एक सिहरन-सी उठती है।

केरल से हिमाचल प्रदेश तक के संसद-सदस्यों के हमारे दल में महिला सदस्याएँ भी थीं। राजस्थान सरकार ने सुचारु व्यवस्था कर दी थी। प्रदेश के पर्यटन विभाग के मंत्री के अतिरिक्त स्थानीय अधिकारी एवं सुदक्ष गाइड भी साथ थे।

चित्तौड़गढ़ अपने आपमें गौरवमय इतिहास की परतों को समेटे हुए है। सूरजपोल उसका मुख्य दरवाजा है। पिछले आठ सौ वर्षों में इसने बहुत सी लड़ाइयाँ और तीन प्रसिद्ध 'साके' देखे हैं। 'परिचय-पत्रिका' हमें पहले से दे दी गई थी, फिर भी गाइडों ने जो कुछ भी बताया, वह काफी लोमहर्षक रहा।

मेवाड़ के इतिहास में प्रतापी प्रताप का शौर्य स्वर्णाक्षरों में रहेगा। आश्चर्य है कि राणा उदयसिंह जैसे विलासी और भीरु को प्रताप-सा सिंहपुरुष पुत्र के रूप में प्राप्त हुआ। शायद राणा सांगा की आत्मा भीरुता को सहन न कर सकी और सिसौदियों की आन अक्षुण्ण रखने के लिए उन्हें प्रताप बन फिर से आना पड़ा।

सन् १५४० में उदयसिंह चित्तौड़ के सिंहासन पर बैठे। दिल्लीश्वर हुमायूँ उन दिनों दर-दर की ठोकरें खा रहे थे। राजस्थान इसीलिए मुगल आक्रमण से बचा था। उदयसिंह निश्चिन्त थे, भोग-विलास में भरपूर डूबे हुए।

पानीपत की दूसरी लड़ाई में हुमायुँ के पुत्र अकबर ने हेमू को पराजित किया। महत्वाकांक्षी अकबर राज्य-विस्तार में योजनाबद्ध रूप से लग गया। युद्ध और कूटनीति की दुधारी तलवार से वह सफलता की सीढ़ियों को पार करता गया। आमेर के राजा भारमल की कन्या से विवाह करने से राजपूतों के एक बड़े वर्ग की सहानुभूति उसे मिली। बाप्पा रावल के वंशज महाराणा उदयसिंह ने समय के संकेत

को पहचानने की कोशिश नहीं की। सन् १५६७ तक अकबर ने सम्पूर्ण राजस्थान पर विजय प्राप्त कर ली, केवल चित्तौड़ बच रहा। अकबर मेवाड़ी तलवार के पानी को समझता था। उसने तैयारियाँ शुरू कर दीं और स्वयं एक बड़ी फौज लेकर चित्तौड़ पर चढ़ आया। उसकी सेना में तुर्क-पठानों के अलावा बहुत बड़ी संख्या में देशद्रोही राजपूत भी थे।

मेवाड़ी सामन्तों ने महाराणा को सलाह दी कि शाही फौज का मुकाबला उनके नेतृत्व में किया जाय। चित्तौड़ की यही परम्परा रही है, किन्तु सब व्यर्थ गया। उदयसिंह चुपचाप अपने रनिवास के साथ दूर अरावली की पहाड़ियों में जा छिपे। मेवाड़ के लिए यह पहला अवसर था जब उसका नेता ही भाग खड़ा हुआ।

स्वदेश भक्त राजपूत वीरों ने निर्णय लिया कि वे भागेंगे नहीं; बल्कि मुगलों का मुकाबला डटकर करेंगे। आसपास के सामन्त और सरदार अपनी-अपनी फौजी टुकड़ियों को लेकर चित्तौड़गढ़ में आ गये। अकबर की अपार सेना के सामने मुट्ठी भर राजपूत ! मृत्यु का साक्षात् वरण ही कहा जायगा। इतिहास में ऐसे उदाहरण यूरोप के पूर्वमध्यकालीन क्रूसेड (धर्मयुद्ध) के ही मिलते हैं, जिनमें अपने देश, धर्म एवं तीर्थ की रक्षा करने के लिए ईसाइयों ने जान-बूझकर मुस्लिम अत्याचारियों से वीरतापूर्वक जूझते हुए मौत को गले लगाया था।

चित्तौड़ के इस युद्ध में जूझने वाले सभी राजपूतों की वीरता अद्‌भुत थी। शायद ही कोई वीर बचा। इसे चित्तौड़ का तीसरा 'साका' कहा जाता है। बिदनौर के सरदार जयमल और बेलवाड़ा के किशोर सरदार पत्ता ने आक्रमणकारियों के छक्के छुड़ा दिये। बहुत दिनों तक घेरा डालने पर भी अकबर जब गढ़ में प्रवेश नहीं कर पाया तो उसने अपनी सेना के मुख्य भाग को गढ़ के प्रमुख द्वार सूरजपोल पर भीषण आक्रमण करने का आदेश दिया। यहाँ चन्द्रावत सरदार साहीदास अपने साथियों की एक छोटी-सी टुकड़ी के साथ रक्षा का दायित्व सम्हाले था। मुगल सेना ने जबर्दस्त हमला बोल दिया। साहीदास के गिने-चुने साथी कब तक टिकते। एक-एक कर सभी वीरगति को प्राप्त हुए। फिर भी मुगल दुर्ग में प्रवेश नहीं कर पाये।

इसी तरह भदारिया का रावत दूदा बेदला, कोटरी और बिर्जोली के सरदार तथा सादड़ी के झाला – सब अपने साथियों के साथ जूझते हुए बलिदान हो गये। ऐसे संकट के समय चूड़ावत रानी ने अपने किशोर पुत्र पत्ता और पुत्रवधू के साथ वीरवेश में दुर्ग-द्वार की रक्षा का भार सम्भाला। दोनों वीरांगनाएँ कवच पहने हाथों में नंगी तलवार लिए डट गईं। मौत सामने मुस्करा रही थी, किन्तु रानी एक मात्र पुत्र को

रणसंचालन के लिए प्रोत्साहित करती रही। उसके साथ ही अपना जीवन उत्सर्ग करना चाहती थी, न कि जौहर की ज्वाला में। रानी के युद्ध कौशल को देखकर शत्रु भी चकित रह गए। रणचण्डी की तरह जिधर जाती, नरमुण्ड कट-कटकर गिरते। शत्रुदल लहरों की तरह बढ़ता जाता था। पत्ता अपनी माता और पत्नी के साथ लहरों से खेलता हुआ इन्हीं में समा गया।

रात का समय था और घोर अंधेरा। जयमल दुर्ग की प्राचीरों में टूटे, ढहे स्थानों की मरम्मत रोशनी में करा रहा था। किले पर से उसने आग, पत्थर और गोले बरसाकर मुगल सेना पर कहर ढा दिया था। अकबर की तोपों ने जगह-जगह दीवार में गड्ढे कर दिये थे। कई बार तो उसने कोशिश की कि सुरंग लगाकर फाटक और दीवार उड़ा दिये जायें, किन्तु असफल रहा। मुगल सेना मेवाड़ी वीरों की बहादुरी देखकर हैरान थी। वे यही ताज्जुब कर रहे थे कि मुकाबले में इन्सान हैं या जिन्नात।

उस रात युवक अकबर भी चिन्तित मन से किले की दीवारों का मुआइना कर जानना चाहता था कि अगले दिन किस भाग पर चोट की जाय। मशाल की रोशनी में जयमल दिखाई पड़ा। अकबर अचूक निशानेबाज था। उसने अपनी 'संग्राम' बंदूक

उठायी और जयमल पर निशाना दाग दिया। गोली जांघ में जा धँसी, वह बुरी तरह घायल हो गया। मशालें बुझा दी गयीं। अँधेरे में कहाँ, क्या हुआ– कुछ पता नहीं चला।

सबेरा हुआ। घमासान युद्ध छिड़ा। मुगलों में जोश था कि जयमल बादशाह की गोली का शिकार हुआ। किन्तु जब उन्होंने देखा कि वह एक राजपूत के कन्धे पर चढ़ा दोनों हाथों से तलवार चलाता उनकी सेना को काटता हुआ चला जा रहा है तो दंग रह गए। अकबर के मुँह से निकला "काश ! मेरे साथ भी कोई ऐसा बहादुर होता।"

सूरजपोल आखिर टूटा। मुगल सेना टिड्डी की तरह फाटक के भीतर पिल पड़ी। बाजी जाती देखकर भी राजपूत हारे नहीं। बचे हुए मेवाड़ी वीर केसरिया बाना पहने शत्रुसेना से जूझते हुए मर मिटे। महिलाएँ बच्चों के साथ जौहर की ज्वाला में कूदकर सती हो गईं।

किले के आँगन में अब भी आग जल रही थी। धुआँ और गर्द का गुबार उठ रहा था। अकबर ने देखा जयमल की मुट्ठियों में तलवार कसी है, जाँघ से खून बह रहा है, अधखुली आँखों में चिर शांति। वह देखता ही रह गया। सोचने लगा कि इस जीत में भी शायद मेरी हार हुई है। मौत की चिरायंध-गंध भरे आँगन में बच्चों और महिलाओं की जली-अधजली लाशें और राख के ढेर। वह चुपचाप एक ओर हट गया।

जलालुद्दीन मुहम्मद अकबर राजपूतों के इस 'साका' को भूला नहीं। जयमल और पत्ता उसके दिल-दिमाग में जम चुके थे। आगरे जाकर उसने अपने किले के मुख्य द्वार पर इन दो वीरों की हाथी पर सवार मूर्तियाँ स्थापित कर दीं। शाहजहाँ के समय तक ये वहाँ रही। बाद में सन् १६६३ में औरंगजेब ने इन्हें हटवा दिया।

तीन सौ वर्ष बाद भी उस दिन हमने उस किले के आंगन में ईंटों के बीच भस्मी चिपकी देखी। हममें से कई लोगों ने उन्हें खुरचकर माथे लगाया। महिलाओं ने कुछ अंश रुमाल में बाँधे, शायद घर जाकर बच्चों के मस्तक पर लगायें। शाम हो आई। सूर्य किले की दीवारों के पीछे चला गया था। हम भारी मन से अपने शिविर की ओर चले आए।

प्यार की समाधि

बादशाह अकबर एक शाम को अपने दीवान-ए-खास में मुसाहिबों से घिरा हुआ गमगीन बैठा था। किसी की हिम्मत बात करने की नहीं हो रही थी। दूसरे लोगों के चले जाने पर बीरबल ने पूछा– "हुजूर, क्या कारण है कि आप आज उदास-से लग रहे हैं?"

लम्बी साँस लेते हुए बादशाह ने कहा–"कल मालवा से जो दूत आया है, वह कह रहा था कि मांडू का युवक सुलतान बाजबहादुर अद्‌भुत वीर और अचूक निशानेबाज है, विद्वान और संगीतज्ञ है। उसके दरबार में बहुत से शायर और कलाविद् रहते हैं। दूत ने यह भी कहा कि उसकी नई रानी रूपमती अपने समय की सर्वगुणसम्पन्न और खूबसूरत स्त्री है। चित्तौड़ की पद्मिनी के रूप की कहानी रूपमती के रूप के सामने फीकी हो गयी है। हम इतनी बड़ी सल्तनत के बादशाह हैं; परन्तु हमारे हरम में ऐसी सुन्दरी आज तक नहीं आयी।"

बीरबल ने कहा– "हुजूर, बन्दे की गुस्ताखी माफ हो, बात यह है कि आप औरतों को हमेशा पैर की जूती समझते हैं, जब चाहा काम में लिया फिर सड़क पर फेंक दिया, जबकि सुलतान बाजबहादुर उनकी इज्जत करता है। रूपमती को उसने बड़ी तपस्या के बाद पाया है। कई बार भेष बदलकर उसके गाँव सारंगपुर जाता रहा, वहां रेवाशंकर के मन्दिर में तन्मय होकर उसके भजन सुनता रहा। दो-एक बार तो रूपमती ने उसे दुत्कार भी दिया परन्तु सुलतान ने धैर्य नहीं खोया।"

रूपमती और बाजबहादुर के मिलन की भी एक अनोखी घटना है। एक शाम को शिकार में भटकता हुआ वह सारंगपुर में रेवाशंकर के मन्दिर के पास जा पहुँचा। वहाँ संगीत की अद्‌भुत तान आ रही थी। स्वयं कलाविद् तो था ही, वह भी सुर में सुर मिलाकर गाने लगा। भजन गायिका तन्मय होकर उसके आलाप 'अँखियाँ हरिदर्शन की प्यासी, प्रभु मिलन की प्यासी' सुनती रही।

आखिर एक दिन किशोरी ने पूछा – "युवक! तुम कौन हो? हमारे गाँव के तो

नहीं हो, फिर हमारी गढ़ी के मन्दिर में बार-बार क्यों आते हो? अगर मेरे पिताजी को पता चल जायगा तो तुम्हारी जान की खैर नहीं है।"

"सुन्दरी, मैं एक भटका हुआ इन्सान हूँ, यद्यपि मैं मुसलमान हूँ परन्तु हिन्दू-मुस्लिम दोनों मजहबों का आदर करता हूँ। तुम्हारा यह भजन जब से सुना है, मेरे पैर अपने-आप मुझको यहाँ ले आते हैं। ठाकुर साहब के गुस्से के बारे में मैंने सुन रखा है, परन्तु प्रेम चाहे संगीत के प्रति हो या संगीतज्ञ के प्रति, वह बाधा नहीं मानता। न चाहते हुए भी खतरा उठा लेता है। परवाने को यह परवाह नहीं रहती कि वह शमा के पास जाकर जल-भुन जाएगा।"

रूपमती ने अपने साथ की युवती से कहा – "अज़ीब पागल से पाला पड़ा है। इसे न पिताजी का डर है, न अपने मजहबी मौलवियों का। यहां मन्दिर में बैठकर भजन गाता रहता है।"

इसके बाद युवक को एक प्रकार से छूट मिल गयी। वह नित्य प्रति नया भजन बनाकर मन्दिर की सीढ़ियों पर बैठकर गाने लगा।

एक बार कई दिनों तक वह युवक नहीं आया। रूपमती मन्दिर में उसकी प्रतीक्षा करती रही। पता-ठिकाना नहीं जानती थी वर्ना किसी को बुलाने के लिए भेजती।

एक शाम को उसके पिता घायल अवस्था में गढ़ी में आये। संयोग से साथ में वही युवक था।

कहने लगे – "बेटी, आज इस युवक की बहादुरी के कारण तुम मुझे जिन्दा देख रही हो, वर्ना अब तक मैं बाघ के पेट में जा चुका होता। इसने एक प्रकार से बिना हथियार के ही उस नरभक्षी को मार गिराया। मेहमान हारा-थका है, इसकी अच्छी तरह से खातिरदारी करो।"

ठाकुर को परिचर्या के लिए वैद्य-हकीमों ने घेर लिया। रूप और युवक को बात करने के लिए एकान्त मिल गया।

ऐसे में शिकवा-शिकायत तो होता ही है, परन्तु सुलतान भला उस भोली किशोरी को कैसे समझाता कि वह सियासी मामलों में उलझ गया था। बादशाह अकबर के दूत दो-तीन बार आकर धमकी दे गये थे कि वह आगरे के मातहत मालवे की सूबेदारी मंजूर कर ले, वर्ना मुगलिया फौज उसे नेश्त-नाबूद कर देगी।

तीन-चार दिन बाद युवक फिर सारंगपुर आया। साथ में प्रसिद्ध संगीतज्ञ रामचन्द्रजी थे। उन्होंने कहा – "ठाकुर साहब, आपकी पुत्री की बड़ाई हुजूर सुलतान

के यहां पहुँची है। वे उसे अपनी महारानी बनाना चाहते हैं, उसका दर्जा दूसरी सब बेगमों से ऊँचा रहेगा। सुलतान की दरियादिली तथा बहादुरी के बारे में तो आप जानते ही हैं, वैसे भी आपकी तीन पीढ़ी उनके बुजुर्गों के मातहत रहती आयी है। आपकी पुत्री को अपना धर्म नहीं बदलना होगा, उसकी पूजा-पाठ के लिए वहीं मांडू में भगवान रेवाशंकर का मन्दिर बना दिया जायगा।"

उस समय तक कई-एक राजपूत लड़कियों का विवाह मुसलमान नवाबों और शाहजादों से हो चुका था। आमेर के राजा बिहारीमल की पुत्री बादशाह अकबर की बड़ी बेगम थी।

यद्यपि ठाकुर के लिए यह रिश्ता बहुत ऊँचा था, सुलतान के गुणों के बारे में भी वह जानता था, परन्तु फिर भी मन में ऊहापोह तो थी ही।

कहने लगा– "यद्यपि हम साधारण जागीरदार हैं, सुलतान मांडू जैसी बड़ी सल्तनत का मालिक है। फिर भी हम आमेर की तरह डोला नहीं भेजते। यदि सुलतान को मेरी रूप से विवाह करना हो तो उन्हें स्वयं आकर याचना करनी होगी, हमारे यहाँ की यही रीति है। मुझे रूप की भी सम्मति लेनी होगी, यदि वह राजी नहीं होगी तो यह रिश्ता नहीं होगा, चाहे जो अंजाम हो।"

युवक ने आदाब करते हुए कहा– "ठाकुर साहब, स्वयं बाजबहादुर ही आपके पास याचना के लिए आया है। आपकी मर्जी है– बख्शें या इन्कार कर दें। रूप हिन्दू है-- सदा हिन्दू रहेगी। यही नहीं, अगर आपकी जिद्द हो तो मैं खुद मजहब बदलकर हिन्दू हो जाऊँगा। मगर उस हालात में मेरी फौजों में बलवा हो जायेगा, मालवा सल्तनत खत्म हो जायेगी। आप रूप से पूछ लें, उसकी रजामंदी से ही रिश्ता होगा, नहीं तो हम वापस चले जायेंगे, किसी प्रकार की जोर-जबर्दस्ती का तो सवाल ही नहीं है।"

पास के कमरे में बैठी रूपमती सारी बातें सुन रही थी। ठाकुर जब उससे पूछने गये तो गले से लगकर फफककर रोने लगी। पिता, पुत्री की मंशा समझ गये। रिश्ता मंजूर कर लिया।

बहुत धूमधाम से रूपमती का विवाह मांडू के सुलतान के साथ हिन्दू रीति से हो गया।

मांडू के बड़े सरोवर के किनारे भगवान शंकर का सुन्दर मन्दिर बना और महारानी के रहने के लिए कलापूर्ण विशाल गगनचुम्बी महल।

दोनों प्रेमियों के दिन प्यार और आराम के साथ गुजरने लगे। रानी राजकाज में भी सलाह देती रहती, शिकार में तो हमेशा साथ रहती ही। वह स्वयं अच्छी शिकारी

थी। मन्दिर में रोज पूजा करने जाती तो कभी-कदाच मस्जिद में भी जाती रहती। वहाँ फकीरों और भिखारियों को खुले हाथ से दान देती। हिन्दू-मुसलमान दोनों उसकी इज्जत करते थे। सुलतान राजकाज भूलकर रात-दिन उसके महल में रहने लगा। रानी आगाह करती कि राजा का पहला कर्तव्य है अपने राज्य की देखरेख करना, उसके बाद दूसरी बातें।

इधर अम्मा माहम अंगा ने रूपमती के रूप और गुणों का बखान करके बादशाह अकबर को मांडू पर चढ़ाई करने को तैयार कर लिया। अकबर इसके पहले चित्तौड़ से निपट लेना चाहता था, परन्तु मांडू की नई महारानी को अपने हरम में लाने की उस कामुक के मन में तीव्र लालसा जाग उठी।

आगरे का दूत खत लेकर मांडू पहुँचा। इस बार मालवा के साथ रूपमती की भी माँग की गयी थी। सोचने के लिए दो दिनों का समय दिया गया था। आगरे के मातहत मालवे की सूबेदारी बाजबहादुर को देने का भी लिखा था।

खत की इबारत सुनकर सुलतान का चेहरा गुस्से से लाल हो गया– वजीर और सेनापति की तरफ देखने लगे। वृद्ध वजीर उनके पिता के समय का था, बहुत ऊँची-नीची देख चुका था। आने वाले खतरे से वाकिफ था। कहने लगा – "हुजूर, मुगलिया सल्तनत काबुल से लेकर ग्वालियर तक फैली हुई है। बेइन्तहा ताकत है उसके पास। हमारे पन्द्रह हजार सैनिक यद्यपि बहादुरी में किसी से कम नहीं हैं, फिर भी मुगलों की सवा लाख फौज से केवल तीर-कमान और तलवारों से कैसे लड़ सकेंगे, जबकि उनके पास बड़ी-बड़ी तोपें और बेहतरीन बन्दूकें हैं, परन्तु आप महारानी को पूछ लें, खत में एक शर्त उनके लिए भी है।"

रानी बोली– "मेरे सरताज, अगर मेरी माँग होती तो मैं जहर खाकर अपने को खत्म कर लेती, परन्तु यहाँ तो आपको सुलतान हटाकर सूबेदार बनाने की भी माँग की है। वैसे मालवा और मैं दोनों आपके हैं, जो चाहें सो करें।" दूसरे दिन दूतों के सामने खत को जला दिया गया, उन्हें सही सलामत सरहद पर छोड़ दिया गया।

आगरे में मालवा पर चढ़ाई की तैयारी होने लगी। उस बड़ी फौज का आला सेनापति बनाया गया माहम अंगा के नालायक और ऐयाश बेटे आदम खाँ को। वह राजधानी की मौज-शौक छोड़कर मालवी वीरों से लड़ने का खतरा मोल लेना नहीं चाहता था, परन्तु अंगा ने जब रूपमती की सुंदरता का बयान किया तो राजी हो गया।

बादशाह, आदम खाँ की कमजोरी जानता था इसलिए अपने विश्वस्त सेनापति पीर मोहम्मद को उसके साथ भेजा और पोशीदा तौर पर हिदायत कर दी कि बाइज्जत महारानी को आगरे लाया जाय।

मुगलों की बड़ी फौज में सैकड़ों हाथी, हजारों घोड़े, बीसियों बड़ी तोपें तथा ४० हजार सिपाही थे। इधर मालवा की सेना की कुल संख्या पन्द्रह हजार थी। मालवी पठान और हिन्दू दोनों जी-जान से लड़े। तीन दिनों तक दुश्मनों के हजारों आदमियों को मौत के घाट उतार दिया। घायल हो जाने के बावजूद खुद सुलतान चारों तरफ घूम-घूमकर अपने थके-माँदे सिपाहियों को धीरज बँधाता रहा, परन्तु दुश्मनों की फौज संख्या में तिगुनी थी, बेहतरीन शस्त्रों से लैस थी, नयी कुमुक पहुँचती जा रही थी। अन्त में सारे मालवी वीर मारे गये या घायल हो गये। मांडू के किले पर आदम खाँ का कब्जा हो गया। सुलतान सारंगपुर में लड़ रहा था। इधर किले की रक्षा का भार रूपमती पर था। वह घायल अवस्था में दुश्मनों द्वारा गिरफ्तार कर ली गयी।

कुछ दिनों बाद जब महारानी की बेहोशी मिटी तो उसने अपने को महल के एक सजे हुए कक्ष में पाया। इर्द-गिर्द तीन-चार अजनबी आदमी बैठे थे। उनमें से एक ने कहा – "हकीम साहब, हमारी प्यारी मलका को तन्दुरुस्त होने में कितने दिन और लगेंगे। इनके बिना हमें करार नहीं है।"

पास के दूसरे आदमी ने कहा – "जनाब आदम खाँ, यह आप क्या कह रहे हैं? यह बादशाह सलामत की अमानत हैं। मुझे शहंशाह का हुक्म है कि इन्हें बाइज्जत उनके हरम में पहुँचा दिया जाय।"

"मुल्ला पीर मोहम्मद! तुम्हें अपनी औकात समझकर बात करनी चाहिए। आखिर यहाँ तुम हमारे मातहत हो। फौज सिपहसालार हम हैं। यहाँ की दौलत पर और हूरों पर पहला हक हमारा है।" आदम खाँ ने कहा।

रूपमती फिर बेहोश हो गयी, वे सब चले गये। दूसरे दिन सुलतान की बड़ी बेगम खुलाजान उसके पास आयी। वह रूपमती से पहले सुलतान की सबसे चहेती बेगम थी। कहने लगी – "बहिन, अब जिद्द करने से कोई फायदा नहीं है। सुलतान पिछले पाँच दिनों से गायब हैं। पता नहीं जिन्दा हैं या मर गये। हमारे ज्यादातर फौजी मारे गये या कैद हो गये हैं। मेरी राय में तुम्हें भी मुगलों के आला सेनापति आदम खाँ की बात मान लेनी चाहिये। फिर हम दोनों साथ रहकर हँसी-खुशी में वक्त गुजार देंगी, जो बीत गया उसे भुला देना चाहिए।"

"खुला बेगम, यह मैं क्या सुन रही हूँ। जिनके साथ जिन्दगी के बेहतरीन दिन गुजारे, जिनको हम तन-मन का मालिक समझती रहीं – आज बुरा वक्त आने पर उनको धोखा देकर दुश्मन के हरम में दाखिल होने को तुम कह रही हो? यह जिस्म मिट्टी से बना है– एक दिन मिट्टी में मिल जायगा, फिर थोड़े दिनों के आराम के लिए इतनी बेइज्जती और छिछालेदारी किसलिए?"

रूपमती जब स्वस्थ होकर चलने-फिरने लगी तो एक दिन रेवाशंकर के मंदिर में गयी। देखा, मूर्ति नदारद है, मन्दिर टूट चुका है, उसकी जगह मस्जिद बन गयी है। फिर भी भगवान को सर्वव्यापी समझकर अपना पुराना भजन 'अँखियाँ हरि दर्शन की प्यासी' गाने लगी, जिसे बहुत वर्षों पहले युवक सुलतान के साथ सारंगपुर के मंदिर में गाती थी।

दूसरे दिन रानी रूपमती ने सेनापति आदम खाँ को अपने महल में बुलाया था। उसकी खुशी का पारावार नहीं था। बेहतरीन अतर-फुलेल लगाये, हाथ में फूलों का गजरा लिए पहुँचा। देखा – रानी चादर ओढ़े पलंग पर लेटी हुई है।

साथ की दासियों को बिदा करके एक किनारे बैठ गया। कहने लगा –"मलका शायद हमसे नाराज हैं। परन्तु मैं अल्लाह की कसम खाकर कहता हूँ कि आपसे निकाह करके दूसरी सब बेगमों को आपकी खिदमत में रख दूँगा।"

जब उसने चद्दर हटायी तो देखा कि रूपमती का चेहरा जहर से काला पड़ गया

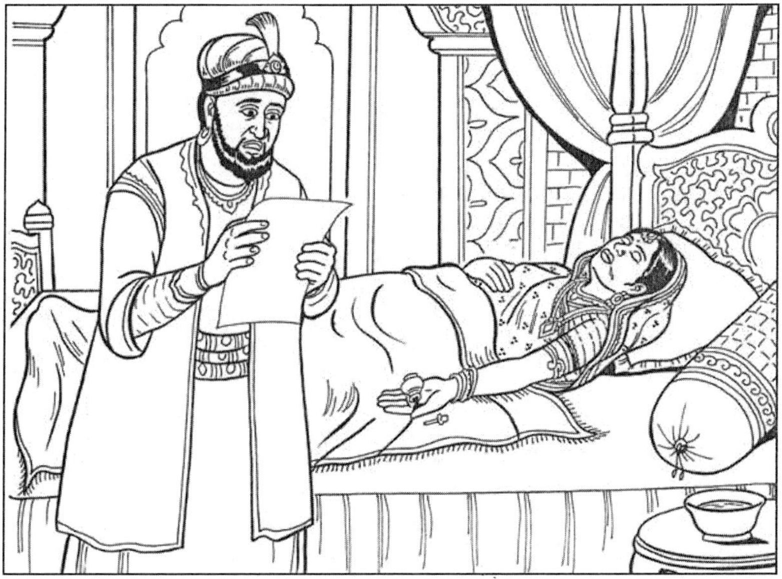

है। सकते में आ गया, उस कामुक के लिए यह नयी बात थी कि इतनी मौज-शौक का लोभ छोड़कर कोई खुदकुशी भी कर सकता है। पास में एक पत्र पड़ा था, खोलकर पढ़ने लगा –

"आदम खाँ !

कहते हैं समय बड़ा बलवान होता है। हम सुखी थे, परम सुखी परन्तु तुमने हमारी जिन्दगी में बुरे ग्रह की तरह आकर हमें नेश्त-नाबूद कर दिया। हम हार गये, हमारा सितारा डूब गया। परन्तु इसका यह मतलब नहीं कि मेरे जिस्म पर भी तुम्हारा हक हो गया। मेरी जिन्दगी तो सुलतान के साथ बँधी हुई थी, पता नहीं वे इस धरती पर हैं या नहीं। मैं खुला बेगम की तरह उनके साथ दगा नहीं करूँगी। जहर खाकर मर रही हूँ। परन्तु यदि मैं मन-वचन-कर्म से पतिव्रता हूँ तो अन्तिम समय में श्राप देती हूँ कि तुम भी जल्द ही कुत्ते की मौत मरोगे।" (यह ऐतिहासिक तथ्य है कि आगरा लौटने पर जब बादशाह ने सारी बातें सुनीं तो आदम खाँ की बदतमीजी पर गुस्सा होकर उसे किले की दीवार से ढकेलकर मार दिया)।

दूसरे दिन संध्या के समय दो थके-हारे घायल मालवी नागरिकों ने सारंगपुर के रेवाशंकर के मंदिर में रात्रि में विश्राम लिया। थोड़ी देर बाद उन्हें एक कोने से धीमे स्वर में एक भजन सुनाई दिया—'अँखियाँ हरिदर्शन की प्यासी, प्रभु मिलन की प्यासी।'

आवाज पहचानी हुई सी लगी। चकमक से रोशनी करने पर देखा कि एक घायल व्यक्ति मैले-कुचैले फटे कपड़ों में धीरे-धीरे तन्मय होकर भजन गा रहा था –

"हुजूर – सुलतान, आप इस हालत में!"

"रायचन्दजी आप अचानक भले मिले, कहिये मेरी रूपमती की क्या खबर है।"

"हुजूर, महारानी पतिव्रता थी। अन्तिम समय तक उसने अपने फर्ज को निभाया। आदम जब उनके महल में गया तो उसे महारानी की जगह उनकी लाश मिली। उन्होंने तेज जहर खाकर जिन्दगी का खात्मा कर लिया था।"

"रायचन्दजी, जब मेरी रूप मर गयी तब फिर मैं किसके लिए जिन्दा रहूँ?" पास में पड़े एक बड़े पत्थर को उठाकर जोर से सिर पर दे मारा। लहू की धार बह निकली। थका-हारा शरीर मृत होकर एक तरफ लुढ़क गया।

पति-पत्नी दोनों की समाधि आज भी सारंगपुर में मौजूद है। कहते हैं – वहाँ पर अगर कोई पुकारता है – 'बाज' तो प्रतिध्वनि होती है – 'रूप।'

तानसेन और ताना-रीरी

बहुत से प्रसिद्ध व्यक्तियों के बारे में तरह-तरह की अटकलें लगाई जाती हैं। सन्त कबीर को हिन्दू कहा जाता है और मुसलमान भी। इसी प्रकार संगीत-सम्राट तानसेन को कुछ लोग मुसलमान बताते हैं तो कई हिन्दू, परन्तु इतिहास के अनुशीलन पर अब जो तथ्य प्रकाश में आये हैं, उनके आधार पर सिद्ध होता है कि तानसेन नागर ब्राह्मण थे। उनके पूर्वज गुजरात से बेहट (ग्वालियर) की ओर आकर बस गये थे।

वे अकबर के नवरत्नों में थे और अकबर प्यार से उन्हें मियाँ तानसेन कहा करते। शायद इसी 'मियाँ' शब्द के क़ारण पंडित तानसेन के सम्बन्ध में भ्रम की शृंखला बढ़ती गयी। वे अद्‌भुत प्रतिभासम्पन्न थे, स्वर मधुर था और हृदय रसपूरित। नागर कुल में जन्म लेने के कारण सात्विकता के संस्कार जन्मजात थे। घर में भक्तिभाव, भजन एवं कीर्तन आदि का वातावरण होने के कारण उनकी प्रतिभा को मुखरित होने का अवसर मिला। पिता के निर्देश से वृन्दावन धाम गये और वहीं स्वामी हरिदास के पास रहकर संगीत साधना की। उन्हीं के आशीर्वाद से तानसेन को दीपक राग के स्वरों के सही संधान का ज्ञान एवं अनुभव प्राप्त हुआ।

संगीत में निष्णात होने पर उन्हें बांधवगढ़ नरेश राजा रामचन्द्र ने अपने दरबार में बुला लिया। इन्हीं दिनों उन्होंने विभिन्न राग-रागिनियों की काव्य-रचना की। कबीर, सूर, तुलसी के भजनों की तरह उनकी रचनाएँ भी शास्त्रीय संगीत के क्षेत्र में घरों, मंदिरों और दरबारों तक प्रसिद्धि पाने लगी।

सम्राट अकबर ने तानसेन के बारे में सुना। मंत्रों से यज्ञाग्नि प्रज्ज्वलित करने की बात हिन्दुओं के लिए भले ही अविश्वसनीय न हो, किन्तु मुसलमान के लिए एकाएक काबिले एतबार नहीं। शहंशाह को जब दीपक राग की खूबियों का पता चला तो वह तानसेन को अपने दरबार में रखने के लिए आकुल हो उठे। उन्होंने सेनापति मिर्जा अजीज को बाँधवगढ़ भेजकर तानसेन को आगरा बुलवा लिया। राजा रामचन्द्र को मनसबदारी और खिलअतें बख्शी गईं।

तानसेन आगरा में रहने लगे। बादशाह के साथ शिकार या सैर पर जाते, वहीं उनकी फरमाइश पर संगीत सुनाते। धीरे-धीरे दोनों आपस में एक दूसरे के नजदीक होते गए। इसी बीच दरबारियों ने बादशाह से गुजारिश की कि उन्हें भी तानसेन का संगीत सुनने का मौका दिया जाय। बादशाह ने मंजूरी दे दी।

दरबार खचाखच भरा था। कुछ तानसेन के हुनर और इल्म की गहराई परखना चाहते थे, तो कई ऐसे भी थे जो दोष निकालने के लिए बेताब हो रहे थे। अकबर ने मुस्कराकर कहा – "मियाँ, आज हम ध्रुपद सुनना चाहेंगे।"

तानसेन ने सिर झुकाया। साजिन्दों की ओर संकेत किया, जिन्हें वे अपने साथ बांधवगढ़ से ले आये थे। तानपूरे के लहराते राग में उनका कंठस्वर मृदंग की ताल पर गूँजने लगा। बादशाह और दरबारी, सभी तन्मय हो उठे। लगभग तीन घंटे तक सुधबुध खोये से रहे। गायन की समाप्ति पर सारा दरबार एक स्वर में कह उठा – "आफरीन, बेहतरीन, लाजवाब!" तानसेन को दरबार के नवरत्नों में शामिल किया गया और खिलअतें बख्शी गईं। चित्तौड़ पर फतह हासिल हो चुकी थी। जश्न मनाए जा रहे थे। मगर अकबर का दिल हल्दीघाटी में मचाई गई खूंरेजी से बेचैन था। उसकी आँखों के सामने चित्तौड़ के साके के धुएँ के अम्बार उठने लगते, दिल में अँधेरा-सा छाया रहता। भयानक सूनापन! अपनी परेशानी किसी से जाहिर भी कर नहीं पाता। हँसी-दिल्लगी, नाच-गाने, हरम की खूबसूरत बेगमें, अफ़ीम, शराब – सबकुछ नाकाम साबित हुए। एकाएक उसे ख्याल आये, मियां तानसेन! यह खौफनाक अंधेरा वही हटा सकते हैं। फौरन तानसेन को तलब किया गया।

शाम हो रही थी। बादशाह अपने खास-महल में तकिए के सहारे बैठे क्षितिज पर बढ़ते अँधेरे को देख रहे थे। तानसेन हाजिर हुए। बादशाह ने कहा – "मियां तानसेन, माबदौलत को बेहद परेशानी है। आँखों के सामने और दिल में एक अंधेरा महसूस हो रहा है। हमने सुना है दीपक राग में अंधेरा दूर करने की ताकत है। तुम्हें इसका इल्म और हुनर हासिल है। सुनाओ, ताकि इस मनहूस अंधेरे से निजात पा सकूँ। आज इसीलिए शमादानों में रोशनी की इजाजत नहीं दी गयी है। गाओ मियां, ऐसा गाओ कि गम व खौफ का अँधेरा काफूर हो और सारा आलम रोशन हो जाये।"

तानसेन स्तब्ध रह गये। दीपक राग छेड़ने का कितना भयंकर परिणाम हो सकता है इसे सोचकर उनका मन काँप उठा, किन्तु शाही हुक्म को टालना संभव नहीं था। सरस्वती और गुरु का स्मरण कर सर्वप्रथम वैदिक मंत्रों के उच्चारण से अग्नि का आवाहन कर दीपक राग में गाना शुरू किया –

निसदिन सिलगत रहत महान अग्नि
ओंकार पृथिवी पाताल आकाश तिनके वसन
दरशन प्रकाश आधार।
सकल ज्योति अग्नि ज्वालामय ओंकार
तू विचार आगम निगम
दूरि करौ सकल अंधकार।
कहै मिया तानसेन सुन गुनी अकब्बर साहि
धरनि उद्धारकरन मंगलदीप मान ज्ञान
ब्रह्मावतार शिव ओंकार... ।।

मृदंग निनाद के साथ ओंकार की ध्वनि बारम्बार गूँज उठी। ऐसा लगा मानो दिशाएँ तरंगित हो उठी हों। तानसेन स्वयं आँखें मूँदे हुए ओंकार ध्वनि पर झूम उठते।

एकाएक बिजली-सी कौंधी। शमादान जल उठे। खास महल जगमगा उठा। बादशाह ने कहा – "हमने दीपक राग की करामात के बारे में सिर्फ सुना था, आज चश्मदीद हुआ। तस्कीन के साथ सुकून भी हासिल हुआ। तुम्हारे इस हुनर की कीमत चुकाई नहीं जा सकती, फिर भी हम तुम्हें दो लाख अशर्फी भेंट करते हैं।"

अनुकूल परिस्थिति न होने पर दीपक राग गाने का वही परिणाम हुआ जिसका अन्देशा था। तानसेन के तनबदन में जलन होने लगी। मेघमल्हार राग ही इसे शान्त कर सकता था, किन्तु गायक के लिए इसको स्वयं गाना नहीं, बल्कि सुनना जरूरी था। तानसेन ने बादशाह को अपनी समस्या बतायी और उनसे आदेश लेकर सोमनाथ महादेव के दर्शन के लिए सौराष्ट्र चल पड़े।

मार्ग में बड़नगर के शिवमन्दिर में ठहरे। पूर्वजों की भूमि में आकर उन्हें मानसिक शान्ति का अनुभव हुआ। भादों बीत रहा था, फिर भी वर्षा नहीं हुई थी। धरती तप रही थी, अनावृष्टि और अकाल से त्राहि-त्राहि मची हुई थी।

परम्परा के अनुसार महिलाएँ भजन-कीर्तन करती हुई भगवान से वर्षा के लिए प्रार्थना कर रही थीं। सहसा तानसेन को लगा उनके देह की तपन धीरे-धीरे कम हो रही है। मेघ-मल्हार में उन्होंने अपनी ही रचना के शब्द सुने –

नाचति चपल चंचल गति
ध्वनि मृदंग घन भेदत जात,
कोकिल अलापत, पपैया आस देत
सुघर सुर मोर ध्यावत,

दादुर तार धार धुनि सुनियतु
रुनझुन धुनि पर नाचत
तानसेन प्रभु शिव सोमनाथ
रस पीयूष सरसावत।।

अपूर्व माधुर्य था, स्वरों में। सचमुच मानो कानों में अमृत-रस पड़ने लगा। शरीर की जलन मिट गयी। वीणा, मृदंग और स्वर की दुनिया में वे आत्म-विस्मृत-से हो गये।

थोड़ी देर बाद आकाश में घटाएँ उमड़ आईं। जोरों की वर्षा होने लगी। तानसेन का तनमन स्निग्ध हो उठा। उधर सूखे तालाब भरने लगे। धरती की प्यास मिटी, जनता में हर्षोल्लास छा गया।

तानसेन ने उसी मन्दिर में रात बितायी। एक ही प्रश्न उनके मन में बराबर उठ रहा था कि इतने शुद्ध रूप से मेघ-मल्हार गाने वाली वे ललनाएँ कौन थीं। पुजारी से पता चला कि स्थानीय जमींदार नीलकण्ठ राय की वे दोनों पुत्रवधुएँ हैं और भक्त नरसिंह मेहता की पुत्री नानीबाई की दौहित्री। नाम हैं, ताना और रीरी।

बड़नगर में बात छिपी नहीं रही कि मन्दिर में तानसेन ठहरे हुए हैं। राय नीलकण्ठ स्वयं उनसे मिलने आये। पता चला कि वे भी संगीत-प्रेमी हैं और गुरुभाई भी। भजन-कीर्तन का विशेष आयोजन किया गया। तानसेन सहर्ष सम्मिलित हुए। ताना-रीरी के गायन के उपरान्त उन्होंने भगवान हाटकेश्वर पर स्वरचित एक भजन सुनाया। लोग भाव-विभोर हो उठे।

तानसेन आगरा लौटे। इस घटना की चर्चा उन्होंने किसी से नहीं की, क्योंकि वे जानते थे ताना-रीरी के सौन्दर्य और गुण की विशेषता की बातें आगरे में क्या परिणाम उपस्थित कर सकती हैं। फिर भी, उनके पहुँचने से पहले ही अकबर को पूरी जानकारी मिल चुकी थी। नीलकण्ठ राय के किसी द्वेषी ने ताना-रीरी के सौन्दर्य और गायन कला की बातें बढ़ा-चढ़ाकर बादशाह को लिख भेजी थीं। बादशाह को तो ऐसे मौकों की तलाश रहती ही थी। फौरन एक वरिष्ठ सरदार को बड़नगर भेजा और जैसे भी हो दोनों बहिनों को हाजिर करने का हुक्म दिया।

बड़नगर पहुँचकर सरदार ने नीलकंठ राय को शाही हुक्म सुनाया। चारों ओर हाहाकार मच गया। ताना और रीरी ने भी स्थिति की गम्भीरता को समझा कि बादशाह का इरादा केवल मेघ-मल्हार सुनना नहीं, बल्कि कुछ और भी है।

गाँव के बड़े-बूढ़े और विशिष्टजनों की सभा बुलायी गयी। अकबर से टकराने

का तो सवाल ही पैदा नहीं होता था। दोनों बहनों को आगरा भेज दिया जाय या सारे गाँव को मटियामेट होने दिया जाय। ताना और रीरी ने अपने श्वसुर और दादा को विश्वास दिलाया कि उन्हें आगरा जाने दिया जाए, कुल की मर्यादा और सतीत्व को वे अक्षुण्ण बनाये रखेंगी, भगवान हाटकेश्वर उनकी रक्षा करेंगे।

चुने हुए दरबारियों और नवरत्नों के साथ दीवान-ए-खास में गाने की महफिल का इन्तजाम किया गया। तानसेन के विशेष आग्रह पर दोनों बहनें पर्दे के पीछे बेगम और शहजादियों के बीच बैठीं। बादशाह ने मेघ-मल्हार गाने का हुक्म देते हुए मुस्कराकर कहा – "हम देखना चाहेंगे कि कार्तिक के महीने में बारिश मुमकिन है या नहीं।"

इधर साजिन्दों ने सुर सम्हाला, उधर पर्दे के पीछे से उदासी भरी स्वर लहरी फूट निकली। ऐसा लग रहा था, जैसे जीवन का समस्त रस शतधार होकर चतुर्दिक फैल रहा है। बारिश कब शुरू हुई, इसका किसी को आभास तक न हो पाया। स्वर लहरी थम चुकी थी। पर्दे के पीछे फर्श पर पानी बढ़ने लगा। बेगम और शहजादियाँ उठकर अपने-अपने महलों में जाने लगीं। उन्होंने देखा कि खून के सैलाब में दोनों बहनें एक दूसरे का हाथ पकड़े चिरनिद्रा में शान्त भाव से सो रही हैं। उनके वक्षस्थल से रक्त की धारा बह रही थी, पास ही दो कटारें पड़ी थीं।

जीत्योजी टोडरमल वीर

लगभग चार सौ वर्ष पहले की बात है। प्रतापी सम्राट अकबर का शासन था। उसके मन्त्रीमण्डल में नौ मन्त्री थे जिन्हें 'नवरत्न' कहा जाता था। उनमें टोडरमल का विशेष आदरपूर्ण स्थान था। वे वित्त और माल जैसे महत्त्वपूर्ण विभागों को सम्हालते थे। राज्य के काम से उन्हें प्रायः ही पंजाब, सिंध और काश्मीर की यात्राएँ करनी पड़ती थीं।

आगरा से २०० मील दूर राजस्थान की सीमा पर नारनौल एक कस्बा है, वहाँ अग्रवाल समाज का एक प्रतिष्ठित और धनी परिवार था। टोडरमल का इस परिवार से मैत्री का सम्बन्ध था। वे आते-जाते उनके यहाँ एक-दो दिन आराम करने के लिए ठहर जाते थे।

एक बार, दो-तीन वर्ष तक वे नारनौल नहीं आये। इस बीच में उस परिवार पर संकट के बादल छा गए। सेठ का देहान्त हो गया, जो धन-सम्पत्ति थी, वह मुनीमों की बदइन्तजामी से समाप्त हो गई। घर में रह गई, विधवा सेठानी और १५ वर्ष का किशोर पुत्र।

उन दिनों बहुत छोटी उम्र में बच्चों के सगाई-विवाह हो जाते थे। पुत्र की सगाई सेठजी के रहते ही पास के कस्बे में एक सम्पन्न स्वजातीय घराने में हो गई थी। अब वह विवाह के योग्य हो गया। लड़की वाले उनकी नाजुक हालत को जान चुके थे, परन्तु उन दिनों बिना पर्याप्त कारण के सम्बन्ध नहीं छोड़े जाते थे। कभी-कभी तो सम्बन्ध टूट जाने पर वरपक्ष के लोग अपने भाई-बन्धु और मित्रों के साथ हथियारों से सुसज्जित होकर बारात ले जाते और युद्ध में जीत करके बहू को ले आते।

कन्या पक्षवालों ने सुपारियों की एक कोथली नारनौल भेजी और लिखा कि विवाह का लगन फाल्गुन में है। आपके और हमारे घराने की इज्जत का ध्यान रखते हुए आप कम से कम इन सुपारियों जितने प्रतिष्ठित बाराती अवश्य लावें। हमारे यहाँ हमेशा वर हाथी के हौदे पर आता है, इसलिए कम से कम दो-तीन हाथी भी बारात में रहने जरूरी हैं।

सेठानी समझदार महिला थी, वह उनलोगों की चालाकी समझ गई। सैकड़ों

व्यक्तियों की बारात के लिए उसी अनुपात में रथ, घोड़े और ऊँट चाहिए। आने-जाने के समय उन सबके लिए भोजन और पशुओं के लिए दाना-चारा। वह सब अब उसके बस की बात नहीं थी। परिवार के स्वजन और मित्रों से सलाह की, परन्तु कोई उपाय नजर नहीं आया।

सेठानी कई दिनों से इसी चिन्ता में थी कि अचानक पंजाब जाते हुए टोडरमल उनके यहाँ ठहरे। उन दिनों उत्तर भारत में पर्दाप्रथा थी परन्तु सेठानी उनकी मुँह-बोली बहिन थी, इसलिए उनसे बोलती थी और पर्दा नहीं करती थी। टोडरमल ने महसूस किया कि बहिन बहुत उदास है। कारण पूछने पर वह कुछ बोल नहीं पायी और सुबक-सुबक कर रोने लगी। थोड़ी देर में जब आश्वस्त हुई तब बताया कि लड़की वाले बहुत धनाढ्य हैं, वे अब सम्बन्ध तोड़ना चाहते हैं। सीधे तौर पर कहने से उन्हें अपनी बदनामी का डर है, इसलिए ऐसी शर्त रख रहे हैं जिससे हमलोग स्वयं सगाई तोड़ दें। आज हमारी ऐसी दयनीय दशा हो गयी है कि हमें अपनी माँग (वाग्दत्ता) को छोड़ना पड़ रहा है।

सारी बातें सुनकर टोडरमल ने कहा कि आप चिन्ता मत करिये, जो कुछ जवाब देना होगा, मैं आपकी तरफ से भिजवा दूँगा। कुछ दिनों बाद कन्या पक्ष वालों के यहाँ मूँगों से भरी हुई एक कोथली लिए कासिद पहुँचा। पत्र में यथायोग्य के बाद लिखा था कि विवाह की तिथि हमें मंजूर है, परन्तु आपकी और हमारी इज्जत का ख्याल करके हम इतने बाराती लाना चाहते हैं, जितने मूँग इस कोथली में हैं। स्वर्गीय सेठजी का जयपुर से लेकर आगरा तक बहुत लोगों से स्नेह सम्पर्क था, भला इकलौते पुत्र के विवाहोत्सव पर उन सबको हम कैसे भूल सकते हैं? आप खातिर जमा रखें, बारात में बड़े से बड़े लोग आयेंगे। हमलोग बारात लेकर फलाँ दिन पहुँच रहे हैं, आप सारी तैयारी रखियेगा।

पत्र पढ़कर उनलोगों ने मूँग गिने, जिनकी संख्या करीब २ हजार थी। वे मन ही मन हँस रहे थे कि अधिक दुख से सेठानी शायद विक्षिप्त हो गयी है। इतने बारातियों के लिए जितने हाथी, घोड़े, ऊँट और रथ चाहिए – उन सबकी व्यवस्था तो शायद नगर सेठ भी नहीं कर सकते। रास्ते में इन सबके खाने-पीने और आराम के लिए भी लाखों रुपये चाहिये। खैर, उन्होंने कासिद के साथ उत्तर दे दिया कि हमें आपकी बात मंजूर है। बारातियों की खातिर-तवज्जह के लिए आप बेफिक्र रहें। हम शुभ दिन की प्रतीक्षा में हैं।

इधर टोडरमल ने आगरा आकर अपने मित्रों और साथियों से सलाह की। बादशाह से भी अर्ज की कि हुजूर, मेरे भानजे की बारात जायेगी, इसलिए शाही दरबार से पचास हाथी, पाँच सौ घोड़े और एक हजार रथ और ऊँट चाहिए। उस

मौके पर शाही बाजे और तोपें भी बारात के साथ जाने की इजाजत बख्शी जाय।

बड़े-बड़े राजे-रईस, सरदार और आला अफसरों को बारात के लिए न्यौता दिया गया। रास्ते में भोजन वगैरह की व्यवस्था के लिए पहले से ही सैकड़ों आदमी सरंजाम के लिए भेज दिये गये। नारनौल पहुँचकर राजा टोडरमल ने लाखों रुपयों का भात भरा। बहिन (वर की माता) के लिए मोतियों जड़ी चुनरी और वर-वधू के लिए कीमती गहनों और कपड़ों का अम्बार लगा दिया। वर पक्ष के लोगों के लिए यथायोग्य भेंट और सिरोपाव।

सारे कस्बे में चर्चा फैल गई कि नरसी मेहता के मुनीम साँवरिया सेठ जैसा भात सेठजी के यहाँ आया है।

नारनौल से जो बारात रवाना हुई, वैसी इसके पहले देखी-सुनी नहीं गयी थी – घोड़े, रथ, ऊँट, पालकी और सुखपालों की लम्बी कतार मीलों तक जा रही थी। करीब दो हजार तो बाराती थे और उनके साथ एक हजार नौकर, सईस, महावत और रसोइये आदि। इनके सिवाय बाजे वाले, गाने वाले और नर्तकियों की भी एक बड़ी तादाद थी।

कन्या पक्ष वालों ने जब सुना कि बारात में जयपुर महाराजा मानसिंह, अर्थमन्त्री टोडरमल, खानेखाना अब्दुल रहीम और राजा बीरबल आदि देश के बड़े से बड़े लोग आ रहे हैं; साथ में हाथी, घोड़े, रथ और ऊँटों का एक बड़ा काफिला है तो वे घबरा गये – यद्यपि वे नगर सेठ थे, लखपति थे, परन्तु फिर भी इतनी बड़ी बारात की व्यवस्था करना उनके वश की बात नहीं थी।

अगवानी के लिए कन्या का पिता कुछ प्रतिष्ठित व्यक्तियों को साथ लेकर गया। टोडरमल के पैरों में पगड़ी रखकर कहने लगा कि हमने अपनी तरफ से बहुत भूल की जो बहाना बनाकर सम्बन्ध तोड़ना चाहते थे परन्तु अब हमारी इज्जत आपके हाथ है। इतनी बड़ी बारात ठहराने का न तो हमारे गाँव में स्थान है और न हम इन सबके लिए भोजन और चारे-पानी की व्यवस्था ही कर सकते हैं। सैकड़ों वर्षों से हमारे परिवार को नगर-सेठ की पदवी है, आपकी दया से आस-पास के गाँवों में इज्जत है, परन्तु जहाँ हमारे अनेक स्वजन मित्र हैं, वहाँ ईर्ष्यालु दुश्मनों की संख्या भी कम नहीं है। उन्हें हमारी बेइज्जती से जग-हँसाई करने का मौका मिल जायगा। कन्यादान मेरे परिवार का भाई कर देगा। मैं जिल्लत और बेइज्जती देखने के पहले गाँव छोड़कर सदा के लिए चले जाना चाहता हूँ।

राजा टोडरमल ने उसे उठाकर गले लगाते हुए कहा – "जो कुछ हुआ उसे भूल

जाइये, अब तो आप हमारे सम्बन्धी हैं। आपकी मान-बड़ाई में ही हमारी शोभा है। आप चिन्ता न करें, किसी को भी पता नहीं चलेगा। सारी व्यवस्था हमलोगों की तरफ से है। आप केवल प्रवेश के समय शर्बत-पान से बारातियों की अच्छी तरह खातिरदारी कर दीजिएगा।"

बारात की सजावट और आतिशबाजी देखने के लिए आस-पास के गाँवों से हजारों स्त्री-पुरुष और बच्चे आये थे। उन सबके लिए यह एक अभूतपूर्व दृश्य था। मोतियों की झूल पहने हाथी और घोड़े झूम रहे थे। चार-पाँच तरह के शाही बाजे थे। आगरा की प्रसिद्ध नर्तकियों का नाच-गाना हो रहा था और तरह-तरह की आतिशबाजियों की रोशनी से आसमान चमक रहा था। सारे विवाह-कार्य आनन्दपूर्वक समाप्त हुए। वधू को विदा कराकर जब वे नारनौल पहुँचे और द्वाराचार हुआ तो वर पक्ष की महिलाओं ने जो गीत गाया वह था –

अैतो जीत्याजी, जीत्या म्हारा टोडरमल बीर,
केशरियो बनड़ो जीत्यो म्हारै बीरैजी के पाण।

आज उस बात को ४०० वर्ष हो गये, अभी तक बहू की अगवानी के समय राजस्थान में उस उदारमना भाई टोडरमल की पुण्य-स्मृति में यही गीत गाया जाता है।

मरण त्योहार

सन् १६०० की बात है। मुगलों के लगातार हमलों से मेवाड़ जर्जर हो चुका था, खेती-बाड़ी सब उजड़ गयी थी। राणा प्रताप के ज्येष्ठ पुत्र अमरसिंह तीन वर्ष पहले मेवाड़ की गद्दी पर बैठ चुके थे। आगरे के सिंहासन पर प्रतापी बादशाह अकबर था। चित्तौड़, उँटाला, माही और मांडल के किले मुगलों के पास थे। अकबर को हर कीमत पर मेवाड़ के राणाओं का सिर नीचा करना था। शाहजादे सलीम को एक बड़ी फौज के साथ मेवाड़-विजय के लिए भेजा।

दुर्भाग्य से उसी समय मेवाड़ के दो प्रमुख स्तम्भ चूड़ावत और शक्तावत घरानों में हरावल (युद्ध में सबसे आगे रहने का निशान) को लेकर वाद-विवाद खड़ा हो गया।

दोनों पक्ष के मुखिया महाराणा के पास आए। चूड़ावतों ने कहा कि हमारे पूर्वज वीर चूड़ा के अद्‌भुत बलिदान के कारण हरावल का अधिकार हमें मिला था। इसकी मान-रक्षा के लिए न जाने कितना बलिदान हमें करना पड़ा है। अब शक्तावत अधिक शक्तिशाली हो गए हैं, इसलिए हमारा पीढ़ियों से चला आता अधिकार छीन लेना चाहते हैं। हम न्याय माँगते हैं, महाराणा न्याय करें।

शक्तावत सरदार बल्लूजी ने कहा– "महाराणा, मेरे २१ पुत्रों में से अधिकांश पिछले युद्ध में वीर गति को प्राप्त हो चुके हैं। अब बचे हुए सब युवक पुत्र और किशोर पौत्र मातृभूमि के लिए जीवन उत्सर्ग करने को तैयार हैं। चूड़ावतों ने बहुत वर्षों तक हरावल रखा है। अब वह इज्जत हमें मिलनी चाहिए।"

महाराणा सोचते कि दोनों सरदार अद्‌भुत माँग पर अड़े हुए हैं। हरावल-रक्षक की मृत्यु प्रायः निश्चित रहती है, क्योंकि वह युद्ध में सबसे आगे– हाथी या घोड़े पर रहता है। इसी की रक्षा के लिए वीर चूड़ा के वंशज बहुत बार मर मिटे। अब काका शक्तिसिंहजी के पुत्र-पौत्र जान-बूझकर यह खतरा उठाने की जिद्द पर अड़े हैं।

राणा अमरसिंह, प्रतापसिंह सरीखे नहीं थे कि निडरता से छोटे-बड़े सरदारों को डाँट देते। लगातार के युद्धों से वे थक भी गए थे। वे निश्चित राय देने में डरने लगे।

माँग तो चूड़ावतों की वाजिब थी, परन्तु शक्तावत अत्यन्त शक्तिशाली हो गये थे। उन्हें किसी कीमत पर नाराज नहीं कर सकते थे।

राज्य के सभी सरदारों की सभा जुड़ी हुई थी। उन्होंने अपना मत ऊँची आवाज में इस प्रकार दिया –

"पिताजी के स्वर्गवास के बाद आपलोग इस प्रकार के आपसी झगड़ों में उलझ गए हैं, यह मेवाड़ के लिए दुर्भाग्य की बात है। मुगलों की फौजें बढ़ी आ रही हैं। साथ में आमेर की राजपूती सेना भी है, ऐसे संकट के समय आप यह आपसी विवाद ले बैठे। खैर ! हमारा एक सुझाव है। उँटाला का किला बहुत वर्षों से मुग़लों के पास है, आप में से जो पहले उसे सर करके उस पर मेवाड़ी झण्डा फहरा देगा, वही हरावल का अधिकारी होगा।"

दोनों पक्षों ने यह बात मान ली। युद्ध की तैयारी करने लगे। दोनों परिवारों के १३ वर्ष से लेकर ६५ वर्ष तक के पुरुषों में से शायद ही कोई घर में रहा हो। महिलाएँ अपने पतियों, पुत्रों और किशोर पौत्रों को कुंकुम का टीका लगाकर शंख-ध्वनि करके उँटाले के लिए विदा कर रही थीं। एक प्रकार से यह आखिरी विदाई थी।

किले में ये खबरें बढ़-चढ़ कर पहुँचीं। मुगलों के पास राजपूताने में उन दिनों तुर्कों और राजपूतों की बड़ी सेना थी। उसमें से चुनी हुई उँटाला के किले में आकर इकट्ठी हो गई।

शक्तावतों ने किले के मुख्य द्वार पर हमला किया, जबकि चूड़ावत पीछे की दीवार पर सीढ़ी लगाकर चढ़ने की कोशिश करने लगे। ऊपर से तीर, गर्म तेल और अंगारों की वर्षा हो रही थी। अनेक राजपूत वीर घायल होकर गिर रहे थे, परन्तु तुरन्त ही उनका स्थान दूसरे ले लेते।

मुगलों ने देखा कि शत्रुओं को तो जैसे मौत की परवाह ही नहीं है, एक की जगह फिर चार ले लेते हैं। वे थक कर सुस्ताने लगे। इतने में चूड़ावत सरदार जेतेसिंह किले की दीवार पर पहुँच गया। साथ में उसके दो पौत्र थे। तुरन्त ही दो-तीन गोली लगी और वह धराशायी हो गया; परन्तु उसके आदेशानुसार उसके पौत्रों ने उसका सिर काटकर किले के भीतर फेंक दिया और वहाँ मेवाड़ी झण्डा लगा दिया। बचे हुए सैनिक भी पहुँच गए, मुगलों ने हथियार डाल दिए।

इधर सशक्त शक्तावतों ने एक बड़े हाथी को किले का फाटक तोड़ने के लिए आगे बढ़ाया, परन्तु दरवाजे के लोहे के तीखे शूलों से घायल होकर हाथी बार-बार पीछे हटता गया। शक्तावत सरदार बल्लूजी हाथी के हौदे से कूदकर किले की शूलों के आगे भिड़ गए और महावत को आज्ञा दी कि अब जोर से हाथी को आगे बढ़ाओ।

महावत इस अद्भुत आज्ञा को सुनकर डर-सा गया। परन्तु उन्होंने कड़कती आवाज में कहा कि उम्र भर तुम जान की जोखिम उठाकर भी हमारी सेवा करते रहे हो, क्या अब मेरे वंश की बेइज्जती कराओगे? देर मत करो, हाथी पर अंकुश का प्रहार करके आगे बढ़ाओ।

उनका शरीर शूलों में क्षत-विक्षत होकर विंध गया। रक्त की धारा बहने लगी। मजबूत दरवाजा चरमरा कर टूट गया। बचे हुए शक्तावत हर-हर महादेव कहते हुए किले में पहुँचे, परन्तु वहाँ जाकर देखा कि पहले से ही चूड़ावतों का झण्डा फहरा रहा है।

चूड़ावतों के पाँच-दस वीरों ने कहा कि हरावल का अधिकार हमेशा हमारा रहा है– हमारा रहेगा। अब व्यर्थ में आपस का बैर-भाव छोड़कर हमें मुगलों की फौज से सम्मिलित रूप में लड़ना चाहिए।

महाराणा अमरसिंह के नेतृत्व में मेवाड़ी फौज बादशाही सेना से लड़ने जा रही थी। हरावल का नेतृत्व एक चूड़ावत किशोर के हाथ में था।

दोहरा बलिदान

अजमेर से अठारह मील दूर किशनगढ़ नाम का एक कस्बा है। तीन सौ वर्ष पहले इसका नाम रूपनगर था। सन् १६६० की बात है। मानसिंह राठौड़ की यह एक छोटी-सी रियासत थी। उनकी बहन राजकुमारी चारुमति अपने रूप और गुणों के कारण सारे राजस्थान में सुविख्यात थी। इसकी चर्चा बादशाह औरंगजेब के कानों तक पहुँची। यद्यपि वह अन्य मुगल सम्राटों की तरह ऐयाश नहीं था, फिर भी चारुमति के सौन्दर्य पर रीझकर उसे हरम में दाखिल करने के लिए बेताब हो उठा। कासिद के जरिये रूपनगर-नरेश को खबर भेज दी कि अमुक दिन जहाँपनाह आलमगीर पहुँच रहे हैं, राजकुमारी के निकाह की सारी तैयारी ठीक रखें।

राजकुमारी चारुमति सुन्दर होने के साथ विदुषी भी थी। उन दिनों मेवाड़ के महाराणा थे, राजसिंह। धीर, वीर, गंभीर ३१ वर्षीय राणा की प्रतिष्ठा सर्वत्र थी। उसने राणा के शौर्य की गाथा सुनी थी। मन ही मन पति के रूप में उनका वरण भी कर रखा था। बादशाह के फरमान को सुनकर वह चिन्तित हो उठी। मुगल सम्राट की शक्ति और सामर्थ्य के आगे रूपनगर की क्या बिसात। उसके कारण कितने प्राण चले जायेंगे। यदि वह स्वयं बलिदान हो जाए तो कम से कम व्यर्थ का रक्तपात बचेगा और राज्य भी।

राजकुमारी की एक मुँहबोली सखी ने सुझाव दिया कि इस प्रकार स्वयं को बलि देने से पहले मेवाड़ के राणा राजसिंह को एक पत्र भेजना चाहिए। राजस्थान में वे ही केवल एक ऐसे वीर हैं, जो औरंगजेब से लोहा ले सकते हैं। आख़िर उसने अपने राजपुरोहित के हाथ एक पत्र महाराणा को भेजा। सन्देश में लिखा था – "मैंने मन ही मन स्वयं को आपके अर्पण कर दिया है। आपकी सेवा के सौभाग्य की कामना थी, किन्तु दुराचारी औरंगजेब बलात मुझे अपने हरम में ले जाना चाहता है। यदि आप एक अबला नारी की मान-मर्यादा और शील की रक्षा करना कर्तव्य समझें तो अमुक दिन के पूर्व ही रूपनगर पधारें। यदि किन्हीं कारणों से ऐसा संभव न हुआ तो आत्मघात द्वारा मैं नारीत्व के सम्मान की रक्षा के लिए बाध्य होऊँगी।"

पत्र पढ़कर महाराणा चिन्तित हो उठे। वे अपने सीमित साधनों और मुगल सम्राट की अथाह शक्ति को जानते थे। पहले से ही मेवाड़ अनवरत युद्धों के कारण थका और शिथिल-सा था। वे नया खतरा उठाना नहीं चाहते थे, किन्तु यहाँ प्रश्न था एक निरपराध राजपूत रमणी की शील-रक्षा का। उन्होंने अपने सामन्तों को बुलाया और परामर्श के लिए सारी स्थिति स्पष्ट रख दी। भला राजपूत युद्ध के खतरों से कब घबराते? महाराणा अमरसिंह के बाद लंबे अर्से तक उनकी तलवारें म्यान में सोई पड़ी थीं। इस घटना के पीछे उन्होंने उपयुक्त अवसर देखा। केलवाड़ा के सरदार ने कहा कि बादशाह ने जो तारीख दी है, वह अत्यन्त निकट है। कितनी भी शीघ्रता की जाय, हम उस दिन तक रूपनगर नहीं पहुँच पायेंगे। अतएव, राजकुमारी की रक्षा हम शायद ही कर पायें। सभी सामंत और सरदार चिन्तामग्न हो मौन बैठे थे। इसी बीच अठारह वर्ष के चूड़ावत सरदार ने उठकर कहा – "महाराणा, मैंने इसका उपाय सोच लिया। आप तुरन्त रूपनगर जाकर राजकुमारी से विवाह कर उदयपुर आ जायें। मैं चूड़ावतों की सेना लेकर दिल्ली से रूपनगर के रास्ते को रोक रखूँगा। जबतक आप उदयपुर नहीं पहुँच जायेंगे, मुगल सेना आगे नहीं बढ़ पायेगी, यह हमारी टेक है।"

राणा राजसिंह ससैन्य रूपनगर जाने की तैयारी में लग गये। इधर चूड़ावत सरदार ने अपने भाई-बन्धुओं को एकत्रित कर स्थिति से परिचित कराया। तीन हजार किशोर, युवा और वृद्ध चूड़ावतों ने मृत्यु से जूझने के लिए कूच का धौंसा बजा दिया। संयोग से चूड़ावत सरदार का विवाह हाडी राजकुमारी से दो दिन पूर्व ही हुआ था। अभी कंगन-डोरे भी नहीं खुले थे, बाहर से सगे-सम्बन्धी और अतिथि आए हुए थे, चहल-पहल और उल्लास का वातावरण था, ऐसे में वे रनिवास पहुँचे। उन्होंने हाडी रानी को सारी बात बताते हुए कहा – "इस पुण्यदायित्व के निर्वाह में मेरा वापस आना संभव नहीं। खेद है, दो-चार दिन का भी दाम्पत्य सुख तुम्हें दे न सका।"

हाडी रानी ने सरदार को उदास देखकर कहा – "आप अकारण मन में अवसाद न लायें। मैं आपसे पीछे न रहूँगी। यहाँ नहीं तो स्वर्ग में आपसे अवश्य मिलूँगी।" सरदार को प्रोत्साहित करते हुए उसने विदा किया।

फिर भी युवक चूड़ावत का मन उन्हें पीछे खींच रहा था। वह यही सोच रहा था कि काश! एक रात वह अपनी नवविवाहिता वधू के साथ बिता पाता। घोड़े पर चढ़ते हुए बरबस उसकी निगाहें झरोखे की ओर चली जाती थीं। रानी ने यह देखा कि सरदार का चित्त यदि इसी प्रकार दुविधाग्रस्त रहा तो कर्तव्य-निर्वाह में बाधा होगी। उसने फौरन सरदार के पास सूचना भेजी कि आप कुछ क्षण रुकें, मैं एक सैनाणी भेज रही हूँ।

इसी बीच उसने दासी के हाथ से तलवार लेकर अपनी गर्दन पर झटका दिया।

वह सुन्दर सुकुमार मुख धड़ से अलग हो गया। हाडी रानी के आदेशानुसार सेवकों ने एक थाल में मुण्ड रख फूलों से सजा दिया और सौभाग्य-चिह्नों से सजे उस थाल को चूड़ावत सरदार को भेंट कर दिया।

सरदार एक बार तो सकते में आ गया, फिर उसने रानी के मुण्ड को डोरी से बाँधकर गले में लटका लिया और घोड़े को एड़ लगा दी।

बादशाह औरंगजेब की सेना रूपनगर की तरफ बढ़ती आ रही थी। ६० हजार

की विशाल सेना को रोकने के लिए चूड़ावत वीरों की तीन हजार की टोली दीवार बनकर खड़ी हो गई। सात दिन तक बहुत दमखम लगाने पर भी शाही फौज आगे बढ़ न पायी। बादशाह औरंगजेब ने स्वयं दूरबीन से देखा किशोर चूड़ावत सरदार मुण्डमाल पहने काल-भैरव की तरह युद्ध कर रहा है। उसके मुँह से निकला – "अल्लाह, काश! मेरे बेटों-पोतों में ऐसा कोई जाँबाज होता।"

ऊँची लहरों के सामने छोटी दीवार कब तक टिकती। सारे राजपूत वीरगति को प्राप्त हुए। शाही फौज रूपनगर की ओर बढ़ गयी, किन्तु जब वे वहाँ पहुँचे तब तक चारुमति से विवाह कर महाराणा राजसिंह सकुशल उदयपुर वापस चले गए थे।

अपमान की ज्वाला में औरंगजेब जल-भुन उठा, पर करता भी क्या? मुट्ठी को कसकर उसने अस्फुट शब्दों में कहा – "इंशा अल्लाह, इस तौहीन का बदला लेकर रहूँगा।"

बुन्देलों की आन

सन् १९६१ की बात है। चिरगाँव से राष्ट्रकवि मैथिलीशरणजी और सियारामशरणजी के साथ इतिहास प्रसिद्ध बुन्देलों की राजधानी ओरछा देखने गया था। वहाँ के दुर्ग में और महलों में सैकड़ों वर्ष पहले की तोपों और गोलों के चिह्न अभी तक दिखाई देते थे।

बेतवा नदी के किनारे अब ओरछा एक साधारण-सा गाँव रह गया है। परन्तु आज से तीन सौ वर्ष पहले यह एक समृद्ध नगर था। सन् १६६३ में महाराज चम्पतराय यहाँ से चले गये। उसके बाद यह मुग़लों के अधीन रहा। यद्यपि उनके पुत्र छत्रसाल इतिहास प्रसिद्ध वीर हुए। परन्तु वे ओरछा को वापस नहीं ले पाए।

गुप्तजी ने महल के एक कक्ष में बैठकर हमें दो कथाएँ सुनाईं, जिनको सुनकर मन में सिहरन हुई और आँखों में आँसू आ गये।

पहली तो कुँवर हरदौल की थी और दूसरी महाराज चम्पतराय की रानी सारंधा की।

उन्होंने कहा कि द्विजेन्द्रलाल राय और कर्नल टाड ने सिसोदिया और राठौड़ों को इतिहास में अमर कर दिया, वैसे बुन्देलों की वीरता भी किसी से कम नहीं थी।

इस कथा की नायिका सारंधा बुन्देलखण्ड के एक साधारण जमींदार की पुत्री थी। अपनी सुन्दरता और साहस के लिए दूर-दूर तक उसकी प्रसिद्धि थी। उन दिनों बुन्देलखण्ड में मुगलों और पठानों के आक्रमण बार-बार होते रहते थे, इसलिए स्त्रियाँ भी शस्त्र-संचालन जानती थीं।

ओरछा नरेश महाराज चम्पतराय ने सारंधा के सौन्दर्य और शौर्य के बारे में सुन रखा था। उन्होंने सारंधा के बड़े भाई ठाकुर अनिरुद्धसिंह के पास विवाह का संदेश भेजा।

ठाकुर फूले नहीं समाये, कहाँ तो इतने बड़े राज्य के अधिपति और कहाँ वे छोटे से जागीरदार।

फिर भी उन्होंने कहलवाया कि महाराज की चार रानियाँ पहले से हैं। अगर वे मेरी बहिन को पटरानी बनावें और इसका पुत्र ही राज्याधिकारी हो तो रिश्ता हमें मंजूर है।

बड़ी धूमधाम से विवाह संपन्न हुआ। सारंधा पटरानी बनकर ओरछा में रहने लगी। उसके चार पुत्र हुए, जिनमें एक परम प्रतापी छत्रसाल हुए।

चम्पतराय शाहजहाँ के दरबार में बड़े मनसबदार थे। ओरछा के सिवाय कालपी भी उनकी जागीर में थी। जब औरंगजेब तख्त पर बैठा तो उसने उनका दर्जा बढ़ाकर बारह हजारी मनसबदार कर दिया। उस समय हिन्दू राजाओं में सिवाय जयपुर के मिर्जा राजा जयसिंह के इतना बड़ा सम्मान और किसी का नहीं था।

रानी सारंधा और पुत्रों के साथ चम्पतराय, बीच-बीच में दिल्ली भी रहते थे। उनके पास एक ईराकी घोड़ा था, जिसका जोड़ा सल्तनत में दूसरा नहीं था। किसी समय यह घोड़ा शाहजहाँ के सेनापति वली बहादुर का था, जिसे चम्पतराय युद्ध में जीतकर अपने अस्तबल में ले आए थे। अब वली बहादुर औरंगजेब का आला सेनापति हो गया था और घोड़े को वापस लेने का मौका ढूँढ़ रहा था।

एक दिन कुँवर छत्रसाल घोड़े पर चढ़कर सैर को गया था तभी वली बहादुर के सिपाहियों ने घोड़ा छीन लिया।

छत्रसाल उस समय केवल १४ वर्ष का बालक था। रानी को घर आकर सारी वारदात बताई, उसके चेहरे पर उदासी छायी हुई थी। उस समय चम्पतराय किसी युद्ध पर गए हुए थे। दिल्ली में रानी अकेली थी। उसने अपने पच्चीस विश्वस्त सिपाहियों को साथ में लिया और बादशाह के दरबार में जाकर वली बहादुर को ललकारा।

"खाँ साहब! एक बच्चे पर हाथ उठाते आपको शर्म नहीं आई, अगर मर्द थे तो घोड़े को लड़ाई में न छोड़ आते।"

बादशाह और मुसाहिबों ने देखा कि एक अत्यन्त तेजस्वी और रूपवती महिला तलवार हाथ में लिए खां साहब को ललकार रही है।

बादशाह औरंगजेब अपने मुस्लिम सेनापति का भरे दरबार में अपमान होता देखकर गुस्से से काँपने लगा, परन्तु वह बड़ा कूटनीतिज्ञ था। राजा चम्पतराय की वीरता और साहस को जानता था। उसने रानी की तरफ मुखातिब होकर कहा – "रानी साहिबा! माँ-बदौलत आपकी बहादुरी से हम बहुत खुश हैं; परन्तु अपने एक घोड़े के लिए सल्तनत के आला सेनापति को नाराज करना आपके और राजा साहब के हक में अच्छा नहीं होगा।"

"बादशाह सलामत! सवाल घोड़े का नहीं है, बल्कि आन का है। हम बुन्देले अपनी इज्जत और शान के लिए सबकुछ छोड़ने को तैयार हैं।"

"रानी साहिबा! अगर आपके राजा यहाँ होते तो हमारे हुजूर में शायद ऐसे अल्फाज कहने की गुस्ताखी न करते। खैर! आप लोग अपने डेरे पर जाइये घोड़ा आपको मिल जायेगा परन्तु उसकी बहुत बड़ी कीमत चुकानी पड़ेगी।"

जब राजा चम्पतराय दिल्ली आये और सारी बातें सुनीं तो बहुत चिन्तित हुए, परन्तु उन्होंने भी अन्त तक रानी और कुँवर का साथ दिया। उनकी मनसबदारी और जागीर छीन ली गई। वे ओरछा में आकर रहने लगे।

वली बहादुर अपमान को भूला नहीं था। कुछ दिनों बाद उसने एक बड़ी फौज लेकर ओरछा को घेर लिया। उसकी फौज में देश-धर्मद्रोही कुछ राजपूत भी थे।

यद्यपि बुन्देले बड़ी बहादुरी से लड़े परंतु भला बादशाही फौज के सामने उनकी क्या हस्ती थी? धीरे-धीरे सारे सिपाही मारे गये, किले में केवल स्त्रियाँ और बच्चे रह गए, राजा ने घायल होकर खाट पकड़ ली। रानी रात-दिन पति की सेवा में रहती, परन्तु उसे बार-बार अपशकुन होने लगे। ऐसा लगा कि अब किले को बचाना मुश्किल है। सोचा, अगर हम स्वयं किसी प्रकार बाहर निकलकर दूर स्थान पर चले जाएँ तो शायद दूसरे लोगों की जान बच जाएगी।

केवल मात्र दस सिपाहियों के साथ राजा और रानी अन्धेरी रात में किले के गुप्त दरवाजे से बाहर निकले। रानी घोड़े पर थी, जबकि बीमार राजा पालकी में।

दूसरे दिन मुग़लों के सिपाहियों ने घेर लिया। दसों सिपाही वीरता से जूझते हुए मारे गए। रानी भी काफी हिम्मत और बहादुरी से लड़ी, परन्तु बड़ी फौज के सामने उस अकेली की भला क्या हस्ती थी? संगीन रूप से घायल हो गयी। जल्दी से वार बचाती हुई महाराज की पालकी के पास आकर कहने लगी, "महाराज! अंतिम विदाई लेने आयी हूँ – भूल-चूक क्षमा करेंगे। आपके चरणों की सेवा करने के लिए वहाँ प्रतीक्षा करूँगी।"

महाराज ने कहा – "रानी! बीस वर्षों से सुख-दुख की साथी थी, आज मुझे इन दुश्मनों के हाथ बीमारी हालत में छोड़कर जाते हुए तुम्हें कुछ भी चिन्ता नहीं होती है? क्या मुझे उम्रभर मुगलों की कैद में छोड़ जाओगी?"

"महाराज! कल तक मैं ओरछा राज्य की रानी थी, परन्तु आज हर प्रकार से असहाय हूँ। फिर भी मुझे आप जो आज्ञा देंगे, शिरोधार्य करूँगी।"

"सारंधा, तुमने सदा मेरी बात मानी है। यद्यपि आज मैं बीमार और असहाय हूँ, फिर भी मुझे भरोसा है कि मेरी अन्तिम बात को भी तुम मानोगी। मेरा मन कहता है कि तुम्हारा वीर पुत्र जिन्दा है, वह दुश्मनों से अवश्य बदला लेगा। तुम अपनी यह तलवार पहले मेरी छाती में चुभो दो और फिर अपनी में।"

रानी सकते में आकर रोते हुए कहने लगी – "महाराज! आप यह कैसी आज्ञा दे रहे हैं? क्या कहीं आज तक ऐसा हुआ है? मुझे आप क्या सदा के लिए पतिहन्ता बना जाना चाहते हैं?"

"रानी! यह समय निजी जज्बातों का नहीं है, तुमने मुझे वचन दिया है, उसे पूरा करो।"

बादशाही सिपाही जब वहाँ पहुँचे तो दो तड़पती हुई लाशों को देखा। रानी का सिर पति की छाती पर टिका हुआ था।

दो शेरों की लड़ाई

१७वीं शताब्दी में राजस्थान के विभिन्न राज्यों में कुछ अद्‌भुत प्रतिभाशाली और वीर राजा हुए हैं – इस संदर्भ में मेवाड़ के राणा राजसिंह, जोधपुर के जसवंतसिंह और जयपुर के मिर्जा राजा जयसिंह का नाम लिया जा सकता है। जसंवतसिंह और जयसिंह तो शाहजहां और औरंगजेब के आला सेनापतियों में थे।

सन् १६४० के लगभग की बात है। औरंगजेब २२ वर्ष का युवक था। दक्षिण की कई बड़ी-बड़ी लड़ाइयाँ जीत कर आया था। मुल्ला और मौलवी उसकी बहादुरी और इस्लाम-परस्ती का प्रचार जनता में करते रहते थे। उन्हीं दिनों जोधपुर के युवक राजा जसवंतसिंह मुगल दरबार में रहने के लिए आगरा आए।

यह एक प्रकार से रिवाज था कि रियासतों के राजा या युवराज में से कोई एक बादशाह की सेवा में रहे। महाराजा के साथ में उनकी रानियाँ, मुसाहिब तथा कुछ जागीरदार भी आए। इन्हीं जागीरदारों में आसोप के युवक-ठाकुर मुकुन्ददास भी थे। जोधपुर में ही नहीं, बल्कि आगरा तक उनकी बहादुरी की बातें बढ़चढ़ कर फैल चुकी थीं।

बादशाह शाहजहाँ का दरबार लगा हुआ था। सल्तनत के अमीर-उमरा अपनी-अपनी जगह पर बैठे या खड़े थे। बादशाह की दाहिनी तरफ युवराज दाराशिकोह बैठा था, बायीं तरफ औरंगजेब।

महाराजा जसवंतसिंह अपने सरदारों के साथ नजर करने आए। लोगों ने देखा कि एक दैत्य-सा लम्बा-चौड़ा युवक सिंह की-सी मस्तानी चाल से आ रहा है। चौड़ी छाती, लम्बे हाथ तथा उन्नत ललाट। सबकी आँखें जसवंत सिंह से हटकर इस युवक पर जा टिकी। नया-नया शाही दरबार में आया था, वहाँ के रीति-रिवाजों को नहीं जानता था। बादशाह को नजर करके पीठ फिराकर वापस आ गया, परन्तु बादशाह उसके बलशाली शरीर-सौष्ठव पर इतना विमुग्ध हो गया था कि इस घटना पर उनका ध्यान नहीं गया।

औरंगजेब ने उन्हीं दिनों एक मस्त बिगड़े हाथी को वश में किया था। वह अपने

को अद्वितीय बहादुर समझता था; परन्तु मुकुन्ददास को देखकर उसके मन में ठेस-सी लगी, बिना कारण के ईर्ष्या उमड़ आयी। आये दिन वह बादशाह के कान भरने लगा - - "अब्बा हुजूर, यह नया राजपूत उजड्ड तथा मूर्ख है, इसको अपनी ताकत का घमंड भी है। कभी-न कभी रियासत को इससे खतरा हो सकता है – समय रहते ही इसे कुचल देना चाहिए।"

कुछ दिनों तक तो बादशाह ने तवज्जुह नहीं दिया, परन्तु उसकी प्यारी बेटी रोशन आरा ने भी औरंगजेब के कहने से पिता के कान भरने शुरू कर दिये। एक दिन भरे दरबार में बादशाह ने महाराजा जसवंतसिंह को कहा – "आपके युवक सरदार मुकुन्ददास की बहादुरी और जिस्मानी ताकत के बारे में बहुत कुछ सुना है, मा-बदौलत उसका मुआइना करना चाहते हैं। हमारी मंशा है कि शाही शेर बाजबहादुर से यह कुश्ती लड़े।"

महाराजा तो सकते में आ गये, कहने लगे – "हुजूर, शायद इस युवक की नातजुर्बेकारी से नाराज हो गये हैं, इस बार इसे माफ़ किया जाय, आइन्दा शिकायत का मौका नहीं मिलेगा।"

इतने में शाहजादा औरंगजेब कहने लगा – "महाराजा जसवंतसिंह! सुना है इसको किसी हिन्दू देवी का इष्ट है जिसकी सवारी सिंह है, फिर भला आप क्यों डरते हैं – वह देवी खुद इसकी जान की हमारे सिंह से हिफ़ाजत करेंगी।"

जसवंतसिंह सारे षडयंत्र को समझ गए। उन्हें यह भी पता लग गया कि शाहजादा औरंगजेब मुकुन्ददास को मार डालना चाहता है।

बचाव का कोई उपाय न देखकर उसने बादशाह की बात को मंजूर कर लिया। युवक मुकुन्ददास को महारानी महामाया तथा दूसरे लोग बहुत प्यार करते थे। उसके शौर्य पर उन्हें गर्व था। सारे हिन्दुस्तान में उसके जोड़ का दूसरा कोई ताकतवर नहीं था। इधर महाराजा स्वीकृति दे चुके थे। अब सिवाय सिंह के साथ लड़ाई के दूसरा उपाय नहीं था।

आगरे और दिल्ली में मुनादी कर दी गयी कि फलां तारीख को जोधपुर के मुकुन्ददास कुम्पावत के साथ बादशाह के बब्बर शेर की कुश्ती होगी। कुश्ती के दिन आगरे के किले के चारों तरफ हजारों की संख्या में स्त्री-पुरुष इकट्ठे हो गए। हिन्दू सहमे हुए और दुःखी थे, जबकि ज्यादातर मुसलमान खुश थे।

बादशाह और शाहजादे किले के ऊपर के बरामदे में बैठे थे। झालर के पीछे बेगमें और शाहजादियाँ थीं। खाई के चारों तरफ जनता की बहुत बड़ी भीड़ थी, जैसी आगरे में आजतक नहीं देखी गई थी।

जब मुकुन्ददास कटार-तलवार से लैस होकर किले की खाई में आया तो लोग उसकी निर्भयता को देखकर चकित रह गए। आसन्न मृत्यु को सामने देखकर भी वह वीर युवक निडर होकर सिर ऊँचा किये, मस्त हाथी की चाल से आ रहा था। शेर को कई दिनों से भूखा रखा गया था, उसका पिंजरा खाई में लाया गया। वह जोर-जोर से दहाड़ रहा था। मुकुन्ददास पिंजरे के पास पहुँचा। इतने में शाहजादे औरंगजेब ने कहा – "हमारा शेर निहत्था है, जबकि आपके शेर के पास तलवार-कटार है। यह लड़ाई के नियम के खिलाफ है। बहादुरी तो इसमें है कि मुकुन्ददास भी बिना हाथियार लड़े।"

महाराजा ने इशारा किया और कुम्पावत ने अपनी तलवार-कटार अलग फेंक

दी। पिंजरे का फाटक खोला जा चुका था, लोग भयभीत होकर इस घिनौने दृश्य को देखने की तैयारी में थे।

मुकुन्ददास ताल ठोक कर पिंजरे के सामने खड़ा शेर को ललकार रहा था। उसकी आँखों में अंगारों की-सी चमक थी। बड़े जोर से दहाड़ता हुआ शेर बाहर आया, लेकिन मुकुन्ददास ने हिम्मत नहीं हारी। फुर्ती से उसके दोनों पंजे पकड़ कर पिंजरे में फेंक दिया। संयोग से शेर का सिर लोहे की मोटी छड़ों से भिड़ा और वह थोड़ी देर के लिए संज्ञाहीन-सा हो गया। इसके बाद तो कई बार मुकुन्ददास ने शेर को बाहर आने के लिए ललकारा, परन्तु वह तो गीदड़ की तरह दुबककर बैठ गया।

बादशाह को इसमें अपनी तौहीन लगी। उसने अपने आदमियों को शेर को बाहर निकालने के लिए हुक्म दिया, परन्तु किसी तरह भी वह पिंजरे से नहीं निकला। जनता जोर-जोर से वीर मुकुन्ददास की जय-ध्वनि करने लगी। लोगों का रुख देखकर बादशाह ने कुश्ती खत्म करने का हुक्म दिया।

मुकुन्ददास को पास बुलाकर अपने गले का मोतियों का हार पहनाया। दूसरे दिन दरबार में घोषणा की – "महाराजा जसवंतसिंह ! आपका शेर वाकई में बहुत बहादुर है, सल्तनत को ऐसे जवां मर्दों पर फक्र है। हम इसे 'नाहरसिंह' का खिताब देते हैं। जसवन्तसिंह को अंदेशा हो गया कि यद्यपि इस बार तो बचाव हो गया, परन्तु कभी-न कभी मुकुन्ददास का औरंगजेब धोखे से खून करा देगा।

थोड़े दिनों बाद उसे वापस जोधपुर भेज दिया गया।

राजसंन्यासी दुर्गादास

राठौड़ दुर्गादास युवावस्था में बहुत सुन्दर और स्वस्थ था। कुछ वर्षों तक औरंगजेब के दरबार में था। बादशाह की प्रिय उदयपुरी बेग़म ने उसे कई बार वहाँ देखा था। मन-ही-मन चाहने भी लगी थी। बहुत वर्षों बाद अनायास ही एक मौका आ गया।

बागी शाहजादा अकबर को लेकर जब वह पूना में शम्भाजी के पास गया तो वहाँ कुछ दिनों तक ठहर गया था। लगातार के युद्धों से थका हुआ था, आराम कर रहा था।

जिस दिन मारवाड़ लौट रहा था, उसके पहले एक दिन रात में उसे एक स्त्री के चिल्लाने की आवाज सुनाई दी। तलवार लेकर बाहर निकला तो देखा – शम्भाजी शराब के नशे में चूर होकर एक बालिका को निर्वस्त्र कर रहा है और वह चिल्ला रही है।

"शम्भाजी, तुम इस तरह शिवाजी महाराज के उज्ज्वल नाम में कालिख लगा रहे हो, तुम्हे शर्म आनी चाहिए।"

दोनों की बातचीत बढ़कर झगड़े में बदल गई। युवक शम्भाजी को दुर्गादास ने धर दबोचा, परन्तु जान से नहीं मारा, चेतावनी देकर छोड़ दिया। आवाजें सुनकर सिपाही आ गए और शम्भाजी के हुक्म से दुर्गादास को कैद कर लिया।

दूसरे दिन दुर्गादास बेड़ियों में जकड़ा हुआ दिल्ली भेजा जा रहा था, जाते समय उसने शाप दिया कि अगर मैंने जीवन में मन-वचन-कर्म से कोई पाप नहीं किया है, तो यह भविष्यवाणी करता हूँ कि तुम्हारी औरंगजेब के हाथ से घिनौनी मौत होगी।

दिल्ली के लाल किले में हथकड़ी-बेड़ियों से लैस दुर्गादास को बादशाह के सामने हाजिर किया गया। औरंगजेब उससे नाराज तो बहुत था, परन्तु उसकी स्वामीभक्ति और बहादुरी के कारण मन-ही-मन आदर भी करता था।

"दुर्गादास! तुमने सल्तनत के हुक्कामों को बहुत तंग किया है; शाही चौकियों को लूटा है, आग लगा दी है, शाहजादे अकबर को बागी बनाने की कोशिश की है, बताओ तुम्हें क्या सजा दी जाय?"

"बादशाह सलामत! मैंने जो कुछ भी किया अपने महाराज और वतन की वफादारी के लिए किया। आपके हुक्काम हिन्दुओं को मुसलमान बना रहे थे, मन्दिरों

को तोड़ रहे थे, बहिन-बेटियों की अस्मत लूट रहे थे।"

पहरेदारों को हुक्म हुआ कि उसको किले के नीचे के तहखाने में बन्द कर दिया जाय।

जब बादशाह सलामत महल में गये तो उनकी पोती (शाहजादे अकबर की लड़की) ने कहा, "दादाजान! यह आवाज तो मेरे बाबा की-सी थी, क्या वो यहाँ आये हैं?"

"बेटी तेरे सामने ही तो दुर्गादास खड़ा था, तुम उनके यहाँ दस वर्ष रही – क्या उसे पहचानती भी नहीं?"

"नहीं दादा हुजूर! वे हमेशा मुझे सख्त परदे में रखते थे – कुरानशरीफ पढ़ाने के लिए एक मुसलमान आलिम फाजिल मामानी को रखा था। अगर कभी बात करनी होती तो उसी की मार्फत करते थे।"

औरंगजेब को ताज्जुब हो रहा था कि इतनी परी-सी सुन्दर युवती को अपने पास इतने वर्षों तक रखकर न तो कभी उसका मज़हब बदलने की सोची और न किसी राजपूत शाहजादे से शादी करने की। मैंने इसका गाँव जला दिया, सैकड़ों मन्दिर तोड़ दिये, परन्तु ऐसा मौका हाथ में आने पर भी इसने छोड़ दिया, कुरान-शरीफ की पढ़ाई करायी। अजब किस्म का इन्सान है यह दुर्गादास, परन्तु औरंगजेब इन जज्बातों में यकीन करने वाला नहीं था। दुर्गादास का मारवाड़ में ही नहीं, बल्कि सारे राजस्थान में सुयश फैल रहा था। वह उसे खत्म कर देना चाहता था। अब वह उसकी कैद में था। ऐसा मौका फिर नहीं आने का। यह सोचकर अपने सरदारों से दरबारे खास में उसे कत्ल कराने की योजना बना रहा था।

संयोग से उदयपुरी बेग़म पर्दे में बैठी हुई सारी बातें सुन रही थी। सोचा – दो-एक रोज में दुर्गादास को फाँसी होने वाली है, क्यों न आज रात में जाकर एक बार उससे मिलूँ। खूब बन-ठनकर रात के १२ बजे तहखाने की तरफ चली। संयोग से औरंगजेब जग गया, वह अव्वल दर्जे का शक्की तो था ही। थोड़े दिनों पहले ही शाहजादी जेबुन्निसा का वाकया हो चुका था। वह छिपकर बेग़म के पीछे चलने लगा।

बेग़म कैदखाने के फाटक पर पहुँची। मुगलों के कैदखाने के पहरेदार गूंगे व बहरे हब्शी होते थे। बेग़म ने पंजा दिखाकर चाभी माँगी और फाटक खोलकर भीतर चली गयी। दुर्गादास को पता लग गया था कि दो-एक दिनों में उसे कत्ल किया जाएगा। उसे किशोर अजीतसिंह को जोधपुर राज्य पर बैठाने की चिन्ता थी। १७ वर्षों से वहां मुगलों की सल्तनत थी और मुसलमान फौजदार राज्य करता था। उसके कारनामों से प्रजा त्राहि-त्राहि कर रही थी। हिन्दुओं पर जजिया कर लग चुका था। क़ुछ राजपूत तथा अन्य जाति वाले मुसलमान बन चुके थे।

बेग़म ने पुकारा – "दुर्गादासजी! जागते हैं क्या?"

"मलिका ए आलम! जिसको जल्द ही फाँसी होने वाली हो, वह भला निश्चिन्तता की नींद कैसे सो सकता है? परन्तु आप इस समय यहाँ कैदखाने में?"

"आपको छुड़ाने आई हूँ। आप चाहें तो इसी समय हम-दोनों यहाँ से दूर चले जा सकते हैं। बादशाह की फिक्र मत करो, वह चाहे कितना ही शक्की हो, मेरे वश

में है। मैं दिलोजान से आप पर फिदा हूँ। पन्द्रह वर्ष पहले आपको देखा था, तभी से मन में मिलने की तमन्ना लिये हुए हूँ।"

"नहीं मलिका, मेरी पत्नी है, पुत्र है, भरापूरा परिवार है। आप मेरी छोटी बहन या बेटी की तरह हैं, आप ऐसी बात न करें।"

बादशाह के बुढ़ौती की चहेती उदयपुरी बेग़म पैर पटकती और फुँफकारती हुई कहने लगी – "आप अजीब शख्स हैं, तभी तो दुश्मन की पोती जवान शाहजादी आपके देहात के गाँव में इतने वर्षों तक रहकर अछूती चली आई और अब जबकि आपको जिन्दगी और मौत के चुनाव का मौका मिल रहा है तो आप जिन्दगी की बहार छोड़कर कुत्ते की मौत मरना चाहते हैं।"

"दुर्गादास परायी स्त्री के बारे में माँ, बहिन या बेटी के सिवाय कुछ सोच ही नहीं सकता। मरना तो एक दिन है ही, चाहे कल मरूँ या दस-बीस वर्ष बाद।"

औरंगजेब ने सारी बातें सुन ली थीं। उसके मन में इस बेग़म तथा उसके लड़के कामबक्श के लिए शुरू से ही कमजोरी थी। फिर भी ऐसी वारदात के बाद उसे दण्ड देना जरूरी हो गया था। वह मौके की तलाश में था।

संयोग से दूसरे दिन ही कुछ ऐसी वारदात हो गई कि दुर्गादास की फाँसी टल गई।

शम्भाजी को आगरा बुलाकर मार दिया गया। मराठे कुछ समय के लिए ठंडे पड़ गये। औरंगजेब बहुत खुश था कि एक साथ ही इतने संकट टल गये। शाहजादा अकबर मक्का चला गया। तहव्वर खाँ अपने आप मर गया।

सोचा, अब दिखाने के लिए दुर्गादास से मित्रता कर लेनी ठीक रहेगी। उसे दूसरे दिन दरबार में बुलाकर खिल्लत बख्शी और लूनवा की जागीर वापस दे दी।

वह राजपूताना आकर मेड़तिया ठाकुर श्यामसिंह के पास जाकर ठहर गया। इधर औरंगजेब ने उसे कत्ल कर देने के लिए एक बड़ी फौज पीछे लगायी।

दुर्गादास के पास उस समय एक हजार जवान थे, जबकि मुगलों की २० हजार की बड़ी सेना, परन्तु इन्हें देवारी की घाटी का सहारा मिल गया। मुगल सेना अनजान घाटी में घुस गई। राजपूतों ने उसे चारों तरफ से घेर लिया। पहाड़ों के ऊपर से विषैले तीर और पत्थर आने लगे। मुग़ल फौज, बहुत से सिपाही खोकर दिल्ली की तरफ भाग गई। देवारी से जोधपुर आकर मेवाड़ के पहाड़ों से राजा अजीतसिंह को बुला कर सिंहासनस्थ कर दिया गया। १८ वर्ष बाद आज उसकी महाराज जसवंतसिंह के सामने की हुई प्रतीज्ञा पूरी हो रही थी।

मेवाड़ के राणा जयसिंह ने अपनी भतीजी का विवाह अजीतसिंह से कर दिया था – नयी रानी भी साथ में थी।

सन् १६९८ में जोधपुर में बड़ा दरबार हुआ। सारे राजस्थान के राजा और जागीरदार भेंट लेकर आये, यहाँ तक कि औरंगजेब ने भी एक जड़ाऊ तलवार और मनसब की सनद भेजी। मरते समय जसवंतसिंह ने दुर्गादास को एक बक्स दिया था – उसे सबके सामने खोला गया। उसमें एक रत्न-जड़ित मुकुट और अति मूल्यवान कटार थी। मुकुट नये महाराजा के सिर पर रखकर कटार उनकी कमर में बाँध दी गयी।

"महाराजा, आज मेरी प्रतिज्ञा पुरी हो गयी, मेरे हर्ष का पारावार नहीं है, भगवान ने मेरी तलवार और पगड़ी की लाज रख ली। अब मैं अपना अन्तिम समय सुधारने के लिए आपसे छुट्टी लेता हूँ।" इतना कहकर उसने अपनी राजसी पोशाक उतार दी और साथ की झोली में से गेरुए कपड़े निकालकर पहन लिए। सारी सभा ने नारा लगाया – "राजसंन्यासी वीर दुर्गादास की जय!"

सभी की आँखें गीली थीं। वृद्ध संन्यासी कमंडल हाथ में लिए धीरे-धीरे दरबार से बाहर जा रहा था।

कुँवर हरदौल

यह ऐतिहासिक तथ्य है कि किसी प्रकार के लालच या यंत्रणा के भय से बहुत से समर्थ लोगों ने अपनी बहन-बेटियों का मुगलों के साथ विवाह कर दिया या धर्म-परिवर्तन कर लिया।

परन्तु इतिहास में बहुत से ऐसे उदाहरण भी हैं जहां सब तरह के कष्ट और यातनाओं के बावजूद कुछ महापुरुषों ने अद्‌भुत बलिदान किये हैं। इस संदर्भ में सिखों के गुरु अर्जुनदेव और गुरु गोविन्दसिंह के दो बच्चों के बलिदान का उदाहरण दिया जा सकता है। हम यहाँ बुंदेलखंड की एक ऐतिहासिक घटना का उल्लेख करेंगे जो अपने आप में अनुपम और शायद अकेली है।

बचपन से ही बुंदेलखंड के महाराजा छत्रसाल के बारे में सुनता आ रहा था। महाकवि भूषण का छत्रसाल शतक मध्यमा के कोर्स में पढ़ा था। छत्रपति शिवाजी और मरहठों के इतिहास में भी उनका कई स्थानों पर वर्णन है।

संयोग से राष्ट्रकवि मैथिलीशरण गुप्त और मैं, दोनों नई दिल्ली में लम्बे समय तक पड़ोसी रहे। उन्होंने कई बार बुंदेलखंड देखने का निमंत्रण दिया। ओरछा, झाँसी और बेतवा नदी के बारे में इतनी कविताएँ सुन चुका था कि उन स्थानों से, बिना देखे ही जान-पहिचान हो गयी थी। इसी संदर्भ में कुँवर हरदौल के बारे में भी उनसे एक कविता सुनी थी।

१९६४ के अगस्त में एक दिन मित्रवर गंगाशरणजी सिन्हा (संसद-सदस्य) के साथ चिरगाँव जाकर 'दद्दा' (यह राष्ट्रकवि का बोलचाल का नाम था) के यहाँ हाजिर हो गया। उनके परिवार के आतिथ्य-सत्कार के बारे में मित्रों से पहले ही सुन रखा था। हमें दद्दा के साथ-साथ उनके अनुज सियारामशरणजी तथा घर के अन्य लोग घेरे ही रहते।

मैंने कहा – "आपकी कविता तो पढ़ते और सुनते ही रहते हैं, झाँसी भी देखी हुई है। हमें तो आप वीरसिंहदेव की जन्मभूमि ओरछा दिखा दें। वहीं दो गोते बेतवा में लगाकर कुछ पुण्य अर्जन कर लेंगे। अगर अभी तक मौजूद है तो कविवर

केशोदास और वीरसिंहदेव की प्रेयसी कवयित्री 'राय प्रवीण' का निवास-स्थान भी देखने का सौभाग्य प्राप्त हो जायेगा।"

यद्यपि दद्दा ७०-७२ वर्ष के थे, परन्तु उनमें बालकों की-सी सरलता और चपलता थी। दूसरे दिन सुबह का प्रोग्राम रखा गया। झाँसी से अपने मित्र वृन्दावनलालजी वर्मा को ले लिया। वर्माजी का इस भूमि का चप्पा-चप्पा छाना हुआ था। 'झाँसी की रानी', 'गढ़कुंडार' और 'विराटा की पद्मिनी' जैसे उपन्यास उन्होंने बहुत खोजबीन के बाद लिखे थे।

हाँ, तो हमलोग छः व्यक्ति दद्दा की कार में चिरगाँव से रवाना हुए। साथ में खाने-पीने का पूरा सामान रख लिया। वर्माजी किसी समय प्रसिद्ध शिकारी थे। वन-जंगल में शायद कोई हिंसक पशु मिल जाय, इसलिए अपनी दोनाली बंदूक साथ में रख ली। दद्दा उन्हें धमका कर कहने लगे – "दुष्ट, अब बुढ़ापे में तो यह हत्याकाण्ड बंद करो।" वर्माजी सरल भाव से हँसने लगे। हम जब ओरछा पहुँचे, दोपहर हो गयी थी। सबसे पहले नदी के किनारे एक बड़े से खंडहर में गये, किसी समय यह अठपहलू महल रहा होगा।

कहते हैं, राय प्रवीण यहीं बैठकर संगीत-साधना किया करती थीं। शायद पास में ही किसी तख्त पर बैठे हुए वीरसिंहदेव उसकी रूप-सुधा का पान करते हुए राग-रागिनी सुना करते होंगे। ऐसी भी किंवदंती है कि उसकी सुरीली तान को सुनकर अनेक प्रकार के पशु-पक्षी आकर वहाँ इकट्ठे हो जाते थे।

यहाँ से हमलोग महाराज के महल में गये। इसमें ५२ कक्ष हैं, जो सन् १६०६ में वीरसिंहदेव ने बनवाये थे। अब तो यहाँ एक बड़ा-सा खंडहर रह गया है; फिर भी बड़े-बड़े सहन, कमरे और वीथिकाएँ देखकर मन में अतीत के इतिहास की परतें उभर आती हैं।

महल के विभिन्न कक्षों को देखते-देखते शाम हो गयी। कुछ थकावट भी आ गयी। भूख तो लग ही गई थी। हाथ-मुँह धोकर डटकर नाश्ता किया। पास में ही बेतवा बह रही थी, या ऐसा कहना चाहिए कि वर्षा के कारण उफन रही थी। यद्यपि मैं तैरना अच्छी तरह जानता था, कई बार काशी में गंगा पार कर चुका था, तथापि दद्दा की मनाही और अनजान जगह के कारण नदी में नहीं उतरा।

महल देखकर हमलोग फूलबाग में आ गये। किसी समय यह बहुत ही सुन्दर उद्यान रहा होगा। अब तो एक दुःखद स्मृति मात्र रह गया है।

यहीं हमने कुँवर हरदौल का चबूतरा देखा। दद्दा कुछ पूजा-सामग्री साथ लाए थे। हमने वह सब श्रद्धा से चढ़ाकर चबूतरे की परिक्रमा की।

वहीं बैठकर वर्माजी ने उस पवित्र प्रेम और बलिदान की कहानी को विस्तार से सुनाया। बीच-बीच में कुछ गीत और कविता भी सुनाते रहे, जिन्हें आज तक बुंदेलखंड के घरों में लड़की के विवाह के समय गाया जाता है।

हरदौल का जन्म सन् १६०८ में ओरछा में हुआ था। महाराज वीरसिंहदेव के बारह पुत्र थे। जुझारसिंह सबसे बड़ा था और हरदौल १०वाँ पुत्र था। जब महाराज का देहांत हुआ, तब हरदौल केवल सात वर्ष का बालक था। जुझारसिंह का उन्हीं दिनों विवाह हुआ था। महारानी ने सती होते समय हरदौल को १४ वर्ष की नव-वधू की गोद में देते हुए कहा – "आज से तुम्हीं इस बालक की माँ हो – यह मुझे प्राणों से प्यारा है। अगर इसे किसी तरह का कष्ट होगा तो उसकी पीड़ा मुझे परलोक में होगी। अगर कटुवचन या अन्य किसी कारण से इसका जी दुखाया तो तुम्हें मेरे आराध्यदेव श्रीराम की सौगंध है।"

उन दिनों शाहजहाँ का शासन था। मुगल बादशाही में अकबर को छोड़कर सभी ने हिन्दुओं पर नाना प्रकार के कम-बेशी अत्याचार किये। मंदिर तोड़ दिए गये, जजिया कर लगाया गया तथा जबरन या लोभ-लालच देकर लोगों को मुसलमान बनाया गया।

हरदौल यद्यपि १९ वर्ष का युवक था, फिर भी उसके मन में हिंदुओं पर आए दिन के अत्याचारों का पुरजोर असर पड़ा। समय आने पर बदला लेने की भावना प्रबल होती गई। उसने कुछ युवकों की टोली बनाई। वे नित्य घुड़सवारी और शस्त्र-विद्या के साथ-साथ फूलबाग में कुश्ती-कसरत सीखने लगे। वे सब हफ्ते में १-२ बार गुप्त मंत्रणा भी करते कि किस प्रकार यवनों के अत्याचार से हिंदू-धर्म की रक्षा की जाय।

शाहजहाँ के दरबार में ये खबरें बढ़-चढ़कर पहुँचीं। उसने राजा जुझार सिंह को ओरछा से आगरा बुलाकर अपने पास जमानत के तौर पर रख लिया।

उन दिनों मेंहदी हुसेन नाम का एक हिंदू-धर्म द्वेषी और क्रूर पठान बुंदेलखंड का नाजिम था। आए दिन वह मंदिरों को तोड़ता और नाना प्रकार के अत्याचार हिन्दुओं पर करता रहता। मनचाहे जिस युवती को जबरन अपने हरम में बुला लेता।

जब उसके अत्याचार से लोग त्रस्त हो उठे, तो एक दिन भाभी के पास जाकर हरदौल कहने लगा – " भाभी, अब ये अत्याचार नहीं सहे जाते। तुम्हारे चरणों की सौगंध खाकर कहता हूँ कि अगर असल बुंदेला हूँ तो उस अत्याचारी यवन को मार कर ही तुम्हें मुँह दिखाऊँगा।"

उसकी बातें सुनकर माता-समान भाभी डर गई। सोचने लगी – कहाँ तो यह

बीस वर्ष का युवक और कहाँ हाथी के समान बलवान और सर्वशक्तिमान पठान सरदार।

हरदौल ने मेंहदी हुसेन को उसकी निजामत में जाकर ललकारा। पठान यद्यपि ऐयाश और अफीमची था; तथापि बहादुर और युद्ध-विशारद था। इसके बावजूद वह वीर हरदौल के वार को नहीं झेल सका; थोड़ी देर में ही वह घायल होकर धराशायी हो गया।

अतिरंजित होकर ये खबरें आगरा पहुँचीं। ओरछा से भागकर गए हुए पठानों ने कहा कि वहाँ के लोग हरदौल के बहकावे में आकर बागी बनते जा रहे हैं। वैसे भी बुंदेले मरने-मारने में चित्तौड़ के सिसोदियों से कम नहीं हैं, इसलिए सीधी चढ़ाई न करके कूटनीति से काम लेना चाहिए।

इधर बुंदेलखंड में कुँवर की वीरता के गीत गाए जाने लगे। इससे वहाँ के पुराने सरदारों के मन में ईर्ष्या-भाव जग गया। ये खबरें भी गुप्तचरों द्वारा आगरे पहुँचीं। बादशाह ने ओरछा के मंत्री बहादुरसिंह को आगरे बुलाया। उसे नाना प्रकार के प्रलोभन देकर विश्वासघात करने पर तैयार कर लिया। हरदौल के विरुद्ध एक घृणित योजना बनी। बारी-बारी से कुछ लोग आगरा जाकर राजा जुझारसिंह से रानी और कुँवर हरदौल के बारे में कुत्सित बातें करते।

बड़ा भाई जुझारसिंह भिन्न प्रकार का था। आगरे में रहकर मौज, शौक और ऐयाशी में पड़ गया। छोटे भाई की वीरता के लगातार बखान से वह मन ही मन जलने लगा था। दरबार में जाकर अर्ज किया कि मुझे ओरछा जाने की मंजूरी दी जाय, जैसे भी होगा अमन-चैन कायम कर दूँगा।

एक दिन अचानक बिना सूचना दिये वह ओरछा पहुँचा। सीधे महल में गया – देखा, देवर-भाभी आपस में हँस-हँसकर बातें कर रहे हैं। वैसे दोनों में माँ-बेटे का संबंध था, परन्तु ईर्ष्यालु व्यक्ति को तो बुरा-ही-बुरा दीखता है। रानी और कुँवर हर्ष-विभोर हो गये, दोनों ने उठकर उसके पाँव छुए। उन्होंने इस प्रकार बिना सूचना दिये आने का कारण पूछा। राजा ने न तो राजी-खुशी का हाल पूछा और न कोई बातचीत की। रानी ने समझा कि शायद बादशाह, नाजिम के मरने से नाराज हो गया है। जब वह विस्तार से सारी बातें बताने लगी तो राजा ने हरदौल को बाहर भेज दिया। कहने लगा – "रानी, तुमने मुझे कहीं मुँह दिखाने लायक नहीं रखा। सारी दुनिया में तुम्हारे गुप्त-प्रेम की चर्चा फैली हुई है। दिखाने के लिये माँ-बेटे का संबंध रखती रही और छिपकर प्रणय-लीला।"

रानी तो सकते में आ गयी। रोती हुई कहने लगी –

जननी मरी तब सौंप्यो मम गोद लाल,
पाल पाल पलना में कीन्हों जस धौल है।
ईश की दुहाई तुम चरनन सपथ नाथ,
पुत्र के समान मोरे लाला हरदौल है।

परन्तु पापी के मन में परतीत कहाँ। कहने लगा – "यदि तुम वास्तव में पतिव्रता हो तो कल सुबह कुँवर को बुलाकर अपने हाथ से विष-पान कराओ। अगर यह नहीं करोगी तो मैं माता गणेश कुँवर की सौगंध खाकर कहता हूँ कि इस तलवार से अपना शीश काट लूँगा। फिर भले तुम दोनों उम्र भर मुँह काला करते रहना।"

रानी ने रोते हुए कहा, "आपको उस पुण्यात्मा सती की सौगंध खाने की आवश्यकता नहीं, अपना और पुत्र-समान देवर का नाम उज्वल रखने के लिए हम दोनों कल सुबह विष-पान करेंगे।"

दूसरे दिन सुबह रानी ने कुँवर को कलेवा के लिए महल में बुलाया। कुँवर ने वहाँ जाकर देखा कि मातृ-समान भाभी बिलख-बिलखकर बिसूर रही है। दूध का कटोरा देती हुई कहने लगी – "बेटा, मैं जानती हूँ कि फौज-पल्टन सब तुम्हारे साथ है। किसी की मजाल नहीं कि तुम्हारा बाल भी बाँका कर सके, परन्तु मैंने सब तरह से सोच-विचार

कर देख लिया है कि हमें कुल का नाम उज्ज्वल रखने के लिए आत्मबलिदान करना ही होगा। आज तुम और मैं दोनों एक साथ विष-पान करेंगे। यहाँ तो पानी-धरती है, परन्तु स्वर्ग में हम माँ-बेटे को कोई अलग नहीं कर सकेगा।"

जौन हाथ रोज लाल गोद में खिलाया तुम्हें,
आज सोई हाथ दूध गरल का पिलाती हूँ।

हरदौल को अशुभ का आभास तो पिछले दो दिनों से हो ही गया था, परंतु उसने हिम्मत नहीं हारी। भाभी को सांत्वना देते हुए कहा—

सपथ हमारी है माता जहर खाइयो ना,
खात मैं अकेलो तुम परजा समझाइयो।
ओरछा की भूमि हमें स्वर्ग के समान लागे,
बेतवा किनारे पर चौतरा बनाइयो।

इतना कहकर कटोरे को मुँह से लगाकर सारा दूध पी लिया।

थोड़ी देर में ही जो स्वस्थ और सुन्दर शरीर था, वह विष से काला पड़कर मुरझा गया। सारे ओरछा में बिजली की तरह खबर फैल गयी। नगरवासी शोक से छाती पीटने लगे। राजा को हत्यारा, कसाई, भ्रातृ-हंता कहकर कोसने लगे।

मनुष्य क्रोध के आवेश में आकर जघन्य कार्य कर बैठता है। परंतु आगे जाकर उसे भय और संताप भी कम नहीं होता। जुझारसिंह ने सुना कि प्रजा विद्रोह करने पर तुली हुई है तब रात में छिपकर थोड़े दिनों के लिए ओरछा से भाग गया।

आस-पास के गाँवों के हजारों स्त्री-पुरुष अर्थी के साथ श्मशान गये और रोते, बिलखते हुए प्रिय कुँवर को श्रद्धांजलि दी।

जिस स्थान पर दाह-संस्कार हुआ था, वहीं यह चबूतरा बना हुआ है। आज भी नित्य-प्रति सैकड़ों स्त्री-पुरुष वहाँ दर्शन करने आते हैं। थोड़े से फूल और दूध चढ़ा जाते हैं। बुंदेली भाषा में एक गीत भी गाते रहते हैं –

लाला तोरे भले हैं लछारे नाम –
गाँवन गाँवन चौतरा देशन देशन नाम, बुंदेला देशा के।

जिस कटोरे में हरदौल ने विष-पान किया था, वह भी वहीं एक कक्ष में रखा हुआ है।

सिंहगढ़ विजय

खड़े सिंहगढ़ के अजय, ये गर्वित कंगूर ।
शिब्बा बेटा जगत में, वृथा कहाया शूर ।।

ऊपर एक प्रसिद्ध मराठी दोहे का अनुवाद है जिसे माता जीजाबाई ने शिवाजी से कहा था। अगर कोई दुसरा व्यक्ति ऐसा कहता तो उसकी जीभ खींच ली जाती, पंरतु देवीस्वरूपा माँ साहिबा ने स्वयं कहा था जो न केवल उनकी पूज्य जननी थी, बल्कि परामर्शदात्री और शिक्षिका थी।

शिवाजी अभी जंजीरा के बड़े अभियान से लौटे थे। थके हुए थे। जब माँ को प्रणाम करने गए तब उन्हें यह सुनना पड़ा। विजय-गर्व जाता रहा और चेहरे पर उदासी छा गई।

बात ऐसी हुई कि जीजाबाई जब भवानी के मंदिर में पूजा करने जाती तो सामने सिंहगढ़ का ऊँचा किला दिखाई देता। कभी यह उनके पुत्र शिवाजी का था जो पुरंदर की संधि के कारण मुगलों को दे देना पड़ा था; इसलिए पिछले चार वर्षों से उनके मन में एक दुःखभरी टीस उठती रहती थी। बहुत बार शिवाजी के मन में उस किले को वापस लेने की बात उठती लेकिन वे मौके की ताक में थे।

औरंगजेब ने किले की रक्षा का भार एक अजेय राजपूत वीर उदयभानु को बड़ी फौज के साथ दे रखा था। किला इतना सुदृढ़ और सीधी चढ़ाई का था कि मनुष्य की तो बात ही क्या, साँप और गिलहरी भी उस पर नहीं चढ़ सकते थे।

महाराज की बायीं आँख फड़क रही थी, अपशकुन भी हो रहे थे, परंतु माँ की इच्छा के आगे कोई चारा नहीं रह गया। उन्होंने अपने सर्वोच्च सेनापति और मित्र तानाजी मालसरे के गाँव सूचना भेजी कि वे सब काम छोड़कर तुरंत सिंहगढ़ का किला फतह करके आयें।

उन्हीं दिनों तानाजी के इकलौते बेटे का विवाह था। सगे-संबंधी सब आये हुए थे, औरतें मंगलाचार के गीत गा रही थीं, शहनाई बज रही थी, ऐसे में महाराज का

दूत यह समाचार लेकर पहुँचा।

तानाजी उसी समय अपने एक हजार घुड़सवार वीरों को लेकर सिंहगढ़ जाने की तैयारी करने लगे। घर में उदासी छा गयी। पत्नी कहने लगी – "आप विवाह के बाद तुरंत चले जाइएगा। दो-चार दिनों की तो बात ही है, अगर बीच में जाएंगे तो आए हुए मेहमान अपना अपमान समझेंगे और विवाह का सारा उत्सव फीका पड़ जाएगा।"

"बावली, महाराज की सेना की सारी जिम्मेदारी मेरे ऊपर है। जब उन्होंने इस काम के लिए मुझे चुना है तो फिर मैं एक घड़ी भी नहीं ठहर सकता। तुम लोग सब काम सम्हालो। छोटा भैया है ही, मैं शीघ्र ही सिंहगढ़ विजय करके वापस आता हूँ।"

जब विदा की बेला आई तो छोटा भाई सूर्याजी जिरह-बख्तर पहनकर पहले से ही तैयार था। इतने दिनों तक जिस अजेय किले को वापस लेने की हिम्मत महाराज स्वयं नहीं कर सके, वह आसानी से जीत लिया जाएगा, यह बात उसे जँचती नहीं थी। सोचा – भाई साहब के जान की बहुत बड़ी कीमत है। वे मराठा फौज के सर्वोच्च सेनापति हैं। खतरे के समय मुझे उनके साथ रहना ही चाहिए। बहुत समझाने-बुझाने पर पैर पकड़कर रोने लगा, आखिर उसे साथ लेना ही पड़ा।

अँधेरी वर्षा की रात। अपना हाथ भी नहीं दिखाई देता था। पंरतु रास्ते का

चप्पा-चप्पा मराठा फौज का जाना हुआ था। मन में उत्साह था कि आज अपना गया हुआ किला वापस लेकर अपमान की कालिमा को मिटायेंगे।

सभी किले की ऊँची दीवारों के नीचे पहुँच गये, परन्तु भीतर जाने का कोई उपाय नहीं था। अगर दस-बीस सिपाही भी पहुँच जाएँ और किसी तरह किले का फाटक खोल सकें तो फिर आमने-सामने युद्ध हो सकता है।

तानाजी के पास 'यशवंती' नाम की गोह (एक प्रकार की बड़ी छिपकली जो जमीन से चिपक जाती है) थी, जो उन्हें बेटी की तरह प्यारी थी, उसे पुचकारकर किले की दीवार पर चढ़ाने के लिए फेंका। शायद जानवरों को भी शुभ-अशुभ का अंदेशा रहता है। आज वह किसी प्रकार भी आगे नहीं बढ़ रही थी; बारंबार नीचे चली आती। तानाजी ने प्यार से हाथ फेरते हुए कहा – "बेटी, मेरी इज्जत का सवाल है। तुमने आज तक मेरे आदेशों का पालन किया है, मुझे इस संकट के समय धोखा मत देना।"

इस बार गोह किले के ऊपर जाकर चिपक गयी। सबसे पहले ऊपर चढ़े स्वयं तानाजी। सिपाहियों ने बहुत मिन्नत की कि ऊपर पहरेदारों का खतरा है, पहले हम जाकर आपको बुला लेंगे। परंतु मराठा सरदारों का यह नियम था कि संकट के समय वे हमेशा आगे रहते थे और यही कारण था कि सैनिक उनके लिए जान देने को तैयार रहते थे।

ऊपर जाकर मजबूती से एक महराब से रस्सा बाँध दिया गया और बहुत से मावले सैनिक बारी-बारी से किले में पहुँचने लगे।

किले के भीतर पहरे का पूरा बंदोबस्त था। बहुत सावधानी बरतने पर भी पहरेदारों को पता लग गया और उसी समय खतरे की घण्टी बजी। चारों तरफ से राजपूत और मुग़ल-सैनिकों ने थोड़े से मराठों को घेर लिया।

दैत्य के समान शरीरवाला दुर्गाध्यक्ष उदयभानु राठौड़ भी अपनी बहुत बड़ी तलवार लेकर आ गया। उसके बल-पौरुष की सारे महाराष्ट्र में चर्चा थी।

तानाजी ने सोचा कि जब महाराज ने अफजल खाँ जैसे लम्बे-चौड़े राक्षस को मार गिराया तो क्यों न मैं इस धर्मद्रोही को मारकर यश हासिल करूँ।

दोनों वीर तलवारें लेकर भिड़ गये। बहुत देर तक दोनों लड़ते हुए थक गए। परंतु तानाजी तो जान की बाजी लगाकर लड़ रहा था। आखिर उदयभानु करारी चोट खाकर बेहोश होकर गिर गया।

उसे गिरते देखकर उसके अंगरक्षक ने पीछे से तानाजी पर वार करके उनका

सिर काट लिया। दोनों एक साथ प्राण-विहीन होकर गिरे। अपने समय के दो अद्वितीय वीर पास-पास लेटे हुए थे। अब उम्र भर का वैर-विरोध समाप्त हो गया था।

सेनापति की मृत्यु की सूचना से बची हुई थोड़ी-सी मराठा फौज में भय समा गया। वे हथियार डालकर आत्म-समर्पण की सोच रहे थे कि सूर्याजी ने जोर से चिल्लाते हुए कहा – "वीरो! भैया तो वापस आने से रहे, अगर उनके प्रति तुम्हारी कुछ श्रद्धा रही हो तो आज जैसा मौका फिर नहीं आयेगा। मरना तो दोनों तरह से है। क्योंकि हमारे नायक ने किले से नीचे उतरने की रस्सियों को काट दिया है; फिर कायर की मौत मरकर महाराज और भैया के नाम पर बट्टा मत लगाओ।"

थके हुए मराठों में नया जोश आ गया। बढ़-चढ़कर वार करने लगे। एक ही धुन थी कि किसी प्रकार किले के फाटक को खोलकर बाहर के बचे हुए सैनिकों को भीतर आने का मौका मिल जाय।

मुगल और राजपूत फौज भी अपने अजेय सेनापति की मौत को सुनकर डर गयी थी। वह मराठों की तलवारों और भालों के सामने नहीं ठहर सकी । फाटक खुल गया। बचे हुए पाँच सौ मराठे वीर हर-हर महादेव कहते हुए भीतर आ गये। राजपूतों ने हिम्मत हारकर हथियार डाल दिये।

एक तेज घुड़सवार को महाराज को सूचना देने रायगढ़ भेजा गया। वे प्रतीक्षा कर रहे थे। सारा समाचार सुनकर उनकी आँखों में आँसू आ गये। सोचने लगे – "बहुत महँगी पड़ी यह जीत।"

माता के पास जाकर प्रणाम करके कहने लगे – "माँ साहिबा, गढ़ आला पण सिंह गेला।" अर्थात किला आया; पर सिंह चला गया।

शाहजी-शिवाजी मिलन

"शिब्बा बेटा, आजकल शरीर अस्वस्थ रहता है। वैसे तुम्हारे साम्राज्य में मुझे सब तरह का आराम है। तीनों बहुएं रात-दिन सेवा में रहती हैं, परंतु एक बार तुम्हारे पिताजी को देखने का मन होता है। ३२ वर्ष पहले उन्होंने हमारा त्याग किया था, उस समय तुम जन्मे भी नहीं थे। भवानी की दया से अब ५२ किलों के अधिपति हो, सारे महाराष्ट्र में तुम्हारी तूती बोलती है। एक बार वे आकर देखें तो सही कि १८ वर्ष पहले एक किशोर को पूने के छोटे से गाँव की जागीर दी थी, अब उसका न केवल बीजापुर, बल्कि दिल्ली सल्तनत तक लोहा मानती है। उन्हें यह सब देखकर खुशी ही होगी।"

"माँ साहिबा, मैंने भी कई बार पिताजी को बुलाने का सोचा, परन्तु जिन्होंने हमें एक प्रकार से त्याग दिया, बत्तीस वर्ष के लम्बे समय से सुध नहीं ली, १८ वर्ष पहले जब आप मुझे लेकर बंगलोर गई थीं, तब उस समय भी आपको अपमानित होकर वापस आना पड़ा; वे सब बातें भुलाई नहीं जा सकतीं। बीजापुर से हमारी दुश्मनी है और वे वहाँ के सूबेदार हैं; इसलिए भी उनका यहाँ आना खतरे से खाली नहीं है। उनके साथ पठान और तुर्क जासूस भी आ सकते हैं।"

"शिब्बा ! तुम यह क्यों भूल जाते हो कि वे तुम्हारे पिता और मेरे आराध्य हैं। तुमने छोटे से जीवन में बहुत से खतरे उठाए हैं, फिर तुम्हें डर किस बात का है। दो महीने बाद होली का त्योहार है, जेजूरी के खंडोबा भगवान के उत्सव में उन्हें बुलाने के लिए निमंत्रण देकर सेनापति तानाजी को भेजो। जरूरत समझो तो साथ में शम्भा को भी भेज दो। मेरा मन कहता है कि वे अवश्य आवेंगे।"

फरवरी १६६१ की बात है। रायगढ़ के किले के फाटक में चार सुसज्जित आदिलशाही घुड़सवार आये। लोग समझ गए कि कई दिनों से जो चर्चा चल रही थी, वह सफल हुई है। शाहजी महाराज जल्द ही रायगढ़ पधारेंगे। एक व्यक्ति ने कहा- - "इन शत्रुओं के आदमियों का क्या भरोसा? यहाँ की सारी जानकारी बीजापुर में दे

देंगे।" दूसरा कहने लगा – "जब मुगल बादशाह औरंगजेब का मामा शाइस्ता खाँ और बीजापुर के दैत्य के समान सेनापति अफ़जल खाँ को यहाँ मुँहकी खानी पड़ी तो फिर हमें डर किस बात का है? हमारे महाराज को देवी भवानी का इष्ट है। देख लेना उनका बाल भी बाँका नहीं होगा।"

थोड़ी देर बाद किले के फाटकों पर तुरही बजने लगीं, तोपें छूटने लगीं। लोग समझ गए कि महाराज के पिता शाहजी जल्दी ही पधारेंगे। शिवाजी महाराज के मंत्री, सेनापति और सेठ-साहूकार स्वागत के लिए बाजे-गाजे के साथ गये। पिता-पुत्र के मिलने का स्थान जेजूरी में खंडोबा के मंदिर में निश्चित हुआ।

शाहजी सुदूर बंगलोर से सदल-बल आ रहे थे। रास्ते में जिन गाँवों से गुजरते, तोरन-वन्दनवार सजे थे। लोग झुक कर जुहार करते। शिवाजी महाराज के साथ उनकी भी जय-जयकार करते।

इस प्रकार १५ दिनों में वे जेजूरी पहुँचे। वहाँ के सारे घरों में नया रंग किया गया, रास्ते में तोरण बने, स्त्री-पुरुष नये-नये कपड़े पहने अगवानी के लिए उमड़ पड़े। मंदिर के दरवाजे पर उन्हें हाथी पर से चाँदी की सीढ़ी लगाकर सम्मानपूर्वक प्रधानमंत्री नेताजी पालकर ने उतारा। वे मंदिर में गये, वहाँ जीजा बाई उपस्थित थीं। किसी समय की युवती अब वृद्धा हो चुकी थी, सलवटें पड़ गयी थीं, परन्तु चेहरा ओजपूर्ण था। महाराष्ट्र-मण्डल के अधीश्वर की जननी और प्रजा की, पूज्यनीया माँ साहिबा थीं।

३२ वर्षों के लम्बे समय के बाद पति से मिल रही थीं, अगर एकान्त होता तो शिकवा-शिकायत भी करतीं, परन्तु मंदिर में सैकड़ों विशिष्ट व्यक्ति मौजूद थे। झुककर पति के पैरों में गिर पड़ीं। पुरानी यादें आ गईं – आँसू उमड़ पड़े। आज सम्माननीय माताश्री भूल गईं कि उन्हें इस हालत में बहुत से लोग देख रहे हैं, वे मन में क्या समझेंगे?

दोनों स्वर्ण-सिंहासन पर बैठे, पंडितों ने मंत्रोच्चार करके भगवान खंडोबा की पूजा सम्पन्न की। भोग के बाद आये हुए लोगों को प्रचुर प्रसाद दिया गया। न्यौछावर करके, हजारों रुपये वहाँ पर इकट्ठे हुए भिखमंगों को बाँटे गए।

शिवाजी महाराज अपने शिविर से पिता से मिलने चले। साथ में भेंट के लिए अनेक प्रकार के चाँदी-सोने के सामान और मोती-हीरों से लदे घोड़े और हाथी थे।

एक थाल में घृत भरा हुआ था। उस समय की रीति के अनुसार दोनों ने उस थाल में एक-दूसरे की परछाईं देखी, इसके बाद पर्दा हटा दिया। नगारे और दुंदुभी

बजने लगी। पुत्र, पिता के पैरों पर गिर पड़ा। शाहजी ने उठाकर छाती से लगा लिया। चारों तरफ से जय-जयकार होने लगी। इतने में सेवक, बालक शम्भाजी को ले आये। आज पहली बार दादा अपने पोते को देख रहे थे। प्यार से उसे गोद में बिठाकर चूमने लगे। जीजा माता पति, पुत्र और पौत्र के मिलन को देखकर आत्मविभोर हो रही थी। आज वह परित्यक्ता विरहिणी नहीं, बल्कि गौरवशालिनी पत्नी, माता और दादी थी।

महाराज ने पिता से रायगढ़ पधारकर भोजन और आराम करने की प्रार्थना की।

सोने की पालकी थी, हीरे-मोती जड़े थे। शाहजी जूते उतारकर पालकी में जा बैठे। शिवाजी महाराज उनके जूते अपने हाथों में लिये पैदल चल रहे थे। प्रजाजन ऐसी पितृभक्ति देखकर धन्य-धन्य कहने लगे। माता के चेहरे का भाव देखकर वे पुरानी बातों को भूल गये थे।

दादा, पुत्र और पोता सोने के थाल में भोजन कर रहे थे, जीजा बाई परोस रही थी। आज उनका जीवन धन्य हो गया था। भोजन करने के बाद शाहजी पलंग पर लेटकर आराम करने लगे। पुत्र शिवाजी बैठकर पैर दबाने लगे।

"पिताजी, इन पैरों में धर्म-देशद्रोही बाजीराव घोरपड़े ने बीजापुर सल्तनत के आदेश से जंजीर डाली थी। मैंने उसे मारकर उसकी जागीर में गधों से हल चला दिये हैं। आज वहाँ के महलों में नाचरंग की जगह चील और कौए बोल रहे हैं।"

"बेटा, मैंने तुम्हारी सारी शौर्यगाथा सुनी थी, परंतु तुम दुश्मन की रियासत में केवल १०० सिपाहियों को लेकर चले गये, यह बात युद्ध-नीति के प्रतिकूल है। हमेशा शत्रु के घर में पूरी तैयारी करके जाना चाहिए।"

रात में दरबार का आयोजन हुआ। कवि अज्ञानदास के सिवाय जयपुर से युवक कवि भूषण भी आये थे। शिवाजी की जो यश-गाथा गायी गयी, उसे सुनकर शाहजी की आँखों में हर्षाश्रु आ गये। कवि भूषण ने अपनी तेजस्वी वाणी में यह छंद कहा -
–

राखी हिन्दुवानी हिन्दुवान को तिलक राख्यो,
स्मृति पुरान राखे बेद बिधि सुनी में।
राखी रजपूती राजधानी राखी राजन की,
धरा में धरम राख्यो गुन राख्यो गुनी में।
भूषण सुकवि जीति हद्द मरहट्ठन की,

देस-देस कीरति बखानी तव सुनी में।
साहि के सपूत सिवराज समसेर तेरो,
दिल्ली दल दाबि के दिवाल राखी दुनी में।

दोनों कवियों को चाँदी की काठी सहित घोड़े और अशर्फी के तोड़े भेंट में दिये गये। अन्य सबको सोने की कंठी और कपड़ों के पाँच बक्स दिये गये।

शाहजी महाराज १५ दिनों तक शिवाजी के साम्राज्य में रहे और उनके विभिन्न किलों का निरीक्षण किया।

२५ वर्ष पहले का पूना गाँव अब बड़ा शहर हो गया था। जीजा बाई ने ५ वर्ष के शिवा से सर्वप्रथम यहाँ की जमीन में सोने का हल चलवाया था। आज वह पथरीली जमीन हरी-भरी शस्य-श्यामला हो गयी थी। शाहजी हर्ष और गर्व से फूले नहीं समाते थे। सबसे सुखी थी जीजा बाई, जो साधारण गृहस्थ स्त्री की तरह पति, पुत्र और पौत्र को हाथ से नाना प्रकार के व्यंजन बनाकर खिला रही थी। विदा-वेला आयी। शिवाजी ने जब पैर छुए तो पिता ने उन्हें अंक में भर लिया--शम्भाजी को छाती से लगाकर सिर सूँघते रहे।

जीजा बाई, जिनके सामने बड़े-बड़े सरदार और सेनापति काँपते रहते थे, आज सब प्रकार के संयम और लाज के बाँध तोड़कर सुबक-सुबककर रोते हुए कहने लगीं–

"प्रभु, मेरी विनती है कि आप बंगलोर छोड़कर बहिन तुकाबाई और चिरंजीव ब्यंकोजी सहित यहाँ आकर रहें। वैसे शिब्बा और बहुएँ मेरी हर तरह से सेवा करती हैं, परन्तु लोग चाहे मुँह से न कहें, मन में तो मुझे परित्यक्ता पत्नी ही मानते हैं। मैं आजकल अस्वस्थ रहती हूँ। मेरे अंतिम दिनों में आप रायगढ़ में रहकर हमें चरण-सेवा का सौभाग्य दें।"

मातृ-दर्शन

सन् १६५७ के अक्टूबर की एक साँझ, सुहावनी संध्या, गुलाबी मौसम। शिवाजी देवी-भवानी के मंदिर से बाहर आये तो चकित रह गये।

खच्चरों और बैलों का लम्बा-सा कारवाँ – हीरे, पन्नों और जवाहरातों से भरे हुए सोने-चाँदी से दबे पशु धीरे-धीरे किले में प्रवेश कर रहे थे। पंतप्रधान मोरोपंत ने जिज्ञासा शांत की – "महाराज! अम्बाजी सोनदेव ने कल्याण के सूबे पर आधिपत्य कर लिया है और लूट का सामान लेकर आये हैं।" शिवाजी ने अम्बाजी को गले से लगाया और बहुमूल्य कंठहार से पुरस्कृत किया। वे विस्मित थे कि कल्याण का शक्तिशाली सूबेदार इतनी आसानी से कैसे हार गया।

"शाबाश अम्बाजी! तुम्हारी स्वामीभक्ति और बहादुरी पर हमें गर्व है।" शिवाजी की छाती फूल उठी अपने बहादुर सेनापति को देखकर; पर चौंक कर पूछा - - "इस पालकी में क्या है?"

अम्बाजी ने मुस्कराते हुए जवाब दिया – "महाराज, इस पालकी में कल्याण की सबसे सुन्दर नाजनीन है – मुल्ला अहमद की पुत्र-वधू सलमा – जिसकी खूबसूरती की शोहरत सारे महाराष्ट्र में फैली हुई है। इसके क्रूर श्वसुर ने सैकड़ों हिन्दू ललनाओं की आबरू के साथ खेला है – आज उससे बदला लेने का सुंदर अवसर मिला है।"

अम्बाजी अपनी सफलता पर फूले नहीं समा रहे थे; परंतु शिवाजी विचलित हो उठे। उन्होंने आँखें मूँद लीं – उन्हें अपना बचपन याद आने लगा। पिता शाहजी बीजापुर के सुल्तानों के यहाँ जागीरदार एवं फौजी अफसर थे। तीन हजार मराठा घुड़सवार और पैदल सिपाहियों की उनकी निजी फौज थी। माता जीजाबाई कर्तव्यनिष्ठ, साहसी एवं धर्मपरायणा थीं, किन्तु परमात्मा ने उन्हें रूप नहीं दिया था।

शाहजी ने तीस वर्ष की अवस्था में तुकाबाई नाम की एक युवती से विवाह कर लिया और उसी के साथ बंगलोर में रहने लगे। सन् १६२६ में उन्होंने जीजाबाई को शिवनेर के किले में भेज दिया। दुखिया जीजाबाई ने अपना सारा प्यार बालक शिवा

पर उड़ेल दिया और धैर्यपूर्वक दिन बिताने लगी।

सौभाग्य से दादाजी कोणदेव जैसे स्वामीभक्त अभिभावक तथा समर्थ गुरु रामदास का मार्गदर्शन मिला। इस कारण बचपन से ही शिवा में अच्छे संस्कार जमने लगे, साहस और वीरता के साथ धर्म के प्रति आस्था के लक्षण नजर आने लगे।

उन दिनों विवाह बचपन में हो जाते थे। जब वे चौदह वर्ष के हुए तब जीजाबाई ने पति को पुत्र के विवाह के लिए लिखा। शाहजी ने उन दोनों को बंगलोर में अपने निवास-स्थान पर बुलाया। वहाँ सौत तुकाबाई ने उनका तरह-तरह से अपमान किया। परंतु जीजाबाई ने बारह वर्ष की कठिन तपस्या से अपने को बहुत संयत कर लिया था।

उन्होंने शाहजी से केवल इतना कहा – "आपके सुख में मेरा सुख है। आपका सारा धन और जागीर तुकाबाई और उनके पुत्र ब्यंकोजी को फूले-फले। शिवा को केवल पूना का गाँव दे दीजिए। यदि उसमें योग्यता होगी तो वह उसे बढ़ा लेगा।"

इस प्रकार पंद्रह वर्ष की छोटी-सी अवस्था में शिवाजी पूना के जागीरदार बने। उन्होंने घुड़सवारों की एक छोटी-सी टुकड़ी तैयार कर ली और मौका देखकर आस-पास के इलाकों पर छापे मारने लगे। मुसलमान सुलतानों और अधिकारियों के अत्याचार से लोग बहुत दुःखी थे, इसलिए उनकी विशेष रोकथाम नहीं हुई। लूट का सामान लाकर माता के सामने रख देते। इसमें से तीसरा हिस्सा सिपाहियों में बाँट दिया जाता। कुछ अंश जीर्ण-शीर्ण मंदिरों के पुनरुद्धार में, कुएँ, बावड़ियों की मरम्मत में या निर्माण में व्यय किया जाता। बाकी बचा हुआ धन बेहतरीन घोड़े और नये-नये अस्त्र-शस्त्र खरीदने में लगाया जाता।

सब प्रकार से साधनसम्पन्न होते हुए भी वे अपने को स्वामी रामदास का सेवक मात्र मानते थे, इसलिए अपने ध्वज का रंग भी भगवा (गेरुआ) रखा। सन् १६५७ में उनकी अवस्था केवल तीस वर्ष की थी, किन्तु इसी बीच महाराष्ट्र के बहुत से किलों पर उनका कब्जा हो गया। बीस हजार सुसज्जित मराठा वीरों की उनके पास फौज थी। दुश्मनों की बड़ी से बड़ी फौज पर बाज की तरह झपटते और लूटकर वापस रायगढ़ के अपने अभेद्य दुर्ग में चले आते। पच्चीस कोस का धावा मारकर मराठा फौज बेखटके वापस पहुँच जाती तो लोगों को शुरू-शुरू में विश्वास नहीं होता। बाद में अफगानों और पठानों में धारणा बन गई कि शिवाजी को जिन्नातों का सहारा मिल गया है। फिर तो वे उनका नाम सुनते ही हथियार छोड़कर भाग खड़े होते।

दिन-रात युद्ध में लगे रहने पर भी अपनी माता से उन्हें धार्मिक प्रेरणा मिलती रहती थी। यद्यपि हिंदू-धर्म के प्रति पूरी आस्था थी, यवनों के आए दिन के अत्याचार

और मंदिरों के विध्वंस से उनका चित्त बहुत खिन्न हो उठता; फिर भी दूसरे धर्मों की उन्होंने कभी निन्दा नहीं की और न किसी मस्जिद अथवा गिरजे को नष्ट-भ्रष्ट किया। यही नहीं, उन्होंने जीर्ण-शीर्ण मस्जिदों की मरम्मत भी करायी। अपने सेनापतियों को भी आदेश दे रखा था कि किसी भी धार्मिक स्थान को हानि न पहुँचायी जाय और न दुश्मनों की किसी स्त्री की बेइज्जती हो।

शिवाजी ने देखा कि जवाहरातों से सजी हुई एक परम सुन्दरी युवती सहमी और सिमटी-सी एक ओर खड़ी है। कुछ देर तक वे अपलक उसकी ओर देखते रहे। फिर कहने लगे – "बहन, उम्र में तुम मुझसे छोटी हो; पर तुममें मुझे अपनी माताजी दिखाई

देती हैं। फर्क इतना ही है कि परमात्मा ने तुम्हें अतुलनीय रूप-सम्पत्ति दी है; लगता है, फुर्सत के समय अत्यंत साध से तुम्हारी रचना की है। सौभाग्य से इस सौन्दर्य का थोड़ा-सा अंश भी अगर मेरी माँ को मिल जाता तो उसे दुहाग का दुःख नहीं सहन करना पड़ता और मैं भी सुन्दर होता। मेरे सेनापति ने तुम्हारा अपमान किया, तुम्हें बिना वजह तकलीफ दी। जिस धारणा से वह तुम्हें यहाँ ले आया, उसे सोचकर लज्जा से मेरा सिर झुका जा रहा है। यदि माँ और गुरुजी सुनेंगे तो सोचेंगे कि इसके लिए शिवा का संकेत रहा होगा। तुम चिंता न करो। तुम्हें इज्जत के साथ तुम्हारे खाविंद के पास पहुँचा दिया जायगा। मेरी बहन नहीं है, आज से तुम मेरी छोटी बहन हुई और मैं तुम्हारा भाई।"

पास खड़े सैनिकों ने देखा शिवाजी की आँखें गीली हो गई हैं। थोड़ी देर बाद आश्वस्त होकर क्रोध में काँपते हुए उन्होंने कहा – "अम्बाजी, तुमने अपनी मूर्खता से इतनी बड़ी जीत को हार में बदल दिया। लोग जब सुनेंगे कि शिवाजी अपने हरम के लिए परायी बहू-बेटियों को लूटता है तो हमारे बारे में क्या सोचेंगे। कहाँ रह जायगी मेरी इज्जत? फिर तो मराठे सिपाही और सरदार औरतों को दिन-दहाड़े बेआबरू करेंगे। पिछले चौदह वर्षों से तुम मेरे साथ हो। क्या कभी इस प्रकार की इच्छा या लालसा का आभास भी तुम्हें दिखाई दिया? फिर कैसे तुम्हें हिम्मत हुई कि मेरे आदेश की उपेक्षा कर एक अबला दुःखी नारी को यहाँ ले आये। अम्बाजी, तुमने मेरी आबरू में बट्टा लगा दिया। यदि राजा स्वयं अपना शील खो बैठेगा तो सैनिकों का तो बाँध ही टूट जायगा। क्या यही मेरी हिन्दू पद-पादशाही का रूप होगा? कसूर तो तुम्हारा इतना है कि तुम्हें फाँसी पर लटका दिया जाय। चूँकि इस समय मैं स्वयं क्रोध में हूँ, इसलिए तुम्हारा फैसला मैं प्रधानमंत्री मोरोपंत पर छोड़ता हूँ।"

कहाँ तो अम्बाजी विजय की खुशी में झूमता हुआ आया था और कहाँ सबके सामने उसे यह अपमान सहना पड़ा। प्रधानमंत्री मोरोपंत का अम्बाजी पर स्नेह था। उसने अपनी देख-रेख में उसे सब प्रकार से योग्य बनाकर इतने बड़े ओहदे पर पहुँचाया था। हाथ जोड़ते हुए शिवाजी से उन्होंने प्रार्थना की कि अम्बाजी अभी युवक है और कुछ अबोध भी, किंतु वीर और सच्चा स्वामीभक्त है। यह इसका पहला अपराध है, इसे क्षमा किया जाय।

सलमा समझने की कोशिश करने लगी कि शिवाजी इन्सान है या फरिश्ता। उसके श्वसुर के यहाँ लड़ाई में जीती हुई सैकड़ों स्त्रियाँ लायी जातीं। कुछ को तो चुनकर वह अपने लिए रख लेता और बाकी को सिपाहियों में बाँट देता। उसकी आँखों से अश्रुओं की अविरल धारा फूट पड़ी।

कुछ दिन बाद सलमा विदा हो रही थी, भाई के यहाँ से अपने ससुराल। शिवाजी ने अपनी मुँहबोली बहन को गले से लगाकर विदाई दी। खच्चरों और घोड़ों पर दहेज का सामान था। सुनहरे-रूपहले पर्दे से ढँकी पालकी, बगल में सुरक्षा के लिए घोड़े पर चढ़ा हुआ जा रहा था सेनापति अम्बाजी सोनदेव। अब वह अपने महाराज की थाती को वापस लौटाने जा रहा था।

पालकी जब आयी थी, तब वह सिसक रही थी – भय, चिंता और आशंका के आँसुओं से; और अब पालकी जा रही थी तब सिसक रही थी – प्यार, आनन्द और उल्लास भरे आँसुओं से।

अफ़ज़ल खाँ का वध

जब भी समय मिला, घूमता रहा हूँ। पिछले दिनों महाराष्ट्र के ऐतिहासिक स्थलों को देखने की इच्छा हुई। मराठों का इतिहास बहुत-सी जिज्ञासाएँ एवं कौतूहल जगाता है। मराठी में यथेष्ठ सामग्री उपलब्ध है, अंग्रेजी में भी, किन्तु आश्चर्य है कि राष्ट्रभाषा हिन्दी में इतनी नहीं है।

जून १९७४ में महाबलेश्वर से प्रतापगढ़ का ऐतिहासिक दुर्ग देखने गया। यद्यपि अब ऊपर तक पक्की सड़क बन गई है, फिर भी रास्ता बहुत ही घुमावदार और उतार-चढ़ाव से भरा है। आज भी इसे दुर्गम कहा जा सकता है। फिर तीन शतक पहले तो अगम ही रहा होगा।

ऊपर चिलचिलाती धूप, पथरीला इलाका। कुछ समय पहले ही मेरी जाँघ की हड्डी टूट चुकी थी, इसलिए किले तक नहीं जा पाया। नीचे घाटी में एक समतल चट्टान पर सहारा लेकर बैठ गया। बच्चे दौड़ते हुए ऊपर किला देखने चले गये। दूर-दूर तक सह्याद्रि की श्रृंखलाएँ जंगलों से भरी थीं। आँखें उन पर टिक जातीं तो मराठों के इतिहास की घटनाएँ मानस पर उभर आतीं।

इधर-उधर देख ही रहा था कि कुछ दूर समतल जमीन पर बना एक खूबसूरत मकबरा दिखाई पड़ा। कौतूहल जगा, इन वीरान पहाड़ियों के बीच घने जंगल में यह मकबरा!

सहसा स्मृति जाग उठी। यही तो वह स्थान है जहाँ शिवाजी ने आदिलशाही फौज को शिकस्त दी थी। धीरे-धीरे मकबरे की ओर बढ़ा। अन्दर जाकर देखा कि दो कब्रें हैं। एक लम्बी और बड़ी, दूसरी औसत साधारण-सी। पता चला कि पहली है कद्दावर अफ़ज़ल खाँ और दूसरी उसके अंगरक्षक सैयद बण्डा की।

हुमायूँ, अकबर, शाहजहाँ, औरंगजेब और न जाने कितने बादशाहों और पीरों की कब्रें देखीं, मगर वे इतनी बड़ी नहीं थीं। बरबस स्मृति के परदे पर इतिहास की परतें उभरने लगीं।

मुगल बादशाह शाहजहाँ और औरंगजेब के पास बहुत बड़ी शक्ति थी। लगभग सम्पूर्ण भारत पर उनकी सार्वभौम सत्ता की धाक थी।

महाराणा प्रताप के बाद राजस्थान के राजपूत भी पूरी तरह मुगलों के साथ हो गए थे। उनमें मुगलों के विरोध का जोश उतर चुका था। जसवन्तसिंह और मिर्जा राजा जयसिंह जैसे तलवार के धनी और कुशल राजनीतिज्ञ मुगल दरबार की इज्जत तथा शान थे।

एक प्रकार से सारा भारत मुगलों की अधीनता स्वीकार कर चुका था। फिर भी दक्षिण में गोलकुण्डा और बीजापुर की दो ऐसी रियासतें थी, जिन्होंने मुगल सत्ता के आगे घुटने नहीं टेके। वर्षों तक संघर्ष चलता रहा। शाहजहाँ और औरंगजेब दोनों ने बहुतेरी कोशिश की, मगर तोपों और तलवारों की चोटें इन रियासतों को गिरा न सकीं।

शाहजहाँ का जीवन खप गया। खुद के बनाए ताजमहल में मुमताज महल के कब्र की बगल में दफना दिया गया। औरंगजेब की जिन्दगी का बहुत बड़ा समय इन दोनों रियासतों को उखाड़ने में लगा किन्तु कामयाबी हासिल न हो पाई। बाद में छल-कौशल से बीजापुर और गोलकुण्डा को सर कर पाया। दोनों रियासतों को धोखा दे गये उन्हीं के विश्वस्त सरदार और सामन्त।

बीजापुर के पास प्रतिशोध की शक्ति थी। यदि उसके दरबारियों को औरंगजेब न फोड़ता तो बीजापुर की सल्तनत गिरती नहीं। सुलतान अली आदिलशाह के पास पठान, मराठे और तैलंगों की बड़ी फौज थी। ये कौमें आज भी मशहूर लड़ाकू मानी जाती हैं। अफ़जल खाँ, इखलास खाँ, सिद्दी इब्राहिम जैसे दिलेर और माहिरे जंग ज़वानों के अलावा शिवाजी के पिता शाहजी भोंसले, चाचा मालोजी, बीजाराव घोरपड़े जैसे वीर और युद्धप्रवीण मराठे बीजापुर की फौज में थे।

भारत के लिए यह समय अत्यंत संकटपूर्ण था। भारतीय संस्कृति और सभ्यता उत्तर भारत में तुर्कों के आगमन से ही विपन्न होने लगी थी। तुर्क, पठान और मुग़लों ने जिस प्रकार उत्तर भारत में हिन्दू-संस्कृति को नेस्त-नाबूद करने की जिहाद बोल रखी थी, उसी प्रकार दक्षिण में आदिलशाह इस्लामी जोश में हिन्दू-धर्म पर कठोर प्रहार कर रहा था। दुर्भाग्य यह था कि इस कार्य का विरोध करने वाला कोई नहीं था।

उन दिनों शिवाजी ३०-३२ वर्ष के युवक थे। छोटी-सी सेना उनके पास थी, साधन अत्यन्त सीमित। माता जीजाबाई और समर्थ गुरु रामदास की शिक्षा-दीक्षा से संस्कारित होने के कारण अपने देश की संस्कृति पर आए दिनों के अत्याचार और प्रहार उनकी सहन-शक्ति को चुनौती दे चुके थे।

अंत में हिंदुओं पर किए जाने वाले अत्याचार का प्रतिरोध करने के लिए उन्होंने अपने से कई गुनी बड़ी शक्ति दिल्ली और बीजापुर से टकराने का निश्चय कर लिया।

दिल्ली दूर थी, पर बीजापुर तो उनके कोंकण से सटा हुआ था। शिवाजी ने आए दिन बीजापुर की फौजों पर छापे मारने शुरू कर दिए। आदिलशाह को खबरें मिलने लगीं कि आज यहाँ शिवाजी ने धावा किया तो कल वहाँ। धीरे-धीरे ये खबरें भी आईं कि किले भी छीने जा रहे हैं।

आदिलशाह को यह अहसास होने लगा कि यदि शिवाजी को न दबाया जा सका तो उसकी सल्तनत खतरे में आ सकती है। अंकुर को वृक्ष बनने से पहले ही नष्ट कर देना चाहिए; अतएव उसने खवास खाँ और बाजीराव घोरपड़े को जिम्मेदारी सौंपी कि शिवाजी ने जिन इलाकों पर दखल कर लिया है, उन्हें वापस छीन लें और उसे पकड़कर बीजापुर लाया जाय। सुल्तान के इरादों की खबर गुप्तचरों ने शिवाजी तक पहुँचायी। बाजीराव घोरपड़े भोसला वंश का ही था, किन्तु तन और मन से आदिलशाह का खादिम था। इसी ने अफजल खाँ के साथ जाकर मध्य रात्रि में शिवाजी के पिता शाहजी को अचानक बन्दी बना लिया था। अपने ही हाथों से उनके हाथों और पैरों में लोहे की बेड़ियाँ डाल दी थीं।

अभी युद्ध की तैयारियाँ हो ही रही थी कि शिवाजी अचानक अपने थोड़े से बहादुर घुड़सवारों को लेकर घोरपड़े की जागीर मुधेल में जा पहुँचे। हालाँकि घोरपड़े की फौज ज्यादा थी, किन्तु उसके सैनिकों के हृदय में शिवाजी की राष्ट्रभक्ति ने प्रभाव बना लिया था। वे जानते थे कि हिन्दुवानी की रक्षा के लिए यह नौजवान अकेला ही दो बड़ी ताकतों से जूझ रहा है।

थोड़ी-सी लड़ाई के बाद शिवाजी घोरपड़े के महल में जा पहुँचे। वह चकित रह गया, फिर भी हिम्मत हारा नहीं। वीर था ही, साहसी भी कम नहीं था; अनेक युद्ध उसने स्वयं संचालित किये थे। लपक कर तलवार सम्हाली और शिवाजी से भिड़ गया। मगर उसकी शक्ल बता रही थी कि वह इस बार मानो साक्षात काल से लड़ रहा हो। समय अधिक नहीं लगा। शिवाजी की तलवार के एक झटके ने उसका सिर धड़ से अलग कर दिया।

खवास खाँ को जब यह खबर मिली तो वह सकते में आ गया, हिम्मत पस्त हो गयी। आदिलशाह के पास दरख्वास्त पेश की कि हुजूर, वाक़यात कुछ ऐसे हो रहे हैं कि फौजों में घबराहट है और मेरी तबीयत इन दिनों नासाज रहती है। लिहाजा यह अहम जिम्मेदारी किसी दूसरे सेनापति के सुपूर्द की जाय तो अच्छा रहे।

आदिलशाह भाँप गया कि खवास खाँ शिवाजी से डर गया है। अगर इसे जंग के

लिए भेजा गया तो शिकस्त खानी पड़ेगी, इसलिए उसने सबसे बड़े सेनापति अफ़ज़ल खाँ को बुलाया।

अफ़जल कद्दावर और हिम्मती था। लड़ाई और मोर्चेबंदी का उसे अच्छा अनुभव था। इसके अलावा वह राजनीतिक चालबाजियों में भी कुशल माना जाता था। सैनिकों के मन में ऐसा यकीन था कि उसके साथ रहने पर जीत अवश्य होगी। तहेदिल से बीजापुर के सुलतान के प्रति वफादार भी था। औरंगजेब ने कई बार कोशिश की, बहुत बड़े-बड़े प्रलोभन दिये, मगर वह बीजापुर छोड़ने को राजी नही किया जा सका।

आदिलशाह ने अफ़जल से शिवाजी के मसले पर बात की। खाँ ने कहा – "हुजूर, आप फिक्र क्यों करते हैं। उस छोटे से पहाड़ी चूहे को पकड़ने के लिए तो मेरे बेटे फाजिल खाँ और मूसे खाँ ही काफी हैं। अगर आपका यही हुक्म है तो खुद बड़ी फौज के साथ कूच करता हूँ और दो महीने के दरम्यान उसे लाकर आपके कदमों में डाल दूँगा।"

अफ़जल खाँ के हरम में जब रामगढ़ कूच करने की खबर पहुँची तो कोहराम मच गया। पिछले दस वर्षों में शिवाजी की कामयाबियों ने दुश्मनों में कुछ ऐसा आतंक फैला दिया था कि बड़ी से बड़ी फौज भी उनका मुकाबला करने में घबराती थी। बेगमों ने रोना-पीटना शुरू कर दिया। बेटे समझाने लगे कि आप आदिलशाही सल्तनत के सबसे आला सिपहसालार हैं, लिहाजा इस छोटे से काम के लिए आपका जाना वाजिब नहीं लगता। आपके मातहत इतने सारे हिन्दू-मुसलमान सरदार हैं, उनके जिम्मे चाहे जितनी बड़ी फौज देकर भेज दें।

अफ़जल खाँ मुस्कुराता रहा। उसने बड़ी बेगम से कहा– "बिला वजह आप परेशान नजर आती हैं। मेरे साथ चलिए। खुद देखेंगी कि कितनी आसानी से उस बदतमीज शिवा को सुलतान की कदमबोसी के लिए पेश कर देता हूँ। बित्ते भर का इन्सान, मामूली-सी बेतरतीब फौज और वह भी जंगली मवालियों की। मेरी ताकत के सामने कब तक टिकेगी।"

१६५९ ई० की मई का महीना था। अफ़जल खाँ बीजापुर से अपनी फौज के साथ रवाना हुआ। ५०० हाथी, १२ हजार घुड़सवार, ३० हजार पैदलों की सजी-सजायी फौज के साथ छोटी-बड़ी अनेक प्रकार की तोपें भी थीं। अफ़जल के बेटे फाजिल खाँ और मूसे खाँ, मराठा सरदार प्रतापराव मोरे, नाइकजी पानचड़े, कल्याणजी यादव और शिवाजी के सगे चाचा संबाजी भोसले भी साथ थे। इन देश-धर्मद्रोहियों को शिवाजी के पहाड़ी क्षेत्र और किलों की पूरी जानकारी थी।

आदिलशाही फौज की व्यवस्था विस्तृत थी। तम्बू, कनातें, शामियाने, दुकानें, नौकर, खिदमतगारों की तायदाद भी बदस्तूर बड़ी थी। सामान ढोने के लिए बैलगाड़ियों की कतार साथ चल पड़ी। फौज के साथ चल रहा था अफ़जल खाँ का शानदार और रंगीन हरम। लिहाजा जहाँ भी डेरा पड़ता, एक अच्छा-खासा शहर बस जाता।

कहा जाता है कि अफ़जल खाँ डील-डौल का कुछ इतना बड़ा था कि घोड़े उसका बोझ सम्हाल नहीं पाते थे, इसलिए वह अपने प्रिय हाथी 'फतहलश्कर' पर सवारी करता था। दुर्योग से कूच के ठीक एक दिन पहले वह हाथी मर गया। बेगमों ने समझाया कि असगुन के आसार नजर आ रहे हैं, खुदा जाने क्या होने वाला है।

अफ़जल खाँ के दिल में भी शिवाजी से दहशत-सी तो थी ही। इसके अलावा बेगमें, बेटे, रिश्तेदारों और मुसाहिबों की आरजू-मिन्नत के दरम्यान, फतहलश्कर की अचानक मौत ने एक प्रकार से भय-सा उत्पन्न कर दिया परन्तु वह सुलतान से वादा कर चुका था। अब कूच के अलावा और कोई चारा नहीं था।

शिवाजी के राज्य में पहुँच कर उसने पूरे जोश और दमखम के साथ प्रजा पर जोर-जुल्म शुरू कर दिए। जिस ओर बढ़ता, मन्दिरों को तोड़ देता, गाय-बैलों को कत्ल कर देता। उसके सिपाही मराठा स्त्रियों का शीलहरण करते। आत्मरक्षा के लिये बहुत-सी स्त्रियाँ कुएँ और तालाबों में कूदकर जान देने लगीं।

माता जीजाबाई और शिवाजी के पास समाचार पहुँच रहे थे। वे मन मसोस कर रह जाते। सागर-सी उमड़ती शाही फौजों से टकराने की बात साधारण न थी। रामगढ़ का दुर्ग तो सुरक्षित था, किन्तु खुले मैदान में अफ़जल की विशाल वाहिनी से मोर्चा लेना निश्चित रूप से आत्महत्या कही जाती। अफ़जल ने देखा कि दुश्मन मैदान में मुकाबले में नहीं आ रहा है, उसने जुल्म का कहर ढा दिया। शिवाजी व्याकुल हो उठे, किंतु किसी प्रकार का कदम उठाने के पहले पूरी तौर पर हार-जीत के प्रत्येक पक्ष पर गम्भीरता से विचार करना नितांत आवश्यक था, इसीलिए वे आगे बढ़ नहीं रहे थे।

जब जुल्मोक़हर से भी शिवाजी मैदान में नहीं आये तो खाँ ने एक आखिरी दाँव फेंका। शिवाजी की कुलदेवी तुलजा भवानी के मन्दिर को तोड़कर उसके आँगन में गोहत्या कर दी।

अन्याय की पराकाष्ठा हो चुकी थी। इस समाचार ने शिवाजी को विचलित कर दिया। उन्होंने निश्चय किया कि दुश्मन का खात्मा करना नितांत आवश्यक है, भले ही प्राणों का बलिदान करना पड़े। माता जीजाबाई के चरण छूकर उन्होंने अत्यन्त हृदयबेधक शब्दों में निवेदन किया – "माताजी, अब तो यह अत्याचारी सारी सीमाओं को

तोड़ चुका है। प्रजा त्राहि-त्राहि कर रही है। कुल-वधुओं और कुमारी कन्याओं का शीलहरण हो रहा है, बिठोवा और कुलदेवी तुलजा भवानी के मन्दिर ध्वस्त और अपवित्र किए जा चुके हैं। आपके चरणों की सौगंध है – मैं या तो इस राक्षस का वध करके भवानी के अपमान का प्रतिशोध लूँगा या फिर आपको मुँह नहीं दिखाऊँगा।"

माता जीजाबाई साधारण महिला नहीं थी। धर्म, संस्कृति और देश के प्रति श्रद्धा और आदर की भावना उन्होंने ही शिवाजी के हृदय में भरी थी। फिर भी माँ का हृदय था। स्वीकृति देने का स्पष्ट अर्थ था, पुत्र को अग्निकुंड में झोंक देना। मन में विचार आया – "कहाँ महिषासुर के समान अफ़जल खाँ और कहाँ मेरा दुबला-पतला शिवा? अफ़जल की सुसज्जित पचास हजार की सेना का सामना करने के लिए केवल सात हजार की सेना?"

फिर भी धर्म, देश और प्रजा की रक्षा की भावना ने उन्हें बल दिया। पुत्र को गले से लगाकर आशीर्वाद दिया और कहा – "वत्स, प्रस्थान करो; विजयश्री तुम्हारा वरण करेगी। मेरी बायीं आँख फड़क रही है, भगवती तुलजा तुम्हारी रक्षा करेंगी।"

रायगढ़ के किले से, सह्याद्रि पर्वत के जंगलों में स्थित प्रतापगढ़ के लिए शिवाजी ने प्रस्थान किया। उन दिनों उनकी बड़ी रानी सईबाई मरणासन्न थी। पुत्र सम्भाजी केवल दो वर्ष का था। शिवाजी ने रानी से विदा ली; पुत्र को प्यार किया और वे किले से बाहर निकल पड़े। सावन का महीना, अँधेरी रात और घनघोर वर्षा – मगर उन्हें तो उस असुर का वध करना था। रुकते कैसे? स्वप्न में उन्हें कुलदेवी तुलजा भवानी के दर्शन पिछली रात में हुए थे। उन्होंने आशीर्वाद भी दिया – "शिवा, चिंता मत करो। दैत्य का नाश होगा और तुम विजयी बनोगे।"

किसी तरह वे प्रतापगढ़ जा पहुँचे। एक दिन जब अपने सरदारों के साथ आक्रमण-प्रत्याक्रमण पर वे परामर्श कर रहे थे, उन्हें रानी सई बाई के देहान्त का मर्मभेदी दुःसंवाद मिला। इस आघात से उनका हृदय विचलित हो उठा; किन्तु कर्तव्य-पालन को उन्होंने पत्नी के मोह और औपचारिकता से अधिक महत्त्व दिया। वे रायगढ़ नहीं गए।

अफ़जल खाँ को खबर मिली कि शिवाजी रायगढ़ से प्रतापगढ़ चले गए। उसे ताज्जुब हुआ कि इतनी जबर्दस्त घेरेबन्दी के बावजूद यह सब कैसे मुमकिन हुआ। दिन बीत रहे थे। मगर शिवाजी खुले मैदान में लड़ने नहीं आ रहे थे। इस बार उसने एक नई चाल खेली। वह जानता था कि शिवाजी गौ-ब्राह्मण के भक्त हैं, इसलिए अपने सरदार कृष्णाजी ब्राह्मण के हाथ एक पत्र शिवाजी के पास भेजा। कृष्णाजी शिवाजी से

मिले। उन्होंने समझाया कि अफ़ज़ल खाँ आपके पिता शाहजी राजा के मित्र हैं। आयु में आपसे बड़े हैं और हकीकत तो यह है कि वह आपसे मित्रता चाहते हैं। यह सुनकर शिवाजी ने अफ़ज़ल खाँ का पत्र पढ़ा। उसमें बेहद धमकी भरी थी और लिखा था कि तुम्हारी शरारत से हम बेहद नाखुश हैं। खैरियत इसी में है कि तुम अपने सारे किले हमारे सुपुर्द करो और सुलतान के हुजूर में हाजिर होने के लिए मेरे साथ बीजापुर दरबार चलो; वर्ना तुम्हारी इस छोटी-सी बेतरतीब मवाली फौज को हम कुचल देंगे और रायगढ़ तथा प्रतापगढ़ के तुम्हारे किले नेस्त-नाबूद कर दिए जाएंगे।

शिवाजी ने कृष्णाजी को आदर सहित ठहराया। दूसरे दिन अपने एक विश्वस्त साथी पंताजी गोपीनाथ के हाथ अफ़ज़ल के नाम एक पत्र लिखा और कृष्णाजी को सम्मानसहित पंताजी के साथ विदा कर दिया। साथ में खाँ के लिए उपहार भी भेजे।

पंताजी धैर्यवान और कुशल राजनीतिज्ञ थे। उन्होंने बाअदब कोर्निश करते हुए अफ़ज़ल खाँ से कहा – "शिवाजी महाराज ने आपको सलाम कहा है; उन्हें आपकी सारी शर्तें मंजूर हैं, परंतु इसके पहले कि वे आपकी और सुलतान की खिदमत में हाजिर हों, आपसे कुछ गुफ़्तगू करना चाहते हैं, पर इसमें दिक्कत यह है कि आपकी इस बड़ी और बेशुमार फौज, तोपों, हाथियों और घोड़ों की जमात का उनके दिल में एक खौफ-सा बैठ गया है। लिहाज़ा हम यह दरख्वास्त करना चाहेंगे कि हुजूर प्रतापगढ़ तशरीफ लायें और हमें इज्जत बख्शें।"

पंताजी की बातों का अफ़ज़ल पर पुरजोर असर पड़ा। वह तो मौके की ताक में ही था। सोचा, क्यों न उस पहाड़ी चूहे को उसके बिल में ही खत्म कर दिया जाय। अपने सरदारों के विरोध के बावजूद उसने मंजूरी दे दी। बिना देर किये वह पूरी सेना सहित जावली घाटी के लिए रवाना हो गया। हरम, खेमे, तम्बू और शामियाने भी साथ चले।

जावली के क्षेत्र में घनघोर बारिश होती है। घने जंगल। पहाड़ी रास्ते। दर्रे पानी और कीचड़ से भर जाते हैं। उसमें फँसकर अफ़ज़ल खाँ के बहुत से हाथी-घोड़े मरने लगे, बहुत-से बीमार हो गए। काफी सिपाही भी बीमारी से मर गए। आए दिन कई दलदल में फँसते तो कई फिसल कर मरते। जहरीले कीड़े और साँपों ने और भी परेशानी पैदा कर दी। इस प्रकार मुसीबतें झेलते हुए आखिरकार अफ़ज़ल खाँ मय फौज के प्रतापगढ़ के नीचे पहुँच सका।

पंताजी फिर खान से मिलने आये। कहने लगे – "मैंने पहले ही हुजूर से अर्ज की थी कि शिवाजी को आपकी फौज से बड़ा खौफ है, परन्तु वे आपसे मिलने के लिए बेचैन हैं। एक सूरत यह है कि आप हमारे प्रतापगढ़ तशरीफ लायें। आपके

साथ दस हथियारबन्द सिपाही रहेंगे और इतने ही महाराज के साथ। वे सब दूर रहेंगे, आप दोनों की बातचीत तखलिया में होगी।"

अफ़जल खाँ अपने शिकार को नजदीक पाकर उतावला हो रहा था। उसे अपनी जिस्मानी ताकत पर पूरा गुमान था। उसका इरादा था कि शिवाजी को दबोच कर सुलतान के कदमों में पटक दूँगा। वह इस कामयाबी से अपनी इज्जत में चार चाँद लगाना चाहता था। उसने फौरन मंजूरी दे दी। तारीख और वक्त भी मुकर्रर कर दिया।

प्रतापगढ़ में तैयारियाँ शुरू हो गईं। शिवाजी जानते थे कि अफ़जल परले सिरे का धूर्त और धोखेबाज है। उसकी फौज भी बहुत बड़ी है। मगर माँ भवानी पर उनका अखंड विश्वास था और सहारा था सह्याद्रि की पेचीदा घाटियों और जावली के घने जंगलों का। इन स्थानों के कोने-कोने की जानकारी उनके साथियों को थी। उधर अफ़जल खाँ की फौज के लिए यह अनजान जगह एक फंदे का काम कर सकती थी।

उन्होंने अपने सेनापतियों के साथ योजना बना ली। अफ़जल खाँ की फौज को चारों तरफ से घेरने की योजना भी बन गई। उनके पास सैनिक कम थे, किन्तु सह्याद्रि की पहाड़ियाँ दीवार बनीं और तंग घाटियों पर मराठे सरदार अपनी छोटी टुकड़ियों के साथ डट गए। आदेश था कि प्रतापगढ़ दुर्ग से तोपों की तीन आवाजें सुनते ही दुश्मन की फौज पर टूट पड़ा जाय, ताकि कोई भागने न पाए। इस प्रकार पूरी फौज ही नष्ट कर देना उनका लक्ष्य था।

दुर्ग के नीचे की घाटी में मुलाकात की जगह तय की गई थी। जंगल का एक हिस्सा साफ कर बहुत ही शानदार शामियाना ताना गया। सजावट के लिए वंदनवार और तोरण बाँधे गए।

दीपावली के दस दिन बाकी थे। इस त्योहार पर सिपाहियों को बारी-बारी से अपने घर जाने की छुट्टी मिलती थी; ताकि वे अपने बीवी-बच्चों से मिल सकें। ऐसे मौके पर सिपाही, माँ-बाप, पत्नी और बच्चों के लिए, कमाई से बचाए रुपयों से कुछ नए कपड़े और बच्चों के लिए मिठाइयाँ आदि ले जाते। इस अवसर की प्रतीक्षा हर सिपाही करता। मगर इस मौके पर छुट्टी नहीं दी गई।

११ नवम्बर १६५९ शिवाजी और अफ़जल की मुलाकात का दिन था। स्नानादि से निवृत्त होकर नित्य की भाँति शिवाजी ने भवानी का पूजन किया। लगभग ८ बजे हल्का-सा जलपान किया। फिर उन्होंने कपड़े पहनने शुरू किए। शरीर पर लोहे की महीन जंजीरों का बख़्तर और सिर पर लोहे की चादर की टोपी। ऊपर से सदा की भाँति अंगरखा पहना और सिर पर पाग बाँध ली। बाँयें हाथ की मुट्ठी में तेज बघनखा

दबा लिया। ललाट पर रक्त-कुंकुम का तिलक। एक बार फिर भवानी का स्मरण किया और बस, वे अफ़जल खाँ से मिलने चल पड़े। साथ में चुने हुए ऐसे दस साथी थे जो शिवाजी महाराज के संकेत पर अनेक बार अपनी जान की बाजी लगा चुके थे।

अफ़जल का दिल बल्लियों उछल रहा था। उसे पूरा इतमीनान था कि उसके सरदार ऐन वक्त पर उसकी हिदायत को बखूबी अंजाम देंगे। पहले ही आकर वह ऊँचे से मंच पर बैठ गया। उसके दस हथियारबंद अंगरक्षक एक तरफ पूरी चौकसी के साथ खड़े थे। इनमें सैयद बंडा नाम का मशहूर जाँबाज और खूँखार सरदार भी था। इन्हीं दसों में कृष्णाजी ब्राह्मण भी मौजूद थे।

समय करीब आ गया। अफ़जल ने देखा कि ३२-३४ वर्ष की उम्र का एक साँवला-सा युवक चला आ रहा है। औसत कद, मगर शेर बब्बर-सी फुर्तीली और शानदार चाल, शक्ल पर दहशत की शिकन तक नहीं। उसे तो लोगों ने बताया था कि शिवाजी खौफ़ से परेशान और बीमार-सा रहता है, परन्तु यहाँ तो कुछ और ही नजर आ रहा था। पहले से तय था कि दोनों एक दूसरे से मिलने के लिए आगे बढ़ेंगे। मगर अफ़जल बैठा रहा। शिवाजी आगे बढ़े और बदस्तूर उन्होंने खाँ को आदाब किया। खाँ ने बहुत ही गुरूर के साथ धमकाते हुए कहा – "खैरियत है कि तुम आए। मगर हम यह पूछना चाहते हैं कि आदिलशाही सल्तनत में तुमने इतनी फसाद क्यों मचा रखी है? तुम्हारी लूट-खसोट, छापेमारी रोज़मर्रा की बात हो गई है। मुल्क और रिआया के अमन-चैन को बरबाद करने के लिए तुम जिम्मेदार हो। सुलतान तुम पर बेहद नाराज हैं।"

बलवान शत्रु उन्हें फटकार रहा था, उन्हीं के इलाके में। मगर शिवाजी ने साहस, धैर्य और बुद्धि का संतुलन बिगड़ने नहीं दिया। उन्होंने कहा – "खाँ साहब, आपको गलत खबरें मिली हैं। मुल्क में चारों तरफ डाकू और लूटेरे फैले हुए थे। मैंने तो उन्हें खतम करके उल्टा अमन और चैन कायम करने की कोशिश की है।"

खाँ की आवाज कुछ नरम पड़ी। कहने लगा – "खैर, जो कुछ हुआ, उसे गुज़रा समझ लेते हैं। तुम हमारे साथ बीजापुर चलो, सुलतान से मुआफी माँगो। यकीन करो, हम खुद तुम्हारी सिफारिश करेंगे।"

इतना कहकर वह शिवाजी से मिलने के लिए आगे बढ़ा। करीब आकर उसने उन्हें बाहों में कस लिया। दूर से ऐसा लग रहा था मानो खाँ बहुत दिनों से बिछुड़े अपने किसी भाई से मिल रहा हो। मगर शिवाजी ने महसूस किया कि अफ़जल की बाँहें अजगर की तरह कसती जा रही हैं। उन्होंने ज्योंही उस गिरफ्त से अपने को छुड़ाने की कोशिश की कि उस दैत्य ने शिवाजी के सिर पर एक छोटी, मगर तेज कुल्हाड़ी से वार

किया। यह कुल्हाड़ी अफ़ज़ल अपने चोगे में छिपाये था। पाग के नीचे लगी लोहे की टोपी ने वार सह लिया। महाराज का सिर बच गया, मगर खून छलक आया। शिवाजी ने अद्भुत वेग से तुरन्त पैंतरा बदला और बायें हाथ की मुट्ठी में दबे बघनखे से अफ़ज़ल के पेट की अंतड़ियाँ खींच निकाली। "या अल्लाह! मार डाला" – दर्द और घबराहट से खाँ की आँखें बाहर निकल रही थी। एक हाथ से वह बाहर निकलती अँतड़ियों को सम्हाल रहा था, दूसरे हाथ को ऊँचा कर आवाजें देने की कोशिश कर रहा था; पर उसकी शक्ति क्षीण होने लगी और वह लड़खड़ाने लगा।

सब कुछ मानो मिनटों में गुजर गया। खाँ के आदमियों ने ऐसी उम्मीद नहीं की थी कि शिवाजी अफ़ज़ल की गिरफ्त से निकल सकेंगे। उनका अंदाज था कि इनको तो वह अपनी बाँहों में ही पीस डालेगा। कराहते हुए अफ़ज़ल की चीख सुनकर

कृष्णाजी और सैयद, अफ़ज़ल की रक्षा के लिए दौड़े। दोनों ने एक साथ शिवाजी पर आक्रमण किया। मगर शिवाजी महाराज ने एक वार में ही सैयद का सिर काट दिया। ब्राह्मण को मारना धर्मविरुद्ध जानकर कृष्णाजी के वार को केवल बचाते रहे। कुछ देर यह क्रम चलता रहा। आखिर शिवाजी के एक अंगरक्षक जीवा महाला ने धर्मद्रोही कृष्णाजी का सिर काट गिराया। दोनों ओर के अंगरक्षक आपस में गुँथ चुके थे। शोर-शराबा बढ़ने लगा। अफ़ज़ल खाँ जमीन पर गिरा, भागने के लिए वह अपने शिथिल

शरीर को घसीट रहा था। इसी बीच उसके कुछ आदमी आए और फुर्ती से एक पालकी में उसे उठाकर घटनास्थल से दूर ले भागे। किंतु शिवाजी महाराज के एक सरदार काकाजी ने यह देख लिया। लपक कर उन्होंने पालकी को गिराया और अफ़जल का सिर काटकर अलग कर दिया। इस प्रकार अपने समय के दुर्दान्त दैत्य का अंत हो गया।

पूर्व निश्चित संकेत पाते ही प्रतापगढ़ दुर्ग से तोपों ने तीन बार गर्जना की। आदिलशाही फौज ने यह समझा कि खाँ साहब की अगवानी के लिए तोपें छोड़ी जा रही हैं। वह निश्चिंत थी। मौज-मस्ती का दौर चल रहा था। मगर एकाएक "हर-हर महादेव ! जय अम्बे भवानी !" कहते हुए तलवार और भालों को साधे मराठे आकर टूट पड़े। पहाड़ियों, घाटियों और जंगलों से वही नारा गूँजने लगा। इसी बीच फौज में यह खबर फैली कि अफ़जल खाँ मारा गया। इस खबर को सुनते ही सिपाहियों की हिम्मत छूट गई। फौज में बड़ी भगदड़ मची। जो जिधर रास्ता देखता उधर भागता। मगर घाटियों की ऐसी नाकेबन्दी थी कि कोई भी बचकर निकल न पाया। आदिलशाह की बहुत बड़ी फौज मय हथियार और सामान के वहीं पर बिखर गई। बहुत बड़ी संख्या में सैनिक मारे गए। अफ़जल खाँ के दो लड़के और बीजापुर के कई मराठे सरदार भी काम आए।

शिवाजी की इस गौरवपूर्ण विजय की खबर बिजली की तरह फैल गई। सारे प्रदेश में हर्ष की लहर दौड़ गई। एक तेज घुड़सवार की मार्फत रायगढ़ में माता जीजाबाई के पास इस विजय की सूचना भेजी गई। वहाँ भी हर्ष की दुंदुभी बज उठी। स्त्रियाँ शंखध्वनि करने लगीं, प्रजा आश्वस्त हुई और सभी लोगों ने यह महसूस किया कि अब आदिलशाही असुरों के महानायक दुर्दमनीय अफ़जल के अत्याचारों से निस्तार मिल गया।

इस युद्ध के पूर्व तक शिवाजी मध्यम श्रेणी के जागीरदार गिने जाते थे, किन्तु अफ़जल की फौज पर विजय प्राप्त करने पर उनकी शक्ति और बुद्धि का लोहा सभी मानने लगे। कीर्ति और प्रतिष्ठा बढ़ी। हाथी, घोड़े, ऊँट, तोपें और तोपों को खींचने वाली बैलगाड़ियाँ और असंख्य हथियार व गोले उनके हाथ लगे। तम्बू, शामियाने, कनातें और रसद भी खूब मिली। हरम के बेशुमार हीरे-जवाहिरात भी प्राप्त हुए। महाराज का नियम था कि शत्रुओं की स्त्रियों पर किसी तरह का अत्याचार न होने पाए, इसलिए बेगमों को वापस बीज़ापुर भेज दिया गया।

इस महत्त्वपूर्ण युद्ध ने उनकी धाक दक्षिण के गोलकुण्डा से सुदूर उत्तर में

दिल्ली तक जमा दी। सताए गए हिन्दुओं के मन में आशा बँधी और उन्हें यह विश्वास हुआ कि अब उनके धर्म व प्राण की रक्षा अवश्य होगी और यह कि शिवाजी के रूप में हिन्दू धर्म के रक्षार्थ कोई अवतार आया है।

टॉड तथा कई दूसरे अंग्रेज इतिहासकारों ने मराठों का जिक्र बड़े हेय दृष्टिकोण से किया है। अधिकांश अंग्रेज और मुस्लिम इतिहासकारों ने यह साबित करने की कोशिश की है कि शिवाजी ने धोखे से अफ़जल की हत्या की, किंतु आदिलशाही सल्तनत के प्रसिद्ध और प्रामाणिक इतिहासकार नशस्ता ने बीजापुर के इतिहास में स्पष्ट लिखा है – "सुलतान ने अफ़जल और कान्होजी जेदे को हिदायत दी थी कि चाहे जिन्दा हो या मुर्दा, किसी भी हालत में शिवाजी को हाजिर किया जाय।"

मुगल और मराठा इतिहास के सुप्रसिद्ध विद्वान आचार्य सर यदुनाथ सरकार ने पुरानी पांडुलिपियों एवं अन्यान्य प्राप्त सामग्रियों के आधार पर यह सिद्ध कर दिया है कि अफ़जल खाँ ने ही पहला वार किया था। यदि शिवाजी बख्तर और लोहे की टोपी न पहने होते तो कुल्हाड़ी के वार से उनकी मृत्यु निश्चित थी या अफ़जल की अजगरी गिरफ्त में ही उनकी पसलियाँ चूर-चूर हो जातीं। परंतु बघनखा के सामयिक प्रयोग ने उन्हें बचा लिया, जिसे उन्होंने केवल सुरक्षा के लिए ही मुट्ठी में दबा रखा था।

धोखे और फ़रेब का सहारा प्रायः हर मुस्लिम शासक ने उन दिनों लिया। हिन्दुओं के विरुद्ध इसका प्रयोग तो उनके लिए 'जिहाद' था, शबाब का सीधा रास्ता।

मैं मकबरे में बैठा रहा। अंधेरा हो आया था। बच्चे कब ऊपर दुर्ग देखकर आ गए, पता नहीं चला। एकाएक मेरी छोटी दौहित्री ने कंधे पर हाथ रखकर पूछा – "नानाजी, इन चबूतरों में क्या है?"

मैंने कहा – "बेटी, तुम बड़ी होगी तब इतिहास में पढ़ोगी, तब तुम्हें मालूम होगा कि शुम्भ-निशुम्भ नाम के दो राक्षस थे, जिन्हें शिवाजी ने यहाँ हमेशा के लिए सुला दिया था। चलो चलें...।"

मातृत्व

महाराष्ट्र-केशरी शिवाजी ने २० वर्ष की आयु में ही तोरना, कोंडाना और पुरंदर के किले जीत लिए थे। उनका यश कोंकण से लेकर कल्याण तक फैल गया। उनकी फौजों में मवालों के सिवाय उच्च जाति के मराठे, पठान और सैयद भी भर्ती होने में गौरव का अनुभव करते थे। मुग़ल बादशाह और बीजापुर के सुलतान दोनों को ही उनकी बढ़ती हुई शक्ति से खतरा महसूस होने लगा। वे उन्हें नेस्त-नाबूद कर देने का मौका देख रहे थे।

महाराज ने सुरक्षा की दृष्टि से महाबलेश्वर के पास जावली नाम के घने जंगल में सह्याद्रि पर्वत पर प्रतापगढ़ नाम के एक सुदृढ़ और अभेद्य किले का निर्माण कराया। किले की दीवारें प्राकृतिक ऊँचे-सीधे पहाड़ों से बनी थीं; उन पर चढ़ना-उतरना मनुष्य की तो औकात ही क्या, साँप गिलहरी के वश की भी बात नहीं थी। देवगिरि, गोलकुण्डा और रणथम्भोर के किलों की पंक्ति में इसकी गणना होने लगी।

यहीं उन्होंने तुलजापुर की भवानी की मूर्ति स्थापित की। वे स्वयं रायगढ़ से आकर बीच-बीच में यहाँ रहने लगे। किले के भीतर फौजियों, कारकूनों तथा अन्य कर्मचारियों का एक छोटा सा गाँव बस गया था।

एक शाम को एक अहीर युवती किले के फाटक पर दौड़ती हुई पहुँची। दूध बेच कर आई थी, अब घर जाने की जल्दी में थी।

वह रोज दो बार जावली गाँव से दूध लेकर कोस भर आती-जाती। इसके सिवाय घर की खेती-बाड़ी, गाय-भैंस का भी काम रहता ही, इसलिए स्वस्थ शरीर पर सौंदर्य का अद्‌भुत निखार था।

देश के दूसरे हिस्सों में, जहाँ मुसलमानों का अमल हो गया था, शायद जवान स्त्रियों की इतनी चुहल-कूद नहीं चलती थी। परंतु शिवाजी महाराज के राज्य में किसी की हिम्मत नहीं थी कि स्त्रियों की तरफ बुरी नज़र से देख ले।

किले के फाटक पर रात-दिन ८ सशस्त्र सिपाहियों का पहरा रहता। उनका हवलदार एक वृद्ध मराठा सरदार था, जो महाराज का अत्यन्त विश्वासपात्र था। उन लोगों के रहने की कोठरियाँ भी फाटक के ऊपर की बुर्जियों पर थीं।

युवती ने कहा – "बाबाजी, आज आपने इतनी जल्दी फाटक क्यों बंद कर दिया? अभी तो सूरज भी नहीं छिपा है, जल्दी खोल दीजिए, मुझे घर जाना है। दो घड़ी पहले बच्चे को पड़ोसिन के पास छोड़कर आई थी, वह भुखाया होगा।"

हवलदार ने कहा – "बेटी, अगहन लग गया है, इसलिए आज से फाटक एक घड़ी पहले बन्द हो जाएगा।"

"बाबाजी, कल से जल्दी आ जाऊँगी, आज तो जाने दें, वहाँ मेरा बच्चा रोता होगा।"

"बावली, गढ़ का फाटक खोलना-बन्द करना क्या हमारे वश में है। अब तो तुम कल सुबह ही जा सकोगी।" – हवलदार ने जवाब दिया।

युवती ने बहुत आरजू-मिन्नत की, परन्तु फाटक नहीं खुला। वहीं बैठकर कुछ देर तक वह रोती रही, फिर अंधेरा होने पर वापस भीतर चली गई।

दूसरे दिन सुबह फाटक खुलने के समय देखा गया कि वही युवती दूध का कलश लेकर बाहर की तरफ खड़ी थी। पहरेदारों ने हवलदार को बुलाकर उसे दिखाया, सब अचम्भे में थे कि रात में यह किले के भीतर थी, फिर बाहर कैसे गई।

पूछने पर वह जोर-जोर से हँसने लगी। बाद में बोली – "बाबाजी, आपने तो नहीं जाने दिया, पर मैं जादू-मंतर से चली गई।"

हवलदार डरते हुए उसे दुर्गाध्यक्ष के पास ले गया। उन दिनों दुर्गाध्यक्ष का पद बहुत ऊँचा माना जाता था। लोग उसका अदब करते और भय मानते थे, परन्तु यह अल्हड़ युवती तो जैसे एकदम निडर थी। उसने कहा – "बाबाजी, मैंने इन लोगों की बहुत आरजू-मिन्नत की, परंतु इन्होंने फाटक नहीं खोला। मुझे घर जाना जरूरी था, इसलिए किले की दीवार फाँदकर चली गई।"

दुर्गाध्यक्ष की समझ में बात नहीं आ रही थी। उसने महाराज को जाकर सारी घटना बताई। युवती को महल में बुलाया गया।

सुबह का समय था। महाराज भवानी की पूजा करके मंदिर से बाहर आए। देखा सीधे-सादे वेश में एक अपूर्व सुन्दरी युवती सहमी-सी एक तरफ खड़ी है।

"बेटी, सच-सच बताओ, तुम कौन से फाटक से बाहर गयी? तुम्हें दण्ड नहीं मिलेगा" – महाराज ने उसे आश्वस्त करते हुए कहा।

"बापजी ! बहुत खुशामद करने पर भी पहरेदारों ने फाटक नहीं खोले। मुझे भूखे बच्चे की जोर से रोने की आवाज सुनाई दी, इसलिए रुक नहीं सकी और दक्षिण की तरफ की दीवार फाँदकर चली गई। अभी तक मेरी ओढ़नी वहीं टँगी है।" युवती ने नम्रतापूर्वक बातें स्पष्ट कीं।

किसी को भी उसकी असम्भव बात पर विश्वास नहीं हुआ। जिस किले की ऊँचाई १२५ फीट हो, उसे भला कोई कैसे फाँद सकता है।

महाराज ने कहा – "हमारे साथ चलकर वह जगह दिखाओ।"

अब तक युवती का डर मिट गया था। लम्बे-लम्बे डग भरती हुई वह आगे बढ़ी। महाराज, सेनापति और दुर्गाध्यक्ष भी साथ-साथ चले।

सुरक्षा की दृष्टि से बात को गोपनीय रखने का प्रयत्न किया गया, परन्तु ऐसी बातें छिपती नहीं; बल्कि बढ़-चढ़कर फैल जाती हैं। एक ने कहा – "इसे भवानी का इष्ट है।" दूसरे ने कहा – "हमने स्वयं देखा है, एक बड़ा बंदर अपने कंधे पर चढ़ाकर इसे नीचे उतार रहा था। शायद स्वयं हनुमानजी थे।"

घटना स्थल पर आकर देखा गया तो सचमुच ही दक्षिण तरफ की दीवार के एक पत्थर से उसकी ओढ़नी बँधी हुई थी। उसने बताया – "महाराज, मैं इस ओढ़नी से

लटककर नीचे कूद गयी, फिर वहाँ से दौड़ती हुई घर चली गयी।"

नीचे खाई में जाकर देखा गया तो वहाँ अभी तक वृक्षों के पत्ते बिखरे और टूटे हुए थे। संयोग से जहाँ वह गिरी थी, वहाँ उन पत्तों का ढेर था, इसलिए चोट नहीं आयी।

किला तैयार हो जाने के बाद सेनापति और दुर्गाध्यक्ष ने महाराज को विश्वास दिलाया था कि दुर्ग पर चढ़ना-उतरना आदमी तो क्या साँप-गिलहरी के वश की बात ही नहीं है।

उन्होंने स्वयं भी निरीक्षण किया था। वे सोचने लगे कि ईश्वर की कृपा से जैसे पंगु पहाड़ लाँघ जाता है, उसी तरह यह युवती इस ८० हाथ ऊँची दीवार पर से कूद कर बच गई।

अन्त में उन्होंने कहा – "तुमने एक तो राज्य का कानून तोड़ा, दूसरे जान की जोख़म ली; इसलिए तुम्हें कड़ा दण्ड मिलना चाहिए। फिर भी तुम्हारी छोटी आयु और हिम्मत देखकर हम क्षमा कर दे रहे हैं। पर एक बात पर हमें विश्वास नहीं हो रहा है, वह यह कि तुम्हारा गाँव यहाँ से दो मील की दूरी पर है, भला उतनी दूर से तुम्हें बच्चे के रोने की आवाज़ कैसे सुनाई दी?"

महाराज के पैर पकड़कर युवती ने रोते हुए कहा – "मेरे माता-पिता बचपन में ही मर गए थे। आप ही मेरे माँ-बाप हैं। आपके यहाँ पिछले दो वर्षों से दूध बेचकर अपने छोटे से परिवार का भरण-पोषण कर रही हूँ। पति थोड़ी-सी खेती करता है, परन्तु पथरीली जमीन के कारण खाने लायक अनाज भी नहीं होता। परमेश्वर की सौगन्ध खाकर, आपके पैर छूकर कहती हूँ कि मुझे सचमुच ही मेरे बच्चे के रोने की आवाज सुनाई दी थी, तब मैं अपने वश में नहीं रही और जो कुछ कसूर हुआ वह आपको बता दिया। आप जो दण्ड देंगे, भुगत लूँगी।"

महाराज ने उसे चाँदी की हँसली, नए कपड़े और बच्चे के लिए बहुत प्रकार के खिलौने और मिठाई देकर विदा किया।

कालजयी शिवाजी

१६५९ में २९ वर्ष के दुबले-पतले शिवाजी ने अफ़जल खाँ जैसे दैत्य को मार गिराया था। खाँ के साथ ४० हजार सुसज्जित फ़ौज थी, जबकि शिवाजी के पास केवल १०-१२ हजार मराठों और मावलों की बेतरतीब सेना। इसी प्रकार देशद्रोही बाजीराव घोरपड़े को तो उसके किले में जाकर मारा था। उनके नाम से बीजापुर तथा दिल्ली की फौजों में डर बैठ गया था।

बीजापुर की राजमाता ने अपने सरदारों को इकट्ठा करके बहुत बुरा-भला कहा। लानत-मलामत की। आखिर उनका आला सरदार सिद्दी जौहर शिवाजी को जिंदा या मुर्दा पकड़ लाने के लिए तीस हजार फौज लेकर पन्हालगढ़ किले की ओर चल पड़ा और चारों तरफ से घेरा डाल दिया। यह सल्तनत का सबसे बड़ा किला था।

औरंगजेब तो पहले से ही बौखलाया हुआ था। अच्छा मौका जानकर उसने अपने मामा आला सेनापति शाइस्ता खाँ को एक लाख फौज के साथ शिवाजी को पकड़ने के लिए भेज दिया। उसकी २० हजार फौज ने चाकण का किला घेर लिया और ८० हजार फौज के साथ वह स्वयं शिवाजी के पूना के लालमहल में जाकर डट गया। सदा की तरह धर्म-देशद्रोही कुछ राजपूत राजाओं की और कुछ मराठा सरदारों की फौज भी उनके साथ थी। इस प्रकार महाराज चारों तरफ से घिर गये, परन्तु उन्होंने धीरज नहीं खोया।

जब चार महीने पन्हालगढ़ में घिरे हुए हो गए और उन्हें चाकण किले की हार तथा पूना के समाचार मिले तब उन्होंने सोचा कि अब मुझे जैसे भी हो, यहाँ से निकल जाना चाहिए। परन्तु आखिर इतने मजबूत घेरे को तोड़कर जाएँ भी तो कैसे?

जुलाई १६६० की एक घनघोर वर्षा की रात, महाराज केवल ६०० सैनिकों के साथ किले के गुप्तद्वार से ५० मील की दूरी पर स्थित विशालगढ़ किले में जाने के लिए निकले। अँधेरी रात, झाड़-झंखाड़ों का पहाड़ी रास्ता और हर समय दुश्मनों के हमले का डर; परंतु जब तक उन्होंने विशालगढ़ पहुँचकर तोप की आवाज़ नहीं की,

सेनापति बाजी प्रभु ने अपनी थोड़ी-सी फौज के साथ सिद्दी की फौजों को रोक रखा। वे सब के सब मराठे वीर, अपने से दस गुने दुश्मनों को मारकर स्वयं भी जूझते हुए मर गए। ऐसा उदाहरण केवल चित्तौड़ के सिसोदियों का ही मिलता है। विशालगढ़ पहुँचकर भी शिवाजी को चैन नहीं था। उनके मन में पूना के लालमहल में मुग़ल सेनापति का रहना और वहाँ पर गोवध तथा प्रजा की बहू-बेटियों पर अत्याचार के समाचार सुनकर बड़ी चिंता लगी रहती थी।

लोग त्राहि-त्राहि कर रहे थे – मराठा सैनिक हतोत्साह होकर रायगढ़, विशालगढ़ और प्रतापगढ़ के किलों में बैठे थे। कभी-कदाच बाहर निकलकर मुग़लों के और बीजापुर के गाँवों को लूट लेते थे। शिवाजी ने अपने मुख्य सरदारों को मंत्रणा के लिए रायगढ़ बुलाया। मोरोपंत पिंगले, चिमणाजी जेधे आदि सब ग़मगीन-से बैठे थे। किसी को समझ में नहीं आ रहा था कि शाइस्ता खाँ को लालमहल से कैसे भगाया जाय।

महाराज ने कहा कि हमारे इन छिटपुट हमलों से विशाल मुग़ल-सेना का कुछ बनता-बिगड़ता नहीं है। यद्यपि खाँ अव्वल दर्जे का ऐयाश और शराबी है, परंतु उसके साथ बहादुर पठान और सैयद भी तो हैं, देशद्रोही राजपूतों की फौज भी यथेष्ट मात्रा में है। इनके सिवा गायकवाड़, कोकाट और जाधवराव की मराठा फौजें भी हैं। कुछ ऐसा उपाय करना चाहिए जिससे वह डर के मारे पूना छोड़ कर भाग जाय।

महाराज ने एक योजना प्रस्तुत की। सरदारों ने पक्ष-विपक्ष में अपने मत व्यक्त किए। उनके यहाँ इस बात की स्वतंत्रता थी। आखिर जोख़िम भरी होने पर भी केवल महाराज की बात रही और आगे के लिए तैयारी होने लगी।

सन् १६६२ की चैत्र सुदी ९, भगवान राम का पवित्र जन्म-दिन। महाराज ने माँ साहिबा से सारी बातें बताईं। वे बहुत बहादुर और सूझ-बूझ वाली महिला थीं। शिवाजी की क्षमता और हिम्मत के बारे में यथेष्ट जानती थीं, परंतु उन्हें एक लाख मुग़ल फौज के घेरे में जाकर शाइस्ता खाँ को मार कर वापस सही-सलामत चले आना असम्भव बात-सी लगी।

परंतु, उन्होंने तो तीन वर्ष पहले दैत्य अफ़ज़ल खाँ के पास पुत्र को भेजकर इससे भी बड़ी जोखिम ली थी। भारी मन से पुत्र को गले लगाया और उस दुर्गम पथ पर भेज दिया। साथ में केवल चार सौ सैनिक थे। एक लाख के मुकाबले में केवल चार सौ – इतिहास में यह अकेला उदाहरण है। उन दिनों रमजान का महीना था। मुग़ल सैनिक खूब पेट भर कर खाना खाकर और शराब पीकर सोने की तैयारी में थे, अधिकांश सो गए थे, ऐसे में शिवाजी अपने चार सौ सैनिकों के साथ निधड़क होकर

मुग़ल-शिविर से होते हुए लालमहल की तरफ बढ़े। चौकीदारों ने पूछताछ की तो विश्वास से उत्तर दिया कि बाहर के पहरे पर से आ रहे हैं। आपने तो मजे में रोजा खोल लिया, परंतु हम तो अभी तक भूखे ही हैं। मुग़ल फौजों को इस असंभव बात पर यकीन भी कैसे होता कि केवल चार सौ व्यक्ति महल पर धावा करने जा रहे हैं।

आला सेनापति और औरंगजेब का मामा शाइस्ता खाँ अपने बड़े हरम में शराब पीकर आराम से सो रहा था कि इतने में शिवाजी खिड़की तोड़कर अन्दर चले गए। कुछ पहरेदारों को उनके साथ के मवाले सैनिकों ने मौत के घाट उतार दिया। लगातार आती हुई आवाजों से खाँ की नींद टूट गई। अभी होश में भी नहीं आ पाया था कि तलवार लिए शिवाजी दिखाई दिये।

परंतु उसका नसीब अच्छा था कि बेग़म ने उसी वक्त रोशनी बुझा दी और खाँ पीछे की खिड़की से नीचे कूद गया। उसकी तीन अँगुलियाँ महाराज की तलवार से कट गयी और लालमहल सचमुच ही खाँ के खून से लाल हो गया।

खाँ बच गया। शिवाजी ने सोचा अब यहाँ ठहरना मौत को बुलाना है। उसके सैनिक भी 'मराठा आए', 'मावला आए' चिल्लाते हुए मुख्य-द्वार पर पहुँच गए। वहाँ महाराज के लिए मोरोपंत और नेताजी घोड़े लेकर तैयार खड़े थे। वे तुरंत रायगढ़ के

लिए रवाना हो गए।

मुग़ल सैनिक तो सकते में आ गए, कहने लगे – "सचमुच ही कम्बख्त शिवाजी के वश में जिन्नात हैं, नहीं तो इतने बड़े पहरे में खाँ की अँगुलियाँ तराश कर वापस कैसे चला जाता।"

इधर खाँ घायल होकर गालियाँ बक रहा था। दो बजे रात को बहुत से मुग़ल-सैनिक शिवाजी को पकड़ने निकले।

परन्तु वे तो पहले से ही पूरी योजना बनाकर तैयार होकर आये थे। बहुत से बैलों को इकट्ठा कर रखा था। उनके सींगों पर कपड़ा लपेट कर तेल में भिगोकर आग लगा दी। बैल जोर से भागने लगे। मुग़ल-सैनिकों ने अँधेरी रात में मशालों की रोशनी देखकर समझा कि मराठे भाग रहे हैं। उन्होंने जोर से पीछा किया। भोर के झुटपुटे में देखा कि मराठों की जगह बैल और भैंसें हैं। वे शर्मिंदा होकर वापस आ गये।

इधर महाराज ने रायगढ़ पहुँचकर माताजी के चरण स्पर्श किये। कहने लगे – "माँ साहिबा! आपकी दया से हम सब सही-सलामत वापस आ गए हैं। आपने तो भगवान रामजन्म का व्रत रखा है, परंतु मैं तो भूख से बेहाल हूँ; अपने हाथ का प्रसाद देने की कृपा करें।"

जीजा बाई शिवाजी को एक छोटे बालक की तरह पास में बैठाकर खिला रही थी और लालमहल का वाकया सुनकर हँस रही थी। शिवाजी महाराज की वीरता की बातें सुनकर सताए हुए लोगों में विश्वास पैदा हो रहा था। वे खुश हो रहे थे कि उनका भी कोई रक्षक पैदा हो गया है।

अफ़जल खाँ और सिद्दी जौहर से भी लालमहल का हमला ज्यादा महत्त्वपूर्ण था। शाइस्ता खाँ की हिम्मत जवाब दे गयी। अब पूना या महाराष्ट्र में रहने में उसे जान की जोखिम लगी। थोड़े दिनों में ही वह पूना छोड़कर आगरा चला गया।

शिवाजी और धोखेबाज अंग्रेज

"कहते क्या हैं, दारोजी! क्या सचमुच अंग्रेज हमारे विरुद्ध सिद्दी जौहर से मिल गए और अपनी बड़ी-बड़ी तोपें लड़ाई में ले आए? अभी डेढ़ महीने पहले ही तो हमने उनके जहाज छोड़े हैं। हमारे पास वे बहुत प्रकार की भेंट लाए थे, खुशामद कर रहे थे। उन्होंने संधि-पत्र पर सौगंध खाकर हस्ताक्षर किए थे कि वे बीजापुर के विरुद्ध हमें मदद देंगे।"

"महाराज, आपने तो कहा था कि ये अंग्रेज बड़े धूर्त होते हैं, इनसे सावधान रहना चाहिए। परंतु मैंने गलती से इनकी बातों का विश्वास कर लिया। अब जब उन्होंने देखा कि सिद्दी की फौजें हमसे तगड़ी हैं, शिवाजी किले में घिर गये हैं, तो उसकी सहायता पर आ गये।"

मार्च, १६६० में सिद्दी ने तीस हजार फौज के साथ पन्हालगढ़ पर हमला किया था। राजापुर अंग्रेजी गोदाम का बेईमान एजेण्ट हेनरी रेविंगटन अपनी अंग्रेजी फौजी टुकड़ी के साथ उसमें मिल गया था। किले पर तोपों की मार कर रहा था।

जुलाई में किसी प्रकार महाराज किले से निकलकर विशालगढ़ पहुँच गए। किला सिद्दी के हाथ आया। लूट की सामग्री में अंग्रेजों को भी यथेष्ट हिस्सा मिला। महाराज के मन में कसक थी, नेताजी पालकर से कहने लगे – "हमने इनकी कोठियों को यह जानकर नहीं लूटा कि हमारी लड़ाई तो मुग़लों से है, ये बेचारे तो विदेशी व्यापारी हैं। राजापुर में भी इनके साथ रियायत बरती। उसका बदला उन्होंने इस प्रकार विश्वासघात करके दिया? खैर, समय आने पर इनसे बदला लिया जायगा।"

और सचमुच थोड़े दिनों में ही बदला लेने का समय आ गया। मराठा सैनिकों ने राजापुर स्थित अंग्रजों के गोदाम पर धावा बोल दिया। लाखों का सोना-चाँदी और दूसरा सामान मिला। रेविंगटन तथा दूसरे अंग्रेजों को महाराज के सामने हाथ-पाँव बाँधकर हाजिर किया गया।

हेनरी रेविंगटन तथा उसके साथी गिड़गिड़ाकर नतजानु होकर क्षमा माँगने लगे।

यद्यपि महाराज शांत स्वभाव के थे, परंतु उस दिन तो उन्हें सचमुच बहुत क्रोध हो गया। कहने लगे – "कमबख्तो ! मैं समझता था कि तुम लोग व्यापारी हो, आयात-निर्यात का धंधा करते हो, राजनीति से तुम्हें कोई मतलब नहीं है। यद्यपि मुझे यह सूचना कई बार मिली कि तुमलोगों में समुद्री डाकू भी हैं, मेरे समुद्र तट की गरीब प्रजा को तंग करते हो, परंतु मैंने उन अफवाहों पर ध्यान नहीं दिया। इस बार केवल एक महीने पहले ही तो तुमने वचन दिया था कि सिद्दी से जब हमारी जंग होगी, तुम अपनी तोपों सहित हमारे पास आ जाओगे। परंतु जब तुमने देखा कि शिवाजी पन्हालगढ़ में घिर गया है तो उस संकट के समय तुम अपनी तोपें लेकर सिद्दी के साथ चले गए। मेरा मन कहता है कि जिन तोपों से तुमने पन्हालगढ़ पर गोले छोड़े, उन्हीं तोपों के मुँह के आगे बाँधकर तुम लोगों को बारूद से उड़ा दिया जाए। तुम खटमलों की तरह धोखे से काटते हो, इसलिए तुम्हें खटमलों की कोठरी में रखा जाएगा। सूरत को सूचना भेजी गई है। अगर वे हमारे हर्जाने की रकम जुर्माने सहित दे देते हैं तो तुम्हें छोड़ने पर विचार किया जाएगा।"

एक वर्ष से जेल में पड़े-पड़े अंग्रेज सड़ रहे थे। वहाँ न तो शराब थी और न नाच-रंग। यद्यपि शारीरिक दंड तो उन्हें नहीं दिया जाता था, परंतु खाना-पीना तीसरे दर्जे के कैदियों का सा था।

ज्वार की मोटी रोटी और छिलके सहित चने की दाल। बार-बार सूरत में अपने बड़े साहब को पत्र लिख रहे थे – "शिवाजी से समझौता करके हमें इस दोज़ख से निकलवाइए। हमारा वजन घटकर आधा रह गया है। हमारे शरीर खटमलों के काटने से सूज गए हैं। हमें बिना सालन के चोकड़ की मोटी रोटियाँ मिलती हैं।"

सूरत से महाराज के पास कई बार उन्हें छोड़ने की दरख्वास्त आई। परंतु वे हर्जाना देने को तैयार नहीं थे। उनका कहना था कि जो कुछ राजापुर में हुआ है वह बिना सूरत की मंजूरी के किया गया है।

इस बीच जेल में दो अंग्रेज मर गये और हेनरी रेविंगटन बीमार रहने लगा।

उसने महाराज को अर्जी भेजी कि उसके और साथी तो जेल में हैं ही, उसे दो महीनों की पैरोल पर छुट्टी दी जाय, वह सूरत जाकर प्रेसिडेण्ट एण्ड्रूज से मिलकर हर्जाने की शर्तें तय करेगा।

उसे छुट्टी मिल गयी। वह सूरत की बड़ी कोठी में गया। गंदे कपड़े, सूखा चेहरा और सूखा हुआ शरीर। पहले तो पहचानने में ही नहीं आया। जब उसने जेल के कष्टों का वर्णन किया तो साहब उस पर बिगड़ गया। कहने लगा–"बेवकूफ, तुम्हें शिवाजी से लड़ने को किसने कहा था? क्यों उस बाघ की माँद में गये? हम धीरे-धीरे पैर फैला रहे थे कि इस बीच में यह झंझट मोल लेकर तुमने उन्हें हमारे विरुद्ध कर

दिया। वह कई लाख का सामान तो राजापुर के गोदाम से ले गया और अब कई लाख की माँग करता है। किसके हुक्म से तुमने सिद्दी को तोपें भेजीं और लड़ाई करने गये? जो किया उसका फल भोगो। यहाँ कुछ नहीं हो सकता।"

रेविंगटन फिर से शिवाजी के कैदखाने में किसी भी हालत में नहीं जाना चाहता था। थोड़े दिनों बाद उसकी मृत्यु हो गयी, और इस प्रकार वह घोर कष्टों से मुक्ति पा गया। बाकी अंग्रेज कैदी जेल में रस्सियाँ बँटते और चक्कियाँ पीसते रहे। धीरे-धीरे उन्हें जेल में ३३ महीने गुजारने पड़े। इन सभी की स्थिति खतरनाक हो गयी। आखिर एक दिन महाराज को इन पर दया आई। उन्होंने मुचलके लेकर फरवरी सन् १६६३ ई० को सभी को मुक्त कर दिया।

शिवाजी का ऐतिहासिक पत्र

मामा शाइस्ता खाँ पूना से भागकर दिल्ली आया और औरंगजेब को लालमहल पर शिवाजी के हमले की घटना बताई, साथ ही अपने दाहिने कटे हाथ को दिखाया। बहुत ग़मगीन था आला सेनापति। इतने में सूरत की लूट की खबर पहुँची। औरंगजेब गुस्से से बौखला गया। बीस हजार की बेतरतीब मावलों की भीड़वाला शिवाजी मुग़ल बादशाह की एक लाख बेहतरीन फौजों से लोहा ले रहा था। बात यकीन करने की नहीं थी, परंतु थी सच।

औरंगजेब अद्‌भुत कूटनीतिज्ञ था। उसने सोचा कि इस बार हिन्दुओं की बड़ी फौज दक्षिण में भेजी जाय। दोनों तरफ हिंदू मरेंगे। आमेर के मिर्जा राजा जयसिंह को यह भार सौंपा गया। वे मुग़लों के बड़े सेनापति थे। पाँच पीढ़ी से उनकी गुलामी करते आ रहे थे। सूझ-बूझ और सैनिक-संधान में वे अद्वितीय गिने जाते थे।

औरंगजेब अव्वल दर्जे का धूर्त और वहमी था। सावधानी के लिए उसने एक दूसरे सेनापति दिलेर खाँ को राजा के साथ लगा दिया। फौज अधिकांश हिंदुओं की थी। १६६५ की फरवरी में मुग़ल फौज बुरहारनपुर पहुँच गयी। यह दक्खिन का दरवाजा गिना जाता था।

राजा जयसिंह शिवाजी से मैदान में लड़ना चाहता था, परंतु शिवाजी उससे भी अधिक बुद्धिमान थे। वे अपनी सीमित शक्ति को जानते थे। बीजापुर का डर भी बना हुआ था। कहीं दो पाटों के बीच में नहीं फँस जाये, यह चिंता थी।

उन्हें यह भी सूचना मिल गई थी कि इस बार अधिकांश हिंदू फौजें हैं। उनके पास उस समय बीस हजार फौज थी, परंतु बेहतरीन हथियारों की कमी थी जबकि मुगल फौज में हाथी, घोड़े, ऊँट, छोटी-बड़ी तोपें और बंदूकें बड़े पैमाने पर थी। वे जयसिंह को लम्बे अरसे तक उलझा कर रखना चाहते थे।

यह भी जानते थे कि जयसिंह कट्टर धार्मिक है, नित्य पूजा-पाठ करता है और गोविंददेवजी का भक्त है। औरंगजेब ने पिछले वर्षों में मथुरा, काशी तथा खास

जयपुर के बहुत मंदिर तोड़े हैं, इसलिए मन ही मन दुःखी भी है। वे उसकी हिंदुत्व की भावना जागृत करके एक बड़ा सम्मिलित मोर्चा बनाना चाहते थे। उन्हें यह आकांक्षा नहीं थी कि वे स्वयं नेता बनें। मेवाड़ के राणा जयसिंह, राजा जयसिंह या जोधपुर के राजा जसवंत सिंह में से किसी को भी नेता बनाने को तैयार थे। उनका एकमात्र लक्ष्य था कि किसी तरह बढ़ती हुई विदेशी मुग़ल-शक्ति को छिन्न-भिन्न किया जाय, जिससे हिंदू-धर्म मजबूत होकर देश में आर्य-संस्कृति फले-फूले।

शिवाजी ने सोचा क्यों न एक बार राजा जयसिंह से मिलकर सारी बातें स्पष्ट कर ली जायें। आखिर वह भी देश-धर्म की भली-बुरी सोचता ही है, उसके मन में भी इष्टदेवता के मन्दिर टूटने का मलाल तो है ही।

आखिर उन्होंने जयसिंह को वह प्रसिद्ध पत्र लिखा, जो इस समय भी राष्ट्रीय संग्रहालय में मौजूद है। इसे पढ़ने पर पता चलता है कि धर्म के प्रति कितनी श्रद्धा और भक्ति इस महामानव के मन में थी।

रायगढ़, फरवरी १६६५

"ऐ रामचन्द्र के हृदयांश ! तुझसे राजपूतों का सर उन्नत है। बुद्धिमान जयशाह ! शिवा का प्रणाम स्वीकार कर। जगत का जनक, तुझको धर्म-न्याय का मार्ग दिखायें।

मैंने सुना है कि तू मुझपर आक्रमण करने एवं दक्षिण प्रांत को विजय करने आया है। हिंदुओं के हृदय तथा आँखों के रक्त से तू संसार में यशस्वी हुआ चाहता है; पर तू यह नहीं जानता कि यह तेरे मुख पर कालिख लग रही है, क्योंकि इससे देश तथा धर्म आपत्ति में पड़ जाएंगे। यदि तू स्वयं दक्षिण विजय करने आता तो मेरे सिर और आँख तेरे रास्ते के बिछौने बन जाते। मैं तेरे हमरकाब बड़ी सेना लेकर चलता और एक सिरे से दूसरे सिरे तक भूमि तुझे विजय करा देता; पर तू तो औरंगजेब की ओर से आया है। अब मैं नहीं जानता कि तेरे साथ कौन-सा खेल खेलूँ। यदि मैं तुझसे मिल जाऊँ तो यह पुरुषत्व नहीं है; क्योंकि पुरुष लोग समय की सेवा नहीं करते, सिंह लोमड़ीपना नहीं करते और यदि मैं तलवार तथा कुठार से काम लेता हूँ तो दोनों ओर हिंदुओं को ही हानि पहुँचती है। वह न्याय तथा धर्म से वंचित पापी जो कि मनुष्य के रूप में राक्षस है, जब अफ़जल खाँ से कोई श्रेष्ठता न प्रकट हुई, न शाइस्ता खाँ की कोई योग्यता देखी तो तुझको हमारे युद्ध के निमित्त भेजा है। वह स्वयं तो हमारे आक्रमण को सहने की योग्यता रखता नहीं। वह चाहता है कि हिन्दुओं के दल में कोई बलशाली संसार में न रह जाय, सिंह-सिंह आपस में लड़-भिड़कर घायल तथा शांत हो जायें। यह गुप्तभेद तेरे सिर में क्यों नहीं बैठता।

तूने संसार में बहुत भला-बुरा देखा है। तुझे यह नहीं चाहिए कि हम लोगों से

युद्ध करे, हिन्दुओं के सिरों को धूल में मिलावे। व्याघ्र मृग आदि पर व्याघात करते हैं, सिंहों के साथ गृह-युद्ध में प्रवृत्त नहीं होते। यदि तेरी काटनेवाली तलवार में पानी है तो तुझको चाहिए कि धर्म के शत्रु पर आक्रमण करे। तूने जसवंतसिंह को धोखा दिया तथा हृदय में ऊँच-नीच नहीं सोचा। तू लोमड़ी का खेल खेलकर अभी अघाया नहीं है, सिंहों से युद्ध के निमित्त ढिठाई करने आया है। तुझको इस दौड़-धूप से क्या मिलता है? तू उस नीच की कृपा का क्या अभिमान करता है? तू जानता है कि कुमार छत्रसाल पर वह किस प्रकार से आपत्ति पहुँचाना चाहता था। तू जानता है कि दूसरे हिंदुओं पर भी उस दुष्ट के हाथ से क्या-क्या विपत्तियाँ नहीं आईं। मैंने माना कि तूने उससे संबंध जोड़ा है, पर उस राक्षस के लिए यह बंधन इजारबंद से अधिक दृढ़ नहीं है। वह तो अपने इष्ट-साधन के लिए भाई के रक्त तथा बाप के प्राणों से भी नहीं डरता।

यदि तू पौरुष तथा बड़ाई मारता है तो तू अपनी जन्मभूमि के संताप से तलवार को तपा तथा अत्याचार से दुखियों के आँसू पर पानी दे। यह अवसर हमलोगों के आपस में लड़ने का नहीं है, क्योंकि हिंदुओं पर इस समय बड़ा कठिन कार्य पड़ा है। हमारे लड़कों, देश, धन, देव, देवालय तथा पवित्र देव-पूजक – इन सब पर आपत्ति आ पड़ी है तथा उनका दुःख सीमा तक पहुँच गया है। यदि कुछ दिन उसका काम ऐसा ही चलता रहा तो हम लोगों का कोई चिह्न पृथ्वी पर न रह जायेगा। बड़े आश्चर्य की बात है कि मुट्ठी भर मुसलमान हमारे इतने बड़े देश पर प्रभुता जमावें। यदि तुझको समझ है तो देख कि वह हमारे साथ कैसी धोखे की चालें चलता है तथा हमारे सिरों को हमारी ही तलवारों से काटता है।

हम लोगों को हिंदुस्तान तथा हिंदू-धर्म के निमित्त अत्यधिक प्रयत्न करना चाहिए। यदि तू जसवंत से मिल जाय और राणा से भी एकता का व्यवहार कर ले तो आशा है कि बड़ा काम निकल जाय। चारों तरफ से धावा करके तुम लोग युद्ध करो। उस साँप के सिर को पत्थर के नीचे दबा लो। मैं इस ओर भाला चलाने वाले वीरों के साथ इन दोनों बादशाहों का भेजा निकाल डालूँ। मेघों की भाँति गरजनेवाली सेना से मुसलमानों पर तलवार का पानी बरसाऊँ। इसके पश्चात कार्यदक्ष शूरों के साथ लहरें लेती हुई तथा कोलाहल मचाती हुई नदी की भाँति दक्षिण के पहाड़ों से निकल कर मैदान में आऊँ और अत्यंत शीघ्र तुमलोगों की सेवा में उपस्थित होऊँ। हमलोग अपनी सेनाओं की तरंगों को दिल्ली में उस जर्जरीभूत घर में पहुँचा दें। उसकी न अत्याचारी तलवार रह जाय और न कपट का जाल। यह काम बहुत कठिन नहीं है, केवल यथोचित हृदय, हाथ तथा आँख की आवश्यकता है। दो हृदय एक हो जायें तो पहाड़ को तोड़ सकते हैं, समूह के समूह

को तितर-बितर कर सकते हैं, जिसको पत्र में लिखना सम्मत नहीं है। मैं चाहता हूँ कि हमलोग परस्पर बातचीत कर लें जिससे कि व्यर्थ में दुःख और श्रम न मिले। यदि तू चाहे तो मैं तुझसे साक्षात बातचीत करने आऊँ और तेरी बातों को श्रवण करूँ।

तलवार की तथा धर्म की शपथ करता हूँ कि इससे तुझ पर कदापि आपत्ति नहीं आयेगी। अफ़ज़ल खाँ के परिणाम से तू शंकित मत हो, क्योंकि उसमें सच्चाई नहीं थी। वह मेरे लिए घात लगाए हुए था। यदि मैं पहले ही उस पर हाथ न फेरता तो इस समय यह पत्र तुझको कौन लिखता? यदि मैं तेरा उत्तर यथेष्ट पाऊँ तो तेरे समक्ष रात्रि को अकेले आऊँ। मैं तुझको वे गुप्त पत्र दिखाऊँ जो मैंने शाइस्ता खाँ की जेब से निकाल लिए थे। यदि ये पत्र तेरे मन के अनुकूल नपड़ें तो फिर मैं हूँ और काटनेवाली तलवार तथा तेरी सेना। कल जिस समय सूर्य अपना मुँह संध्या में छिपा लेगा उस समय मेरा खंग म्यान को फेंक देगा।"

– शिवाजी

शिवाजी का पत्र पढ़ने के बाद जयसिंह के मन में उनके प्रति आदर-भाव बढ़ गया। वह मन ही मन महसूस करने लगा कि वास्तव में ही वह अकेला वीर युवक मुगलों की बड़ी हस्ती से हिन्दू-धर्म की रक्षा के लिए लड़ रहा है, परंतु जयसिंह में यह हिम्मत नहीं थी कि औरंगजेब से अलग हो जाय।

नयी संधि के अनुसार शिवाजी अपनी फौजों के साथ जयसिंह के साथ आ गये थे। परंतु उसका सहायक सेनापति दिलेर खाँ हमेशा उनकी चुगली खाया करता था, मन में बैर रखता था और मौका देखकर मार देना चाहता था।

एक दिन बादशाह का पत्र आया कि शिवाजी और उनके पुत्र को आगरा भेज दो, हम उनसे मिलना चाहते हैं। उनको इज्जत और मनसब भी देंगे।

जीजा बाई आगरे भेजने के पक्ष में नहीं थी, परंतु महाराज ने कहा कि भवानी रक्षा करेगी, आप डरें नहीं। हमें उत्तर के हिन्दू सरदारों के मनोभाव जानने का भी मौका मिलेगा। राजा जयसिंह ने अपने इष्टदेव गोविंददेवजी की सौगंध खाकर उनकी रक्षा का वचन दिया। अपने पुत्र रामसिंह को सारी बातें लिखकर भेज दीं। ५ मार्च, १६६६ को अपने ३५० साथियों के साथ महाराज और ९ वर्ष का बालक शम्भाजी रायगढ़ से आगरा के लिए रवाना हुए। ११ मई को वे सब आगरा पहुँच गये। दूसरे दिन बादशाह का ५० वें जन्मदिन का जलसा था। शिवाजी पुत्र के साथ दरबार-ए-आम में गए। शहर के रास्तों में लोग उनकी जय-जयकार कर रहे थे। साथ के मुसलमान सिपाहियों को यह बहुत बुरा लग रहा था।

दरबार में उन्हें तीन हजारी सरदारों की पंक्ति में खड़ा किया गया। औरंगजेब ने आदाब का जवाब भी नहीं दिया। वे गुस्से से काँपने लगे। पास में खड़े रामसिंह को बुरा-भला कहा और जल्दी से बिना सलाम किए दरबार से बाहर निकल कर आ गए।

यह सरासर बादशाह की तौहीन थी। वे अपने डेरे पर आ गए। थोड़ी देर में ही चारों तरफ से मुग़ल सैनिकों ने उनके डेरे को घेर लिया। उन्हें जीजा माता की कही हुई चेतावनी याद आ गई, परंतु अब क्या हो सकता था? अब तो वे पिंजरे में बंद थे।

यद्यपि औरंगजेब खुद झगड़ा नहीं बढ़ाना चाहता था, परंतु उसका वजीर जाफर खाँ, जोधपुर का राजा जसवंतसिंह और शाहजादी जहानआरा सब शिवाजी को खत्म कर देना चाहते थे। इसलिए उनकी सलाह मानकर उसने आगरे के कोतवाल अंदाजखाँ के जिम्मे उनको सौंप दिया। पाँच हजार पठान सिपाही चारों तरफ रात-दिन पहरे पर रहने लगे।

रामसिंह को पता चल गया कि जल्दी ही शिवाजी और शम्भाजी की हत्या की जायेगी। उसे अपने पिता के दिये हुए वचनों की याद आयी। उसने अपने कुछ विश्वस्त सैनिक शिवाजी के मकान पर रख दिये।

शायद अब तक वे मार दिये जाते, परंतु औरंगजेब, राजा जयसिंह को नाराज नहीं करना चाहता था। आगरे में हिंदू फौज के सिपाही भी शिवाजी का आदर करते थे। इसलिए मौके की ताक में था।

रामसिंह शिवाजी से बराबर मिलता रहता। मन में बहुत दुःखी था, परंतु कुछ उपाय भी तो था नहीं।

एक महीना उन्हें कैद में हो गया। चारों तरफ कड़ा फौजी पहरा, कोई रास्ता नजर नहीं आ रहा था। परंतु वे संकट में हिम्मत हारने वाले नहीं थे।

९ जून को उन्होंने अपने साथ के ३५० सैनिकों को दक्खिन भेजने की अनुमति माँगी। औरंगजेब तो यही चाहता था।

सारे मराठे सैनिक दक्खिन न जाकर योजनानुसार आगरे के पास छिपकर इधर-उधर फैल गये। इधर शिवाजी की हत्या की सारी व्यवस्था हो गयी। उन्हें दफनाने का बंदोबस्त भी हो गया।

रामसिंह को गुप्तचरों द्वारा सारी बातों का पता चल गया। उसने पिता को बादशाह के विश्वासघात के बारे में ब्यौरेवार समाचार दे दिया। एक दिन शिवाजी ने

उसको बुलाकर कहा – "तुम मेरे छोटे भाई की तरह हो। मैं तुम्हें किसी प्रकार के मुगालते में नहीं रखना चाहता, बादशाह से तुम मेरी रक्षा की जिम्मेदारी से छुट्टी ले लो, फिर मैं जैसा ठीक समझूँगा, करूँगा।"

वर्षा ऋतु शुरू हो गयी, जेल में ढाई महीने बीत गये। शिवाजी जान-बूझकर अस्वस्थ रहने लगे; दिन-रात चद्दर ओढ़े सोये रहते। वैद्य-हकीम आने लगे। बादशाह और उमरा खुश थे कि शायद थोड़े दिनों में अपने-आप ही शिवा मर जायेगा, हत्या का बखेड़ा नहीं करना पड़ेगा।

भाद्र बदी ८, भगवान श्रीकृष्ण का जन्म-दिन। अतः महाराज के स्वास्थ्य-लाभ के लिए हिंदू-मुसलमान सबको प्रचुर अन्न-फल आदि दान दिया जाने लगा।

शुरू में तो टोकरों को खोलकर पहरेदारों ने देखा, परंतु उनका तो जैसे अंत ही

नहीं था, लगातार आते ही जा रहे थे। इसलिए वे थक कर बैठ गये।

इन्हीं पिटारों में से दो में शिवाजी और शम्भाजी बैठ गये और बात की बात में मुगलों के पहरे से बाहर निकल गये।

घनघोर वर्षा – अंधेरी रात। वे औरंगजेब रूपी कंस के जेलखाने से निकलकर अपने सैनिकों के पास सही-सलामत पहुँच गये।

शिवाजी की जगह उन्हीं की शक्ल का हीरोजी फरजंदे चद्दर ओढ़ कर लेट गया।

बाहर आकर टहलुआ मदारी पहरेदारों से कहने लगा – "भाई, महाराज तो शायद ही आज की रात काटें।"

मुसलमान सरदार और पहरेदार खुश थे कि चलो, रोज की बला मिटी।

दूसरे दिन सुबह सदा की तरह फौलादखाँ जब महाराज के कमरे में गया तो पलंग खाली था। नीचे ऊपर चारों-तरफ देखा, परंतु शिवाजी या शम्भाजी दोनों ही नहीं मिले।

डरते हुए औरंगजेब के पास जाकर सूचना दी। बादशाह ने सिर पीटते हुए कहा – "बेवकूफो, नमकहरामो, तुम लोगों ने यह क्या किया? क्या वह कम्बख्त जमीन में धँस गया या आसमान में उड़ गया। जब तक उसको पकड़ कर नहीं लाते तब तक मुझे अपना काला मुँह मत दिखाना।"

यद्यपि रामसिंह की मनसबदारी तो छिन गयी, परंतु वह मन ही मन खुश था कि पिता की बात रह गयी।

चारों तरफ मुग़ल-सैनिक घोड़े लेकर शिवाजी को पकड़ने निकले।

इधर शिवाजी ने दाढ़ी-मूँछें मुड़ाकर साधु का वेश बना लिया। शम्भाजी को एक विश्वस्त मराठा-परिवार में मथुरा में छोड़कर वे काशी की तरफ रवाना हो गए। रास्ते में बिना आराम किए लगातार चलकर २५ दिनों में रायगढ़ पहुँचे। माता जीजाबाई को सूचना भिजवाई कि काशी के कुछ साधु-महात्मा आए हैं जो माँजी साहिबा से मिलने की जिद्द किए हुए हैं।

महल के भीतर आकर उनमें से एक साधु माँजी के पैरों में गिर पड़ा। एक बार तो वे बड़े धर्मसंकट में पड़ गईं, परंतु चाहे किसी भेष में हो पुत्र तो पहिचान में आता ही। दोनों तरफ से हर्षाश्रुओं के साथ हिचकियाँ बँध गई। शम्भाजी को भी कुछ दिनों के बाद एक विश्वस्त व्यक्ति के साथ रायगढ़ बुला लिया गया। औरंगजेब के मन में मरते समय तक इस बात का पछतावा रहा कि शेर पिंजरे से भाग गया।

प्यार की कीमत

दिल्ली के लाल किले में शाहजादी जैबुन्निसा का महल। जनवरी की हृत्कंप ठंड और सनसनाती हुई सर्द हवाएँ। यद्यपि सूरज ऊपर चढ़ आया था, परंतु शाहजादी अपने महबूब आकिल खाँ की बाँहों में अलसायी हुई लेटी थी।

अचानक बाँदी गुलरुख ने दौड़ते हुए आकर कहा – "शाहजादी साहिबा, गजब हो गया, बादशाह हुजूर इस तरफ आ रहे हैं!"

शाहजादी घबराई हुई चारों तरफ देखने लगी। सामने के गुसलखाने में एक बड़ी देग पानी से भरी हुई रखी थी। जल्दी से आकिल खाँ को उसमें छिपा दिया।

नंगी तलवारों से लैस ८-१० तातारी बाँदियों और ख्वाजासरों के साथ औरंगजेब ने प्रवेश किया। हरम की बाँदियाँ सहमी-सी एक तरफ खड़ी हो गईं। शाहजादी ने झुककर कोर्निश करते हुए कहा –"अब्बा हुजूर ने इस बेवक्त कैसे तकलीफ की?"

बादशाह ने चारों तरफ नजर दौड़ाते हुए कुटिल मुस्कान में कहा– "पहरेदारों ने खबर दी है कि सल्तनत का एक बागी इस तरफ आया है।"

सफेद मोतियों के से दांतों में बरबस लाई हुई हँसी में शाहजादी ने जवाब दिया -- "भला इस तरफ आने की जुर्रत किस मूजी की हो सकती है?"

पास में शाहजादी की मुँहलगी बाँदी गुलरुख खड़ी थी। बादशाह ने उससे डपटते हुए कहा –"तेरे बच्चे और खाविन्द को कोल्हू में पिरा दिया जाएगा और तेरी बोटी-बोटी जंगली कुत्ते से नुचवा दी जाएगी, नहीं तो बता कि वह बागी कहाँ छिपा हुआ है?" डर से काँपते हुए उसने देग की तरफ इशारा कर दिया।

"सूरज इतना ऊपर चढ़ आया और अभी तक शाहजादी ने गुसल नहीं किया?"

अब्बा हुजूर, सर जरा भारी था, इसलिए उठने में देर हो गई। गुसल करके जल्दी ही आपके हुजूर में हाजिर होती हूँ।"

बादशाह ने भट्ठी की तरफ देखते हुए कहा –"अभी तक तो आग ही नहीं जलाई गयी है। फिर भला कब पानी गर्म होगा और कब शाहजादी गुसल करेंगी।"

बाँदियों को हुक्म हुआ कि देग के नीचे की भट्ठी में बहुत-सी लकड़ियाँ जलाओ जिससे जल्द पानी गर्म हो जाय।

थोड़ी देर में ही आग की लपटें उठने लगीं। बादशाह पहरे पर तातारी बाँदियों को छोड़कर अपने महल में चला गया।

गर्म भाप से देग का ढक्कन उठने-गिरने लगा। शाहजादी ने देग के पास आकर धीरे से कहा –"आकिल, मेरी इज्जत तुम्हारे हाथ में है। तिल-तिल करके जल

जाना, मगर ऐसा न हो कि मुँह से आह निकल जाय।"

थोड़ी देर में ही शाहजादी जेबुन्निसा मूर्छित होकर एक तरफ गिर पड़ी। जब होश आया तो देखा कि किसी समय की दी हुई प्यार की निशानी उसका जड़ाऊ कंगन देग के बाहर पड़ा हुआ है।

पिछले बारह महीनों की बातें चित्रपट की तरह उसके मानस पर उभर आईं। अब्बा हुजूर की तबीयत नासाज थी। वे दिल्ली की खटपट से कहीं दूर जाकर आराम लेना चाहते थे। जेबुन्निसा उसकी सबसे प्यारी औलाद थी। निगहदारी और बंदोबस्त

के लिए उसे साथ लिया और एक बड़े काफिले के साथ लाहौर आ गये।

हकीमों ने बादशाह को दरिया में घूमने की सलाह दी, इसलिए शाम होते ही एक बड़े बजरे में रावी में घूमने जाते। साथ में रहती उनकी बेगमें और शाहजादी जेबुन्निसा।

कभी-कदाच सल्तनत के कामों से उन्हें रुकना पड़ता तब शाहजादी अकेली ही चली जाती। उसे रावी की चंचल लहरों से प्यार-सा हो गया था।

उसने महसूस किया कि जिस दिन बादशाह नहीं आते, उसे किले की बुर्ज की तरफ से एक दर्द भरी ग़ज़ल सुनने को मिलती है। गायक की लय और तान मँजी हुई थी, परंतु उसमें उदासी की तड़पन-सी रहती। ग़ज़ल सुनकर उसके मन पर उदासी छा जाती। ग़ज़ल के बोल कुछ इस प्रकार के होते –

"ऐ आकाश में उड़ने वाले पंछी! तू कितना सुन्दर है, मैं तुम्हें बहुत प्यार करता हूँ, परन्तु तू ऊँचे आकाश में है, मेरी पहुँच से बहुत दूर। ऐसा लगता है जीवन में कभी तुझे नजदीक से नहीं देख पाऊँगा, न तेरे सुन्दर मुलायम पंखों पर हाथ फेर सकूँगा। इसी तरह घुटन से भरी मेरी जिंदगी जल्द ही खत्म हो जाएगी। मेरी आरज़ू है कि अगर कभी मौका मिले तो पास के बगीचे से अपनी चोंच में एक फूल लाकर मेरी कब्र पर चढ़ा देना। इससे मेरी तड़पती हुई रुह को राहत मिलेगी, यही सबसे बड़ा सकून होगा।"

कभी-कभी उसके भाव इस प्रकार के होते –"ऐ हवाओ, मेरा प्यार नजदीक होते हुए भी बहुत दूर है, वह मेरी जुदाई के दर्द को पहचानता नहीं है। क्या तुम उसके दरबार में मेरी तड़पन और दर्द के बारे में बयान कर दोगी?"

शाहजादी ने गुलरुख को उस शख्स को ढूँढ़कर हाजिर करने के लिए कहा, परंतु उसका कुछ भी पता नहीं चला।

आखिर लाहौर के सूबेदार आकिल खाँ की तलबी हुई। वह कोर्निश करके दस्तबस्ता एक तरफ खड़ा हो गया। २५-२७ का सिन, गठीला बदन, सुन्दर घुंघराले बाल, गोरा रोबदार चेहरा, परन्तु गमगीन-सा दिखाई देता हुआ।

शाहजादी बजरे में थी और वह पास की नौका में। पर्दे में से गुस्सा भरी आवाज आयी, "कौन है वह शख्स जो अपनी दर्द भरी ग़ज़लें गाकर हमारी तनहाई में दखल डालता है? हम यहाँ आराम करने आए हैं न कि मजनुओं का दुःख-दर्द सुनने? उसे कल तक हाजिर किया जाय, यह हमारा हुक्म है।"

"गुस्ताखी माफ हो, शाहजादी हुजूर, वह एक पागल आदमी है। उसे आज रात को ही पकड़ कर दूर भेज दिया जायेगा।"

"हमें लगता है कि हमारे सूबेदार बात को टालने की कोशिश कर रहे हैं। हम उस अभागे से बात करके उसके रंजोग़म के बारे में सुनना चाहेंगे, अगर हो सका तो उसकी तकलीफ दूर करने की कोशिश की जायेगी।"

आकिल खाँ ने देखा शाहजादी के हुक्म में एक प्रकार की आरजू है। मन को कड़ा करके सहमते हुए कहने लगा– "शाहजादी हुजूर, यह खता इस गुलाम से हुई है, यह सर हाजिर है, भले ही कलम करा दिया जाय।"

शाहजादी को भी कुछ अन्देशा तो था ही, उसका दिल भर आया। कुछ वर्षों पहले ही उसकी मँगनी उसके ताऊ दाराशिकोह के शाहजादे सिपरशिकोह के साथ हो गयी थी। अभी बचपन ही था, फिर भी दोनों प्यार में सराबोर थे। परंतु होता वही है जो मंजूरे खुदा होता है।

दादा बीमार हुए, उन्हें कैद में डालकर अब्बा ने बड़े भाई दारा का सर काट लिया और उसके मँगेतर शाहजादे को ग्वालियर के किले में पोस्त पी-पीकर मरने को कैद कर दिया। इस प्रकार पूरे खानदान को अब्बा ने दुश्मन बना लिया, परंतु जेब के लिए सिपर को दुश्मन मानना किसी हालत में मंजूर नहीं था। कभी-कभी चुपके से ग्वालियर जाकर मिलने का भी मन होता, परंतु पिता के डर से मन मसोस कर रह जाती। आज न जाने क्यों बहुत वर्षों से सोई हुई तमन्नाएँ जाग उठीं और सोचने लगी, मुगलिया खानदान के बादशाह और शाहजादे दसों बेगमें और सैकड़ों रखैल रख सकते हैं, जबकि शाहजादियों को उम्र भर कुँवारी रह कर जवानी की उमंगों को जबरन दफना देना पड़ता है। पचास वर्ष की बुआ जहानआरा अभी तक कुँवारी रह कर आगरे के किले में अपने पिता शाहजहाँ के साथ कैद में दिन गुजार रही हैं। इससे तो बेहतर है कि खुदा भले ही गरीब घर में पैदा कर दे, जिससे ताजिंदगी इस घुटन में तो न रहना पड़े।

उसे लगा कि आकिल की जगह किशोर सिपर उसके सामने खड़ा है। कहने लगी– "सच्ची मुहब्बत बेवफा नहीं होती आकिल! दिया जलता है तो पतिंगे भी जलते हैं। हमारी तरफ इस तरह न देखो। हमारा भी दिल दर्द से भरा हुआ है, उसको समझने की कोशिश करो।"

आकिल को लगा कि उसके भटकते हुए सपने डूबने से बचकर लहरों पर थिरक रहे हैं। फिर तो दो दिलों का रुका हुआ बाँध टूट गया। रोजाना वे कहीं न कहीं

मिलते रहे। प्यार में शाहजादी हुजूर का नाम रह गया केवल 'जेब' और लाहौर के युवक सूबेदार का 'आकिल'।

औरंगजेब के हजारों आँखें भी थीं। पहले दर्जे का शक्की तो था ही वह, उसे शाहजादी के अचानक बदलाव से वहम हो गया। संजीदा आकिल भी चहकता-सा रहने लगा। आखिर उसने किसी प्रकार वाकया का पता लगा ही लिया।

एक हफ्ते में ही लाहौर से कूच का हुक्म हुआ। पालकियों और रथों में बेगमें और शाहजादी जा रही थीं। हिफ़ाजत के लिए तातारी बाँदियों और खोजाओं का पहरा था। दूसरी शाम को शाहजादी ने देखा घोड़े पर चढ़ा हुआ रंज से गमगीन आकिल किसी तरह उसकी पालकी के पास पहुँच आया है। जल्दी से एक जड़ाऊ कंगन उसको देते हुए सिसकियों भरी आवाज में शाहजादी ने कहा – "प्यारे, मेरी यह आखिरी निशानी अपने पास ताजिंदगी रखना। हमारी यह आखिरी मुलाकात है। अब्बा को सब पता चल गया है। तुम्हें जल्द ही कत्ल कर दिया जाएगा, ऐसी पोशीदा खबर मिली है। अगर हो सके तो हिन्द से भागकर काबुल या अफगानिस्तान चले जाओ। खुदा ने चाहा तो कभी न कभी फिर मिलना हो जायेगा, नहीं तो फिर उस दुनिया में तो मुलाकात होगी ही जहाँ न शाहंशाह का डर है, न उनकी फौजों का।"

आकिल खाँ ने सर झुका कर कंगन को लेकर चूम लिया और केवल इतना ही कह पाया – "बंदा मर मिटेगा, मगर आपकी इज्जत पर आँच नहीं आने देगा।" उसका गला भर आया, आवाज काँपने लगी। वह आँखें पोंछता हुआ जल्दी से आगे बढ़ गया।

दिल्ली आकर बादशाह ने अपनी प्यारी बेटी का गम दूर करने की बहुत कोशिश की। कई मुल्कों के शाहजादों की तस्वीरें मंगायी गयीं। उनमें से किसी एक को शादी के लिए चुन लेने का सुझाव दिया।

परंतु शाहजादी का एक ही जवाब रहता – "मैं तो ताजिंदगी अब्बा हुजूर की खिदमत में रहूँगी। अभी तक तो मेरा कुरान-शरीफ का एक तर्जुमा भी पूरा नहीं हो पाया है। भला हमारी ऐसी क्या खता हो गयी कि अब्बा हमें आँखों से दूर करना चाहते हैं।"

हाँ, तखलिया में वह गुलरुख से कहती – "गुल, अब्बा रियासती मामलों को समझते हैं, मगर किसी के दर्द की तड़पन को नहीं। वे सारे हिंद के बादशाह जरूर हैं, पर उन्हें क्या हक है कि प्यार से लगाये हुए किसी मासूम पौधे को कुचल कर फेंक दें।"

इतना कहकर, औरंगजेब के बाद हिंदुस्तान की सबसे ताकतवर शख्सियत बिलख-बिलख कर रोती हुई बेहोश होकर गुलरुख की बाँहों में गिर जाती।

एक दिन यह भी सुना गया कि आकिल खाँ की दिल्ली दरबार में तलबी हुई है, परंतु वह भागकर कहीं चला गया है। उसे ढूँढने के लिये चारों तरफ फौजें भेजी गई हैं।

इसके एक महीने बाद जब शाहजादी सदा की तरह गमगीन बैठी थी तो गुलरुख दौड़ती हुई आयी और धीरे से कहने लगी– "शाहजादी हुजूर, खुशखबरी है।" कान में कही हुई बात सुनकर शाहजादी के बीमार और मुरझाए चेहरे पर चमक-सी आ गई। चहक कर कहने लगी– "कहाँ हैं? तुझे कैसे पता चला?"

"कल रात में ही तो मेरे गरीबखाने पर आकर ठहरे हैं। बढ़ी हुई दाढ़ी, मैले कपड़े, किसी समय के सजीले जवान, दुःखों के मारे बीमार-से दिखाई दे रहे हैं।"

उसी रात से एक लम्बी-तगड़ी बाँदी गुलरुख के साथ शाहजादी के हरम में आने लगी। पूछने पर उसने अपने मामू की बेटी बताया। औरतों के सामने भी वह परदा करती इसलिए कुछ कानाफूसी होने लगी, परंतु बेगमों और शाहजादियों के हरम में इस प्रकार की मामूजाद और फूफीजाद बाँदियाँ प्रायः ही आती रहती थीं, इसलिए थोड़ी-सी चर्चा होकर बात दब जाती।

परंतु शाहजादी जेबुन्निसा के महल के लिए यह नई बात थी। वह कट्टर मजहबी थी। रोज तरन्नुम के साथ कुरानशरीफ का पाठ करती, हर जुम्मा को मस्जिद में जाती, दिन में पाँच बार नमाज पढ़ती। बादशाह हुजूर तक खबर पहुँची। उनको अंदेशा तो था ही कि बागी जरूर दिल्ली आएगा; क्योंकि इश्क में मौत का डर नहीं रहता। आखिर परिंदा जलने के लिए ही तो दीये के पास झूमता हुआ चला आता है।

इधर जब पंद्रह दिन हो गए तो एक रात में आकिल कहने लगा —"जेब, इस प्रकार कितने दिन चलेगा? हमें यहाँ से कहीं दूर निकल जाना चाहिए। मैं खुदा की कसम खाकर कहता हूँ कि मुझे केवल मेरी जेब चाहिए न कि उसकी दौलत और रुतबा। कहीं भी दो पैसे मजदूरी करके पेट भर लेंगे।"

मुस्कराती हुई जेब ने कहा – "आकिल कल जरूर फैसला कर लेंगे।" और दूसरे दिन अपने आप फैसला हो गया।

नंगा फ़कीर सरमद

सवा तीन सौ वर्ष पहले की बात है। बड़े भाई दारा को मारकर और पिता शाहजहाँ को कैद करके औरंगजेब दिल्ली के सिंहासन पर बैठ चुका था। हिन्दुओं के धर्मस्थानों को तोड़ता जा रहा था, जजिया कर भी लगा दिया था। बादशाह बनने के बाद उसे गाजी बनने की धुन सवार थी।

जामा मस्जिद के सामने हिंदू-मुसलमान और सिखों की भीड़ इकट्ठी थी। शहर में बहुचर्चित नंगा फ़कीर सरमद बीच में खड़ा हँस रहा था।

बादशाह जुम्मा की नमाज पढ़कर बाहर आया। लोग बा-अदब खड़े होकर कोर्निश करने लगे, परंतु सरमद उसी तरह खड़ा रहा।

बादशाह ने कहा – "सुना जाता है तुम मुसलमान फ़कीर होने के बावजूद कुफ्र बकते रहते हो? पाक मस्जिद के सामने बेपर्द रहते हो?"

फ़कीर के चहरे पर पवित्र आभा फैल गयी। कहने लगा – "ऐ बादशाह, अल्लाह सब जगह मौजूद है – मस्जिद, गिरजे, मंदिर और गुरुद्वारों में। मेरी नजर में सभी धर्मस्थान पाक हैं। कुफ्र तुम्हारे मौलवी बकते हैं, जो खुदा को किसी एक किताब में या मस्जिद में बंद करके रखते हैं। तुम जो मुझे नंगा कहते हो, यह तुम्हारी बे-अक्ल की बात है। जब खुदा ने मुझे और तुम्हें इस जमीन पर भेजा था तब हम बिना लिबास के थे, फिर अब उसके दरबार में क्यों झूठी चिलमन डाली जाय।"

औरंगजेब ने देखा सरमद सीना तानकर बेझिझक उसके सामने खड़ा है, डर-भय का नाम भी नहीं। परंतु वह बहुत चालाक था; आवाम के जज्बातों को पहचानता था। इतने बड़े हुजूम में अपनी तौहीन को हँसकर गवारा कर लिया और यह कहा – "तुम्हारी निडरता और हाजिरजवाबी पर हम बहुत खुश हैं। कभी तुम्हें दरबार में बुलाकर बात करेंगे।" हिंदू और सिख तो इस वाकये से बहुत खुश हुए, परंतु कट्टर मुसलमान, काजी और मुल्ला बौखला उठे। लेकिन उस समय लोगों का रुख देखकर चुप रहे।

कुछ दिनों बाद वे बादशाह के पास गये और कहने लगे – "हुजूर, सरमद हमेशा कुफ्र बकता रहता है, पाक-कुरान को बेइज्जत करता है, वह दोजखी कीड़ा है, उसे जल्दी दुनिया से उठा दिया जाय, नहीं तो दीन-इस्लाम के बंदों में भी कुफ्र फैलने का डर है।"

औरंगजेब तो यही चाहता था कि लोगों में सरमद के लिए घृणा फैले, जिससे उसे सजाए मौत दी जा सके। उसे गिरफ्तार करने के लिए सिपाही भेज दिए गए, परंतु इस बीच में वह दिल्ली से बाहर चला गया था। जहाँ भी जाता, हजारों लोग इकट्ठे हो जाते। वह कहता – "खुदा एक है, दुनिया के सब बच्चे उसे एक-से प्यारे हैं – चाहे वे किसी भी मजहब के हों। ये बँटवारे नकली हैं, खुदा के बंदों पर जजिया लगाना उसकी बेइज्जती है।"

ये बातें दिल्ली में बढ़-चढ़कर पहुँची। कहीं लोगों में बलवा न फैल जाय इसलिए एक फौजी टुकड़ी ने उस नंगे फकीर को पकड़कर रात में दिल्ली लाकर लाल किले में बंद कर दिया।

यद्यपि बात को पोशीदा रखा गया था, परंतु बेगमों और बादशाह की प्यारी बेटी जेबुन्निसा को फकीर की गिरफ्तारी का पता चल गया। वे उसके चमत्कारों के बारे में बहुत-कुछ सुन चुकी थी। शाहजादी बादशाह के पास जाकर कहने

लगी – "अब्बा हुजूर, लोग कहते हैं सरमद पहुँचा हुआ फकीर है, उसे कैद करके आपने अच्छा नहीं किया। हम लोगों की दरख्वास्त है कि उसे वापस उसके मुल्क ईरान भेज दिया जाय। अगर आपका हुक्म हो तो मैं एक बार उसे समझाना चाहती हूँ, इस पर भी वह न माने तो फिर जो आप तजवीज करें, वह सजा दें।"

औरंगजेब को यह बात जँच गयी। उसने सरमद का फैसला मुलतवी कर दिया, सोचा – कुछ दिनों में मुल्लाओं का जोश भी ठंडा हो जाएगा।

शाहजादी किले के तहखाने में सरमद की कोठरी में गयी। कहने लगी – "बाबा! आप पाक-साफ औलिया मुसलमान हैं, लोग आपकी इज्जत करते हैं, आपकी बात मानते हैं। आपको पाक इस्लाम के प्रचार में लगना चाहिये, मैं आपकी हर तरह से मदद करूँगी। कट्टर मुल्लाओं से हिफाजत के लिये आपके पास हमेशा दस-बीस सिपाही और खिदमतगार रख दूँगी। अब तक आपके साथ जो सलूक हुआ उसके लिए हम शर्मिंदा हैं।"

सरमद हँसकर कहने लगा – "शाहजादी! जो सर्वशक्तिमान अल्लाह की हिफाजत में है, उसे भला तुम्हारी फौज और खिदमतगारों की क्या जरूरत है। मैं न मुसलमान हूँ न हिन्दू – बल्कि एक इंसान हूँ। शायद तुम्हें मेरी बद्दुआ का डर लगता है। परंतु यकीन रखो, सरमद के मन में किसी के लिए बदगुमानी नहीं है, वह सबका भला चाहता है। तुम इस वक्त मुगलिया सल्तनत की ताकतवर हस्ती हो, बादशाह तुम्हारी बात मानता है। तुम्हारा फ़र्ज है कि बेकस इंसानों की तकलीफें दूर करो। अपने अब्बा से कहकर मंदिरों और गुरुद्वारों का तोड़ना रोको और जजिया कर तुरंत बंद करो। तुम लोगों ने खुदा को तकसीम करके छोटा बना दिया है। तुम्हारे अब्बा अगर अब भी नहीं सम्हलेंगे तो उनको जिंदगी में कभी अमन-चैन नहीं मिलेगा। इतनी बड़ी सल्तनत कुछ वर्षों में ही नेस्त-नाबूद हो जायेगी।"

शाहजादी बाप से भी ज्यादा कट्टर मुसलमान थी। उसे फ़कीर की गुस्ताखी भरी बातों से गुस्सा आ गया। बादशाह के पास जाकर कहने लगी – "अब्बा हुजूर, ऐसा लगता है कि यह फ़कीर पागल नहीं है बल्कि अव्वल दर्जे का गुस्ताख है और कुफ्र बकता है। मेरी आरजू है कि इसको जितनी जल्दी हो सके कत्ल करा दिया जाय।" दूसरे दिन बादशाह ने फ़कीर को दीवान-ए-आम में बुलाया। हुक्म दिया – "ऐ फ़कीर! जरा कलमा पढ़कर तो सुनाओ।" सरमद ने कहा –"ला इल्लाह।" "यह तो अधूरा है, आगे के अल्फाज भी तो बोलो।" "औरंगजेब! सरमद जिस बात पर यकीन नहीं करता उसे कैसे कहेगा? मैं यह नहीं मानता कि केवल मुहम्मद ही खुदा का पैगम्बर है। मेरी समझ में तो बुद्ध, ईसा और नानक भी मुहम्मद की तरह खुदा के

पैगम्बर थे।" कुफ्र की हद हो गयी। सरे आम पैगम्बर की दूसरे काफिरों से बराबरी कर रहा है।

बादशाह गुस्से से काँपने लगा। हुक्म दिया कि इस काफिर का सर धड़ से जुदा कर दो, लाश कुत्तों के लिए दिल्ली की गलियों में फेंक दी जाय। सरेआम पैगम्बर की दूसरे काफ़िरों से बराबरी कर रहा है।

सरमद को वध-स्थल पर ले जाया गया। दिल्ली के हजारों लोग रो रहे थे, छाती पीट रहे थे। सरमद ने मुस्कराते हुए कहा – "दोस्तो, मंसूर का किस्सा पुराना हो गया था। मैं सूली पर चढ़ कर उसे फिर ताजा कर दूँगा।"

जब जल्लाद तलवार लेकर आया तो प्यार भरी नज़र उस पर डालकर कहने लगा – "मेरे प्यारे, तुम आ गये? तुम किसी भी शक्ल में आओ, मैं तुम्हें पहचान लूँगा। क्योंकि मैं तेरे जर्रे-जर्रे से वाकिफ हूँ।"

जल्लाद एक बार तो झिझका, परंतु फिर तलवार का वार हुआ। सरमद का सर धड़ से जुदा होकर एक तरफ लुढ़क गया।

सवा तीन सौ वर्ष हो गये, इस बीच बहुत से राजा, बादशाह, अमीर, उमराह आए और चले गए। आज उनको कोई पहचानता भी नहीं, परंतु जामा मस्जिद के नीचे कोने में सरमद की साधारण-सी कब्र है, उस पर रोजाना सैकड़ों स्त्री-पुरुष प्यार और इज्जत से फूल-बताशे चढ़ाते हैं। झुक कर आदाब बजाते हैं, बच्चों के लिए दुआएँ माँगते हैं।

माँ की ममता

सन् १७०७ में बाप की तरह भाइयों की हत्या करके औरंगजेब का बड़ा लड़का मुअज्जम ६६ वर्ष की उम्र में दिल्ली के तख्त पर बैठा।

५ वर्ष बाद उसके मरने पर उसी तरह दूसरे भाइयों को मारकर अथवा कैद करके मुईजुद्दीन, जहाँदारशाह के नाम से बादशाह हुआ। वह अव्वल दर्जे का ऐयाश और निकम्मा था। सारे दिन अफीम और शराब के नशे में रहता।

यद्यपि पिछले पाँच वर्षों में मुगलिया सल्तनत सिकुड़ती जा रही थी, सूबेदार मनमानी करने लगे थे, फिर भी दिल्ली के लाल किले में मयूर सिंहासन और अरबों रुपये की धन-संपत्ति तो थी ही।

सल्तनत की सारी हुकूमत मलिका-ए-आजम लालपरी बेगम करती थी। किसी समय वह आगरा में साधारण नर्तकी थी। किशोरावस्था में ही एक बच्चे की माँ बन गयी थी। एक महीने के बच्चे को सीकरी की जामा मस्जिद के बड़े इमाम को सौंप कर खुद एक रिश्तेदार के यहाँ दिल्ली चली आई।

संयोग से वह बड़े शाहजादे की नजर पर चढ़ गई और जब वह जहाँदारशाह के नाम से तख्त पर बैठा तब उसे शादी करके हरम में रख लिया। समय पाकर अपनी खूबसूरती, होशियारी और दयानतदारी से वह बड़ी बेगम बन गई। मुगलिया सल्तनत उसके हाथों में आ गई, उसे दूसरी नूरजहाँ कहा जाने लगा।

उस सस्ती के जमाने में उसे दो करोड़ रुपये सालाना हाथखर्च के लिए मिलते थे, जिसमें से ज्यादातर वह जरूरतमंद और गरीबों में बाँट देती थी।

मलिका के अलावा दूसरा शक्तिशाली व्यक्ति था – हिजड़ा नासिर हुसेन। बिना उसकी मर्जी के बादशाह या मलिका से किसी की मुलाकात होनी संभव नहीं थी। यद्यपि सल्तनत के दूसरे अमीर-उमरा उससे नाराज़ थे तथा उसके व्यवहार से दुःखी थे परन्तु ऊपरी तौर पर उसकी खुशामद करते रहते थे।

हिजड़ा होने के कारण वह महलों में बेरोक-टोक जाता रहता था। बेगमों,

शाहजादियों और शाहजादों के चारित्रिक दोषों की उसे पूरी जानकारी रहती, इसलिए सब उससे डरते रहते। केवल बड़ी बेगम ही ऐसी थी जिसके दामन पर किसी प्रकार का दाग नहीं था।

एक शाम को आगरे से फतेहपुर सीकरी की बड़ी मस्जिद का इमाम एक १० वर्ष के बच्चे को लेकर लाल किले के फाटक पर आया। पहरेदार से ख्वाजासरा से मिलने का संदेश भिजवाया। वे नासिर के सामने हाजिर हुए। बुजुर्ग मौलवी का चेहरा दयानतदार और रोबीला था। साथ का बच्चा भी बहुत खूबसूरत था। थोड़ी देर तक नासिर उनको देखता रहा फिर रोब से कहने लगा– "आपको पहले मेरे मातहत लोगों से मिलना चाहिए था; फिर अगर वे जरूरी समझते तो मेरे पास ले आते।"

"जनाब, हमारा काम ही कुछ ऐसा था कि आपका कीमती वक्त लेना पड़ा। हमें बड़ी मलिका से मिलना है, आप इसका इन्तजाम कर दें।"

मौलवी की बिना खुशामद की बातें सुनकर खोजा नाराज़ हो गया और कहने लगा– "आपके काम की जानकारी होने के बाद ही मैं तय करूँगा कि आपको मलिका से मिलने दिया जाय या नहीं?"

"माफ करिए, हमारा राज पोशीदा है; हम मलिका के सिवाय किसी को नहीं बतायेंगे।"

नासिर गुस्सा होकर कहने लगा– "आप बुजुर्ग हैं, बड़ी मस्जिद के इमाम हैं, नहीं तो ऐसी गुस्ताखी भरी बातों को सुनने का मैं आदी नहीं हूँ। खैर, ऐसा लगता है कि यह राज उम्र भर आपके पास ही रहेगा। आप दोनों लाल किले के तहखाने में कैद रहेंगे।"

थोड़ी देर तक मौलवी कुछ सोच-विचार करता रहा, फिर एक निश्चय पर पहुँचकर कहने लगा– "भाई, आप खामख्वाह नाराज़ हो गये हैं। खैर, इस मासूम बच्चे की खातिर वह राज मैं आपको बता रहा हूँ। खुदा की कसम है, किसी दूसरे को इसका पता न चले।"

सारी बातें सुनकर खोजा के चेहरे पर एक दुष्टताभरी मुस्कान फैल गयी। बहुत कीमती राज उसे मिल गया था। उन्हें वहीं ठहरने को कहकर वह भीतर महल में चला आया। थोड़ी देर बाद वापस आया तो मलिका उसके साथ में थी। मौलवी ने १० वर्ष पहले उसे बुरी हालत में देखा था। आज तो वह हीरों-पन्नों से लदी थी। चेहरे पर हुकूमत का रोब था।

मौलवी को सलाम करके बच्चे की तरफ टकटकी लगाकर देखने लगी। १०

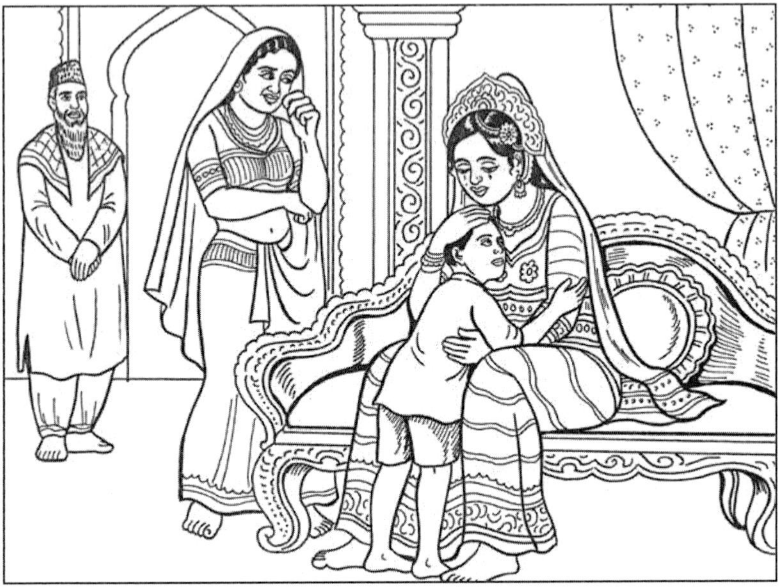

वर्ष पहले की सारी घटना याद आ गई। वह बच्चे को गोदी में बैठाकर सुबक-सुबक कर रोने लगी। आज वह मुगलिया सल्तनत की मलिका-ए-आजम नहीं थी, बल्कि केवल एक ममता-भरी माँ थी। पिछले आठ वर्षों से वह शाही हरम में थी, परंतु उसके कोई बच्चा नहीं हुआ था।

"बाबा, आप लोग बगल के कमरे में आराम करें, मैं आपको थोड़ी देर में बुला लूँगी।"

खोजा से सलाह-मशविरा होने लगा कि किस प्रकार बादशाह सलामत के हुजूर में बच्चे को पेश किया जाय।

"मलिका-ए-आजम, वैसे मैं आपका गुलाम हूँ, आपका हुक्म बजाना मेरा फर्ज है। परन्तु जहाँ तक इस राज का सवाल है, मुझे सारी बातें मा-बदौलत से ब्यौरेवार कहनी होंगी; नहीं तो पता लगने पर मेरी जान पर आफ़त आ सकती है। वैसे हर चीज की कीमत होती है, मैं पिछले दो वर्षों से सल्तनत की वज़ीरी के लिए आपकी इल्तजा कर रहा हूँ, पर आप न जाने क्यों मुझसे नाराज हैं।"

बेगम खोजे की मक्कारी की बातें समझ गईं, परन्तु वह अपने निजी स्वार्थ के लिए सल्तनत को ऐसे आदमी के हाथ में सौंपने को तैयार नहीं थी।

"यह किसी हालत में मुझे मंजूर नहीं है। अगर जरूरत हुई तो मैं अपने बच्चे के

साथ फतेहपुर सीकरी की मस्जिद में रहकर दिन काटने को तैयार हूँ। मुझे मलिका-ए-आजम नहीं रहना है।"

"बेगम साहिबा, अभी तो केवल हम चार आदमी ही जानते हैं, परंतु कल सुबह तक यह बात सारी दिल्ली में फैल जाएगी। जो लोग आपको आज तक पाक-साफ समझते आ रहे हैं, वे थू-थू करेंगे। शायद बादशाह आपको और बच्चे को जिंदा नहीं रहने देंगे। जिस फ़कीर बाबा ने बच्चे की हिफाज़त की है, वह भी तहखाने में सड़ेगा।"

हिंदुस्तान की मलिका रोती जा रही थी। किसी प्रकार भी उसे आगे का रास्ता दिखाई नहीं दे रहा था।

नासिर कहने लगा– "मलिका-ए-आजम यह समय जज्बातों का नहीं है, आप सारी बातें मुझ पर छोड़ दीजिए। किसी को पता भी नहीं चलेगा कि मौलवी और बच्चे का क्या हुआ?"

बेगम रोती हुई भीतर चली गई।

नासिर उस कमरे में आया जहाँ मौलवी और बच्चा आराम से बैठे हुए भविष्य का सुख-स्वप्न देख रहे थे।

मौलवी कह रहा था – "बेटा, अल्लाह ताला की रहम से तुम अब बहुत अमीर हो गये हो। आगे से तुम यहीं रहोगे। परंतु अपने बूढ़े बाबा को मत भूल जाना। कभी-कभी सीकरी आते रहना।"

नासिर आकर उन्हें अपने साथ लम्बी गलियों में से होते हुए किले की सुरंग में ले गया। वहां एक अँधेरा तहखाना था जहाँ गूँगे-बहरे हब्शी पहरा दे रहे थे। ख्वाजासरा के इशारा करने पर चार हब्शियों ने उन्हें पकड़ लिया।

"मौलवी साहब, आखिरी वक्त में खुदा को याद कर लीजिए। मैंने मलिका को बहुत समझाया, परन्तु उनकी मंशा है आप दोनों को ख़त्म कर दिया जाय।"

"भाई, मैं तो खैर ८० वर्ष का बूढ़ा हूँ। आज नहीं तो कल खुदा के घर जाना है, परन्तु इस मासूस बच्चे का क्या कसूर है? एक बार हमें मलिका से फिर मिला दें।"

खोजा ने गुलामों को इशारा किया। इस बीच तहखाने के कुएँ के पटरे खुल चुके थे, उन दोनों को घसीट कर उधर ले जाया जा रहा था। बच्चा जोर-जोर से रोने लगा।

अचानक तहखाने का दरवाजा खुला और दौड़ती हुई मलिका बदहवाशी की हालत में भीतर आयी। हब्शियों को रुकने का इशारा किया।

"बेगम, आप अपने पैरों पर कुल्हाड़ी मार रही हैं। यह समय निजी जज्बातों का

नहीं है। आज आप मुगलिया सल्तनत की आला हस्ती हैं। जैसे ही इस बात का पता बादशाह सलामत को चलेगा, आपकी इज्जत खाक में मिल जायेगी। आप एक धोखेबाज बाजारू औरत साबित होंगी।"

"मक्कार हिजड़े, तुम्हारी बहुत ज्यादती मैंने आज तक सही, इस दुःख के समय भी तुमने अपनी वज़ीरी की कीमत वसूल करनी चाही। फिर भी तुम्हारा क्या भरोसा कि कब इस बात को नहीं फैला दोगे? मौलवी बाबा और बच्चे का मुझे यकीन है, परंतु तुम्हारा नहीं।"

बेगम ने हब्शियों को उन दोनों को छोड़ देने का और हिजड़े को कुएँ में ढकेलने का इशारा किया।

खोजा बहुत रोया-चिल्लाया, आरजू-मिन्नत करने लगा परन्तु उस जमींदोज तहखाने में कौन उसकी आवाज सुनता। हब्शियों ने उसे पकड़ कर कुएँ में ढकेल दिया। एक जोर की आवाज हुई और अपने समय का बहुत ताकतवर किन्तु बदनाम बदख्वार शख्स एक मिनट में जहन्नुम में चला गया।

"बाबा, आज तक आपने मेरी लाज रखी है, आगे भी मुझे आप दोनों पर भरोसा है। आप बच्चे को लेकर वापस सीकरी चले जायें। यह ख्याल रहे कि जाहिरा तौर पर न मैं इसकी माँ हूँ और न यह मेरा बेटा। कभी-कभी बादशाह सलामत के साथ हमलोग ज़ियारत के लिए वहाँ आते रहेंगे, उस समय मैं अपने इस लख्ते ज़िगर को चुपके से प्यार कर लूँगी। इसकी परवरिश और पढ़ाई के लिए हर महीने दस हजार रुपये आपके पास पहुँचते रहेंगे।"

कौड़ी से करोड़पति

सन् १६५२ की घटना है, नागौर से हीरानन्द नाम का एक ओसवाल युवक वहाँ के जैन यती के पास जाकर परदेश जाने का मुहूर्त पूछने लगा।

यतीजी ने पंचांग देखकर बताया कि तुम इसी समय पूर्व दिशा की ओर चले जाओ, ईश्वर ने चाहा तो तुम्हारी गरीबी मिट जाएगी, बहुत बड़े व्यक्ति हो जाओगे।

युवक बिना घर वालों को सूचना दिये ही, लम्बी यात्रा पर रवाना हो गया। थोड़ी दूर जाने पर उसे रास्ते में एक काला सर्प फण उठाये मिला। डरकर वापस यतीजी के पास आया और सारी घटना बतायी। उन्होंने कहा– "होते तो तुम छत्रपति, परन्तु खैर, अभी भी धनपति बनने का सुयोग तो है ही, भगवान का नाम लेकर तुरन्त रवाना हो जाओ। तुम्हारे घरवालों को मैं सूचना दे दूँगा।"

बीहड़ रास्ते, चोर-डाकुओं का डर, पास में सम्बल नहीं, फिर भी भगवान की कृपा

से पन्द्रह दिनों में सही-सलामत आगरे पहुँच गया। शाहजहाँ बादशाह का राज्य था। आगरे की उन दिनों विश्व में सबसे सम्पन्न शहरों में गिनती थी।

यद्यपि हीरानन्द की बहुत पढ़ाई तो नहीं हुई थी, परन्तु वह गणित में होशियार था, मेहनती और ईमानदार था, देखने में बहुत सुन्दर भी था। उसे एक मोदीखाने की दुकान पर तीन रुपये महीने की नौकरी मिल गई।

सस्ती का जमाना था। एक रुपये में पाँच मन गेहूँ और पाँच सेर घी मिलता था। एक रुपया में वहाँ का खर्च चलाकर दो रुपये महीना नागौर भेजने लगा। घर में खुशहाली हो गई। वहाँ उसके माता, पिता और पत्नी तथा एक पुत्र था।

उस दुकान के ग्राहकों में कुछ मुसलमान सरकारी अधिकारी भी थे। वे सब हीरानन्द के व्यवहार से बहुत खुश थे। उनमें से मीरजुमला नाम के एक हाकिम की पटना बदली हुई तो वह हीरानन्द को अपने साथ ले गया और वहाँ उसे एक दुकान करा दी। समय पाकर मीरजुमला ऊँचे पद पर पहुँचता गया और उसके साथ ही हीरानन्द साह की दुकानों का कारबार भी बढ़ने लगा।

पटना उन दिनों वाणिज्य-व्यवसाय की दृष्टि से बहुत महत्त्वपूर्ण नगर था। यहाँ से शोरा, शक्कर, लाह, कस्तूरी, अफीम और रंगीन छींटें दूसरे मूल्कों को जाती थीं। दूसरे मुल्कों से सब तरह के मसाले तथा अन्य प्रकार की बहुत-सी चीजें आयात होती थीं। कलकत्ता उस समय बस रहा था। औरंगजेब के पोते अजीमुशन ने केवल १४००० रु. में सूतापट्टी, गोविन्दपुर और कलकत्ता अंग्रेजों को बेच दिया था, परन्तु पूर्व के बड़े शहरों में चिनसुरा, हुगली, राजमहल, ढाका और पटना की गिनती होती थी।

ईस्ट इण्डिया कम्पनी ने पटना में शाखा खोली और सेठ हीरानन्द को अपना बेनियन नियुक्त किया। उस समय यह कम्पनी साधारण स्थिति में थी, हीरानंद मौके-बेमौके इसे रुपये भी ऊँचे ब्याज पर उधार देता था। इस प्रकार सन् १६८५ तक के ३३ वर्षों में गरीब से ऊँचा उठकर बीस-तीस लाख का आदमी हो गया था। चारों तरफ उसकी इज्जत हो गयी – बिहार के सिवाय बंगाल के राजमहल और ढाका में भी शाखाएं खुल गईं। उस समय के बीस-तीस लाख आज के बीस-तीस करोड़ के बराबर थे, क्योंकि वस्तुओं के भावों में एक और सौ का अनुपात था।

मीरजुमला के बाद शाइस्ता खां और औरंगजेब का बेटा मोहम्मद आजम नाजिम हुए, परन्तु हीरानन्द उन सबका विश्वासपात्र बना रहा और उसकी दिन दूनी

रात चौगुनी उन्नति होती रही। अंग्रेजों का कोई काम अटक जाता था, नाजिम से सिफारिश करानी होती तो वे सेठ हीरानन्द के पास आकर खुशामद करते।

१६८५ से लेकर १७११ तक २६ वर्षों में साह घराना करोड़पति हो गया। हीरानन्द के सात पुत्र और एक पुत्री हुई। उसने बिहार, बंगाल और राजस्थान में अनेक प्रकार के धर्म-स्थानों का निर्माण कराया। व्यस्त रहते हुए भी जन्मभूमि भूली नहीं। बराबर वे वहाँ आते-जाते रहते थे। मारवाड़ से बहुत से युवकों को लाकर पटना और राजमहल में बसाया। उन्हें हर प्रकार की सहायता दी।

६० वर्ष पहले वह २० वर्ष की आयु में, नागौर से पैदल चलकर आगरा पहुँचा था। रास्ते में कुछ मजदूरी करके आगे बढ़ता गया था। उसके जीवन-काल में ही ५० वर्ष राज्य करके औरंगजेब मर गया। फिर उसका बड़ा पुत्र मुअज्जम बहादुर शाह के नाम से दिल्ली के तख्त पर बैठा। यद्यपि मुगल सल्तनत का सितारा फीका होता जा रहा था, फिर भी आज की कीमत में ३०० करोड़ का तख्त-ताऊस सिंहासन और अमूल्य कोहिनूर हीरा तो मुगलों के पास था ही, सालाना आय भी ३० करोड़ के लगभग थी। हिन्दुओं पर जजिया लगा हुआ था। बंगाल, बिहार के बहुत से गरीब हिन्दुओं का कर सेठ हीरानन्द की कोठी से दिया जाता था।

सन् १६९६ में उड़ीसा के अफगानों ने और मेदिनीपुर के जमींदार शोभासिंह ने मिलकर बड़ी बगावत की थी। औरंगजेब पिछले १५ वर्षों से दक्षिण में उलझा हुआ था। उत्तर भारत में सल्तनत कमजोर हो गई थी। ऐसे संकट के समय सेठ हीरानन्द ने बिहार के नाजिम, बादशाह के पोते अजीमुशन को बड़ी मदद दी। दुर्भाग्य से वह दिल्ली के तख्त पर नहीं बैठ सका, वरना हीरानन्द को जगतसेठ की पदवी मिल जाती, फिर भी लोग उन्हें जगतसेठ कहने लगे थे।

सन् १७११ में ८७ वर्ष की लम्बी आयु पाकर सेठ हीरानन्द ने इहलीला समाप्त की। उस समय तक उनका घराना बंगाल और बिहार प्रांत में प्रसिद्ध हो चुका था। वे स्वयं कारबार से अलग होकर भगवत-भजन में लगे थे– विभिन्न शाखाओं का काम उनके ७ बेटे सम्हालते थे।

सती मस्तानी

बुंदेलखंड पर मुगलों की आँखें लगी थीं, कई बार चढ़ाई की परंतु बहादुर बुंदेलों ने उन्हें पीछे ढकेल दिया। अंत में मुहम्मद खाँ बंगश के सेनापतित्व में फौजें भेजी गयी। वह बड़ा दुर्धर्ष और कट्टर मुसलमान था। प्रत्येक बार जब महाराज छत्रसाल के राज्य पर चढ़ आता तो मंदिरों को तोड़कर मस्जिद बनवाता और हिंदुओं पर नाना प्रकार के अत्याचार करता। महाराज उसके आक्रमण को विफल कर देते और फिर से मस्जिदों को तुड़वा कर मंदिर बनवा देते। पराजय और अपमान की ज्वाला से वह जल-भुन उठा। बादशाह भी अधीर हो उठा।

जबर्दस्त हमले के लिए पूरी योजना बनी। सन् १७२९ में बहुत बड़ी फौज लेकर मुहम्मद खाँ, छत्रसाल की राजधानी पन्ना तक बढ़ आया।

विशाल मुग़ल-साम्राज्य की बड़ी सेना के मुकाबले में शुरू से ही अस्त्र-शस्त्र और साधन बुंदेलों के पास कम थे। संख्या की दृष्टि से भी वे बहुत थोड़े थे। उनका संबल था शौर्य, साहस और देशप्रेम। बार-बार के आक्रमण ने छत्रसाल की सेना को जर्जरित कर दिया। महाराज की अवस्था ७० वर्ष की थी। पहले का सा बल भी शरीर में नहीं रहा। सबसे बड़ा दुर्भाग्य तो यह था कि इस बार के आक्रमण में बहुत से हिन्दू राजाओं और जागीरदारों ने मुसलमानों का साथ दिया।

महाराज ने देखा कि अंतिम दिनों में शायद तुर्कों का दास होकर रहना पड़ेगा। बुंदेलखंड पर उनके ही जीवनकाल में गैरिक ध्वज के स्थान पर मुसलमानी हरा निशान फहराने की आशंका से वे बेचैन हो उठे। पूना के श्रीमन्त पेशवा बाजीराव की वीरता और साहस की गाथाएँ उन्होंने सुन रखी थीं। छत्रसाल ने उन्हें एक दोहा लिखकर भेजा –

जो गति भई गजेन्द्र की, सो गति पहुँची आज।
बाजी जात बुंदेल की, राखो बाजी लाज।।

पत्र मिलते ही पेशवा ने निर्णय ले लिया। लम्बी यात्रा थी, फिर भी दक्षिण से अपनी अजेय मराठी सेना लेकर बीस दिन में ही पन्ना पहुँच गये। मराठे और बुंदेलों ने मिलकर घेरा डाले हुए मुगलों पर आक्रमण करना शुरू कर दिया।

उन्होंने शत्रुओं पर निर्णायक विजय पाई। वे अपार युद्ध-सामग्री छोड़ भाग खड़े हुए। मुहम्मद खाँ बंगश दूर के एक किले में जा छिपा और रात के अँधेरे में बुर्का ओढ़कर भाग निकला।

एक रात बाजीराव को नींद नहीं आ रही थी। करवटें बदलते आधी रात हो गई। उनका ध्यान बरबस अपनी माता, पत्नी और पूना की ओर चला जाता। परेशान होकर छज्जे पर चले आये। ठंडी हवा में कुछ शांति मिली। सहसा एक मधुर रागिनी सुनाई पड़ी। स्वरों के उतार-चढ़ाव और तान ने उन्हें मंत्रमुग्ध कर दिया। खिंचे हुए उसी ओर बिना अंगरक्षक के ही बढ़ते गए।

राजप्रासाद की निर्जन वीथियों को पार कर वे एक जगह पहुँचे। देखा, तन्मय होकर एक किशोरी संगीत-साधना कर रही थी। जितना सुरीला कंठ उतना ही सुन्दर रूप। गीत की समाप्ति पर उसने वीणा एक ओर रख दी। एकाएक उसकी दृष्टि बाजीराव पर पड़ी। केवल इतना ही कह सकी – "श्रीमंत, आप !"

दोनों की आँखें एक दूसरे में खो गई। बाजीराव शौर्य के साथ बुद्धि, सुन्दरता और गुणग्राहकता के लिए विख्यात थे। कुछ क्षणों के लिए दोनों ही निर्वाक रह गये। उन्होंने धीरे से आगे बढ़कर अपना बहुमूल्य कंठहार किशोरी के गले में डाल दिया। लाजभरी झुकी पलकों को लिए सपने की तरह वह ओझल हो गई।

महाराज छत्रसाल ने वियजोत्सव दरबार किया। श्रीमंत बाजीराव पेशवा को तृतीय युवराज का पद दिये जाने की घोषणा की एवं राज्य के तृतीयांश का अधिकारी बनाया। सोने के थालों में हीरे-मोती और जवाहरात की भेंट देते हुए उनका अभिषेक संपन्न हुआ। ज्येष्ठ युवराज से पाग, पेंच और तलवार बदली गई।

विदा के कुछ दिनों पहले अपने निजी कक्ष में पेशवा के साथ बैठे वार्तालाप करते हुए महाराज ने कहा – "तुमने समय पर पहुँच कर इस बुढ़ापे में मेरी व हिंदू-धर्म की लाज रख ली। एक बात और रखनी होगी।"

इतना कहकर उन्होंने प्रहरी को संकेत किया। कुछ ही क्षणों में एक रूपवती किशोरी ने कक्ष में प्रवेश किया। पेशवा चकित रह गये। उसी रात सपने-सी ओझल हो जाने वाली वही रूपसी।

छत्रसाल ने भरी हुई आवाज में कहा – "मैंने इसे पिता का सा प्यार दिया है। कहने को यह मुसलमान है, किन्तु आचार-विचार और संस्कार में किसी हिंदू से कम नहीं। तुम इसे पत्नी के रूप में अंगीकार करो।"

चित्तपावन ब्राह्मण-कुल में जन्म लेने के कारण पेशवा आचारवान और धर्मनिष्ठ थे। माता राधाबाई भी कट्टर धार्मिक थी। उलझन में पड़े थे कि उनकी दृष्टि किशोरी पर पड़ गयी। छलछलाती आँखें और काँपते होंठ न जाने क्या कह गए।

महाराज ने बाजीराव का हाथ पकड़ लिया, कहने लगे – "तुम-सा कोई पात्र इस रत्न के लिए मिलेगा नहीं। अब मैं अधिक दिनों तक नहीं बचूँगा, यदि इसे कोई कष्ट हुआ तो मेरी आत्मा को शांति नहीं मिलेगी।"

पशोपेश में पड़े पेशवा को छत्रसाल के अंतिम शब्दों ने मानो जगा दिया। उन्होंने स्वीकृति दे दी।

महाराज ने राजसी धूमधाम एवं हिंदू-रीति से मस्तानी का कन्यादान किया और उसे भारी दहेज के साथ विदा किया। मराठा फौज में बाजीराव पेशवा का बड़ा अनुशासन और आदर था। किंतु उन दिनों इस प्रकार के संबंध उच्च कुल के ब्राह्मणों के लिए वर्जित थे। मराठा सरदारों में कानाफूसी होने लगी। पेशवा के पहुँचने के पहले पूना में बातें बढ़-चढ़कर फैल गयीं।

राजधानी में प्रवेश के समय पेशवा के आगमन पर न तो तोरण सजे और न अगवानी के लिए कोई आया। महल में डोली के प्रवेश का आदेश भी नहीं मिला। श्रीमंत समझ गये कि माता अत्यंत रुष्ट हैं। भविष्य का आभास उन्हें हो गया। वे चरणस्पर्श के लिए गए परंतु माता ने अपने पैर एक ओर हटाते हुए तीखे स्वर में कहा – "मराठों का श्रीमंत पेशवा हिंदूपद-पादशाही का जहाँ गौरव बढ़ाकर आया है, वहीं एक मुस्लिम नर्तकी को वधू बनाकर उसने कुल को कलंकित किया है। इससे तो अच्छा था बाजी, तू मेरी कोख में आता ही नहीं। मुझे यह पाप तो वहन नहीं करना पड़ता।"

बाजीराव चुपचाप भूमि पर मस्तक टेक वापस आ गए।

पत्नी काशीबाई पतिपरायणा थी। उस समय तक एकाधिक पत्नी अथवा रक्षिता की प्रथा मराठों में चल पड़ी थी, किन्तु विधर्मी स्त्री से संबंध हेय माना जाता था। फिर भी उसने छोटी बहन की तरह मस्तानी को अपने महल में रखा।

इधर माता की प्रेरणा से पंडितों की सभा बैठी। उन्होंने निर्णय दिया कि तुर्कनी को पेशवा के महल में प्रवेश का अधिकार नहीं मिलना चाहिए। विवश होकर

बाजीराव ने शहर के बाहर शनिवार बाड़ा नाम का एक छोटा-सा महल बनवा दिया। मस्तानी वहाँ शुद्ध हिंदू आचार-विचार से रहने लगी। अध्ययन एवं भजन-पूजन में समय बिताती। बाजीराव के दुःखी होने पर केवल एक ही उत्तर देती – "प्रेम, सुख का मुखापेक्षी नहीं, वह स्वयं में आनन्द की अनुभूति है। आप सुखी रहें, इसी में मेरे जीवन की सार्थकता है।"

यद्यपि बाजीराव ने मराठों की शक्ति और कीर्ति बहुत बढ़ा दी, किन्तु उनका व्यक्तिगत जीवन उदासी से भरा था। वे पारिवारिक और धार्मिक अनुष्ठानों में सम्मिलित नहीं हो पाते। यहाँ तक कि भाई-भतीजे के विवाह और उपनयन-संस्कार में भी उनका प्रवेश वर्जित था। राजकाज, युद्ध और सरदारों के पारस्परिक विग्रह से ऊबकर मस्तानी के पास जब कभी जाते तो उन्हें सांत्वना मिलती। बच्चों की तरह कहते – "सभी चाहते हैं, मैं श्रीमंत पेशवा रहूँ, पर कोई कभी यह नहीं सोचता कि मुझे बाजीराव रहने का भी अधिकार है।"

हँसकर मस्तानी कहती – "क्यों, मैं तो हूँ?"

कठिन से कठिन परिस्थिति में मस्तानी उनके साथ रहती। कई युद्धस्थलों में वह पेशवा के साथ गई। बाजीराव को उसके स्नेहिल व्यवहार से बड़ी शांति मिलती। अगले दस वर्षों में उन्होंने बहुत से विजय-अभियान किये। नए-नए राज्यों पर मराठों के गैरिक ध्वज फहराने लगे। कभी-कभी परिहास में वे मस्तानी से कहते – "बाजीराव ने बड़ी-बड़ी बाजियाँ जीतीं, पर अपनी बाजी हार गया।"

वर्षों के कठिन परिश्रम और पारिवारिक क्लेश ने पेशवा के स्वास्थ्य पर असर दिखाना शुरू कर दिया। नर्मदा के तट पर दरवा नामक गाँव में भग्नहृदय बाजीराव बीमार थे। मराठा गौरव की दीपशिखा धीरे-धीरे मलिन होती जा रही थी। काशीबाई, राजवैद्य, सामंत और सचिव पास बैठे थे। श्रीमंत कुछ कहना चाहते थे। अवरुद्ध कंठ से अस्फुट स्वर निकले – "मस्तानी!"

मस्तानी को खबर मिल चुकी थी, किंतु प्रियतम के अंतिम दर्शन के लिए उसके अनुनय-विनय को ठुकरा दिया गया। वह पूना के पास के किसी किले में राधाबाई की कैद में थी। उसने सती होने की अनुमति माँगी, वह भी नहीं मिली। चालीस वर्ष की अल्पायु में पेशवा का देहांत हो गया। पुराने बैर-भाव भूलकर पूना की सारी जनता के साथ कुटुंबी, सरदार, सचिव और सामंत शवयात्रा में सम्मिलित हुए। सभी रो रहे थे। अनोखी सूझ-बूझ का योग्यतम नेता और योद्धा अब न रहा।

सुसज्जित चंदन की चिता पर शव लिटाया गया। मंत्रोच्चार के साथ अग्नि

प्रज्ज्वलित कर दी गयी। अपार जनसमूह देख रहा था कि कितनी निर्ममता से सुंदर देह को भस्म करने के लिए आग बढ़ती जा रही है।

उस भीड़ के बीच से मुख पर अवगुंठन डाले, आभूषणों से सजी एक युवती चिता की ओर सम्हलते कदमों से बढ़ती गयी। स्वर्णथाल में कपूर, अबीर, कुंकुम और पुष्प थे। यह सोचकर कि शायद श्रीमंत को अंतिम श्रद्धांजलि देना चाहती है लोगों ने हटकर मार्ग दे दिया। पास पहुँचते ही वह चिता में कूद गई। ब्राह्मण, सरदार, सामन्त 'रोको-रोको' कहते ही रह गए। तेज हवा में आग की लपटों ने खुद ही घेरा डाल दिया।

लोगों ने देखा, मस्तानी के चेहरे पर एक अपूर्व तेज था और बाजीराव का सर उसकी गोद में था।

गुनाहों का बादशाह

महमूद गजनवी, नादिरशाह और अहमदशाह अब्दाली की याद आते ही बेकसूरों की हत्या, बेकसों की अस्मतदारी, मन्दिरों की ध्वंस लीला और गाँव, कस्बों, नगरों में आगजनी आदि की दर्दनाक तस्वीरें सामने आ जाती हैं। तैमूर की तरह ये सब सिर्फ लूट के लिए भारत आए और अपना मकसद पूरा कर चले गए, पर इस कथा के नायक औरंगजेब को तो यहीं रहना और दफन होना था।

सन् १६१८ में दोहद (गुजरात) में औरंगजेब का जन्म हुआ। पिता शाहजादा खुर्रम वहाँ का सूबेदार था। १६२७ में वह शाहजहाँ के नाम से तख्तनशीन हुआ। औरंगजेब भी तबसे आगरा में रहने लगा। वहीं उर्दू, फारसी और अरबी की शिक्षा पाई। बादशाह, बड़े शाहजादे दाराशिकोह और शाहजादी जहानआरा से विशेष स्नेह करता था, इसलिए शुरू से ही औरंगजेब कुछ अलग-अलग-सा रहकर कुरान शरीफ, मुहम्मद साहब की जीवनी और शेख जैनुद्दीन की कृतियों के अध्ययन में तल्लीन रहने लगा। युवराज दाराशिकोह अधिकतर मौज-शौक व काव्य-संगीत में मस्त रहता। शायरों, सूफी फकीरों तथा हिन्दू सन्तों की संगत करता।

सत्रह वर्ष की अवस्था में औरंगजेब को तीन सेनाओं का अधिपति बनाकर बुन्देलखण्ड पर आक्रमण करने के लिए भेजा गया। थोड़े ही समय में उसने ओरछा पर अधिकार कर लिया। अनेक मन्दिर तोड़े और अपार धन सम्पत्ति लेकर वापस लौटा। मुसलमान दरबारी प्रसन्न व प्रभावित हुए। औरंगजेब की मजहबी कट्टरता को बल मिला। आगे जाकर इसी के अनुसार वह अपने आचरण तथा व्यवहार को ढालता रहा। हिन्दू-विद्वेष के बल पर वह गाजी बनने का स्वप्न देखने लगा।

१६५२ में एक बड़ी फौज के साथ उसे दक्षिण का सूबेदार बनाकर भेजा गया। ६ वर्ष की अवधि में उसने वहाँ की शासन व्यवस्था और आमदनी की स्थिति सुदृढ़ कर ली। आगरे के दरबार में धाक जम गई। वहाँ उससे सहानुभूति रखने वाले पहले ही से थे, जो जरूरी सूचनाएं भेजते रहते थे, इनमें बादशाह की छोटी शाहजादी

रोशनआरा प्रमुख थी।

बादशाह ने शाहजादा दाराशिकोह को तख्त-नशीन करने का एलान कर दिया। वैसे भी वली अहद होने के नाते लम्बे अरसे से वह बादशाह के नाम पर शासन-संचालन करता आ रहा था। अकस्मात १६५७ में बादशाह की बीमारी की खबर फैली तो तख्त के लिए चारों शाहजादे बेताब हो उठे। बंगाल से शाहशुजा, दक्षिण से औरंगजेब और गुजरात से मुराद ने अपनी पूरी फौजों के साथ आगरा की ओर कूच कर दिया।

३९ वर्ष के औरंगजेब को पिछले २३ वर्षों से शासन व युद्ध संचालन का अनुभव था। उसके व्यक्तित्व पर दीन इस्लाम का मुलम्मा चढ़ चुका था, छल-नीति में प्रवीण था ही। मीर जुम्ला और शाइस्ता खाँ जैसे प्रमुख प्रभावशाली व्यक्तियों को उसने बड़ी आसानी से अपनी ओर मिला लिया।

मुगल खानदान में शाही तख्त के लिए खूंरेजी विरासत में चली आ रही थी, पर पहले की और अब की स्थिति में फर्क था – बादशाह अभी मौजूद है, वली अहद का ऐलान हो चुका है, शाही फरमान लम्बे अरसे से उसके दस्तखत से निकल रहे हैं। औरंगजेब ने सोचा, वक्त नए तरीके का तकाजा कर रहा है। उसने अपने छोटे भाई मुराद को मोहरा बनाया, कहने लगा कि हिन्दू परस्त काफिर दारा को शिकस्त देकर सल्तनत को सच्चे बहादुर और इस्लाम पर यकीन रखने वाले मजबूत हाथों में सौंप देना ही मेरा फर्ज है और यह तभी मुमकिन है जब आप जैसा कौल-फेल का पक्का जांबाज ईमान-परस्त तख्त-नशीन हो, इसके बाद मैं जिन्दगी के बाकी दिन मक्का शरीफ में सुकून से गुजार सकूँगा। इस तरह उसने मुराद को बादशाह बनाने की कसम खाई। उसे जहाँपनाह-बादशाह हुजूर कहने लगा, दस्तवस्ता कोर्निश करने लगा। बेवकूफ मुराद जाल में फँस गया, तख्त की सूरत देखने के पहले ही खुद को हिन्दुस्तान का शाहंशाह समझ बैठा।

धौलपुर के पास धरमत के मैदान में शाहजादों की व शाही फौज में जंग छिड़ी। शाही फौज का सेनापति कासिम खाँ पहले ही से औरंगजेब से मिला हुआ था। ऐन वक्त पर इस्लामी रंग में रंगे मुसलमान सिपहसालारों ने धोखा दिया। महाराजा जसवंतसिंह अपने बहुत से राजपूत योद्धाओं को खोकर घायलावस्था में किसी प्रकार जोधपुर वापस पहुँचे।

डेढ़ महीने बाद सूमागढ़ का निर्णायक युद्ध हुआ। इसमें बादशाह स्वयं जाना चाहता था, पर औरंगजेब से मिले हुए दरबारियों ने दारा से कहा, यदि बादशाह सलामत खुद तशरीफ ले जायेंगे तो फतह का सेहरा आपको नहीं, उन्हीं को मिलेगा।

इस पर उसने बादशाह से अर्ज की कि जब तक बन्दा जिन्दा है, जहाँपनाह को तकलीफ करने की जरूरत नहीं। दारा एक विशाल सुसज्जित फौज लेकर मैदाने जंग में उतरा। औरंगजेब के पास इसकी आधी भी नहीं थी। इस बार भी सिपहसालार खलीलुल्ला खाँ दुश्मनों से मिला हुआ था। उसने दारा को घोड़े पर चढ़कर युद्ध संचालन करने की सलाह दी। सफेद हाथी का हौदा खाली देखकर शाही फौज ने समझा कि दारा मारा गया। बूँदी नरेश छत्रसाल जैसे वीर सेनानी तथा इतनी बड़ी सेना होते हुए भी शाही फौज हार गयी। दूसरे दिन औरंगजेब ने बादशाह को पत्र लिखा कि दारा काफिरों से मिलकर गद्दी हथियाना चाहता था, इसीलिए मुझे जंग के लिए मजबूर होना पड़ा। अब मैं आपके हुजूर में हाजिर होकर खिदमत पेश करना चाहता हूँ।

दो-तीन दिनों में आगरा शहर की व्यवस्था कर अपने बड़े बेटे मुहम्मद सुल्तान

को किले का घेरा डालने के लिए भेज दिया। घेरा कसता गया, रसद व पानी बन्द हो गया। आठ जून को किला उसके कब्जे में आ गया। जो भी पहरेदार खोजे तथा हरम की ड्यूटी पर तैनात सशस्त्र तातारी औरतें मिली, सभी को मौत के घाट उतार दिया और इस प्रकार अपने समय का सर्वाधिक सम्पन्न वैभवशाली वृद्ध बीमार बादशाह अपने ही युवक पौत्र द्वारा बन्दी बना लिया गया।

प्रमुख दरबारियों को धन तथा पद का लालच देकर, केवल पन्द्रह दिनों में औरंगजेब ने पूरी तौर से अपने पैर जमा लिए। बादशाह तो कैद हो गया, मगर बेवकूफ बादशाह हुजूर मुराद की मुराद अभी बाकी थी, उसे ठिकाने लगाना था।

फतह की खुशी में जश्न मनाया गया। 'हुजूरे आलम बादशाह' मुराद को खूब शराब पिलाई गई। शराब के नशे में धुत्त मुराद को क्या पता कि क्या हो रहा है। आँखें खुलने पर उसने अपने को शाही तख्त पर नहीं, शाही कैदखाने में पाया। साढ़े तीन वर्ष तक ग्वालियर के किले में भाँति-भाँति की कठोर यंत्रणाएँ दिए जाने पर भी जब उस अभागे के प्राण न निकले तो औरंगजेब ने दो गुलामों को भेजकर उसे दुनिया की कैद से रिहा कर दिया।

आगरा से भागकर दारा सपरिवार दो महीने तक पनाह की खोज में भटकता रहा। जहाँ पहुँचा वहीं कोरा जवाब। आखिर अहमदाबाद के सूबेदार जीवा खाँ ने पनाह दी, एक बार दारा ने उसकी जान बचाई थी। वक्त की बात, इसी सूबेदार ने इनाम के लालच में दारा को औरंगजेब के सिपाहियों को सौंप दिया। दुःख, थकान और बीमारी की मारी उसकी प्यारी नादरा दम तोड़ चुकी थी, लाश पड़ी थी। अहसान फरामोश जीवा खाँ ने इतना भी मौका न दिया कि दारा अपनी बेगम की लाश दफनवा सकता।

दारा को राजधानी लाया गया। शाहजादे सिपर-शिकोह के साथ एक बूढ़ी हथिनी पर बिठाकर दिल्ली की सड़कों पर उसे घुमाया गया। मैले-कुचैले कपड़े, पैरों में बेड़ियाँ, पीछे नंगी तलवार लिए जल्लाद, ऐसा असहनीय मर्मान्तक दृश्य देखकर दिल्ली की जनता सिसक-सिसक कर रो रही थी और एक तरफ खड़ा हुआ विश्वासघाती जीवा खाँ मुस्करा रहा था। जनता से सहा नहीं गया, उसे ईंट-पत्थरों से मार-मारकर वहीं ढेर कर दिया।

दारा कैदखाने भेज दिया गया। उसे मौत के घाट उतारने के लिए कुछ ऐसा न्याय का ढोंग रचना था कि जिसे जनता उचित समझे। काजियों की बैठक बुलाई गई, मसले पर विचार हुआ, फतवा दिया गया – सजाये मौत। दूसरे दिन दारा की लाश शहर में घुमा दी गई।

अब तक औरंगजेब शुजा को प्यार भरे पत्र लिखता रहा कि तुम बंगाल, बिहार और आसाम पर बेफिक्री से हुकूमत करो। काफिर दारा व मुराद को सजा देने के लिए मैं दिलोजान से कोशां हूँ, इनसे फुरसत पाते ही मेरी हविस पूरी होगी, फिर वही होगा जो तुम चाहोगे।

शुजा बाहोश था, मगर ऐयाश व आलसी भी। उसे अपनी सेना व सम्पत्ति पर

अटूट विश्वास था। उसने सोचा, मैदान से दो के हट जाने पर एक से सलटने में सुविधा होगी। इसलिए जान-बूझकर अनेक मूल्यवान एवं अनुकूल अवसर हाथ से निकल जाने दिये।

मुराद और दारा को ठिकाने लगाकर औरंगजेब ने शुजा पर चढ़ाई कर दी। इलाहाबाद के पास खुजवा में दोनों भाइयों में मुठभेड़ हुई। शुजा बड़ी बहादुरी से लड़ा, पर बेहतरीन हथियारों से लैस नब्बे हजार की शाही फौज व तेज सवारों के सामने उसकी सेना के पैर उखड़ गए। वह किसी प्रकार जान बचाकर बंगाल की ओर भागा।

यूं औरंगजेब भाइयों और भतीजों का खून करके और बूढ़े बाप तथा बहिन को कैद करके बादशाह हो गया। दरबार में अधिकांश सुन्नी थे, राजधर्म सुन्नी था। अस्तु, सुन्नी-सम्प्रदाय को सन्तुष्ट करने के लिए तख्तनशीन होते ही सूफी फकीरों को कत्ल करवा दिया। उन दिनों सरमद नामक एक पहुँचे हुए सूफी सन्त थे, देश-दुनिया में उनकी बड़ी शोहरत थी। काजियों से फतवा दिलवाकर इस महान सन्त की गर्दन उतरवा ली। एक पादरी मुसलमान बन गया था, कुछ दिन में वह फिर ईसाई हो गया, उसे भी मृत्यु दण्ड दे दिया गया। बोहरा सम्प्रदाय के धर्मगुरु सैयद कुतुबुद्दीन को उनके ७०० अनुयायियों सहित अहमदाबाद में सरेआम कत्ल कर दिया गया।

दादा 'जहाँगीर' था तो औरंगजेब ने भी अपना उपनाम 'आलमगीर' रखा। आलमगीर होने के लिए सारा आलम नहीं, तो कम से कम सारा हिन्दुस्तान तो होना ही चाहिए। इसके लिए उसे अनेक युद्ध करने थे क्योंकि हिन्दुस्तान के बहुत से हिस्से मुग़ल सल्तनत में नहीं थे। लड़ाइयों में लम्बे खर्च के लिए लम्बी रकम चाहिए, इसलिए अपने बुजुर्गों द्वारा रद्द किया जजिया कर हर हिन्दू बच्चे, बूढ़े-जवान पर फिर लागू कर दिया। अफसर कड़ाई से जजिया वसूल करते, लोग खून का घूँट पीकर रह जाते। खजाने में बेशुमार दौलत जमा होने लगी। जो नहीं दे पाते, मारे डर के मुसलमान बन जाते। इस्लाम का प्रचार-प्रसार जोर-शोर से शुरू हो गया। 'आलमगीर जिन्दा पीर' का गगनभेदी घोष गूँजने लगा।

औरंगजेब का मजहबी जोश इतने से सन्तुष्ट नहीं हुआ। उसे मन्दिरों में सदियों से संचित सोना, चाँदी, हीरे, जवाहरात, रत्न, धन आदि अखर रहे थे। उसने प्रसिद्ध हिन्दू मन्दिरों को निशाना बनाया। इधर मन्दिर टूटते, उधर हिन्दुओं के दिल टूटते और शाही खजाने पर धन की अजस्र वर्षा होने लगती। अहमदाबाद के प्रसिद्ध चिन्तामणि मन्दिर में पहले गोवध कराया फिर उसे मस्जिद बनवा दिया। मथुरा के केशवराय मन्दिर की ध्वजा काफी दूर से दिखाई पड़ती थी, औरंगजेब भला इसे कैसे सह पाता;

इसे तुड़वा कर मस्जिद निर्मित करा दी, यद्यपि ऊँची जाति के लोग तो मारे डर के कुछ नहीं बोले, परन्तु कृषक वर्ग व हरिजनों का खून खौल उठा। उन्होंने पूरी शक्ति से विद्रोह किया, अधिकांश मौत के घाट उतार दिए गए। सतनामी सन्तों की नृशंस हत्या कर दी गई। काशी के विश्वनाथ मन्दिर की भाँति अनेक प्राचीन प्रसिद्ध मन्दिरों के भग्नावशेष आज भी अपनी करुण गाथा सुना रहे हैं। सन् १६६० में उसने सुदूर दक्षिण के मन्दिरों को तोड़ने का आदेश दिया। इन ध्वस्त मन्दिरों की सूची बनाई जाए तो एक छोटी-मोटी पुस्तक तैयार हो जाए।

अन्य धर्मावलम्बियों के धार्मिक उत्सव, मेले, पर्व, त्योहार गुनाह करार दे दिये गये, मन्दिरों में शंख-घण्टे बजने बन्द कर दिये गये। हिन्दुओं ने बहुत गुहार-पुकार की, पर सब बेकार गई। शिवाजी ने जजिया उठा लिए जाने के लिए पत्र लिखा, किन्तु औरंगजेब भला इसे क्यों छोड़ता।

आमेर सदा से मुगल साम्राज्य का सहायक रहा। इसी वफादारी के आधार पर वहाँ के राजा जयसिंह उच्च मुगल सेनाध्यक्ष थे। औरंगजेब ने वहाँ के सभी मन्दिर ध्वस्त कराकर सिद्ध कर दिया कि मजहबी दीवानगी में वह किसी की वफादारी का लिहाज नहीं करता। पंजाब में गुरु तेगबहादुर और गोविन्दसिंह के नेतृत्व में सिक्खों ने इस अपमान और अत्याचार के विरुद्ध विद्रोह किया, जिसे सैन्य बल से कुचल दिया गया। सन् १६७५ में दिल्ली में गुरु तेगबहादुर का सिर काट दिया गया। आज वहाँ पर शीशगंज गुरुद्वारा है। गुरु गोविन्दसिंह के दो बेटों को दीवार में चुन दिया गया।

सन् १६८० में औरंगजेब अजमेर आया हुआ था। महाराजा जयसिंह व दुर्गादास राठौड़ की सलाह से शाहजादा अकबर ने स्वयं को बादशाह घोषित कर दिया। औरंगजेब ऐसे खेलों का माहिर खिलाड़ी था। उसने शाहजादे के सेनापति तहब्वर खाँ को लालच देकर अपने खेमे में आमंत्रित किया और कत्ल कर दिया। यहाँ उसने एक कमाल की चाल चली। अकबर के नाम एक पत्र लिखा – शाबाश मेरे बेटे! राजपूतों को खूब बेवकूफ बनाया, तुमने उनकी सारी साजिश नाकाम कर दी और सल्तनते मुगलिया को बहुत बड़े खतरे से बचा लिया। फिर ऐसी व्यवस्था भी कर दी कि पत्र शाहजादे को नहीं, दुर्गादास को मिले। चाल कारगर हुई। राजपूतों ने अकबर का साथ छोड़ दिया। निराश व दुःखी शाहजादा मारवाड़ की ओर चला गया। जब दुर्गादास को असलियत का पता चला तो बड़ा पछतावा हुआ पर वक्त हाथ से निकल चुका था। अकबर किसी प्रकार सुदूर दक्षिण में शम्भाजी की शरण में जा पहुँचा। औरंगजेब ने उसके वली अहद, बड़ी बेटी और बेगमों को किले में कैद कर दिया।

उत्तर से निश्चिन्त होकर उसका ध्यान शिवाजी तथा मराठों की बढ़ती शक्ति की

ओर गया। अपने विश्वस्त सेनापति शाइस्ता खाँ को बहुत बड़ी सेना के साथ दक्षिण का सूबेदार बनाकर भेजा। चार वर्ष तक लड़ने के पश्चात भी अन्ततः वह पराजित हुआ तो औरंगजेब बौखला उठा और अपने सर्वाधिक सुयोग्य सेनापति जयपुर नरेश जयसिंह को एक सुसज्जित सेना के साथ शिवाजी को पकड़ने के लिए भेजा। यद्यपि जयसिंह उच्चतम सेनापति था, परन्तु वह हिन्दू था, अतः उसने अपने विश्वासपात्र सिपहसालार दिलेर खाँ को खबरदारी के लिए साथ लगा दिया। मराठा बड़ी बहादुरी से लड़े, पर इतनी विशाल सेना के आगे अधिक समय तक टिक न सके। धीरे-धीरे किले उनके हाथ से निकलते गये। पुरन्दर का प्रसिद्ध गढ़ भी उन्हें छोड़ना पड़ा।

हिन्दुत्व की रक्षा के लिए भारत का केवल एक सपूत शिवाजी जान पर खेल रहा है, यह अनुभव कर जयसिंह हृदय से उनका आदर करते थे। इसी कारण उन्होंने मई १६६५ में पुरन्दर में शिवाजी से एक सम्मानपूर्ण सन्धि कर ली और उन्हें पुत्र शम्भाजी के साथ आगरा जाकर औरंगजेब से भेंट करने के लिए राजी कर लिया। अपने कुल-देवता गोविन्ददेव की शपथ खाकर, वहाँ उनके साथ प्रतिष्ठा पूर्ण व्यवहार के लिए जिम्मा लिया, इसके लिए स्पष्ट निर्देश देकर अपने पुत्र रामसिंह को साथ कर दिया।

औरंगजेब ने शिवाजी को हर प्रकार से अपमानित किया, पिता-पुत्र को कैद कर लिया, किस प्रकार शिवाजी पुत्र सहित कैद से निकल भागे, ये सारी बातें इतिहास प्रसिद्ध हैं।

महाराष्ट्र आने के बाद शिवाजी दिखावे में औरंगजेब से मेल रखते हुए गुप्त रूप से बड़ी सावधानी से शक्ति अर्जित करने लगे। १६७० में शाही फौजों पर छापे भी मारने लगे। शाहजादा मुअज्जम सामना न कर सका। शिवाजी ने अपने अनेक किले वापस जीत लिए और सूरत को दूसरी बार लूटा। आठ वर्ष तक युद्ध में बादशाह के अनेक अनुभवी सेनापति पराजित हुए। तब उसने अपने सबसे बड़े दो सेनापतियों महावत खाँ व दाऊद खाँ को भेजा। कई बार की हार-जीत के बाद आखिर छोटी-सी मराठी सेना का टिकना कठिन हो गया। भूपाल गढ़ का किला उसके हाथ से निकल गया। इस युद्ध में हजारों मराठे वीरगति को प्राप्त हुए। जो बचे, वे कैद कर लिए गये और उनके हाथ-पैर काट दिये गये। स्त्रियों के साथ अमानुषिक अत्याचार किये गये।

सन् १६८२ के बाद औरंगजेब प्रायः दक्षिण में ही रहने लगा। गोलकुण्डा के कब्जे में कर लिया।

गोलकुण्डा का सुल्तान बाबू हसन निहायत नेक व अमन पसंद इन्सान था, हिन्दुओं की धार्मिक भावना का आदर करता था। शाहजादा शाहआलम के दिल में इसके प्रति हमदर्दी थी। इसी अपराध में औरंगजेब ने अपने इस शाहजादे को उसके

चारों पुत्रों समेत बुलाकर कैद कर लिया और उसकी सारी सम्पत्ति जब्त कर ली।

सन् १६८९ में शम्भाजी को उनके २५ विश्वस्त साथियों सहित पकड़कर दिल्ली लाया गया, १५ दिन तक कठोर यंत्रणाएं देकर मरवा दिया गया।

औरंगजेब का अत्याचार चरम सीमा पर था, पर मराठे वीर इससे हताश नहीं हुए, दुगुने उत्साह से संगठित होकर मुग़ल साम्राज्य के कस्बे व शहर लूटने लगे। ७५ वर्ष के बूढ़े बीमार बादशाह की कमर झुक गई थी। परिवार में कलह, सन्तान अयोग्य, इसलिए इतनी बड़ी हुकूमत के बावजूद वह दुःखी तथा परेशान रहता था। मराठा छापामारों की चोटों से सेना के सिपाही, हाथी, घोड़े, ऊँट काफी संख्या में मरने लगे। लगातार युद्ध के कारण खजाना खाली हो गया और अफसर इस्लाम के नाम पर जोर-जुल्म करते। हर ओर आह-कराह का आलम, अराजकता और विद्रोह। १५ वर्षों में हालत खस्ता हो गई। ९० वर्ष के आलमगीर के अन्तिम दिन घोर विषादपूर्ण हो गए।

शाहजादे बुढ़ापे की ओर कदम रख रहे थे, पर उनकी ऐयाशी जवानी पर थी। वे और उनके बेटे बादशाह होने का ख्वाब देखते। पोते अपने पिता व पितामह की तथा पुत्र अपने पिता की मौत की दुआ माँगते। हर ओर से निराश बादशाह को सन् १७०९ की फरवरी में बेहोशी के दौरे आने लगे, १५ दिन की बीमारी के बाद २० फरवरी को उसने सदा के लिए आँखें मूँद लीं।

अन्तिम समय में अपने दो पुत्रों के नाम जो पत्र लिखे, उनसे उसके असीम मनस्ताप का आभास मिलता है। ऐसा लगता है कि मनुष्य चाहे छल-कपट से जीवन में बड़ी से बड़ी उपलब्धि प्राप्त कर ले, परन्तु अन्त समय में उसके पाप सिर पर चढ़कर बोलते हैं।

औरंगजेब को उसके गुरु की कब्र के पास दफनाया गया। सन् १९७१ में मुझे यह कब्र देखने का अवसर मिला। देखते ही उसकी घोर नृशंसता के चित्र आँखों के सामने आने-जाने लगे। मनःस्थिति कुछ अजीब-सी हो गई, जान पड़ा जैसे कोई कान में कह रहा है – 'न गया साथ तख्त, न ताज, न राज, यहाँ फकत दो गज़ जमीन के अन्दर मिट्टी में मिला पड़ा है। औरंगजेब-आलमगीर, आलम का नहीं, गुनाहों का बादशाह था।'

सती माता

त्रेता युग की बात है –

सीताहरण हो चुका था। भगवान राम वन-वन में उन्हें ढूँढ़ते फिर रहे थे। वृक्षों से लताओं से और पक्षियों से सीताजी के बारे में विह्वल होकर पूछ रहे थे। संयोग से शिवजी और सती उधर से जा रहे थे। सती ने कहा – "प्रभो, आप तो बताते थे कि राम ईश्वर के अवतार हैं, फिर भला ये पत्नी के वियोग में इस तरह विकल क्यों हैं?" शिवजी की मनाही के बावजूद श्रीराम की परीक्षा लेने के लिए सीता का रूप धर कर सती एक वृक्ष के नीचे बैठ गयी। राम ने उन्हें देखा, पूछा – "सती माता, आप अकेली कैसे बैठी हैं! भगवान शिव कहाँ हैं?" सती तो सकते में आ गयी। शिवजी के पास जाकर उन्होंने सारी बातें बतायीं।

शिवजी ने कहा – "सती, तुमसे बड़ा अपराध हो गया है। सीता मेरी माता के समान हैं, तुमने उनका रूप धर लिया। अब मैं तुम्हें अपनी पत्नी के रूप में स्वीकार नहीं कर सकूँगा।"

बहुत पश्चाताप और विनय करने पर उन्होंने कहा – "तुम्हें यह शरीर त्याग कर नया जन्म लेना पड़ेगा। उस समय तुम्हारा नाम पार्वती होगा। फिर से मैं तुम्हें पत्नी के रूप में ग्रहण करूँगा।"

वे कैलास पर रहने लगे थे। बहुत दिनों बाद एक दिन सूचना मिली कि सती का पिता दक्ष प्रजापति कनखल में बहुत बड़ा यज्ञ कर रहा है। सब देवताओं को निमंत्रण दिया गया, परंतु शिवजी और सती को नहीं। बहुत दिनों से सती पिता के घर नहीं गयी थी। उसका मन माता-पिता से मिलने का हो रहा था। यज्ञ के अवसर पर स्वजन-मित्र तथा सगे संबंधी भी आयेंगे। उसने पति से कनखल जाने की आज्ञा माँगी।

शिवजी ने कहा – "बिना बुलाए जाने में हमेशा अपमान सहना पड़ता है। संबंध

बराबरी का निभता है, हम वल्कलधारी गृहस्थ हैं, जबकि वे राजा हैं।"

सती ने फिर जिद्द की और शिवजी को मंजूरी देनी पड़ी। उन्हें अशुभ का आभास तो था ही, साथ में अपने गणों को भेज दिया। जब सती पितृगृह में पहुँची तो दक्ष ने न तो कुशल-क्षेम पूछा और न आवभगत ही की।

यज्ञ की तैयारी बड़े रूप में थी, देश-देशांतर के लोग आये हुए थे। दूसरे सब देवताओं का यज्ञ-भाग निकाला गया, परंतु देवाधिदेव शिव का नाम बाद दे दिया गया।

जब यज्ञ के पुरोहित ने याद दिलायी तो दक्ष ने उनके लिए बहुत-सी अपमानजनक बातें कहीं। सती वहीं पर मौजूद थी। पति के अपमान से क्षुब्ध होकर वे यज्ञ की प्रज्ज्वलित अग्नि में कूद पड़ीं। शिवजी के गणों ने यज्ञ विध्वंस करके दक्ष का वध कर दिया।

कैलास से आकर शिवजी ने यज्ञ-कुण्ड से सती की आधी जली मृत देह को निकाला। विक्षिप्त अवस्था में कंधे पर लेकर देश-देशांतर घूमने लगे। सृष्टि के जन्म-मरण के नियमों में व्यवधान आ गया। विष्णु की माया से सती की देह के अंग विभिन्न स्थानों पर गिरते गए। अंत में शिवजी का मोह भंग हुआ और वे फिर कैलास पर जाकर तपस्या करने लगे।

सती राणकदेवी

कलियुग में ऐतिहासिक तौर पर राणक देवी ११वीं शताब्दी में जूनागढ़ (गुजरात) में पहली सती हुई थी।

उस समय गुर्जर-नरेश सिद्धराज जयसिंह का राज्य था। जूनागढ़ का राजा खेंगार उसके साम्राज्य में एक सामन्त था। वह अपने समय का अद्भुत वीर था। उसकी रानी थी राणक देवी, जो अपने सौंदर्य और शील के लिए देशभर में प्रसिद्ध थी। दूर-दूर के लोग उसके दर्शन करने आते थे।

जयसिंह से यह सहन न हुआ। मंत्रियों, सभासदों और सेनाध्यक्षों के विरोध करने पर भी उन्होंने एक बड़ी सेना लेकर जूनागढ़ के किले को घेर लिया। बहुत दिनों तक घेरा डालने के बाद भी जब सफलता न मिली और उसके सैनिक थकने लगे तब वहाँ के दुर्गरक्षक को मिलाकर किले पर विजय प्राप्त कर ली गयी। राजा खेंगार दूसरे साथियों के साथ वीरता से जूझता हुआ मारा गया। इधर जब जयसिंह, राणक देवी से मिलने के लिए आतुर होकर किले में पहुँचा तो वहाँ महल के एक कोने में उसे सती के जले हुए शरीर की राख मात्र ही मिली। पैरों में महावर लगा कर और सोलहों श्रृंगार करके सती अपने पति के सिर को गोद में लेकर भस्म हो गई थी। आज तक हजारों-लाखों सधवाएँ और कुमारी कन्याएँ उसके पदचिह्नों को पूजती हैं। मैंने जूनागढ़ में राणक देवी का महल देखा और वह स्थान भी देखा जहाँ वह सती हुई थी। आज भी गुजरात, सौराष्ट्र और राजस्थान में उसके नाम के गीत गाये जाते हैं।

सती ने अंतिम समय में जयसिंह को शाप दिया था कि उसका वंश नहीं चलेगा, उसे कोई पानी देने वाला नहीं रहेगा। इतिहास साक्षी है कि परम प्रतापी जयसिंहदेव का न तो वंश चला, न साम्राज्य ही रहा। इसके बाद ७०० वर्षों तक बहुत-सी पवित्र गाथाएं सती माताओं की मिलती हैं।

चौधरीजी का मायरा

हिन्दुओं में बहन के लड़के या लड़की के विवाह पर भाई, भात (मायरा) लेकर बहन के यहाँ जाता है। यह प्रथा हजारों वर्षों से चली आ रही है। अगर भाई नहीं हो तो पीहर के पड़ोसी या गाँव के किसी व्यक्ति अथवा ब्राह्मण द्वारा चुनरी का नेग किया जाता है। भात के नेगचार बिना विवाह के आगे के कार्यक्रम रुके रहते हैं।

तेरहवीं शताब्दी की घटना है। जूनागढ़ के पास अंजार नाम का एक कस्बा है। यहाँ नरसी मेहता की पुत्री नानीबाई की ससुराल थी। नानीबाई की पुत्री का विवाह था। परंपरा के अनुसार जूनागढ़ से मेहताजी भात लेकर आने वाले थे। परंतु इसके लिए उनके पास साधन नहीं थे। भगवद्‌भक्त थे ही, जो कुछ था भी, साधु-संतों की सेवा-आवभगत में खर्च कर दिया और उन्हीं की मंडली में रहकर हरिभजन में मग्न रहते। परिवार के लोगों तथा मित्रों को अंजार साथ चलने के लिए उन्होंने आमंत्रित किया। किंतु भला उनके साथ जाकर कौन अपनी हँसी कराता? आखिर वे अकेले ही एक टूटी-सी बैलगाड़ी पर अंजार की ओर चल पड़े। साथ में साधु-मंडली भी हरिकीर्तन करती जा रही थी।

उधर नानीबाई के ससुराल वाले मेहताजी के स्वभाव से परिचित थे। उनकी माली हालत भी उनसे छिपी न थी। बाई को ताने पर ताने देते कि मेहताजी बहुत बड़ा भात लेकर आ रहे हैं। बाई के पास चुपचाप सहने के अलावा और कोई उपाय नहीं था। वह उदास रहने लगी और पिता के आने की राह देखती रहती।

इसी बीच एक दिन लोगों ने जूनागढ़ की तरफ से गाजे-बाजे और रथों की घंटियों की आवाज आती सुनी। उत्सुकतावश सभी जमा हुए। थोड़ी देर में सचमुच ही बेशकीमती साजोसामान लिये मेहताजी के मुनीम आ पहुँचे। अपना परिचय साँवरिया के नाम से दिया, और बताया कि मेहताजी की ओर से भात का सामान लेकर आये हैं। बाई के लिए हीरे-मोती जड़े गहने व चुनरी, सास-ननद के लिए कीमती वस्त्र; यहाँ तक कि नौकर-चाकरों के लिए सोने की कंठी और कपड़े।

ऐसे अवसरों पर ससुरालवाले तरह-तरह की फरमाइश में पीछे नहीं रहते। अनेक प्रकार की कीमती चीजों की माँग पेश कर नीचा दिखाने की चेष्टा करते हैं। परंतु मुनीमजी तो मानो सारी परिस्थितियों के लिए पहले ही से तैयारी के साथ आए थे। सबकी फरमाइशें पूरी कर दीं और वापस चले गए।

इसके बाद मेहताजी इकतारे पर राग केदारा में हरिभजन करते हुए बाई के ससुराल पहुँचे, साथ में साधुमंडली भी थी। समधियाने वालों ने ससम्मान उनका स्वागत किया और बताया कि मुनीमजी के हाथों आपने जो चीजें भेजी थीं, वे मिल गयीं। पर वे चले गए। कह रहे थे, जरूरी काम से वापस जाना है।

दूसरी घटना है सोलहवीं शताब्दी की। नारनौल के एक सेठ की विधवा के पुत्र की सगाई, लड़कीवाले बहाना बनाकर छोड़ना चाहते थे। सेठ अपने जमाने में काफी धनी और खुशहाल थे। उनकी मृत्यु के बाद उनका परिवार गरीब हो गया था। फिर भी संबंध और व्यवहार पहले जैसा अब भी था।

संयोग से सेठानी के मुँहबोले भाई आगरा से लाहौर जाते हुए उनके यहाँ ठहरे। वे बादशाह अकबर के मालमंत्री थे।

बहन ने भाई की आवभगत की। टोडरमल ने कन्यापक्ष द्वारा सगाई तोड़ने की बात सुनी तो कहा – "चिन्ता न करो बहन, सारी तैयारी रखना। विवाह के अवसर पर भात लेकर मैं आऊँगा।"

वे आये और ऐसा भात लाये कि ऐतिहासिक घटना हो गयी। आज भी वधू की अगवानी के समय 'जित्योजी टोडरमल वीर' का गीत इस माँगलिक अवसर पर गाया जाता है।

तीसरी घटना है, १९वीं शताब्दी के पाँचवें दशक की। दिल्ली के उत्तर में मेरठ, हापुड़, मुक्तेश्वर व सहारनपुर कस्बों में उन दिनों गुज्जर पठानों की जागीरदारियाँ थी। यद्यपि मालगुजारी और उसकी वसूली का अधिकार अंग्रेजों की ईस्ट इंडिया कम्पनी को हो गया था; फिर भी इन जागीरदारों में से बहुतों के संबंध व रसूक, कमोबेश दिल्ली के बादशाह से कायम थे। सैकड़ों साल से चले आए आपसी ताल्लुकात बाइज्जत बरकरार थे।

अंग्रेज, सिक्खों से युद्ध में उलझे थे। मुगल-शासन पहले से ही शिथिल था। हुकूमत चलती थी कम्पनी सरकार की मगर युद्ध के कारण वह शासन को सुव्यवस्थित नहीं कर पा रही थी। इसी वजह से इन जिलों के ताल्लुकों और जागीरों में, चोरी डकैती और राहजनी का जोर था। यहाँ तक कि कुछ बड़े जागीरदार खुद प्रत्यक्ष या

परोक्ष रूप से डकैतियाँ डलवाते या इन्हें संरक्षण देकर लूट के माल में हिस्सा लिया करते।

मुक्तेश्वर के जागीरदार थे गुज्जर चौधरी रूपरामजी। हालाँकि उनकी सालाना आमदनी डेढ-दो लाख ही थी; परंतु सस्ती का जमाना था; रुपये का ढाई-तीन मन गल्ला व दस सेर तेल और तीन सेर घी मिलता था। अच्छी नस्ल के घोड़े की कीमत थी, बीस-पचीस रुपये। चौधरी का रोबदाब था, ठाठ-बाट से रहते थे। दरवाजे पर दो हाथी झूमते, अस्तबल में २५ घोड़े, २० रथ और पछाही बैलों की कई जोड़ियाँ। सैकड़ों की तादाद में निजी सिपाही भी थे।

उनकी जागीर की ख़िराज पिछले पचास वर्षों से शाही हुक्मनामे के मुताबिक आला शाहजादे के पान-खर्च के लिए लगी हुई थी। अब हालाँकि वे बूढ़े होकर बादशाह हो गए थे और कम्पनी के साथ हुई शर्तों के मुताबिक ख़िराज का हक़ उनका न रहा, वे महज पेंशन के हक़दार रहे; फिर भी चौधरी रूपराम प्रतिवर्ष ख़िराज की रकम लेकर, गाजे-बाजे के साथ मुक्तेश्वर से बादशाह सलामत की खिदमत में नज़र करने खुद अपने साथ ले जाते। साथ में हाथी, घोड़े, रथ, तम्बू-कनात और हथियारबंद सिपाही रहते। चालीस मील के सफर में तीन दिन लग जाते। धर्मशालाएँ या सरायें कम थी। जहाँ भी ठहरते, तम्बू और छोलदारियाँ लग जाती।

हर साल की तरह वे दिल्ली जा रहे थे। फसल अच्छी हुई थी। किसान और रिआया सुखी थे। चौधरी पूरे हुजूम के साथ दिल्ली के लिए रवाना हुए।

दूसरे दिन का मुकाम शाहदरा के लिए तय था। तीसरे दिन की सुबह तक दिल्ली पहुँचने की खबर भेज दी गयी थी।

संयोग की बात है। जिस दिन चौधरीजी का पड़ाव शाहदरा में था, उसी दिन वहां के छोटू मेहतर की पुत्री की शादी भी थी। हापुड़ से भतई आनेवाले थे। बिना भात के आगे के नेगचार रुके हुए थे। जनवासे में सारे बाराती बुलावे की बाट जोह रहे थे।

शाम का झुटपुटा हो गया। भतई अब तक आये नहीं। छोटू और उसकी पत्नी की चिंता बढ़ती जा रही थी। अगर भात नहीं आया तो फिर क्या हाल होगा। इज्जत मिट्टी में मिल जायगी, क्या मुँह दिखायेंगे? इसी उधेड़बुन में थे कि हापुड़ की ओर से बाजे की आवाज आती सुनाई पड़ी। छोटू की जान में जान आयी। जल्दी-जल्दी तैयारी कर वे सब अगवानी के लिए आगे बढ़े। उतावली में एक-दूसरे को पहिचान न सके। छोटू आगंतुकों को सीधा अपने घर तक ले आया।

तब चौधरी साहब ने पूछा– "हमारे हरकारे और तम्बू किधर हैं? तुम हमें

कहाँ ले आये?" अब तो छोटू को काटो तो खून नहीं। उसके होश गुम हो गये। डर के मारे काँपने लगा और जमीन पर लोटकर कहने लगा –"बापजी, गजब हो गया, मेरी लड़की की शादी है, बारात आ चुकी है; हापुड़ से भतई आनेवाले थे। मैंने समझा...... परेशानी से मेरा सिर फिरा था। ग़लती से आपको पहचान न सका। भतई समझकर आपको यहाँ ले आया। आपकी प्रजा हूँ, मालिक! अनजाने में हो गया, माफ करें।" उसकी घिग्घी बँधी थी।

चौधरी को सफ़र की थकान थी। एक बार तो गुस्सा आया, त्यौरियाँ चढ़ आयीं। फिर भी चुप रहे, सोचने लगे– बेचारे का क्या कसूर। भात का समय बीत रहा था, बारात शायद नाराज होकर लौट जाती। ऐसे में हर बेटी का बाप होश खो देगा। उन्होंने यह कहते हुए अपनी खामोशी तोड़ी– "छोटू, हमने सुना कि रास्ते में कंजरों ने हापुड़ से आये कुछ लोगों को लूटा है, हो सकता है, कहीं भतई और उनके आदमियों पर मुसीबत पड़ी हो। खैर तुम फ़िक्र मत करो। तुम्हारी बेटी, सो मेरी बेटी। सारे नेगचार की तैयारी करो। जनवासे में खबर भेज दो कि भतई भात ले आये, वे बारात लेकर आ जायें।"

बादशाह की नजर के लिए लायी हुई सारी कीमती चीजें भात में दे दी गयीं। छोटू की पत्नी को जब चौधरीजी चुनरी ओढ़ाने लगे तो उस ग़रीब की आँखों में आँसू

उमड़ पड़े।

छोटू की बेटी के हाथ में पचीस अशर्फियाँ रखते हुए चौधरीजी ने सुखी-सौभाग्यवती रहने का आशीर्वाद दिया। दूल्हे को सोने के कड़े, पाँचों कपड़े और एक सोरठी घोड़ी दी। वर के पिता को मिरजई और चार अशर्फियाँ। प्रत्येक बाराती को चाँदी की एक-एक कटोरी। सारे कस्बे में चौधरी के भात की चर्चा बढ़-चढ़कर फैल गई। कोई निंदा करता तो कोई प्रशंसा।

दूसरे दिन चौधरी दिल्ली पहुँचे। बादशाह सलामत की तरफ़ से सारा इंतजाम था। अगवानी के लिए शहर का नाज़िम खुद हाजिर था।

दोपहर के वक्त जब दीवान-ए-खास में उनके नाम की तलबी हुई तो खिराज की रकम की बाबत चौधरीजी ने अर्ज किया – "हुजूर, हमेशा की तरह गाँव से पूरी रक़म लेकर ही चला, मगर सफ़र में कुछ हादसों ने इत्तफाक बना दिया कि पास में कुछ भी न बचा। खैर, हम कुछ दिन फिलहाल यहाँ रुकेंगे और इस दरम्यान अपने इलाके से रक़म मँगाकर आपकी खिदमत में पेश करने का फ़ख्र हासिल करेंगे।"

बादशाह ने मुस्करा कर कहा कि "इलाके के शातिर चोर-डाकू आपका रुतबा मानते हैं, लिहाजा ताज्जुब है डकैती का यह वाकया आपके साथ कैसे मुमकिन हुआ।"

चौधरीजी ने सारी घटना सच-सच बता दी। बादशाह खुश होकर हँसने लगे। यद्यपि अंतिम मुग़ल सम्राट बहादुरशाह केवल नाममात्र के बादशाह रह गये थे किन्तु वे अपने बाप-दादों से कहीं ज्यादा दरियादिल थे। स्वयं भावुक थे और शायर भी, कहने लगे– "चौधरी रूपराम, आपने जो कुछ भी किया उससे मा-बदौलत बेहद खुश हैं। हम नाजिम को हुक्म फरमाते हैं कि ख़िराज की पूरी रकम वसूली के बतौर ख़जाने की बहियों में जमा लिख दी जाय। छोटू मेहतर की बेटी को दिया गया भात हमारी तरफ़ से समझा जाय और भतई, हम और तुम दोनों।"

जाको राखे सांइयां

सन् १८५७ की बात है, जयरामबाटी के रामचन्द्र मुखर्जी की सुपुत्री शारदा का विवाह केवल ५ वर्ष की अवस्था में पास के गाँव कामारपुकुर के एक २३ वर्ष के युवक गदाधर के साथ हुआ। उन दिनों कुलीन ब्राह्मणों में इस प्रकार के बेमेल विवाह आम तौर पर होते थे।

संबंधी दोनों गरीब थे, इसलिए विवाह में खास धूम-धाम नहीं हुई, फिर भी गदाधर की माता चंद्रादेवी और बड़े भाई रामकुमार ने थोड़ा-बहुत कर्ज लेकर सारे गाँव के लोगों को बहूभात में निमंत्रित किया। बालिका बहू थोड़े दिन ससुराल रहकर वापस पीहर चली आयी।

उधर गदाधर कामारपुकुर से कलकत्ते चला आया। वहाँ रानी रासमणी के दक्षिणेश्वर के काली मंदिर का वह पुजारी हो गया।

१७ वर्ष का लंबा समय बीत गया। अब बालिका शारदा २२ वर्ष की पूर्ण यौवना सुन्दरी हो गयी थी। इस बीच में कई बार सास के पास कामारपुकुर रह आयी, दो बार थोड़े दिनों के लिए पति के पास दक्षिणेश्वर भी हो आयी थी, परंतु अधिकांशतः जयरामबाटी में ही रही। गदाधर अब रामकृष्ण के नाम से प्रसिद्ध हो गये थे।

इधर कलकत्ते में रामकृष्ण को काली की पूजा करते समय समाधि लगने लगी। कभी-कभी वे जोर-जोर से हँसने, रोने और नाचने लग जाते।

यह खबर बढ़-चढ़ कर जयरामबाटी पहुँची। गँवई लोगों को एक दूसरे की चर्चा करने में बड़ा रस मिलता है। गाँव की औरतें शारदा की माँ के पास आकर कहतीं -- "शारदा बेटी को परमेश्वर ने इतना सारा रूप और गुण दिया, परंतु दुर्भाग्य से पति पगला मिला। बहू, हमने तो विवाह के समय भी कुछ ऐसा ही सुना था, परन्तु तुम बुरा न मान जाओ इसलिए चुप रही।"

शारदा मन में जानती थी कि उसका पति पागल नहीं, बल्कि एक पहुँचा हुआ

संत है, परन्तु बहस में न पड़कर मन में दुःखी होकर रह जाती। शोक और दुःख से वह बीमार रहने लगी।

एक दिन एक यात्री-दल गंगा-स्नान के लिए कलकत्ते जा रहा था। शारदा ने अपने माता-पिता से अनुनय-विनय करके उनके साथ दक्षिणेश्वर जाने की तैयारी कर ली।

६० मील के कीचड़ और काँटों से भरे रास्ते की पैदल कठिन यात्रा। गाँव से २० मील की दूरी पर तेलोभेलो नामक एक जंगल था, जहाँ एक सेर अन्न या एक कपड़े के लिए बाग्दी डाकू मनुष्य की जान ले लेते थे, परंतु इन सब बातों की उसने कुछ भी परवाह नहीं की।

शाम होने के पहले सब तारकेश्वर पहुँच जाना चाहते थे। रास्ते में ही वह जंगल था, इसलिए जल्दी-जल्दी चल रहे थे। शारदा बीमारी से उठी थी, कमजोर थी इसलिए उनका साथ नहीं दे पा रही थी। दुर्भाग्य से पैर में मोच भी आ गई।

रात होने में केवल दो घड़ी बाकी थी और अभी ८-१० मील का रास्ता तय करना था। शारदा ने साथी यात्रियों से कहा – "मेरे लिए आप सब अपनी जान जोखिम में न डालें। आप तारकेश्वर के मंदिर में जाकर ठहरें, मैं धीरे-धीरे पहुँच जाऊँगी।"

थोड़ी-सी ऊहापोह के बाद डाकुओं के डर के कारण उस घनघोर जंगल में उसे अकेली छोड़कर सभी चले गये।

जब वह तेलोभेलो वन में पहुँची तो रात हो गयी थी। घनघोर वर्षा होने लगी। एक वृक्ष के नीचे बैठी वह दुःखी होकर सोचने लगी कि अब इस जीवन में शायद ही दक्षिणेश्वर पहुँचकर पति के दर्शन कर पाऊँगी।

इतने में तीन-चार डाकुओं ने आकर उसे घेर लिया। कड़कती आवाज में उन्होंने पूछा – "तुम्हारे साथ वाले कहाँ गये?"

उसने सारी बातें सच-सच बता दी और अपने पास में जो थोड़ा-बहुत कपड़ा-पैसा था वह उनके सामने रख दिया।

इस बीच डाकुओं ने मशाल जला ली थी। देखा एक अत्यंत रूपसी युवती सर्दी अथवा भय से काँप रही है।

उनके सरदार ने पूछा – "तुम कौन हो, कहाँ से आयी हो और कहाँ जा रही हो?"

शारदा इस बीच आश्वस्त हो गई और न जाने क्यों उसका डर भी कम हो गया। हँसती हुई बड़े मधुर स्वर में वह बोली – "पिताजी, क्या आपने मुझे पहचाना नहीं? मैं आपकी बेटी शारदा हूँ, जमाई दक्षिणेश्वर के काली-मंदिर में पुजारी हैं। उनके पास जा रही हूँ।"

अचानक डाकू सरदार के चेहरे का भाव बदल गया, कहा – "बेटी, शायद तुम बीमार और थकी हुई हो। पहले मेरे साथ घर चलो, कपड़ा बदलकर थोड़ा आराम कर लो।"

घर आकर पत्नी से कहने लगा – "ईश्वर ने हमें आज तक संतान नहीं दी, पर आज अपने आप अन्नपूर्णा-सी सुन्दर बेटी भेज दी है। थकी-हारी है, जल्दी से इसे सूखे कपड़े पहिनाकर इसके भोजन की व्यवस्था करो। बाग्दी-पत्नी कहने लगी – "बेटी, हम लोग नीच जाति के हैं, शायद तुम हमारे हाथ का बना खाना खाओगी नहीं। मैं पास के गाँव से ब्राह्मणी दादी को तुम्हारा भोजन बनाने के लिए बुला लाती हूँ।"

"माँ! तुम्हारे जमाई कैवर्त (एक शूद्र जाति) रानी के मंदिर में पुजारी हैं। वे कहते हैं कि ईश्वर के घर में सब बराबर हैं। फिर मैं तो तुम्हारी बेटी हूँ तब भला मुझे क्या परहेज हो सकता है?"

इस बीच, पास-पड़ोस के ५-६ स्त्री पुरुष आ गए थे। वैसे वे सब खूँखार डाकू थे, परंतु वे आज अपने सरदार की दत्तक पुत्री की सेवा में स्नेह और प्यार से लगे हुए थे।

खा-पीकर थोड़ा आराम करने के बाद शारदा ने कहा – "बाबा, अगर मैं यात्रीदल के साथ कलकत्ते नहीं पहुँचूँगी तो आपके जमाई को बहुत चिंता हो जायेगी, इसलिए आप मुझे अभी तारकेश्वर पहुँचा दें। मैं आपको वचन देती हूँ कि आते समय

आपके पास ठहरकर फिर गाँव जाऊँगी।"

चार मजबूत और तेज चलने वाले कहारों की पालकी मँगाई गई। विदा के समय बेटी को उन गरीबों के पास उपहार देने को तो क्या था, फिर भी थोड़ी-सी हरी मटर, चिड़वा और बतासे सगुन के तौर पर साथ में दिये। रक्षा के लिए स्वयं सरदार एवं दो साथी पालकी के साथ चले।

मुँह अँधेरे वे तारकेश्वर के पास पहुँच गये। सरदार कहने लगा – "बेटी, अब तुम्हें मंदिर तक अकेले जाना पड़ेगा। मेरे जिंदा या मुर्दा पकड़ने पर सरकार ने पाँच सौ रुपये इनाम रख छोड़ा है।"

विदा के समय वह दुर्दांत बाग्दी डाकू बच्चों की तरह फूट-फूट कर रोते हुए कहने लगा – "भगवान ने हमारे पापों को क्षमा करके ढलती उम्र में तुम सरीखी बेटी और पुण्यात्मा जमाई दे दिया है। अब हम चाहे भूखे मर जाँय पर न तो किसी को सतायेंगे, न डाका डालेंगे।"

शारदा जब तारकेश्वर के मंदिर में पहुँची तब साथ के लोग जाने की तैयारी कर रहे थे। उन्हें विश्वास ही नहीं था कि वह सकुशल वापस आ जायेगी। अतः उसे देखकर सब आश्चर्यचकित हो गए। वह यह नहीं समझ सके कि तेलोभेलो के दुर्दांत डाकुओं ने उसे गहने-कपड़े सहित राजी-खुशी कैसे छोड़ दिया।

दक्षिणेश्वर आकर शारदा ने देखा कि उसके पति को इस बीच साधारण पुजारी की जगह परमहंस रामकृष्ण माना जाने लगा है। कलकत्ते के और बाहर से भी प्रतिदिन हजारों व्यक्ति दर्शन और प्रवचन सुनने के लिए उन्हें घेरे रहते हैं। वह केवल २२ वर्ष की युवती थी, परंतु वह भी सबकी शारदा माँ हो गयी।

जब दक्षिणेश्वर से वापस वह जयरामबाटी के लिए रवाना हुई तब अपने वायदे के अनुसार वह तेलोभेलो में ठहरी। उसने देखा वहाँ का वातावरण बदल गया है, डाका डालना छोड़कर लोग थोड़ी-बहुत खेती-बाड़ी करने लगे हैं या छोटा-मोटा धंधा कर रहे हैं। अपने साथ में वह परमहंस की एक तस्वीर ले आयी थी। दूसरे दिन बड़े धूम-धाम से उसे वहाँ काली-मन्दिर में स्थापित किया गया।

आज वहां जंगल साफ होकर खेती होने लगी है। बाग्दी डाकुओं का काली-मंदिर उस स्थान पर आज भी है और परमहंस श्री रामकृष्ण की वह तस्वीर वहाँ पर स्थापित है।

संस्मरण एवं लेख

एक विचित्र अनुभूति

जयपुर से आते हुए सुबह ७ मई को आगरा पहुँचा। लोहामण्डी में रिक्शा किया और सिकन्दरा से दो मील दूर अपने साहित्यिक मित्र रावीजी के निवास स्थान कैलास के लिए चल पड़ा। कैलास से करीब आधा मील इधर का स्थान कुछ दूर तक जंगल-झाड़ियों से भरा, सूनसान और वीरान है। अचानक ऐसा लगा कि मुझ पर कोई हल्की-सी चीज आकर गिरी। चारों तरफ देखा, कुछ भी नहीं था, न कोई आदमी। रिक्शा अपनी चाल चला जा रहा था। थोड़ी दूर आगे जाने पर वैसी ही चीज फिर गिरी जान पड़ी। इस बार सतर्कता से खोजबीन की, किन्तु कपड़ों पर या रिक्शे में, कहीं भी कुछ न मिला।

कैलास की श्यामकुटी में रावीजी के घर इसके पूर्व कई बार जा चुका हूँ। परन्तु इस बार न जाने क्यों मन में एक हिचक-सी हुई। अकेले ऊपर जाने के बजाय मैंने रिक्शेवाले से कहा – "चलो देख लें रावीजी हैं या नहीं।"

जब हम दोनों ऊपर पहुँचे तो देखा कि सारा मकान सूनसान पड़ा है। न रावीजी न उनके लोग और न सदा वहाँ रहने वाले ब्रह्मचारीजी। कई बार आवाज देकर उन्हीं पैरों हम दोनों वापस आ गए। पास-पड़ोस से पता चला कि रावीजी यह मकान छोड़कर सिकन्दरा से आगे गीता मन्दिर में चले गए हैं। मैं उसी रिक्शे पर गीता मन्दिर आ गया।

रावीजी अपने जमे-जमाए स्थान कैलास को छोड़कर यहाँ क्यों आ गए, इसके बारे में उन्होंने जो जानकारी दी, वह आज के बुद्धिवादी वर्ग के लिए शायद अग्राह्य होगी। परन्तु उन जैसे भले और प्रामाणिक व्यक्ति की बात पर अविश्वास भी नहीं किया जा सकता!

घटना अद्‌भुत रही। १८ और १९ अप्रैल १९७२ को, दो दिनों के लिए वे दिल्ली गए। २० को वापस कैलास आने पर उन्हें बताया गया कि कई बार मकान में पत्थरों के छोटे-बड़े टुकड़े गिरे और तरह-तरह की आवाजें भी सुनाई पड़ीं। उन्होंने इन बातों

पर विश्वास नहीं किया। उसी शाम उनके यहाँ का दस-बारह वर्ष का एक बच्चा स्कूल से वापस आया। शक्ल बदली-सी और आँखों में अजीब-सी चमक थी। थोड़ी देर बाद कड़कती हुई आवाज में कहने लगा– "आइन्दा इस बच्चे को अकेले इस रास्ते पर न भेजियेगा, आज तो मैंने इसकी रक्षा कर दी।"

रावीजी ने प्रकोपग्रस्त बालक से पूछा– "आप कौन हैं?" उसने उत्तर दिया "मैं श्यामलाल हूँ, मैंने ही यह मकान बनवाया था। बहुत वर्षों तक इसमें संन्यासी के रूप में रहा। जीवन में कुछ ऐसी गलतियाँ हो गईं कि मुझे प्रेतयोनि में रहना पड़ रहा है। अब यहाँ कुछ ऐसी भयानक प्रेतात्माएँ आकर रहने लगी हैं जो नहीं चाहतीं कि आप लोग यहाँ रहें।"

थोड़ी देर बाद बच्चा अपनी स्वाभाविक अवस्था में आ गया। जब उससे पूछा गया तो वह स्वयं चकित हो गया। उसे पहले की बात याद न थी।

संयोग से रावीजी के साथ उनके साहित्यिक मित्र श्री आनन्द जैन भी दिल्ली से कैलास आए थे। उन्होंने हँसते हुए कहा कि यह सब ढोंग है, मैं एक-दो दिन में ही आपके भूतों को भगा दूँगा। विज्ञान के इस युग में इन बातों पर कोई विश्वास नहीं करेगा। इतने में ही सोडावाटर की एक बोतल आकर उनके बीच गिरी। शीशे के टुकड़े चारों तरफ बिखर गए पर किसी को चोट नहीं आई। फिर ईंट का टुकड़ा भी गिरा। सबों ने बहुतेरी जाँच-पड़ताल की पर फेंकने वाला न मिला, न उसका कोई निशान ही।

उसी रात वह बच्चा जोर-जोर से रोकर कहने लगा – "साफा बाँधे एक आदमी मुझे ऊपर बुला रहा है।" बच्चे की माँ वहीं थी, उसने गोदी से उसे चिपका लिया। थोड़ी देर बाद बच्चे ने कहा– "माँ, मुझे साधु बाबा बुला रहे हैं।" इस बार वह डरा-सा नहीं था। खुद ही खुशी-खुशी ऊपर छत पर चला गया।

वापस आकर उसने बताया कि बाबाजी का सिर घुटा हुआ था, भगवा वस्त्र पहने थे, पैरों में खड़ाऊँ। मुझसे कह रहे थे कि मेरी जो यह लोहे की खाट है, उसका सिराहना दूसरी ओर कर दो। तुम लोग यहाँ से अब चले जाओ। पास के कैलास मन्दिर से गोसाईं जी आ गए थे। उन्होंने बताया कि श्यामलालजी इसी वेश में रहते थे। संन्यासी होने के बाद उन्होंने कुछ अक्षम्य अपराध किए थे।

दूसरे दिन लड़का फिर प्रभाव में आ गया। उससे बात करने के सिलसिले में रावीजी ने कहा– "महाराज यदि आप हमारे हितैषी हैं तो हम लोगों के साथ चाय पीजिये।" प्रेतात्मा के बताए अनुसार एक कप चाय कमरे के भीतर रख दी गई। दो

मिनट बाद चाय का प्याला खाली मिला। उन्होंने भोजन का भी निमंत्रण स्वीकार किया। हमने एक थाली में भोजन सजाकर रखा और कमरा बन्द कर दिया। थोड़ी देर बाद देखा थाली से दोनों फुलके और दाल समाप्त हो चुके थे, चावल ज्योंके त्यों रखे थे। इतने में ही एक साबित ईंट आकर गिरी। आनन्दजी भी अब कुछ सहमे। उन्होंने उपस्थित सब लोगों से एक कागज पर हस्ताक्षर कराये और उसे ईंट पर बाँध दिया और कहा कि हम चाहते हैं कि यह ईंट सामने की खिड़की पर चली जाये। छोटा-सा कमरा था, कोई अन्दर था नहीं। उसे अच्छी तरह बन्द कर दिया गया। कुछ देर बाद खोलने पर देखा गया कि ईंट खिड़की पर रखी है और हस्ताक्षर का पर्चा खुला हुआ है। बच्चे पर उस समय तक प्रभाव था। रावीजी ने कहा कि यदि आप हमें पाँच दिन की मोहलत दें तो हम जैसे भी हो, चले जाएंगे। जवाब मिला – "पाँच दिन तक आप पर कोई बाधा नहीं आएगी, आराम से रहिए।"

२५ अप्रैल को जब वे वहाँ से अपना सामान बाँधकर चलने को तैयार हुए तो किताबों से भरी एक बड़ी सन्दूक के लिए सोचा कि फिर कभी ले जाएंगे। मगर देखने में आया कि वह दरवाजे तक अपने आप खिसक आई। इशारा स्पष्ट था, आखिर उसे भी लेकर आ गए।

रावीजी की भतीजी प्रभाजी की सन्दूक में एक डायरी थी, उसमें लिखा हुआ मिला – "आदरणीय रावीजी, जैन बहुत तर्क-वितर्क करता है, इसे समझा दीजिए।" और भी बहुत सी बातें थी। मैंने वह डायरी देखी। भाषा और लिखावट साधारण थी। वह सन्दूक भी मैंने रावीजी के नए स्थान पर देखी।

इन बातों की खबर पाकर श्यामलालजी के पुत्र आए। वे आगरे में डाक्टर हैं। उन्होंने बताया कि उनकी पत्नी भी तीन-चार दिन पहले जोर-जोर से कहने लगी थी कि जल्द ही श्यामकुटी का नाश हो जाएगा।

सारी बातें सुनकर मुझे अपने ऊपर गिरी अदृश्य वस्तु की याद आई। मन में एक सिहरन-सी हुई। श्यामकुटी में रावीजी बहुत वर्षों रहे। उस निर्जन स्थान को खाली करवाने की किसी को गरज भी नहीं थी, क्योंकि न तो वहाँ किराया ही आ सकता था और न किसी के रहने का प्रश्न था। आस-पास में वे बहुत ही सेवा-भावी और मिलनसार माने जाते हैं अतः उनसे कोई बैर-भाव भी रखने वाला नहीं है।

इस घटना को उन्होंने अपने 'नये विज्ञापन' के मई अंक में संक्षेप में प्रकाशित किया। वैसे भी पास-पड़ोस में यह घटना काफी चर्चा का विषय बनी हुई है। कुछ मित्रों की राय है कि टोली में वहाँ जाकर रात में रहा जाए।

मैं स्वयं भूत-प्रेतों में विश्वास नहीं करता। हो सकता है मुझे जो अनुभव हुआ, वह मन का भ्रम हो। परन्तु जिस विस्तार से रावीजी, उनकी भतीजी तथा बच्चों ने बातें बताईं उन पर अविश्वास का कारण नहीं बनता। उस बालक को भी देखा, बहुत ही निरीह, सीधा-सादा है। मैंने श्री आनन्द जैन को पत्र लिखा और उनके उत्तर से मेरी धारणा की पुष्टि होती है।

बहुत दिनों पहले मैंने बी० डी० ऋषि और लेडवीटर की पुस्तकें इस सम्बन्ध में पढ़ी थीं। कुछ घटनाएँ भी सुन रखी थीं। परन्तु इसका निर्णय पाठकों पर छोड़ना चाहूँगा।

राम-नाम ने रक्षा की

दिल्ली में मई-जून में, भयंकर गरमी पड़ती है। रेत की आँधियाँ शुरू हो जाती हैं। कभी-कभी तो पारा ११६ डिग्री तक पहुँच जाता है। सन् १९६२ की बात है। उस वर्ष की गर्मी शायद पिछले ५०-६० वर्षों में अधिकतम थी। गरम लू से आस-पास के गाँवों में प्रायः नित्य ही एक-दो व्यक्तियों के मरने के समाचार आते रहते थे।

वैसे इन दिनों लोकसभा का सत्र नहीं रहता, परन्तु उस वर्ष मार्च में चुनाव सम्पन्न हुए थे, इसलिए अधिवेशन मई से अगस्त तक था।

मेरी पत्नी और १२ वर्ष का छोटा पुत्र राजू, दिल्ली में थे। वे प्रायः ही कलकत्ता में रहते थे, इसलिए उनके लिए यह गर्मी एक नई बात थी। हम लोग रात में बहुत-सा पानी छिड़क कर बँगले के बाहर के बगीचे में सोते परन्तु जमीन से आग-सी निकलती और १२ बजे तक नींद नहीं आती। पड़ोस के लोग शिमला, मसूरी या कश्मीर जाने लगे।

पत्नी और राजू का आग्रह रहा कि हमें भी कश्मीर चलना चाहिए। एक तो कश्मीर में मेरा छोटा भाई सपरिवार पहले गया हुआ था, दूसरे उन्होंने कभी कश्मीर देखा नहीं था।

मई की २३ तारीख को हम पठानकोट एक्सप्रेस से रवाना हुए। मेरे पास एक नयी एम्बेसेडर कार के सिवाय ४५ माडल की एक स्टूडीबेकर स्टेशन-वैगन थी।

पत्नी ने उस पुरानी गाड़ी के बदले में नयी एम्बेसेडर ले चलने को कहा, परन्तु मैंने देखा कि उस बड़ी गाड़ी में सारा सामान और सब लोग आराम से चले जायेंगे। गाड़ी भी बेचनी है, इसलिए क्यों नहीं उसी से काम ले लिया जाय, यही सोचकर इसे रवाना होने से दो दिन पहले नौकरों के साथ पठानकोट भेज दिया।

पठानकोट स्टेशन पर मोटर तैयार मिली। संयोग से वहीं पर हमारे वयोवृद्ध मित्र श्री मुनीश्वरदत्त उपाध्याय एम.पी. मिल गये। मोटर में जगह थी, इसलिए उन्हें भी

साथ बैठा लिया।

जम्मू से आगे जब चढ़ाई शुरू हुई तो मोटर हर पाँच मील पर गरम होने लगी, हम पानी डालते रहे। कभी-कभी सब मिल कर ठेलते भी रहे। यद्यपि उपाध्यायजी काफी वृद्ध थे, परन्तु संकोचवश वे भी इसमें सहायता देते। ३०-३५ मील जाने के बाद एक खड़ी चढ़ाई पर वह अड़कर रुक गयी। बहुत प्रयत्न करने पर भी आगे नहीं बढ़ रही थी। पास के गाँव में एक छोटा-सा मोटर-मरम्मत का कारखाना था। थोड़ी देर में ही बहुत से लोग इकट्ठे हो गए। उनमें से २-१ मिस्त्री भी थे। वे हँसकर कहने लगे – "सेठजी, इस मोटर को तो आपको विण्टेज कार-रैली (बहुत पुरानी मोटर-दौड़ प्रतियोगिता) में भेजनी चाहिए थी। कहाँ यह पहाड़ों की चढ़ाई, कहाँ यह बेचारी बूढ़ी गाड़ी!" मुझे उनकी बातें सुनकर गुस्सा भी आ रहा था और झेंप भी हो रही थी, परन्तु चुपचाप सुनने के सिवा चारा भी क्या था?

पत्नी भी उलाहना देने लगी – "आपने सोचा, नई मोटर खराब हो जायगी, इसलिए इस खटारे को मेरे रोकने पर भी ले आए। उस दिन दिशाशूल था, इसका विचार भी आपने नहीं किया।"

आखिर एक घण्टे की कड़ी मेहनत के बाद मोटर रवाना हुई। पहले और दूसरे गियर में चलाते हुए, दूसरे दिन शाम तक किसी प्रकार श्रीनगर पहुँच पाये। १०-१५ दिन वहाँ रहने के बाद समाचार मिला कि दिल्ली में वर्षा हो रही है। हमने वापस आने का प्रोग्राम बनाया।

पत्नी और राजू की इच्छा थी कि हवाई जहाज से चलें परन्तु मैं फिजूल में ६०० रु. खर्च करना नहीं चाहता था। उन्हें समझाया कि आते समय तो मोटर की खराबी के कारण रास्ते के दृश्य नहीं देख पाये थे, परन्तु अब ठहरते हुए चलेंगे। स्टूडीबेकर को वहाँ छोड़कर हम लोग वहाँ से एक नयी एम्बेसेडर पर रवाना हुए।

बठोट के पास पहुँचे तब शाम हो गई थी। रास्ते के किनारे कोट-पैंट पहने एक युवक खड़ा था। उसने हाथ से गाड़ी रोकने का संकेत किया। हमने गाड़ी रोक ली। कहने लगा कि बड़ी कृपा होगी अगर आप मुझे अगले गाँव तक पहुँचा देंगे। मैं अपना ठेकेदारी का काम सम्हालने आया था। यहाँ देर हो गयी। ट्रकें सब पहले ही जा चुकी हैं। हमारे पास जगह थी। युवक की वेश-भूषा और बातचीत का भी प्रभाव पड़ा, उसे मोटर में बैठा लिया।

हमारा ड्राइवर पहाड़ों के लिए नया था, गाड़ी धीरे-धीरे चला रहा था। थोड़ी देर

बाद युवक ने कहा कि मेरा इस तरफ मोटर चलाने का नित्य का अभ्यास है, अगर आप कहें तो मैं चलाऊँ। ड्राइवर को भी आराम मिल जायगा और बठोट कुछ जल्दी पहुँच जायेंगे।

हमें ऐसा लगा कि युवक का वह रास्ता पूरी तौर पर जाना हुआ है। ३५-४० मील की स्पीड से वह मोटर चला रहा था। मोड़ने की भी अच्छी तरह जानकारी थी।

थोड़ी देर बाद गहरा उतार आया, गाड़ी की स्पीड बढ़ी। एक घुमावदार मोड़ आया और युवक से गाड़ी बेकाबू होकर सामने के खड्ड की तरफ तेजी से बढ़ी।

आसन्न मृत्यु को सामने पाकर मनुष्य किस प्रकार का हो जाता है, इसका उस दिन मुझे पता चला। सामने तीन-चार हजार फीट गहरा खड्ड अजगर की तरह मुँह बाये था और गाड़ी उसी तरफ बढ़ रही थी। उस कड़ी सर्दी में भी हम सब पसीने से तर थे। आँखों के आगे अँधेरा छा गया और होश-हवाश गुम हो गए।

मेरे दादाजी कहा करते थे कि संकट के समय राम का नाम लेने से कष्ट कट जाते हैं। मुझे वह बात याद आई और मैंने जोर-जोर से राम का नाम लेना शुरू किया। जीवन में शायद ही कभी इतने सच्चे मन से मैंने प्रभु का नाम लिया होगा।

हम सब आँखें मीचे मृत्यु की राह देख रहे थे। कुछ ही क्षण बीते होंगे कि गाड़ी को एक जोर का धक्का लगा। आखें खोला तो देखा कि सड़क के किनारे मरम्मत करने के लिए पत्थरों के छोटे टुकड़ों का ढेर है और गाड़ी उनमें फँस गयी है। किसी प्रकार साहस कर नीचे उतरे; तब भी शरीर काँप रहा था, सिर चकरा रहा था। देखा, गाड़ी के आगे का हिस्सा थोड़ा-सा टूट गया है, रेडियेटर में से सारा पानी निकल गया है।

एक मील पर ही बठोट था, किसी प्रकार पैदल वहाँ पहुँचे। रात में एक होटल में ठहरे। युवक बहुत ही सहमा हुआ और शर्मिंदा था, परन्तु उसे भला-बुरा कहने से क्या फायदा था – आखिर वह भी तो साथ में ही मरता ? दूसरे दिन कुलियों को भेजकर गाड़ी ठेलकर बठोट लाये। वहाँ एक कारखाने में टंकी की मरम्मत करायी। दो दिन इसके लिए रुकना पड़ा।

रास्ते में हम लोग आपस में बात करते रहे कि मारने वाले से बचाने वाला बड़ा है – "जाको राखे साँइयाँ, मार सकै नहिं कोय।"

शरणागत की रक्षा

राजस्थान का उत्तर-पूर्वी हिस्सा पंजाब से मिला हुआ है। वहाँ पर देश के विभाजन के समय काफी संख्या में मुसलमान परिवार थे। हिन्दू-मुसलमानों में आपस में भाई-चारा था, एक-दूसरे के सुख-दुःख, विवाह-शादी और त्योहार में बड़े जतन और प्रेम से हिस्सा लेते थे।

हिन्दुओं की होली में मुसलमान डफों पर धमाल गाते थे और मुसलमानों के ताजियों में मर्सिये सुनकर हिन्दुओं की आँखों में आँसू आ जाते थे। वे भी नए-नए कपड़े पहनकर ताजियों के जुलूस में शामिल होते थे, बच्चों के रोग निवारण के लिए उन्हें ताजियों के नीचे से निकालते थे। मुझे याद है हमारे पड़ोसी मुसलमान बच्चे हमें यह कह कर चिढ़ाते थे कि देखो हमारे ताजियों पर कितना सुन्दर गोटा-किनारी लगा है जबकि तुम्हारे देवता हनुमान का मुँह बन्दर-सा है और गणेशजी का हाथी-सा। हम जब दादाजी से उनकी शिकायत करते तो वे हमें बहलाने के लिए उन्हें झूठ-मूठ डाँट देते थे।

हमारे घर के पीछे की तरफ घासी लीलगर का छोटा-सा घर था। हम उन्हें बराबर घासी भैया कहकर पुकारते थे। वे सब भी दादीजी को माँजी कहते। उनके यहाँ जमाई आता तो दादीजी दरी-गद्दा तथा निवार के पलंग भेज देतीं। उस समय यद्यपि तनों की छुआछूत थी पर दिलों में प्यार था।

सन् १९४७ के शुरू की बात है, देश-विभाजन की चर्चा का अन्तिम चरण था। अंग्रेजी सरकार ने भारत और पाकिस्तान दो अलग-अलग मुल्क बनाकर शासन सौंपने का मसौदा बना लिया था।

पश्चिमी पंजाब से बड़ी संख्या में हिन्दू भागकर आ रहे थे तथा पूर्वी पंजाब और पश्चिमी उत्तर प्रदेश से मुसलमान लाहौर और सिंध की तरफ जा रहे थे।

इसका कुछ असर राजस्थान के गाँवों-कस्बों के वाशिन्दों पर पड़ रहा था। कलकत्ते का भीषण दंगा हो चुका था। मुख्यमंत्री सुहरावर्दी की सीधी कार्यवाही

(डायरेक्ट एक्शन) के कारण सैकड़ों हिन्दुओं का कत्लेआम हो चुका था, ये सब खबरें भी वहाँ से आए हुए लोग बढ़ा-चढ़ाकर सुनाते रहते थे।

आखिर १५ अगस्त १९४७ को देश के दो टुकड़े हो गए। इसके थोड़े दिनों बाद पश्चिम पंजाब में बड़े पैमाने पर जिहाद हुआ। वहाँ से जो ट्रेनें अमृतसर-जालंधर आतीं, उनमें सैकड़ों घायल हिन्दू रहते। युवती स्त्रियों को लाहौर में जबरन उतार लिया जाता। ये सब समाचार अतिरंजित होकर दिल्ली, हरियाणा और राजस्थान तक फैले।

राजस्थान और पंजाब की सीमा पर पाटण नाम का एक कस्बा है। उस समय वहाँ की जनसंख्या थी करीब १०००० जिनमें तीन चौथाई हिन्दू और एक चौथाई मुसलमान थे। मुसलमानों में अधिकांश गरीब थे – लखारे, रंगरेज, लोहार, कूंजड़े तथा अन्य मजदूरी करने वाले। उनकी आजीविका हिन्दू महाजनों पर निर्भर थी।

पाकिस्तानी मुसलमानों के अत्याचारों से पीड़ित कुछ हिन्दू शरणार्थी उस गाँव में सिंध और पंजाब से आये। उनके अधिकांश स्वजनों को वहाँ मौत के घाट उतार दिया गया था, बाकी बचे हुए किसी प्रकार दीन-हीन दशा में पहुँचे। उनके मन में प्रतिहिंसा की ज्वाला धधक रही थी।

उनमें से किसी युवक ने एक मुसलमान लड़की का जबरन शील भंग कर दिया। इस प्रकार की घटना राजस्थान के गाँवों के लिए नई थी। गाँव की बहिन-बेटी को धनवान और गरीब सब बहिन-बेटी ही समझते थे।

लड़की के घर वालों ने पंचों के सामने गुहार की। युवक और उसके सम्बन्धी जोश और क्रोध में थे। उनका कहना था कि उनकी बहिन-बेटियों के साथ पाकिस्तानी गुण्डों ने इससे भी कहीं अधिक अत्याचार किए हैं। उनके स्तन काट डाले गये, उन्हें नंगा करके जुलूस में घुमाया गया आदि।

लड़की के भाइयों ने मौका देखकर सिंधी युवक को घायल कर दिया। सारे गाँव में खबर फैल गई कि वह मर गया है। शरणार्थी और गाँव के कुछ हिन्दू युवक उसके घर के सामने इकट्ठे होने लगे, वहाँ से एक बड़ा जुलूस बनाकर वे सब मुसलमानी मोहल्लों की तरफ गए। रास्ते में उनके घर और दुकानें जला दी गयीं। छिट-पुट खून खराबे की घटनाएं भी होने लगीं।

सेठ श्यामलाल वहाँ के प्रतिष्ठित व्यक्ति थे। गाँव में उनकी बनवाई धर्मशाला, कुआँ और रघुनाथजी का मन्दिर था। उनके घर के पीछे की तरफ रहीमा नाम के एक मुसलमान रंगरेज का घर था। रहीमा की माँ, पत्नी और तीन-चार छोटे बहिन-भाई

थे। दंगाइयों की उसके घर की तरफ बढ़ने की खबरें आ रही थीं। पत्नी के चार-पाँच दिनों पहले ही बच्चा हुआ था, वह सौरी में थी। प्रत्यक्ष मृत्यु को सामने आई देखकर घर के लोग भय से काँप रहे थे। रहीमा की बहू गोद में नन्हें बच्चे को लेकर श्यामलालजी की माँजी के पास आई और उनके पैर पकड़ कर रोती हुई कहने लगी – "माँजी हम सब दो पीढ़ियों से आपके पास रहते हैं, आपका दिया ही खाते हैं, अब हम इन बच्चों और बूढ़े ससुर को लेकर कहाँ जायें, आपकी शरण में आ गए हैं, मारो चाहे उबारो।"

पीछे के दरवाजे से रहीमा के घरवालों को सेठजी के घर में लाकर नीचे के तलघर में छिपा दिया गया। यद्यपि दंगाइयों को शक तो हो गया था, परन्तु लालाजी के ना कहने पर घर में जाकर खोज करने की हिम्मत नहीं हुई।

चार-पाँच दिनों तक दंगे का जोर रहा। वैसे माँजी परम वैष्णव थीं, परन्तु उन सबके रहने-खाने की व्यवस्था अपने घर में ही की। उस समय अछूत और मुसलमानों से छुआछूत बरती जाती थी, परन्तु संकट के समय ये सब बातें भुला दी गईं।

दंगा शान्त होने पर उन्हें एक रात में अपने विश्वस्त आदमियों और सवारियों के साथ पास के पुलिस थाने में पहुँचा दिया गया। वहाँ से वे शायद किसी प्रकार पाकिस्तान पहुँच गए।

यह खबर जब गाँव के लोगों को मिली तो उनमें से बहुत से श्यामलालजी से नाराज हुए, बुरा-भला भी कहने लगे। परन्तु उन सबका उलाहना सुनकर उनका एक ही जवाब था कि जो कुछ मैंने किया माँजी की आज्ञा से किया है। उनकी यह मान्यता है कि एक के कसूर का दूसरों को दण्ड क्यों दिया जाए। अगर पाकिस्तानी गुण्डों ने हिन्दुओं पर जुल्म किए तो उसके लिए गरीब रहीमा के अबोध बच्चों की हत्या करने से क्या इसका बदला चुक जायेगा?

इस गाँव में १९५६ में एक बार जाने का मुझे मौका मिला। मुसलमानों के घर, या तो टूटे-फूटे और उजाड़ पड़े थे या शरणार्थियों द्वारा दखल कर लिए गए थे। वहीं मैंने रहीमा की कहानी सुनी थी।

संयोग की बात कि १९६४ में विश्वयात्रा करता हुआ मैं पाकिस्तान में कराची पहुँचा। वहाँ के रिजर्व बैंक के दफ्तर में गया हुआ था। मैंने देखा एक बूढ़ा मुसलमान मेरे से बात करना चाहता है। एक कोने में ले जाकर धीरे से सहमते हुए कहने लगा कि बातचीत से लगता है आप राजस्थानी हैं। फलाँ जिले के गाँव में मेरी बेटी है।

सुना है उसके एक बच्चा भी हुआ है, परन्तु अभी तक अपने नाती को नहीं देख पाया हूँ। बेटी-दामाद को देखे भी १७ वर्ष हो गए। मेरे हाथ में बीस रुपए थमाते हुए कहने लगा कि बड़ी मेहरबानी होगी, अगर आप इन रुपयों से बच्चे के कुर्ते-टोपी और थोड़ी-सी मिठाई वहाँ भिजवा देंगे, जितनी तनख्वाह मिलती है उसमें खर्च चलना भी मुश्किल है, नहीं तो बेटी को भी कुछ भेजना चाहता था। मैंने देखा उसकी आँखें गीली हो आई हैं। मैंने बताया कि यह गाँव मेरे सीकर जिले में ही है - चीजें तो भिजवा ही दूँगा, कभी मौका मिला तो तुम्हारी बेटी से मिलकर राजीखुशी की खबर भी दे दूँगा। देखा, बूढ़े को मेरी बात सुनकर बहुत सान्त्वना मिली है।

वृद्ध से बात करते हुए मुझे ८ वर्ष पहले की रहीमा की बात याद आ गई। वह भी शायद इसी प्रकार अपने गाँव और घर से दूर पाकिस्तान के किसी कस्बे में नौकरी करता होगा। उसे भी इसी प्रकार अपनी जन्मभूमि और छोटे से घर की याद आती होगी।

विश्व का सबसे बड़ा मासिक पत्र

१९६४ में न्यूयार्क में हमारे एक अमेरिकी मित्र ने 'टाइम-लाइफ' रेस्तरां में हमें दावत दी थी। यह रेस्तरां उनकी ५५ तल्ले की इमारत के सबसे ऊपरी तल्ले पर था। न्यूयार्क में बहुत महंगे रेस्तरांओं में इसकी गिनती है। वैसे 'टाइम', 'लाइफ' व 'फॉरचून' – इन तीनों पत्रों को मैं बराबर पढ़ता रहता हूँ और मेरी धारणा है कि अपने विषय के ये सर्वोत्तम हैं। यहाँ आकर जो जानकारी इनके बारे में मिली, वह आश्चर्यजनक थी। इनकी कुल प्रकाशन संख्या है १४० लाख प्रतियां और दुनिया के सब देशों के हर तबके के लोग इनके पाठकों में हैं। विश्व के सब बड़े शहरों में टाइम के संवाददाता हैं, जिनमें से किसी-किसी के पास अपना हवाई जहाज भी रहता है।

'लाइफ' के लिए बहुत ऊँचे दर्जे के आर्ट पेपर और 'टाइम' के लिए टिकाऊपन को लिए हुए सफेद पतले कागज चाहिए, इसलिए इनकी अपनी कागज की मिलें हैं। कहते हैं कि टाइम की एक टिप्पणी किसी बड़े देश के राष्ट्रपति या प्रधानमंत्री की स्थिति डांवाडोल कर देती है। यह सब होते हुए भी टाइम-लाइफ का विश्व में द्वितीय स्थान है, क्योंकि रीडर्स डाइजेस्ट का प्रकाशन उनसे ८० लाख ज्यादा है।

विश्व के पहले एक सौ धनवानों में तीन समाचार-पत्रों के मालिक या पुस्तक प्रकाशक भी हैं। रीडर्स डाइजेस्ट के वालेस, न्यूयार्क टाइम्स की श्रीमती हैज और इन्साइक्लोपेडिया ब्रिटानिका के विलियम बेंटन। इन तीनों में से प्रत्येक के पास १५० से २०० करोड़ हैं।

'रीडर्स डाइजेस्ट' का नाम विश्व के छोटे-बड़े सभी देशों में सुपरिचित है। यह १४ भाषाओं में छपता है और इसका कुल प्रकाशन है २८० लाख प्रतियां। विज्ञापन की दरें बहुत ऊँची हैं, इसलिए कुल आय है लगभग ९० करोड़ वार्षिक। लेखकों को पारिश्रमिक भी पत्र के अनुरूप ही दिया जाता है। अलग-अलग विषयों के लेखों पर विभिन्न दरें हैं। परन्तु औसत चार पृष्ठ के एक लेख पर ६-७ हजार रुपए मिल जाते हैं। भारतवर्ष में शायद सबसे ज्यादा पारिश्रमिक २० रुपये से ५०० रु० तक है।

विज्ञापन की दरों में देश-विदेश में बहुत बड़ा फर्क रहता है। अमेरिकी संस्करण के एक साधारण पृष्ठ का चार्ज है ५०-६० हजार रुपए, जबकि भारत में केवल ३५०० से १०००० रुपए ही है।

इसके विज्ञापनों पर विश्व के करोड़ों ग्राहकों को बहुत भरोसा रहता है, क्योंकि बहुत जाँच के बाद विज्ञापन स्वीकार किए जाते हैं। १९५५ तक तो अमेरिकी संस्करण में विज्ञापन दिए ही नहीं जाते थे। उसके बाद जब उद्योगपतियों और विक्रेताओं का बहुत आग्रह रहा तब मि० वालेस ने ग्राहकों के मत लिए और विज्ञापन शुरू हुए। अब भी कुछ विज्ञापन जिनमें ग्राहकों के ठगे जाने का डर रहता है, वापिस लौटा दिए जाते हैं। तम्बाकू और शराब के विज्ञापन डाइजेस्ट में नहीं छपते।

१९४७ के किसी अंक में मुख की फुन्सियों के लिए 'ट्यूब में चमत्कार' नाम की दवा का विज्ञापन निकला। थोड़े दिनों में ही उसकी ब्रिकी १० गुनी बढ़ गई। केन्टीकट की एक महिला ने अपने गैरेज में चोकर युक्त मोटे आटे की पावरोटी बनानी शुरू की। मि० वालेस को उसकी रोटी पसन्द आयी। उन्होंने अपनी तरफ से उसकी उपयोगिता और स्वास्थ्यप्रद होने का प्रचार किया। एक वर्ष के भीतर ही उस महिला की ब्रिकी हो गई ११ करोड़ की और वह एक बहुत बड़े गृह उद्योग की मालकिन बन गई।

१९२२ में १८००० रु० की पूंजी से वालेस दम्पति ने इसे छोटे से प्रयास के रूप में न्यूयार्क के एक गैरेज में शुरू किया था। इसके बाद यह दिन दूना रात चौगुना बढ़ता रहा। अमेरिका में टाइम-लाइफ की तरह अरबपति और सर्व-साधन सम्पन्न अखबारों की होड़ में रीडर्स डाइजेस्ट ने न केवल अपना प्रथम स्थान ही बनाया, बल्कि दूसरे सभी को बहुत पीछे छोड़ दिया।

आज इसका अपना विशाल कारखाना ८० एकड़ में न्यूयार्क के पास के चप्पका अंचल में है जिसमें हजारों सुदक्ष व्यक्ति काम करते हैं। इसके मुख्य अधिकारी मि० लेविस की मासिक तनख्वाह है कुल मिलाकर लगभग ३५००० रु० और साधारण मजदूरों का कम से कम वेतन है ४००० रुपये।

मि० वालेस बहुत सरल भाषा में सर्वसाधारण के लिए लिखते हैं – रोचक कहानियां, संस्मरण, साधारण रोगों की सरल चिकित्सा, भ्रमण विवरण और कुछ हास्य के चुटकले। सम्पादकगण कहते हैं कि वालेस जो सामग्री चुन लेता है, उसे डाइजेस्ट के ४-५ करोड़ पाठक अवश्य पसन्द करेंगे, क्योंकि वह उनके मन की बात समझता है। विश्व प्रसिद्ध अन्वेषक रिचार्ड बायर्ड जब दक्षिणी ध्रुव की यात्रा पर गया

तो अपने सीमित सामान के साथ पढ़ने के लिए छह अंक डाइजेस्ट के भी ले गया। संसार की सभी प्रसिद्ध भाषाओं में प्रकाशित यह पत्र लगभग एक सौ देशों के घरों, कार्यालयों, पुस्तकालयों, रेस्तरां-क्लबों और जेलों तक में पढ़ा जाता है।

इसी फरवरी के अंक में एक लेख है – 'बुढ़ापे को कैसे रोका जाए।' मैंने दो-तीन बार उस लेख को पढ़ा। वास्तव में ही बहुत जानकारीपूर्ण है। इसी अंक में हँसी के चुटकलों में से एक को यहाँ उद्धृत करता हूँ। विश्व के सर्वश्रेष्ठ शतरंज खिलाड़ी मि० वाल्टज के साथ, लगभग उनकी श्रेणी की एक महिला खेल रही थी। एक मित्र ने महिला से पूछा कि विश्व के सर्वोत्तम खिलाड़ी के साथ खेलते हुए आपको कैसा लगता है। उसका जवाब था – "यह तो आप इनसे पूछिये।" कितने संक्षेप में कैसी चुनी हुई बात कही गयी है।

मासिक पत्र के सिवाय यहाँ से डाइजेस्ट सीरिज की पुस्तकें, रेफरेंस की किताबें और विविध प्रकार के कोष भी प्रकाशित होते हैं। इस समय इनके सब प्रतिष्ठानों की वार्षिक बिक्री है २७० करोड़ की अर्थात ११०० करोड़ की लागत के हिन्दुस्तान स्टील के तीनों कारखानों के बराबर।

विश्व का सबसे धनी हावर्ड ह्यूजेस

सन् १९६० तक मान्यता थी कि फोर्ड और रॉकफेलर विश्व के सबसे धनी हैं। वैसे, पहले पन्द्रह धनियों में आगा खाँ और निजाम हैदराबाद का नाम भी लिया जाता था। परन्तु समय बदलता रहता है, आज निजाम हैदराबाद और आगा खाँ के उत्तराधिकारी केवल १०-१५ करोड़ के आसामी रह गये हैं और उन जैसे सैकड़ों हजारों धनी विभिन्न देशों में बिखरे पड़े हैं।

फोर्ड और रॉकफेलर घराने यद्यपि पहले दस धनियों में हैं, जबकि पिछले बारह वर्षों से प्रथम स्थान मिल गया है हावर्ड ह्यूजेस को जिसके पास लगभग १२०० करोड़ की सम्पत्ति कूँती जाती है।

हारल्ड रोबिन्स का प्रसिद्ध उपन्यास 'कारपेट वैगर्स' पढ़ रहा था। प्रकाशकों का दावा है कि इसकी लगभग ६० लाख प्रतियाँ बिक चुकी हैं। मुझे भी इसका वर्णन रोचक किन्तु अजीब-सा लगा। २० प्रतियाँ खरीदकर मित्रों को भेंट दीं। उपन्यास का नायक जोना का करोड़पति पिता मर गया। उसकी लाश को छोड़कर वह अपनी युवती विमाता रोना (जो विवाह से पहले उसकी प्रेयसी थी) के पास जाकर प्रेमालाप करने लगा। रोना कहती है कि अगर तुम्हारा पिता आ जायेगा तो? उसका जवाब है कि पिता अब कभी नहीं आयेगा। इसी प्रकार की और भी बहुत-सी बातें इस किताब में हैं जो हमारे देश की लक्ष्मण रेखा से तो बाहर हैं ही, 'फ्लावर' की मैडम बोवरी और लॉरेंस की 'लेडी चेटरलीज लवर' से भी कहीं ज्यादा अश्लील हैं। पुस्तक पढ़ते हुए मैं सोच रहा था कि अगर यही अमेरिकी जीवन है तो फिर हम भले और हमारा देश भला।

जानकार मित्रों ने बताया कि उपन्यास का जोना वास्तव में हावर्ड ह्यूजेस है जिसकी जीवनी पर यह उपन्यास आधारित है। इसके बाद ह्यूजेस के बारे में अधिक जानकारी लेने की इच्छा हुई। जो कुछ सामग्री मिली, उसे जान-सुनकर ऐसा लगा कि अत्यधिक धन-सम्पत्ति अधिकांश मनुष्यों को वास्तव में ही बौरा देती है, खास करके

जवानी के समय में।

१९०५ में ह्यूजेस का जन्म हुआ। उसका पिता एक सफल उद्योगपति था। प्रथम महायुद्ध में उसका बारूद और हथियारों का कारखाना था जिसके लाभ से युद्ध समाप्ति के समय उसके पास १५-२० करोड़ रुपये हो गये। उसकी मृत्यु के बाद २० वर्ष के युवक पुत्र के हाथ में व्यापार-उद्योग आया। पहले से ही पिता-पुत्र में मेल नहीं था, क्योंकि उस छोटी उम्र में ही जितनी आदतें उच्छृंखल धनी युवकों में होती हैं, वे सब पर्याप्त मात्रा में ह्यूजेस में थीं। पिता के मरने पर थोड़े समय के लिए पुरानी आदतें छोड़कर जिस दृढ़ता और लगन से उसने कारबार को सम्हाला और बढ़ाया, उसे देखकर दूसरे उद्योगपतियों और उसके अपने कारखाने के कर्मचारियों को आश्चर्य हुआ।

शुरू से ही वह दक्ष पाइलट था, उसने हवाई जहाज बनाने का कारखाना खोला और उसके हवाई जहाजों ने तेज चलने में विश्व में नया रिकार्ड कायम किया। उसने स्वयं भी तेज उड़ानों के लिए राष्ट्रीय इनाम जीते, जिससे उसका चारों तरफ नाम फैल गया और उसके उद्योगों को बड़े आर्डर मिलने लगे।

१९३१ में विश्व में, खास करके अमेरिका में बड़ी मंदी आई। घटे दामों में भी चीजों के खरीददार नहीं थे। ह्यूजेस ने हिम्मत करके जमीन, मकान, फिल्म स्टूडियो, विभिन्न उद्योगों के शेयर, बड़े-बड़े होटल-मोटल और कैबरे खरीद लिए। अगले ७ वर्षों में यूरोप में द्वितीय महायुद्ध की तैयारी होने लगी। उसकी खरीदी हुई वस्तुओं के दाम बहुत बढ़ गए और कारखानों को अनाप-सनाप आर्डर मिले। सन् १९४५ में जब युद्ध समाप्त हुआ तब उसके पास ५००-६०० करोड़ रुपये हो गए। उन दिनों अमेरिका में कैपिटल नफे पर टैक्स बहुत कम थे। तेरह वर्षों में ३० करोड़ से ५०० करोड़ होना एक अचम्भे की सी बात है, इस सन्दर्भ में मुझे अपने देश की नई दिल्ली की बात याद आ जाती है।

१९२२ में मेरे एक जान-पहचान के व्यक्ति ने रेटेण्डन रोड में १२००० गज जमीन ४५०० रुपयों में खरीदी। उस समय वहाँ जंगल था। रात में सियार, गीदड़ और अन्य वन्य पशु घूमते रहते थे। नई दिल्ली बढ़ती गयी, उसी अनुपात में जमीनों के दाम भी ऊँचे होते गए। आज भी वह जमीन उसी व्यक्ति के पास है और उसकी कीमत है २५० रुपये प्रति गज के हिसाब से लगभग तीस लाख रुपये।

अमेरिका और यूरोप में ह्यूजेस के बारे में अनेक प्रकार की किंबदंतियाँ फैलने लगीं। हजारों स्त्री-पुरुष विभिन्न कामों से उससे मिलने का प्रयत्न करने लगे। उसके पाँच सचिवों के जिम्मे तो केवल यही काम था कि उनमें से थोड़े से लोगों को चुनकर

ह्यूजेस से मिलने दिया जाए।

इतना व्यस्त रहते हुए भी उसकी एक अपनी रंगीन दुनिया थी जिसके लिए वह बहुत जरूरी कामों को छोड़कर पर्याप्त समय निकाल लेता था। वेश बदलकर बदनाम जुआघरों, कैबरों और रात्रि क्लबों में वह प्रायः ही चला जाता।

पाँच-दस की जगह सौ-दो सौ डालर की बख्शीश देता, इसलिए सब नर्तकियाँ उसके इर्द-गिर्द इकट्ठी रहतीं। उनमें से दो-चार को चुनकर वह अपने किसी गुप्त फ्लैट में ले जाता। उन सब स्थानों का पता केवल उसके निजी सचिव को ही रहता और वह भी बहुत जरूरी होने पर ही वहाँ फोन करता।

१९६५ में ह्यूजेस साठ वर्ष का हो गया। उस समय उसकी सम्पत्ति थी, लगभग १२०० करोड़ रुपये और अब वह विश्व का सबसे धनी व्यक्ति था।

निजाम हैदराबाद की तरह ह्यूजेस भी बहुत साधारण लिबास में रहता। एक बार सैर के लिए लन्दन गया। उसे अपनी किसी प्रेमिका को हीरों का हार उपहार में देना था। वह रिजेण्ट स्ट्रीट की एक प्रसिद्ध जवाहरात की दुकान में चला गया। साथ में उसका निजी सचिव था। वेश-भूषा देखकर सेल्समेन ने पचास-साठ हजार के कई हार दिखाये। उसने कहा कि मुझे कीमती हार चाहिए। दो-चार लाख के दिखाये गए। ह्यूजेस ने कुछ रोब से कहा कि मैंने सुना था कि आपकी दुकान में बेहतरीन गहने रहते हैं, फिर यह सब सस्ती चीजें दिखाकर मेरा और अपना समय क्यों नष्ट कर रहे हैं।

अगर भारतीय जौहरी होता तो समय की व्यर्थ बरबादी समझकर उसे टरका देता, परन्तु यूरोप के दुकानदार बहुत शालीन और सभ्य होते हैं। उन्होंने एक पन्द्रह लाख का हार दिखाया। हार खरीदकर उसने अपने सचिव से चेक देने को कहा। जब दुकानवालों को पता चला कि अरबपति हावर्ड ह्यूजेस् उनकी दूकान में खड़ा है तो फिर खातिरदारी करने और दूसरी कीमती चीजें दिखाने लगे।

१९६६ में वह इकसठ वर्ष का था। परन्तु ऐयाशी, अबाध भोग-विलास और नाना प्रकार के व्यापारिक झंझटों के कारण उसका शरीर थक गया। याददाश्त भी कम हो गई। लोगों में चर्चा होने लगी कि वह विक्षिप्त होता जा रहा है। आखिर उसने मौज-शौक और व्यस्त जीवन से ऊबकर अवकाश लेने का तय किया। न्यूयार्क, लॉस एंजेल्स और हालीवुड के महलों को छोड़कर लास वेगास में रहने का तय किया। तीस वर्ष पहले उसने टी० डब्लू० ए० (प्रसिद्ध हवाई जहाज कम्पनी) के ६६ लाख शेयर लगभग २५ करोड़ में खरीदे थे, वे ४१.५ करोड़ में बेच दिए।

लास बेगास में कुछ दिनों तक तो ठीक से रहा, परन्तु फिर पुराने संस्कार उभरने लगे और १९७० तक के ४ वर्षों में वहाँ पर बहुत से जुआघर, कैबरे, रात्रि क्लब और होटल-मोटल खरीद लिए जिनकी कीमत थी १५० करोड़ रुपए। अपने रहने के लिए एक बहुत बड़े होटल का पुनर्निर्माण कराया जिसके चारों तरफ काँटेदार बिजली के तार हैं, रात-दिन कड़ा पहरा रहता है। एक प्रकार से उसे भव्य और सुन्दर जेलखाना ही कहना चाहिए।

मन में कुछ इस प्रकार का भय-सा समा गया है कि बाहर नहीं निकलता। उसके विशेष सचिव और कुछ प्रेमिकाएँ भी फोन पर ही बात कर लेती हैं। केवल निजी डाक्टर जाँच और चिकित्सा के लिए मिल पाते हैं। कभी-कभी बिना किसी को सूचना दिए दूसरे स्थानों पर छुट्टी मनाने चला जाता है। उसके अपने दो तेज चलने वाले जेट हवाई जहाज हैं जो यात्रा के समय साथ रहते हैं।

दिसम्बर १९७१ में विलफोर्ड इरविंग नाम के लेखक ने प्रसिद्ध पुस्तक प्रकाशक मेग्रिव हिल से उसकी आत्मकथा प्रकाशन के लिए एक बड़ी रकम अग्रिम ले ली। उसका दावा था कि यह ह्यूजेस ने स्वयं टेप रिकार्डिंग करायी है। देश-विदेश में प्रचार हो गया कि ह्यूजेस की आत्मकथा प्रकाशित हो रही है। जब उसके वकीलों को पता चला तो पुस्तक के प्रकाशन पर रोक लगा दी गयी। इरविंग पर धोखाधड़ी का मुकदमा प्रकाशकों ने चलाया है।

वैभव, विलास और अंत

पिछले एक लेख में मैंने विश्व के सबसे धनी हावर्ड ह्यूजेस के बारे में लिखा था। उसके पास १२०० करोड़ की सम्पत्ति है। आय है लगभग पच्चीस लाख प्रतिदिन यानी १७०० रुपये प्रति मिनट। इस सबके बावजूद ह्यूजेस् अर्ध विक्षिप्त-सा, लास वेगास के एक एकान्त महल में रहता है।

वास्तव में, इतनी बड़ी सम्पत्ति और आय आश्चर्य की-सी बात लगती है। पिछले दिनों मुगल साम्राज्य के उत्थान और पतन पर कुछ पढ़ते हुए मुझे बादशाह शाहजहाँ की धन-दौलत का जो ब्यौरा मिला उसकी तुलना में ह्यूजेस, मैलन, रॉकफेलर, फोर्ड और ओनासिस बहुत ही गरीब दिखायी देंगे।

अकबर के समय से ही मुगलिया खजाने में जवाहरात और सोना जमा होना शुरू हो गया था जो एक सौ वर्षों में शाहजहाँ के शासन तक बढ़ता ही गया। इसके बाद १६५८ से १७०७ तक ४९ वर्षों के औरंगजेबी शासनकाल में यह सब अथाह धन-दौलत समाप्त प्राय हो गई। सिक्खों, राजपूतों, मरहठों और दक्षिण के सुलतानों से लड़ने के लिए औरंगजेब की फौज में सवार और पैदल मिलाकर लगभग सात लाख सिपाही थे जो काबुल-कन्धार से लेकर दक्षिण में कर्नाटक तक फैले हुए थे। वह स्वयं १६८१ से १७०७ तक के २६ वर्षों में अधिकांशतः दक्षिण की लड़ाइयों में उलझा रहा, इसलिए केन्द्रीय शासन खोखला होता गया और आय में भी कमी होने लगी।

शाहजहाँ का शासनकाल सन् १६२७ से १६५८ तक रहा। इन ३१ वर्षों में न तो देश में कोई बड़ा अकाल पड़ा और न उल्लेखनीय युद्ध ही हुए। हाँ, दो हजार स्त्रियों के शाही हरम, शाहजादे और शाहजादियों की मौज शौक और ऐयाशियों पर बहुत बड़ा खर्च होता था। बादशाह की अपनी बेगमों के सिवाय सैकड़ों रखैलें और माशूकाएँ थीं। अमीर खलीलुल्ला खाँ की बेगम इनमें प्रधान थी, उसकी जूतियों में २० लाख के हीरे-पन्ने जड़े थे। फिर भी शाहजहाँ के जमाने में आय इतनी अधिक थी कि

प्रतिवर्ष करोड़ों रुपये खजाने में बढ़ते चले गए।

शाही खजाने के अलावा वली अहद दाराशिकोह, शाहजादी जहाँनआरा तथा अन्य बेगमों और शाहजादों के अपने खजाने भी थे। बादशाह के जखीरा और भौंरा नामक दो निजी खजाने थे जिनकी लम्बाई-चौड़ाई ७०x३० फीट और गहराई १० फीट थी। इनमें से एक में हीरे, पन्ने, मोती, माणिक आदि जवाहरात भरे रहते थे और दूसरे में सोना-चाँदी। जब ये दोनों खजाने भर गए तो खजांची ने अर्ज की कि एक दूसरा बड़ा हौज और बनाना होगा। एक दिन दक्षिण का सूबेदार मीर जुमला, बादशाह के हुजूर में आया। उसने अंडे के बराबर एक बेशकीमती हीरा भेंट किया, जिसकी चमक से दीवाने खास जगमगा उठा। उस समय तक गोलकुण्डा की हीरों की खानें विश्व में सबसे बड़ी थी।

बादशाह बड़ी देर तक हाथ में लेकर हीरा देखता रहा। भेंट मंजूर करते हुए कहा – "मीरजुमला माबदौलत तुमसे बहुत खुश हैं और इस बेहतरीन हीरे का नाम हम कोहेनूर रखते हैं।"

अपने लन्दन प्रवास में मैंने देखा कि वही कोहेनूर ब्रिटेन के बादशाह के ताज में जड़ा हुआ टॉवर ऑफ लन्दन के संग्रहालय में रखा हुआ है। मैं जब भी लन्दन पहुँचता, इस हीरे को अवश्य देखता। मन में दुःख होना स्वाभाविक ही था। भारतीय इतिहास की अनेक बातें उभर कर मानस पर छा जाती।

शाहजहाँ ने तख्तेताऊस नाम का सोने का सिंहासन बनवाया। इसकी लम्बाई-चौड़ाई १०x७ फीट थी और ऊँचाई १५ फीट। यह ठोस सोने का था जिसमें बेशकीमती जवाहरात लगे हुए थे और इसको बनाने में सैकड़ों कारीगरों को ८ वर्ष लगे थे। उस सस्ती के जमाने में इस पर सात करोड़ रुपये लगे जो आज की क्रय शक्ति के हिसाब से तीन-चार सौ करोड़ के लगभग होंगे। फारस के शाह ने बादशाह जहाँगीर को एक अलभ्य मणि भेंट की थी, वह भी इस सिंहासन में जड़ी हुई थी। आज केवल उस मणि की कीमत ही कई करोड़ रुपये होगी। पता नहीं, अब वह किसी दूर देश में है अथवा नादिरशाह या अहमदशाह अब्दाली के वंशजों ने उसको छिपा रखा है या फिर जमींदोज होकर पृथ्वी की गोद में सो रहा है।

इस संदर्भ में मुझे टर्की में इस्ताम्बूल के म्यूजियम में भूतपूर्व सुल्तानों के खजाने के दो पन्नों की याद आ जाती है। एक का वजन था १५०० ग्राम और दूसरे का ६०० ग्राम। मैंने कल्पना भी नहीं की थी कि इतने बड़े पन्ने भी हो सकते हैं। क्यूरेटर से कीमत के बारे में पूछा तो उत्तर मिला कि दाम देकर विश्व का बड़े से बड़ा धनी भी

शायद ही इन्हें खरीद सके। जिस प्रकार आपके कोहेनूर का इतिहास रहा है, उसी ढंग का इन पन्नों का है।

हमारे देश में रोम और ग्रीस की तरह इतिहास लिखने की प्रथा नहीं थी, इसलिए वाल्मीकि, पाणिनी और कालिदास जैसे विशिष्ट विद्वानों के समय को लेकर केवल मनगढ़ंत अंदाज लगाते हैं, परन्तु मुगल बादशाहों में अपना रोजनामचा लिखाने की आदत थी। उनके यहाँ अरब-फारस के सिवाय फ्रांस और ब्रिटेन के विद्वान भी रहते थे, इसलिए उस समय के प्रामाणिक तथ्य और आंकड़े उपलब्ध हैं।

सन् १६५८ में बादशाह शाहजहाँ के पास, जब वह औरंगजेब द्वारा कैद कर लिया गया था, यह संपत्ति थी – छोटे-बड़े तराशे और बिना तराशे हीरे ५० लाख, मानिक ६० लाख, पन्ना ६० लाख और मोती ३६० लाख रत्ती। इनका कुल मिलाकर सारा वजन ५३० करोड़ रत्ती होता है। आज इन सबकी कीमत जोड़ने के लिए शायद कम्प्यूटर की दरकार पड़े। हजारों तलवारें, कटारें और दूसरे हथियार थे जिनकी मूठों में बेशकीमती हीरे-जवाहरात जड़े हुए थे। तख्तेताऊस के सिवाय बादशाह और शाहजादों के लिए ठोस सोने के नौ सिंहासन और थे। सैकड़ों सोने-चाँदी की कुर्सियाँ थीं। जिस सोने के हौज में बादशाह गुसल करता था, वह ७x५ फीट लम्बा-चौड़ा था। इसमें बेशकीमती हीरे-पन्ने-माणिक जड़े हुए थे। आज इसकी कीमत भी ५०-६० करोड़ के लगभग होगी। इन सबके सिवाय सात सौ मन सोने के बरतन थे, जो आज के हिसाब के लगभग ६० करोड़ के होते हैं। ये सब बातें भूल भुलैया की सी लगती हैं पर हैं सब ऐतिहासिक तथ्यों पर आधारित।

१६५८ की १० जून को आगरा गर्मी से लोहे के उबलते लावे की तरह तप रहा था। औरंगजेब का बड़ा बेटा महमूद सुल्तान पाँच हजार चुने हुए सिपाही लेकर लालकिले में गया। वहाँ के सब पहरेदारों को मौत के घाट उतार दिया और ६८ वर्ष के बुजुर्ग दादा शाहजहाँ कों कैद कर लिया। जिसकी टेढ़ी भृकुटी से चारों शाहजादे और उनके पुत्र काँपते थे, जिस महमूद सुल्तान को शाहजहाँ ने गोदी में खिलाया था, उसी १८ वर्ष के नौजवान शाहजादे के सामने आज वह बिलख-बिलख कर हो रहा था। इसके बाद भी किले की ऊपरी बुर्ज में कैदी बादशाह सात वर्ष तक जिन्दा रहा। जिसकी खिदमत में कभी हजारों बाँदियाँ व मुगलानी-तातारी, हथियारबंद औरतें और खोजे रहते थे, वहाँ अब केवल उसकी बड़ी बेटी जहाँनआरा रह गयी थी।

अपनी जवानी के दिनों में उसने सैकड़ों बेकस औरतों की अस्मत लूटी। वजीरे आजम शाइस्ताखाँ की युवती बेगम ने तो अनशन करके अपने प्राण त्याग दिये थे। वे

सब भयावने रूप में उसे नींद में दिखाई देतीं। दारा, शुजा और मुराद तीनों बेटों की और उनके अधिकांश शाहजादों की औरंगजेब द्वारा हत्या कर दी गयी थी। बादशाह को रात में भयानक सपने आते रहते और वह चौंक कर जग जाता। ताजमहल को देखते हुए फिर सारी रात गुजारता। कभी-कभी 'बचाओ-बचाओ' कह कर चिल्ला उठता था। सन् १६६५ में इस प्रतापी और विश्व में सबसे बड़े धनी बादशाह ने रोते बिलखते अपना दम तोड़ दिया। बिना किसी आडम्बर के उसकी लाश बेगम मुमताज महल की कब्र के पास ताजमहल में दफना दी गयी।

सोचता हूँ, क्या मिला शाहजहाँ को इतने बड़े साम्राज्य और वैभव से, क्या दिया अपरिमित सम्पत्ति ने ह्यूजेस को? एक नहीं, अनेक दृष्टान्त इतिहास के पृष्ठों में हैं। शंकराचार्य ने कहा है –

अर्थमनर्थं भावयनित्यं नास्तिततः सुखलेश सत्यम्।
पुत्रादपि धनभाजां भीतिः सर्वभैषाः विहिता नीतिः।।

अर्थ ही अनर्थ है। सत्य है कि उसमें सुख लेश मात्र भी नहीं है। धनवान होने पर पुत्रों से भी भय बना रहता है। यही नीति सर्वत्र लागू है।

चरित्र-निर्माण में साहित्य का स्थान

किसी देश के निवासियों के सामाजिक और व्यक्तिगत जीवन के निर्माण और विकास में साहित्य का बहुत बड़ा हाथ रहता है। साहित्य समाज का दर्पण या प्रतिबिम्ब मात्र नहीं है, वह समाज के रूप-निर्धारण में भी सहायक का काम करता है। वह समाज की दिशा का द्योतक मात्र ही नहीं है, दिशा-निर्देशक भी है। जहाँ एक ओर साहित्य समाज की गति का चित्रण करता है, वहाँ दूसरी ओर वह उस गति के क्रम का भी निर्धारण करता है। बाहर से देखने पर ऐसा लगता है कि जब समाज ऊँचा उठता है तो साहित्य का स्तर भी ऊँचा मालूम होता है और जब समाज पतन की ओर अभिमुख होता है तो साहित्य भी उसी प्रकार निम्नगामी नजर आता है, लेकिन हम ध्यान से देखें तो यह मालूम होगा कि साहित्य समाज की दशा का लक्षण मात्र नहीं है, उसका कारण भी है।

इतिहास में इसके अनेक उदाहरण पाए जाते हैं। रोम साम्राज्य कभी उन्नति के शिखर पर था। जिस साहित्य का उस युग में निर्माण हुआ, वह रोमन समाज को चित्रित करने के साथ प्रेरणा देने का काम भी करता था। लेकिन जब वहाँ के साहित्यकारों ने अपने साहित्य का रुख शासकों और सम्राटों की चाटुकारिता और इच्छापूर्ति की ओर मोड़ दिया तो उसके चलते सिर्फ साहित्य का ही नहीं, देश का भी पतन हुआ। अपने शासकों की वासनापूर्ति के लिए जिस प्रकार के साहित्य का निर्माण उन्होंने किया, वह देश को ले डूबा।

दूसरा उदाहरण लूई १४वें के राज्यकाल में फ्रांस का है। उस समय के प्रसिद्ध साहित्यकार भी उसकी प्रेमिकाओं के लिए उत्तेजक और अश्लील साहित्य की रचना में लगे रहे जिसके चलते देश में विलासिता का एक ऐसा वातावरण बना, जिसके शिकार वहाँ के शासक ही नहीं, फ्रांस का पूरा समाज हुआ।

अपने यहाँ भी उर्दू और ब्रजभाषा दोनों के साहित्य में एक ऐसा काल आया, जब रचनाएँ साहित्यिक दृष्टि से उत्कृष्ट होते हुए भी सामाजिक दृष्टि से वांछनीय नहीं

थी। विलासिता का वह साहित्य शासकों तक ही सीमित न रहा, आम-जनता भी उससे प्रभावित हुई।

इसके अतिरिक्त संसार के विभिन्न देशों में इसके अनेक उदाहरण पाए जाते हैं। हमारे यहाँ स्वतंत्रता प्राप्ति के पूर्व के वर्षों में सर्वश्री मैथिलीशरण गुप्त, बालकृष्ण शर्मा 'नवीन' तथा माखनलाल चतुर्वेदी आदि कवियों ने जो साहित्य लिखा था, उसने आजादी की प्रबल इच्छा यहाँ के लोगों में पैदा की। आज हमारे लिए चिन्तनीय विषय यह है कि स्वतंत्रता-प्राप्ति के बाद राष्ट्र के उत्थान में प्रेरणादायक साहित्य का जो रूप होना चाहिए, वह पर्याप्त मात्रा में नहीं हो पा रहा है। मस्ती और निराशा के अलावा उच्छृंखलता एवं विलासिता का भी जोर बढ़ा है, परिणाम यह हुआ कि आम जनता की रुचि विकृत होती जा रही है। इस विकृति को किसी भी सिनेमागृह में जाकर प्रत्यक्ष देखा जा सकता है । जिस तरह के दृश्यों पर तालियाँ बजती हैं, कहकहे लगते हैं, आवाजें कसी जाती हैं, वे किसी भी सभ्य व्यक्ति का सिर झुका देने के लिए काफी हैं। आज इसी प्रकार की कविताओं, कहानियों और उपन्यासों की भी कमी नहीं है। इससे केवल समाज का ही अहित नहीं हो रहा है, देश का भविष्य भी बिगड़ रहा है। आगे आने वाली पीढ़ी की रुचि, चरित्र और व्यवहार के भी कलुषित होने की सम्भावना है।

इसलिए इस दिशा में यदि शीघ्र प्रतिकार की चेष्टा नहीं की गई तो देश के भविष्य को नहीं सुधारा जा सकेगा। यद्यपि बिना सरकारी कड़े नियंत्रण के इस प्रकार के गंदे साहित्य के निर्माताओं को रोकना सम्भव नहीं है, फिर भी विभिन्न संस्थाओं और व्यक्तियों द्वारा इस दिशा में सतत प्रयास अपेक्षित है।

उद्योगों के राष्ट्रीयकरण का नया प्रयोग

आज से तीन वर्ष पहले जब देश के चौदह बड़े बैंकों का राष्ट्रीयकरण किया गया था तो इनमें जमा लगभग तीन हजार करोड़ रुपयों की पूँजी सरकारी नियंत्रण में स्वतः ही आ गयी। परन्तु मूलतः उन बैंकों के जो भागीदार (शेयर होल्डर) थे, उनको इक्कीस करोड़ रुपये के करीब, चुकता पूँजी और रिजर्व फण्ड जोड़कर मिल गया। इससे जो लाखों छोटे-बड़े भागीदार थे, वे एक प्रकार से संतुष्ट हो गये। हाँ, इन संस्थाओं की पचासों वर्ष की साख (गुडविल) के लिए कोई मुआवजा नहीं दिया गया था। पिछले वर्ष साधारण बीमा कम्पनियों का जब राष्ट्रीयकरण हुआ तब लोगों के मन में यह विश्वास था कि पहले की तरह ही मूल धन और सुरक्षित कोष (रिजर्व फण्ड) को जोड़कर भागीदारों को रुपया मिल जायेगा। परन्तु इस बार सरकार ने यह मुआवजा पिछली बार की तरह (जो उचित और आवश्यक था) न देकर केवल लाभांश के अनुपात से दिया। नतीजा यह हुआ कि अपेक्षित कीमतों से लगभग आधी ही हिस्सेदारों को मिलेगी।

गत फरवरी के विधान सभा चुनावों के दौरान वित्त मंत्री श्री चह्वाण ने गुजरात में अपने भाषणों में कहा था कि आवश्यक वस्तुओं के कारखानों का सरकार राष्ट्रीयकरण कर लेगी। इसके पूर्व इस सम्बन्ध में संसद में एकाधिकार को तोड़ने के लिए २७वीं धारा में संशोधन भी किया जा चुका था। पिछले दिनों जिस प्रकार से कूकिंग कोयला की खानों और इण्डियन कॉपर कम्पनी को सरकारी तत्वावधान में बिना मुआवजा तय किये ले लिया गया, इससे उद्योगपतियों में चिन्ता होनी स्वाभाविक ही थी। अब, नयी दिल्ली में विश्वस्त सूत्रों से पता चला कि कुछ अर्थ विशेषज्ञों एवं कम्पनी-कानून के जानकारों ने सरकार को ऐसी सलाह दी है जिससे कि बहुत थोड़े रुपयों में एक नये तरीके से उद्योगों का राष्ट्रीयकरण हो जाए। इसके लिए एक समिति बन गई है जिसके सदस्य हैं वित्त सचिव श्री आई० बी० पटेल, उद्योग सचिव श्री बी० बी० लाल एवं कम्पनी-कानून सचिव श्री आर० प्रसाद। यह समिति पूरी जाँच और

जानकारी करके सरकार को सलाह देगी कि बिना मुआवजा दिये किस प्रकार से बड़े और जरूरी उद्योगों का राष्ट्रीयकरण हो सकता है। वैसे बीमा निगम, यूनिट ट्रस्ट और धर्मार्थ ट्रस्टों के हिस्सों की प्राक्सी से सरकार का बहुत-सी कम्पनियों पर इस समय भी अधिकार हो सकता है, परन्तु इसमें इस बात का डर है कि मैनेजिंग एजेन्सी समाप्त होने के बावजूद उद्योगों के वर्तमान संचालक नाना प्रकार के झंझट लगा सकते हैं। इसलिए उक्त समिति का पहला कार्य यह होगा कि बड़े-बड़े उद्योगपतियों को बुलाकर इस बात के लिए तैयार करे कि वे अपने हिस्से सरकार को बेच दें। इस प्रकार से केवल तीस-पैंतीस प्रतिशत हिस्से खरीद कर ही विभिन्न उद्योगों पर सरकारी नियंत्रण हो जायेगा। अध्यक्ष और प्रबन्ध निर्देशक सरकारी हो जायेंगे, संचालक-मण्डल में भले ही वर्तमान संचालकों में से कुछ को रहने दिया जाए।

यह भी सम्भव है कि अधिकांश वर्तमान अधिकारियों और तकनीकी विशेषज्ञों को पूर्ववत अपने-अपने पदों पर बहाल रखा जाए। परन्तु इसमें यह अड़चन आ सकती है कि उनका अधिकतम मासिक वेतन वर्तमान दृष्टिकोण के अनुसार साढ़े तीन हजार से अधिक न हो जबकि उनमें से कइयों को इस समय पाँच-सात हजार तक मिलते हैं। यहाँ तक सुना गया है कि कुछ बड़े उद्योगपतियों को बुलाकर इस सन्दर्भ में बातचीत शुरू कर दी गई है। ऐसा अनुमान है कि यदि वर्तमान संचालक स्वेच्छापूर्वक अपने हिस्से बेचना नहीं चाहेंगे तो आगामी सितम्बर-अक्टूबर से संसदीय सत्र में वांचू समिति की रिपोर्ट पर जब विचार होगा, उस समय २७वीं धारा में भी बड़ा परिवर्तन करके सरकार अपने हाथ में यह अधिकार ले लेगी कि किसी भी प्रतिष्ठान के हिस्से जो संचालकों के पास हों उन्हें सरकार बाजार भाव में खरीद ले। कहा जाता है कि सर्वप्रथम एल्यूमीनियम, लोहे और चीनी के उद्योग लिए जायेंगे। ऐसा लगता है कि अपने आप में नये ढंग से राष्ट्रीयकरण की दिशा में यह एक बहुत बड़ा निर्णय होगा।

देखना यह है कि इन कारखानों की इस समय जैसी प्रगति होती जा रही है, वह सरकारी नियंत्रण में जाने के बाद रह सकेगी या नहीं और भागीदारों को भी जो अच्छा लाभांश मिल रहा है, वह मिलेगा या नहीं। वर्तमान सरकारी क्षेत्र के अधिकांश कारखानों की हालत सोचनीय है और वे घाटे में चल रहे हैं।

आज टाटा, बिड़ला, भरतराम और कस्तूरभाई जैसे सुदक्ष संचालकों के तत्वावधान में नये होने वाले उद्योगों के हिस्से जिस तत्परता से बिक जाते हैं, उसमें भी शायद कमी आ जाएगी क्योंकि खरीददारों को यह भरोसा नहीं रहेगा कि ये

कारखाने उन्हीं की देख-रेख में रह पायेंगे या नहीं।

इण्डियन कॉपर के हिस्सों का भाव पहले चार रुपये का था। अब सरकारी नियंत्रण के बाद उसका भाव २५ प्रतिशत घट गया है। हो सकता है कि जो उद्योग सरकार अपने नियंत्रण में लेगी, उनके संचालकों को वर्तमान कीमत या उससे कुछ अधिक मिल जाए किन्तु शेष बचे लाखों छोटे-बड़े भागीदारों को तो भविष्य में शायद ही वर्तमान लाभांश मिल पाएगा।

यह भूख : यह ऐयाशी

एक दिन मेरे बँगले के माली ने आकर कहा कि दूसरा माली कई दिनों से बीमार है, काम पर नहीं आता। उस समय बात आयी गयी हो गयी। थोड़े दिन बाद जब फिर कानपुर आया तो देखा कि कई जगह पैबन्द लगी हुई मैली साड़ी में एक बीमार महिला कोने में खड़ी है। नौकर ने बताया कि माली ज्यादा बीमार है, यह उसकी पत्नी है। उसके सूने-सूने चेहरे पर घबराहट, डर और दैन्य की छाया स्पष्ट नजर आ रही थी। आयु शायद ३२-३३ की थी, परन्तु उसे ४५-५० की भी कह सकते थे।

बँगले के पीछे मालियों और नौकरों की कोठरियाँ थी। वहाँ जाकर मैंने देखा कि माली और उसके तीन दुबले-पतले बच्चे, ८'x६' की एक कोठरी में फटी हुई टाट पर बैठे हुए हैं। उन सबके ओढ़ने के लिए एक जीर्ण-शीर्ण पैबन्द लगी हुई गुदड़ी थी। उस चटाई और एक गुदड़ी में वे जनवरी की सर्दी को किस प्रकार सहन कर रहे थे, यह बात समझ से परे की थी। इससे भी ज्यादा आश्चर्य यह जानकर हुआ कि माली के ४२ रु० मासिक वेतन में ही पाँचों के पेट भरने का, तन ढकने के कपड़ों का और दवा का बजट भी था।

दूसरे दिन मैंने हमारे अस्पताल के बड़े डॉक्टर को बुलाकर माली और उसकी स्त्री को उन्हें सुपूर्द किया। कई प्रकार की जाँच-पड़ताल के बाद पता चला कि माली को तो पेट का यक्ष्मा है और लगातार खुराक की कमी के कारण स्त्री की भी जीवनी शक्ति बहुत कम रह गई है। जैसा भी थोड़ा बहुत बना उसकी व्यवस्था की, सरकारी अस्पताल में भर्ती करा दिया। दवा और साधारण पथ्य से शायद उसकी जान भी बच जायेगी। उन दो-चार दिन काम में मन नहीं लगा। माली के परिवार का चित्र आँखों और मन दोनों के सामने घूमने लगा। सोचने लगा कि इनकी प्रति व्यक्ति आय १०० रु० वार्षिक से भी कम है। जबकि देश की औसत आय ४६० रु० है और किसी-किसी व्यक्ति की तो एक लाख तक है– कारण स्पष्ट है, चूँकी न तो उनका कोई लेबर यूनियन है और न वे किसी प्रकार का विरोध ही कर सकते हैं, इसलिए तिलतिल करके मौत के मुँह की ओर बढ़ते जा रहे हैं। मुझे स्वर्गीय डॉ० लोहिया के संसद में कहे हुए शब्द याद आ गए, जिन्होंने देश के कुछ व्यक्तियों की निम्नतर आय चार-पाँच आने बताई थी।

उन्हीं दिनों एक धनी घराने में लड़की की शादी थी। बरात किसी दूसरे गाँव से आई थी, मुझे भी एक-दो बार वहाँ जाना पड़ा। लोगों ने बताया कि विवाह पर तीन-चार लाख खर्च होगा। खैर, अपनी लड़की को सामर्थ्य के अनुसार सभी देते हैं। परन्तु जो ऊपरी खर्च और तड़क-भड़क वहाँ देखने में आई वह अभूतपूर्व थी, बँगले के सहन में सारे पंडाल को फूलों से सजाया गया था। वृक्षों पर हजारों हरे-लाल जगमगाते बल्ब मैसूर के वृन्दावन गार्डेन की याद दिला रहे थे। लखनऊ से शहनाई पार्टी बुलायी गई थी। बराती तथा अन्य आमन्त्रित व्यक्ति १०००-१२०० से कम नहीं थे। उनके लिए चाय, कॉफी, फलों के रस, सूखे मेवे और कई प्रकार की मिठाइयों पर भी बहुत खर्च किया गया था।

आजकल विवाह में घुड़चढ़ी के समय के सारे कार्य आमतौर पर २ घण्टे में समाप्त हो जाते हैं, परन्तु वहाँ नाच-गाने और कव्वाली-गजलों का इन्तजाम था इसलिए रात के १२ बज गए।

दूसरे दिन सज्जनगोठ की जीमनवार (भोज) थी। बड़े-बड़े थालों में नाना प्रकार के पकवान और ८-१० कटोरियों में कई तरह की साग-सब्जी सजाकर रख दी गई। ज्यादातर लोगों के लिए उतना सब खा पाना सम्भव नहीं था इसलिए थाली में जूठन रहना स्वाभाविक ही था। मुझे शिकागो के पामर्स हाउस नाम के प्रसिद्ध रेस्तराँ में अपने अमेरिकन मित्र द्वारा दिए गए भोज की याद आ गई। बहुत प्रकार की मिठाइयाँ और फलों को सजाकर रख दिया गया था। जब हमने कहा कि इन सबका एक-तिहाई कर दीजिए, तो हँसकर मिस्टर लेजी ने कहा था, "आप जितना चाहें खा लीजिए, बचा हुआ नष्ट कर दिया जाएगा, अधिकता हमारी समस्या है।" परन्तु यह तो विश्व के सबसे धनी देश अमेरिका की बातें हैं, जहाँ चीजों के मूल्य का सन्तुलन रखने के लिए कभी-कभी गल्ले और रूई को समुद्र में डुबो दिया जाता है, न कि हमारे भारत की, जहाँ हजारों-लाखों परिवारों के बच्चों को फटे-चिथड़े और आधा पेट खाना भी मय्यसर नहीं होता। सोचने लगा कि १०० वर्ष पहले मार्क्स ने भी शायद इसी तरह की विपरीत घटनाएँ देखी थीं, जिससे उसे 'कैपिटल' लिखना पड़ा। यह सच है कि विषमता सारे विश्व में है परन्तु यह भी सच है कि जब वह हमारे यहाँ की तरह सीमा से बढ़ जाती है तो फिर फ्रांस, रूस और चीन की-सी राज्य क्रान्ति अवश्यम्भावी हो जाती है। उस समय वहाँ की भूखी नंगी जनता उलट पड़ी तो वहाँ के सम्राटों का सर्वनाश तो हुआ ही, साथ ही उनके निरीह बच्चों तक को जान से हाथ धोना पड़ा था। इतिहास की पुनरावृत्ति तो होती ही है। हमें यह भी नहीं भूलना चाहिए कि फ्रांस, रूस और चीन में तो सर्व सत्तावान सम्राट, जार और राष्ट्रपति थे जिनके पास फौजें, तोपें और बन्दुकें थीं जबकि हम तो केवल रुपयों के जोर पर ये भौंडे प्रदर्शन और खर्चे कर रहे हैं।

दीवार पर स्पष्ट लिखा है, परन्तु खेद है कि हम पढ़ नहीं पा रहे हैं क्योंकि हमने जान-बूझकर अपनी आँखें बन्द कर रखी हैं।

समय बदला पर हम नहीं

आज बम्बई और कलकत्ते में आम-चर्चा है कि उद्योग-व्यापार मन्दा है । जमीनों और मकानों की कीमतें घट रही हैं, चीजों की बिक्री कम है आदि-आदि।

'अकाल में अधिक मास' की कहावत के अनुसार इस मन्दी के साथ-साथ राजस्थान के कुछ हिस्सों में भयंकर अकाल भी पड़ गया जिससे हजारों पशु भूख और प्यास से मर जायेंगे। भोजन की कमी के कारण मनुष्यों और बच्चों का शरीर घटकर कंकाल सदृश्य रह जायेगा।

विभिन्न सेवा-संस्थाओं ने वहाँ राहत का कार्य शुरू किया है और इसके लिए धनी-वर्ग थोड़ा बहुत दान भी दे देता है। परन्तु खेद है कि आज भी उनके अपने मौज-शौक के खर्चे में किसी प्रकार की कमी तो आई ही नहीं, कुछ-न-कुछ बढ़ोत्तरी ही हुई है। अगर गाँव और पड़ोस के लोग पानी के बिना मर रहे हों तो तैरने के लिए पानी के तालाब को लोग किसी भी हालत में नहीं रहने देंगे। हाँ, सन् १९४३ में कलकत्ते की सड़कों पर लाखों व्यक्ति भूख से मर गए थे जबकि सामने की दुकानों पर सैकड़ों मन मिठाई सजी रहती थी, परन्तु आज १९६९ है, न कि १९४३।

मेरे एक मित्र जो प्रसिद्ध पत्र-संचालक के अलावा सब प्रकार से साधन सम्पन्न हैं, पिछले दिनों सपत्नीक दिल्ली आये। वे एक मित्र के फ्लैट में ठहरे थे। सब तरह की सुविधाएँ और आराम उनके लिए उपलब्ध थे। उसी समय फेडरेशन की मीटिंग थी जिसमें सम्मिलित होने के लिए कलकत्ते और बम्बई से बहुत से व्यक्ति आए थे। इनमें कुछ तो सदस्य थे, अधिकांश तमाशबीन। वे भी अगर चाहते तो उनको भी दिल्ली में इस तरह का आतिथ्य मिल जाता, क्योंकि उनके बहुत से सम्बन्धी और परिचित मित्र वहाँ रहते हैं और उन दिनों तो संसद का अधिवेशन भी चालू था। परन्तु उन सबको तो ओबेराय इन्टरनेशनल में ही ठहरना था, जो इस समय भारत में सबसे महँगा होटल है और जहाँ केवल चाय का चार्ज लगता है– डेढ़ रुपया प्रति कप, टिप अलग। यह भी सुना गया कि वहाँ जगह की माँग इतनी थी कि रिजर्वेशन के लिए

सिफारिश करानी पड़ती थी।

मैंने अपने मित्र से कहा कि जब साधारण स्थिति के नवयुवक भी ओबेराय या अशोक होटल में ठहरते हैं तो आप लोग वहाँ क्यों नहीं ठहरे ? सबसे एक जगह ही मिलना-जुलना हो जाता और इन सब होटलों में ठहरने से बड़प्पन की शान भी है।

उनका जवाब था कि मिलना-जुलना तो कलकत्ते में सार्वजनिक उत्सवों या विवाह-शादियों में इन लोगों से होता ही रहता है और जहाँ तक बड़प्पन और शान का सवाल है, वह फिजूल-खर्ची और दिखावे में नहीं है। हाँ, इसमें एक प्रकार से स्वयं की हीन-भावना की पूर्ति जरूर हो जाती है। मेरे यहाँ से ही उन्होंने दो-तीन भारत प्रसिद्ध व्यक्तियों को फोन करके मिलने का समय निश्चित किया। मुझे अपने प्रश्न का उत्तर स्वयं मिल गया क्योंकि उन बड़ी-बड़ी मोटरों और आलीशान होटलों में ठहरने वालों को तो सचिवों और उप-सचिवों से मिलने के लिए भी दो-चार दिन पहले समय लेना पड़ता है। कारण स्पष्ट है, वास्तव में आज धन और दिखावे का मापदण्ड ही घट रहा है। इसका प्रत्यक्ष प्रमाण है कि एक गरीब नाई के पुत्र श्री कर्पूरी ठाकुर का बिहार जैसे बड़े प्रान्त का मुख्यमंत्री और कई साधारण सार्वजनिक कार्यकर्ताओं का बंगाल प्रान्त में मंत्री बन जाना।

इस सन्दर्भ में मेरे दो मित्रों की याद आ जाती है। प्रथम इस समय कैबिनेट मिनिस्टर के अलावा देश के बड़े नेता हैं। सात वर्ष पहले वे केवल सदस्य थे, परन्तु उस समय भी संसद में उनकी धाक थी। उन्होंने मुझे एक दिन भोजन का निमंत्रण दिया परन्तु घर में शायद कहना भूल गए। जब आठ बजे रात में पहुँचा तो वे कुछ सकपका गए परन्तु उसी समय बात को संभाल कर बोले कि आपके यहाँ का खाना तो कई बार खा चुका हूँ, सोचा आज अपना खाना जो हम नित्य प्रति खाते हैं, आपको खिलाऊँ। काँसी की थालियों में बिना घी की रोटियाँ, दाल और तेल में छौंकी एक सब्जी थी जो वास्तव में स्वादिष्ट लगी। हँसकर कहने लगे कि मैं पहले से कह देता तो आपके लिए शायद घी मँगाया जाता। खैर, आपको भारत के औसत आदमी का खाना खाने का अवसर तो मिला। सोचने लगा इतना बड़ा नाम तथा विद्वत्ता और सम्मान की भी कमी नहीं, परन्तु रहन-सहन इतना सादा।

बिना पूछे उनके लड़के को एक फर्म में ३५० रु० माहवार की नौकरी दिला दी। उन्हें पता चला तो वापस बुला लिया, बोले – यह लड़का दुर्भाग्य से बहुत पढ़-लिख नहीं पाया इसलिए मेरे नाम से नहीं, बल्कि इसकी योग्यता से उचित वेतन मिले, वही वाजिब है।

द्वितीय मित्र यद्यपि मंत्री तो नहीं हैं परन्तु विद्वत्ता और सूझ-बूझ में बहुत से मंत्रियों से बड़े हैं। कई बार बड़े-से बड़ा पद और काम सम्भालने के लिए कहा गया, परन्तु नम्रतापूर्वक बराबर टाल देते रहे। हाँ, दूसरे योग्य मित्रों को जरूर वैसे कामों पर लगा देते हैं। मैं एक दिन सुबह उनके यहाँ बैठा था, उनके पास प्रधानमंत्री के सचिव का फोन आया कि एक बहुत जरूरी काम से प्रधानमंत्री आप से अभी मिलना चाहती हैं। उन्होंने कहा कि मैं ९ बजे से पहले नहीं आ सकूँगा। थोड़ी देर बाद ही फिर फोन आया कि आप नौ बजे आ जायें।

मुझे भी प्रधानमंत्री के यहाँ से तो बहुत कम, परन्तु दूसरे मंत्रियों के यहाँ से फोन आते रहते हैं। मैं अन्य प्रोग्रामों में रद्दोबदल करके भी वहाँ जाना जरूरी समझता हूँ और इसमें अपनी बड़ाई और प्रभाव की वृद्धि समझते हुए दूसरे मित्रों को भी कह देता हूँ कि फलाँ मंत्री ने बुलाया था और इस तरह की बातें हुईं। शाम को मैंने उनसे प्रधानमंत्री की भेंट के बारे में पूछा तो बोले अमुक काम की सलाह के लिए बुलाया था और भी बातें करना चाहती थीं परन्तु एक कैबिनेट मिनिस्टर और एक प्रसिद्ध उद्योगपति नौ बजे से विजिटिंग रूम में बैठे थे। शायद उनको नौ और साढ़े नौ बजे का समय दिया हुआ था। प्रधानमंत्री ने अपने सचिव से कहा कि मुझे इनसे बातें करने में समय लगेगा तुम उन्हें दूसरा समय दे दो। मेरे मित्र ने नम्रतापूर्वक उनको कहा कि गलती मेरी थी कि दूसरों को दिया हुआ समय ले लिया, मैं कल फिर मिल लूँगा, आप उनको बुला लें। प्रधानमंत्री जब उन्हें बाहर तक पहुँचाने के लिए आईं तो उन दोनों ने देख लिया। दो-तीन दिन बाद उद्योगपति के यहाँ से मेरे पास फोन आया कि फलाँ व्यक्ति से तुम्हारी मित्रता है, मैं उनको एक दिन भोजन के लिए बुलाना चाहता हूँ, अगर वे मंजूर करें तो उन्हें फोन कर दूँ। मैंने मित्र से कहा तो उन्होंने हँसकर कहा कि वैसे उनसे मेरी जान-पहचान तो है परन्तु मैं इन दिनों कुछ व्यस्त हूँ इसलिए फिर कभी चलेंगे।

यह सब लिखने का तात्पर्य अपने धनी युवकों को यह बतलाना है कि शान-शौकत और दिखावे मात्र से ही प्रभाव बढ़ता है, यह धारणा नितान्त भ्रमपूर्ण है।

हमारे भारत में तो ऊँचे विचार और सादे जीवन का महत्त्व बराबर रहा है और आज भी है। आज देश की दशा खराब है, खास करके बंगाल तो एक प्रकार से ज्वालामुखी के मुँह पर है जहाँ किसी समय भी भूकम्प आ सकता है। परन्तु खेद है कि वे यह नहीं लक्ष्य करते कि पूँजी भी श्रम की तरह उत्पादन का एक अंग मात्र है। अतएव मेहनतकश जब उनके और अपने बीच सुख-साधन का विराट अन्तर पाता है तो उसमें विद्वेष और विद्रोह की आग धधक उठती है। बदले हुए समय का यह सुस्पष्ट संकेत है किन्तु बिडम्बना यही है कि समय बदला पर हम नहीं बदले।

ये विदेशी पुतले

हमने मास्को के क्रेमलीन में देखा था कि जारों के समय के जो भी चिह्न थे, उन्हें बिना यह परवाह किये कि इनका कितना ऐतिहासिक महत्त्व है, पूरी तरह से मिटा दिया गया है।

यह बात दूसरे स्वतंत्र देशों में भी देखी और सुनी गई है। ब्रिटिश फौजों को हटाने के बाद अमेरिका के प्रथम प्रेसिडेंट जार्ज वाशिंगटन ने पहला काम यह किया था कि अंग्रेजों द्वारा छोड़े हुए स्मारकों को समाप्त कर दिया। उनकी मान्यता थी कि दुश्मनों के इस प्रकार के चिह्नों से देश के बच्चों के मन में हीन भावना पैदा होती है, वे अपने को दूसरों से छोटा समझने लगते हैं।

फ्रांस की राज्यक्रान्ति के समय साम्राज्ञी मेरी अन्तोनिता ने विद्रोहियों को कहा था – "मेरे निरीह बच्चों की जान बख्श दो, भला इन सबका क्या कसूर है?" परन्तु जनता ये सब दलीलें सुनने को तैयार नहीं थी, उसका कहना था कि दुश्मनों के जिन्दे या मुर्दे किसी प्रकार के चिह्नों को हमें नहीं रखना है।

हमारे भारत में सदा से ही दया, क्षमा और सहिष्णुता को प्रधानता दी गयी है। हमारे धर्म-ग्रन्थों में भी कहा गया है कि बदले की भावना से घृणा उत्पन्न होती है जो किसी हालत में भी वांछनीय नहीं है। परन्तु इसका यह अर्थ भी नहीं है कि जिन लोगों ने हमें अपमानित किया, हमारे बच्चों और स्त्रियों की बेरहमी से हत्या की, हमारे ऐतिहासिक तथ्यों को तोड़-मरोड़ दिया और हमारे कारीगरों के हाथ काट दिये, उन सबके स्मारकों की हम रक्षा करते रहें।

वैसे बहुत से अंग्रेज सेनापतियों और अधिकारियों ने यहाँ अनेक प्रकार के अमानुषिक अत्याचार किए, परन्तु राबर्ट क्लाइव, वारेन हेस्टिंग्स और डलहौजी के कुकृत्यों से तो इतिहास भरा हुआ है, यहाँ तक कि ब्रिटिश संसद में भी पहले दोनों के काले-कारनामों की लम्बी सूची सुरक्षित है।

हमें स्वतंत्रता मिले २२ वर्ष हो गये। विश्व में जनसंख्या के लिहाज से हमारा

द्वितीय स्थान है। हमारी अपनी संस्कृति भी शायद सबसे पुरानी है। पिछले सौ वर्षों में हमारे यहाँ भी तिलक, गांधी, रवीन्द्रनाथ, सुभाषचन्द्र और जवाहरलाल नेहरू जैसे महान व्यक्ति पैदा हुए हैं। परन्तु खेद है कि आज भी हम उन विदेशियों की पूजा करते हैं जिन्होंने इस देश का हर प्रकार से शोषण किया, इसकी मातृ जाति का अपमान किया, इसके बच्चों को अशिक्षित रखा और जालियाँवाले बाग जैसा अमानुषिक हत्याकाण्ड किया।

कलकत्ते के प्रमुख व्यापार-उद्योग प्रतिष्ठानों की सड़क का नाम क्लाइव स्ट्रीट है। इसी प्रकार अपने समय के प्रसिद्ध जालिम वारेन हेस्टिंग्स के नाम से भी कई मोहल्ले और सड़कें यहाँ पर हैं। जिस स्थान से इस प्रान्त का शासन संचालन होता है उस जगह का नाम डलहौजी स्क्वायर है।

मुझे पता नहीं है कि जालियाँवाले बाग के हत्याकाण्ड के सूत्रधार डायर के नाम पर भी कोई स्मारक देश में है या नहीं? परन्तु उस समय के वाइसराय और पंजाब के गवर्नर के नाम से जरूर कुछ यादगार होगी ही।

यद्यपि स्वर्गीय डॉ० लोहिया ने इस सन्दर्भ में बहुत कुछ कहा और लिखा था परन्तु खेद की बात है कि सिवाय कुछ सड़कों के नाम बदल देने के आजतक किसी प्रकार के सामूहिक प्रयत्न इसके लिए नहीं किए गए।

इतने वर्षों के बाद भी भारत में खड़े हुए विदेशी पुतले हमारी संस्कृति, सभ्यता और ऐतिहासिक तथ्यों को झूठा साबित कर रहे हैं। इनमें से कुछ तो ऐसे व्यक्तियों के हैं जिन्होंने घिनौने तरीकों से मरहठों और सिक्खों की देश-भक्त फौजों को कुचला था।

लार्ड मैकाले ने कहा था कि भारतीयों के रंग के सिवाय उनकी भाषा और वेश को अगर अंग्रेजी कर सकेंगे तो हमें भारत में अपने आप सफलता मिल जायेगी।

२२ वर्षों से अंग्रेजी शासन समाप्त हो गया, परन्तु मैकाले का नुस्खा आज भी अपना काम कर रहा है। स्वतंत्र भारत के नेता अपने बच्चों को अंग्रेजी लिबास में मिशनरी स्कूलों में भेजने में अपनी इज्जत और मान-बड़ाई समझते हैं। कहते हैं कि इनमें से कइयों के दाखिले के लिए १०-१२ वर्षों तक राह देखनी पड़ती है।

उन सब स्कूलों में अभी तक विंसेण्ट स्मिथ और मार्सडन के भारतीय इतिहास पढ़ाए जाते हैं जिनमें झाँसी की रानी को कुचक्री, ताँत्या टोपे को बागी और बहादुरशाह जफर को सनकी बताया गया है और साथ ही क्लाइव, हेस्टिंग्स और डलहौजी को वीर, चरित्रवान और उदार कहा गया है। इस प्रकार के ऐतिहासिक ग्रन्थों को पढ़कर हमारे भावी नागरिकों के मन में किस प्रकार के विचार उत्पन्न होंगे,

उनका अनुमान किया जा सकता है।

वैसे हर जलसे में हम वन्देमातरम और जन-मन-गण अधिनायक का गान करते हैं। परन्तु हमें सोचना है कि क्या वास्तव में ही हम इसके अधिकारी हैं? क्योंकि जिन वीरों ने मातृभूमि की स्वतंत्रता के लिए अपना आत्मोत्सर्ग किया है, स्मारक तो उन शहीदों के होने चाहिए, परन्तु आज शायद ही कहीं भगतसिंह, सुखदेव, खुदीराम और चन्द्रशेखर आजाद के स्टेच्यू देश के विशिष्ट स्थानों पर नजर आएंगे।

खेद की बात है कि इस समय तक भी हमारी इस स्वतंत्र भूमि पर ये सब विदेशी पुतले सिर उठाये गर्व से हमें हिकारत की नजर से देख रहे हैं और हमारे स्वाभिमान को चुनौती दे रहे हैं।

अंग्रेज गये पर अंग्रेजियत नहीं

मुझे अपने लेखों के बारे में कुछ मित्र सलाह देते हैं कि उन्हें अंग्रेजी पत्रों में भी भेजा करूँ। मैं स्वयं भी कभी-कभी इस बारे में सोचता हूँ। परन्तु मेरे अधिकांश लेख एक प्रकार से हिन्दी भाषियों के और एक विशेष वर्ग के लोगों के उपयुक्त ही होते हैं। जहाँ तक आर्थिक विषय के लेखों का प्रश्न है उन्हें अंग्रेजी पत्रों में देने से शायद ज्यादा पाठकों को पढ़ने का मौका मिले परन्तु वे सब मुझे दूसरे किसी व्यक्ति से अनुवाद कराके भेजने पड़ते हैं। उनमें कभी-कभी मेरे विचारों को पूरा प्रतिनिधित्व नहीं मिल पाता। इनमें से कई लेखों का गुजराती और मराठी पत्रों ने अनुवाद किया भी है।

मैंने यह भी अनुभव किया है कि उत्तर भारत में हिन्दी समाचार-पत्रों के पाठक, अंग्रेजी पत्रों से कहीं अधिक हैं। एक समाचार-पत्र को सारे दिन में औसत ५-६ व्यक्ति पढ़ लेते हैं जबकि अंग्रेजी के पत्र खरीदते तो बहुत से लोग हैं, परन्तु उनमें से अधिकांश शेयरों और बोरे-पाट के भाव को देखकर ही संतोष कर लेते हैं। उनमें से ज्यादातर को दूसरे समाचारों को समझने के लिए हिन्दी समाचार-पत्र पढ़ना जरूरी हो जाता है। खेद तो इस बात का है कि हिन्दी के हिमायती, बातें तो ज्यादा करते हैं, परन्तु उन्हें व्यवहार में कम लाते हैं। आज भी बँगला और अन्य दक्षिणी भाषाओं के कई समाचार-पत्र डेढ़-दो लाख बिकते हैं।

मुझे कई बार विदेशों में जाने का मौका मिला है। जापान, हालैंड, स्वीडेन, फ्रांस, इटली आदि कहीं भी यह देखने में नहीं आया कि अपनी भाषा की जगह किसी दूसरे देश की भाषा का प्रयोग होता हो। न्यूयार्क की एक बहुत बड़ी पुस्तकों की दुकान में गया। भारत के बारे में कुछ किताबें देखीं। जब हिन्दी पुस्तकों के बारे में पूछा तो कहा गया कि हिन्दुस्तानी तो अंग्रेजी पुस्तकें ही खरीदते हैं, इसलिए हिन्दी की तो कोई किताब हमारे यहाँ नहीं है। मैंने देखा कि उनके यहाँ दूसरी भाषाओं की बहुत सी पुस्तकें थीं।

लार्ड मैकाले ने भारत से अवकाश लेते समय अपने अंग्रेज अफसरों को गुप्त हिदायत दी थी कि भारतीयों के दिल और दिमाग इस प्रकार के बना दो कि वे अपनी

संस्कृति और भाषा को भूलकर ब्रिटेन की संस्कृति और भाषा ग्रहण कर लें। इससे हमारे उद्देश्य की पूर्ति अपने आप हो जायेगी।

संयोग से हमें स्वतंत्रता तो मिल गई। परन्तु बाईस वर्षों के लम्बे समय के बावजूद मैकाले के नुस्खे का प्रभाव अभी तक ज्यों का त्यों कायम है, शायद कुछ बढ़ा ही है। आम जनता की तो बात ही क्या, भारतीय संसद में भी तो अधिकांश सदस्य अधकचरी अंग्रेजी बोलने में ज्यादा शान समझते हैं जबकि वे अच्छी हिन्दी बोल सकते हैं। इसको हम हीन भावना कह सकते हैं। वैसे सर्वश्री गंगाशरण सिंह, प्रकाशवीर शास्त्री, अटलबिहारी वाजपेयी, मधुलि मये आदि चोटी के सदस्य सदा हिन्दी में बोलते हैं और उनको सब भाषाओं के समचार-पत्रों का बराबर सहयोग मिलता है।

भाषा के सिवाय खानपान और पहनावे में भी, इन वर्षों में विदेशी प्रभाव बढ़ा है, खास करके पंजाबी और मारवाड़ी समाज में। सुना जाता है कि इन दिनों कलकत्ते के पार्क स्ट्रीट के आसपास पच्चीसों रेस्तरां और नाइट-क्लब खुल गए हैं जहाँ एक बार के खाने-पीने के चार्ज लगते हैं ३५-४० रुपये। इनमें खाने के समय नाच-गाने का चार्ज भी शामिल है। जानकार लोग कहते हैं कि इनके ग्राहकों में ७५ प्रतिशत से ज्यादा पंजाबी और राजस्थानी युवक-युवतियाँ ही रहते हैं।

दिल्ली में एक बंगाली मंत्री के पुत्र के विवाह में गया था। वहाँ देखा कि जितने भी बंगाली मेहमान थे, वे सब धोती कुर्ते और चादर में थे। इनमें ५-७ तो सुप्रीम कोर्ट के जज या एडवोकेट थे परन्तु वे घर जाकर पोशाक बदल कर आए थे। इस बार कलकत्ते के राजस्थानी समाज के कई विवाहों में जाने का मौका मिला। वहाँ देखा कि दो-चार व्यक्ति ही धोती कुर्ते में थे बाकी सब कोट, पतलून और टाई में थे। यही नहीं, आजकल तो मुर्दनी (श्मशान-यात्रा) में भी कोट-पैंट और टाई लगाये हुए व्यक्ति दिखाई देते हैं।

सुविधा के लिए अगर कोट-पैंट पहनें या अंग्रेजी में बात करें तो कोई ऐतराज की बात नहीं है, परन्तु भारतीय वेशभूषा या भाषा को मांगलिक और सामाजिक कामों में भी तिलांजलि दे दी जाय, यह कहाँ तक न्यायसंगत होगा?

अभी थोड़े दिनों पहले की ही बात है, एक भारत प्रसिद्ध व्यक्ति के पास बैठा हुआ था। उनके सचिव ने एक साधारण से कागज पर हिन्दी में लिखा हुआ एक नाम दिया। वे स्वयं जाकर उनको लिवा लाये। चार-पाँच दिनों की बढ़ी हुई दाढ़ी, खादी की ऊँची धोती, हाथ से धोए हुए कुर्ता-टोपी में एक वयोवृद्ध दुबले-पतले सज्जन थे। बहुत ही संक्षेप में उन्होंने गुजरात और राजस्थान के अकाल के बारे में कुछ बातें

कीं। ऐसा लगा कि कपड़ों की तरह वे बातचीत में भी मितव्ययी हैं। नाम पूछने की जिज्ञासा स्वाभाविक ही थी। वे थे गुजरात के प्रसिद्ध संत रविशंकर महाराज। वैसे उनकी जीवनी और भावप्रसंग पढ़ा हुआ था कि किस प्रकार उन्होंने देश की उपेक्षित और अछूत जातियों के लिए अपना जीवन अर्पित कर दिया और बिहार के पिछले अकाल में लाखों भूखों-नंगों के लिए अन्न-वस्त्र की व्यवस्था की थी, यह बात सर्वविदित है।

मैं इस ठेठ देहाती व्यक्ति की, उन साहबी ठाठबाट वाले लोगों से तुलना कर रहा था जो अपनी फर्राटेदार अंग्रेजी के माध्यम से उनके निजी सचिव से मिलने का समय लेने की प्रार्थना कर रहे थे। यह घटना लिखने का उद्देश्य यह है कि मनुष्य में अगर चारित्रिक बल हो तो उसे साधारण वेशभूषा में भी सम्मान मिल सकता है। इसमें अंग्रेजी भाषा या वेशभूषा का प्रयोग जरूरी नहीं है।

गांधी-स्वराज्य के उत्तराधिकारी

गांधीजी ने स्वराज्य मिलने के कुछ ही दिनों पहले कहा था कि अगर स्वराज्य मिल गया तो राष्ट्रपति भवन और राज्यपाल भवनों को अस्पताल, गरीब विद्यार्थियों के लिए आवासगृह तथा स्कूल व कॉलिजों के काम में लाया जायेगा। राष्ट्रपति और राज्यपाल साधारण भवनों में रहेंगे।

हमें स्वराज्य मिले २० वर्ष हो गये लेकिन वे सब बड़े-बड़े प्रासाद आज भी उसी प्रकार हैं, बल्कि उन पर होने वाला खर्च पहले के अनुपात में दुगुना-तिगुना हो गया है। इस समय राष्ट्रपति भवन का कुल खर्च ५० लाख रुपये प्रतिवर्ष है और राज्यपालों के आवासों का औसत खर्च प्रतिवर्ष १ करोड़ रुपये हैं। इनके बारे में कुछ चर्चा होती है तो यह कहकर टाल दिया जाता है कि विदेशों के विशिष्ट अतिथियों को ठहराने के लिए इन बड़े-बड़े भवनों की आवश्यकता है।

भारत से बहुत अधिक सम्पन्न देशों में भी अतिथियों के लिए इस प्रकार के महलों की व्यवस्था नहीं है। हमारे भूतपूर्व प्रधानमंत्री श्री नेहरू जब इंग्लैंड जाते थे तो उन्हें वहाँ के किसी प्रसिद्ध होटल में ठहरा दिया जाता था। मैं जब सन् १९६० में मास्को में था उस समय मैंने यह देखा कि केन्द्रीय मंत्री श्री पाटिल को मास्को के एक होटल में ही ठहराया गया था।

हम राष्ट्रपति और राज्यपालों की बात छोड़ भी दें तो हमारे केन्द्र और राज्यों के मंत्री, राज्यमंत्री, उपमंत्री और संसदीय सचिव जिनकी संख्या ३५० के करीब है, इन सब पर भी करदाताओं की एक बहुत बड़ी रकम प्रति वर्ष खर्च होती है। इनके दफ्तरों का काम प्रायः सचिव या अफसर देखते हैं, क्योंकि इन सबको तो विभिन्न प्रकार के जलसों और उद्‌घाटनों से ही फुरसत नहीं मिलती जो ये कार्यालय के कामों में समय दे सकें। यहाँ तक कि कई बार मंत्री महोदय किसी पेट्रोल पम्प या बीड़ी के कारखाने का उद्‌घाटन करने के लिए भी चले जाते हैं। इन दौरों के लिए मोटरों और अफसरों का खर्च तो सरकारी है ही, इसके अलावा डी० ए० और टी० ए० के रूप

में भत्ता अलग से बनता है।

मेरी जान-पहचान के एक मित्र हैं, जिनके घर की स्थिति शुरू में बहुत ही साधारण थी। मित्रों की सहायता और छात्रवृत्ति से वे किसी प्रकार पढ़-लिखकर राजनीतिक और सामाजिक क्षेत्रों में काम करने लगे। सन् १९५७ में उन्हें विधान सभा का टिकट मिल गया और अपने क्षेत्र से वे चुन लिए गए। नए मंत्री-मंडल में उनको भी लिया गया। मैंने उनको बधाई का तार भेजा। उसके बदले में धन्यवाद ज्ञापन का जो उनका पत्र आया, उसमें मुझे थोड़ा-सा अहंभाव लिए हुए कुछ औपचारिकता-सी लगी लेकिन उस समय मैंने इस बात पर ध्यान नहीं दिया।

कुछ दिनों बाद जब मैं राजधानी गया तो उनके बँगले पर मिलने गया। फाटक पर वर्दीधारी सिपाही, अच्छी शानदार कोठी, सुन्दर करीने से लगाया हुआ बगीचा और पोर्टिको में बड़ी-सी मोटर। अर्दली से पूछने पर पता चला कि साहब घर पर ही हैं। उनके निजी सचिव को अपना कार्ड दिया और ड्राइंगरूम में प्रतीक्षा करने लगा। वहाँ और भी पाँच-सात व्यक्ति पहले से ही बैठे थे।

ड्राइंगरूम का फर्नीचर ऊँचे दर्जे का था। नीचे कीमती गलीचा बिछा था। कमरे में गांधीजी-नेहरूजी की तस्वीरें टँगी थीं और तीन-चार उनके स्वागत-समारोहों की भी। ड्राइंगरूम में बैठा हुआ मैं सोचने लगा कि आखिर पिछले तीन महीनों में ऐसी कौन-सी बात हो गयी जिससे इनके और इनके परिवार के रहन-सहन में इतना फर्क आ गया। आधे घण्टे की प्रतीक्षा के बाद वे भीतर से आए। कब आया, कहाँ ठहरा आदि उन्होंने पूछा। मुझे ऐसा लगा कि उनकी बातों में पुराने परिचय का अभाव और बड़प्पन का आभास है। हो सकता है कि दूसरे बहुत से लोग वहाँ बैठे थे, इसलिए उनके सामने उन्होंने इस ढंग से बात कहना जरूरी समझा हो।

थोड़े दिनों बाद वे किसी सरकारी काम से कलकत्ता आए। उनके सचिव का फोन आया कि मंत्रीजी आए हुए हैं और मुझे मिलने के लिए बुलाया है। मैं खुशी-खुशी उनके यहाँ जाता लेकिन उनके सचिव की बात का लहजा कुछ जँचा नहीं और मैंने नम्रतापूर्वक टाल दिया। इसके पहले उनके पहुँचने की सूचना तार तथा पत्र द्वारा आ चुकी थी और ऐसा पता चला कि ये सूचनाएँ दूसरे कई लोगों को भी दी गई थीं। कुछ दिनों बाद मेरे एक मित्र ने मुझसे कहा कि वे कह रहे थे कि आप कलकत्ता में न तो उनको लेने के लिए स्टेशन आए और न उनसे मिले ही, इसलिए वे आपसे कुछ नाराज हैं।

फिर जब नया मंत्रिमण्डल बना तो उसमें वे नहीं लिए गए। तब, जैसा कि

आमतौर से लोग करते हैं, उन्होंने भी एक खादी की संस्था और सहकारी समिति की स्थापना कर ली और उनका काम देखने लगे।

एक दिन अचानक ही वे मुझे दिल्ली स्टेशन पर मिल गए। छोटा सा बिस्तर उनकी बगल में था और थर्ड क्लास में जगह खोज रहे थे। वैसे मंत्री बनने के पहले भी वे थर्ड क्लास में ही यात्रा करते थे, पर इस बार मुझे देखकर वे बहुत झेंप गए।

कहने का तात्पर्य यह है कि मैंने तीन वर्षों में एक मनुष्य के तीन रूप देखे। पहला – खादी की ऊँची धोती, बिना इस्तरी किए हुए कपड़े, अभावग्रस्त परिवार, लेकिन हर प्रकार की सेवा का कार्य करने के लिए तैयार। दूसरा – बगुले के पंख से सफेद कपड़े, सजा हुआ ताप नियंत्रित बंगला, बड़ी कार और तौर तरीकों में अभिमान की स्पष्ट झलक। अब तीसरा रूप था – बिगड़ी हुई आदतों के कारण बढ़े हुए खर्चे की पूर्ति के लिए खादी या सहकारी संस्था के नाम से कुछ कमाना और अगर उसमें भी सफल न हुए तो फिर वही साधारण रहन-सहन, पर अब झेंप के साथ। वैसे कुछ अपवादस्वरूप उदाहरण भी हैं, लेकिन उनकी संख्या बहुत ही कम है।

मैं एक दिन स्टेट ट्रेडिंग के गैरिज में गया जहाँ विदेशी दूतावास की मोटरें बिकती हैं। बहुत ही सुन्दर और बड़ी-बड़ी गाड़ियाँ थीं – इम्पाला, कैडिलेक, मर्सीडीज और एक-दो रोल्स भी। जो सबसे कीमती और अच्छी गाड़ियाँ थीं, वे पहले ही से मंत्रियों तथा उपमंत्रियों के लिए सुरक्षित हो गयी थीं और बाकी के टेण्डर लिए गए थे जो ५० हजार से १ लाख रुपए तक के थे।

मारवाड़ी समाज की नई-पीढ़ी के सम्बन्ध में मैंने लिखा था कि आज के धनी युवक किस प्रकार विलासिता और बड़ी-बड़ी मोटरों में रुपया बरबाद करते हैं। लेकिन यहाँ आने पर मैं सोचने लगा कि वे तो सब वैसे वातावरण में ही पले हैं और बाप-दादों की कमाई का उनके पास धन है; लेकिन इन नेताओं और मंत्रियों में से तो बहुत से गांधीजी और सरदार पटेल के साथ रहे हैं, कई बार जेल भी गए हैं और अर्थ-संकट के दिनों में कभी-कभी भूखे भी रहे हैं। फिर इन सबके मन में यह भोगलिप्सा कहाँ छिपी पड़ी थी।

हमारा देश गरीब है, इसमें दो मत नहीं है। आए दिन हमें विदेशों से अन्न या दूसरी आवश्यक वस्तुएँ उधार या सहायता के रूप में मँगानी पड़ती हैं। इन दिनों में तो हमारी भूखमरी के बारे में विदेशों में बहुत लज्जापूर्ण प्रचार हो रहा है। केरल में अमेरिका से भूखे लोगों की तस्वीरें लेने के लिए पत्रकार आ रहे हैं। हालैण्ड के बच्चे भारत की भूखी जनता के लिए धन इकट्ठा करके भेज रहे हैं। इन्हीं सब बातों का

उदाहरण देकर देश के नेता कम खर्च करके बचत करने का उपदेश देते रहते हैं और साथ ही गांधीजी के उपदेशों और सादे जीवन के बारे में भी बताते रहते हैं।

मैं नम्रतापूर्वक इन नेताओं और उपदेशकों से पूछना चाहता हूँ कि धार्मिक या सामाजिक मान्यताएँ तो मनुष्य मात्र के लिए समान रूप से लागू होती हैं फिर आपके लिए बड़े-बड़े बंगले, कीमती मोटरें, आपके बच्चों के लिए देहरादून और मसूरी के इंग्लिश स्कूल, वर्ष में दो-तीन बार किसी-न किसी बहाने आपकी विदेश यात्राएँ और आपके आए दिन के समारोह किस प्रकार औचित्यपूर्ण हैं जो आपके दूसरे साथियों के लिए नहीं जिन्होंने आपकी तरह ही देश की सेवा की थी, जेल भी गए थे पर वे मंत्री नहीं बन पाए इसलिए हर प्रकार के अभावों से ग्रस्त हैं। उनके बच्चों के लिए अच्छी शिक्षा दो दूर की बात है, साधारण स्कूल की फीस भी वे नहीं जुटा पाते।

मुझे फ्रांस की साम्राज्ञी मेरी अंतोनिता की याद आती है जिसके बरसाई के महलों में नित्य नए जलसे और नाच-गाने होते रहते थे पर पेरिस की जनता भूख से मर रही थी। १९४६-४७ के चांगकाई शेक के समय के चीन की भी याद आती है, जब वह और उसके मंत्री अमेरिका से आए हुए अरबों रुपयों से मौज उड़ा रहे थे और चीन की जनता भूख, ठण्ड और पीड़ा से कराह रही थी।

कहते हैं, इतिहास की पुनरावृत्ति अवश्यंभावी है, चाहे देश कोई भी हो–फ्रांस, चीन या भारत। इसलिए आज के शासकों को समयानुसार इन सब बातों पर गंभीरतापूर्वक विचार करना चाहिए। इतिहास से सबक लेना चाहिए और उन्हें अपने रहन-सहन के तथा अन्य खर्चों को उसी सीमा और आदर्श-पद्धति के अन्तर्गत ले आना चाहिए जो स्वराज्य मिलने के पहले कांग्रेस ने निर्धारित की थी और जो गांधीजी की कल्पना और आकांक्षा थी।

वामपंथी कांग्रेसी

विश्व के प्रमुख राजनीतिज्ञों का मत है कि अगर १९५४ में हम तिब्बत पर चीन का प्रभुत्व स्वीकार न करते और इस बात को यू० एन० ओ० में ले जाते तो शायद चीन, जो आज इतना शक्तिशाली हो गया है, नहीं हो पाता। १९६२ में जो भारत पर हमला हुआ, वह भी नहीं होता। क्योंकि उनको तिब्बत होकर ही नेफा या लद्दाख आने का रास्ता मिला था और अब तो सदा के लिए ही हमारी उत्तरी सीमा पर खतरा हो गया है।

तिब्बत में चीन को अपार सोना मिला और उसकी बढ़ती हुई जनसंख्या के लिए बहुत-सी जमीन भी। अगर उस समय हम डटकर विरोध करते तो अमेरिका, ब्रिटेन और शायद रूस और पाकिस्तान भी हमारा साथ देते, क्योंकि तिब्बत पर चीन का अधिकार होना इन सबके लिए भी समस्या की बात थी।

जानकार लोगों का कहना है कि इसके पीछे वामपंथी कांग्रेसी नेताओं की सलाह थी। वे पंडितजी के नजदीकी तथा विश्वासपात्र लोगों में से थे।

१९६२ में नेफा में जिस प्रकार चीनियों से हमारी फौजों को क्षति उठानी पड़ी, उसके लिए सारी जिम्मेदारी एक सर्वोच्च सैनिक अफसर की बताई जाती है जो एकबार तो लड़ाई के बीच में ही बीमारी का बहाना करके दिल्ली चला गया था और दूसरी बार जब बामडीला पर चीनी सैनिकों का कब्जा हो गया, तेजपुर खाली करने का ऐलान हो गया तथा जिलाधीश द्वारा करेंसी नोट जला दिए गए, तब वह अपने सुसज्जित बंगले में आराम से सो रहा था। इस अफसर को, उस समय के सुरक्षामंत्री मि० मेनन ने दूसरे बड़े-बड़े अफसरों को नाराज करके किसी खास कारण से ही इतना ऊँचा ओहदा दिया था, जबकि प्रत्यक्ष लड़ाई का उसे कुछ भी अनुभव नहीं था। चीनी आक्रमण के बाद इन वामपंथियों का प्रभाव बहुत कुछ घट गया और मेनन को तो एक प्रकार से कांग्रेस संसदीय दल ने सुरक्षा मंत्री के पद से हटने के लिए बाध्य किया। कुछ समय बाद श्री केशवदेव मालवीय को भी सिराजुद्दीन काण्ड के कारण मंत्रीपद से इस्तीफा देना पड़ा।

१९६४ तक के १२ वर्षों में इन लोगों ने कुछ शक्ति संचय कर ली थी और नई दिल्ली से एक साप्ताहिक व एक दैनिक पत्र चालू कर दिया। इन पत्रों के भवन-निर्माण के लिए किस प्रकार सरकारी संस्थाओं द्वारा भाड़े के रूप में रुपया अग्रिम कर्ज दिया गया और किस प्रकार इनको इतना ज्यादा अखबारी कागजों का कोटा मिला, इन बातों को लेकर संसद में कई बार चर्चा हो चुकी है।

इन दोनों पत्रों के संचालकों में दो-तीन तो खुले तौर पर साम्यवादी विचारधारा के थे, परन्तु उन्होंने शायद भीतर रहकर कार्य करने में ज्यादा सुविधा समझी, इसलिए ये कांग्रेस के सदस्य बन गए।

इन दो पत्रों के सिवाय और भी छोटे-बड़े कई साप्ताहिक पत्र बम्बई और दिल्ली से निकलते हैं जिनका काम उन मंत्रियों और सदस्यों को जो दक्षिण पंथी माने जाते हैं, गाली देना और उनके विरुद्ध गलत प्रचार करना है। यही नहीं, कुछ देशों की हर प्रकार से कटु आलोचना करना भी इनका एकमात्र ध्येय है। इनमें से एक साप्ताहिक तो, कोर्ट में मुकदमा करने पर माफी माँगने के लिए मशहूर हो चुका है।

स्वर्गीय शास्त्रीजी यद्यपि बहुत थोड़े से समय ही प्रधानमंत्री पद पर रहे, परन्तु उनके समय में इन लोगों ने अपनी गतिविधि को सीमित रखा, क्योंकि शास्त्रीजी ने इनको कभी भी बढ़ावा नहीं दिया। वे सुनते सबकी थे, परन्तु करते थे स्वयं सोच-विचार कर।

इनमें से एक-दो तो शास्त्रीजी के नजदीक के मित्रों में रह चुके थे और उनको आशा थी कि शास्त्रीजी से भी वे मन चाहा काम, प्रगति और समाजवाद के नाम पर करा सकेंगे। परन्तु वे इनकी बातें मुस्कराते हुए ध्यान से सुनते, स्वयं बहुत कम बोलते थे और उनके जवाब से यह भी पता नहीं चल पाता था कि उनका मत 'हाँ' में है या 'ना' में।

जब शास्त्रीजी को अपनी तरफ नहीं झुका सके तो इन्होंने कांग्रेस-अध्यक्ष कामराज की खुशामद करनी शुरू की, क्योंकि इनकी धारणा थी कि कामराज का तथा उनके २-३ अन्य साथियों का शासन पर इतना बड़ा प्रभाव है कि उनकी राय के बिना किसी प्रकार का बड़ा कदम प्रधानमंत्री या दूसरे मंत्री नहीं उठा सकेंगे।

परन्तु शास्त्रीजी ने १९६६ के बजट के केवल एक मास पहले श्री टी. टी. कृष्णमाचारी जैसे प्रभावशाली वित्तमंत्री को, यह जानते हुए भी कि उस पर श्री कामराज का वरद हस्त है, बिना किसी से सलाह लिए मंत्रिमण्डल से अलग कर दिया।

प्रधानमंत्री का पद संभालने के ६ मास के भीतर ही, उन्होंने अपनी स्थिति इतनी

सुदृढ़ कर ली थी कि बिना किसी गुट विशेष के सहारे के कांग्रेस संसदीय दल में उनका अपना बहुमत हो गया था। दुर्भाग्य से शास्त्रीजी का असमय में ही ताशकन्द में देहान्त हो गया।

१९६६ की जनवरी में जब श्रीमती इन्दिरा गाँधी प्रधानमंत्री चुनी गईं तो इन लोगों को आशा हुई कि अब इनके गुट को अपनी खोई हुई प्रतिष्ठा वापस प्राप्त करने का मौका मिलेगा क्योंकि इन्दिराजी, पंडितजी के साथ १७ वर्ष तक एक प्रकार से निजी सहायक की तरह रह चुकी थीं और उनके बारे में लोगों में यह धारणा थी कि उनका झुकाव वामपंथी विचारधारा की तरफ है।

जब नए मंत्रिमंडल का चुनाव हुआ और इनमें से किसी को भी उसमें शामिल नहीं किया गया तो इन्हें निराशा के साथ-साथ नाराजी भी हुई।

दुर्भाग्य से देश में दो वर्षों से लगातार अकाल पड़ रहा है। दूसरी तरफ प्रतिवर्ष १ करोड़ जनसंख्या बढ़ती जा रही है। १९ वर्ष के लम्बे समय में भी हम अपनी खेती के उत्पादन के लिए सिंचाई और खाद की व्यवस्था भी नहीं कर पाए और हमें इस समय भी लगभग दो सौ करोड़ का आयात इन दोनों चीजों का करना पड़ता है। यही नहीं, हमें अपने सिक्के का भी अवमूल्यन इन्हीं सब कारणों से बाध्य होकर करना पड़ा है, चाहे उसका नतीजा आगे चलकर जैसा भी हो।

यद्यपि अधिकांश समाजवादी देशों से हमारी मित्रता है और वे हमें वाजिब तौर पर हर प्रकार की सहायता भी देते हैं। परन्तु उनकी अपनी कठिनाइयाँ भी हैं, इसलिए इन्दिराजी ने बहुत सोच-विचार कर अमेरिका के साझे में एक बहुत बड़ा खाद का कारखाना बैठाना तय किया था। इस बात को लेकर साम्यवादियों ने तो विरोध किया ही, साथ-साथ वामपंथी कांग्रेसियों ने भी कम शोर नहीं किया और नतीजा यह हुआ कि एक बार फिर यह अत्यन्त जरूरी मसला खटाई में पड़ गया।

हमें साम्यवादी पार्टी वालों (चाहे वे रूसवादी हों या चीनवादी) की देश के प्रति वफादारी पर संदेह है, क्योंकि वे अन्तरराष्ट्रीय तरीकों पर सोचते हैं और ऐसी धारणा है कि उन्हें आदेश और खर्च के लिए रुपया भी बाहर से ही मिलता है।

हमें ज्यादा अफसोस तो इन कांग्रेसी वामपंथियों की हरकतों पर है, जो संस्था के भीतर रहकर इसकी जड़ों को कमजोर कर रहे हैं। परन्तु अब एक प्रकार से इनका असली रूप प्रकट हो गया है। श्री मेनन तो कांग्रेस छोड़कर बाहर चले गए और दो-दो बार अपने पुराने क्षेत्र उत्तर-बम्बई से हार गए। दूसरों में से भी अधिकांश सन् १९६७ के चुनावों में हार गए।

हमारे प्रधानमंत्री ने बहुत ठीक कहा है कि बढ़ती हुई कीमतों को रोकने के लिए

हमें हर प्रकार से अपना उत्पादन बढ़ाना होगा, चाहे सरकारी क्षेत्र में या निजी क्षेत्र में।

सरकारी क्षेत्र की अपनी एक सीमा है। वह मध्यम और छोटे-छोटे कारखाने नहीं संभाल सकता, इसलिए इन सबको निजी क्षेत्र को ही देना होगा। उनका उत्पादन जल्दी शुरू हो, इसके लिए दफ्तरों की देरी के लिए भी कुछ उपाय सोचना होगा।

भुवनेश्वर कांग्रेस के समाजवादी सिद्धान्तों का यह अर्थ तो कदापि नहीं था कि जनता आवश्यक वस्तुओं के लिए भी अभावग्रस्त रहे, क्योंकि उनके उत्पादन के लिए सरकारी कारखाने नहीं बैठ सकते और अगर हमारे प्रधानमंत्री ने इस दिशा में सही कदम उठाया है तो उसे हर प्रकार से सहयोग देना दूर रहा, उल्टा उन पर इल्जाम लगाया जाता है कि उनका झुकाव दक्षिणपंथ की तरफ हो रहा है।

हमारा लक्ष्य प्रजातान्त्रिक समाजवाद का है और हम उसके लिए हर प्रकार से प्रयत्नशील भी हैं। परन्तु इसकी आड़ में कतिपय व्यक्तियों द्वारा देश को अगर किसी गुट विशेष में ले जाने का प्रयत्न किया जाएगा तो हर समझदार और देशभक्त नागरिक उनका डट कर विरोध करेगा।

भारतीय साम्यवादी

कहते हैं हिटलर ने अपने शासनकाल में कई लाख यहूदियों की हत्या करा दी थी। स्टालिन के बारे में भी इसी प्रकार की चर्चा है कि जो उसके विरोधी विचारों के थे उन सबको या तो साइबेरिया भेज दिया जहाँ वे ठण्ड और भूख से मर गए या गोली से मार दिए गए। ख्रुश्चेव के समय में हंगरी में जिस नृशंसता से साम्यवाद विरोधी विचार वालों को खत्म किया गया, वह थोड़े वर्षों पहले की ही बात है। चीन के बारे में यद्यपि सच्चे समाचार नहीं मिलते फिर भी जानकार लोगों और समाचारपत्रों की मान्यता है कि वहाँ साम्यवादी शासन के बाद लाखों व्यक्ति मौत के घाट उतार दिए गए हैं। पिछले वर्षों में पूर्वी पाकिस्तान से भी जिस प्रकार बड़ी संख्या में हिन्दुओं को भागकर आना पड़ा, वह छिपी हुई बात नहीं है। इससे यह सिद्ध होता है कि साम्यवाद और डिक्टेटरशिप में विचार स्वातंत्र्य को स्थान नहीं है।

हमने स्वतंत्रता मिलने के बाद अपने देश की मूलभूत नीति प्रजातंत्रीय समाजवाद की रखी और विभिन्न राजनैतिक दलों और समाचार-पत्रों को अपने विचार व्यक्त करने की पूरी स्वतंत्रता दी परन्तु कतिपय लोगों और पत्रों ने इसका नाजायज फायदा उठाया और देश की सार्वभौमिक सत्ता को मजबूत न बनाकर उल्टा कमजोर और विशृंखल करने में लगे रहे। मैंने एक बार बम्बई के दो साप्ताहिक पत्रों के बारे में स्वर्गीय नेहरूजी का ध्यान आकर्षित किया जिनमें से एक तो उनके और दूसरा मुरारजी भाई के बारे में बहुत ही झूठा और शरारती प्रचार करता रहता था। सब बातें सुनकर उन्होंने मुस्कराकर कहा कि हम समाचार-पत्रों की स्वतंत्रता के लिए ब्रिटिश सरकार से इतने वर्षों तक लड़ते रहे हैं, अब क्या स्वाधीन होने के बाद उन विचारों से दूर हट जाएँगे?

स्वर्गीय नेहरूजी के मन्त्रिमण्डल में कुछ ऐसे वामपंथी विचारों के व्यक्ति रहे जिन्होंने हर प्रकार से कम्युनिस्टों को बढ़ावा दिया। इनमें से एक मंत्री ने तो गोला बारूद और हथियार बनाने वाले सरकारी कारखानों में साम्यवादी मजदूर दल को

मान्यता दे दी जबकि वहाँ पर बहुमत भारतीय राष्ट्रीय मजदूर पार्टी (इन्टुक) का था। इतना ही नहीं, उसने साम्यवादी देशों और भारतीय कम्युनिस्ट पार्टी को खुश करने के लिए प्रतिवर्ष अमेरिका जाकर वहाँ की सरकार को बिना वजह बुरा-भला कहने का एक प्रकार से नियम-सा बना लिया था।

भारतीय राजनीति में दिलचस्पी रखने वाले यह जानते हैं कि चीन की नीयत सन् १९५६ से ही खराब थी। वह लद्दाख की तरफ हमारी जमीन दबाता जा रहा था और साथ ही साथ सड़कें भी बनाता जा रहा था। उन सब महत्व की बातों के बारे में नेहरूजी को हमेशा अंधेरे में रखा गया। क्योंकि इन सबको चीन की नेक- नीयती और मित्रता पर पूरा विश्वास था। हमारे शस्त्रास्त्र बनाने वाले कारखानों की क्षमता कम नहीं थी, परन्तु उनमें गोलाबारूद और शस्त्र नहीं बनाकर कॉफी परक्यूलेटर और सिगरेट लाइटर बनाये गये।

सन् १९६२ के सितम्बर में जब चीनियों ने अचानक ही देश की उत्तरी सीमा पर बड़े पैमाने पर हमला किया और उसका जो नतीजा हुआ उसके बारे में समाचार-पत्रों में और संसद में काफी चर्चा हो चुकी है, इसलिए हम उसको यहाँ दोहराना नहीं चाहते। ताज्जुब तो इस बात का है कि उस राष्ट्रीय संकट में भी कुछ साम्यवादी नेता चीन को कसूरवार नहीं बता रहे थे और उन्होंने बड़ी-बड़ी मीटिंगों में इस प्रकार के विचार भी प्रकट किए।

हमें विश्वास है कि दूसरे देशों में इस प्रकार के देशद्रोहियों को कड़ा से कड़ा दण्ड दिया जाता, परन्तु हमने केवल भारत सुरक्षा कानून बनाकर इनमें से कुछ को उसके अन्तर्गत पकड़कर जेल भेज दिया और उन्हें प्रथम श्रेणी दी। आश्चर्य तो यह है कि इन सबसे कहीं ज्यादा इस धारा के अन्तर्गत दूसरे लोगों को जेल भेजा गया जिससे एक प्रकार से इस धारा का महत्व ही खत्म हो गया। कुछ महीनों पहले इन वामपंथी साम्यवादियों को भी बिना शर्त के छोड़ दिया गया और आज वे न केवल नागरिक शान्ति और सुरक्षा के लिए ही खतरा उत्पन्न कर रहे हैं, अपितु देश के लिए आवश्यक वस्तुएँ बनाने वाले कारखानों में भी तोड़-फोड़ की साजिश कर रहे हैं। इनके पास प्रचार, आए दिन के जुलूसों, सभाओं और चुनाव के लिए रुपया कहाँ से आता है, यह किसी से छिपी हुई बात नहीं है। चार वर्ष पहले जब बैंक ऑफ चाइना के कागजों की जाँच हुई थी, तब इस बारे में बहुत से तथ्य वहाँ मिले थे, परन्तु उसके बाद क्या कार्यवाही की गयी, इसकी कोई जानकारी नहीं है।

जिन पार्टियों की वफादारी देश के प्रति नहीं होकर दूसरे देशों के प्रति है (जिनमें से कुछ देश तो हमारे दुश्मन हैं) और वे अपनी गतिविधियों के लिए भी उन देशों से

आदेश लेते रहते हैं, ऐसी पार्टियों को सरकार द्वारा मान्यता देना और उनके सदस्यों के कारनामों पर रोक-थाम नहीं लगाना और वह भी इस संकट के समय जबकि हमारे अपने देश में ही नागा एवं मिजो हिंसात्मक कार्यवाही कर रहे हैं और चारों तरफ से हम बाहर के दुश्मनों से घिरे हुए हैं, बहुत ही अवांछनीय है। इस बार के चुनावों में कांग्रेस, आपसी झगड़ों के कारण कई प्रान्तों में हार गई। बंगाल और केरल में अन्य दलों के साथ साम्यवादियों ने मिलकर सरकार बनायी है। बंगाल भारत का प्रमुख औद्योगिक प्रान्त है, वहाँ जिस प्रकार से कारखानों पर मजदूरों द्वारा घेराव को खुले तौर पर प्रोत्साहन स्वयं श्रम मंत्री द्वारा दिया जा रहा है, उसे साम्यवादियों का योजनाबद्ध तरीका कह सकते हैं।

देश सब वादों और मतों से बड़ा है। अगर इसकी अखण्डता पर किसी के द्वारा आँच आती है तो वह चाहे कितना ही प्रभावशाली दल या व्यक्ति क्यों न हो, उसे सिर उठाने के पहले ही कुचल देना चाहिए। यही तो ऋषि चाणक्य का मत था और यही भारत को सार्वभौमिक शक्ति दिलाने वाले सरदार पटेल का भी।

रुपया कहाँ गया

तीन वर्ष पहले स्विट्जरलैण्ड में एक बड़े बैंक के उपाध्यक्ष से मिला था। उन्होंने बताया कि वहाँ के बैंकों में रुपये जमा करने वाले को ब्याज तो दिया ही नहीं जाता, उल्टा उससे कुछ रक्षा-शुल्क लिया जाता है। बात कुछ अटपटी-सी लगी पर थी सही। स्विट्जरलैण्ड धनी देश है और इसके सिवाय विश्व के दूसरे देशों के बादशाहों, राजाओं और धनिकों की धनराशि बड़े पैमाने पर वहाँ के बैंकों में जमा रहती है। इतनी बड़ी पूँजी को वे उद्योग-व्यापार में उधार नहीं दे पाते इसलिये वहाँ ब्याज की दर बहुत कम है। विश्व में सबसे धनी देश अमेरिका और स्वीडन के उद्योगपति भी स्विस बैंक से रुपये उधार लेते हैं। खैर, यह तो उन देशों की बात है जो बहुत धनी हैं और जहाँ समस्याएँ नहीं हैं। हमें तो अपनी वर्तमान पूँजी की कमी के बारे में सोचना है।

भूतपूर्व वित्तमंत्री श्री टी. टी. कृष्णमाचारी ने कई बार कहा था कि एक हजार करोड़ रुपये छिपे धन के रूप में लोगों के पास हैं। कुछ वामपंथी नेताओं और पत्रों ने तो इस राशि को दो से तीन हजार करोड़ तक बता दिया। इस धन को बाहर लाने के लिए १९६५ के आठ महीनों में वित्त-मंत्रालय ने तीन बार विभिन्न प्रकार की स्वेच्छा प्रकट योजना लोगों के समक्ष रखी और इस विभाग के सर्वोच्च अधिकारी स्वयं कलकत्ता और बम्बई जाकर लोगों से मिले और कहा कि स्वेच्छा से बतायी हुई राशि के बारे में सहानुभूतिपूर्वक विचार किया जायगा। इसके सिवाय समाचारपत्रों में भी विज्ञापन दिये गये। साथ ही आयकर और कस्टम विभाग द्वारा देश के विभिन्न भागों में बड़े पैमाने पर छापे भी पड़े। इन सब प्रयत्नों के बावजूद कुल ६० करोड़ से ज्यादा छिपा धन बाहर नहीं आया, इसलिये ऐसा मालूम देता है कि एक हजार से तीन हजार करोड़ की बातें कुछ व्यक्तियों और पत्रों के फैलाये हुए भ्रमपूर्ण प्रचार हैं और शायद इसके पीछे एक खास तबके के लोगों को बदनाम करने की भावना है।

आज हालत यह है कि १२ से १५ प्रतिशत ब्याज पर भी पूँजी नहीं मिलती और जिसको छिपा धन कहते हैं वह भी ८-९ प्रतिशत से कम ब्याज पर नहीं मिलता

जबकि दो वर्ष पहले इनके ब्याज की दर क्रमशः ९ और ६ प्रतिशत थी। उद्योग-धन्धे भी तृतीय पंचवर्षीय योजना के अनुरूप नहीं बन पाये हैं और जो बन रहे हैं उनमें भी बहुत से पूँजी के अभाव में अधूरे पड़े हैं। उनको पूरा करने के लिये नयी रकम उधार मिलनी तो दूर रही पुरानी उधार पूँजी के लिये भी तकादे होने शुरू हो गये हैं। अगर हजार-दो हजार करोड़ की बात छोड़ भी दें तब भी यह सोचना जरूरी हो जाता है कि आखिर जो रुपया बाजार में पहले था, वह गया कहाँ? नीचे इसके लिये हम अपने अनुमान देते हैं परन्तु अच्छा होगा यदि देश के अर्थशास्त्री इस विषय में प्रकाश डालें, क्योंकि यह एक अत्यन्त विचारणीय समस्या हो गयी है :-

(१) दैनिक वस्तुओं के बढ़ते हुए मूल्यों के कारण सरकारी क्षेत्र में जो कारखाने बने, उनमें धारणा से ज्यादा रुपये लगे और नफा हुआ नहीं इसलिये बैंकों और बीमा कम्पनियों को ज्यादा अनुपात में सरकारी ऋण-पत्र बाध्य होकर खरीदने पड़े।

(२) निजी कारखानों को बनाने में भी खर्च धारणा से ज्यादा हुआ तथा जो लाभ हुआ उसका अधिकांश विभिन्न करों में चला गया और यदि हानि हुई तो उसकी पूर्ति के लिये कर्ज लेकर व्यवस्था करनी पड़ी।

(३) मजदूरी के कानून इस प्रकार के बना दिये गये कि काम के घण्टे कम और काम कम करने के बावजूद उन्हें बढ़ती हुई महँगाई का भत्ता और बोनस देना जरूरी हो गया—चाहे कारखाने कमायें या खोयें।

(४) दैनिक रहन-सहन का स्तर और विवाह-शादी के खर्च इन वर्षों में बहुत बढ़ गये और बहुत-सा रुपया कारोबार से निकलकर गहने, कपड़े, फर्नीचर आदि अनुत्पादक मदों में फँस गया।

(५) विभिन्न प्रकार के कर देने और दैनिक खर्च के बाद यदि कुछ बच गया तो वह एन्यूटी डिपोजिट में जाने लगा।

(६) आये दिन के छापों से लोगों में भय उत्पन्न हो गया और अगर कुछ छिपा धन था तो वह और भी छिपा हो गया।

इसमें दो मत नहीं है कि आज हमारी सबसे बड़ी आवश्यकता देश की सुरक्षा की है और इसके लिये प्रत्येक देशवासी बड़े से बड़े बलिदान के लिये तैयार है। आनेवाले वर्षों में हमें फौजी ताकत बढ़ाने के लिये बहुत ज्यादा खर्च करना होगा। साथ ही पी.एल. ४८० की सहायता पर भरोसा नहीं करके अधिक अन्न उत्पादन के लिये खाद और सिंचाई की बड़े पैमाने पर व्यवस्था करनी होगी। परन्तु इसके साथ-साथ यह भी उतना ही जरूरी है कि धनाभाव के कारण हमारी दैनिक जरूरत की

वस्तुओं के उत्पादक कारखाने ठप्प न हो जायें।

इसलिये कुछ दलों और व्यक्तियों के, चाहे वे कितने ही प्रभावशाली हों, भ्रामक प्रचार और नारों से प्रभावित न होकर सरकार को वस्तु-स्थिति समझकर सही दिशा में कदम उठाना चाहिये और लोगों को वर्तमान सरकार से इसकी पूरी आशा है।

रुपये का अवमूल्यन

१९६५ में जब नेशनल डिफेन्स रेमिटेन्स स्कीम चालू की गयी थी, उसी समय से ही एक तरह से रुपये का मूल्य घट गया था, क्योंकि कोई भी व्यक्ति विदेश से वहाँ की मुद्रा लाकर ६० प्रतिशत आयात का लाइसेन्स लेने का हकदार हो जाता था जिसका बाजार भाव २०० प्रतिशत के लगभग था। यह स्कीम चालू होने के पहले पौण्ड का भाव २१-२२ रु. था जो पीछे बढ़कर ३०-३१ रु. तक हो गया। इसी तरह स्वर्ण-बाण्ड के १० ग्राम के ९०-९५ रु. के भावों पर स्टेट बैंक द्वारा उधार दिया जाना भी सिक्के का अवमूल्यन मंजूर करना था क्योंकि विश्व बाजार में सोने का अधिकृत भाव ६० रुपये प्रति १० ग्राम था।

१९४७ में विदेशों में हमारे १३०० करोड़ रुपये पावने थे, जो इस समय घटकर केवल ७० करोड़ रह गये हैं। यह रकम निम्नतर निर्धारित राशि से भी कम है। इसके सिवाय ३४०० करोड़ रुपये हमारे पर दूसरे देशों का कर्ज है। खाद्यान्न, खाद और मशीनों का आयात प्रतिवर्ष बढ़ता जा रहा है और १९६५ में तो यह १३५० करोड़ रु. तक पहुँच गया जो पहले के वर्षों में सबसे अधिक था।

हर प्रकार के प्रयत्नों के बावजूद हमारा निर्यात ८१० करोड़ से ज्यादा नहीं हो पाया, जिसमें पाट की बनी हुई वस्तुएँ, चाय और कपड़ा मुख्य रूप से हैं। बोरे-हैसियन में तो पाकिस्तान का हमारे से कड़ा मुकाबला रहा और चाय में लंका व अफ्रीका के देशों से। इन देशों में उत्पादन खर्च हमारे देश से कम है, इसलिये ये अपनी वस्तुएँ कुछ सस्ती बेचते रहे हैं। कपड़े में हमारे मुख्य प्रतिद्वन्द्वी जापान, रूस और चीन हैं।

जहाँ तक जापान का सवाल है उसके कारखाने आधुनिक मशीनों से सुसज्जित हैं और वहाँ के मजदूर यहाँ की वनिस्बत कहीं अधिक काम करते हैं। रूस और चीन के कारखाने सरकारी हैं इसलिए उनके लिये पड़ता लगाना खास जरूरी नहीं है। हम १९६४ में जब बर्मा में थे तो देखा कि चीनी कपड़ा भारत से २० प्रतिशत नीचे में बिक रहा है।

इसके पीछे स्पष्ट रूप से राजनैतिक कारण था कि वे बर्मा के बाजारों को हमसे छीन लें।

इन सब बातों को जानते हुए भी हमारे अर्थ-शास्त्रियों की ऐसी धारणा थी कि यद्यपि हमारे सिक्के की साख घटती जा रही है फिर भी अधिकृत रूप से अवमूल्यन करना देशहित में नहीं होगा क्योंकि हमारा आयात, निर्यात से ५५० करोड़ ज्यादा है और विदेशी कर्ज भी बड़ी मात्रा में हमें भुगतान करना है। इस विषय पर पिछले महीने संसद में प्रश्न भी पूछे गये, परन्तु वित्तमंत्री और योजनामंत्री ने स्पष्ट रूप से अवमूल्यन की चर्चा को निराधार बताया।

अब ६ जून, ६६ को अचानक इतना बड़ा अवमूल्यन हमारे रुपये का हुआ, इसके पीछे कौन-सा दबाव या प्रेरणा थी – इसके बारे में कुछ भी नहीं कहा जा सकता। परन्तु संसद का सत्र समाप्त हुए २० दिन भी नहीं हुए, फिर इतना शीघ्र इतना बड़ा कदम उठाना, बिना किसी खास कारण के सम्भव नहीं मालूम होता। प्रेस कान्फ्रेन्स में वित्तमंत्री श्री चौधरी ने कहा है कि हमने किसी के दबाव में आकर अवमूल्यन नहीं किया है बल्कि अपनी इच्छा से ही ऐसा किया है। यद्यपि हमारे पास कोई कारण नहीं है कि उनकी बात को गलत समझें पर जो कुछ दलीलें उन्होंने इसके पक्ष में दी हैं वे किसी प्रकार भी न्यायसंगत नहीं जँचती। हमें विचारना यह है कि इतने बड़े अवमूल्यन से हमारी लाभ-हानि क्या होगी?

(१) इस समय हमारा ८०० करोड़ का निर्यात है, उसमें कुछ वृद्धि अवश्य होगी क्योंकि हमारी वस्तुएँ, निर्यात-कर बढ़ाने के बाद भी दूसरे देशों में सस्ती मिलेंगी। खासकर अगर पाकिस्तान और लंका अवमूल्यन नहीं करते हैं तो पाट से बनी चीजें और चाय के निर्यात को हम जरूर बढ़ा पायेंगे परन्तु हमें यह भी नहीं भूलना चाहिए कि हमारी चाय का सबसे बड़ा खरीददार ब्रिटेन है जो हमसे ज्यादा लंका और पाकिस्तान का मित्र है। उसके समाचार-पत्रों ने तो अभी से ही प्रचार करना शुरू कर दिया है कि भारत के अवमूल्यन से यूरोप के देशों में उनके माल की खपत ज्यादा होगी जबकि यह जरूरी नहीं है। क्योंकि एक तो वहाँ निर्यात-कर बढ़ा दिये गये हैं, दूसरे हमें किस देश से कितना माल खरीदना है, यह केवल थोड़े-बहुत मूल्य की कमी-बेसी पर ही निर्भर नहीं करता, क्योंकि पहले से ही भिन्न-भिन्न देशों से आयात का कोटा है। हम जानते हैं कि यह शरारत भरी विज्ञप्ति है परन्तु हमारे आर्थिक संकट के समय सहानुभूति की जगह कटुक्ति तो है ही। हमें इस प्रकार के द्वेषपूर्ण प्रचार से तो डरने की कोई आवश्यकता नहीं पर साथ ही अपनी वस्तुओं के उत्पादन में वृद्धि करके निर्यात को अगर अच्छे पैमाने पर नहीं बढ़ा सकेंगे तो फिर

अवमूल्यन का कोई अर्थ ही नहीं रह जाता।

(२) हमारे देश पर इस समय करीब ३४०० करोड़ रुपया विदेशी कर्ज है। अवमूल्यन करने के बाद उसके भुगतान में हमें १९०० करोड़ रुपये ज्यादा देने होंगे।

(३) निजी या सरकारी क्षेत्र में हमारी लोहे, खाद या अन्य वस्तुओं के कारखाने बनाने की योजना है। उनमें आयात की चीजों पर ५६ प्रतिशत लागत बढ़ जायेगी – अकेले बोकारो इस्पात के कारखाने का खर्च ही १२५-१५० करोड़ ज्यादा हो जायेगा।

(४) हमारी चतुर्थ पंचवर्षीय योजना २१५०० करोड़ की बनी थी परन्तु स्वर्गीय शास्त्रीजी, कांग्रेस अध्यक्ष कामराज तथा अन्य अर्थशास्त्रियों की राय थी कि इसको कम किया जाय परन्तु अवमूल्यन के बाद उसकी राशि उल्टी ३०० करोड़ बढ़ जाती है इसलिये किस मद में इतनी बड़ी कटौती की जायेगी और उससे दूसरे सम्बन्धित उद्योगों पर क्या असर पड़ेगा, इस पर वित्तमंत्री या योजनामंत्री ने अभीतक कोई प्रकाश नहीं डाला है।

(५) वित्तमंत्रालय के एक प्रमुख प्रवक्ता ने कहा है कि आवश्यक उद्योगों के लिये जरूरी कच्चे माल का आयात उदारता से किया जायगा परन्तु यह समझ में नहीं आता कि १३५० करोड़ के वर्तमान आयात (जिसकी कीमत अब २२०० करोड़ हो जायेगी) में किन वस्तुओं में बड़ी कटौती होगी जिससे कि दूसरी वस्तुओं का आयात ज्यादा हो सकेगा।

(६) वित्तमन्त्री ने अपने वक्तव्य में कहा है कि अब अवमूल्यन के बाद चोरी-छिपे जो वस्तुएँ आती हैं उनमें कमी हो जायेगी। उनका यह तर्क युक्तिसंगत नहीं है क्योंकि तस्कर व्यापारियों को पहले भी सवा १३ रु. में पौंड मिलता नहीं था। वे तो अनधिकृत दरों से पौंड खरीदकर विदेशी वस्तुएँ लाते थे इसलिये अवमूल्यन से खास फर्क तस्कर व्यापार में नहीं पड़ेगा।

इन सब बातों के बावजूद अगर अवमूल्यन से हमारे कारखानों का उत्पादन बढ़ता है और वस्तुओं के दाम तेज होते हैं, साथ ही हमारे सिक्के का भाव भी विदेशों में स्थिर रहता है तो हम इस साहसिक और कठिन कदम का स्वागत करेंगे परन्तु अगर हम उपभोक्ता वस्तुओं के अत्यन्त बढ़े हुए दामों की तेजी को नहीं रोक सकेंगे या हमारे खाद्यान्न, खाद तथा अन्य आवश्यक वस्तुओं का अभाव इसी प्रकार बना रहा तो निश्चित रूप से इसका बुरा असर १९६७ के शुरू में होनेवाले आम-चुनावों पर पड़े बिना नहीं रहेगा।

रुपये का वर्तमान मूल्य

पाठकों को लेख का शीर्षक कुछ अटपटा-सा लगेगा। वे कहेंगे कि भला रुपये का मूल्य कम या अधिक क्या हो सकता है? पहले चौंसठ पैसे थे, अब एक सौ नये पैसे हो गये हैं परन्तु जिस रुपये में केवल आधा सेर दाल, चावल या गेहूँ, आठ तोला घी, एक पाव तेल और तीन छटाँक डालडा आता है, वह रुपया पूरा नहीं है। सिक्के का मूल्य मुख्यतया दो बातों से आँका जाता है :-

(१) विदेशों में अधिकृत दरों से कम है या ज्यादा।

(२) उसकी अपने देश में क्रय-शक्ति कितनी है।

८ जून, १९६६ के पहले हमारे सिक्के की अधिकृत दर १३.३५ प्रति पौण्ड थी परन्तु बाजारों में भाव ३०-३१ रु. तक था। इसके बाद अवमूल्यन हुआ और अधिकृत दर २१ रु. प्रति पौण्ड हो गयी। जबकि बाजारों में भाव आज भी वही ३०-३१ रु. है अर्थात अवमूल्यन के बाद भी तीन चौथाई से कम है।

हमारी बढ़ती हुई जनसंख्या, अकाल और अनावृष्टि के कारण हमें अन्य देशों से अन्न, खाद और खाद्य-तेलों का बड़े पैमाने पर आयात करना पड़ता है। दूसरी तरफ हम जापान, फ्रान्स और जर्मनी आदि उन्नत देशों के मुकाबले निर्यात बढ़ा नहीं सकते क्योंकि वे विश्व बाजारों में हमसे अच्छा और सस्ता सामान बेचते हैं। इसलिये हमारा वैदेशिक व्यापार कई वर्षों से घाटे में चल रहा है। यही खास कारण है कि हमारे सिक्के का मूल्य अवमूल्यन के बाद भी अधिकृत दरों से नीचा है। युद्ध के बाद ब्रिटेन में वहाँ के नागरिकों ने महीने में प्रति व्यक्ति आधा पाव चीनी और चार तोला मक्खन से काम चलाकर निर्यात किया था। जबतक हम भी उसी प्रकार से कष्ट सहकर निर्यात-आयात को बराबर नहीं लायेंगे तो शायद ही हमारे सिक्के की कीमत बढ़े।

१९४७ में हमारे १३०० करोड़ रुपये विदेशों में जमा थे जबकि आज हम पर ५००० करोड़ का कर्ज है। यही कारण है कि इन १९ वर्षों में विश्व के बाजारों में हमारे

रुपये की कीमत घट गयी है।

अर्थशास्त्र का सिद्धान्त है कि अगर समय रहते बिगड़ती हुई अर्थ-व्यवस्था को न सम्भाला जाय, चाहे निजी क्षेत्र हो या सरकारी क्षेत्र– तो एक समय ऐसा आ जाता है कि वह फिर कभी भी नहीं संभल पाती। इसके उदाहरण युद्धोत्तर जर्मनी के मार्क और जापान के येन हैं। परन्तु इन दोनों ने ही अपनी योजनाएँ इस प्रकार से बनायी और उनको सफल करने में जुट गये कि आज फिर से वे विश्व के सम्पन्न और उन्नत देशों में हैं।

यद्यपि योजनाएँ तो हमने भी बहुत बड़ी-बड़ी बनायी थी और चतुर्थ पंचवर्षीय योजना तो २१५०० करोड़ की कर रहे हैं, परन्तु पूर्ति के अपने निजी साधनों पर ध्यान न देकर बहुत अंशों में विदेशी ऋण और सहायता पर निर्भर रहे। टर्की, पाकिस्तान जैसे देशों के लिये तो यह बात वाजिब थी क्योंकि वे पश्चिमी गुट में हैं। परन्तु हमारा देश तटस्थ नीति वाला है इसलिये दूसरों की सहायता पर निर्भर रहकर इतनी बड़ी-बड़ी योजनाएँ बना लेना खतरे से खाली नहीं है।

अब हम अपने देश में रुपये की क्रय-शक्ति के बारे में विचार करते हैं। १९३० में दैनिक मजदूरी छै आने थी परन्तु उस समय चावल या गेहूँ ३ रु. मन, चना २.७५ रु. मन, घी रुपए का सवा सेर, तेल तीन सेर और दूध पन्द्रह सेर था। आज मजदूरी २.५०-३ रु. प्रतिदिन है परन्तु सत्तर से एक सौ रुपये प्रति मन तक चावल, दाल या गेहूँ; १४ रु. प्रति सेर घी, १.५० रु. सेर दूध और ५ रु. सेर तेल है। इसलिये वस्तुओं की क्रय शक्ति के अनुपात में हमारे रुपये की कीमत ४० प्रतिशत ही रह गयी है।

१४वीं शताब्दी में अलाउद्दीन खिलजी ने दैनिक उपभोग्य पदार्थों के मूल्य निर्धारित किये थे। उनमें से कुछ का विवरण इस प्रकार है – गेहूँ–ढाई आने; चावल, दाल–डेढ़ आने व तिल–दो आने प्रति मन। उस समय सिक्कों का प्रचलन पैसे या कौड़ियों में था। मजदूरी आधे से एक पैसा प्रतिदिन थी। उस एक पैसे में ही ५-६ सेर अनाज खरीदा जा सकता था, जिसके लिये आज आठ-दस रुपये चाहिये।

१७वीं शताब्दी के अकबरनामा में जो भाव मिलते हैं, वे खिलजी-काल से तेज हो गये थे, फिर भी लोग सुखी थे क्योंकि मजदूरी भी दुगुनी यानी दो-तीन पैसे रोज हो गयी थी। उस समय के भाव इस प्रकार हैं : गेहूँ–पाँच आने; चना, जौ–तीन आने, तीसी–चार आने, चावल–छै आने, घी–दो रुपये बारह आने, तेल–दो रुपये, दूध–दस आने, मांस–डेढ़ रुपये और अंगूर–ढाई रुपये प्रति मन थे।

बादाम, पिस्ता, चिलगोजा और मुनक्का तीन आने से चार आने सेर थे। अन्य चीजों को देखते हुए शक्कर महँगी थी–दस आने सेर। बकरी और भेड़ का मूल्य बारह आने से एक रुपया था। घोड़ों की प्रतिदिन की खुराक सवा पैसा लिखी है। हाथियों के महावत को ३ से ५ रु. प्रतिमाह मिलते थे जिसमें हाथी की खुराक भी शामिल थी।

सन् १७१५ की बहियाँ मेरे मित्र पुरोहित स्वरूपनारायणजी सीकर के यहाँ हैं। उनके पूर्वज अमीर खाँ पिंडारी को रसद देते थे। इन बहियों में भी कई प्रकार के भाव उस समय के मिलते हैं जैसे घी – एक रुपये का साढे चार सेर, तेल – दस सेर और गेहूँ – बारह आने मन। बीस गज रंगीन कपड़े के दाम १ रु. २ आने। १२ घोड़ों की खुराक २६ रु. मासिक और नौकरों को डेढ़ रुपये माहवार के अतिरिक्त खाना भी मिलता था।

इसके बाद सन् १७८२ के भाव एक अंग्रेजी पुस्तक में जो रायकृष्णदास के कला भवन, वाराणसी में हैं, देखने को मिले जो इस प्रकार हैं – चावल – दस आने से बारह आने, गेहूँ – बारह आने, जौ – पाँच आने, अरहर – सात आने, खेसारी -- चार आने, चना – सात आने, मूँग – दस आने, सरसों – तेरह आने, तिल – दस आने और नमक – साढ़े पाँच आने मन था। अफीम का भाव रु. २.७५ प्रति सेर का था। इस पुस्तक से यह भी पता चलता है कि उस समय में अंग्रेजों के यहाँ १५-२० नौकर रहते थे जैसे– हुक्काबरदार, खानसामा, फर्रास, मेहतर, पंखा खींचनेवाला, माली, धोबी, पालकी ढोनेवाले और आया आदि। इन सबका मासिक वेतन तीन से पाँच रुपये तक था।

सन् १८३५-४० के लगभग की कुछ बहियाँ तेजपुर आसाम में श्री माहसिंघ मेघराज के यहाँ देखने को मिलीं। उनमें जो भाव मिले वे भी लगभग १७८२ के समान ही हैं। उनका आसाम में उस समय सबसे बड़ा व्यापार था। उनके बड़े मुनीम का मासिक वेतन २५-३० रु. था।

लगभग एक सौ वर्ष पहले की एक बही श्री रामकुमार गोयनका के यहाँ देखने में आयी जिसमें फतेहपुर में हुए एक मध्यम घराने के विवाह के खर्च का विवरण है। भिन्न-भिन्न खर्चों की और दहेज की अलग-अलग तालिका ब्यौरेवार दी गयी है। सारे विवाह का खर्च २२३ रु. हुआ जिसमें बरातियों की विदाई और दहेज आदि सब शामिल था।

२०वीं शताब्दी के प्रारम्भ में देश में बड़ा अकाल पड़ा जिसे लोग छप्पन का

अकाल कहते हैं। उस समय भी अनाज के भाव दो आने सेर थे। आज भी ऐसे लोग हैं जिन्हें उस समय की बातें याद हैं। १९२८-३० में खुर्जा के अच्छे घी का भाव चौदह आने से एक रुपये सेर का था और चीनी का तीन आने सेर। उस समय तक डालडा के बारे में लोग जानते ही नहीं थे।

यद्यपि चीजों के भाव दूसरे देशों में भी बढ़े हैं। परन्तु प्रति व्यक्ति औसत आय के अनुपात में हमारे यहाँ से बहुत कम हैं। अमेरिका में औसत आय १५००० रु. वार्षिक है जबकि हमारे यहाँ २५० रु. है। दैनिक जरूरत की चीजों के दाम वहाँ हमारे समान ही हैं। दूसरे यूरोपीय देश और जापान भी हमारे यहाँ से तो बहुत अच्छे हैं।

साम्यवादी चीन की तो हमें जानकारी नहीं है परन्तु कुछ समय पहले तक विश्व में केवल पूर्वी पाकिस्तान ही क्रय-शक्ति और आय के अनुपात में हमारे से गरीब था। पिछले वर्ष सिक्के का अवमूल्यन करके सरकार ने एक कठिन किन्तु आवश्यक मार्ग अपनाया था परन्तु इससे आवश्यक वस्तुओं की कीमतों की बढ़त रोकने में सफल नहीं हुए और आयात-निर्यात की खाई और भी बढ़ गयी। अब शायद हमें विदेशी कर्ज और सहायता पर पहले से भी अधिक निर्भर रहना होगा।

तीसरी योजना की असफलता

इसमें दो राय नहीं है कि तीसरी योजना में हमें सफलता नहीं मिली। योजना के अन्तिम वर्ष ६५-६६ में हमारी औसत आय प्रति व्यक्ति ३८५ रु. मानी गयी थी जो केवल तीन सौ पच्चीस रु. ही रही। राष्ट्रीय आय भी १९ हजार करोड़ के स्थान पर १५ हजार नौ सौ तीस करोड़ रही। सबसे ज्यादा असफलता खाद्यान्न के उत्पादन में रही। ६०-६१ में ८.२ करोड़ टन अन्न का उत्पादन हुआ था जो ६५-६६ में ७.२ करोड़ टन हुआ। जबकि इन पाँच वर्षों में उपभोक्ताओं की संख्या पाँच करोड़ बढ़ गयी। सरकार द्वारा सूखा एवं बाढ़ आदि विपत्तियों को इसके लिये उत्तरदायी ठहराया गया है परन्तु प्रत्येक अर्थशास्त्री और विशेषज्ञ यह मान कर चलता है कि इन सब बातों को मद्देनजर रखते हुए ही योजनाएँ बनायी जाती हैं क्योंकि यह सब विपत्तियाँ तो आती ही रहती हैं।

तिलहन का लक्ष्य एक करोड़ टन का था जो ६५-६६ में केवल इकसठ लाख टन ही हुआ। यही हालत खाद की रही क्योंकि उसका उत्पादन भी १२ लाख टन की जगह ६ लाख टन हुआ।

असफलता का दूसरा मुख्य कारण यह रहा कि हमारे सरकारी कारखानों का उत्पादन निर्धारित क्षमता से कम रहा जबकि चीजें महँगी होने के कारण खर्च ज्यादा लगा। इसलिये इनमें जो २५०० करोड़ रुपये लगे हुए थे उनसे ब्याज और मुनाफा तो आया नहीं; अपितु मूल रकम में भी छीजत हो गयी। विदेशों से खाद्यान्नों के सिवाय मशीनें ताथ अन्य प्रकार के सामान बड़े पैमाने पर आयात करने पड़े और हमारी निर्यात-आयात की खाई बढ़कर चार सौ पचास करोड़ की जगह छह-सौ करोड़ हो गयी।

यद्यपि कृषि जनित वस्तुएँ और आर्थिक साधनों में हम सफल नहीं हो सके पर दूसरे कई लाभ जनता को पिछली तीन योजनाओं से मिले हैं, उनका विवरण निम्नलिखित है –

१. औसत आयु बत्तीस वर्ष से बढ़कर पचास वर्ष हो गयी। इससे पता लगता है कि स्वास्थ्य सेवाएँ अधिक सुलभ हुई।

२. पहले ३७ सौ गाँवों और कस्बों में बिजली थी जो अब ६०००० गाँवों में है।

३. सात लाख नये कुएँ खोदे गये या नल-कूप बैठाये गये और सत्रह हजार गाँवों में जल प्रदाय योजना चालू की गयी।

४. दो करोड़ पैंतीस लाख बच्चे स्कूल जाते थे जिनकी संख्या ७ करोड़ हो गयी।

५. अस्पतालों और हेल्थ सेण्टरों की संख्या नौ हजार है। इसके अलावा सोलह हजार परिवार-नियोजन केन्द्र भी हैं।

६. साइकिलें एक लाख बनती थीं जो अब सत्रह लाख बनती हैं।

७. कागज का उत्पादन एक लाख सोलह हजार टन था जो अब छह लाख टन है।

८. सीमेंट का उत्पादन २७ लाख टन था जो इस समय एक करोड़ दस लाख टन है।

ऊपर जो आँकड़े दिये गये हैं, वे खास-खास वस्तुओं के हैं। इसके सिवाय बहुत से कारखानों की क्षमता बढ़ी है और कई नये बैठाये गये हैं। इन १६ वर्षों में जनसंख्या बहुत तेजी से बढ़ी और लोगों के रहन-सहन का स्तर भी बढ़ा। तीसरी योजना में सरकारी क्षेत्र में जो ७५ सौ करोड़ रुपया कूँता गया था वह चीजों के दाम महँगे होने के कारण ८६८० करोड़ रुपया हो गया परन्तु उपलब्धियाँ योजना के अनुसार नहीं मिलीं।

जब तीसरी योजना में कर-वृद्धि के बावजूद ११३० करोड़ के घाटे की व्यवस्था करनी पड़ी तो फिर चौथी योजना, जो तीसरी से बहुत बड़ी है वह किस प्रकार से सफल होगी यह विचारणीय है।

चतुर्थ पंचवर्षीय योजना : एक दृष्टिपात

सन् १९६५, पाँच सितम्बर को राष्ट्रीय विकास परिषद की बैठक में चतुर्थ पंचवर्षीय योजना की राशि इक्कीस हजार पाँच सौ करोड़ रु. की निर्धारित की गयी। उस समय देश के बहुत से अर्थशास्त्रियों को इसकी सफलता में सन्देह था। यहाँ तक कि कांग्रेस-अध्यक्ष श्री कामराज और प्रधानमन्त्री स्वर्गीय श्री शास्त्री को भी इतनी बड़ी योजना पार पड़ती कठिन लगती थी।

योजना के अन्तर्गत विभिन्न मदों में विदेशों से कई प्रकार के सामान आयात करने पड़ते हैं। अतः अवमूल्यन के बाद इस पर फिर विचार करना आवश्यक हो गया और २९ अगस्त १९६६ को योजना आयोग ने पहले की राशि बढ़ाकर तेईस हजार सात सौ पचास करोड़ कर दी। सरकारी क्षेत्रों के कारखानों में धारणा से बहुत कम उत्पादन और नफा हुआ। चीजों के दाम पिछले वर्ष में और भी बढ़ गये। हमारा निर्यात भी घट गया इसलिए योजना की राशि घटाकर १८००० करोड़ करने की बात है।

अन्न की समस्या

मुनष्य के लिये सबसे आवश्यक अन्न है। चौथी योजना के अन्तिम वर्ष में हमने अपना लक्ष्य बारह करोड़ टन का रखा है जबकि ६५-६६ का उत्पादन केवल ७.२ करोड़ का था। पाँच वर्ष में इतनी बड़ी वृद्धि के लिये जो साधन चाहिये वे जुट पायेंगे, इसमें सन्देह है। इसके लिये बड़े पैमाने पर भूमि की तैयारी के सिवाय सिंचाई की सुव्यवस्था, सस्ते दामों में खाद और बीज किसानों को दिया जाना और आसान किश्तों में छोटे-बड़े ट्रैक्टरों का मिलना आवश्यक है। अगर इनमें से किसी भी मद में कमी आ जाती है तो किसी हालत में भी हम बारह करोड़ तो क्या दस करोड़ टन का उत्पादन भी नहीं कर सकेंगे और हमें पिछले वर्षों की तरह विदेशों की सहायता पर निर्भर रहना पड़ेगा जो किसी भी स्वाभिमानी और स्वतन्त्र देश के लिये शोभनीय नहीं

है। इन दिनों में तो अमेरिका ने एक प्रकार से हमें चेतावनी भी दे दी है कि अगर हम अपना उत्पादन नहीं बढ़ा पायेंगे तो उन्हें सहायता के बारे में फिर से सोचना होगा।

योजना निर्माताओं ने यह स्वीकार किया है कि चतुर्थ योजना को तभी सफलता मिलेगी जब वित्तीय साधन पूर्णतः उपलब्ध होंगे। निर्यात, रूप-रेखा के अनुरूप आठ करोड़ का होगा। मूल्यों में ज्यादा वृद्धि नहीं होगी और घाटे की वित्तीय व्यवस्था से भी यथासम्भव बचा जायगा। आज तक भी सरकार के ध्यान में पूरी तरह यह बात नहीं आ पायी है कि बड़े-बड़े लोहे और मशीनों के कारखानों से ज्यादा जरूरी सिंचाई, भूमि सुधार और खाद्य उत्पादन को बढ़ाना है। बहुत ही खेद की बात है कि कई प्रान्तीय सरकारों ने तो पिछले वर्षों में किसानों से गन्ने के कर के रूप में प्राप्त रुपये खेतों के सुधार के लिये न लगाकर अन्य मदों में खर्च कर दिये।

वित्तीय साधन पूरे तौर पर उपलब्ध होंगे इसमें सन्देह है। जिस प्रकार से विश्व राजनीति बदलती जा रही है उस हालत में हमारा विदेशी सहायता और ऋण पर निर्भर रहना बहुत ही खतरनाक साबित हो सकता है। जहाँ तक अपनी उपलब्धियों का प्रश्न है उसमें भी सफलता प्राप्त होना सन्देहास्पद है।

सबसे अधिक करों वाला देश

इस समय भी भारत, विश्व में सबसे ज्यादा करों वाला देश है और चौथी योजना के लिये अठारह सौ करोड़ के नये कर चार वर्षों में किन मदों से आयेंगे इसके बारे में कोई प्रकाश नहीं डाला गया है। राज्य सरकारों के जिम्मे बत्तीस सौ करोड़ रु० दिये गये थे। उसकी पूर्ति में उन्हें सन्देह था। अब सात सौ करोड़ और बढ़ा दिये गये हैं और ग्यारह सौ करोड़ केन्द्रीय सरकार के लिये रखे गये हैं। जहाँ तक राज्य सरकारों का प्रश्न है अधिकांश की आर्थिक स्थिति पहले से ही खराब है। पुराने कर्जे चुकाने के पूर्व ही उन्हें नये कर्ज लेने पड़ते हैं।

नये कर और निजी क्षेत्र

अगर किसी प्रकार अठारह सौ करोड़ के नये कर लगा भी दिये गये तो निजी क्षेत्र में उद्योग बैठाने का प्रश्न ही नहीं रह जायगा। क्योंकि पिछले वर्ष में जो लाइसेंस लोगों ने लिये थे, वे सब ठप्प पड़े हैं और शेयरों के भाव घटते जा रहे हैं।

इसलिये ऐसा लगता है कि निजी क्षेत्र के लिये जो राशि रखी गयी है उसमें बड़ी कमी आ जायेगी। निर्यात गत वर्ष आठ सौ करोड़ का हुआ था जो अवमूल्यन के बाद १२५० करोड़ का होना चाहिये किन्तु हुआ है पहले से भी कम।

अन्न को छोड़कर रूई और पाट मुख्य कृषिजन्य वस्तुएँ हैं जिनका इस समय का उत्पादन सैंतालीस लाख और बासठ लाख गाँठों के लगभग है। इनका लक्ष्य क्रमशः ८६ लाख और ९० लाख गाठों का रखा गया है। खेती की अन्य वस्तुओं की तरह ही इनका उत्पादन भी समय पर की वर्षा पर निर्भर है, अतः इनका उत्पादन लक्ष्य अस्सी और पचास प्रतिशत कैसे बढ़ जायेगा? इस पर योजना में खास प्रकाश नहीं डाला गया है। इसी प्रकार तिलहन आम जनता के लिये चिकनाई का मुख्य साधन है जिसका उत्पादन इस समय ६० लाख टन है। इसका लक्ष्य १०७ लाख टन रखा गया है।

यद्यपि सरकारी खर्च को कम करने के लिये बार-बार कहा जाता है पर दुर्भाग्य तो यह है कि मन्त्रियों और अफसरों के खर्चे घटने के स्थान पर प्रतिवर्ष बढ़ते ही जाते हैं और नये-नये विभाग भी प्रतिवर्ष खोल लिये जाते हैं।

लक्ष्यों की दृष्टि से अच्छी होते हुए भी योजना व्यावहारिक होनी चाहिये। इसलिये हम समझते हैं कि १८००० करोड़ की योजना भी तभी सफल होगी जबकि वित्तमंत्री और योजना-मंत्री हर वर्ष की उपलब्धियों पर पूरी तौर पर सम्हाल रखेंगे।

भारतीय उद्योगों की बढ़ोतरी क्यों रुक गयी

पिछले दो वर्षों से देश में नये उद्योगों की गति बहुत धीमी हो गयी। ५-७ वर्ष पहले जहाँ लाइसेन्स लेने वालों की एक लम्बी कतार रहती थी वहाँ अब सरकार द्वारा कई उद्योगों को बिना लाइसेन्स के बैठाने का ऐलान करने के बावजूद, किसी की हिम्मत नये कारखाने लगाने की नहीं रह गयी है।

वैसे तो सब प्रकार के उद्योगों में ही नफा कमती होता जा रहा है, परन्तु खास करके– कपड़े की मिलें, जूट की मिलें और इंजीनियरिंग के कारखानों को तो बहुत ही कठिनाइयों का सामना करना पड़ रहा है।

पिछले जून में जब से हमारे सिक्के का अवमूल्यन हुआ है, हमारी पटसन की चीजों का, कपड़े का और चाय का निर्यात बहुत घट गया है।

आज विश्व के दूसरे प्रगतिशील देशों में अपने औद्योगिक उत्पादन को बढ़ाकर ज्यादा निर्यात करने की होड़ लगी हुई है परन्तु खेद है कि हमारी जनसंख्या और चीजों की मँहगाई के अतिरिक्त किसी तरफ भी बढ़ोतरी नहीं हो पा रही है।

वैसे बहुत से कारण इसके पीछे हैं परन्तु जो खास समस्याएँ हैं उन पर हमें विचार करना है। अगर सरकार इसके लिए शीघ्र उचित कदम नहीं उठायेगी तो जो चालू कारखाने हैं उनमें से भी बहुत से बन्द हो जायेंगे जिससे मजदूरों की बेकारी के अतिरिक्त और बहुत-सी समस्याएँ खड़ी हो जाएँगी।

(१) कुछ वर्षों पहले तक मजदूरी कम होने के कारण हमारा उत्पादन-खर्चा दूसरे देशों से कम था परन्तु इन वर्षों में मजदूरी बहुत बढ़ गयी और मजदूरों के कानून इस प्रकार के बन गये कि उनके काम पर नियन्त्रण नहीं रहा।

(२) आये दिन की हड़तालें, कम काम करना और घेराव के कारण उत्पादन क्षमता घट गयी।

(३) पूँजी पर ब्याज ऊँचा हो गया और इस पर भी उद्योगों को या व्यापारियों को

अच्छे शेयरों या बाजार में बिकने वाली चीजों पर भी उधार नहीं मिलता इसलिए उन्हें अपने उत्पादन को घटाकर किसी प्रकार कारखानों को चालू रखना पड़ता है।

(४) यद्यपि पिछले वर्ष से जरूरी कच्चे माल के आयात पर कुछ ढिलाई हुई है परन्तु इस समय भी आयात परिपत्र मिलने में सरकारी दफ्तरों में बहुत विलम्ब और खर्चा होता है।

(५) इन वर्षों में सरकारी और सहकारी क्षेत्र में कई प्रकार के कारखाने बैठ गये हैं, जहाँ न तो पूँजी की कमी है ओर न नफे की ही गुंजाइश जरूरी है। इसलिए निजी क्षेत्र के कारखाने उनके मुकाबले में नहीं पनपते।

(६) कारखानों के संचालकों का निजी खर्चा बहुत ज्यादा हो जाता है। यद्यपि सरकार ने पिछले वर्ष से इस पर कुछ नियंत्रण किया है परन्तु अभी भी इसे घटाने की गुंजाइश है।

(७) आये दिनों के मजदूरों के झगड़े और बढ़े हुए टैक्सों के कारण विदेशी हिस्सेदार और पूँजी लगाने वाले डरते हैं।

(८) सबसे बड़ी बाधा है– कम्पनियों पर इनकम टैक्स तथा अन्य प्रकार के टैक्सों की, जिसके कारण उनकी अपनी पूँजी नहीं बढ़ पाती और अगर २-३ वर्ष लगातार घाटा हो जाता है तो फिर पहले का रिजर्व या कैपीटल भी खत्म हो जाता है।

द्वितीय महायुद्ध के पहले कम्पनियों से बहुत ही कम टैक्स की आय थी। १९४७ में भारत स्वतन्त्र हुआ। छोटे-बड़े उद्योगपतियों में देश में नये-नये कारखाने बैठाने का उत्साह हुआ। विश्व के दूसरे देशों के अधिकांश कारखाने नष्ट हो गये थे, चीजों की माँग थी और कोरिया का युद्ध शुरू हो गया था इसलिए भारत के उद्योगों में अच्छा मुनाफा हुआ– उत्पादन भी बढ़ा, अतः कुछ टैक्स की दर भी बढ़ा दी गयी। इसलिए प्रथम योजना के अन्तिम वर्ष में कम्पनियों से ४० करोड़ की आय हुई। प्रथम योजना १९५६ के मार्च में समाप्त हुई – इस समय तक भी हम ब्रिटेन के पावनेदार थे। हमारे सिक्के की विदेशों में साख थी। वित्त-मंत्री श्री देसमुख ने नये उद्योगों को विकास की छूट दे दी थी, इसलिए द्रुतगति से अनेक प्रकार के कारखाने बैठने लगे और १९६१ के मार्च में जब द्वितीय योजना समाप्त हुई तब कम्पनियों से टैक्स की १११ करोड़ की आय थी।

इसके बाद योजनाएँ बड़ी बनती गयीं किन्तु उपलब्धियाँ धारणा के अनुसार नहीं

हुई। चीजों के दाम बढ़ते गये। चीन और पाकिस्तान से तनाव के कारण सुरक्षा का खर्च भी बहुत बढ़ गया। बढ़ते हुए खर्चों की पूर्ति के लिए सरकार ने हर प्रकार के नये-नये टैक्स लगाये और पुरानों को बढ़ाया इसलिए तृतीय योजना के अन्तिम वर्ष अर्थात १९६५-६६ में कम्पनियों से इनकम टैक्स प्राप्त हुआ ३३० करोड़।

इस पर भी वित्त-मन्त्री को सन्तोष नहीं हुआ और ६६-६७ के बजट में बोनस टैक्स की थोड़ी-सी आय को हटाकर दूसरे प्रकार के टैक्स बढ़ा दिये जिससे कारखानों का मुनाफा और उत्पादन कम होने के बावजूद पिछले वर्ष के आयकर का अनुमान है ३७५ करोड़। ११ वर्षों में ४० करोड़ से बढ़कर ३७५ करोड़ रुपये कम्पनियों पर आयकर के लगा दिये गये जो अपने-आप में एक बेजोड़ उदाहरण है।

इस समय छोटी-बड़ी सब कम्पनियों पर ५५ प्रतिशत टैक्स तो है ही – इसके सिवाय पूँजी के अनुपात से जो ज्यादा मुनाफा होता है उस पर ४० प्रतिशत और है। यही नहीं अगर हिस्सेदारों को १० प्रतिशत से ज्यादा लाभांश मिलता है तो साढ़े सात प्रतिशत टैक्स है और चौथा टैक्स है – लाभांश पर बाईस प्रतिशत अर्थात कुल मिलाकर ७० से ७५ प्रतिशत कर कम्पनियों पर लग जाते हैं। इनके सिवाय उत्पादन शुल्क और बिक्री कर अलग से है।

टैक्स की यह दर विश्व में सब देशों से ज्यादा है। दूसरे अविकसित देश जैसे आयरलैण्ड, नाइजीरिया, अबिसीनिया आदि नये कारखानों को बहुत प्रकार की राहत के सिवाय प्रचुर उधार-पूँजी की सुविधा भी देते हैं। यहाँ तक कि जापान, अमेरिका और पश्चिम जर्मनी जैसे चोटी के औद्योगिक देशों ने भी पिछले २ वर्षों में अपने टैक्स की दरें घटायी हैं।

हमारे प्रधानमंत्री और वित्तमंत्री दोनों ने ही देश का उत्पादन बढ़ाने पर जोर दिया है परन्तु यह तभी संभव होगा जब सरकार उदार मनोवृत्ति अपना कर टैक्सों में राहत देगी और वाजिब ब्याज पर पूँजी की सुविधा करेगी।

बीमा कम्पनियों का राष्ट्रीयकरण

लोक-लेखा समिति ने सरकारी कारखानों की व्यवस्था, उत्पादन और नफे के बारे में जो प्रकाश डाला है, वह बहुत ही निराशाजनक है। तीन हजार करोड़ रुपये इन सब कारखानों में जनता की गाढ़ी कमाई के लगे हुए हैं। आज कई वर्षों से इतनी बड़ी रकम पर कुछ भी लाभ नहीं होता, जबकि बाजार में ब्याज की दर १२ से १५ प्रतिशत है। राँची का हैवी इंजीनियरिंग, भोपाल का हैवी इलेक्ट्रिकल, सिन्दरी का फर्टिलाइजर और नेशनल कोल माइन्स तो बहुत ही घाटे में और बिना सम्हाल के चल रहे हैं।

हिन्दुस्तान स्टील जिसमें भिलाई, राउरकेला और दुर्गापुर के कारखाने हैं, अब आकर थोड़ा-सा नफा दिखाने लगे हैं जबकि लोहे के दाम बढ़ा दिये गये हैं और कण्ट्रोल उठा दिया गया है फिर भी अभी तक पहले के घाटे और घिसाई की रकम की पूर्ति नहीं हुई है। स्टेट ट्रेडिंग कारपोरेशन में जरूर बहुत बड़ा मुनाफा है परन्तु वहाँ आयात की वस्तुओं का एकाधिपत्य है। अगर ताँबा, जस्ता, सुपारी, लौंग और बादाम के आयात का कोटा मिले तो मनचाही कमाई हो सकती है। इसमें बुद्धिमानी, जानकारी और मेहनत की दरकार नहीं रहती।

वामपंथी दलों के सदस्य कई वर्षों से बैंकों और बीमा कम्पनियों के राष्ट्रीयकरण की माँग कर रहे थे और अब भुवनेश्वर कांग्रेस के बाद तो वामपंथी कांग्रेसी भी इन प्रस्तावों का समर्थन कर रहे हैं। जहाँ तक बैंकों का सवाल है – वह एक प्रकार से राष्ट्रीयकरण के समान ही है क्योंकि आज निजी बैंक रिजर्व बैंक के आदेश के बिना न तो किसी को मनचाहे तरीके पर रुपया दे सकते हैं, न नयी शाखा ही खोल सकते हैं। अफसरों को रखने या छोड़ने के लिये भी रिजर्व बैंक को पूछना पड़ता है।

जीवन बीमा कम्पनियों का १९५६ में राष्ट्रीयकरण हुआ। यद्यपि इन वर्षों में प्रीमियम की आय बढ़ी है परन्तु इसका कारण है लोगों के रहन-सहन के स्तर का कुछ ऊँचा होना। पहले आय का छठा हिस्सा और अधिकतम ६००० रु. तक के प्रीमियम आयकर से मुक्त थे, उसको बढ़ाकर अब चौथा हिस्सा और १५००० रु.

कर दिया गया है, इसलिये ज्यादा आय वाले बड़ी रकम की पॉलिसी लेने लगे। जहाँतक जीवन बीमा निगम के अफसरों और कर्मचारियों की सेवा और कार्य तत्परता का सवाल है, वह बहुत ही निराशाजनक है – न केवल ग्राहकों को, बल्कि एजेण्टों को भी इनके व्यवहार से सन्तोष नहीं है परन्तु एकाधिकरण है इसलिये शिकायत किसको करें और फिर सुनता भी कौन है?

साधारण बीमा व्यवसाय का राष्ट्रीयकरण करने के बारे में सरकार बराबर यह जवाब देती रही कि उसके पास पहले से दूसरे बहुत से ज्यादा जरूरी काम हैं और साधारण बीमा की भी दो कम्पनियाँ सरकारी क्षेत्र में हैं। इसके अलावा पिछले वर्ष से जीवन बीमा निगम भी इस क्षेत्र में आ गया है। परन्तु पिछले दिनों कांग्रेस कार्यकारिणी में इस आशय का प्रस्ताव पास हो गया है कि बीमा-व्यापार का राष्ट्रीयकरण कर लिया जाय। इसलिये ऐसा लगता है कि अब शायद इस तरफ सरकार को कदम उठाना पड़ेगा।

देश के सामने आज अनेक बड़ी-बड़ी समस्याएँ हैं। औद्योगिक उत्पादन और निर्यात घटते जा रहे हैं। सब प्रकार के अन्न, चीनी और तेलों के दाम बढ़ रहे हैं। खाद के कारखाने बैठ नहीं पाये और जो हैं, वे ठीक से नहीं चल रहे हैं। चारों तरफ अभाव नजर आ रहा है। इन सब जरूरी मसलों की तरफ ध्यान न देकर बीमा के इस छोटे से धन्धे का, जिसमें छोटे-बड़े १३६ प्रतिष्ठान काम कर रहे हैं, राष्ट्रीयकरण करके सिवाय वामपंथियों की सहानुभूति प्राप्त करने के और कुछ उपलब्धि होगी इसमें सन्देह है।

१९६६ में प्रीमियम की कुल आय ७५ करोड़ रुपये हुई जिसमें १५ करोड़ की सरकारी क्षेत्र के कारखानों की है जो इस समय भी सरकारी बीमा कम्पनियों को ही मिलती है। बचे हुए ६० करोड़ रुपये, ७२ भारतीय और ६४ विदेशी कम्पनियों को मिले जिसमें क्लेम, एजेन्सी, कमीशन और स्टाफ आदि का खर्चा बाद देकर शुद्ध आय हुई लगभग साढ़े तीन करोड़ रुपये। इसमें तीस करोड़ रुपया कम्पनियों की चुकता पूँजी और सुरक्षित कोष के ब्याज की आमदनी भी शामिल है। बीमा व्यवसाय का राष्ट्रीकरण करने के पहले निम्नलिखित बातों पर सरकार को ध्यान देना जरूरी है।

(१) आज किसी प्रकार छंटनी तो सम्भव नहीं, फिर इन १३६ कम्पनियों के वर्तमान स्टाफ को राष्ट्रीयकरण करने के बाद काम देने की समस्या सामने आयेगी।

(२) विदेशों के ७०० करोड़ रुपये इस समय हमारे यहाँ के उद्योगों में लगे हुए हैं

और आये दिन हम उन्हें और पूँजी लगाने के लिये कहते हैं। फिर इस तरह के साधारण से धन्धे का राष्ट्रीयकरण करके हम उन्हें नये उद्योग लगाने के लिये हतोत्साहित करेंगे इसमें कोई सन्देह नहीं है।

(३) कांग्रेस तथा अन्य वामपंथी दल एकाधिकरण का बराबर विरोध करते आ रहे हैं।

हम इसके पक्ष-विपक्ष में कुछ नहीं कहकर यही पूछना चाहते हैं कि क्या इस प्रकार से एकाधिकरण को, जिसके लिये जाँच कमीशन बैठाये जाते हैं और बीच-बीच में संसद में या पत्रों में विज्ञप्ति दी जाती है, सरकार स्वयं प्रोत्साहन नहीं देती है?

(४) बीमा की पॉलिसी में कई प्रकार के पेचीदा कानून रहते हैं अगर कम्पनी वाले क्लेम नहीं चुकाना चाहते हैं तो हर प्रकार से बच सकते हैं। इसलिये व्यापारी या उद्योगपति अपने विश्वास की कम्पनी में बीमा कराते हैं परन्तु राष्ट्रीयकरण के बाद तो उन्हें एक ही जगह बीमा कराना होगा और क्लेम की अदायगी के लिये सरकारी अफसरों की खुशामद या अन्य प्रकार से उनको खुश करना पड़ेगा।

(५) आज बीमा व्यवसाय अन्तर्देशीय स्तर पर है, इसलिये विभिन्न प्रकार की बीमा की दरें, बहुत ही सोच-विचार कर तय की जाती हैं परन्तु एकाधिकरण हो जाने पर अन्य सरकारी कारखानों की तरह अगर इसमें भी घाटा होने लगा तो बीमा की दरें बढ़ती चली जायेंगी, जिससे उत्पादन खर्च और भी बढ़ जायेगा।

हमें उप-प्रधानमंत्री श्री मोरारजी भाई से, जिनके पास वित्त-विभाग भी है, यह निवेदन करना है कि बिना इस बात पर ध्यान दिये कि कौन पक्ष-विपक्ष में है, बीमा राष्ट्रीयकरण के प्रश्न के बारे में फिर से विचार करें और अगर उचित समझें तो कांग्रेस कार्यकारिणी को इसके लिये पुनर्विचार करने को कहें।

बैंकों का राष्ट्रीयकरण : एक विवेचन

बैंकों के राष्ट्रीकरण की चर्चा इन दिनों काफी जोर-शोर से चल रही है। साम्यवादी और समाजवादी दल तो एक अर्से से इसकी माँग कर ही रहे थे, अब कांग्रेस की कार्यकारिणी ने भी इस आशय का प्रस्ताव किया है। उनका कहना है कि समाजवादी ढंग की अर्थ-व्यवस्था के लक्ष्य की ओर बढ़ने के लिये बैंकों का राष्ट्रीयकरण जरूरी है।

इस सिलसिले में विचारणीय प्रश्न है – समाजवाद के लक्ष्य को देखते हुए देश की बुनियादी जरूरत को क्या गैर-सरकारी बैंक पूरी नहीं कर रहे हैं? क्या राष्ट्रीयकरण करके वह पूरी की जा सकती है? और क्या रिजर्व बैंक की शक्तियाँ इतनी व्यापक नहीं हैं कि गैर-सरकारी बैंकों को नियन्त्रण में रख सके।

बैंकों का सबसे पहला काम समाज में बचत की प्रवृत्ति को प्रोत्साहन देना है। लोग अपनी आय या मुनाफे में से बचत करके उसे बैंकों में जमा करते हैं। बचत की उस राशि को बैंक नये उत्पादक उद्योगों के लिये सुलभ बनाते हैं। नये उद्योगों से राष्ट्रीय आय, मुनाफे और बचत की राशि भी बढ़ जाती है। इस प्रकार क्रमशः अधिक नयी पूँजी उपलब्ध होती जाती है और देश में मुद्रा का आकार व क्षेत्र बढ़ता जाता है।

सन् १९५१-५२ से १९६५-६६ तक के पिछले पन्द्रह वर्षों में हमारे देश में विभिन्न बैंकों के खातों में जमा होने वाली राशि ८२२ करोड़ से बढ़कर २९५० करोड़ रुपये हो गयी अर्थात उसमें २६१ प्रतिशत वृद्धि हुई।

राष्ट्रीयकरण की माँग करने वालों की दलीलें कुछ इस प्रकार हैं :-

१. सरकारी बैंकों को जनता का अधिक विश्वास प्राप्त होगा, क्योंकि कई छोटे-छोटे बैंक दिवालिये हो जाते हैं और खातेदारों की रकम मारी जाती है।

२. बड़े-बड़े गैर-सरकारी बैंकों पर चन्द बड़े उद्योगपतियों का प्रभुत्व है और उनसे बड़े लोगों को ही सहूलियतें मिलती हैं, साधारण लोगों और छोटे उद्योगों को नहीं।

३. इन बैंकों से छिपाये हुए धन को प्रोत्साहन मिलता है।

४. कुछ बैंक ऐसे भी हैं जिन्होंने हिस्सेदारों को लाभांश के रूप में आज तक एक कोड़ी भी नहीं दी, हालाँकि उनको स्थापित हुए बीस-बीस या पच्चीस-

पच्चीस वर्ष तक हो चुके हैं।

५. गैर-सरकारी बैंक लाभ की दृष्टि से नयी शाखाएँ खोलते हैं, स्थानीय जनता की आवश्यकताओं के ख्याल से नहीं।

६. राष्ट्रीयकरण हो जाने से बैंकों की कार्य-कुशलता बढ़ जायेगी।

७. राष्ट्रीयकरण से गैर-सरकारी बैंकों को मिलने वाला मुनाफा सरकार को मिलेगा जो कृषि तथा विकास परियोजनाओं में लगाया जा सकेगा।

अब इन दलीलों पर अलग-अलग विचार करना चाहिये। देखना यह है कि ये वस्तु-स्थिति से कितनी मेल खाती है। पहली दलील है जनता के विश्वास की। हमारे देश में सरकारी और गैर-सरकारी दोनों ही प्रकार के बैंक मौजूद हैं। लोग जिस भी बैंक में चाहें, अपना खाता खोल सकते हैं। इसलिये जनता के विश्वास की कसौटी यही है कि लोग किन बैंकों में अधिक रुपया जमा देते हैं।

सन् १९५५ से मार्च १९६६ तक सरकार के स्टेट बैंकों में जमा की गयी राशि २०५ करोड़ से ७४६ करोड़ रुपये हुई अर्थात उसमें ५४१ करोड़ की वृद्धि हुई। दूसरी ओर इसी अवधि में गैर-सरकारी अनुसूचित बैंकों की जमा राशि ८२३ करोड़ से २२०४ करोड़ रुपये हो गयी अर्थात उसमें १३८१ करोड़ की वृद्धि हुई। यदि १९५५-५६ से १९६५-६६ तक का हिसाब लगाया जाय तो अनुसूचित बैंकों के विभिन्न खातों में जमा की जाने वाली राशि में १६८ प्रतिशत वृद्धि हुई थी। यहाँ यह भी ध्यान में रखना चाहिये कि अनुसूचित बैंकों की अपनी चुकता पूँजी केवल ७६.३६ करोड़ रुपये ही है। इतनी थोड़ी पूँजी से २२०४ करोड़ रुपये की राशि सामाजिक बजत के रूप में प्राप्त करना कोई साधारण बात नहीं है। उनकी इस सफलता का मुख्य कारण है – देश की जनता का उन पर विश्वास। यह बात और भी स्पष्ट हो जाती है जब हम देखते हैं कि अनुसूचित बैंकों के डिपाजिट खातों की संख्या जो १९५१ में ३२ लाख थी, वही १९६५ में बढ़कर १०२ लाख हो गयी। इससे सिद्ध है कि अनुसूचित बैंकों पर भी जनता का पर्याप्त विश्वास है।

यह सही है कि १९६१ के पहले कुछ छोटे-छोटे बैंकों के फेल हो जाने से निजी बैंकों पर जनता के विश्वास को एक धक्का लगा था परन्तु अखिल भारतीय पैमाने पर काम करने वाले बड़े-बड़े अनुसूचित बैंकों ने परिस्थिति संभाल ली और बैंकों पर से जनता का विश्वास उठने नहीं दिया।

इस सम्बन्ध में महत्त्वपूर्ण बात यह हुई कि १९६२ से डिपाजिट बीमा निगम अधिनियम लागू हो गया है। इसके अन्तर्गत १५०० रुपये तक के खातों का बीमा हो जाता है। इसलिये अब ऐसी सम्भावना नहीं के बराबर रह गयी है। वैसे रिजर्व बैंक भी इस दिशा में पूरी सतर्कता रखता है।

दूसरी दलील गैर-सरकारी बैंकों पर चन्द बड़े उद्योगपतियों के प्रभुत्व की

है। उनका कहना है कि अनुसूचित बैंकों से चन्द बड़े-बड़े उद्योगपति मनमानी रकमें उधार ले लेते हैं और मामूली दर्जे के उद्योगपति या व्यवसायी उनसे लाभ नहीं उठा पाते। इसकी छानबीन करने के लिये हमें वास्तविक आँकड़ों को देखना चाहिये।

इस दलील में तथ्य अवश्य है कि छोटे व्यापारियों तथा उद्योगपतियों को इन बैंकों से पर्याप्त सुविधाएँ नहीं मिल पातीं। इसलिये यदि उधार देने में अनुचित पक्षपात हो तो उसकी रोकथाम होनी ही चाहिये और रिजर्व बैंक के पास ऐसे नियन्त्रण के लिये पर्याप्त शक्तियाँ मौजूद हैं। इस दिशा में स्टेट बैंक और उसके सहायक बैंक, जिनकी लगभग १९०० शाखाएँ सारे देश में हैं, उन्हें सबसे पहले कदम उठाना चाहिये।

तीसरी दलील पेश की जाती है कि गैर-सरकारी बैंक छिपे धन को प्रोत्साहन देते हैं। रिजर्व बैंक की ओर से सभी बैंकों पर यह प्रतिबन्ध लगा हुआ है कि यदि वे किसी खातेदार को ब्याज के रूप में ४०० रुपये से अधिक दें तो उनको उस खातेदार का नाम भेजना पड़ता है। रिजर्व बैंक में उनके नाम पहुँचने पर इसकी छानबीन की जा सकती है। इसलिये इस मद में कोई बहुत बड़ी रकम छिपाने की गुंजाइश नहीं है।

चौथी दलील है – बीस-बीस, पच्चीस-पच्चीस वर्ष पुराने कुछ ऐसे बैंक भी हैं जिन्होंने अपने शेयर होल्डरों को लाभांश के नाम पर आज तक एक कौड़ी भी नहीं दी और न वे उचित मुनाफा ही दिखा पाते हैं। रिजर्व बैंक को जाँच करके देखना चाहिये कि अगर उन बैंकों के काम करने के तरीकों में कोई गलती है या कोई और गड़बड़ी है तो उनका विलयन किया जाना चाहिये। इसका एक उदाहरण 'यूनाइटेड बैंक ऑफ इण्डिया' है, जो चार छोटे-छोटे बैंकों को मिलाकर बनाया गया था और आज उसकी गिनती भारत के छः बड़े बैंकों में होती है।

पाँचवीं दलील है – गैरसरकारी बैंक स्थानीय जनता की आवश्यकताओं की दृष्टि से नयी शाखाएँ नहीं खोलते परन्तु आँकड़े बतलाते हैं कि बैंकों ने १९५५ से १९६५ के बीच १५९४ नयी शाखाएँ खोलीं और कुल संख्या ४०१० तक पहुँचा दी। यह सब स्थानीय जनता की आवश्यकताओं की दृष्टि से ही तो किया गया, क्योंकि यदि वे स्थानीय जनता की आवश्यकताओं की पूर्ति नहीं करेंगे तो उनकी ग्राहकी कैसे बढ़ेगी और उनको लाभ कैसे होगा? उनकी इस सफलता का महत्त्व और भी बढ़ जाता है जब हम देखते हैं कि सरकार की ओर से उनको, स्टेट बैंक की भाँति, सुविधाएँ नहीं दी गयी थीं।

अब राष्ट्रीयकरण के बाद बैंकों की कार्य-कुशलता बढ़ने की दलील को लीजिये। इस सम्बन्ध में सबसे पहला सवाल यह उठता है कि क्या सरकार के पास इतनी बड़ी संख्या में योग्य और अनुभवी कर्मचारी मौजूद हैं जो सरकारी और गैर-सरकारी बैंकों की

देश भर में फैली लगभग ६००० शाखाओं को सुचारु रूप से चला सकें?

सरकारी क्षेत्र के कारखानों में एक-दो को छोड़कर शेष कारखानों का काम सन्तोषजनक रहा – ऐसा नहीं कहा जा सकता। गैर सरकारी क्षेत्र के कारखानों को सरकार की ओर से उतनी सुविधाएँ उपलब्ध न होते हुए भी उनमें से अधिकांश मुनाफे में चलते हैं। परन्तु सरकारी कारखानों को पिछले वर्षों में लगातार घाटा रहा है।

यहाँ एक और भी बात ध्यान में रखनी चाहिये कि खातेदारों का विश्वास प्राप्त करना भी बैंकों के लिये उतना ही जरूरी है जितना कि रुपया जमा करने और निकालने में सुविधा और तत्परता बरतना। यदि खातेदारों को रुपया निकालने या जमा करने में ही एक-दो घण्टे लम्बी लाइनों में खड़ा होना पड़े तो उनकी तकलीफें बढ़ जायेंगी।

अन्तिम दलील है कि सरकार यदि बैंकों का राष्ट्रीयकरण कर दे तो गैर-सरकारी बैंकों को होने वाला मुनाफा सरकार को मिल जायेगा और उस मुनाफे को कृषि तथा विकास-परियोजनाओं में लगाया जा सकेगा परन्तु देखना यह है कि सरकार को बैंकों के राष्ट्रीयकरण से कितनी रकम मिल सकेगी?

रिजर्व बैंक द्वारा प्रस्तुत आँकड़ों के अनुसार देश भर के गैर-सरकारी भारतीय तथा विदेशी बैंकों को १९६४ में कुल मिलाकर २५.५६ करोड़ रुपयों का लाभ हुआ। उसमें से करीब १४ करोड़ रुपये, सरकार को करों के रूप में मिल गये। इसके अलावा २.७८ करोड़ रुपये रक्षित राशि में जमा किये, ४.०९ करोड़ रुपये कर्मचारियों का बोनस के रूप में दिये और ४.१० करोड़ रुपये लाभांश के रूप में, उन पर आय-कर काटकर, शेयर होल्डरों को दिये गये जो शेयरों के बाजार भाव पर ८ प्रतिशत के लगभग था। इस प्रकार बैंकों के राष्ट्रीयकरण से सरकार को अधिक से अधिक ६० लाख रुपये की बची हुई राशि ही मिल सकेगी। अतः राष्ट्रीयकरण इस दृष्टिकोण से भी अव्यावहारिक है।

बैंकों का राष्ट्रीयकरण करना बैंकिंग व्यवसाय पर राज्य का एकाधिकार कायम करना होगा। ऐसे एकाधिकार से निजी उद्योग के उत्साह को धक्का लगेगा, निजी उद्योगपति अपनी ओर से नये-नये उद्योग खोलने में हिचकेंगे तथा देश में विदेशी पूँजी भी नहीं आयेगी जिसकी हमें अत्यन्त आवश्यकता है।

ऐसा एकाधिकार जनतांत्रिक भी नहीं होगा। बैंकों के राष्ट्रीयकरण का औचित्य तभी होता जब देश के सभी उद्योग सरकारी होते। हमने अपने देश में एकाधिकारी प्रवृत्ति और उसकी बुराइयों से बचने के लिये ही तो मिली-जुली अर्थ-व्यवस्था का विधान किया है। हमारा समाजवाद है, एकाधिकारी समाजवाद नहीं। हम यह मानकर चलते हैं कि सरकारी और गैर-सरकारी दोनों ही क्षेत्र एक दूसरे के पूरक हैं, विरोधी नहीं। इस बात को भूतपूर्व प्रधानमन्त्री श्री नेहरू, श्री शास्त्री और वर्तमान प्रधानमन्त्री श्रीमती इन्दिरा गाँधी ने बार-बार दुहराया है।

पश्चिम बंगाल की वर्तमान स्थिति

पिछले आम चुनावों के बाद १९ वर्षों से चली आ रही कांग्रेस की सार्वभौमिक सत्ता में रुकावट आयी। १७ प्रान्तों में से ८ में गैर-कांग्रेसी सरकारें बनीं।

केरल और पश्चिम बंगाल को छोड़कर बाकी के ६ प्रान्तों में जो मिली-जुली सरकारें बनी हैं, उनके साथ थोड़े-बहुत साम्यवादी शामिल होने के बावजूद उनके पिछले ४ महीनों के वक्तव्यों और शासन-प्रणाली से ऐसा लगता है कि उनका उद्देश्य प्रान्तों के उद्योगों की बढ़ोतरी, स्वदेश के प्रति वफादारी और नागरिकों के हितों की रक्षा करने का है। इन सब मंत्रियों में अधिकांश किसी समय के पुराने कांग्रेसी, समाजवादी, स्वतंत्र अथवा जनसंघ दलों के हैं। वे सब चीन और पाकिस्तान की हरकतों के प्रति भी कांग्रेसियों से किसी प्रकार कम चिन्तित या जागरूक नहीं हैं।

केरल में यद्यपि वामपंथी साम्यवादियों का स्पष्ट बहुमत है परन्तु वह सुदूर दक्षिण में है जहाँ चीन, बर्मा या पाकिस्तान का पड़ोस नहीं है। इसके सिवाय केरल वाणिज्य-उद्योग में भी पिछड़ा हुआ है इसलिये वहाँ की साम्यवादी सरकार ने मजदूरों और जनता को बहका कर कारखानों, आफिसों, ट्रेनों और बसों पर घेराव अथवा हमले करने को प्रोत्साहन नहीं दिया है। परन्तु पश्चिम बंगाल की स्थिति केरल से ठीक उल्टी है। यह महाराष्ट्र के बाद देश का सबसे बड़ा औद्योगिक केन्द्र है। चीन और पाकिस्तान की सीमाएँ इससे मिलती हैं, जहां से अवैधरूप से सब तरह का आवागमन होना सम्भव है। उत्तरी हिस्से में तिब्बत, भूटान, सिक्किम और नेपाल हैं। यद्यपि यहाँ केरल की तरह साम्यवादी सरकार नहीं है परन्तु २८४ सदस्यों में उनके दोनों दलों के केवल ५९ सदस्य होने के बावजूद शासन की बागडोर एक प्रकार से वामपंथी साम्यवादी दल के हाथ में है।

मुख्यमंत्री श्री अजय मुखर्जी बंगाल कांग्रेस दल के हैं और उनके साथ १३ दूसरे दलों का मिला-जुला मंत्रिमंडल है। इसलिये हर प्रकार की अराजकता और आये दिन के घेरावों और मारपीट की जिम्मेदारी केवल वामपंथी दलों पर नहीं जाती।

किसी भी राजनीति के विद्यार्थी से यह तथ्य छिपा हुआ नहीं है कि मार्क्स के अनुयायी हर कीमत पर देश या प्रान्त में साम्यवादी विचारों के प्रचार-प्रसार को

प्राथमिकता देते हैं, इसके लिये भले ही कारखाने बन्द होकर उत्पादन घट जाय, बेकारी बढ़ जाय और स्कूल कॉलेज बन्द हो जायें। भूख, बेकारी और जीवन की आवश्यक सुविधाओं से वंचित क्षुब्ध जनता का रोष ऊपर की श्रेणी के लोगों के प्रति बढ़ जाता है और वे सब मौका मिलते ही मारपीट, लूट-खसोट और अराजकता की सृष्टि कर देते हैं। वास्तव में कम्युनिस्ट तो इसी प्रकार के मौके की ताक में रहते हैं।

पिछले ४ महीनों में बंगाल की जिस प्रकार की शोचनीय अवस्था हो गयी है, वह छिपी हुई बात नहीं है। सैकड़ों कारखाने घेराव या मारपीट के कारण बन्द या आधे बन्द पड़े हैं। आफिसरों और इंजीनियरों को अपनी जान-माल का डर बना रहता है, उत्पादन घटता जा रहा है, नये कारखाने बनने का तो प्रश्न ही नहीं –बल्कि पुरानों की बढोतरी और आधुनिकीकरण भी रुक गया है। खाद्यान्नों के दाम बढ़ गये हैं क्योंकि दुकानदारों ने बाहर से दालें आदि मँगाना कम कर दिया है। आये दिन ट्रेनों और बसों को रोक कर उनपर पथराव किया जाता है, यही नहीं स्कूलों और कॉलेजों में भी तोड़-फोड़, हड़तालें और शिक्षकों के मारपीट की घटनाएं होने लग गयी हैं।

इन सबसे कहीं अधिक खतरे का रूप बनता जा रहा है – प्रान्त के महत्त्वपूर्ण हिस्सों में वामपंथियों द्वारा घातक शस्त्रों से लैस होकर निरीह लोगों पर व्यापक रूप से हमले करना, उनके घर-दुकानों को जलाना अथवा लूटना और पुलिस के आफिसरों की या सिपाहियों की हत्या करना। इसका सबसे बड़ा उदाहरण है –उत्तरी बंगाल के सिलीगुड़ी के पास का नक्सलबाड़ी अंचल, जहाँ पिछले २ महीनों से एक प्रकार से प्रान्त का शासन नहीं के बराबर है। नई दिल्ली से सब दलों के संसद सदस्य वहाँ की स्थिति की जानकारी के लिये जाना चाहते थे परन्तु पश्चिम बंगाल सरकार ने उन्हें रोक दिया है। पिछले दिनों बंगाल सरकार के ६ मंत्री वहाँ गये थे। उन्होंने जो वर्णन किया है, उसे सुनकर किसी भी सभ्य देश के नागरिक का माथा शर्म से झुक जाना स्वाभाविक है। वहां न केवल हत्या, लूट और आगजनी ही हुई है बल्कि महिलाओं की अस्मत भी राजनैतिक गुण्डों द्वारा लूटी गयी है।

वामपंथी साम्यवादी शासक दल ने नक्सलबाड़ी के अपने उन साथियों को पार्टी से निकाल देने का ढोंग किया है पर सब दिखावे के लिए है, वरना इस तरह की करतूतों में दोनों साम्यवादी दलों में साम्य है।

उत्पादन को ठप्प करने के लिए कारखानों को मजदूरों के हाथ में करना जरूरी है। बंगाल में अभी तक कांग्रेस द्वारा संचालित संस्था इन्टुक का बहुमत था परन्तु अब वाम यूनियनों का है अतः दूसरे दलों के मजदूरों को हर प्रकार से कुचला जा रहा है। यहाँ तक कि पिछले दिनों रानीगंज क्षेत्र में एक कोयले की खान में समाजवादी मजदूर दल के नेता श्री झा की हत्या नृशंसतापूर्वक कर दी गयी।

रेल, ट्राम, बस, जहाज और अन्य जरूरी प्रतिष्ठानों के मजदूरों को डरा धमका

कर साम्यवादी दल में मिलाना शुरू कर दिया है। पुलिस में जहाँ कहीं भी निष्पक्ष अफसर हैं, उनको महत्त्वपूर्ण स्थानों से बदल कर दूसरी जगह भेजा जा रहा है। यहाँ तक कि उनमें से कइयों का सार्वजनिक रूप से अपमान किया गया है। देहातों में जनसुरक्षा समिति के नाम से कमेटियाँ स्थापित कर दी गयी हैं, जिनके कार्यकर्त्ता लोगों के घरों में जाकर तलाशी के नाम पर हर प्रकार के अत्याचार करते हैं। सरकारी दफ्तरों में दल के सदस्यों को जरूरी महकमों में लगाया जा रहा है, जिससे कि वर्त्तमान शासन बदलने के बाद भी पार्टी को गुप्त सूचनाएँ मिलती रहें। देश भर के वामपंथी समाचार पत्रों और कला-केन्द्रों के माध्यम से पार्टी के उद्देश्य और विचारों का प्रचार शुरू कर दिया गया है।

इतने बड़े पैमाने पर प्रचार कार्य के लिए बहुत बड़ी धनराशि की आवश्यकता होती है जिसका अधिकांश इनसे सहानुभूति रखने वाले दूसरे देशों से छिपे तौर पर आता है। कहा जाता है कि तीन वर्ष पहले साम्यवादी दल के सर्वोच्च नेता डांगे की जमा रकम चायना बैंक में पकड़ी गयी थी।

सन्तोष की बात है कि इन सब समाज और देश विरोधी कामों के सम्बन्ध में दूसरे दलों के विधान-सभाई सदस्यों के मन में शंका पैदा होने लगी है और उन्होंने अपनी पार्टी की सभाओं में इसके विरोध में जोरदार शब्दों में विचार भी प्रकट किये हैं परन्तु अभी तक सिवाय पाँच सदस्यों के बाकी सब उसी मिली-जुली सरकार के साथ हैं। फिर भी हालात ऐसे बनते जा रहे हैं कि शीघ्र ही वर्तमान सरकार का शायद बहुमत न रहे। परन्तु प्रान्तीय कांग्रेसी नेताओं को भी अपने रवैये में बड़े पैमाने पर तब्दीली करनी पड़ेगी। अगर उन्होंने श्री अजय मुखर्जी और उनके साथियों का, जो उनसे ज्यादा गांधीवादी विचारधारा के थे, का खुले तौर पर अपमान नहीं किया होता, पद और सत्ता के लोभ को छोड़कर जनता के दुःख-दर्द में शामिल हुए होते तो बंगाल की यह शोचनीय हालत नहीं होती।

अब भी हमें दोनों साम्यवादी दलों को छोड़कर बाकी के दूसरे दलों के सदस्यों पर भरोसा है कि वे प्रान्त की बिगड़ती हुई स्थिति को सम्हाल लेंगे। जिस बंगाल के सपूतों ने स्वतन्त्रता प्राप्ति के लिए अपरिमित बलिदान किये, जहाँ से वन्दे मातरम् और जन-गण-मन अधिनायक के मंत्रों की सृष्टि हुई – उस पवित्र बंग भूमि का आपसी मतभेदों के कारण किसी प्रकार भी अहित नहीं होने देंगे। हर्ष की बात है कि सिवाय दो-एक कम्युनिस्ट पत्रों के यहाँ के समाचार-पत्र पूरी तौर पर जागरूक हैं और प्रान्तीय सरकार की नाराजगी की परवाह किये बिना प्रान्त की सही स्थिति का चित्रण जनता के सामने रखते आ रहे हैं।

केन्द्र अभी तक सारी स्थिति का बारीकी से अध्ययन कर रहा है और ऐसा जँचता है कि अगर हालात ज्यादा बिगड़ने लगेंगे तो निश्चित रूप से हस्तक्षेप करेगा।

परन्तु यह भी ध्यान में रखना जरूरी है कि बहुत ही सुनियोजित ढंग से साम्यवादी पश्चिम बंगाल में अपना काम करने जा रहे हैं और अगर इन्हें इसी प्रकार की ढील मिलती गयी तो हो सकता है कि आगे जाकर स्थिति को सम्हालना मुश्किल हो जाय।

सभी प्रजातंत्रीय दलों के सदस्य, देश की सार्वभौमिक सत्ता को अक्षुण्ण रखना अपना प्रथम कर्त्तव्य समझते हैं इसलिए हमें पूरा भरोसा है कि बिगड़ती हुई स्थिति को सम्हालने के लिए केन्द्रीय सरकार द्वारा की गयी उचित किन्तु कड़ी कार्यवाही का वे सब समर्थन करेंगे।

टांटिया जी के दो टूक सुस्पष्ट विचार

महाप्रज्ञ

स्वामी नथमल आचार्य (10वें गुरु) 'महाप्रज्ञ ने कहा' (24) के अन्तर्गत श्री रामेश्वर टांटिया के सद्‌विचार को सुस्पष्ट किया गया है कि धन वरदान तभी बनता है जबकि वह आदमी में विवेक जगाता हो। महाप्रज्ञ ने अपने संस्मरण में बताया है कि मेरी तो यह धारणा है कि समझदार पिता को अपने पुत्र के लिए ज्यादा संपत्ति छोड़नी ही नहीं चाहिए। उससे पुत्र के बनने की नहीं, बिगड़ने की ज्यादा संभावना रहती है। संपत्ति से नहीं, शिक्षा और संस्कारों से संपन्न बनाओ। संपत्ति छोड़कर जाएंगे तो सौ में से नब्बे संतानें ऐसी निकलेंगी कि वे अपनी पैतृक संपत्ति का दुरूपयोग ही करेंगी, सदुपयोग नहीं। बिना परिश्रम के कमाई हुई दौलत काम नहीं आती। वह हमेशा गलत कामों में व्यय होती है। उसका सदुपयोग नहीं, दुरुपयोग ही होता है।

रामेश्वर टांटिया आचार्य तुलसी के भक्तों में थे। वे आचार्यश्री के दर्शनार्थ आते रहते थे। एक बार आये हुए थे। मैंने कहा–''टांटियाजी! आज अग्रवाल और माहेश्वरी समाज उद्योग के क्षेत्र में बहुत आगे बढ़ रहा है।''

टांटियाजी तुरंत बोले–''आगे नहीं बढ़ रहा है। धन को काम रहा है। किंतु जैसा आपने अभी कहा कि आगे बढ़ रहा है, यह बात सही नहीं है। वह आगे नहीं बढ़ रहा, बल्कि नीचे उतर रहा है। इसलिए कि आज हमारे समाज के युवक-युवतियां नाइट क्लबों में जाते हैं और लाखों रुपये उड़ाकर चले आते हैं। धान के साथ-साथ वे चरित्र को भी उड़ा रहे हैं। यही स्थिति रही तो एक दिन चरित्र की दृष्टि से खोखले हो जाएंगे, पास में कुछ नहीं बचेगा। समाज के बच्चे बिगड़ रहे हैं।''

धन वही काम का, जो बच्चो को संस्कारी बनाने में काम आये। वह धन किस काम का जो उन्हें गलत और अंधेरे रास्ते पर ले जाए। चरित्र अगर अच्छा नहीं तो धन भी आदमी के लिए अभिशाप बन जाता है। धन वरदान तभी सिद्ध होता है, जब वह आवश्यकता की पूर्ति करे, आदमी को विवेक प्रदान करे। नष्ट होने के चार कारण बताये गये। कुछ लोग अज्ञान के कारण नष्ट हो जाते हैं। कुछ लोग अपने प्रमाद के कारण नष्ट हो जाते हैं। कुछ लोग धन के अहंकार में नष्ट हो जाते हैं और कुछ लोग नष्ट लोगों के द्वारा नष्ट हो जाते हैं।

दैनंदिनी

(१९३२ से १९७७)

(১৯১০-১৯৬৬)

जीवन-वृत्त

जन्म : २६ जनवरी १९१०, सरदारशहर (राजस्थान), रामसनेही संप्रदाय के अनुयायी परिवार में।

पिता : श्री शिवनारायणजी टांटिया

दादा : सेठ गिरधारीलालजी टांटिया

माता : श्रीमती सूवा देवी

पत्नी : श्रीमती दुर्गा देवी

पुत्र : नन्दलाल, राजेन्द्रकुमार

पुत्रियां: रतनीबाई, बसंतीबाई

- प्रारंभिक शिक्षा सरदारशहर में, लक्ष्मण गुरुजी की पाठशाला में।
- १० वर्ष की उम्र में मार्च १९२० में कलकत्ता के कारोबारी श्री हरचंदराय सराफ की इकलौती पुत्री के साथ विवाह।
- १९२२ में मिडिल की परीक्षा देने बीकानेर गए। १२ वर्ष की उम्र में सरदारशहर की गौशाला में गोपाष्टमी के अवसर पर भाषण देने का पहला मौका।
- किशोर वय में कविता लिखी–**'जन्मभूमि की माटी में, मैं खेलूँ गाऊँ/जीवन की प्रत्येक घड़ी को सुखी बनाऊँ।'**
- पढ़ने का शौक बचपन से ही। १९०९ में स्थापित सरदारशहर की पब्लिक लाइब्रेरी की पुस्तकों का लाभ उठाया। प्रेमचंद, शरतचंद्र आदि की पुस्तकें पढ़ीं। चार्ल्स डिकेंस की पुस्तकें 'आलिवर ट्विस्ट' और 'डेविड कापरफिल्ड' भी यही पढ़ीं।
- १९२४ में दिल्ली गए मैट्रिक का इम्तहान देने।
- जुलाई १९२५ में पिताजी के साथ धुबड़ी (आसाम) गए। मन नहीं लगा। पिताजी ने सरदारशहर वापिस भेजा।

- आजीविका की तलाश में कलकत्ता गए। पिताजी भी धुबड़ी से, काम नहीं जमने के कारण कलकत्ता आ चुके थे।
- एक प्रतिष्ठित दलाल के पास पाट की दलाली का काम सीखने गये।
- कुछ दिन बीमा का भी काम किया। रास नहीं आया, छोड़ा। पाट की दलाली के काम की फिर से कोशिश की। ससुर श्री हरचंदराय सराफ की मार्फत सेठ बंशीधरजी जालान की सिफारिश से श्री मानवेन्द्र मित्र द्वारा जे. टामस कम्पनी में सहायक ब्रोकर के पद पर नियुक्ति।
- नौकरी करते हुए आढ़तदारी का काम भी शुरू किया। तदनंतर पाट के वायदे बाजार में अपनी फर्म भी चालू की। जे. टामस कम्पनी में पदोन्नति भी हुई।
- १९२९ में दो महीने की छुट्टी लेकर सरदारशहर गए। इस दौरान लाइब्रेरी में प्रेमचंद, प्रसाद, मैथिलीशरण गुप्त, बंकिम, शरतचंद्र, रवींद्रनाथ, अप्टन सिक्लेयर, स्टीफन ज्विंग, बर्नाड शा, पर्लबक, इब्सन आदि की ढेरों किताबें पढ़ीं। कलकत्ता लौटे अपने छोटे भाई सत्यनारायण को साथ लेकर उसकी अच्छी पढ़ाई के उद्देश्य से।

  देश की राजनीतिक परिस्थितियों में निरंतर उबाल। गांधीजी की राजनीतिक चेतना और सामाजिक क्रांति के अभूतपूर्व तरीकों से प्रभावित होकर नमक बनाने वाले युवकों के दल में शामिल हुए और नमक बनाया।

  गांधीजी द्वारा कलकत्ता के बड़ाबाजार अंचल में 'शुद्ध खादी भंडार' का उद्घाटन। श्री सीताराम सेकसरिया और श्री महावीरप्रसाद पोद्दार से परिचय। घनिष्ठता बढ़ी। इनकी संगठन क्षमता, निष्ठा और कार्यशैली से प्रभावित हुए। राजनीतिक कार्यों में तो नहीं लेकिन सामाजिक कार्यों यथा विधवा-विवाह कराने व परदा प्रथा उन्मूलन और मृत्युभोज के विरुद्ध सक्रिय हुए।
- १९३१ में मंदी का दौर। पाट के व्यापार में बड़ा घाटा हुआ। घर का सोना बेचकर साख बचाई।
- बीमार पड़े। टी.बी. की बीमारी हुई। आर्थिक अभाव के कारण कलकत्ता में चिकित्सा न करा सके। सरदारशहर गए, आयुर्वेदिक चिकित्सा हेतु। स्वस्थ होकर कलकत्ता लौटे। उत्साह के साथ नौकरी में लग गये लेकिन कुछ दिनों बाद बड़े बेनियन श्री सिपानी के आग्रह पर हटा दिए गये। स्वतंत्र व्यवसाय की हिम्मत की। पाट के एक व्यापारी श्री डेडराज भरतिया का सहयोग मिला और साझेदारी में पाट की बेलिंग और दलाली का काम शुरू कर दिया। काम चल निकला।
- विश्वमित्र दैनिक के संचालक श्री मूलचंद अग्रवाल से संपर्क। रविवार के अंक में

नियमित रूप से जूट बाजार की समीक्षा लिखने लगे। साझेदारी फर्म से जूट-बाजार की मासिक रिपोर्ट की पुस्तिका प्रकाशित की। साख में वृद्धि हुई। 'कलकत्ता बेल्ड जूट एसोसिएशन' के सदस्य चुने गये।

- साझेदारी के व्यवसाय से हुए लाभ से कर्ज का बोझ कुछ हल्का हुआ। इसी दौरान साझेदारी से अलग हुए। स्वतंत्र रूप से पाट की दलाली का काम शुरू किया। काम चल निकला। कर्ज की पूरी रकम चुकाई।
- १९३३ में तैयारी पाट के वायदे कारोबार में बड़ा घाटा हुआ, गोदाम में आग लगी। मेहनत और लगन से अपनी स्थिति सुधारी और व्यापारियों की रकम ब्याज सहित चुकाई।
- १५ जनवरी १९३४ में भूकम्प के दो झटके। बिहार में भूकम्प का भीषण प्रकोप और जनहानि। डॉ. राजेन्द्र प्रसाद की पूरे देश से भूकम्प पीड़ितों के सहायतार्थ अपील। मारवाड़ी रिलीफ सोसाइटी से जुड़े और दवाई-कपड़ा, अर्थ-संग्रह आदि का कार्य किया।
- १९३६ के मार्च में भाग्योदय। जे. टामस कम्पनी की बेनियनशिप मिली। काम-काज की व्यस्तता में ही स्वाध्याय की भी लगन बनी रही। बड़ाबाजार के ३ प्रमुख पुस्तकालयों का लाभ उठाया। हिंदी पुस्तक एजेन्सी के कर्ताधर्ता, साहित्य प्रेमी और समाज-सुधारक श्री बैजनाथ केडिया से संपर्क हुआ।
- १९३७ में जूट बेलिंग की अपनी फर्म 'टांटिया ब्रदर्स लिमिटेड' की स्थापना की। एक जूट प्रेस किराए पर ली। अथक परिश्रम से व्यापार को बढ़ाया। पाट के निर्यातक भी बने।
- १९३८ से पाट के कारबार में वृद्धि से आर्थिक समृद्धि का रास्ता खुला। पाट व्यवसाइयों की प्रथम श्रेणी में गिने जाने लगे। बम्बई, आसाम और कलकत्ता में विभिन्न उद्योगों की स्थापना की।
- १९४१ में विश्वकवि रवीन्द्रनाथ की मृत्यु। मर्माहत हुए। अंतिम दर्शन हेतु जोड़ासांकू राजबाड़ी गये।
- मार्च १९४२ में जापानी आक्रमण के फलस्वरूप रंगून का पतन। लाखों भारतीय बर्मा से भागकर भारत आए। मारवाड़ी रिलीफ सोसाइटी की राहत कैम्पों में सेवाकार्य।
- १९४७-४८ के दौरान शरणार्थियों, दंगा-पीड़ितों के राहत शिविरों में सहायता

कार्य। १९४८ में जयप्रकाश नारायण और डॉ. लोहिया से परिचय। प्रभावित हुए। जयप्रकाशजी के कारण आचार्य नरेंद्रदेव, बाबू गंगाशरण सिंह, श्री अशोक मेहता आदि से भी संपर्क।

- १९५० में पहली विदेश-यात्रा। समाज-सुधार के कार्यों से शिक्षा-क्षेत्र की ओर झुकाव बढ़ा। लेखन की ओर प्रवृत्त हुए। सामाजिक-आर्थिक विषयों पर पत्र-पत्रिकाओं में नियमित लेखन। टांटिया हाई स्कूल की स्थापना। ज्ञान भारती विद्यापीठ के प्रथम अध्यक्ष बने।
- १९५१ में राजस्थान में पड़े अकाल में सेवा कार्य हेतु राजस्थान गए। मारवाड़ी रिलीफ सोसाइटी के प्रधानमंत्री निर्विरोध चुने गए।
- १९५७ में सीकर की संसदीय सीट से कांग्रेस की ओर से उम्मीदवारी का पर्चा भरा। निर्वाचित हुए। सांसद के रूप में दिल्ली रहते समय बड़े साहित्यकारों यथा मैथिलीशरण गुप्त, दिनकर, बालकृष्ण शर्मा 'नवीन' आदि से घनिष्ठता।
- १९५६ से १९६६ की अवधि में कांग्रेस संसदीय दल के कोषाध्यक्ष पद पर चार बार चयनित।
- १९६१ में दूसरी विदेश यात्रा। रूस गए एक प्रतिनिधि मंडल में।
- १९६२ में सीकर क्षेत्र से दूसरी बार लोकसभा सदस्य निर्वाचित हुए। संसद में आर्थिक नीतियों, गरीबों के लिए योजना बनाने, चीन की आक्रामक गतिविधियों आदि मामलों पर अपना अभिमत रखते हुये दल में दबाव बनाया। इस दौरान लेखन का क्रम जारी। विभिन्न पत्र-पत्रिकाओं में लेख, कहानियां, संस्मरण प्रकाशित।
- १९६४ में तीसरी बार विदेश भ्रमण।
- १९६७ में तीसरी बार सीकर संसदीय क्षेत्र से कांग्रेस की ओर से प्रत्याशित हुए किन्तु सफलता नहीं मिली। पार्टी ने उत्तर भारत के बृहद उद्योग समूह 'ब्रिटिश इंडिया कारपोरेशन', कानपुर के संचालन का दायित्व सौंपा। प्रबंध निदेशक बनकर प्रतिष्ठान के नवोन्मेष में विशेष भूमिका निभाई। हिंदी पुस्तक एजेन्सी, कलकत्ता से पहली पुस्तक 'कुछ अपनी : कुछ जग की' प्रकाशित।
- १९६९ में कानपुर के मेयर बने। विभिन्न मुहल्लों में सर्वेक्षण-निरीक्षण किया। लोगों के कष्टों को देखा-समझा और उनके हित में काम किया। लोकप्रिय हुए। कानपुर के मेयर काल में विशिष्ट साहित्यकारों और आदर्श राजनीतिक व्यक्तित्वों का सम्मान किया। दिल्ली प्रेस, नई दिल्ली से 'विश्वयात्रा के संस्मरण' का प्रकाशन।
- १९७३ के दिसम्बर माह में गिरने से कूल्हे की हड्डी टूटी। लेखन-कार्य जारी।

- १९७४ में कहानियों का संग्रह 'जाने-अनजाने' कानपुर से और ऐतिहासिक कहानियों का संग्रह 'इतिहास के निर्झर' विश्वविद्यालय प्रकाशन, वाराणसी से प्रकाशित हुआ।
- १९७६ में भीषण रूप से अस्वस्थ हुए। गुर्दे बेकार हुए। बम्बई ले जाए गए। आत्मकथा लिखनी शुरू की। अर्चना सांस्कृतिक मण्डल, कानपुर से 'राह चलते-चलते' का प्रकाशन।
- २२ जुलाई १९७७ को जसलोक हास्पिटल, बम्बई में निधन।

प्रकाशित पुस्तकें : हमारा संसद भवन, आर्थिक समस्याएं, कुछ अपनी : कुछ जग की, कुछ देखी : कुछ सुनी, इतिहास के निर्झर, भूले न भुलाये, कुछ घटनाएं : कुछ संस्मरण, जाने-अनजाने, राह चलते-चलते, विश्वयात्रा के संस्मरण, क्या खोया क्या पाया, मेरा बचपन : मेरा गांव, मेरा संघर्ष : मेरा कलकत्ता, रामेश्वर टांटिया समग्र।

प्राक्कथन*

रामेश्वरजी मेरे घनिष्ठ मित्रों में से एक थे। साधु प्रकृति, परोपकार में तत्पर, बुराइयों से निवृत्त, द्वेष से वैराग्य, स्पष्ट वक्ता, साहित्य में रुचि, साहित्यकारों से घनिष्ठता और सज्जनों से मैत्री, यह उनकी सहज प्रकृति थी। व्यवसायी थे, पर मुझसे जब-जब साक्षात्कार होता, चर्चा होती थी राजनीतिक, सामाजिक या साहित्यिक। वेदान्त में उनकी कोई विशेष गति नहीं थी, पर स्वभाव से वे धर्मभीरु और श्रद्धालु थे। सेवा का यदि आह्वान हो तो सर्दी-गर्मी, भूख-प्यास, सुविधा-असुविधा को वे नितान्त भूल जाते थे । ऐसे मित्र की अकाल मृत्यु से समाज में एक स्थान रिक्त हो गया, जिसकी पूर्ति दुर्लभ है।

पर संसार का रवैया ही ऐसा है कि कोई ठहरता नहीं। कृष्ण गये, राम गये, बुद्ध गये, शंकर गये और गांधी भी गये – संसार का प्रवाह जारी है और जारी रहेगा। इससे क्या कोई उद्विग्न हो और क्या शोक करे ! हमारी जिम्मेदारी में भगवान ने जो काम हमें सुपुर्द किया, उसे जब तक श्वास है, निर्वाह करते जाओ। यही भगवान का संदेश है। इस संसार-चक्र को जो यथावत घुमाता रहता है, उसका जीवन सार्थक है। जो इस चक्र को घुमाये बिना ही खाता है, वह गीता के शब्दों में पाप खाता है। रामेश्वरजी ने इस चक्र को घुमाते रख कर अपने जीवन को सफल किया, ऐसा मेरा मानना है।

जब जाने का समय आता है तो कोई टिक नहीं सकता। 'विधि का लिखा को मेटन हारा', 'हानि-लाभ, जीवन-मरन, जस-अपजस बिधि हाथ।' यह सब यथार्थ है। इस पर विधि के जनक भी हम ही हैं – विधि का निर्माण हमारे कर्म ही करते हैं। पर इसमें शायद कुछ अपवाद भी है। योग वाशिष्ठ ने विधि की कटु आलोचना की है और पुरुषार्थ की महिमा गाई है। पर एक बार जब हमने विधि की रचना कर दी तो फिर उसके प्रहार को भुगतना ही पड़ेगा, ऐसा नियम है।

संकल्प उठता है कि क्या रामेश्वरजी कुछ साल और जिंदा रह सकते थे, यदि

उन्होंने आहार-विहार में संयम किया होता तो, कौन जाने ! गीता में दो श्लोक हैं, जो पठन और मनन करने लायक हैं। ये श्लोक संसार निर्वाह को सुगम बनाने के निमित्त ही श्रीकृष्ण ने कहे हैं। संसार निर्वाह अध्यात्म से भिन्न नहीं है, यह भी समझ लेना चाहिए। यद्यपि इन श्लोकों में अध्यात्म का विवेचन नहीं है, पर कुछ लोग कहते हैं कि हमारे सारे कर्म अध्यात्म से भिन्न नहीं।

जो कुछ करो सो सेवा।
खावो पीवो सो पूजा।

ये कबीर के वचन हैं– और सही हैं। क्योंकि परमार्थ भावना से किये गये सभी कर्म ईश्वर की पूजा है। प्रधान भावना है, न कि कर्म। इसी दृष्टि से गीता के ये दो श्लोक भी संसार निर्वाह को सुगम बनाने के लिए ही कहे गये हैं और अध्यात्म से भिन्न नहीं–

नात्यश्नतस्तु योगोस्ति न चैकान्तमनश्नतः।
न चातिस्वप्नशीलस्य जाग्रतो नैव चार्जुन।।
युक्ताहारविहारस्य युक्तचेष्टस्य कर्मसु।
युक्तस्वप्नावबोधस्य योगो भवति दुःखहा।।

न ज्यादा खाओ न कम। न ज्यादा सोओ, न अधिक जागो। युक्त आहार, युक्त विहार, युक्त चेष्टा, युक्त कर्म, युक्त सोना और युक्त ही जागना – यह क्रम संसार यात्रा के दुःख को हर लेता है। यह श्री भगवान का कथन केवल पढ़ने की चीज नहीं, आचरण की चीज है। अति को त्याग कर सहज काम और सहज विश्राम से संसार यात्रा सुगम होती है, स्वास्थ्य अच्छा रहता है और काम भी डट कर होता है – यह भगवान की प्रतिज्ञा है।

पर यह विषायन्तर हो गया, खैर। रामेश्वरजी की यह डायरी उनके जीवन की सम्पूर्ण झांकी नहीं है। मैंने उसका जो चित्र दिया है, वह इस डायरी में नहीं मिलेगा। रामेश्वरजी का भौतिक शरीर गया पर आत्मा तो अमर है। जब तक उनका जस है, वह प्रेरणा देता रहेगा। ईश्वर उनके जस की प्रतिष्ठा को बनाये रखे।

७ जनवरी, १९८१

घनश्यामदास बिड़ला

प्रस्तावना*

रुपये के दो ही पहलू होते हैं। एक सामने का और दूसरा पीछे का। वे मैले हो सकते हैं। कभी-कभी साफ करके भी दिखाये जा सकते हैं। किन्तु रत्न में अनेक पहलू होते हैं। वह ऐसे काटा और तराशा जाता है कि उसमें अनेक पहलू बन जाते हैं। वे सब चमकते हैं। उनके कारण उसे जिस कोण से देखो, वह अपनी चमक से देखने वाले को आकर्षित और आनन्दित करता रहेगा। मनुष्यों में भी कुछ रत्न होते हैं जिनके जीवन के अनेक पहलू होते हैं और नियति ने उन्हें इस प्रकार बनाया और सँवारा तथा काटा और तराशा है कि हर देखने वाले को वे प्रभावित, आकर्षित और आनन्दित करते हैं। श्री रामेश्वर टांटिया इसी प्रकार के पुरुष-रत्न थे। श्री घनश्यामदासजी बिड़ला उन्हें अधिक निकटता से जानते थे। वे उनके चरित्र के कई पहलुओं से परिचित थे। प्राक्कथन में उन्होंने उनके व्यक्तित्व, सेवा भावना और राजनीतिक रुचि का सजीव वर्णन दिया है किन्तु मैं उनकी साहित्यिक अभिरुचि से ही परिचित होने का अवसर पा सका। उनके अन्य क्षेत्रों के कार्य से अपरिचित रहा। अतएव, मैं उनकी साहित्यिक गतिविधियों पर ही कुछ कह सकता हूँ।

श्री रामेश्वरजी टांटिया का मेरा परिचय दिल्ली में राष्ट्रकवि मैथिलीशरणजी गुप्त के यहाँ हुआ। गुप्तजी मेरे बहुत पुराने मित्र थे। मैं उन्हें उस समय से जानता था, जब उन्होंने 'सरस्वती' में लिखना आरम्भ किया था। अतएव उनसे काफी घनिष्ठता थी। उन्होंने मुझे टांटियाजी का परिचय बड़े प्रशंसापूर्ण शब्दों में कराया। उस समय टांटियाजी भारत की संसद के सदस्य थे और दिल्ली ही में अधिकतर रहते थे। मुझे राजनीति में रुचि नहीं है। मुझमें-उनमें दो बातें सामान्य थीं– साहित्यिक अभिरुचि और भ्रमणप्रियता। मैं उत्तरी गोलार्द्ध के अनेक देशों की यात्रा कर चुका था। टांटियाजी भी बड़े भ्रमणशील थे। किन्तु एक बात में वे मुझसे अधिक थे। मैंने अपनी यात्राओं का वर्णन नहीं लिखा। टांटियाजी व्यवसायी भी थे। अतएव उनके सब काम

---

*'क्या खोया क्या पाया?' (विश्वविद्यालय प्रकाशन, वाराणसी १९८१) से उद्धृत

सुव्यवस्थित होते थे। उन्होंने अपनी यात्राओं के अनुभव विवरण सहित लिख छोड़े थे। मैं उन दिनों 'सरस्वती' का सम्पादन करता था। मैंने उनसे अनुरोध किया कि वे अपनी यात्राओं के कुछ संस्मरण 'सरस्वती' के लिए लिखें। शायद मैथिलीशरणजी ने भी उन्हें यह सलाह दी थी। उन्हें लेखन का अभ्यास ही न था अपितु वे अच्छे लेखक भी थे। उन्होंने कृपा कर मेरा अनुरोध स्वीकार कर लिया और 'सरस्वती' के लिए वे अपनी यात्राओं के अनुभव लिखने लगे। उनके कई यात्रा-वर्णन धाराप्रवाह रूप से 'सरस्वती' में प्रकाशित हुए और वे पाठकों को बड़े रुचिकर मालूम हुए। इसका कारण यह था कि एक तो उनकी भाषा बड़ी सरल और प्रवाहपूर्ण होती थी, दूसरे वे विदेशों के स्थानों और वस्तुओं को भारतीय दृष्टि से देखते थे और उन बातों पर प्रकाश डालते थे जो सांस्कृतिक, राजनीतिक या आर्थिक दृष्टि से भारत के लिए महत्वपूर्ण हैं। उनके समान व्यस्त व्यक्ति के लिए ऐसे सुन्दर यात्रा-वर्णन लिखना बहुत बड़ी बात थी।

व्यवस्थित जीवन व्यतीत करने वालों में कुछ लोगों को दैनन्दिनी (डायरी) लिखने की आदत पड़ जाती है। टांटियाजी ने भी १९३२ से दैनन्दिनी लिखना आरम्भ कर दिया था और सन् १९७७ तक लिखते रहे। शायद वे उसे नियमित रूप से प्रतिदिन नहीं लिखते थे, किन्तु दो-चार दिन का अन्तर भी कभी-कभी पड़ जाता था। उनका उद्देश्य इसे छपाने के लिए लिखना नहीं था। इसलिए इसमें अपने लिए महत्त्व की बातें– विशेषकर व्यवसाय और परिवार सम्बन्धी ही– अधिक लिखते थे। वर्तमान संस्करण सम्पादित संस्करण है। इसमें बहुत से अंश जो पाठकों के लिए अनावश्यक समझे गये हैं, निकाल दिये गये हैं। किन्तु जो व्यक्तिगत प्रवृत्तियाँ हैं वे उनके चरित्र, दृष्टिकोण और व्यक्तित्व को आलोकित करती हैं। उनसे हम पाते हैं कि वे कुशल व्यापारी, सरल व्यक्ति, समाजसेवी, सद्‌गृहस्थ और सामाजिक प्राणी थे। उनकी समाज-सेवा बहुमुखी थी। वे शिक्षा और विधवा-विवाह में विशेष रुचि लेते थे। पुस्तकें पढ़ने का शौक उन्हें आरम्भ ही से था और उनकी पठन-रुचि विस्तृत थी, किन्तु लेखन का शौक उन्हें बहुत बाद में पैदा हुआ। सन् १९४७ के २१ दिसम्बर को वे लिखते हैं–

"बंगाल एशियाटिक सोसायटी में महादेवी वर्मा का भाषण सुना। बहुत विदुषी हैं, कविता तो अच्छी करती ही हैं। मेरे मन में आता है, मैं भी कुछ लिखूँ। कौन मुझे याद रखेगा? डायरी के आज वाले पन्ने पर लिखा है 'विदुष पुजै सर्वत्र।' बात सही है। मुझे कुछ व्यापारी लोग जानते होंगे, परन्तु विद्वान को तो गाँव-गाँव के बच्चे भी जानते

हैं, इज्जत करते हैं। मुझे थोड़ा समय लिखने-पढ़ने में देना चाहिए।" इस प्रकार वास्तव में टांटियाजी श्रीमती महादेवी वर्मा के एकलव्य शिष्य प्रमाणित होते हैं। उन्हें महादेवीजी से जो प्रेरणा मिली, उसके कारण ही वे अपने व्यस्त जीवन में थोड़ा-बहुत लेखन कार्य कर सके।

जैसा कि ऊपर कहा गया है, यह डायरी 'स्वान्तः सुखाय' थी, प्रकाशन के लिए नहीं। फिर भी उनकी तीव्र व्यावहारिक दृष्टि के कारण अनेक बातों पर प्रकाश पड़ता है और मालूम होता है कि वे कितने दूरदर्शी थे। १६ दिसम्बर १९६२ को वे तेजपुर-गौहाटी की प्रविष्टि में लिखते हैं– "यहाँ का ढंग ठीक है। लोग कारबार में जम रहे हैं। परन्तु सबने डिफेन्स को मजबूत बनाने पर जोर दिया। पूर्वी पाकिस्तान से बीच-बीच में हिन्दुओं का आना चालू है और मुसलमान भी सीमा में आ कर बसते जा रहे हैं, इस बात की भी चर्चा हुई। आगे चल कर इससे प्राब्लम बढ़ेंगे।"

उन्होंने स्थिति को कितने सही ढंग से समझा था और कितनी सही भविष्यवाणी की थी, वह असम के वर्तमान आंदोलन और नाजुक स्थिति से भलीभाँति प्रमाणित है। जिस बात को एक यात्री के रूप में वे समझ गये, उसे वहाँ के शासक नहीं समझ सके और यदि समझे भी तो उन्होंने भावी विषम स्थिति को देखने का कोई प्रयत्न नहीं किया।

टांटियाजी राजस्थान से संसद के सदस्य भी चुने गये थे। वैसे तो राजनीति से उनका पहले ही से सम्पर्क था। श्री जयप्रकाश नारायण और श्री लोहिया से उनकी घनिष्ठता थी। वे उनकी सहायता भी करते थे। किन्तु उन्होंने कभी राजनीति में प्रत्यक्ष भाग नहीं लिया। संसद के सदस्य होने के बाद उन्हें उसमें थोड़ी-बहुत रुचि लेनी पड़ती थी किन्तु वे कभी राजनीति में डूबे नहीं। इसका कारण यह था कि उन्हें राजनीति का वातावरण प्रायः अप्रिय लगा। उन्होंने कहीं-कहीं लिखा है कि राजनीति में झूठ बहुत बोलना पड़ता है। उस वातावरण में वे रच-पच नहीं सके। १३ मई १९६२ को वे लिखते हैं– "इन दिनों दिल्ली में घटनाएँ तेजी से बदली हैं, मन में बहुत तरह के विचार आते रहे। राजनीति में आना मेरे जैसों के लिए ठीक नहीं। न कोई अंकुश है और न ही नैतिकता। स्वार्थ का जोर ज्यादा चलता है। अब पीछे हटना सम्भव नहीं, देखें क्या होता है!"

२० नवम्बर १९५८ को लिखा है– "मन में विचार आता है, व्यापार छोड़ राजनीति में आया। परन्तु इसमें ज्यादा उलझन है, झूठ ज्यादा बोलता हूँ, इससे बच कर रहना चाहिए।" किन्तु मन की बात कभी-कभी निकल ही जाती थी। निजी

वार्तालाप में भी सत्य कहने में संकोच होता था। ४ नवम्बर १९५८ को लिखते हैं– "भागीरथजी के गया। वहाँ जे० पी० आये। फिर घर आ कर १०.१५ बजे से एक घंटा जे० पी० के पास रहा। वहाँ मैंने पंडित जवाहरलाल नेहरू की कड़ी आलोचना की। बात सही भले ही हो, पर यह उचित नहीं था, मैंने महसूस किया। आगे से सावधान रहूँगा।" राजनीति में रहनेवालों को निजी कक्ष में भी मन की बात करने में कितना संयम रखना चाहिए, चाहे भीतर-भीतर घुटते ही क्यों न रहें। वाक्स्वतंत्रता राजनीति में कितनी रह जाती है, यह इसमें स्पष्ट है।

अपने ही को वे राजनीति के लिए अनुपयुक्त नहीं समझते थे, प्रत्युत साहित्यकारों को भी संसद में लाना उन्हें ठीक नहीं मालूम हुआ। १ मार्च १९६० को वे लिखते हैं–"शाम को मैथिलीशरण गुप्त से मिलने गया। बालकृष्ण शर्मा 'नवीन' से मिला। अग्नियुग के इन कवियों को राज्यसभा, लोकसभा में लाना ठीक नहीं हुआ। मुझे ऐसा लगता है कि इनकी प्रतिभा कुंठित हो रही है। साहित्य के साधक को राजनीति से क्या मतलब? कालिदास, सूर, तुलसी, भूषण ने राजनीति से अपने को दूर ही रखा था। रवीन्द्र, शरद, प्रेमचन्द ने भी।"

चीन के आक्रमण के समय की उनकी कुछ प्रविष्टियाँ ऐतिहासिक महत्त्व की हैं। इनमें से कुछ बानगी देखिए–

१३ अगस्त १९६२ : "दिन में पार्लियामेंट गया। दिन में लद्दाख पर डिबेट था। एंथनी बहुत अच्छा बोले। पंडितजी के सामने भले ही कोई न बोले, मगर लॉबी में चर्चा होती है कि उनकी फॉरेन पॉलिसी फेल कर रही है। चीन के मामले में उनकी ढिलाई रही और बहुत-सी बातें छिपाई गयीं। परन्तु अब तो सब सहना पड़ेगा। चीन दबाता जाएगा।"

१४ अगस्त १९६२ : "दो दिनों से पार्लियामेंट में क्वेश्चन कम हो रहे हैं। लॉबी में चीन के मामले पर खूब बातें होती हैं। चीन बड़ी लड़ाई की तैयारी में है। पिछले महीने मुरारजी भाई ने दस हजार फुट से ऊपर रहने वाली मिलिट्री के लिए अतिरिक्त भत्ते की मंजूरी दे दी है। परन्तु मिलिट्री वाले आधुनिक हथियारों के लिए पाँच-छह अरब रुपयों की जरूरत बताते हैं। मुरारजी भाई ने कहा है कि रक्षा-मन्त्री (श्री कृष्ण मेनन) इस मामले को केबिनेट में रखें। पंडितजी का कहना है कि इसकी जरूरत नहीं, चीन हमला नहीं करेगा। समझ में नहीं आता कि क्या सही है और क्या गलत।"

९ अक्तूबर १९६२ : "नेफा का कमाण्डर लेफ्टिनेंट-जनरल कौल को बनाया गया है। अनुभवहीन आदमी है। ऐसा लगता है, भारत के दुर्दिन आ रहे हैं।"

२१ अक्तूबर १९६२ : "खबर आई, चीन ने नेफा पर हमला कर दिया है। मन में बहुत दुःख हुआ। अपनी कुछ भी तैयारी नहीं है, हथियार भी नहीं। सेना ने पिछले जून महीने में सातवीं बार रक्षा मन्त्रालय को हथियार और सामान की कमी के बारे में चेतावनी दी थी। हम लोगों ने कृष्ण मेनन से भी मीटिंगों में कहा, परन्तु उसने किसी की नहीं सुनी। पंडितजी ने उसका फेवर कर बहुत बड़ा खतरा उठा लिया है।"

२३ अक्तूबर १९६२ : "पंडितजी के भाषण से लोगों में निराशा है। बाजार में शेयरों के भाव बहुत तेजी से टूटे, तरह-तरह की अफवाहें आ रही हैं।"

२४ अक्तूबर १९६२ : "सारे दिन लड़ाई की चर्चा कि क्यूबा में अमरीका और रूस तथा हिमालय में भारत तथा चीन लड़ रहे हैं। परन्तु रूस और अमरीका तो आपस में नहीं लड़ रहे हैं, मुझे तो दिखावा लगता है। चीन ने तो हमारे ऊपर धावा बोल दिया है। दुनिया में कमजोर रहना अपराध है। बाजार में बहुत घट-बढ़ है। मन में अशान्ति है। पंडितजी के साथ-साथ सारे कांग्रेसी नेता, एम० पी० वगैरह भी नेफा काण्ड के लिए जिम्मेदार ठहराये जाएँगे। मन में दुख-सा हो रहा है।"

२५ अक्तूबर १९६२ : "सुबह के० एल० ढाँढनिया के यहाँ गया, और लोग भी थे। ड्राफ्ट बनाया कि दीवाली पर रोशनी वगैरह न की जाए। पंडितजी की अपील है। मन में अपने को दोषी पाता हूँ। देश के लिए कुछ करने का मन हो रहा है। हमारे बहुत से जवान मरे और घायल हुए बताते हैं। हाथ में मामूली हथियार, बदन पर जरूरत के गरम कपड़े तक नहीं, ठंड में हाथ-पैर की उँगलियाँ गल गयीं।"

२६ अक्तूबर १९६२ : "सुबह अखबारों में देखा, टुएनसांग चला गया। चीन की सेना बाढ़ की तरह आ रही है। आसाम पर खतरा उतरने से पाकिस्तान भी झमेला जरूर खड़ा कर देगा। मन में दुःख होता है। अपना देश हारता जा रहा है। हमारे जवानों की जान हमारी लापरवाही से जा रही है। कल जो स्टेटमेंट मैंने दिया था, वह अखबारों में आया।"

२७ अक्तूबर १९६२ : "हम लोगों ने वार-फण्ड में एक लाख रुपया देने का तय किया। पिताजी को भी जँच गया।"

३ नवम्बर १९६२ : "लड़ाई की हालत अच्छी नहीं है। नेफा के कमाण्डर कौल तो ११ तारीख को ही दिल्ली आ गये थे। उन्होंने पंडितजी और मेनन को बता दिया था

कि चीन की घुसपैठ हो चुकी है और उन्हें दबाना बूते के बाहर है। इस बीच मैंने अखबारों में कई लेख भेजे और पत्र भी संसद के अपने मित्रों को लिखे हैं। देखें क्या होता है? लद्दाख में हमारी सेना ने चीनियों को बढ़ने नहीं दिया। कौल को फिर से नेफा कमान पर भेजा गया है।"

६ नवम्बर १९६२ : "सारे दिन मेनन के बारे में लोगों में चर्चा रही। ऐसा लगता है, पार्टी के सदस्य और संसद सदस्यों को पछतावा है।"

७ नवम्बर १९६२ : "शाम को पार्टी मीटिंग में पंडितजी ने मेनन को हटा दिया। एक प्रकार से मजबूर थे। मेनन के हटने से सबको खुशी हुई।"

८ नवम्बर १९६२ : "कल पार्टी मीटिंग में पंडितजी ने मेनन को छोड़ देने को कह दिया। मेरा भी इसमें हाथ रहा। मुझे सन्तोष है। शायद पंडितजी नाखुश होंगे।"

२० नवम्बर १९६२ : "दिन में लड़ाई के बारे में खबरें सुनता रहा। मन खिन्न हो रहा है। दुनियावाले हम लोगों पर हँसते होंगे। ४ बजे नेहरूजी से मिला। और भी लोग थे। रात में महावीर त्यागी आये। नेफा के मामले से वे बहुत चिन्तित थे।"

२१ नवम्बर १९६२ : "सुबह उठते ही अखबारों में देखा कि चीन ने 'सीज़ फायर' कर दिया है। दिन में नेहरूजी का स्टेटमेंट सुना, कुछ दम नहीं था। दुनिया ने देख लिया, हमारी विदेश नीति कितनी कमजोर है और विदेशों में हमारा कितना प्रभाव है। पार्लियामेंट में डॉ० श्यामाप्रसाद मुकर्जी ऐसा कोई जोरदार विरोध करने वाला होता तो पंडितजी सम्हले रहते और देश का भला होता। लोहियाजी बोलते हैं, परन्तु उनकी चोट पंडितजी पर व्यक्तिगत रहती है। चीन को जो करना था कर दिया, ज़मीन तो हड़प ली।"

अब ये इतिहास की बातें हैं, किन्तु इनका महत्व यह है कि ये बातें टांटियाजी के समान कांग्रेसी संसद सदस्य ने अपनी निजी डायरी में लिखी हैं जो प्रकाशन के लिए नहीं लिखी जाती थीं। इन प्रविष्टियों से मालूम होता है कि टांटियाजी कितने देशभक्त थे, उन्हें देश का कितना दर्द था और उनकी दृष्टि कितनी स्पष्ट थी। नेहरूजी के अनुयायी होते हुए भी वे देश के हित में उनकी जिन बातों को उचित नहीं समझते थे, उन्हें अन्धभक्ति के कारण सही नहीं मान लेते थे। अनुशासन में रहते हुए वैधानिक रूप से उन बातों का खुल कर विरोध भी करते थे, जैसा कि पार्टी में उन्होंने कृष्ण मेनन का किया।

जैसा कि मैं कह चुका हूँ, यह डायरी मूलतः व्यक्तिगत है। इसमें सार्वजनिक

घटनाओं और बातों को बहुत कम स्थान मिला है। फिर भी उपर्युक्त प्रकार की बातें यत्र-तत्र बिखरी हुई मिलती हैं, जिनसे टांटियाजी की कुशाग्र बुद्धि, देश-भक्ति और दूरदर्शिता का प्रमाण मिलता है।

इस डायरी को सम्पादित करा कर उनके सुपुत्र और परम स्नेहभाजन पुत्र श्री नंदलालजी ने प्रकाशित कर पितृ-ऋण का केवल आंशिक परिशोध किया है। जैसा कि श्री रामेश्वर टांटिया ने स्वयं लिखा है, उनकी कामना अपने यशःशरीर को जीवित रखने की थी, यह डायरी वह काम कुछ ही सीमा तक कर सकती है। मेरा उनका साहित्यिक परिचय और सम्बन्ध था। अनेक अवसरों पर मेरी उनसे साहित्यिक विषयों, साहित्य की आवश्यकताओं और उनके लेखन तथा उसकी शैली पर काफी चर्चा हुई। इस डायरी का प्रकाशन स्वागत करने योग्य है, किन्तु उनकी आत्मा के सन्तोष और शान्ति के लिए कुछ ऐसा स्थायी महत्व का साहित्यिक कार्य किया जाए जो उनके यशःशरीर को जीवित रखे– "कीर्तिर्यस्य स जीवति।" मैं आशा करता हूँ कि उनके सुपुत्र इसी डायरी को प्रकाशित कर अपने कर्त्तव्य की इतिश्री न समझ लेंगे।

श्री रामेश्वरजी टांटिया से मेरे मधुर सम्बन्ध थे। मैं उनके निस्पृह साहित्य प्रेम और उनकी हिन्दी साहित्य के उन्नयन की अभिलाषा का हृदय से आदर करता था। उनके प्रति अपनी भावना और सम्मान को व्यक्त करने के लिए अस्वस्थ होते हुए भी मैं यह भूमिका लिखने को राजी हो गया और मुझे प्रसन्नता है कि इस प्रकार मैं अपने दिवंगत आदरणीय मित्र के प्रति अपनी श्रद्धांजलि अर्पित करने का अवसर पा सका।

– **श्रीनारायण चतुर्वेदी**

५२, खुर्शेदबाग, लखनऊ
९ मार्च १९८१

यह रचना*

रामेश्वर टांटिया से मेरा सम्पर्क सन् बयालीस के आन्दोलन के अन्तिम चरण में आन्दोलन के कार्यक्रम के सिलसिले में कलकत्ता जाने और रहने के समय हुआ। इसके बाद से यह सम्बन्ध निकटतर होता गया। बढ़ता गया।

रामेश्वरजी एक सफल व्यवसायी और उद्योगपति थे। राजनीति के क्षेत्र में भी वे सेवा की भावना से आये और उन्हें सुयश मिला। वे सहृदय थे। साहित्यिक सहृदय होता है। रामेश्वरजी की रचनाओं में उनका हृदय बोलता है। इस कारण वे अपनी साहित्यिक रचनाओं के लिए सर्वाधिक याद किये जाते हैं। मन को छू जाने वाली शैली और सरल शब्दों में बात कहने की उनमें अद्‌भुत क्षमता थी। लेखक रामेश्वर टांटिया को जितने लोग जानते थे, उतने उन्हें लोकसभा के सदस्य अथवा व्यापारी-उद्योगपति के रूप में नहीं जानते।

साधारणतः व्यवसायी और राजनीतिज्ञ साहित्य से दूर हटते जाते हैं, कुछ तो परिस्थितियोंवश समयाभाव के कारण और कुछ रुचि परिवर्तन के कारण। रामेश्वरजी में ऐसा नहीं देखा गया। ज्यों-ज्यों उनका कार्यक्षेत्र विस्तृत होता गया, साहित्य के प्रति उनकी रुचि बढ़ती गयी। अध्ययनशील वे शुरू से रहे, काफी पढ़ते थे। हिन्दी, बंगला और अंग्रेजी की अच्छी जानकारी थी। विभिन्न भाषाओं के अनूदित साहित्य को भी पढ़ा करते थे। नई से नई पुस्तकें पढ़ डालते। रुचि के अनुकूल किताब लगी और मन में यह हुआ कि इसे और भी लोग पढ़ें तो उस पुस्तक की कई प्रतियाँ खरीद कर मित्रों में बाँट देते।

डायरी वे नियमित रूप से लिखते थे। किन्तु इसकी जानकारी किसी को नहीं थी। शायद परिवार के कतिपय सदस्यों को छोड़ कर बहुत कम ही लोग जानते हों कि वे जहाँ कहीं भी जाते, डायरी अवश्य साथ रखते और लिखते। घुमक्कड़ी और भुलक्कड़ स्वभाव के थे ही। कभी-कभी इधर-उधर रख देते। कई दिनों बाद जब

*'क्या खोया क्या पाया?' (विश्वविद्यालय प्रकाशन, वाराणसी १९८१) से उद्धृत

मिल जाती तो याद्दाश्त से पिछले दिनों की बातें नोट करते।

रामेश्वरजी की डायरियों में उनकी सहृदयता प्रकट होती है, अत्यन्त सूक्ष्म रूप में। विवरण या वर्णन नहीं मिलते। बड़ी से बड़ी घटनाओं के बारे में उन्होंने बहुत ही कम लिखा है। हाँ, यात्रा सम्बन्धी विवरण अपेक्षाकृत बड़े अवश्य हैं। इस प्रकार उनकी डायरियाँ नोट्स के रूप में हैं, किन्तु इनमें बहुत सार है। अन्तर्द्वन्द्व, अपनी दुर्बलताओं की स्वीकृति, उद्देश्य और लक्ष्य के लिए किये गये प्रयासों के अनेक उल्लेख हैं। किसी पर आक्षेप करना उनका स्वभाव नहीं था। व्यवसायी, सामाजिक एवं राजनीतिक कार्यकर्त्ता के रूप में वे बहुतों के सम्पर्क में आये। सहमति-असहमति का होना या रहना स्वाभाविक है, किन्तु ऐसा लगता है कि उन्होंने कार्य और उसके परिणाम को अधिक महत्व दिया, अपनी भावनाओं को बड़ा नहीं समझा। सम्भवतः इसी कारण वे व्यक्ति की आलोचना के प्रति उदासीन रहे।

डायरियाँ व्यक्ति की मनोभावनाओं और अन्तर्मन की प्रतिक्रियाओं का सही परिचय प्रस्तुत करती हैं, बशर्ते कि ईमानदारी से लिखी गई हों। सन् १९४१ से १९७७ तक की डायरियाँ निःसन्देह एक विस्तृत काल खण्ड की हैं, जिनमें समाज, राजनीति, अर्थ-व्यवस्था की तेजी से बदलती तस्वीरें मिलती हैं। मोती के दानों सी घटनाएँ अलग-अलग बिखरी सी हैं, किन्तु सूत्र में पिरो देने पर बड़े काम की साबित हो सकती हैं। एक विशेषता यह भी है कि कुछ ऐसी बातें हैं, जिनका उल्लेख अन्यत्र कहीं नहीं मिलता।

श्री टांटिया ने सन् १९३७ तक कठोर परिश्रम कर व्यवसाय के क्षेत्र में पैर जमाया और सन् १९४७ आते-आते आर्थिक कठिनाइयों के प्रति वे आश्वस्त हुए। वे व्यापार में समृद्ध हुए और समाज में प्रतिष्ठावान। बड़े लोगों से सम्पर्क बढ़ने लगा। समाज सुधार और जनसेवा के कार्य में अधिकाधिक सक्रिय होने लगे। अनेक सामाजिक, शिक्षण और सेवा-संस्थाओं से जुड़ गये। कलकत्ते की मारवाड़ी रिलीफ सोसाइटी के माध्यम से उन्होंने तन, मन, धन से जो सेवाएं अर्पित कीं, उनका जिक्र डायरियों में नहीं मिलता। केवल कहीं-कहीं उल्लेख भर है। हाँ, इसी दौरान राजस्थान में सूखा और अकाल के लिए राहत पहुँचाने के सन्दर्भ में उनके प्रयासों के कुछ विवरण मिल जाते हैं। इनके पढ़ने पर पता चलता है कि वे अखिल भारतीय स्तर के एवं राजस्थान के शीर्षस्थ राजनीतिज्ञों के सम्पर्क में आते गये। परिणाम यह रहा कि सन् १९५७ में वे लोकसभा के लिए सीकर निर्वाचन क्षेत्र से निर्वाचित हुए।

यहीं से उनके जीवन का एक नया अध्याय प्रारम्भ हुआ जो सन् १९६७ तक चलता रहा। इन दस वर्षों में रामेश्वरजी दो बार लोकसभा के लिए सदस्य निर्वाचित हुए और कांग्रेस की संसदीय पार्टी के कोषाध्यक्ष के सम्मानित तथा दायित्वपूर्ण पद पर प्रतिष्ठित रहे। सरकारी और गैर-सरकारी कई आयोगों और समितियों के सदस्य भी बनाये गये। इन वर्षों की डायरियों में उनके अन्तर्द्वन्द्व की जो रेखाएँ मिलती हैं, उनसे स्पष्ट हो जाता है कि देश की राजनीति के अन्तःपुर का जो रूप उन्होंने देखा, उससे उन्हें बड़ी निराशा हुई। सन् १९६७ के चुनाव में भारत के नौ राज्यों में कांग्रेस की हार जनता के असन्तोष एवं आक्रोश की एक प्रतिक्रिया थी। कांग्रेस की राजनीति राष्ट्र कल्याण से हट कर दलगत स्वार्थों में सिमटने लगी और फलस्वरूप श्री टांटिया इस चुनाव में निर्वाचित नहीं हो सके। उन्हें राज्यसभा अथवा लोकसभा के लिए उपचुनाव में खड़े होने के प्रस्ताव मिले, किन्तु उन्होंने समय की गति देखते हुए सक्रिय राजनीति से पृथक् रहना ही उचित समझा।

सन् १९६७ से १९७७ ई० तक का समय उनके जीवन का अन्तिम अध्याय है। दिल्ली की राजनीति ने उनके मन में वितृष्णा उत्पन्न कर दी थी। उनके लिए समाज-सेवा ही समाज-कल्याण का सशक्त माध्यम था। लोकनायक जयप्रकाश नारायण तथा राम मनोहर लोहिया आदि वरिष्ठ नेताओं के सान्निध्य और सम्पर्क में सन् १९४० से रहने के कारण उनका दृष्टिकोण स्वस्थ समाजवादी था। उनकी राजनीति दलबन्दी की पैंतरेबाजी नहीं थी। संसद सदस्य चुने जाने पर उन्हें आशा थी कि जहाँ से वे निर्वाचित हुए, जिन्होंने उन्हें अपना प्रतिनिधि चुना, कम से कम उनके प्रति अपने उत्तरदायित्व का निर्वाह कर सकेंगे। किन्तु दिल्ली की राजनीति मरीचिका-सी लगी और वे उससे जो हटे तो फिर कभी उधर नहीं मुड़े। उन्होंने भ्रमण, अध्ययन और लेखन पर अपने को केन्द्रित करना शुरू कर दिया। इन्हीं दिनों उन्होंने 'मेरा बचपन, मेरा गाँव' नाम से शैशव से किशोरावस्था तक के अपने भावभीने संस्मरण लिख डाले।

किन्तु अध्ययन और लेखन में बाधा पड़ ही गयी। उत्तर प्रदेश के और देश के विशाल उद्योग-समूह ब्रिटिश इंडिया कॉरपोरेशन, कानपुर में चेयरमैन और मैनेजिंग डायरेक्टर नियुक्त हुए। भारत का यह एक बृहत् औद्योगिक संस्थान है। इसके अन्तर्गत सूती, ऊनी तथा चीनी मिलें हैं और चमड़े का तथा इंजीनियरिंग का उद्योग भी। उन दिनों अव्यवस्था के कारण इस संस्थान की दुरवस्था थी, काफी नुकसान लगता जा रहा था। श्री टांटिया ने अपनी सूझ-बूझ और व्यापार-कौशल से इसे डूबने से बचा लिया और

संचालन-प्रबन्ध को व्यवस्थित कर दिया।

रामेश्वरजी आत्मनिष्ठ उद्योगपति नहीं थे। वे सही अर्थों में समाज-सेवी थे और जन-जन में उनके सुख-दुख के बीच रहना चाहते थे। इसीलिए कानपुर में बी० आई० सी० का कार्यभार सम्हालने पर उन्हें स्थानीय नागरिक एवं स्नेही-जनों के आग्रह से कानपुर के नगर प्रमुख (मेयर) का गुरुतर भार सम्हालना पड़ा। यह दोहरी जिम्मेदारी अनेक समस्याओं से पूर्ण थी। चिन्ता, दौड़-भाग से मन और शरीर पर प्रतिक्रिया होना स्वाभाविक था। डायरियों को पढ़ने पर आश्चर्य होता है कि वे कैसे इन सबके बीच डटे रहे, यद्यपि स्वास्थ्य गिरता जा रहा था। रक्तचाप नियन्त्रण के बाहर होने लगा। परिवार और मित्रों की चिन्ता के आगे उन्हें झुकना पड़ा। शरीर भी साथ देने से मुकरने लगा और वे कानपुर छोड़ने के लिए बाध्य हुए।

कानपुर प्रवास में ही श्री टांटिया ने अपने जीवन के दूसरे अध्याय के संस्मरण 'मेरा संघर्ष, मेरा कलकत्ता' लिखना शुरू कर दिया था। किन्तु समयाभाव और भाग-दौड़ के कारण सन् १९७१ तक बहुत ही कम लिख पाये। कानपुर छोड़ने के बाद उनका स्वास्थ्य क्रमशः टूटता ही गया। फिर भी वे लिखते रहे, नहीं लिख पाते थे तो अजीब सी बेचैनी महसूस करते थे। बार-बार इस परेशानी का हवाला उन्होंने डायरियों में दिया है। इस बीच स्फुट लेख और लघु कथाएँ वे लिखते रहे। सन् १९७६ में जब उनका स्वास्थ्य काफी गिर चुका था, तब भी उन्होंने 'मेरा संघर्ष, मेरा कलकत्ता' पूरा कर ही डाला।

रामेश्वरजी की इच्छा थी कि अपने राजनीतिक जीवन के भी संस्मरण लिख डालें। नाम भी सोच लिया था 'मेरी राजनीति, मेरी दिल्ली' पर विधि को स्वीकार न हुआ। अप्रैल सन् १९७७ से वे लगभग अशक्त हो गये और उनकी इच्छा की पूर्ति नहीं हो सकी। अब तो उनकी राजनीति और दिल्ली की कुछ झाँकी डायरियों के पन्नों में मिल सकती है, जो अपने ढंग की निराली है।

टांटियाजी जीवन के विविध क्षेत्रों से गुजरे; अत्यन्त साधारण अवस्था से जीवन आरम्भ कर सम्पन्न बने; सामाजिक, राजनीतिक क्षेत्र में नगण्य से गण्य-मान्य हुए। कहा जा सकता है कि उनका जीवन सफल रहा। देखने से लगता है कि उन्होंने जो चाहा, वह पाया। किन्तु डायरियाँ ही बता सकती हैं, रामेश्वरजी ने क्या चाहा, क्या चाहते रहे। इन्हीं में उनका वास्तविक स्वरूप और व्यक्तित्व उभरा है। सबकुछ पाकर भी उस व्यक्ति का अन्तर्मन बराबर यही कहता है कि वह खोता जा रहा है। निजी भौतिक समृद्धि उसका लक्ष्य नहीं था, वह सबको सुखी देखना चाहता था।

समृद्धि के बीच वह दीन-सा रहता था ताकि उसे लोग अपने में से एक समझें, निकट अनुभव करें और बीच में कोई अन्तराल न रहे। फिर भी भौतिक उपलब्धियों को अर्जित करने में क्यों लगे रहे? 'क्या खोया क्या पाया' में यह प्रकट है कि मनुष्य जन्मजात संस्कारों और परिस्थितियों से प्रेरित होता रहता है। जाग्रत विवेक मानव अन्तर्मुख हो कर जब स्वयं को पहचानने की कोशिश करता है, तब उसे भौतिक उपलब्धियाँ निःसार लगती हैं। फिर भी सांसारिक मनुष्य संसार से मुँह मोड़ नहीं पाता। परिस्थिति, परिवेश, परिजन, परिवार, इन सबके प्रभाव से वह मुक्त नहीं हो पाता। अन्तरात्मा की आवाज सुनते हुए भी वह भटकने के लिए विवश रहता है। इस भटकन से जो बच निकलता है, वह महामानव बनता है। टांटियाजी न महामानव थे, न योगी या संन्यासी। हाँ, योग और भोग के तत्व को उन्होंने समझा, यह उपलब्धि कम नहीं। इनकी क्या प्रतिक्रियाएँ होती रहीं, डायरियाँ बताती हैं।

एक विशेषता टांटियाजी की डायरियों में देखने में आयी कि उनके अनुमान अक्सर सही उतरते। देश की आर्थिक, सामाजिक और राजनीतिक अवस्था के बारे में उनके अनुमान आज भी सही साबित होते जा रहे हैं। व्यापार में भी उनके अनुमान सही उतरते और शायद उनकी पैनी सूझ-बूझ के कारण उन्हें सफलता मिलती रही। बस एक क्षेत्र फाटका ही ऐसा था कि सही सोचने पर भी गलत हो जाते, घाटा उठाते। इसके लिए अपने स्वभाव की अधीरता और जल्दीबाजी को उन्होंने कारण बताते हुए अपनी दुर्बलता को स्वीकारा है। साथ ही, अपनी मानसिक एवं शारीरिक अस्वस्थता के लिए भी इसी को कारण माना है।

जीवन को समझने की उनकी जिज्ञासा अन्त तक बनी रही। उपलब्धियों का अनुशीलन और विश्लेषण शेष तक चलता रहा। हमेशा वे विचारते कि मैंने क्या खोया, क्या पाया, क्या खोना चाहिए था और क्या पाना चाहिए था। अपनी यही अनुभूतियाँ और उपलब्धियाँ डायरियों में उन्होंने लिखीं, इनसे निःसन्देह प्रेरणा मिलती है।

डायरियों की भाषा-शैली और घटनाएँ यथावत हैं। भाषा में कहीं-कहीं राजस्थानी विधा है, किन्तु इससे प्रवाह में बाधा नहीं आती बल्कि लेखक का निजी व्यक्तित्व उभरता है। शुरू के वर्षों की तुलना में बाद के वर्षों की भाषा मँजी हुई लगती है, यह स्वाभाविक है। डायरियों को किंचित सावधानी एवं सूक्ष्म दृष्टि एवं रुचि के साथ पढ़ने पर एक साधारण संघर्षशील व्यक्ति की असाधारण निष्ठा, क्षमता, ममता एवं अध्यवसाय का परिचय मिल सकता है।

अच्छा होता यदि इन डायरियों की जानकारी उनके जीवनकाल में हो जाती, किन्तु डायरियों का जिक्र उन्होंने कभी किया नहीं। श्री टांटिया के देहान्त के बाद पता चला कि सन् १९४१ से १९७७ तक की प्रायः सब डायरियाँ हैं। इसके पहले की भी रही होंगी, क्योंकि सन् १९३२ की भी डायरी मिली और बाकी कहाँ हैं, इसका पता नहीं चला। इस बीच श्री टांटिया के मित्रों ने उनकी स्मृति में एक ग्रन्थ प्रकाशन का निर्णय ले लिया था। किन्तु डायरियों का पता चलते ही और उन्हें पढ़ने पर बिखरे मोती मिले, जिन्हें एक सूत्र में पिरो देने को प्राथमिकता देना आवश्यक समझा गया। उनके सुपुत्र श्री नन्दलाल टांटिया ने प्रकाशन में दिलचस्पी ली और तत्परता दिखलाई।

श्री बालकृष्ण गर्ग, टांटियाजी के जीवन काल से ही उनकी रचनाओं की प्रेस कापी तैयार करते थे और उनका मुद्रण, प्रकाशन कराते थे। रामेश्वरजी के निधन के बाद भी उसी लगन के साथ इन डायरियों का संकलन, सम्पादन और प्रेस कापी तैयार करने में लगे रहे। उनके अटूट श्रम और निष्ठा के बिना ये 'डायरियाँ' इस रूप में प्रस्तुत नहीं हो पातीं। इसके लिए वे धन्यवाद के पात्र हैं।

आदरणीय रायकृष्ण दास, डॉ० हजारीप्रसाद द्विवेदी, श्री भागीरथ कानोड़िया, श्री सीताराम सेकसरिया, श्री प्रभुदयाल हिम्मतसिंहका, श्री कन्हैयालाल सेठिया तथा श्री नथमल केडिया ने डायरी के प्रकाशन के लिए श्री नंदलाल टांटिया को उत्साहित किया और प्रेरणा दी। सम्पादन कार्य में श्री विश्वनाथ मुखर्जी, वाराणसी के प्रमुख नागरिक और साहित्यिक और विश्वविद्यालय प्रकाशन, वाराणसी के साहित्य-सहायक श्री लालधर त्रिपाठी 'प्रवासी' ने अथक परिश्रम किया। विश्वविद्यालय प्रकाशन के श्री पुरुषोत्तमदास मोदी ने व्यस्त रहते हुए भी प्रकाशन की सारी जिम्मेदारी सम्हाली, अन्यथा इसका मुद्रण शायद ही सम्भव हो पाता। इस सन्दर्भ में सम्मेलन मुद्रणालय एवं विशेषतः श्री शिवनारायण झा भी धन्यवाद के पात्र हैं कि विविध बाधाओं के बावजूद उन्होंने 'क्या खोया, क्या पाया?' के मुद्रण में सहयोग दिया।

हिन्दी में डायरी साहित्य कम ही है। जो मिलता है, उससे 'क्या खोया, क्या पाया?' सम्भवतः अलग ढंग का है। शायद यह भी रामेश्वरजी की 'विश्वयात्रा के संस्मरण' की तरह लोकप्रिय हो सकेगा।

राजेन्द्र नगर, पटना
वसन्तपंचमी, २०३७ वि० सं०

गंगाशरणसिंह

18 अप्रैल, 1977 की डायरी का एक पृष्ठ

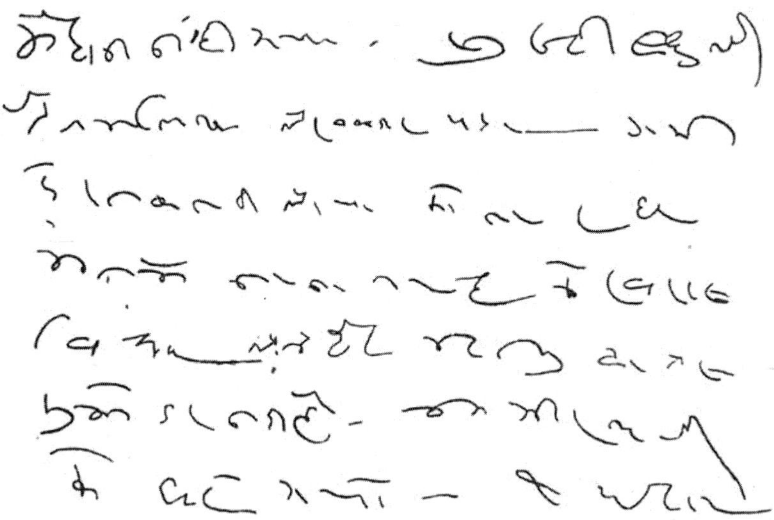

मैदान नहीं गया। सुस्ती बहुत थी। तेल मालिश अखबार पढ़ा। गर्ग देर तक नहीं आया। सोता रहा। मन में नाना तरह के खराब विचार आते हैं। मृत्यु का अब मुझे डर नहीं है। भागीरथ जी के घर गया। 1 घंटा था।

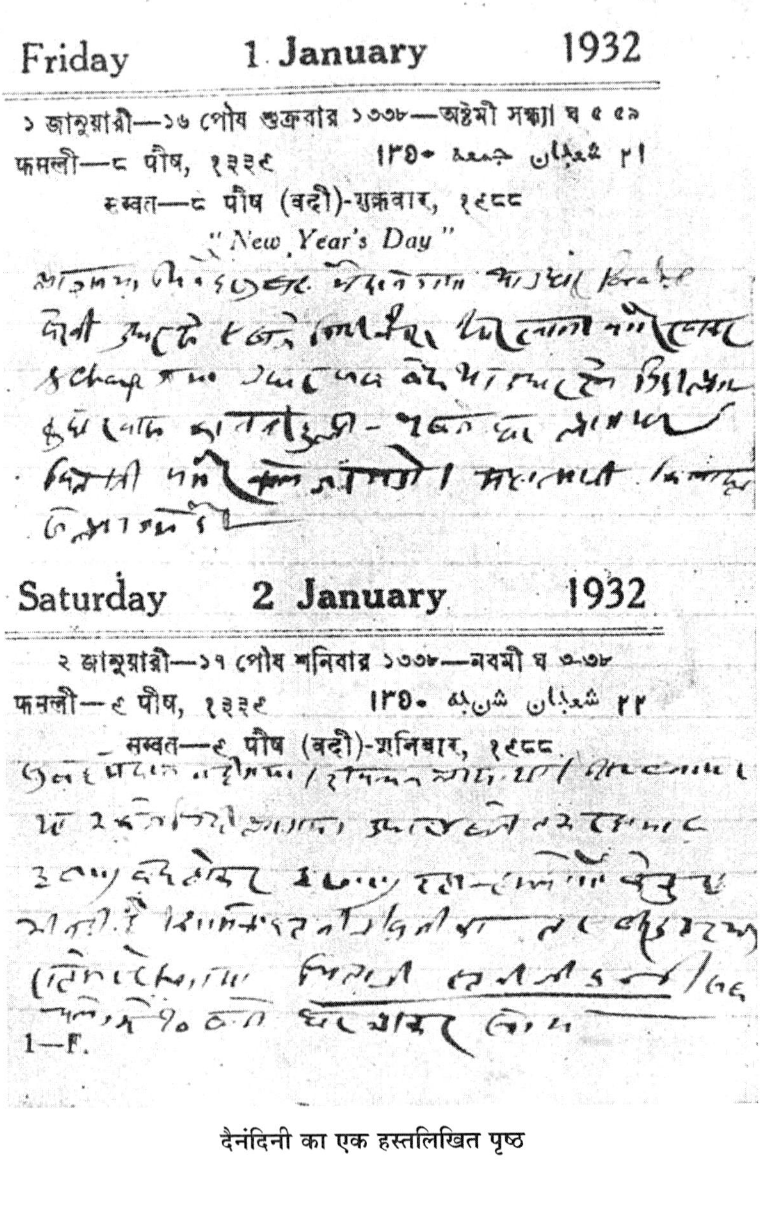

Friday 1 January 1932

১ জানুয়ারী—১৬ পৌষ শুক্রবার ১৩৩৮—অষ্টমী সন্ধ্যা ঘ ৫ ৫৯

ফসলী—৮ পৌষ, ১৩৩৯ ١٣٥٠ جمعه شعبان ٢١

সম্বত—৮ পৌষ (বদী)-শুক্রবার, ১৯৮৮

"New Year's Day"

Saturday 2 January 1932

২ জানুয়ারী—১৭ পৌষ শনিবার ১৩৩৮—নবমী ঘ ৩-৩৮

ফসলী—৯ পৌষ, ১৩৩৯ ١٣٥٠ شنبه شعبان ٢٢

সম্বত—৯ পৌষ (বদী)-শনিবার, ১৯৮৮

1—F.

दैनंदिनी का एक हस्तलिखित पृष्ठ

१९३२

कलकत्ता

१ जनवरी : आज नया दिन है। सुबह मैदान गया, उधर परेड देखी। ९ बजे गद्दी लौटा। फिर खाना वगैरह खाकर एक्सचेंज गया। उधर सब बन्द था। उधर से गद्दी आया। कुछ खास काम नहीं हुआ। ५ बजे घर आ गया। पिताजी वगैरह कल जायेंगे। महात्माजी विलायत से आ गये हैं।

२ जनवरी : सुबह मैदान नहीं गया। दीपचन्द आया था। ऑफिस गया था। २ बजे गद्दी आ गया। उधर ४ बजे तक रहा। भाव ३८ रु. १२ आना बंद होकर ३७ रु. १२ आना रहा। हम लोगों के कुछ भी नहीं है। रात में स्टेशन गया। पिताजी वगैरह चले गये। १० बजे घर आकर सोया।

३ जनवरी : सुबह ६ बजे उठ कर मैदान गया। फिर ८ बजे गद्दी आया। दिन में डालमिया के इधर और दूसरी जगह गया। बाजार सुना जाता है, मंदा है। नेहरूजी तथा अब्दुल गफ्फार पकड़े गये। आन्दोलन फिर जोर से शुरू हो गया है। देखें, क्या होता है। दमन बहुत जोर से चलता है। आर्डिनेंस जारी हो गये हैं।

४ जनवरी : सुबह ६ बजे उठ कर मैदान गया। महात्माजी पकड़े गए, पटेल भी। बाजार बंद थे। फाटका ३७ रु. से ३९ रु. रहा। कामकाज कुछ नहीं हुआ। किंग साहब आ गया। भाईजी दौलतरामजी जसीडीह में गिर गये, चोट आयी है।

५ जनवरी : सुबह ५ बजे उठा। ईश्वर का नाम लिया। मैदान गया। आज से कसरत शुरू की। दिन में २५० गांठ कटिंग का काम किया। शाम को 'शकुन्तला' सिनेमा में गया। बोरे का कुछ काम काज नहीं हुआ। चित्त प्रसन्न है। आन्दोलन बहुत जोर है। राजेन्द्र बाबू, बसंतलालजी आदि सब पकड़े गये। भाव ३७-३४ रु. है।

६ जनवरी : सुबह ५.३० बजे उठा। ईश्वर का नाम लिया, फिर मैदान गया। उधर से ८ बजे लौटा। बाजार समान है, फाटका ३८ रु. से ३९ रु. के बीच में खेलता रहा। काम-काज कुछ नहीं है। बाड़े में भी काम कमती है। विशेष, आजकल कामकाज

नहीं कर सकता।

७ जनवरी : भाव ३९ रु. से ४० रु. बंद हुआ। हम लोगों के कुछ कामकाज नहीं हुआ। भाईजी आज जसीडीह चले गये। दौलतरामजी के चोट बेसी है। सुबह मैदान बेसी दूर नहीं गया था। कसरत एक की थी। दिन में चित्त बहुत खिन्न था।

८ जनवरी : बाजार ४० रु. १० आना खुलकर ४१ रु. २ आना बिका, बन्द ४० रु. हुआ। मैंने २७५० गांठ का काम किया। दिन में चित्त ठीक ही था। बाड़े में २०० रु. दलाली के हुए। मानव बाबू के बुखार है। हम लोगों के पोते-मत्थे कुछ नहीं है। आन्दोलन कलकत्ते में धीमा है। सुबह मैदान नहीं जा सका।

९ जनवरी : बाजार स्टेडी, फाटका ४० रु. से ४१ रु. बंद हुआ। दिन में कामकाज विशेष नहीं रहा। २५० गांठ कटिंग का २२ रु. पौने ६ आना में किया।

१० जनवरी : सुबह कहीं नहीं गया। गद्दी गया, उधर से भोजन कर दोपहर में किताब पढ़ता रहा। २ बजे सिनेमा 'थर्ड वाइफ' में गया। ५ बजे लौट कर बंशीधरजी जालान से मिलने गया। उनका ध्यान बाजार पर तेज है।

११ जनवरी : सुबह खून बहुत आता था। ६ बजे मैदान गया। ९ बजे खाना खाकर एक्सचेंज गया। ५०० गांठ मार्च का सट्टा किया। २५० सल्टा लिया। ५०० गांठ कटिंग का २२ रु. १० आना में काम किया।

१२ जनवरी : सुबह भाईजी आ गए। दौलतरामजी की तबीयत ठीक है। फाटका ३९ रु. १२ आना रहा। कामकाज विशेष नहीं था। ३५० गांठ कटिंग का काम किया २३ रु.।

२० जनवरी : १० बजे एक्सचेंज गया। फाटका ३९ रु. ६ आना से ३७ रु. १३ आना रहा। आन्दोलन का जोर पूरा है। बाजार इसी वास्ते घटा है।

२१ जनवरी : सुबह ५ बजे उठा। शीर्षासन किया। खून बराबर आ रहा है। इस वास्ते मन खिन्न रहता है। २५० गांठ जून का काम किया ३९ रु. १२ आना में।

२२ जनवरी : सुबह ५.३० बजे भाईजी दौलतरामजी स्टेशन से आए। उनकी तबीयत खराब है। पैर टूट गया है। हम लोग १० बजे तक अस्पताल में ही थे। उधर से एक्सचेंज गए। पार्टियों का कामकाज सल्टाया। लालचन्द के काम में गलती रह गयी, झगड़ा पड़ गया। रात में अस्पताल नहीं जा सका।

२४ जनवरी : खून आता है। च्यवनप्राश खाया। तबीयत अस्वस्थ थी।

२५ जनवरी : सुबह रिलायन्स मिल में गया। बाजार मंदा है, ३८ रु. से ३६ रु. १२

आना रहा। हम लोगों के ५०० पोते हैं।

२६ जनवरी : सुबह खून नहीं आया। द्राक्षासव, च्यवनप्राश रोज लेता हूँ। दूध भी लेता हूँ। २५० गांठ फिर ३५ रु. ८ आना में फरवरी के पोते किया है। भाव ३५ रु. ८ आना खुल कर ३६ रु. ८ आना बिक कर ३७ रु. रहा। अस्पताल नहीं जा सका।

२७ जनवरी : सुबह ५.३० बजे उठ कर क्लाइव मिल में गया। उधर से ७ बजे लौट कर रामनाथ के पास फिर गद्दी आया। बाजार मंदा था, भाव ३८ रु. १२ आना से ३६ रु. ३ आना रहा। ध्यान मंदा ही है। बाजार तेजी होने से फायदा है।

३० जनवरी : आजकल बीच-बीच में खाना नहीं खाता हूँ। कल और आज खाना नहीं खाया। दूध २ सेर पीता हूँ। दिन में कामकाज कुछ नहीं किया। दिन में २ बजे से ५ बजे तक अस्पताल में था। किताब पढ़ता रहा। शाम को ५ बजे कालीघाट गया। वजन १० स्टोन ८ पाउण्ड है।

४ फरवरी : खाना कभी-कभी बासे में खा लेता हूँ। च्यवनप्राश और दूध नियमित लेता हूं। एक्सचेंज गया था, उधर से रंगमहल में नया तमाशा देखा। मैंने एक मेडल दिया ।

७ फरवरी : तबीयत विशेष ठीक नहीं रहती है। फाटका ३६ रु. २ आना सुना था। रुपयों की चिन्ता लगी रहती है।

८ फरवरी : सुबह ६ बजे उठा, ८ बजे जहाज में पहुँचा। गंगाजी में पिकनिक पार्टी थी। उधर खाना खाया। ३ बजे डायमंड हार्बर पहुँचे। सतनारायण डालमिया साथ में था। तबीयत प्रसन्न रही। देश की चिट्ठी थी। वाइफ की कोई चिट्ठी कभी नहीं आती।

११ फरवरी : मोटर निकाल कर फुटबोर्ड बदलाने को देकर आया। उधर से ८ बजे गद्दी आकर स्नान वगैरह कर एक्सचेंज गया। फाटका ३४ रु. ६ आना है।

१२ फरवरी : सुबह बाजार बहुत मजबूत था। फाटका ३४ रु. १२ आना। मैंने ५००, ३४ रु. ६ आना में पोते कर ली। २५० पक्की पोते ३३ रु. ८ आना में कर ली। बाजार एकदम से घट गया। तबियत खराब हो गयी। एक साथ मुझे इतना काम नहीं करना चाहिए था। १००० रु. नुकसान के आ गए। अब ये रुपये कहां से आयेंगे? यह विचार करने की बात है।

१५ फरवरी : सुबह ७ बजे उठा। तबीयत खिन्न थी, चिन्ता से चेहरा सुस्त था। रुपयों का कुछ बन्दोबस्त नहीं हुआ। दिन में ५०० गांठ मार्च का ३३ रु. ६ आना में बेचा, जो ३३ रु. १४ आना में वापस लिया। सत्यनारायण का विवाह।

१८ फरवरी : सुबह क्लाइव मिल में गया। तबीयत एकदम अस्वस्थ रहती है। लक्षण भी खराब है, रुपये की भी तंगी है, पर कर क्या सकता हूँ? चारों तरफ घाटा ही है। ईश्वर का ही सहारा है, प्रभु रक्षा करें। शाम को भोजन कर के लेट गया था।

२० फरवरी : सुबह ६ बजे उठा। गद्दी गया। बारिश थी। बाजार में भोजन कर के गया। फाटका ३६ रु. ४ आना खुल करके ३५ रु. २ आना बिक कर ३५ रु. ६ आना रहा। मैंने १७५० गांठ में से ७५० ले ली। १००० और बाकी है। चित्त आज जरा ठीक है। शाम को ६ बजे सिनेमा गया, 'घूंघटवाली' में। आज २५०० गांठ का काम हुआ। ॐ शान्तिः।

२३ फरवरी : रुपये की टान से तबीयत खिन्न रहती है। सुबह चेक दिया पर रुपया उतना बैंक में नहीं था। दिन में कामकाज में कुछ भी मन नहीं लगा। बाकी रुपया लोग नहीं देते, रुपयों की टान बनी रहती है। मोटर दिखाने फ्रेंच मोटर्स गया। फाटका ऊपर में ३६ रु. नीचे में ३५ रु. रहा।

७ मार्च : रात में फाटके का सपना आता रहा। सुबह रुपयों की टान बहुत रही। कामकाज सलटा रहा हूँ। बाजार समान रहा। कुछ सट्टा सलटा दिया। ३०० रु. मिले। पहले ६०० रु. लगे थे। देश का कागज नहीं था। भाई दौलतरामजी के पास कई दिनों से नहीं जा सका। मैदान रोज जाता हूँ। दीपचन्द के घर भोजन करता हूँ। वाइफ बराबर याद आती है।

१३ मार्च : सुबह इलाहाबाद पहुँचा। रात ठीक नींद रही। खून थोड़ा आया था। तबीयत विशेष खराब नहीं थी। खाना कुछ नहीं खाया। दस पन्द्रह सन्तरे खा लिए। आगरा पहुँचा, बाजार गया। फिर किला देखने गया।

जयपुर

१४ मार्च : सुबह ४ बजे जयपुर पहुँचा। ६ बजे बगीची आकर ८ बजे नब्ज दिखाई। परसों देखने को कहा है। तबीयत कुछ ठीक है। स्वामीजी को दिखाया हुआ है। शाम को भाईजी आए। उनसे ८ बजे तक बातचीत होती रही।

सरदारशहर

१६ मार्च : सुबह ४ बजे पहुँचा। तबीयत कुछ ठीक मालूम देती थी। सरदी विशेष नहीं है। दिन में ३ बजे उठा, किताब पढ़ता रहा। खून अत्यन्त थोड़ा आया था। शाम को ताल में घूमने गया था।

१७ मार्च : दवा नियम से लेता हूँ। दीपचन्द को कागज दिया, उसका भाई शाम को मिला था। यहाँ झूठ बोलने का काम तो कमती पड़ता है।

१९ मार्च : सुबह लाइब्रेरी गया। १२ बजे तक था। फिर २ बजे तक ताश खेली, फिर लाइब्रेरी गया। पतंग उड़ाया। कलकत्ते का तार था, पाट का भाव ३७ रु. है।

२२ मार्च : यहाँ आकर वजन बढ़ा है, यह अच्छा है। कलकत्ते का बड़ा फिकर का कागज आया है। सारे दिन तबीयत खिन्न रही। शाम को ४ बजे पतंग उड़ाया।

२३ मार्च : वजन १० स्टोन ८ पाउण्ड कलकत्ते के माफिक ही है। तबीयत खराब, खून आता है। दूध चार दफे, मक्खन भी दवाई के साथ। तबीयत खिन्न, मन खट्टा। नींद नहीं आती। 'घर और बाहर' किताब पढ़ी।

२५ मार्च : तबियत खराब, खून आया। 'अमृत और विष' के ५० पृष्ठ पढ़े। मन नहीं लगता। वर्षा हुई, ठंड पड़ती है। रतनी वगैरह की याद आती है। हिमकरजी बोले – टी० बी० नहीं है। रक्तपित्त से खून आता है।

२७ मार्च : दादाजी कोरे वापिस आ गये, मैंने तो पहले ही कहा था। अपमान हुआ। तबीयत बहुत खराब, विचार आता है धर्मकूट वगैरह चला जाऊं। आज बहुत घबराहट है। पिताजी उदास हैं।

१ अप्रैल : दिन में लाइब्रेरी गया, किताब पढ़ने। वाइफ ३ तक आयेगी। यहां रात में बड़ी जोर सर्दी पड़ती है। दवा नियमपूर्वक लेता हूँ। वाइफ के आने पर मन लग जायेगा, पर अभी तो उसका कुछ पता नहीं।

४ अप्रैल : रात भयानक स्वप्न देखा। कलकत्ता के दुखद समाचार हैं। कंधों में दरद मालूम दिया, कहीं घूमने नहीं गया।

१२ अप्रैल : सुबह उठ कर साइकिल पर गया था। तबीयत ठीक है, मन लग गया है। ये दिन आनन्द से कट गये। लाइब्रेरी बराबर जाता हूँ।

कलकत्ता

२३ जून : तालाब रोज जाता हूँ, तैरता भी खूब हूँ। बाजार मंदा, भाव २८ रु., काम-काज बिल्कुल नहीं। रुपयों की बहुत टान है। किसी तरह १२०० रु. का बंदोबस्त हुआ। परमेश्वर लज्जा रखेंगे। मोटर १००० रु. में बिकने की बात है।

२७ जून : दिन में फाटका २८ रु. ४ आना रहा। प्रेस की दलाली अभी तक ५००० रु. अन्दाज हुई है। मेरे आने के बाद १२०० रु. पक्की गांठों की दलाली हुई है।

१८ सितम्बर : महात्माजी परसों से अनशन करेंगे। बाजार ३२ रु. ८ आना से ३३ रु. ८ आना रहा। भोजन करके रामनाथ की मोटर में कैनवेसिंग में घूम रहा था। वोट भी दस-पांच मिले। रामनाथ बहुत राजी है। ५-५.३० बजे तक खाली कैनवेसिंग में

था। तबियत अभी एकदम ठीक नहीं हुई है। बुखार की कमजोरी बनी हुई है।

१९ सितम्बर : कल से महात्माजी व्रत रखेंगे, इसी वास्ते पाट का, हेसियन का सब बाजार बहुत मंदा है। कामकाज मिलों में थोड़ा। मेहताबचन्द सिपानी ने कल रविवार से काम छोड़ दिया। मैंने भी कुछ कामकाज नहीं किया। फाटका ३३ रु. ६ आना है। मेरे बाजार गरम जँचता है।

२० सितम्बर : आज हड़ताल है। महात्माजी आज से व्रत शुरू करेंगे । मैंने भी पूर्ण व्रत रखा। रात में थोड़ा पानी पिया।

२२ सितम्बर : गाड़ी चुन्नीलाल अहीर को ११०० रु. में बेच दी। तबीयत ठीक रहती है। पाट पर मेरा ध्यान ५० रु. है। महात्माजी के व्रत का तीसरा दिन है। ईश्वर उनकी रक्षा करें।

२४ सितम्बर : बाजार मंदा रहा। कामकाज कुछ नहीं हुआ, मिल में ५० रु. में काम हुआ। बिरला का ध्यान मंदा है।

१९४१

कलकत्ता

३ जनवरी : सुबह अखबार पढ़ता रहा। लड़ाई चल रही है। चीजों के भाव धीरे-धीरे बढ़ रहे हैं। ११ बजे डाक्टर आया। सूई देकर चला गया। कुछ फायदा नहीं हो रहा है। बुखार नहीं है पर घर में रहना पड़ता है, यह बेजा है। इधर का काम सलटाने की चेष्टा में हूँ। काम सलटाने पर बाहर चला जाऊंगा। मौलाना आजाद गिरफ्तार कर लिये गये। लगता है, गवर्नमेंट धीरे-धीरे सब नेताओं को बंद कर देगी।

जसीडीह

११ जनवरी : सुबह सब चीज-वस्तु ठीक की। ११ बजे स्टेशन पर आया। ५ बजे जसीडीह आ गया। भवन में आया। तबीयत खराब है, मन भी खिन्न है।

१२ जनवरी : डाक्टर को दिखाया। इधर आने से तबीयत कुछ ठीक मालूम देती है। वजन १७४ पौंड है।

१५ जनवरी : आज गांठ में तीसी की पट्टी बांधी। दर्द उसी माफक है।

१७ जनवरी : मवाद बहुत निकला, दर्द उसी माफक है। सुबह भोजन नहीं किया। ६ बजे शाम को पट्टी बदली। मवाद बहुत निकलता है। रात में नींद ठीक नहीं आती।

२१ जनवरी : तबीयत सुस्त रहती है। यही हालत रही तो कलकत्ता जाना पड़ेगा। शाम को वैद्यजी आये, पट्टी बदल दी परंतु घाव उसी माफक है।

२७ जनवरी : सुबह से तेल मालिश कराया, बाल वगैरह छँटाये, स्नान किया, फिर कम्प्रेस किया। कागली लगायी। दिन में 'चरित्रहीन' पढ़ता रहा। मन लग गया।

२ फरवरी : सुबह वैद्य और डाक्टर दोनों आये। दर्द कमती था। घाव भी भर रहा है। डाक्टर ने गॉज दिया, घाव के भीतर सफाई की। कागली नहीं लगाई। छः-सात रोज में ठीक हो जायगा, कहा। रात में नींद अच्छी तरह आ गयी।

३ फरवरी : सुभाष बाबू के बारे में खबरें तरह-तरह की आती हैं। कांग्रेसी, गवर्नमेंट

के खिलाफ लोगों को तैयार कर रहे हैं। अंग्रेजों का रुख कड़ा है।

८ फरवरी : सुबह कागली बदली। वैद्यजी को बुलाया। घाव उसी माफक था। परेशानी है। परमात्मा की यही मर्जी है। दिन में किताब पढ़ता रहा। भाईजी ५ बजे शाम को आये; बोले, कलकत्ता चले जाओ। यही विचार रहा। मेरा भी मन कलकत्ता जाने का हो गया है।

कलकत्ता

११ फरवरी : १ बजे बनमाली डाक्टर आया। हरचंदरायजी भी थे। उसने देख कर कहा, २० रोज लगेंगे। खैर, देखा जायेगा।

१७ फरवरी : घाव धीरे-धीरे ठीक हो रहा है। दिन में आफिस गया। साहब लोग मिले। और भी बहुत से आदमी मिले।

२० फरवरी : तबीयत ठीक है। 'विशाल भारत' की फाइल पढ़ता रहा। हिंदी में 'सरस्वती' ने एक समय में अपना स्थान बनाया था, उसी तरह 'विशाल भारत' काम कर रहा है। बहुत अच्छा निकल रहा है। रात में रेडियो सुना। अंग्रेजों के लिये लड़ाई भारी पड़ती जान पड़ी।

१९४२

कलकत्ता

१ जनवरी : सुबह ५.१५ बजे उठा, किताबें पढ़ता रहा। कसरत की। ८ बजे दूध पीकर एंडरसन तथा अलेक्जेंडर के गया। ९.१५ बजे घर लौटा। 'मैन विथ इस्टर्न वर्ल्ड' किताब पढ़ी। रात में ११.३० बजे तक पढ़ता रहा।

बनारस

१० फरवरी : यहाँ सब घर में सुस्त हैं। बच्चे बीमार थे। नंदू भी। लड़ाई की खबरें खराब हैं। जापानी बढ़ रहे हैं। दिन में हरचंदरायजी से मिला। उनकी तबीयत खराब है। पत्नी की तो ठीक है, पर उदास है। बनारस में कलकत्ता के बहुत लोग आये हुए हैं।

बीकानेर

२१ जुलाई : लड़ाई में जरमनी रूस में जीत रहा है, पर मिस्र में अंग्रेज जीत रहे हैं। जापान की खास लगती नहीं। काम-काज थोड़ा बहुत हो रहा है।

नालंदा-राजगिरि

६ अगस्त : सुबह बख्तियारपुर पहुँचा। सूर्य-मंदिर देखा। चित्त प्रसन्न हो गया। ब्रह्मकुंड में स्नान किया। बहुत गरम पानी है। नालंदा देख कर चित्त खिन्न हो गया। क्या मिला उजाड़ कर? बख्तियार खिलजी की कब्र कहाँ? नालंदा के खंडहर तो हैं।

कलकत्ता

२५ दिसम्बर : कल बहुत जबर्दस्त बमबारी रही। घबराहट रही। मार्टिन तथा स्टैंडर्ड लाइफ की बिल्डिंग पर गोलाबारी हुई। उधर देखने गया। काम में बहुत नुकसान होता है। भाईजी बोलते हैं, मोटर में जसीडीह चले जाओ।

२६ दिसम्बर : कलकत्ते के बहुत आदमी बाहर चले गये। दीपचंद के गया। बहुत

उदास है। कलकत्ता से बाहर जाने को बोलता है।

३० दिसम्बर : याददास्त– (१) मनुष्य को मितभाषी होना चाहिए। इसमें झूठ कम बोला जाता है और जो कुछ कहा जाता है, सोचने-समझने का समय मिल जाता है। वाचाल का विश्वास कम हो जाता है तथा मान नहीं रहता है।

(२) चरित्र ही मनुष्य को ऊंचा-नीचा, स्वस्थ या बीमार, दीर्घायु और अल्पायु बना देता है।

(३) जहाँ तक बन पड़े, सत्य बोलने की चेष्टा करनी चाहिए। प्रथम थोड़ा कष्ट मालूम पड़ेगा पर पीछे बड़ा आनंद मिलेगा। सदा सत्य बोलने वाले मनुष्य वाक्सिद्ध हो जाते हैं।

(४) किसी को चुभती बात नहीं करनी चाहिए, वह बराबर दाग बनी रहती है। धन का नुकसान सहा जाता है, पर कटु वचन नहीं।

(५) धन का अपव्यय करने से भी और खाली संचय करने से भी, दोनों दशा में नाश हो जाता है। धन की गति तो सद्व्यय है, अगर कोई कर सके।

(६) मनुष्य एक दिन अवश्य मरेगा, यह निश्चय है। पर जो लोग कुछ करके चले गये, वे चिरकाल तक अमर रहेंगे जैसे कि सुकरात, गौतम, राम, कृष्ण या इधर में सूरदास, तुलसीदास आदि। रुपयेवाले तो इनसे बहुत हैं, कोई जानता भी नहीं, सिवाय उनके दो-तीन पीढ़ी के वंश के। इसलिये, कुछ ऐसा काम करना चाहिए कि मरने पर भी लोगों को याद रहे।

(७) यात्रा से ज्ञान बढ़ता है, यात्रा सपरिवार करनी चाहिए।

१९४३

चित्रकूट

२६ जनवरी : सुबह ७.३० बजे स्टेशन से चले। १०.३० पर चित्रकूट पहुँचे। मैं तो प्रायः पैदल ही चलता रहा। २ बजे परिक्रमा को चले। पहाड़ी जगह है, दृश्य अच्छे हैं, जंगल-सा है। पुराने समय में तो बीहड़ जंगल रहा होगा। राम का वनवास-काल याद हो आया। परिक्रमा की। स्नान, दर्शन, पूजन सब १ बजे तक कर लिया था। रामघाट पर स्नान किया। मंदाकिनी पतली-सी नदी है, पर पानी बहुत साफ। धारा भी तेज है। कामद गिरि की परिक्रमा कर ५.३० बजे लौटे। रास्ते में मुखारविंद, चरणारविंद आदि के दर्शन किये। बहुत सुहावनी जगह है। दूध, घी, आटा सस्ता है। पनचक्की में गेहूँ पीस कर आटा तैयार करते हैं। यहाँ की आबोहवा बहुत अच्छी है। औरतें सुन्दर, मेहनती और स्वस्थ हैं। धरमशाला में उतरे हैं, मन यहाँ बहुत लग गया है।

२७ जनवरी : ८.४५ बजे दो डोलियाँ आयीं। माँ और दुर्गा डोलियों में बैठ गयीं। हम लोग पैदल चले। प्रमोद वन, स्फटिक शिला तथा जानकी कुंड बहुत रमणीक जगहें हैं। हनुमानधारा जाकर स्नान किया। यहाँ तो पग-पग पर तीर्थ हैं, देखने की जगह है। उधर से सीता रसोई देखने गया, पहाड़ पर काफी ऊँचाई पर है। वहाँ औरतें झरने में पानी लेने को जा रही थी। अच्छा रूप और स्वास्थ्य था। ऐसा लगता है, अच्छे शरीर के लिये मेहनत ज्यादा जरूरी है, खुराक, घी वगैरह नहीं। चिंता-फिकर भी चेहरे को बिगाड़ती है। चित्रकूट बहुत अच्छा लगा। वहाँ से ५.३० बजे माणिकपुर पहुँचे। ९.३० बजे रात को इलाहाबाद पहुँचे। १० बजे तक घर आ गये। कुल ७० रु. खर्च हुए जिसमें ४० रु. दान के लिये।

कलकत्ता

१० फरवरी : सुबह ८ बजे कलकत्ता पहुँचा। बाजार ११ बजे गया, मंदा है। २ बजे बंद हो गया। कामकाज एकदम नहीं। महात्माजी के उपवास की खबर है। हिंदुस्तान

की पब्लिक में जोश फैल सकता है। मन में कलकत्ता आकर उत्साह नहीं है।

१७ फरवरी : सुबह कसरत करने गया, उधर से गंगाजी, उधर से ऑफिस की तरफ। सत्यनारायण, डाक्टर के गया। फोटो ली गयी। पेट की तकलीफ है। बनारस का मदन का कागज था। महात्माजी के उपवास को ८ रोज हो गये। हालत खराब है। पर इधर लोगों को कोई चिंता नहीं। लड़ाई में पैसा बनाने की धुन ज्यादा बढ़ रही है। शाम को रेडियो सुन कर ९.१५ बजे सो गया।

१८ फरवरी : अखबार पढ़ा। वायसराय की काउंसिल के मेम्बरों ने इस्तीफा दे दिया। १२ बजे इंडियन चेंबर की मीटिंग में गया, गांधीजी के उपवास पर मीटिंग थी। सब बड़े-बड़े आदमी थे, पर कोई कुछ भी करने को तैयार नहीं है। देखें क्या होता है। मेरे मन में न जाने क्यों ऐसी बात से कैसा-सा होता है। पाट का बाजार कुछ तेजी पर है।

१९ फरवरी : गांधीजी की हालत अच्छी नहीं है। आज उपवास का दसवाँ दिन है, चेतना नहीं है। उनको देश की कितनी चिंता है, हम लोग कुछ नहीं करते। ऐसा मालूम देता है, वे जीयेंगे नहीं।

कटिहार

१३ अप्रैल : सुबह से ही सर भारी रहा, माथा दुखता रहा, जुकाम है। आफिस गया, ५००० मन का काम किया। छाती में धड़कन मालूम देती है। दवा सावधानी से लेता हूँ। मेरा मन एकदम बाहर जाने का हो रहा है, पर अभी तो जाने का कोई रास्ता नहीं है। चित्त खिन्न है। मेरी भी क्या जिंदगी है, जहाँ न आनंद है, न और कुछ। रात में खाना नहीं खाया।

जसीडीह

१२ अक्तूबर : दिन में सेडमलजी के घर गये। मिलनी की एक गिन्नी लड़के को दी। लड़का मुझे पहले से कुछ स्वस्थ मालूम देता है। पिताजी को लड़का पसंद आ गया।

१९४४

कलकत्ता

११ मार्च : आज सुबह ५.४५ पर उठे। आज रतनी का विवाह है। दिन में सारे दिन मिलनी और तरह-तरह के रसम-रिवाज होते रहे। शाम को ३.३० बजे कोरथ लेकर प्रायः ३०० आदमी सगों के गये। वहाँ से ६ बजे बारात आयी। रात में ११ बजे तक फेरे होते रहे, बड़ी विधि के साथ। लड़का अच्छा है, सब कोई बोलते हैं। घर भी अच्छा है।

१४ मार्च : रतनी का विवाह हो गया। मन में संतोष है। लड़की को अपने हाथ से घर से विदा करते समय मन कैसा-सा हो गया था। मगर यह तो करना ही था। विवाह में ४५००० रु. खर्च हुए।

कलकत्ता

१६ अक्तूबर : आज दीवाली है। रात में रोशनी साधारण हुई। थोड़ा-बहुत उत्साह था। मुझे लगता है, उत्साह केवल पैसेवालों में होगा। गरीब के लिए दीवाली नहीं होती। वह कैसे मनायेगा? हमारे पैदा भी गई साल अच्छी हुई।

२५ अक्तूबर : आज गोपाष्टमी है। बच्चों को लेकर लिलुआ गौशाला गया। ६ बजे तक था। बच्चे बहुत खुश थे। मैं सोचता हूँ कि कुछ लिखा करूँ। इसके लिए अभ्यास करना होगा। इससे मन पर कंट्रोल भी रहेगा।

१९४५

जसीडीह-देवघर

११ जनवरी : भाव ७८ रु. १४ आना था। शाम को जैन भवन में म्यूजिक कांफ्रेंस में गया। पंडित ओंकारनाथ ठाकुर का वंदेमातरम् बहुत ही प्रभावी लगा। ऐसा लगा कि इतना अच्छा देश, इतनी अच्छी मातृभूमि के लिए हम क्या करते हैं? बंकिम बाबू का यह गीत तो पहले भी कई बार सुना था, मगर आज इसने मन में एक अजीब लहर पैदा कर दी।

अजीमगंज

१६ मार्च : डेडराजजी की तबीयत बहुत ज्यादा खराब है, बचेंगे नहीं। दिन में उनके यहाँ का फोन आया, बनारस जाना होगा। घर आकर सब तैयारी की और ६.३० बजे उनके घर चला गया। ७.४५ बजे स्टेशन में पंजाब मेल से रवाना हुए, ३० आदमी साथ में थे।

बनारस

१८ मार्च : सुबह आदमी आया, डेडराजजी चल बसे। खबर से मन बहुत दुखी हुआ। उनके यहाँ गया। १०.१५ बजे अर्थी उठी। बहुत लोग साथ थे। किसी के मरने पर मेरा मन कैसा हो जाता है। बहुत से विचार आते है। डेडराजजी इतने भले थे, मुझे बहुत मानते थे। बहुत सहारा दिया। आज मैं उन्हें कैसा सहारा दे रहा हूँ! गरमी बहुत थी, घाट पर पत्थर तपते थे। कुछ ही देर में सब खतम हो गया। स्नान किया। फिर ३.३० बजे बजरंग लालजी भुवालका के साथ मुगलसराय में कलकत्ता के लिये तूफान मेल पकड़ा। गाड़ी में केवल डेडराजजी की बातें दिमाग में घूमती थी।

कलकत्ता

२३ मार्च : मनीबाई के घर गया, बहुत साधारण ढंग से रहते हैं। हम लोगों के समाज में भाई-बहन में कितना अंतर है। भाई रुपया वाला मगर बहन गरीब। इसी

तरह बहन के घर धन भरा है, तो भाई रुपये के बिना ठोकरें खाता है। विवाह के बाद नाम के लिये रिश्ता रह जाता है।

३० अप्रैल : मुसोलिनी को गोली मार दी गयी। उसके साथ क्लारा पैटेची, उसकी प्रेमिका को भी। एक समय के शक्तिशाली का बड़ा ही बुरा अंत हुआ। हिटलर के बारे में भी तरह-तरह की बात फैल रही है। मन में सुभाष बाबू के लिये चिंता होती है। पकड़े गये तो अंग्रेज उन्हें छोड़ेंगे नहीं। मुसोलिनी को उसके देशवासियों ने मारा, और भी कई अफसर मारे गये। पाट का भाव ७७ रु. १२ आना, ७७ रु. १३ आना रहा। कामकाज नहीं। लाइट ७२ रु. का भाव है। बापूजी का कागज था। मेरा विचार बाहर जाने का दस दिन में है। नंदू के बुखार हो गया है। तबीयत मेरी कुछ ठीक है। चिंता भी कम हुई है। हेसियन का फाटका करने का फिर विचार हुआ, पर परमात्मा ने बचा लिया।

२ मई : सुबह पक्की खबर आयी, हिटलर मर गया। जर्मन चान्सलरी के तहखाने में छिपा था। हल्ला यह भी है कि मुसोलिनी की तरह वह भी अपनी एक प्रेमिका के साथ मारा गया। और भी अफवाह है कि मरा नहीं, भाग गया। दक्षिण अमेरिका में है। कुछ लोग यह भी कहते हैं कि रूस में ले जाकर उसे गोली मार दी गयी।

जसीडीह

२ जून : कल सारे दिन शरद बाबू का 'शेष प्रश्न' पढ़ता रहा, राहुल जी की 'वोल्गा से गंगा' भी। आज भी पढ़ रहा हूँ। पूरा नहीं कर पाया, कमजोरी है। शरद बाबू की किताबों में मुझे नारी का जो रूप मिलता है, दूसरी किसी में नहीं मिला। 'पर्दे की रानी' और 'संन्यासी' अज्ञेय ने लिखी, मगर शरद बाबू का सा रस नहीं दे पाये। 'शेष प्रश्न' पढ़ते-पढ़ते मेरी आँखें गीली हो जाती हैं। एक बार तो वाइफ ने समझा कि मैं रो रहा हूँ। मैं झेंप गया था। उसने कहा कि ऐसी किताब पढ़ने से क्या फायदा, जिससे मन में दुःख हो?

४ जून : 'वोल्गा से गंगा' पढ़ डाली। राहुलजी बहुत बड़े विद्वान हैं, परंतु मैं ठीक समझ नहीं पाया, वह क्या कहना चाहते हैं? फिर से पढ़ना होगा। शाम को ७.३० बजे गाड़ी में बैठ कर बनारस रवाना हो गया। इंटर क्लास में रात में तकलीफ नहीं हुई।

ऋषिकेश

७ जून : अच्छा लग रहा है। मन में शांति है। चित्त प्रसन्न है, न फाटका की चिंता, न और की। नींद खूब आयी। ऋषिकेश बड़ी अच्छी जगह है। दूर-दूर तक पहाड़ों की

लाइनें ऋषि की जटाओं की तरह घिरी हुई लगती हैं। विचार आता है, सब छोड़ दूँ और अब कुछ बनूं, कुछ अच्छा काम करूँ। परंतु मैं नहीं कर सकता। प्रॉमिस तोड़ता हूँ, गलती करता हूँ, यह बुरी आदत मुझे कुछ नहीं करने देगी।

ऋषिकेश-देवप्रयाग

८ जून : काली कमलीवाला की धरमशाला में ठहरा था। बड़ी भीड़ है। बहुत बड़ी संस्था है। अच्छा काम हो रहा है। बहुत आदमी काम करते हैं। रात में वापस हरद्वार आ गया था। स्वर्गाश्रम में बालमुकुंदजी और सरदारशहर के कई आदमी मिले थे। ७ बजे ऋषिकेश में बस पर बैठा। १२ बजे देवप्रयाग पहुँचा। सुंदर जगह है, पहाड़ों से घिरी है। ऊँचाई अंदाज २००० फुट है। सड़क खराब है। छोटा पहाड़ी कस्बा है। गरीबी तो है ही। मगर शांति है, बड़े शहरों के माफिक बुरी नीयत नहीं। भागीरथी बहती जा रही है, दूसरी ओर से अलकनन्दा आकर मिलती है, जैसे प्रयाग में गंगा से यमुना, परंतु यहाँ दोनों का जल बहुत ठंडा है, धारा भी काफी तेज। बहुत देर तक घाट की सीढ़ियों पर बैठा रहा। दो बार स्नान किया। बरफ का पानी आता है। साँकल पकड़ कर नहाना भी हिम्मत का काम है। एक पंडा के यहाँ ठहरा। सीधे भले लोग हैं।

देवप्रयाग-कीर्तिनगर

९ जून : प्यास बहुत लगती है, पानी बहुत ठंडा है, पर प्यास बुझती नहीं। ११ बजे खा-पीकर बस स्टेशन पर आ गया। गंगा तथा अलकनंदा के संगम पर स्नान किया। बस कीर्तिनगर की ओर चढ़ाई और मोड़ों को पार कर रही थी। डर लगा। भयंकर रास्ता है। सैकड़ों हजारों फुट का खड्ड देख कर मन कैसा-सा होने लगता है। २ बजे कीर्तिनगर पहुँचा। बस रुकी, थोड़ा कलेवा किया। ४ बजे रवाना होकर ५ बजे श्रीनगर पहुँचा। चाय पी, गंगा स्नान किया। छोटा-सा कस्बा है। आबादी कम है। गढ़वाल के राजा की जगह है। कोई खास काम-काज नहीं। बाजार में वाइफ के साथ घूमा। लोगों से मिला, बातचीत की। पानी का साधन होने से यहाँ खेती, बागवानी अच्छी हो सकती है। गंगा के किनारे एक बहुत पुराना मंदिर देखने गए। किसने बनाया, कब बना, इसका ठीक पता नहीं चला।

श्रीनगर-रुद्रप्रयाग

१० जून : ४.३० बजे सुबह उठे, ५.३० बजे तक तैयार हो गये, यात्रा शुरू की। ११.३० मील पर एक चट्टी मिली, विश्राम के लिए रुके। बहुत साधारण-सी चट्टी है, जगह सुंदर है। थकावट मामूली-सी लगी, गरमी ज्यादा नहीं है। १०.३० बजे पहुँचे थे। जूते भारी लगने लगे। एक बजे तक स्नान-भोजन कर लिया, फिर चल पड़े। अंदाज

२ बजे चट्टी पर पहुँचे । गंदी-सी जगह लगी, सफाई नहीं थी। झरने का पानी गंदला था। थोड़ी देर रुके, फिर आगे बढ़ गए। दिन के चले शाम को रुद्र प्रयाग पहुँचे। ६ बजे गए थे। बड़ी थकावट मालूम हुई। यात्रा में चलते समय तरह-तरह के विचार आते रहते हैं, इसलिए थकावट इतनी मालूम नहीं पड़ती, परंतु रुकते ही लगती है। शरीर थक कर चूर हो गया। जगह की तंगी थी। एक दुकान में रहने की जगह मिल गयी। नदी में स्नान किया। पानी बहुत ठंडा था। मगर स्नान के बाद बड़ी ताजगी मालूम की।

छोटी-सी जगह है। मंदिरों में यात्री थे। पंडों का रोजगार बन रहा था, परंतु मैदानी पंडों की तरह पहाड़ के पंड़े ठगते या जबर्दस्ती नहीं करते। सुंदर छोटे-छोटे बच्चे दुकानों के आसपास खड़े हो जाते हैं। यात्रियों से कुछ मिल ही जाता है। परंतु इन सबों को देख कर मन में विचार उठते हैं। विद्या या शास्त्र पढ़ने-पढ़ाने की सुविधा इन्हें नहीं है, भिक्षा ही एकमात्र सहारा।

चन्द्रावती

११ जून : सुबह ५ बजे रुद्रप्रयाग से चले। ज्यादा ठंड नहीं लग रही थी, हवा चलने पर लगती है। दृश्य अच्छे थे। शांति थी। सिर्फ पहाड़ी झरनों की आवाज और गंगा की धारा की गूंज। इसके बीच-बीच में चिड़ियों की चहचहाहट। जूते मैंने रुद्रप्रयाग के पहले ही निकाल दिए थे। परंतु अब बिना जूते के चलते रहने के कारण पैरों में दर्द होने लगा। अभ्यास था नहीं नंगे पैरों चलने का। जूते कुछ फट भी गए थे। पर पहना नहीं। थकावट से चूर, किसी प्रकार शाम को चंद्रावती पहुँचे। मोची से जूते मरम्मत करवाये। पंडे और लोगों से बातचीत करता रहा। जंगली जानवरों का, खास तौर से चीते का इधर की ओर बहुत खतरा है। रात को या शाम को लोग जल्दी बाहर नहीं जाते। दिन में भी साथ-साथ टोली बना कर चलते हैं। आज अखबार देखने की इच्छा बहुत हुई, पर मिला नहीं।

गुप्तकाशी-फाटा

५ बजे चंद्रावती से चले। पहाड़ों पर बादल के टुकड़े थे। हलका कुहासा भी था। सड़क भीगी-सी थी, रात थोड़ा पानी बरसा था। ७ मील पर एक चट्टी मिली। यहाँ से २ मील की खड़ी चढ़ाई। मन में विचार आते, फजूल में झमेले में पड़े। बहुत महँगा पुण्य है। परंतु और लोगों को देखता, वे मुस्कुराते, बातचीत करते और भगवान का नाम लेते चले जा रहे थे। मन में कुछ शरमा गया। चढ़ाई पार कर गुप्तकाशी पहुँचे। छोटा कस्बा है, परंतु सामान सब मिल जाते हैं। कुंड में स्नान किया – १२ बजे तक जीम लिया। २ बजे नारायण कोट पहुँचे। थोड़ा आराम किया। एक बड़ी-सी दुकान से

द्राक्षासव एक बोतल खरीदी। शाम को फाटा चट्टी पहुँचे। दार्जिलिंग के समान सर्दी पड़ती है। मेरी तबीयत कुछ खराब लगती थी। पेट दुखता था। जीमा नहीं। रात में कई बार हाजत मिटानी पड़ी। पहाड़ी झरने का पानी जहाँ-तहाँ नहीं पीने के लिए सावधान किया था, पर मैंने ध्यान नहीं दिया। अब तो लगता है, पेट खराब हो गया। भगवान पार लगाए।

गौरी कुंड, रामबाड़ा

१३ जून : फाटा चट्टी से रामपुर सुबह ही आ गए। मैं खच्चर की खोज में था, पर कहीं नहीं मिला। पैर जोर से दुखते थे, शरीर थका हुआ। त्रियुगीनाथ जाने की हिम्मत नहीं रही, गया भी नहीं। १२.३० बजे गौरीकुंड पहुँच गया। थका था ही, गरम जल के सोते में पैर डाल कर बैठ गया। बहुत आराम मिला, फिर स्नान किया। स्नान करते समय मन में विचार आते रहे, पाप क्या है, पुण्य क्या है। पाप क्या मिटाया जा सकता है, पुण्य क्या घट सकता है, वगैरह। गौरीकुंड बहुत अच्छा लगा। यहाँ से ३.३० बजे दिन में चले। बड़ी कड़ी चढ़ाई आगे मिली। रामबाड़ा पहुँचे। बहुत जोर ठंड पड़ रही थी। दार्जिलिंग से भी बेसी।

केदारनाथ

१४ जून : रात में सर्दी के कारण नींद ठीक से नहीं आयी। तरह-तरह के विचार आते रहे। कभी-कभी अपनी कमजोरियाँ याद आने लगतीं। ऐसा मालूम होता, इन्हें दूर नहीं कर सका तो शांति नहीं मिलेगी। मन की कमजोरी बहुत बड़ा पाप है। सोते-जागते ४ बजे उठा। ५ बजे रामबाग से चला, सर्दी के मारे पैर-हाथ बँधे से हो रहे थे। पर चलना तो था ही । पैदल चले, पैर दुखते थे । मेरी तरह और भी यात्री चले जा रहे थे। विचार आया, इन्हें भी तो सर्दी लग रही होगी, हाथ-पैर दुखते होंगे, फिर मैं क्यों इतना सोचता हूँ? १० बजे केदारनाथ पहुँच गया। यहाँ सर्दी बहुत ही ज्यादा है। परंतु मन में एक रकम का संतोष था कि किसी तरह लक्ष्य पर पहुँच गया, भगवान ने पार लगा दिया। यहाँ की ऊँचाई ११,५०० फीट है। मंदिर बहुत गंदा है। कैसा ही मन हो गया। पवित्र स्थान को साफ रखना चाहिए। यहाँ के पंडे पुजारी कैसा बंदोबस्त रखते हैं?

दर्शन-पूजन करके वहाँ से १२ बजे वापस गौरीकुंड के लिए चले। फिर उधर से रामपुर आ गये। यहाँ मगराजजी जालान, हरसुखरायजी चौधरी मिले। रात में १० बजे तक उनसे बातचीत होती रही। केदारनाथ के मंदिर के बारे में भी बात हुई। उन लोगों की भी राय थी कि मंदिर के बंदोबस्त में कड़ाई होनी चाहिए।

उषीमठ

१५ जून : सुबह रामपुर से चले, पैरों में बहुत जोर दर्द हो रहा था। पैदल चलना मुश्किल हो गया। इसलिए २ मील डोली पर चला। खीज अपने ऊपर आयी। जीते जी आदमी के कंधे पर जा रहा हूँ, कितना कमजोर हूँ। तीन मील आगे घोड़ा मिला। उस पर बैठा और एक चट्टी तक आया। तबीयत कुछ ठीक हुई। पैरों में तेल मला, स्नान किया। बद्रीजी जाने का विचार हो गया।

इसी माफिक यात्रा शुरू हो गयी। परंतु नारायण कोठी से मैंने घोड़ा कर लिया। प्रायः ६ बजे तक उषी मठ पहुँचा। जगह तो सुंदर है ही। न जाने क्यों गौरीकुंड की तरह यह जगह मुझे बहुत अच्छी लगी। बारिश हो रही थी। रात में मंदिर में गया, दर्शन किये। मन में शांति मिली। थकावट भी थोड़ी रह गयी।

बेणियाकुंड

१६ जून : सुबह उठे। मेरा मन यहाँ ठहरने का था, परंतु यात्रा की तैयारी करनी थी, इसी में लग गया। घोड़े वगैरह का बंदोबस्त नहीं हो सका। यहाँ के घोड़े छोटे होते हैं। इसलिए इनके मालिक भारी आदमी को लेने को राजी नहीं होते। उपाय भी क्या? पैदल चले, सुबह के ५.३० बजे थे। बेसी ठंड नहीं थी। अंदाज ६ मील चल कर एक चट्टी पर ठहर गए । कुछ आराम कर बेणिया कुंड के लिये चल पड़े। बड़ी कड़ी चढ़ाई है, रास्ता कटना मुश्किल हो जाता है। साँस फूलने लगती है। मगर दृश्य अच्छे हैं। घने जंगल, हरियाली, झरने मन पर जादू-सा असर करते हैं। शायद यह चढ़ाई मेरे से पार नहीं पड़ती, सारा दिन चलना पड़ा। परंतु कल घोड़े पर चलने से पैरों को काफी आराम मिला, इसलिए किसी तरह पूरा कर पाया। कुल ११.३० मील चला, कल १४ मील का सफर था।

बेणियाकुंड-गोपेश्वर

१७ जून : रात बहुत सर्दी थी। सुबह बेणिया कुंड से चल पड़े। बारिश थम चुकी थी। सर्दी बढ़ रही थी। जाड़े से बदन काँपने लगा। चढ़ाई कड़ी थी, बदन भी दुख रहा था। थकावट काफी आ गयी। दिन में मंडल चट्टी पर रुके, थोड़ी देर आराम किया, भोजन किया। अगर कठिनाई सहने की ताकत भगवान दे देता तो इतने सुंदर स्थान की यात्रा का आनंद उठा सकता। परंतु मेरे मन में तो दर्द, थकान और परेशानी की बात उठती थी। मंडल चट्टी पर खाना अच्छा मिला, पेठे का साग, पोदिना भी मिला। भोजन कुछ बेसी किया। ३.३० बजे चले। रास्ता बहुत अच्छा था, ठंड भी ज्यादा नहीं थी। तुंगनाथ नहीं गए। चढ़ाई पड़ती थी। ७ बजे गोपेश्वर पहुँचे। बारिश हो रही थी।

मन में बहुत तरह के विचार आते हैं।

गरुड़ चट्टी

१९ जून : कल रात गरुड़ चट्टी ठहरे। साफ जगह नहीं है। रास्ते में पीपल कोठी की चट्टी इससे कहीं अच्छी थी। सुबह गरुड़ चट्टी से चले और गुलाब चट्टी में ठहरे। साधारण-सी चट्टी है। यहीं थोड़ा आराम कर के खाना खाया। २ बजे अकेला ही मैं रवाना हो गया। ६ बजे अंदाज मैं जोशी मठ पहुँचा। उधर धारा में स्नान किया। मामूली-सा कस्बा है, परंतु इसमें अखबार, पत्रिका वगैरह मिल जाती हैं। कुछ दुकानें भी हैं, एक पब्लिक लाइब्रेरी भी। यहाँ बैठ कर कुछ अखबार-पत्रिकाएं वगैरह पढ़ता रहा। लोगों से कुछ बातचीत की, भले और सीधे लोग हैं। गरीबी समझते हैं। इन लोगों को कष्ट भी है, पर मन के गरीब नहीं हैं। गरीबी से परेशान नहीं होते। रास्ते में मैंने देखा, औरतें सुंदर एवं स्वस्थ हैं। इनके तथा बच्चों की आँखों में भोलापन है, गालों पर गुलाबी। विचार आया – दूध, मेवा, घी खाकर भी हम लोगों को तंदुरस्ती नहीं मिलती, और शक्ति भी नहीं है। हम लोगों के घर की औरतों की शकल पीली रहती है, उस पर सोने के पीले गहने कितने भद्दे लगते हैं। रास्ते में खुमाणी मिल गयी। खाता रहा। वाइफ को ले जाकर झरने में स्नान कराया। मैंने नहीं किया, सर्दी थी।

जोशीमठ-हनुमान चट्टी

२० जून : जोशीमठ में चित्त प्रसन्न रहा। सुबह चल पड़े। ८ मील चल कर पांडुकेश्वर आ गए। गंगा में स्नान किया। एक यात्री जोर-जोर से गंगा की स्तुति गा रहा था। अच्छा लगा। लाइनें याद नहीं हैं, परंतु 'पतित निवारिणि...त्रिभुवन धन्ये' का उसका स्वर बहुत देर तक मेरे मन में गूंजता रहा। जोशीमठ में आराम था, खुमाणी मिली। प्याज तथा आलू प्रायः मिल जाते हैं। चीनी २ रु. ८ आना सेर, दूध १२ आना सेर में अच्छा मिल जाता है। फल नहीं मिलते।

शाम को २.३० बजे चले। ६ मील चल कर हनुमान चट्टी आ गए। चढ़ाई काफी थी, थकावट आ गयी। वर्षा हो रही थी, ठंडी हवा भी थी।

बदरीनाथ

२१ जून : सुबह ५.३० बजे हनुमान चट्टी से चले। ठंडी हवा चल रही थी। बादल भी थे। डर लगता था कि वर्षा न हो जाए। परंतु नहीं हुई और ९.३० बजे बदरीनाथजी पहुँचे। जगह सुंदर है। मन में खुशी हुई कि केदारजी के दर्शन के बाद बदरीजी के भी दर्शन का मौका मिला। पहाड़ों पर हरे-भरे घने जंगल और बहते हुए छोटे-बड़े झरने,

मन को शांति मिली। मंदिर देर से दर्शन करने गए। भीड़ बहुत थी। हम लोगों ने थोड़ा आराम किया। सामान जँचाया। लकड़ी नहीं मिल रही थी। रसोई की दिक्कत हो जाती। बाजार का खाना पड़ता। किसी रकम थोड़ी-सी जुगाड़ कर पाया। सर्दी बहुत है, परंतु दृश्य बहुत ही सुंदर लग रहे हैं। रात ९.३० बजे सोये।

२२ जून : सुबह ५ बजे आँखें खुलीं। नींद से उठने पर बिस्तर पर रहने की आदत नहीं, परंतु घना कुहासा था और कुछ आलस भी। ठंड बहुत थी, बरदाश्त नहीं हो रही थी। ६ बजे तक बिस्तर छोड़ा। तप्त कुंड में स्नान किया। लीला है या भगवान की कृपा, इतनी ठंडी जगह में गरम पानी की सुविधा प्रकृति ने करा दी। स्नान करने पर थकावट, आलस – सब मिट गया। दर्शन किया। आसपास घूमने लगा। बहुत से साधु-महात्मा थे। जंगलों में भी देखा, नंगे बदन सिर्फ कौपीन पहने हुए महात्मा थे। पता नहीं, इनमें कितने सच्चे थे। परंतु इतनी ठंड में रहने वाले, संसारी लालच से तो नहीं रहते होंगे। इतनी ऊँचाई पर जंगलों में और गुफाओं में कोई आता भी नहीं।

दिन में ८ बजे भोजन किया – दाल-भात, कढ़ी तथा मिठाई। पेट खराब हो गया। शरीर कमजोर-सा हो गया था। मन खराब हो गया। पर उपाय भी क्या! शाम को दर्शन-पूजन किए। मुझे ऐसा लगा कि यात्रियों के लिए जगह और व्यवस्था की कमी है। ठहरने के लिए और भी धर्मशालाएँ होनी चाहिए। ऐसा भी विचार आया कि एक पुस्तकालय अच्छा-सा होना चाहिए, जिसमें धर्मग्रंथ वगैरह हों। पढ़ने वाले यात्रियों का मन लग जायेगा। मंदिर में भीड़ होने पर बड़ी दिक्कत होती है। इसलिए इसका भी कोई अच्छा बंदोबस्त किया जाए तो ठीक रहेगा। रात में बहुत देर तक इसी प्रकार से और भी दूसरे ढंग के विचार दिमाग में आते रहे। पेट भी दुखता था, परंतु नींद आ गयी।

बदरीनाथ-जोशीमठ

२३ जून : सुबह ६ बजे उठा, तप्त कुंड में स्नान किया। सर्दी बहुत ज्यादा लग रही थी, शायद कमजोरी के कारण। पंडाजी को ६५० रु. दिए। मेरे मन में विचार आया – इतने रुपये चढ़ावे के आते हैं, सोना-चाँदी भी मिल जाता है, परंतु इनका क्या होता है? मंदिर का रख-रखाव और दूसरी व्यवस्था ठीक नहीं। परंतु मन में ग्लानि हुई कि ऐसा नहीं सोचना चाहिए। देने के बाद विचार करना ठीक नहीं और फिर इन लोगों की आमदनी और है भी क्या? ८ बजे रवाना हुए। साथ में केडिया बीमार था। एक डोली उसको दे दी। वाइफ पैदल चल रही थी। वह खुश भी थी कि पैदल तीर्थयात्रा का पुण्य बढ़ रहा है। औरतों में भक्ति ज्यादा होती है।

पेट दुखता था, पैर भी। शाम तक जोशीमठ के पास सिंहधारा पहुँचा। १९ मील की यात्रा में २ मील की कड़ी चढ़ाई ने बुरी तरह थका दिया।

जोशीमठ-पीपलकोठी

२४ जून : जोशीमठ से जल्दी ही चल पड़े। सुबह ६ बज रहे थे। शरीर सुस्त था, मन भी इसीलिए खिन्न। परंतु १९ मील का सफर कर लिया। पेट में मरोड़ें आती रहीं, बार-बार शौच के लिये जाना पड़ता। पैरों में कमजोरी बढ़ती जाती थी। दुख रहे थे, मैं मन में घबरा गया था। परंतु किसी से कुछ कहा नहीं। जल्दी-जल्दी आगे बढ़ता रहा। शाम को 'पीपल-कोठी' आया। अच्छी जगह थी। कई दुकानें भी थीं। एक घोड़ा ठीक किया, कर्णप्रयाग तक के लिए, मील के हिसाब से। ठंड विशेष नहीं थी, रात में नींद आ गयी।

नन्दप्रयाग

२५ जून : 'पीपल-कोठी' से घोड़े पर चमोली पहुँचा। परंतु रुका नहीं, वहाँ से ३ मील आगे की एक चट्टी पर रुका। तबीयत सुस्त हो रही है। बदन ढीला हो रहा है। भूख और प्यास लगती है, पर इच्छा नहीं होती। एक तरफ डर लगता है, खाऊँगा तो पेट और भी दुखेगा, पानी पीते ही शौच जाना पड़ता है। फिर भी जीम लिया।

शाम को नंदप्रयाग आये। राँचीवाले नंदप्रयाग में ही ठहर गए, परंतु मैं आगे की चट्टी के लिए बढ़ गया। चट्टी खराब थी। शरीर बहुत दुखने लगा है। रात में किसी तरह खाना खाया। सोने की चेष्टा करने लगा। मगर शौच के लिये २-३ दफे उठना पड़ा। वहाँ बहुत थोड़े यात्री थे, एक ने कोई जड़ी दी। मैंने चबा कर पानी पिया। पेट दुखना कम हो गया। रात में १० बजे तक नींद आ गयी।

कर्णप्रयाग

२६ जून : कल रात बड़ी गलती हुई। जड़ी का नाम नहीं पूछा और न उससे थोड़ी-सी माँग ली। बहुत तकलीफ में था, इसलिए ध्यान नहीं आया। सुबह ४.३० बजे ही चल पड़ा, तबीयत ठीक थी। घोड़े पर था। ९ बजे तक कर्णप्रयाग पहुँच गया। रास्ते भर रातवाले यात्री को ढूंढ़ता रहा, पर मिला नहीं। कैसा संयोग बना ! सवारी के लिए घोड़े का बंदोबस्त कर लिया था। दिन बहुत सुहावना था। आसमान साफ था। स्नान किया, थोड़ा खाना खाया। पेट नहीं दुखा। २ बजे कर्णप्रयाग से आगे बढ़ा। थोड़ी वर्षा थी, पर असुविधा नहीं हुई। घोड़ा एकसार चाल पर था। शाम तक 'गोचर'

पहुँचा। बड़ी सुंदर जगह है। बहुत बड़ा मैदान-सा है। हवाई जहाज उतरते हैं। यहाँ से ७ बजे चल कर बनहरी आश्रम में रात के लिए ठहरा। आज २० मील का सफर किया।

रुद्रप्रयाग-शुकता चट्टी

२७ जून : रात थी, हवा चल रही थी। अंदाज ३ बजे बनहरी आश्रम से रवाना हो गया। अंधेरा था, परंतु डर नहीं लगा। इधर यात्रियों को लूटा नहीं जाता, और भी यात्री आते-जाते मिलते रहे। बीच-बीच में बदरी भगवान की जय बोलते हैं। ९.१५ बजे रुद्र प्रयाग पहुँचा। बस में जगह की चेष्टा की, परंतु कोई चांस नहीं लगा। ११ बजे गुलाबराय चट्टी पहुँच गए। कोशिश की, पर किसी भी बस में हम लोगों को जगह नहीं मिली। ३ बजे पैदल ही चला, ९ बजे रात में शुकता चट्टी पहुँचा। बापूजी वगैरह पीछे ही रह गए। वर्षा का ढंग था। आज २५ मील की यात्रा की। बापूजी वगैरह बहुत बाद में पहुँचे।

कीर्तिनगर-देवप्रयाग

२८ जून : सुबह ४.१५ बजे शुकता से चले। बस में जगह बनाने के लिए मैं आगे जल्दी बढ़ता था। परंतु गलती मेरी है, साथ में तो रहना चाहिए। बारिश होने लगी। हम लोग बहुत भीग गए। श्रीनगर चल कर कपड़े बदले। मैं ज्यादा देर रुका नहीं। घोड़ेवाले के साथ कीर्ति नगर पहुँचा। करीब ५ बजे बस मिली। जगह बन गयी। पिताजी वगैरह भी आ गए। ६.३० बजे हम लोग बस से देवप्रयाग पहुँचे। परंतु यहाँ से सब कोई चले गए। मैं ठहर गया। देवप्रयाग न मालूम क्यों मुझे बहुत अच्छा लगता है। मन में होता है, मैं इस जगह पर कभी शायद बहुत दिन रहूँ। रात में संगम पर स्नान किया। ठंड नहीं मालूम पड़ी। पानी में उतरा नहीं, लोटे से नहाया, धारा बहुत तेज थी, अँधेरा भी था। तबीयत ठीक भी थी, पेट में दरद नहीं था। खाना नहीं खाया। हल्का कलेवा कर घाट की तरफ की ऊँची पहाड़ी पर चला गया। ऊपर एक जगह बहुत देर बैठा रहा। विचार आते रहे, क्या पाया, क्या खोया, क्या बाकी रहा। रात ११ बजे अंदाज सोया। शायद यहाँ फिर आना पड़ेगा, मन बोलता है।

देवप्रयाग-हरिद्वार

२९ जून : सुबह ५ बजे उठा। तबीयत बहुत ठीक थी। बस में जगह मिल गयी। ७ बजे ऋषिकेश पहुँचा। कलकत्ता का कोई खास समाचार नहीं था। मन प्रसन्न था, बदरी-केदार की यात्रा पूरी हो सकी। पता नहीं, फिर कभी आ सकूंगा या नहीं, परंतु चेष्टा जरूर करूँगा।

हरिद्वार

२ जुलाई : यहाँ आये दो दिन हो गये। मन लग नहीं रहा है। मंदिरों में दर्शन करता हूँ, भजन-उपदेश सुनता हूँ, परंतु मन उचाट हो रहा है। पेट दुखता है। दवा ली, मगर खास फायदा नहीं हुआ। कलकत्ता जाने का मन कर रहा है। स्टेशन जाकर कोशिश की, मगर एकदम जगह नहीं है।

३ जुलाई : पेट में मरोड़ें चलती हैं, बार-बार शौच के लिए जाना पड़ता है। बारिश भी जोर से हो रही है। खाने का नियम रखता हूँ, दवा भी लेता हूँ मगर शरीर को आराम नहीं, मन में भी बेचैनी है। शाम को ६ बजे गाड़ी में बैठे। रात में लक्सर पहुँचे। यही ठहर गए।

जसीडीह

२५ अगस्त : मुझे 'पाटन का प्रभुत्व' बहुत अच्छा लगा। गुजरात के इतिहास और संस्कृति के बारे में जानकारी कम थी। इस उपन्यास में रोचकता है, मेरी जानकारी भी बढ़ी। मुल्कराज आनंद की किताब पढ़ रहा हूँ।

३० अगस्त : 'गोदान' पढ़ा। प्रेमचंद का यह उपन्यास पहले भी पढ़ चुका था। हिंदुस्तान जब स्वाधीन होगा तो 'झूरी काछी' जैसे लोगों पर सबसे पहले ध्यान देना होगा। ऐसा लगता है, जयप्रकाश बाबू और समाजवादी नेताओं का अंदाज सही है।

पटना

५ अक्तूबर : ट्रेन लेट थी। ७ बजे आयी, पटना १.३० बजे पहुँचा। बाजार गया, कोई खास बात नहीं, परंतु व्यापारी मंडी है। पटना मैदान देखा, एक्जिबिशन रोड के पास है, यहीं गोलघर है। अकाल के समय इसमें अन्न रखा जाता था। मगर इतने थोड़े से क्या होता होगा! आज तो गवर्नमेण्ट के एक गोदाम में इससे कहीं ज्यादा अनाज रहता है। गोलघर अंग्रेजों का बनाया बताते हैं। बाँकीपुर गया, हाईकोर्ट देखा। यहाँ काफी तादाद में बंगाली हैं। पिंटू होटल में रसगुल्ले खाये। यह भी एक बंगाली का मशहूर होटल है।

किसी समय मगध सम्राज्य की राजधानी पटना थी, परंतु उसका कुछ भी चिह्न नहीं बचा। रेलवे लाइन के दक्षिण में किसी टीले के नीचे कुछ खंडहर बताते हैं। उधर गया, पानी भरा था। रात में राजेंद्र बाबू को देखा। शहर में उनके लिए बहुत बड़ा जलसा हुआ। राजेंद्र बाबू जैसे आदमी याद रह जायेंगे। संत-महात्मा का नाम लिया जाता है, धनी सेठों का नहीं।

कलकत्ता

२० अक्तूबर : श्रीमती विजयलक्ष्मी पंडित की 'प्रिजन डायरी' पढ़ रहा हूँ। इंटरेस्टिंग है, सरल भाषा है।

१२ नवम्बर : बदरी, केदार की बहुत याद आती है। यहाँ आकर झंझट में फँस गया। शरीर बीमार रहता है।

२२ नवम्बर : आज हड़ताल कर दी गयी। स्कूल-कालेज के लड़के लोगों का काफी अड़ंगा था। मोटर भी नहीं चलने देते थे, ट्राम, बस सब कुछ बंद हो गयी। 'सुभाष बाबू की जय', 'वंदे मातरम्', 'महात्मा गांधी की जय' छोटे-छोटे बच्चे भी जोर-जोर से कहते थे। बहुत लड़के पकड़े गये।

३० नवम्बर : अपने बारे में सोच सकता हूँ। परमात्मा मुझे सुबुद्धि दे, कम बोलूँ। ज्यादा बोलने से आयु और मन दोनों घटता है। बाजार जनवरी-फरवरी में तेजी जँचता है।

१९४६

कलकत्ता

२६ जनवरी : मनुष्य की आयु अपने हाथ की बात है। आजकल इन दिनों मैं जिस तरीके से रहता हूँ, बहुत खराब़ है। अपना ध्यान नहीं रखता, रुपयों की चिंता। कसरत छूट गयी है, नींद आती नहीं, सपने बुरे आते हैं। रुपये ५०-६० हजार एक-डेढ़ महीने में फाटके में तथा १-१.३० लाख और तरफ लग गये। फाटके के रुपयों की बेसी चिंता है। आदमी की तृष्णा मिटती नहीं, फिर क्या उपाय? आदमी का क्या भरोसा आज है, कल नहीं।

कलकत्ता

१९ मार्च : रतनी बीमार है, मूर्छा आ जाती है। बड़ी चिंता की बात हो रही है।

२० जून : महात्माजी कहते हैं, उनकी कोई सुनता नहीं, पटेल और राजेंद्रबाबू भी नहीं। इधर लीग वाले तो बहुत गरमी दिखाते हैं। तलवार खोल कर जुलूस निकालते हैं। कुछ बड़ा गोलमाल जरूर होगा, मालूम देता है।

१० जुलाई : शाम को ४.३० बजे राइटर्स बिल्डिंग में गया, ५ आदमी और भी थे। प्राइम मिनिस्टर सुहरावर्दी से पाट के बारे में बात की। काफी तेज आदमी हैं। सुनने को उसने हमारी बात सुन ली। पर करेगा कुछ भी नहीं। इस्पहानी, हबीब वगैरह से सलाह जरूर करेगा। मैं तो समझता था, शायद ठीक से बात नहीं करेगा, परंतु मिला बहुत ठीक से, भले ही जवाब साफ नहीं दिया।

१७ जुलाई : चिंता, बीमारी शायद कभी नहीं साथ छोड़ेगी। आज भी कफ में थोड़ा खून आया। ९९° टेंपरेचर था। डाक्टर के गया, एक्जामिन कराया। फोटो ली। रेस्ट का बोलता है, पर यहाँ रहने पर तो आराम नहीं कर सकूँगा।

डेडराजजी मरदा के गया, उनका दोहिता चलता रहा। ज्वालाजी भरतिया के घर सुबह ९ बजे गया। जगन्नाथ सर्राफ की सीर में बोरा लेने की बात की। वी० मधुकर के गया, १००००० बोरा ८ रु. दो आना में लिया। ऑफिस गया। कामकाज कोई खास

नहीं। फाटका ८१ रु. १० आना। मालचंद को ३६०० गाँठें ले दीं, दीपचंद को ८००० गाँठें। दोनों को रुपया आ जाएगा। मुझे तो फाटका की सौगंध है।

१८ जुलाई : तबीयत सुस्त, कामकाज एकदम नहीं। बोरे में फँस गये से मालूम देते हैं। रात ९.३० बजे स्टेशन गया। ज्वालाप्रसादजी भरतिया, तुलसी बाबू, घनश्याम पोद्दार, नंदलाल पंसारी, मनीराम भालोटिया, ठाकुरदासजी थरड़, लालाजी वगैरह सब १४ आदमी हैं। रात में गाड़ी में सो गये।

देवघर

१९ जुलाई : सुबह ६.३० बजे स्टेशन पहुँचे। बैजूबाबू आये थे। ७.३० बजे देवघर पहुँचे। मन एक रकम लग गया, परन्तु साथी लोग बहुत बोलते हैं।

२० जुलाई : काम कुछ नहीं, पूरा आराम है। खाना, पीना, घूमना और ताश खेलना। २-३ दिन में तबीयत इम्प्रूविंग मालूम देती है।

बागमारा कोठी में गये। वहीं चाय-नाश्ता किया। दीमक बहुत लग गयी है, बंदोबस्त करना होगा।

कलकत्ता

रतनी बीमार है, रामजी दास भी बीमार है।

आज विजया दशमी है। छुट्टी है। 'संग्राम' बंगला सिनेमा देखा। साधारण था। पूजा का काफी जोश है। हर साल बढ़ता जा रहा है। शुरू में जब कलकत्ता आया था, इतने पंडाल नहीं बनते थे। केवल जमींदार या राजाओं के यहाँ पूजा बैठायी जाती थी। अब तो चंदे इकट्ठा कर के दुर्गा पूजा, काली पूजा की जाती है। अच्छा लगता है, सभी लोग मिलते-जुलते हैं, उत्साह रहता है। बड़े, छोटे, बच्चे, जवान, सभी प्रसन्न रहते हैं।

८ अक्तूबर : खबर है कि पंडित नेहरू ने वावेल से कहा कि मुस्लिम लीग को इंटरिम गवर्नमेंट में लिया जा सकता है। वायसराय ने जिन्ना से बातचीत शुरू कर दी है। पूर्वी बंगाल में मुसलमानों को काफी उकसाया जा रहा है। मौलाना भसानी जिहाद की बात चला रहा है।

कलकत्ता

१४ अक्तूबर : दिन में मिलों में २२-२५ में काम हुआ। बाजार काफी गरम है। 'एक्साइटेड' है। फाटका १२० रु. से १२६ रु. रहा। मैंने ५०० गाँठ १२३ रु. ८ आना में बेची। भाईजी को नहीं बता सका, क्योंकि बाजार शाम को गरम हो

गया था। बहुत गलती कर रहा हूँ। करना ही नहीं चाहिए था। बिल्टियाँ काफी आयी हैं।

सपने खराब आते रहते हैं। मानसिक उत्तेजना है। जी चाहता है, रिटायर कर जाऊँ।

२ नवम्बर : सुबह गांधीजी से मिला। थोड़ी-बहुत बात भी की। बहुत कुछ कहना चाहता था, परंतु उनके आगे कुछ बोल नहीं पाया। पता नहीं, उनकी ताकत ज्यादा है या मेरी कमजोरी। साथ में लोहियाजी थे, केदार बाबू भी। मैं पूछना चाहता था कि गांधीजी हमें शांति रखने को कहते हैं जबकि मुसलमान अत्याचार करते जा रहे हैं। देवताओं को भी दानवों के खिलाफ हथियार उठाना पड़ा था। उन्होंने पहले ही कह दिया था कि अन्याय को अन्याय से नहीं दबाना चाहिए। कुछ बोलने के लिए रहा नहीं।

१२ नवम्बर : शाम को डॉ० राममनोहर लोहिया आये। उनसे बात करना अच्छा लगता है। विचार स्पष्ट है, अध्ययन भी काफी। समाजवाद लाने के लिए कम्युनिस्टों से उनका मतभेद है। उनकी धारणा है कि हिंदुस्तान का बँटवारा अंग्रेज कर देंगे। उन्हें अपनी घड़ी दे दी। नहीं मान रहे थे, पर शेष में मंजूर किया। कह रहे थे, हिंदुस्तान के आजाद होने पर बड़ी जिम्मेदारी आ जाएगी। काम बढ़ेगा। मुझसे पब्लिक वर्क करने को कहते हैं। नहीं कर सकूँगा, फाटका करता हूँ। मेरी बुद्धि ठीक नहीं।

कलकत्ता

८ दिसम्बर : शाम को डॉक्टर राममनोहर लोहिया की मीटिंग में गया। अच्छा भाषण था, परंतु ऐसा लगता है, लोहियाजी की बातें सिर्फ़ पढ़े-लिखे लोगों की समझ में आती हैं, मामूली आदमी शायद ही समझे। नेहरूजी सब को अपनी ओर आकर्षित करते हैं।

२४ दिसम्बर : कल रात लोहियाजी आये थे। काफी देर तक बात हुई। उनकी धारणा है, हिंदुस्तान को आजादी मिल जायेगी, परंतु यह केवल पोलिटिकल होगी। साधारण आदमी को इससे कोई फर्क नहीं पड़ने का। पूँजीवादी सिस्टम हटाये बगैर आजादी का मतलब कुछ भी नहीं। नन्दू कुछ कमजोर मालूम देता है।

२९ दिसम्बर : उर्दू सीखता हूँ। मुश्किल है। जबान हिंदी, लिपि फारसी। भाषा में कोई खास फर्क नहीं। अरबी-फारसी के शब्द ज्यादा लगाते हैं। लिपि बहुत अड़ंगे वाली है, अपनी मुड़िया से भी ज्यादा शार्टहैंड। मन बैठता नहीं, पर सीखना चाहिए।

१९४७

कलकत्ता

१ जनवरी : शरद बाबू की 'विराज बहू' सिनेमा में देखी। अच्छी लगी। बंगाली सिनेमा और अभिनेताओं में गंभीरता है, वे मेहनत भी ज्यादा करते हैं।

मैदान में बैजू बाबू को देखा। एकदम बीमार-से कमजोर-से, मालूम देते थे। रुपये की इनके पास कमी नहीं। परंतु रुपया बेसी होने से क्या आदमी की तंदुरुस्ती अच्छी हो जाती है? हर समय रुपये की चिंता शरीर को गला देती है। साधन रहने पर भी सुख नहीं मिलता।

२४ जनवरी : किसी से धोखा खाने पर आदमी उसे बुरा बताता है। मगर अपने को जानबूझ कर धोखा देता रहता है और खुश होता है। नुकसान होने पर पछताता है, फायदे में खुश होता है और अपने को होशियार समझता है। इसी तरह का मैं भी एक नासमझ हूँ।

२५ जनवरी : ऑफिस के बाद २.३० बजे सेंगरजी के साथ बंडेल रेल से गया। वहाँ से टेक्सी में शरद बाबू के देवानंदपुर गाँव में गया। शरद बाबू का घर बहुत ही साधारण था। काशीनाथ भी यहीं का था। सरस्वती नदी देखी, छोटी साधारण सी। परंतु दृश्य बहुत अच्छे लगे। मन की सारी चिंता मिट गयी। छोटा-सा गाँव है, बाजार नहीं था। शांत जीवन है, भाग दौड़ नहीं। गरीबी में भी कितने अमीर हैं ये लोग। हमारे पास पैसा है पर हम दरिद्र की तरह उसी के पीछे भागते हैं। शरद का साहित्य मुझे बहुत अपील करता है। मैं जिन्हें खोजता हूँ, उसमें पाता हूँ। इसीलिए बार-बार पढ़ता हूँ। परमात्मा जाने मैं कभी कुछ लिख सकूंगा या नहीं।

२ फरवरी : ११ बजे तक खाने-पीने का सामान लेकर देवानंदपुर गया। साथ में १४ आदमी थे। बंडेल का गिरजाघर देखा। १६वीं शताब्दी में पुर्तगालियों ने बनाया बताते हैं। वहाँ का गंगातट बहुत सुंदर है। सैर करने की जगह है। गिरजा साफ-सुथरा और

शांत है। अच्छा लगा। पूजा के स्थान पर शांति होनी भी चाहिए। हम लोगों के मंदिरों में तो बहुत गंदगी और शोर होता है। मन उचटता है। इमामबाड़ा हुगली में देखा। बड़ा और अच्छा है। परंतु लखनऊ जैसा नहीं। हाजी मुहम्मद मोहसिन ने बनवाया। अपनी सारी संपत्ति और पुस्तकें इसे दे दी थीं। इस्लामी पढ़ाई यहाँ होती है। देवानंदपुर ३ बजे पहुँचे। शरद की स्मृति में जलसा था। शरद ने सादा जीवन बिता कर ऊँचा साहित्य दिया। साधारण जलसा था किंतु शरद बाबू के जीवन एवं उनके साहित्य पर बड़े अच्छे विचार कहे गये। रात ९.३० बजे वापस लौटा। बड़ा आनंद आया। कुल १२० रु. खर्च। अच्छे काम में लगे।

१२ फरवरी : दिन में सेंगरजी की बंगीय हिंदी परिषद् गया। कलकत्ता विश्वविद्यालय के प्रो० सुकुल हिंदी के लिए बहुत कोशिश कर रहे हैं। अलग डिपार्टमेंट बनाना चाहते हैं। उनमें मिशनरी स्पिरिट है। काफी देर तक बात हुई। अंग्रेजी, संस्कृत, हिंदी के अच्छे विद्वान हैं।

जसीडीह

१५ फरवरी : कल थका-हारा जसीडीह आया। यहाँ की हवा मुझे माफिक होती है। आज ताजगी मालूम पड़ी। सुबह नदी तक गया, बिना जूते पहने ही अंदाज २ मील घूमा होऊँगा। एक आदमी 'सीताराम' कहने से चिढ़ता है, सब उसे चिढ़ाते हैं। अकेले में मैंने पूछा, भगवान के नाम से क्यों चिढ़ है? उसने हँस कर बताया कि असल में वह चिढ़ता नहीं, बहाना करता है। इसी तरह से लोग भगवान का नाम लेते हैं और वह सुनता है। उसने 'नाम' का महत्व बताया। गंभीर बात है, पर मेरी समझ में ठीक से नहीं आयी। वृंदावन लाल वर्मा की 'झांसी की रानी' पढ़ रहा हूँ। काफी अच्छी किताब है। मन लग गया है।

१६ फरवरी : वजन २ मन १४ सेर यानी १४ स्टोन है। पेशाब की तकलीफ हो रही थी। शाम को पैदल देवघर जाकर साउंड लिया। कलकत्ते से ......आये से मुलाकात हुई। अंधे लड़के की स्त्री-पुत्र को देख कर मन कैसा हो गया। पैसेवाले न्याय-अन्याय नहीं देखते, पैसे से सबकुछ हो सकता है। अन्धे की पत्नी सुंदर और स्वस्थ है। विवाह के समय उससे पूछा नहीं गया होगा। गलत कदम रख दे, तो दोनों कुलों की बदनामी। हो सकता है, वह प्रसन्न हो, शायद मैं ही उल्टा सोचता हूँ।

रात में सेंगरजी के पास बैठा। साहित्य और राजनीति पर बहुत बातें हुईं। मन लग गया। हिंदी परिषद् के लिये उन्हें १०० रु. दिये। अच्छा काम है। आदमी मर जाता है, साहित्य नहीं। उससे तो दूसरे जी जाते हैं। सेंगरजी ने बताया, परिषद् ने मीरा पर खोजपूर्ण ग्रंथ निकालने की योजना बनायी है।

११ मार्च : नोआखाली वाले चंदे का काम किया। और भी रुपयों का इंतजाम करना है। बहुत बरबादी हुई, और भी शायद होती रहेगी। कमजोर रहना एक पाप है। दंगे की स्थिति पंजाब, युक्तप्रांत में भी बनती लगती है। लीगी मुसलमानों का संगठन बहुत मजबूत बन रहा है।

२ अप्रैल : गांधीजी और वायसराय की मीटिंग चल रही है। मेरी समझ में वावेल लीग का पक्ष लेने लगा था। बजट के मामले से यह बात साफ है। दंगे-हंगामे की शिकायत पर भी कोई कड़ा एक्शन नहीं लेता। लार्ड माउंटबैटन की नीयत ठीक लगती है।

१३ मई : शाम को ५.३० बजे सोदपुर गांधीजी की सभा में गया। ७.३० बजे तक था। २१० रु. दिये।

१८ मई : हिंदुस्तान के बँटवारे की बात एक रकम तय है। नये वायसराय लार्ड माउंटबैटन को पंडित नेहरू और सरदार पटेलजी की स्वीकृति मिली है। उपाय भी क्या? लीगवाले काम चलने देते नहीं। भीतर अड़ंगा, बाहर दंगा, रोज की बात हो गयी है। परंतु गांधीजी और सीमांत गांधी बँटवारे की बात से खुश नहीं हैं।

मथुरा-वृंदावन

३० जून : जमुनाजी में स्नान किया। मन प्रसन्न हो गया। वृंदावन में मंदिरों में दर्शन करके बिहारीजी के मंदिर गया। वृंदावन अच्छा लगा। मथुरा की अपेक्षा शांति है, गंदगी भी कम। कृष्ण की स्मृतियों से जुड़ा होने के कारण भक्तों का जमाव यहाँ रहता है।

आगरा

२ जुलाई : ताजमहल गये। सफेद पत्थरों का यह मकबरा हरियाली के बीच सुंदर लगता है। धन, वैभव, अधिकार सब कुछ काल के गाल में समा जाता है। शाहजहाँ और उसकी बेगम की असली कब्रें देखीं, पास-पास हैं। अपनी बेगम के प्रति बादशाह के अमर प्रेम की भावना ताज में है। यह बहुत कुछ हुमायूँ के मकबरे के ढंग पर है। ताज के ऊपर का कलश हिंदू प्रभाव रखता है। एक घने पेड़ की छाया में कुछ देर तक सो गया। यहाँ के सदर बाजार फिरती आकर किला देखा। दिल्ली के किले से यह मुझे ज्यादा अच्छा लगा। मालूम नहीं क्यों? आठ आने पैसे गाइड को दिये। उसने अच्छी तरह सब बता दिया। जहाँगीरी महल, दीवाने आम, दीवाने खास। बादशाह का महल, जोधाबाई का महल और बेगमों के महल, हरम देखे। शान-शौकत की क्या

बात है! मगर बेगमों के कमरे बहुत छोटे-छोटे अँधेरे से लगे। आज के जमाने में तो साधारण घरों की औरतें ऐसे में रहना शायद ही पसंद करें। यह किला अकबर का बनवाया हुआ बताते हैं, फतेहपुर सीकरी में पानी के अभाव के कारण अकबर ने इस जगह को चुना और किसी हिंदू राजा के पुराने किले को नया रूप दिया। पता नहीं, बात कहाँ तक सही है, मगर मेहराब और उस पर किये गये काम देख कर कुछ तो सचाई मालूम देती है। गाइड को दो आने और भी दे दिये। वह बहुत खुश हुआ। यहाँ हिंदू और मुसलमान गाइड अलग-अलग ढंग से इतिहास के बारे में यात्रियों को बताते हैं। धर्मशाला वापस आ गये। दुर्गा को बुखार जोरों से चढ़ गया। मुझे चिंता हुई। रात में बाजार नहीं जा सके। गरम उकाली करके दी। उसे कुछ शांति मिली। उसके पास ही नीचे गरमी में सोया। उसका भी मन उदास हो गया। रात में काफी पसीना आया, उसका बुखार उतर गया। थोड़ी नींद भी आयी।

कलकत्ता

१० अगस्त : सुबह ६ बजे सोदपुर आश्रम में महात्माजी के दर्शन किये। उनके चेहरे पर दुख की छाया-सी है। थके-से लगते हैं। मेरा पेट दुखता है, लोग बोलते हैं कमजोर हो रहा हूँ। पाट का बाजार मंदा है।

१५ अगस्त : ऑफिस बंद था। रात में रेडियो सुना। १२ बजे के बाद १५ अगस्त की शुरुआत के साथ हिंदुस्तान आजाद हुआ। पंडितजी, राजेन्द्र बाबू और सरदार पटेल का भाषण हुआ। पंडितजी का भाषण बहुत ही भावनापूर्ण था, सरदार पटेल का तथ्यपूर्ण ठोस। राजेंद्रबाबू ने महात्माजी की प्रशंसा की और आश्वासन दिया कि स्वतंत्र भारत में गरीबी, भुखमरी, शोषण और ऊँच-नीच के भेद-भाव मिटाने के लिये हम लोग कोशिश करेंगे। मगर उन्होंने हिंदुस्तान के टुकड़े होने पर खेद भी प्रकट किया। लार्ड माउंटबैटन को गवर्नर जनरल रहने दिया गया। पंडितजी प्रधान मंत्री बने। राजेंद्र बाबू संविधान परिषद् के प्रेसिडेंट। दिल्ली में लाल किले पर हिंदुस्तान का तिरंगा झंडा पंडितजी ने फहराया। बहुत बड़ी भीड़ थी।

कलकत्ता

१४ सितम्बर : रात में हजारीप्रसादजी द्विवेदी और एक प्रोफेसर आये। हमारे यहाँ ही ठहरे हैं। मुझे ऐसे लोगों से बात करना अच्छा लगता है। समय बरबाद नहीं होता, ज्ञान बढ़ता है और मन की चिंता हट जाती है। राजनीति के प्रति इन लोगों में रुचि नहीं होती, इसीलिए पैसेवालों की तरह चिंता से घिरे नहीं होते और अच्छी बातें सोच सकते हैं।

२३ अक्तूबर : सुबह नारायणगंज सैदपुर फोन की चेष्टा की। लाइन नहीं मिली। ११.४५ बजे कार से रवाना होकर ३ बजे बर्दवान पहुँचे। गाड़ी कुछ तकलीफ दे रही है। ६.१५ बजे आसनसोल। रास्ते का हराभरा दृश्य मन में शांति लाता है। घूमना-फिरना इसीलिए जरूरी है। ७ बजे बराकर पहुँचे, रात १०.३० बजे हजारी बाग। पहाड़ी दृश्य अच्छे थे। धनबाद के बाद से ही पहाड़ों का सिलसिला बढ़ता है। अँधेरा बढ़ता जा रहा था। हेडलाइट में सड़क के किनारे के पेड़ और उनके पीछे पहाड़, मैदान। जंगली जानवर नहीं दिखे। खरगोश, गीदड़ कहीं-कहीं दिखाई पड़े। इस तरफ गरीबी बहुत है। १०-१२ आदमियों की हमारी पार्टी में मौज थी। अच्छी यात्रा रही।

२६ अक्तूबर : रात ९.३० बजे कलकत्ता पहुँचे। हजारीबाग से दिन के ११ बजे चले थे। हजारीबाग स्वास्थ्यप्रद जगह है। किंतु शहर में सफाई नहीं। सीतागढ़ा पहाड़ देखा। ईसाइयों का एक बहुत बड़ा फार्म है। संथाल और अन्य गरीबों को तेजी से ईसाई बनाते हैं। स्कूल में पढ़ाते हैं। अस्पताल भी है। फार्म में काम देते हैं। पास ही में कलकत्ता पिंजरापोल सोसाइटी की गौशाला है। इसके पास बहुत बड़ी जमीन है। परंतु शायद प्रबंध ठीक नहीं। मिशन की डेयरी और इसकी तुलना नहीं हो सकती, खेती-बागवानी की भी नहीं। हमारे में भावना है, पर हम काम नहीं करते। लोगों ने बताया, मेंबर लोग आपस में झगड़ा करते हैं। इसीलिए कुछ भी काम ठीक से नहीं होता। यात्रा बहुत अच्छी रही। बर्दवान, रानीगंज, आसनसोल, धनबाद, इसूरी में काफी नये-नये लोगों से परिचय हुआ। इधर मारवाड़ी काफी बस गये हैं। कुल १००-१२५ रु. खर्च हुए। साथियों को काफी इंटरेस्ट आया।

९ नवम्बर : जे० पी० आये हैं। काफी बातचीत हुई। उनके विचारों में पहले से फर्क आ रहा है, ऐसा लगता है। स्वतंत्र होने पर भी समाजवाद के लिए पंडितजी कुछ भी नहीं कर रहे हैं, इसलिए जे० पी० का कहना है, आजादी तो अमीरों की है, गरीबों के लिए नहीं। मुझसे प्रसन्न हैं, काम करने को कहते हैं। परंतु मैं किस काम का हूँ सिवाय रुपया देने के? ११ बजे जे० पी० के भाषण में गया। काफी भीड़ थी।

१५ दिसम्बर : १०.३० बजे हवड़ा पहुँचा। वहाँ से गद्दी आ गया। १२.२५ बजे नेहरूजी बंगाल चेंबर में आये। देश के प्रति व्यापारियों को जिम्मेदारी समझने के लिए कहा। हम लोगों में अभी व्यापारी तो पहले रुपये बनाने की बात सोचेगा। २.३० बजे मैदान में नेहरूजी की मीटिंग थी। बहुत बड़ी थी, परंतु लाउड स्पीकर फेल कर गये। मीटिंग जमी नहीं। सैदपुर का काम ठीक चल रहा है। पड़ता उतनी नहीं है। नारायणगंज पाट जा रहा है। नन्दू सुस्त मालूम देता है। परीक्षा हो रही है।

२१ दिसम्बर : बंगाल एशियाटिक सोसाइटी में महादेवी वर्मा का भाषण सुना। बहुत विदुषी हैं, कविता तो अच्छी करती ही हैं। मेरे मन में आता है, मैं भी कुछ लिखूँ, कौन मुझे याद रखेगा? डायरी के आजवाले पन्ने पर लिखा है 'विद्वान् सर्वत्र पूज्यते', बात सही है। मुझे कुछ व्यापारी लोग जानते होंगे, परंतु विद्वान् को तो गाँव-गाँव के बच्चे भी जानते हैं, इज्जत करते हैं। मुझे थोड़ा समय पढ़ने-लिखने में देना चाहिए।

कलकत्ता

३१ दिसम्बर : आज वर्ष का आखिरी दिन है। कमाई हुई, पर जिंदगी के एक वर्ष की गँवाई।

१९४८

कलकत्ता

१ जनवरी : आज से कसरत शुरू कर दी। 'चिकित्सा चंद्रोदय' पढ़ता रहा। नयी बातें जान सका। हमारी जड़ी-बूटियों में काफी प्रभाव है। सस्ती और जल्दी असर करने वाली। ६.१५ बजे मैदान गया। ७.३० बजे गद्दी। १२ बजे न्यू मार्केट। चीजें घर ले आया।

२६ फरवरी : ईडन गार्डन गया। मेरा भी मन होता था। पैसे के अभाव से कितना दुखी था। आज धन है, परंतु अभाव मिटा नहीं, बढ़ता जाता है, चिंताएँ भी बढ़ रही हैं। फिर इतनी कमाई से क्या पाया? शाम को ५.३० बजे ८४ रु. का पेन लेकर केदार बाबू के घर गया। लड़की की शादी थी। केदार बाबू मुझसे बहुत स्नेह रखते हैं। बहुत से लोग आये थे। सभी ऊँचे-बड़े, पढ़े-लिखे। इनकी कितनी इज्जत होती है, ऐसी जगहों पर पता चलता है। लोगों से मुलाकात करायी, मन प्रसन्न हो गया।

२८ मार्च : ३.४५ बजे दिन में बस में बैठ कर रिजेंट पार्क के मकान में आया। ४५ आदमी थे। भाईजी ने मकान खूब सजाया है।

७ अप्रैल : चित्त की खिन्नता का कहना ही क्या है! मेरी आत्मा को शांति नहीं मिलती, मानसिक कमजोरी की वजह से। फाटका १५८ रु. ६ आना खुला। दिन में ११ बजे ऑफिस गया। २५० गाँठें १७१ रु. में बेचीं, फिर ५०० गाँठें १६० रु. ७ आना में बेचीं, ३००० गाँठें १६१ रु. ५ आना में बेचीं। प्रायः ३००० रु. सब लगे पर शांति मिल गयी। राधाकिशनजी कानोड़िया के सामने प्रतिज्ञा की कि अप्रैल तक नया सौदा नहीं करूँगा। परमात्मा अगर निभा दे, तो बहुत ही अच्छा हो। बापूजी को एक चिट्ठी लिखी थी, जेब में ही रह गयी।

१३ अप्रैल : बनारस अच्छा लग रहा है। काफी आराम मिला। कल रात भूतों का डर लगा। ऐसा क्यों, पता नहीं। ७ बजे स्वामीजी से मिलने गया। टाइम कुछ कम-सा था। बातचीत ज्यादा नहीं हुई। ८ बजे लौटा। शाम को नौका में गंगा पर घूमने गया। परमा,

महादी आदि थीं। सत्यनारायण भी था। अच्छा लगा। ८.३० बजे अन्नपूर्णा और चिरंजी को लेकर बाजार गया। प्रायः १० बजे लौटा। 'चंद्रप्रभा' नियम से ले रहा हूँ। पेशाब ठीक हो रहा है। यहाँ सरदी काफी हो जाती है।

१४ अप्रैल : किताबें पढ़ता हूँ, शरद बाबू की। अच्छी हैं। गंगा पार की, लौटती दफा आधी दूर तक आया, थकावट खास नहीं आयी। ३ बजे बनारस कैंट से इंटर क्लास में बैठा। जगह मिल गयी। गया उतरने का विचार था, पर उतरा नहीं।

३१ मई : नर्सिंग होम से सत्यनारायण को घर बालीगंज ले आया। मन में खुशी हुई। बाजार गरम है, स्ट्राइक चल रही है।

१७ जून : मनी बाई के यहाँ कांता का ब्याह है। सारे दिन भात की तैयारी करते रहे। २.३० बजे ऑफिस गया। काम से निकल गया। ६.१५ बजे फुर्सत मिली। सीधे सगों के यहाँ जैन धर्मशाला आया। भाभी कुछ नाराज-सी हुई। ठीक बात थी मगर क्या करता?

४ जुलाई : रात नींद ठीक से नहीं आयी। फालतू में १६ रु. लगे। सुबह ५ बजे उठा। बस में बैठ कर ७.३० बजे नारायणगंज आ गया। १०.१५ बजे तक था। माल १७००० रु. तक का तजवीजा। ११.३० बजे मोटर से ढाका वापस आ गया। ४ अनरस खा लिये। भोजन नहीं किया। १.३० बजे हवाई जहाज में बैठकर २.३० बजे कलकत्ता आ गया। शाम को विधवा-विवाह में गया। ९ बजे तक दीपचंदजी पोद्दार के घर था।

९ अगस्त : 'जय सोमनाथ' पढ़ना शुरू किया। अच्छी किताब है। मुंशीजी ने काफी अध्ययन किया है। गुजराती में पढ़ता तो शायद और भी आनंद आता। अनुवाद अच्छा हुआ है।

२७ अगस्त : सोमनाथ, तुलसीराम सरावगी, हीरालाल शास्त्री, गोकुल भाई आये। चुनाव के बारे में बातचीत की। मिनिस्ट्री में इज्जत तो है ही। ८ बजे मीटिंग में गया, काफी भीड़ थी। रात में १.३० बजे सोये। कांग्रेस ने एलेक्शन का बायकाट कर दिया है। ओसवाल लोगों से अभी तक समझौता नहीं हुआ।

कलकत्ता

१६ सितम्बर : हैदराबाद में इंडियन आर्मी बढ़ रही है। इस बार सरदार पटेल अगर नेहरूजी को प्लान बता देते तो पहले की तरह मामला टल जाता। परंतु मिलिटरी के बढ़ जाने के बाद उनको पता चला।

१७ सितम्बर : निजाम हैदराबाद सरेंडर कर गया। लोगों में बहुत खुशी है। बहुत बड़े जुल्म वहाँ किये गये थे। रजाकारों ने बहुत उत्पात मचाया था। आतंक फैला दिया था। जनरल जे० एन० चौधरी का बहुत नाम हुआ। कन्हैयालाल माणिकलाल मुंशीजी ने बहुत समझदारी से काम लिया। इतने बड़े विद्वान और साहित्यिक होने पर भी राजनीति में बहुत अच्छा अनुभव दिखाया। बंबई में प्रधान मन्त्री के रूप में भी शासन अच्छा चलाया था।

१९ सितम्बर : हैदराबाद के मामले को लेकर पाकिस्तान झमेला कर रहा है। सुनते हैं, बीस करोड़ रुपये निजाम ने पहले ही पाकिस्तान में भेज दिये थे। विदेशी लोगों की मार्फत जवाहिरात भी भेजा है, और भी भेज रहा है। रात में 'गुड अर्थ' देखी। पर्ल बक का लिखा उपन्यास है। बहुत अच्छा लगा। हिंदुस्तान की गरीबी और रईसों की मौज-शौक की बात याद आ जाती है। अगर हम लोगों ने अपनी हालत नहीं सुधारी, तो बरबादी देखनी पड़ सकती है।

२४ सितम्बर : डॉ० राममनोहर लोहिया का लेक्चर सुनने गया। काम की बात बोलते हैं। जब तक अमीर और गरीब की दूरी कम नहीं होगी, स्वाधीनता बेमतलब है। उन्होंने एक रकम कांग्रेस गवर्नमेंट की आलोचना की। छोटे-छोटे कारबार वहाँ खोलने चाहिए। गांधीजी की नीति इस मामले में ठीक थी।

२८ सितम्बर : रात ९ बजे डॉ० लोहिया से मिला। बहुत बातें हुईं। पार्टी का संगठन ठीक करना है। रुपयों का बंदोबस्त भी। लोहिया कहते थे कि मिनिस्टर लोगों की नीयत साफ नहीं। नेहरूजी अफसर लोगों की ज्यादा सुनते हैं, जनता से दूर होते जा रहे हैं।

२० अक्तूबर : ९ बजे सुबह कलकत्ता पहुँचा। इधर गरमी मालूम देती है। ऑफिस में कामकाज देखा। ३५,००० मन का काम हुआ। सिराजगंजवाले अभी तक नहीं आये हैं। कब छूटेंगे, पता नहीं।

२६ नवम्बर : ९ बजे अयोध्या पहुँचे। नौकर साथ में अच्छा है। स्टेशन पर सामान रख कर सरजू में स्नान किया। फिर हनुमान गढ़ी, कनक महल, रामचंद्रजी का महल देखा। सरजू के किनारे बनी मस्जिद भी देखी। मंदिर को तोड़ कर बनायी गयी है। मन खिन्न हो गया। पता नहीं, मुसलमान हिंदुओं के मंदिर तोड़ने और जबर्दस्ती मुसलिम बनाने, लूटने, मारने में क्यों लगे रहे। हमारी कमजोरी थी। हम गले लगाते रहे, अंत में हमारा देश ही टूट गया। शहर गंदा लगा। मक्खियां और बन्दर बहुत हैं। मंदिरों में सफाई भी कम है। वृंदावन इससे बहुत अच्छा है। २.३० बजे लखनऊ पहुँचे। होटल

एकदम साधारण। रात में घूमने निकला। काफी चहल-पहल। बातचीत में मुसलमानी ढंग है। कुछ दिखावा भी ज्यादा करते हैं। वैसे बोलने का ढंग अच्छा है, भाषा में मिठास है। अमीनाबाद देखा, चौक गया। गाने-नाचने वाली बहुत हैं। दलाल घूमते रहते हैं। मुझे भी इशारा किया, पर मैंने साफ कह दिया – मेरे पास पैसे नहीं हैं। मुँह बनाकर चला गया। देखने में वह भला रईस लगता था। मुँह में पान, आँखों में सुरमा।

२७ नवम्बर : चिरगाँव में मैथिलीशरणजी और वृंदावनलाल वर्माजी मिले। ५.३० बजे शाम को झाँसी गया। काफी आराम मिला। जगह सुंदर और स्वच्छ। गपशप करता रहा। शायद आज बहुत दिनों बाद झूठ नहीं बोला। मन में शांति रही। अच्छे लोगों के संग-साथ का फल है।

२८ नवम्बर : ईश्वरचंदजी त्रिपाठी के यहाँ ठहरा हूँ। बहुत भले सज्जन हैं। पुराना शहर देखने गया। रानी लक्ष्मीबाई का महल देखा। बहुत धार्मिक मन की थी। वृंदावनलालजी वर्मा से मिला। आधे घंटे तक बात हुई। बहुत भले हैं, घमंड नहीं है। इतिहास के प्रति विशेष रुचि है। शिकार का भी शौक है। खूब घूमते हैं। मैंने पूछा इतना कैसे लिख लेते हैं? हँस कर बोले, मैं नहीं लिखता, मेरा मन मुझसे लिखवाता है। उन्होंने यह भी बताया, बुंदेलखंड और बघेलखंड के इतिहास के बारे में लोगों में जानकारी बहुत कम है। मैथिलीशरणजी गुप्त से मिला। मकान लिया है। बहुत ही सज्जन हैं। भगवान के प्रति भक्ति भी बहुत है। कलकत्ते आयेंगे। झांसी का किला देखा। बाजार गया। साइकिल किराये पर लेकर शहर घूमा।

नागपुर

३० नवम्बर : शाम को ३ बजे की गाड़ी से वर्धा पहुँचा। यहाँ से साइकिल लेकर सेवाग्राम, ५ मील है। महात्माजी की कुटी देखी, मन भर आया। गांधीजी ने कितना कष्ट उठाया, त्याग किया। संत थे। उनके लिये मनुष्य बड़ा था, जाति नहीं। उनकी राजनीति भी इसी माफिक थी। अंग्रेजों का विरोध किया, किंतु उनसे घृणा या द्वेष नहीं रखा। हिंदू-मुसलमान में भेद नहीं समझा। शायद उनके लिए मनुष्य देश से भी बड़ा था। उनके जाने के बाद से अभाव-सा खटकता है। तीन स्थान देखे नागपुर, वर्धा और सेवाग्राम। तीनों ही सुप्रसिद्ध हैं।

१ दिसम्बर : ७ बजे सुबह भुसावल पहुँचे। बिस्तर गुम गया। ८ बजे जलगाँव। साधारणतया अच्छा-सा टाउन है। बाजार देखा। बस स्टैंड गया। अजंता की बस नहीं

मिली। दूसरे दिन के लिए प्रोग्राम छोड़ना जँचा नहीं। ९ बजे एक्सप्रेस से नासिक के लिए रवाना हो गया। रास्ते के सीन बहुत अच्छे लगे। २ बजे नासिक पहुँच कर गोदावरी में स्नान किया। जल्दी-जल्दी मंदिरों में दर्शन किये। त्र्यंबकेश्वर बस जाती है, थोड़ी दूर है। अच्छी जगह है। ऊँचे पहाड़ पर गोदावरी निकलती है। छोटा-सा मंदिर है। बूँद-बूँद जल टपक रहा था। एक गुफा में पानी भरा था। चारों तरफ का सीन बहुत अच्छा है। मगर चढ़ाई थकाने वाली है। पहाड़ से उतर कर त्र्यंबकेश्वर के मंदिर गया। पेशवा ने बनवाया है। शिवलिंग से गोदावरी की धारा निकलती है। छोटा सा बाजार है। तीर्थयात्री आते रहते हैं। त्र्यंबकेश्वर के रास्ते में मछुओं की बस्ती है। सूखी मछलियों की गंध उबकाई लाती है। बहुत बुरा लगा।

११ दिसम्बर : सुबह ६ बजे सूरत पहुँचा। बाजार गया। एक कप चाय पी। ताप्ती नदी देखी। मूल नाम शायद 'तपती' है। पुराना शहर है। कभी बहुत बड़ा बंदरगाह रहा है। हिंदुस्तान का समुद्री व्यापार यहीं से होता था। ९.१५ बजे बड़ौदा के लिए चल पड़ा। अच्छी जगह है। शहर बढ़ रहा है, व्यापार भी। महाराजा का पुराना महल देखा। कीमती चीजें थीं राजा का राज होता था। धन-संपत्ति भी सबसे ज्यादा उसके पास। प्रजा के लिए बहुत कम राजाओं ने खर्च किये हैं, परंतु बड़ौदा के राजा ऐसे नहीं थे। गायकवाड़ों ने विद्या-प्रचार के लिए अंग्रेजी जमाने में बहुत कुछ किया। इतना राजपूताना के राजाओं ने नहीं। बीकानेर दरबार ने तो कुछ भी नहीं।

बड़ौदा साफ-सुथरा लगा। ५ बजे बड़ौदा से अहमदाबाद के लिए रवाना हुआ। ८ बजे पहुँचा। रात का समय था, कुछ खास देख नहीं सका। बड़ी मस्जिद देखी। मंदिर को तोड़ कर मस्जिद खड़ी की गयी है, मुगलों के जमाने में। कपड़े की मिलें यहाँ हैं, कारबार भी है।

१२ दिसम्बर : ७.३० बजे सुबह आबू रोड पहुँचा। सरदी काफी थी। ८ बजे बस में बैठा, आबू ९.१५ बजे पहुँचा। बहुत ही सुंदर झील देखी। रघुनाथजी का मंदिर और धर्मशाला देखी। भोजन अच्छा मिला। पेशाब में थोड़ा खून आया। २ बजे अर्बुदा देवी पहुँचा। पुरानी मूर्ति है। २.३० बजे दिलवाड़ा मंदिर। देखने लायक है। जैनियों का है। पत्थरों का काम बहुत सुंदर है। अर्बुद पर्वत ऐतिहासिक स्थान है। पुराणों में भी इसका नाम आया है। राजा-महाराजों की बहुत सुंदर कोठियां भी हैं। स्वास्थ्य की जगह है।

१३ दिसम्बर : नाथद्वारा स्टेशन से बस में ७ मील नाथद्वारा कस्बा आ गया।

साधारण-सा है, गंदा भी। मंदिर बंद था, दर्शन नहीं हुए। परंतु ५ आना में खाना बहुत ही अच्छा खाया। थोड़ी देर इधर-उधर घूमता रहा। पुष्टिमार्गी वैष्णवों का तीर्थ है। कहते हैं कि मथुरा पर जब मुसलमानों का आक्रमण हुआ तो श्रीजी को यहाँ ले आये। ११ बजे बस में बैठा। उदयपुर २ बजे पहुँचा। रास्ते में एकलिंगजी के दर्शन किये। सीसोदिया राणाओं के पूज्य हैं। एकलिंग महादेव की बड़ी प्रतिष्ठा है। उदयपुर में महल वगैरह देखे। बहुत ही सुंदर हैं। शांत जगह है, दृश्य भी अच्छे। सूरज महल देखा। पिछोला झील और उसके बीच जलमहल देखने लायक है। शहर अच्छा लगा। लोग भले और ईमानदार। राजपूती शान यहाँ अब भी दिखायी पड़ती है। चीजें सस्ती मिल जाती हैं। शाम की गाड़ी से चित्तौड़ के लिए रवाना हो गया। १० बजे पहुँचा। रात थी, ठंड भी। स्टेशन पर ही सो गया। अच्छी नींद आयी।

१४ दिसम्बर : बाजार मामूली-सा है। ९ बजे के अंदाज देखने निकला। १० बजे ताँगा लेकर चितौड़गढ़ देखने गया। पहाड़ पर है। साथ में ४ आदमी राजनांदगाँव के मिल गये। किला देखते हुए १२.३० बज गये। काफी बड़ी जगह है। कितनी चोट सही इस किले ने। जयमल-पत्ता, मेवाड़ की साकाओं की बातें, राजपूतों के बलिदान की गाथाएँ दिमाग में घूम रही थीं। मीराबाई का मंदिर, गोमती, गंगा, सांगा का महल, पद्मिनी के जौहर का स्थान और भी बहुत कुछ देखा। लौट कर जैन गुरुकुल में भोजन किया। अच्छा सुस्वादु था। स्टेशन आ गया। १.४५ बजे की गाड़ी में बैठ कर ८ बजे अजमेर आ गया। सेकेंड क्लास में बैठा, आराम रहा। फिर ८.३० बजे जयपुर के लिए ट्रेन पकड़ी। रास्ते में काफी ठंड थी। शाम को खाना कुछ नहीं खाया। तबीयत बहुत दिनों बाद कुछ ठीक मालूम पड़ी।

१५ दिसम्बर : बहुत गहरी नींद आयी। सुबह ५ बजे अंदाज आँखें खुलीं। बस में बैठ कर गांधी नगर आया। रेडियोजी के घर डेरा लगाया। बहुत लोग आये थे, एक मजमा-सा लगा था। रिलीफ सोसाइटी में गया। आर० मोर मिले। उनके साथ बैठ कर बाजार आ गया। कांग्रेस का जुलूस देखा। बहुत बड़ा था। लोगों में उत्साह बहुत है। फिर गांधी नगर आ गया। कपड़े वगैरह लेकर आर० मोर के आ गया। जयपुर शहर घूमा। पहले से बड़ा हो गया है। राजपूताने में जागृति आ रही है, ऐसा मालूम होता है।

कलकत्ता

२३ दिसम्बर : राहुलजी से बातें हुईं। बताते हैं, तिब्बत में संस्कृत, पाली और तिब्बती में बहुत पुराने ग्रंथ हैं। टेकनिकल, मेडिकल, तंत्र वगैरह के हैं। इन पर काम

कराना जरूरी है। अब तक सिर्फ बौद्ध साहित्य पर थोड़ा काम हो सका है।

२४ दिसम्बर : राहुलजी तथा सेंगरजी के साथ सुबह लेक गया। बातचीत होती रही। सेंगरजी कह रहे थे, एशियाटिक सोसाइटी में बहुत कीमती मैनस्क्रिप्ट हैं। अंग्रेज अब चले गये। इन पर ध्यान नहीं दिया गया, तो सब नष्ट हो जायेंगे या चोरी चले जायेंगे। मुझे बात जँचती है।

१९४९

कलकत्ता

१४ जनवरी : मैथिलीशरण गुप्त के लिए हिंदुस्तान क्लब में पार्टी थी। मेरा नाम भी था। आदमी जितने बुलाने चाहिए, उससे बेसी बुला लिये। भीड़ काफी थी। आयोजन भी सक्सेस रहा।

१६ जनवरी : सेंगरजी, नत्थू, महाबीर, मैं, रामकुमारजी सब कोई देवानंदपुर गये। कई बार आ चुका हूँ। मन नहीं भरता। शरद का यह गाँव मेरे लिये तीर्थ है। शरद के चरित्रों में अपने मन की बात पाता हूँ। बहुत शांति मिलती है। हम लोगों ने फल लिये। रघुनाथजी खेतान वगैरह थे । उन्होंने ५०० रु. दिये। शाम तक वापस आ गये। मैथिलीशरण गुप्त के साथ स्टार थियेटर में गये। ९.१५ बजे तक घर आ गये। खेल अच्छा था।

२४ फरवरी : दो विधवा-विवाह भंवरमलजी सिंघी के मकान में एक साथ हुए। पहले में काफी धूमधाम थी, पर दूसरा विवाह जब हुआ, तब लोगों ने काफी आलोचना की। कारण समझ में नहीं आया। फिर भी, विवाह में काफी आदमी थे, लोगों में उत्साह था।

३ मार्च : टामस साहब की पार्टी में शाम को ५ बजे गया। २५-३० आदमी थे। विधवा-विवाह के काम में जिम्मेदारी बहुत है। लड़कों के चुनाव में काफी टाइम लग जाता है। दिन में गउशाला की 'ट्रस्ट डीड' रजिस्ट्री करा दी।

६ मार्च : दिन में गउशाला की मीटिंग थी। मैं समझाना चाहता हूँ कि चंदे और दान के रुपयों पर गौशालाएँ ज्यादा दिन नहीं चलेंगी। इन्हें अपनी व्यवस्था करनी पड़ेगी। लड़की रिफ्यूजी थी। विवाह कराने में मेरा काफी हाथ था। मुझे बहुत शांति मिली।

१९ मार्च : विधवा-विवाह-सभा थी। समाज में अब ऐसे विवाह का विरोध धीरे-धीरे कम होता जा रहा है। यह अच्छी बात है। परंतु इस काम में बड़े लोगों को और सभी जाति के लोगों को आना चाहिए। शाम को ४ बजे डा० लोहिया का भाषण सुनने

गया। बहुत ही अच्छा था। रात में बहुत देर तक लोहियाजी की बातें सोचता रहा। शायद पब्लिक उनकी बातों को कम समझेगी। शिक्षा कम है, धर्म के लिए ज्यादा झुकाव है।

२० मार्च : ११ बजे त्रिपाठीजी, सेंगरजी, विरधीचंदजी करवा वगैरह जीमने आये। समाजवाद पर काफी बात चली, मैंने रात वाले अपने विचार सुनाये। रात ९.३० बजे डा० लोहिया आये। ११ बजे तक थे। बहुत विद्वान हैं, पढ़ते रहते हैं। इसीलिए जो बोलते हैं, उसमें नुक्स नहीं होता। बहुत तरह की बातें हुईं। वे कहते हैं, शक्ति और अधिकार का एक जगह या कुछ लोगों के हाथ में रहना बहुत खतरनाक है। चाहे वह धन की हो या शासन या विद्या की। इससे शोषण बढ़ता है। कम्यूनिज्म और सोशलिज्म में बहुत फर्क है। सोशलिज्म मनुष्य को विकास करने का जितना मौका देता है, कम्युनिज्म और कैपिटलिज्म उतना नहीं। बहुत अच्छी तरह समझाते रहे। मेरा मन करता है कि इनकी तरह कुछ करूँ। परंतु अच्छे काम अच्छे लोगों से होते हैं, सबसे नहीं।

१० अप्रैल : मेरी डायरी में आज के पृष्ठ के ऊपर लिखा है – 'अपने क्षण-क्षण का लेखा अवश्य रखो।' बहुत कठिन काम है। दिन, महीना, बरस का लेखा नहीं सरता, मिनट का कौन कर सकता है? साधु महापुरुषों का काम है। यदि सर जाये तो मनुष्य गलती कर नहीं सकता। भँवरमलजी सिंघी के घर ताराशंकर बाबू का प्रवचन सुना। अच्छी गोष्ठी थी। मुझे ताराशंकर बाबू और प्रेमचन्द की बहुत-सी बातें एक-सी लगती हैं। परंतु प्रेमचन्द ने जो गरीबी देखी, वह शायद इन्होंने नहीं।

कसौली

१६ मई : अंबाला में दिन उग गया। भोर को दिन उगता देखने पर मन में अच्छे विचार आते हैं। मनुष्य अपने को खोज सकता है। मेरे कई बार इस तरह हुआ। परंतु मैंने अपने को पाकर भी बार-बार खोया है। इसी कारण ऊपर उठ नही पाता हूँ। किताब पढ़ता रहा।

ढाका-कलकत्ता

२१ अगस्त : मस्से में दरद है। गंगा में खूब स्नान किया। गंगा, पद्मा, भागीरथी, मेघना कुछ भी हो, गंगा ही है। सब नदियों का जल इसमें समा कर गंगाजल हो जाता है। ९.३० बजे कलकत्ता फोन किया। मदन ने कहा, बिरजू का लेफ्ट लंग अफेक्टेड है। रिजेंट पार्क वाले जमादार ने धतूरा खा लिया। हालत खराब-सी है। मन कैसा-सा हो गया। जब पैदा होना अपने हाथ में नहीं, तो मरना कैसे हो सकता है? मारने और

बचाने का मालिक तो परमात्मा है, फिर क्यों कष्ट पाना? के गया।

२९ सितम्बर : सुबह ८ बजे रिलीफ सोसाइटी की मीटिंग में गया। मित्र लोग मुझे मंत्री के लिए खड़े होने को बोले, परंतु मेरा विचार नहीं, स्थिति ऐसी नहीं है। सभापति का पद मिलता था, पर स्वीकार नहीं किया। काम में मेरी रुचि है, पद में नहीं।

२ नवम्बर : सुबह जे० पी० से मिलने गया।

११ नवम्बर : शाम को जे० पी० के गया। काफी देर तक था। प्रॉबलेम तो है, परंतु उपाय क्या? सारा संगठन अब कांग्रेस में चला गया। नये सिरे से जमाना होगा। लोगों का रुख बदल रहा है। अब पहले जैसी बात नहीं रही।

मुरी

६ दिसम्बर : बस से ८ बजे रांची पहुँचे। विवाह खूब धूमधाम से हुआ। शाम को ४ बजे बारात निकली। दिन में खाना श्यामा भरतिया के खाया। शाम को नहीं जीमा, ३ कप चाय पी। फिर सीधा बस में बैठ कर स्टेशन आ गया। इंटर क्लास में बैठ कर कलकत्ते के लिए वापस चला। इस विधवा-विवाह में लोगों का उत्साह काफी था। जे० पी० के होने से रौनक बढ़ गयी।

कलकत्ता

११ दिसम्बर : डॉ० लोहिया के पास गया। एक घंटे था। काफी बातें हुई। लोहियाजी और जे० पी० में फर्क है। ऐसा लगता है, जे० पी० के माफिक डॉ० लोहिया पार्टी आरगेनाइज कर नहीं सकते। उनका निजी प्रभाव लोगों पर जरूर पड़ता है, मगर इससे काम तो आगे बढ़ नहीं सकता।

१९५०

कलकत्ता

१३ जनवरी : कल दो विधवा-विवाह हैं। इस काम की प्रगति एक रकम चल रही है। हीरालालजी शास्त्री कल आयेंगे।

२३ जनवरी : आचार्य हजारीप्रसाद द्विवेदी के साथ काफी साहित्य-चर्चा हुई। बहुत अच्छा लगा। सुनते रहने की इच्छा बनी रहती है। मेरा मन आजकल न जाने क्यों सुस्त रहता है। कामकाज तो खास कुछ है ही नहीं। जो फोटो आज उतरवाया, वह बहुत ही सुस्त है।

२० मार्च : दो पत्र मोदीजी के हैं, एक भरतियाजी का, परंतु घर का नहीं। बड़ी निराशा-सी हुई। ११ बजे तक बिरजू के पास था। तबीयत सुधर रही है। प्रभुदयालजी, जुहारमलजी, एस० एन० तथा सिंघीजी को चिट्ठियाँ लिखीं। मेरा मन अब फिर उड़ने वाला हो गया है।

२४ मार्च : पाकिस्तान की हालत जैसी सोची थी, उससे भी खराब है। सैदपुर का काम चलेगा नहीं। हमलोगों को कुछ नया काम करना चाहिए। मेरा मन स्विट्जरलैंड घूमने का करता है। प्रोग्राम बनाऊँगा। बिरजू को ऊपर ले आये हैं, इम्प्रूव कर रहा है। शाम को कलकत्ते की चिट्ठी मिली। टी गार्डेन ले लिया है। भाईजी की तबीयत नरम है, और सब राजी हैं।

लंदन-डोवर-ब्रूजे-घेंट

१६ अप्रैल : सुबह ७ बजे उठा। आज लंदन की घड़ियाँ एक घंटा आगे हो गयी। पार्लियामेंट-हाउस देखा। दो-तीन जगह घूमा। १०.३० बजे होटेल आकर बिल चुकाया और बक्स लेकर विक्टोरिया स्टेशन पहुँचा। टिकट लिया ४ पौण्ड लगे। १२.३० बजे डोवर पहुँचा। जहाज से इंगलिश चैनल पार कर ऑस्टेंड पहुँचा। ४.३० बजे थे। ६० मील की दूरी है, बेलजियम का बंदरगाह है। मछली-व्यवसाय का केंद्र है। घंटे भर शहर में घूमा। यहाँ अंग्रेजी जानने-समझने वाले काफी मिले। दिक्कत नहीं हुई।

५.३० बजे अंदाज ब्रूजे पहुँचा। खूब घूमा, पुराना शहर है, नहरों पर बसा हुआ है। बहुत सिंपुल है। किसी जमाने में यह शहर पेरिस की तरह बढ़ा-चढ़ा माना जाता था। गिरजे बहुत हैं– पुराने, एक से एक सुंदर। सेंट साब्युर का गिरजा देखा। पादरी ने इतिहास की जानकारी दी। ९.३० बजे घेंट पहुँचा। होटेल में ठहरा, १० रु. चार्ज है। साधारण-सा कमरा है। ट्रेन से आया हूँ। रात में शहर घूमा। मुहल्ले छोटे-छोटे द्वीपों जैसे लगते हैं। नहर और पुलों का शहर है, पुराना। बेवो और सेंट निकोलस का गिरजा देखा, काफी पुराना है। घेंट के क्लॉक टावर की ऊँचाई ३०० फीट है।

घेंट-ब्रूशल्स-एन्टवर्प

१७ अप्रैल : घेंट में पेट भर कलेवा किया। होटेल का सब समेत चार्ज हुआ १२ रु.। १० बजे तक शहर देखा। विश्वविद्यालय में गया, अच्छी लाइब्रेरी है। तीन लाख से ऊपर किताबें हैं। इंजीनियरिंग और आर्ट्स की पढ़ाई होती है। पिछले युद्ध में शहर को बहुत नुकसान पहुँचा था। ११.१५ बजे की ट्रेन से १२ बजे ब्रूशल्स पहुँच गया। बड़ा शहर है। तीन-चार लाख की आबादी, काफी रौनक। काफ़ी भव्य शहर लगता है। लोग खाने के शौकीन मालूम देते हैं। प्राचीनता को पसंद करते हैं, लंदन की तरह यहाँ भाग-दौड़ नहीं है। ये दिन मेरे लाइफ में याद रहेंगे। थक तो जाता हूँ क्योंकि घूमता रहता हूँ। खर्च बहुत कम करता हूँ। शहद मिला कर खाया। मेवे और केले भी खाए। खर्च लिखा। चीजें सस्ती हैं।

रामेश्वर टांटिया : युवावस्था

सीकर से संसद सदस्य के प्रत्याशी (1957 ई.)

रामेश्वर टांटिया, 1976 ई.

पौत्र चि. अशोक के प्रथम जन्मोत्सव पर सपरिवार
बायें से (खड़े हुए) श्री रामजीदास डालमिया (ज्येष्ठ जामाता), चि. राजेन्द्रकुमार, चि. नन्दलाल, सुश्री सुशीला बाई (रतनी बाई की कन्या), (बैठे हुए) श्री रामेश्वर टांटिया, गोद में चि. अशोक, श्रीमती दुर्गादेवी (पत्नी), सुश्री बेला, श्रीमती शारदा, श्रीमती रतनीबाई (ज्येष्ठा पुत्री)

सहोदर

बायें से : श्री बृजलाल, श्री रामेश्वर, श्री शिवप्रताप,
श्री सत्यनारायण तथा श्री मदनलाल टांटिया

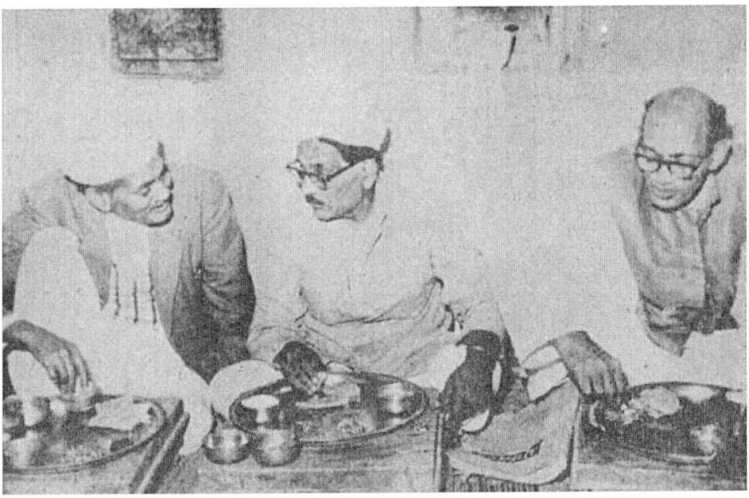

राजस्थान के सुप्रसिद्ध समाजसेवी श्री सोहनलाल दूगड़ तथा
स्वतन्त्रता सेनानी श्री सुमेरलाल आंचलिया के साथ

अमेरिकी उद्योगपति मि. आर.ए.हॉज (कैजर अल्यूमिनियम इंटरनेशनल)
के साथ श्री रामेश्वर जी तथा श्री प्रभुदयाल हिम्मतसिंहका

सिंगापुर असेम्बली हाउस के स्पीकर के साथ श्री रामेश्वर जी

पोद्दार छात्र-निवास, कलकत्ता का वार्षिकोत्सव
सांसद श्री फिरोज गाँधी (भाषण करते हुए) प्रभुदयाल
हिम्मतसिंहका तथा श्री टांटिया

ज्ञान भारती विद्यापीठ, कलकत्ता का शिलान्यास करते हुए उपराष्ट्रपति
डॉ. सर्वपल्ली राधाकृष्णन, साहू शान्तिप्रसाद जैन, टांटिया जी
अध्यक्ष तथा श्री नथमल केडिया

१९५१

कलकत्ता

८ फरवरी : सुबह ४.३० बजे उठा। ठंडे-गरम पानी से सेंक किया। मिट्टी का लेप किया। कान का दर्द कुछ कमती है। डायरी लिखी बहुत दिनों बाद। यह आदत कुछ छूटती-सी जाती है, रोज लिखनी चाहिए। १० बजे ऑफिस गया। एंड्र्यू ने कहा, मैं काम में ध्यान कम दे रहा हूं। मन मैं कैसा-सा लगा । तबीयत ठीक रहती नहीं, परंतु काम तो इसे सुनेगा नहीं। मौका निकल जाता है।

२६ फरवरी : ज्यादा समय जे० पी० के पास रहता हूँ। अच्छा लगता है। विचारशील हैं। परंतु ऐसे लोगों की अब सुनता कौन है? स्वतंत्रता के बाद समाज और देश की बात पर लोगों का ध्यान कम जाने लगा है। बहुत तेजी से परिवर्तन हो रहा है। जे० पी० भी इस बात को मानते हैं। कहते थे, जब 'हैव और हैव नाट' का फासला बढ़ जायगा, तो बहुत बड़ा खतरा सामने आयेगा। इसलिए जिनके पास है, उनके लिए समाज और देश का ध्यान रखना बहुत जरूरी है। प्रभावतीजी कल रात में चली गयीं। घर में भीड़ काफी रहती है। इससे एक रकम हमारी प्रतिष्ठा बढ़ती है। रिलीफ सोसाइटी नहीं जा सका। पाट का बाजार बहुत गरम है। जे० पी० कल जायेंगे ।

२५ मार्च : दिन में घर में था, ३ बजे अंदाज छात्र-निवास के जलसे में गया। उधर से ५ बजे डा० लोहिया के पास गया। एक घंटा था। बातचीत करता रहा। मुझे ऐसा लगता है, मेरा जीवन बेकार गया। अपने लिये कुछ कमाया नहीं। रुपया जरूर कमाया, पर यह तो साथ जायेगा नहीं, शायद रहेगा भी नहीं। परंतु जे० पी० वगैरह की कमाई रह जायेगी। उनके साथ ६ बजे हवड़ा मैदान में कारपोरेशन के एलेक्शन में गया।

२ मई : एक न एक झंझट ले लेता हूँ। एस० एन० के काम में यद्यपि कुछ फायदा होगा, परंतु मन की अशांति की सीमा नहीं है। सोसाइटी का चंदा भी नहीं हो पा रहा है। बोरा-हेसियन मंदा है। हम लोगों के मत्थे है।

पटना

१८ नवम्बर : सुबह पटना पहुँचा। काफी रौनक रही। जयप्रकाश बाबू, गंगाबाबू, सबसे मिला, राजेंद्र बाबू से भी। पटना की यात्रा काफी अच्छी रही। बहुत आदमियों से जान-पहचान हुई।

वनस्थली

३ दिसम्बर : ४ बजे कोटा पहुँचे। बूंदी की पहाड़ियों को देखते हुए अंदाज ९ बजे वनस्थली। शास्त्रीजी से बातें हुईं। वनस्थली के बारे में काफी जानकारी मिली। भागीरथजी महापुरुष हैं। कितना दान देते हैं और कितना करते हैं।

६ दिसम्बर : यहाँ आकर कई अच्छे कार्यकर्ताओं से मिलना हुआ। राधाकृष्णजी बजाज, ब्रह्मदत्तजी, रामगोपालजी और बद्रीनारायणजी सोढ़ानी, वर्माजी से जान-पहचान हुई। यात्रा अभी तक ठीक रही। ११ बजे अजमेर पूगे। गर्गजी के साथ खाना खाकर अजमेर की दरगाह देखने गए। मुसलमान लोग इसे अपना तीर्थ स्थान मानते हैं। बहुत से हिंदू भी आते हैं, भेंट वगैरह चढ़ाते हैं। कहते हैं, मनोकामना यहाँ आने पर पूरी होती है, शांति मिलती है। मुझे कोई खास बात नहीं दिखाई पड़ी, अगर-धूप की सुगंध जरूर अच्छी लगी। पुरी के जगन्नाथ मंदिर की तरह यहाँ भी भोग प्रसाद चढ़ता है। इसे 'देग' कहते हैं। दरगाह के पास बहुत धन है, बाहर से भी आया करता है। शहर देखा, पुराने समय से प्रसिद्ध है। पुष्कर तीर्थ भी प्रसिद्ध है। अजमेर शहर में जहाँगीर की बारहदरी देखी। 'ढाई दिन का झोंपड़ा' देखा। पहले यह संस्कृत पाठशाला थी। कुतुबुद्दीन ऐबक ने इसे तुड़वा दिया और सात मेहराबों का एक स्मारक खड़ा कर दिया। इन पर कुरान की आयतें लिखी हैं। परंतु इस स्मारक के पीछे तोड़ी गयी पाठशाला का बचा-खुचा भाग अब भी है। इतने ऊँचे खंभे हैं कि मैंने शायद ही कहीं हिंदू मंदिर में अब तक देखे होंगे। मुसलमानों के बाद अंग्रेजों ने भी ईसाई धर्म प्रचार के लिए अजमेर को ही राजपूताना में चुना था। अजमेर से तीन बजे चला। रास्ते में ब्यावर थोड़ी देर के लिए ठहरे। शहर साधारणतया अच्छा है। अनाज और ऊन की मंडी है। पानी का अभाव है, परंतु बताते हैं जमीन के नीचे बहुत पानी है। निकालने की कोशिश अभी तक नहीं हुई है। रात में ८ बजे पाली पूगे। सोहनलालजी गुप्ता और महाबीरजी से मिले। काफी भले आदमी हैं। आज सब मिला कर १९५ मील का सफर किया।

नागौर-लाडनूँ

८ दिसम्बर : ७.१५ बजे अंदाज शहर में गया। डेढ़ मील घूमा। किला देखा। टूटे

मकान-हवेलियों में न जाने कैसे इतिहास दिखते हैं। किला पुराना है। राजस्थान में अनगिनत गढ़, किले और खंडहर पड़े हैं। रजवाड़ों में पुरानी पोथियाँ पड़ी हैं, इन पर रिसर्च कराना जरूरी है। डॉ० कालिदास नाग से मैंने कहा था। उन्होंने बताया कि कलकत्ते की एशियाटिक सोसाइटी में भी बहुत मैनुस्क्रिप्ट हैं। इनकी कैटलॉगिंग तक ठीक से नहीं हो पायी है। सब नष्ट हो जायेंगी। किसी को दिलचस्पी नहीं है। किला देख कर सुजानमलजी काबरा, चमनलालजी लोढ़ा, धनजी के घर गया। धनजी ने चाय पिलाई। काफी सजावट कर रखी है। नागौर पुराना शहर है, एक हजार वर्ष पुराना। नागौर से डीडवाना के रास्ते गोगदेव ठहरा कुछ देर के लिए।

१९५२

कलकत्ता

१ जनवरी : आज वर्ष का प्रथम दिन है। ६ बजे अंदाज एंड्र्यू के घर गया, और भी लोगों से मिला। काफी बातचीत हुई। पिछला वर्ष हम लोगों के लिए फाइनेंस के हिसाब से अच्छा रहा। इन १२ महीनों में प्रायः चंदे में या इंस्टिच्युशंस में काफ़ी खर्च हुए। मुझको थोड़ा सम्हल कर चलना चाहिए। रुपयों की एकदम टान-सी हो जायेगी। रिलीफ सोसाइटी गया। नेहरूजी की मीटिंग में भी गया। बोलते अच्छा हैं, सुनते समय अभिभूत हो जाना पड़ता है, तर्क मन में आता नहीं। मुझे ऐसा ही अभ्यास करना चाहिए।

२२ अप्रैल : सुबह जे० पी० के पास गया था। उनकी तबीयत ठीक है। लगता है, रुपयों की टान हो रही है, कुछ कहते नहीं। कुछ सहारा लगाना चाहिए।

सरदारशहर

३१ मई : सुबह गौशाला गया। काम अच्छा है, पर समय के अनुसार व्यवस्था में परिवर्तन लाना जरूरी है। मेरा मन कहता है कि अब आगे लोगों में ऐसे काम के प्रति उत्साह कम हो जायगा। मैंने लोगों से कहा कि गौशाला को आधुनिक वैज्ञानिक ढंग अपनाना चाहिए। मगर कार्यकर्ता नहीं मिलते, समय कौन लगाये? केवल धर्म के नाम पर गोरक्षा कितने दिन चलेगी? गांधी विद्यामंदिर देखने गया। बहुत ठोस काम है, रुपये भी बहुत चाहिए। मुझे लगता है, ऐसी संस्थाओं को गांधीजी की पद्धति से स्वावलंबी बनाने पर अधिक जोर देना ठीक रहेगा। बहुत लोग मिलने आये थे। हिसार, सरदारशहर की ट्रिप अच्छी रही, एक रकम की शांति मिली। बाहर जाने से जान-पहचान बहुत बढ़ती है।

सुन्दरबन

१४ जून : स्टीमर लेकर भीतर-भीतर के कई गाँवों में गये। बहुत करुणाजनक दृश्य। भूख, भूखमरी औरतों के बदन पर कपड़े नहीं। सोसाइटी का काम जोरों में हो रहा है। समस्या इतनी बड़ी है कि समझ में नहीं आता कि कैसे पार पड़ेगा। मेरे मन

में एक प्रकार की ग्लानि और निराशा-सी छायी जा रही है। बंगाल का अकाल पहले भी देखा था, कहीं वैसा फिर न चारों तरफ छा जाये! इस क्षेत्र में भारत-सेवाश्रम-संघ भी खूब काम कर रहा है। एक स्वामीजी से मिला। मेरा मन उसी तरह होने का हो रहा है।

५ अगस्त : आज रक्षाबंधन है। दिन में घर आकर राखी बँधाई। आज के व्यस्त जीवन में इस पवित्र और मधुर त्यौहार के लिये समय निकालना कितना कठिन हो गया है। मन में कैसा सा लगता है, जब सिर्फ दक्षिणा के लिए ब्राह्मण एक धागा लिये खड़े रहते हैं। तबीयत सुस्त-सी है, काम-काज कम देखता हूँ। बाहर जाने की बहुत इच्छा हो रही है। जा नहीं पाता हूँ।

१२ सितम्बर : सुबह डॉ० लोहिया के यहाँ चाय पीने गया। इनके प्रति मेरे मन में श्रद्धा होती है। विद्वान हैं, बहुपठित, मगर इनके पास कार्यकर्त्ता जुटाने की हिमाकत नहीं। सोशलिज्म का इतना बड़ा काम कैसे पूरा होगा अगर नये-नये लोग नहीं आयेंगे। इन पुरानी पीढ़ी के लोगों के बाद तो काम सम्हालने वाला कोई दिखता नहीं। डॉ० लोहिया के साथ कैफेटेरिया में चाय पी। उनका विश्वास है, लोग खुद आगे आयेंगे। उनके सामने समस्याएँ उभार कर रखना है, उन्हें जानकारी देनी है।

राजगिरि

२३ नवम्बर : आज सुबह पैदल काफी घूमे। रमणीक स्थान है। किसी समय घोर जंगल रहा होगा। गुफाएं देखीं। मुनि-ऋषि तपस्या करते होंगे। पाटलीपुत्र दूर नहीं। फिर भी वहां का वैभव इन्हें खींचता नहीं था। बल्कि लोग इनके चरणों में वैभव लुटाने आते होंगे और ये ठुकराते होंगे। मन का इतना जोर कैसे पाया जा सकता है? नालन्दा में विश्वविद्यालय देखा, खंडहर रह गया है। यदि इसके बारे में पढ़ा न होता तो कुछ भी समझ में नहीं आता और न आनंद ही मिलता। अब तो शायद ही ऐसे विश्वविद्यालय बनें जहाँ सर्वस्व त्यागी आचार्य और विद्या की साधना में समर्पित विद्यार्थी मिलें। मालवीयजी ने काशी विश्वविद्यालय शायद इसी भावना से बनाया था। पर अब तो उसका रूप बदल गया है।

२६ नवम्बर : १.१५ बजे जैन दीक्षा में गया। काफी प्रभावोत्पादक दृश्य था। मुझे लगता है, समाज के लिये इनके आचार्य अथवा मुनि जितना इस जमाने में करते हैं, उतना अन्य समाज में शायद ही होता है। अपने सनातनियों में तो साधु-संतों की भरमार है। परन्तु इतने शिक्षित और दीक्षित कम ही मिलते हैं। इस युग में भी पैदल चलना, केवल भिक्षा पर निर्भर करना, पास कुछ भी न रखना, फिर समाज

में घुलना-मिलना अपने आप में एक बड़ी विशेषता है। २.३० बजे जयप्रकाश बाबू आये, ४ बजे तक थे। काफी बातचीत हुई। जे० पी० की विचारधारा में निश्चित रूप से मोड़ आ गया है। क्रांति की उग्रता नहीं रही। वे अधिकाधिक गांधीवादी होते जा रहे हैं। नैतिक आचरण पर बल देना चाहते हैं। पर मुझे लगता है यह काम आसान नहीं।

१९५३

जसीडीह

१ जनवरी : सुबह उठ कर काफी देर प्रार्थना की। जीवन में सफलता और असफलता परमात्मा के हाथ है। आज यह मन में किया कि झूठ नहीं बोलूंगा। शायद बोला भी नहीं। प्रायः ४३ वर्ष का हो गया हूँ। जसीडीह में तबीयत अच्छी ही रही।

कलकत्ता

९ फरवरी : शाम को काफी आदमी आये। लोगों ने सादगी की बड़ाई की। आज से ३३ वर्ष पहले इन्हीं दिनों में मेरी शादी हुई थी। एक जमाना बीत गया। आज नन्दू की हो रही है, इसी तरह उसके लड़के की होगी।

३ मार्च : आज 'सोसाइटी डे' था। अच्छा रहा। काफी लोग आये थे। जुगलकिशोरजी से बहुत बातें हुई। उनके विचार और व्यवहार शुद्ध हैं। अनुभव भी बहुत हैं। दयावान हैं, इसीलिए भगवान की इन पर कृपा रहती है। मैंने सोसाइटी की सभा में भाषण दिया।

नवगाँव-जोरहाट-कलकत्ता

२७ अप्रैल : कृपलानीजी को जिमाने को लेकर के मकान में अरेंज किया। प्रायः ४० आदमी थे। भागीरथजी आदि भी थे। काफी अच्छी-सी पार्टी रही। कृपलानीजी की बातें काफी इंटररेस्टिंग लगी। बातों में चुटकी लेते हैं, अनुभवी तो हैं ही। देश के आजाद होने पर गांधीजी के इन साथियों का ठीक उपयोग नहीं हो रहा है।

बीकानेर-नोखा

२६ मई : सोसाइटी की जीप में था। रेत, बालू उड़ रही थी। मन में कई रकम के विचार आये। यहां का जीवन कितना कठिन है। हमारे पूर्वजों ने कितना कष्ट उठाया। इन टीबों पर कितनी लड़ाइयाँ हुईं। कहीं हरियाली नहीं। नंदलालजी भुवालका का कुवाँ वगैरह देखा। काफी खरचा किया है। बहुत पुण्य का काम है। लोक कल्याण का हर काम पुण्य है।

बीकानेर-कोलायत-गजनेर

२७ मई : सुबह ५.४५ बजे दो मोटरों से हरदेवसहायजी के साथ गया, रास्ते में अपने कैंप देखे। काम ठीक चल रहा था। फिर जैसलमेर के बार्डर पर मियाकर गया। बावड़ी एकदम उजाड़ है। पानी तो है ही नहीं। मन में कैसा सा दुख भर गया। हम प्रवासी राजस्थानी धन कमाते हैं, बगीचों में मौज-शौक करते हैं और यहां हमारे पूर्वजों की जमीन में गरीबी, भुखमरी और पीने को पानी नहीं! हमारी कमाई से क्या फायदा? लोगों से मिला, हिम्मत बहुत है। एक बावड़ी की खुदाई हो रही है, वह देखी। आती दफे कोलायत ठहरा। मीठा पानी पिया। फिर गजनेर आये। मन में विचार आता है, अकाल तो मिट जायेगा, परंतु हरियाली यहाँ कैसे आयेगी? खेती-बाड़ी नहीं होगी तो यह इलाका बढ़ेगा नहीं। कुछ पक्का बन्दोवस्त होना चाहिए। वापस ४ बजे तक बीकानेर आ गया। लोगों से राय बात की।

२८ मई : बीकानेर से ६ बजे मोटर से चले। रास्ते में कई गांवों में ठहरे। बहुत लोगों से मिला। एक जगह एक आदमी मिला। झूठे ही खेजड़ी का आटा दिखा रहा था। मन में कैसा सा विचार आया, दरिद्रता आलस लाती है। मन को खराब करती है, इसमें आदमी को क्यों दोष दिया जाय? समाज इनके लिये क्या करता है? इस इलाके में शिक्षा भी नहीं है, दरबार की हजूरी और चुगलखोरी ने बहुतों का स्वभाव बरसों से बिगाड़ दिया। ११ बजे कालू पूगे। बड़ी गरमी थी, गला सूख रहा था, चमड़ी जैसे फट रही हो। काफी आदमी इकट्ठे हुए थे, सब के मन में बहुत आशा थी। मुझे संकोच हुआ, मैं कितना कर सकूँगा? विचार भी आया कि कलकत्ते में चंदा मंडाने में कितना अड़ंगा आता है। पैसेवालों को यहां लाकर हालत दिखानी चाहिए। परंतु कौन आना चाहेगा, कामकाज छोड़ कर? लोगों से बात कर कैंप देखने गया। रिलीफ का काम एक रकम चल रहा है। ५ बजे अन्दाज कार में बैठ कर सरदारशहर पूगे। रात में ताल में गया और जम्मड़जी से मिलने गया।

कलकत्ता

२२ जून : 'विश्वमित्र' में मेरा लेख निकला, लोगों ने पसन्द किया है।

२३ जुलाई : मन में विचार आते हैं, जब रुपया नहीं था, इसकी चिंता थी। अब रुपया है तब भी इसकी चिंता है। इसे कैसे दूर किया जाय? अब तो बेचैनी पहले से बढ़ गयी है।

बाफ-जैसलमेर

१ अगस्त : शाम को एक बड़े तालाब के किनारे ठहरा। सुन्दर जगह थी, मन लग गया। रात में पानी बरसा, ठंड हो गयी। स्नान किया। जी खुश हो गया। जैसलमेर पुराना सुन्दर शहर है। राजस्थान के दूसरे शहरों की तरह नये जमाने का प्रभाव यहाँ इतना अधिक नहीं दिखायी पड़ता। शायद इसलिये यहां वाले मेहनती, ईमानदार और स्वस्थ भी हैं। वैसे वीरान जगह है। राजपूताने की रियासतों में क्षेत्रफल में इसका नंबर तीसरा था, किंतु आबादी सबसे कम। शहर के बीच तीन मील लम्बा और एक मील चौड़ा घड़सीसर तालाब है। इसे महारावल घड़सी ने बनवाया था। १५वीं शताब्दी के प्रारंभ में बनी यह बड़ी झील आज भी बड़े काम की है। महारावल की सूझ-बूझ बताती है। जैसलमेर की ज्यादा आबादी किले में ही रहती आयी है। किला भी बहुत बड़ा है। शहर के चारों ओर तीन मील घेरे का ५ से ७ फुट चौड़ा और १० से १५ फुट ऊंचा पक्का परकोटा है। इसमें प्रवेश के लिये ४ दरवाजे हैं, परन्तु मुख्य द्वार दो हैं, पूर्व में घड़सीसर पिरोल और पश्चिम में अमर सागर पिरोल । इसी के बीच में आधा मील के पहाड़ी क्षेत्र पर एक और किला है, जो २५० फीट की ऊंचाई पर बना है। बहुत रात तक शहर घूम कर देखता रहा। बहुत अच्छा लग रहा था। दूध मिल जाता है, पर सब्जी, फल वगैरह नहीं।

कलकत्ता

१३ सितम्बर : मातृकाप्रसादजी कोइराला पिछले तीन दिनों से यहीं हैं। काफी बातें होती हैं। पुराने दिनों की याद ताजी हो जाती है। इन लोगों ने अभी तक देश और समाज की सेवा में अपने को लगा रखा है, मैं एक रकम उधर बढ़ नहीं पाया। मेरी कमजोरी है। दिन में १२ बजे मातृका बाबू को पार्टी दी। प्रेसवाले आये थे।

३० दिसम्बर : सुबह सेठ गोविंददासजी से मिलने गया। शाम को जयपुर महारानी की पार्टी में गया। रात में हिंदुस्तान क्लब में वेणीशंकरजी शर्मा के साथ गया।

१९५४

नैनीताल

७ जुलाई : नैनीताल काफी सुन्दर जगह है। हम लोगों का विचार है, अगले वर्ष नन्दू को यहां भेजेंगे। बारह महीनों में एक बार इस शहर आया जाय तो उमर बढ़ सकती है। साथी होने से और भी अच्छा है। आज ११ पोस्टकार्ड लिखे।

अल्मोड़ा

१२ जुलाई : शान्त जगह है, सुन्दर भी। पहाड़ में बसा छोटा-सा शहर। घूमने के सिवाय कोई काम नहीं। साथ में किताबें हैं, पढ़ता रहता हूँ। मन में शान्ति है। पेट जरूर कुछ साफ नहीं रहता, परन्तु चिन्ता फिकर नहीं। गरीबी यहां है, पर लोगों के चेहरे पर उदासी या चिन्ता नहीं। फल के बगीचे, खेत, सब्जियाँ बहुत हैं। कारोबार भी थोड़ा बहुत है। अगर पानी की सुविधा बढ़ा दी जाय तो पहाड़ों पर खेती और भी अच्छी हो सकती है। भेड़-पालन वगैरह भी बढ़ाया जा सकता है। दिन में कई बार बाजार गये। रामकृष्ण मिशन के आश्रम में गये। वहां शुद्ध शहद आंखों में डाला। बहुत आराम मिला।

केपकोमोरिन

१४ अक्तूबर : रहने की जगह आराम की नहीं थी, परन्तु नींद अच्छी आयी। सुबह बहुत जल्दी उठा। मन्दिर की तरफ चला गया, सूर्योदय से कुछ पहले। सूर्योदय देखा। मनुष्य में ज्ञान का उदय भी शायद इसी तरह होता है, परन्तु चाह होनी चाहिए अंधेरा दूर करने की। दार्जिलिंग के टाइगर हिल के सूर्योदय से यहां का दृश्य अलग तरह का है। सागर के भीतर से धीरे-धीरे सूरज की किरणों का उगना बहुत ही सुन्दर लगा। आधा सूर्य जब सागर पर तैर रहा था, मैं मन्दिर में चला गया। चित्त बहुत प्रसन्न था। कन्याकुमारी देखने लायक जगह है। यहां से जाने का मन नहीं करता। परन्तु जाना तो होगा ही। इस यात्रा में मन बहुत लगा। समुद्र-स्नान भी कर लिया, तीनों सागर के संगम में। आती दफे बस मिल गयी।

१९५५

उदयपुर

१ जनवरी : सुखाड़ियाजी आये। शहर के और भी प्रसिद्ध व्यक्ति थे। काफी चहल-पहल रही। सुखाड़ियाजी मेरे लिए कुछ बेसी कह गये। मैंने भी जैसा बना कहा।

बम्बई

१ नवम्बर : मेरे मन की कमजोरी है कि एक जगह जम कर नहीं रह पाता। दिल्ली जाने का मन हो रहा है।

कलकत्ता

२९ नवम्बर : बुल्गानिन और ख्रुश्चेव रूस से आए। अभूतपूर्व स्वागत कहा जा सकता है। हम लोगों ने जयलाल हरगुलाल के मकान से देखा। अपार जनसमुदाय, अटूट स्नेह और सम्मान। मेरी धारणा है, रूस के प्रति भारतीय जनता का विश्वास बढ़ेगा। सुबह मैदान में व्यासजी मिले। मैंने जीमने के लिए निमंत्रण दिया। शाम को १४ आदमी जीमने आये। विश्वमित्र के कृष्णचंद्रजी अग्रवाल भी जीमने आये। एक रकम अच्छा फंक्शन रहा। शाम को व्यासजी के साथ 'पथेर पांचाली' देखने गया । करुणा उपजती है। सिनेमा में सत्यजीत राय का प्रयोग नये ढंग का लगा।

१९५६

कलकत्ता

१८ जनवरी : कल रात बुखार था। सुबह ६ बजे उठा। दिन में किताबें पढ़ता रहा। विनोबाजी की किताबें भी पढ़ीं। आचार्य चतुरसेन शास्त्री का 'वयं रक्षामः' शुरू किया। बहुत अच्छा लगा। एक नया दृष्टिकोण है। शाम को वेणीपुरीजी और बद्रीबाबू आए थे। मन लग गया। मातादीनजी और प्रभुदयालजी भी आए।

बनारस

२१ जनवरी : सुबह १० बजे बनारस पूगा। रास्ते में कोई तकलीफ नहीं थी। शारदा ओर उसकी छोटी बहिन सत्यभामा मेरे साथ थी। स्टेशन पर गोपाली बाबू वगैरह आए थे। मोटर से घर आया। महाबीर, चिरंजी, माँजी सब से मिला। दिन में सारनाथ गए। पुरानी जगह है। बुद्ध ने दुनिया को अपना नया संदेश यहीं पहली बार दिया। आज बुद्ध की वाणी दुनिया के कोने-कोने में गूँज रही है।

सरदारशहर-सुजानगढ़

२५ जनवरी : १२ बजे मीटिंग थी। खाना खाकर रोदू की ढाणी गए। सारा ग्राम दान हुआ। अच्छा लगा। भावनाओं से मन भर आया है। परंतु मन में विचार आए कि राजस्थान के सूखे इलाकों में ग्रामदान के साथ-साथ पानी का बंदोबस्त चाहिए। गरीबों को जमीन तो मिल जाएगी, पर खेती के साधन नहीं जुटा पायेंगे, पैसे के अभाव में। समस्या तो है ही। जे० पी० से काफी बातें हुईं। ऐसा लगता है, वे गांधीजी, विनोबाजी की लाइन में आ गए। जे० पी० ने मेरा तथा कन्हैयालालजी दूगड़ का नाम भी लिया। मन में संकोच हुआ। कन्हैयालालजी तो काम करते हैं, परंतु मैं कुछ भी नहीं करता। मेरे पर इतना प्यार और भरोसा जे० पी० क्यों करते हैं? सुजानगढ़ में कई परिचितों से मिला। किशनलालजी करवा भी थे। रात में तनसुखदासजी सेठिया के यहाँ सोया।

जयपुर

१६ अप्रैल : सुबह ६ बजे जयपुर पूगा। साथ में सुखाड़ियाजी और वर्माजी थे। रात में खास कुछ बातचीत नहीं हुई। पन्नालालजी सरावगी भी आए हैं, मातादीनजी भी। जलबोर्ड के ऑफिस में आए। सुखाड़ियाजी के घर भी गए, बातचीत हुई। वर्मा साहब से एलेक्शन की बात हुई। अब तक सीकर या भीलवाड़ा का तय नहीं है। शाम को हरिदेवजी जोशी की चाय पार्टी में गए। वहाँ से घर आए। वर्मा साहब और पन्नालालजी चले गए। १२०० रु. पन्नालालजी से और १९०० रु. मातादीनजी से चंदा का लिया।

२० अप्रैल : कल सुखाड़ियाजी से बात हुई थी। अगले वर्ष का काम लेने का तय हो गया है। जिम्मेदारी का काम है। मातादीनजी कल रात में दिल्ली चले गए, उनको मैंने राजा से मिलने को कहा है। जयपुर में गर्मी कुछ ज्यादा पड़ने लग गयी है परंतु रात ठंडी होती है। २.३० बजे व्यापार-मंडल की सभा में गए। प्रायः ४००-५०० आदमी थे। भोगीलालजी पंड्या आए, भाषण अच्छा रहा। मैं भी अच्छा बोल सका, लोगों ने पसंद किया। यहाँ उत्साह का वातावरण है। राजस्थान आगे बढ़ना चाहता है, बढ़ भी सकता है, परंतु आपस की खींचतान नहीं होनी चाहिए।

कलकत्ता

२८ सितम्बर : बुखार सुबह से था। सारे दिन घर में ही रहा। २००० मन २९ रु. ५ आना में लिये, ७५० अंदाज मिले। शाम को बुखार कुछ कमती था, डॉक्टर नहीं आया। घाव-पट्टी देख कर वाइफ कुछ डर-सी गयी थी। अभी और पाँच-सात दिन लगेंगे, ऐसा मालूम देता है। ३००० शेयर डनलप के २९ रु. ६ आना में बेचे। बाजार शेयर का समान-सा ही है।

दिल्ली से ट्रेन में

२२ अक्टूबर : सुबह मैं कलकत्ते के लिये गाड़ी में बैठा। कानपुर तक की एयरकंडिशंड क्लास की टिकट ली। बी० के० बिड़ला के साथ खाना खाया। उनकी पत्नी और बच्चे भी थे। काफी देर तक बातचीत करते रहे। इन्हें काफी नॉलेज है, अच्छी जानकारी रखते हैं। कानपुर स्टेशन पर मूँधड़ा मिले, वह भी कलकत्ते जा रहे थे। मेरे पास रुपये नहीं थे, इसलिये टिकट कानपुर तक ही लिया था।

कलकत्ता

२७ अक्टूबर : मैदान में सुबह जी० डी० बिरला मिले थे। राजस्थान के बारे गें बात

हुई। उनकी धारणा है कि ढेबर भाई, आनंदीलाल का पक्ष करेंगे। अभी कुछ कहा भी नहीं जा सकता। शाम को मैदान गया था। ताश वाले मित्र नहीं आए। महावीर के लिए एक टी गार्डेन की बातचीत कर रहा हूँ।

२८ अक्टूबर : कसरत तो छोड़ ही दी है। सुबह बालिका सदन की मीटिंग में गया। समाज की लड़कियां पढ़ाई में रुचि ले रही हैं। बहुत खुशी होती है। इसके लिए हमें कितना संघर्ष करना पड़ा। दीपचंद चांडक आया था। उससे बातचीत की। राजनीतिक चुनाव को बड़ा अड़ंगा बताता है। कल मारवाड़ी रिलीफ सोसाइटी की मीटिंग में जाना होगा।

९ नवम्बर : सुबह ७.४५ बजे स्टेशन गया। कई मित्र आये। मास्टर भोलानाथजी और टीकारामजी मेरे यहाँ ठहरे। रामकरण जोशी, द्वारकादास पारिख, राधाकृष्णजी के यहाँ। स्टेशन पर मार्तण्डजी मिले। १० बजे फिर स्टेशन गाड़ी चला कर गया। बहुत ज्यादा भीड़ थी। सुखाड़ियाजी वगैरह आये। ५ आदमी मेरे यहाँ ठहरे। दिन में ऑफिस नहीं गया, सारे दिन व्यस्त रहा। काफी बातचीत हुई। ए० आई० सी० की मीटिंग में भी गया। ७ बजे वापिस आये। व्यासजी वगैरह से भी मुलाकात हुई। पंडित नेहरू की गाड़ी आनंदीलाल पोद्दार चला रहे हैं।

बंबई

२० नवम्बर : साँवलरामजी से शाम को ४ बजे मिल की मीटिंग में आपस में काफी बोलचाल हो गयी है। भाईजी ज्यादा नाराज थे, परंतु दूसरा उपाय नहीं था। मैंने बीच-बचाव किया और कल पर बात रख दी। शाम को ७.३० बजे तक साँवलरामजी से बात करता रहा। खास रिजल्ट तो निकलता नहीं मालूम देता। मेरा मन बंबई में ऊब-सा जाता है।

दिल्ली

२३ दिसम्बर : दिल्ली २ बजे पूगा। गंगा बाबू नहीं हैं। सगाई वाले बांसल गोती निकल आए। ४ बजे सुरानाजी के गया। दो परिचय-पत्र दिए। चाय नाश्ता किया। पराठां गली में दो परांठे खाए, पेट खराब कर लिया। पेशाब की तकलीफ है, कम उतरता है। ४.४५ बजे मातादीनजी के गया। आनंदीलाल बंगाल से खड़े हो रहे हैं, उन्होंने अखबार की ऐसी कटिंग दिखाई। शाम को कृपलानीजी से मिला। एक कंबल दी। सुचेताजी कांग्रेस में आ रही हैं। लालबहादुरजी को सिफारिश का कहा है। दिनकरजी से मिल कर एक परिचय-पत्र लिया।

१९५७

दिल्ली

९ जनवरी : डायरी साथ में नहीं लाया, इसलिए डायरी याददास्त से लिखनी असंभव है। यह जरूर है कि बड़ी ही तकलीफ और मानसिक तनाव के दिन गुजरे। पूरी चिंता रही।

१६ जनवरी : सुबह बिन्नानीजी से मिले, उन्होंने कहा कि तुम्हारी तो पाली की सीट हुई है। मन में काफी चिंता हुई, कमलनयनजी ने वर्धा की सीट ले ली है। बिन्नानीजी के आ जाने से सुविधा हो गयी है।

१७ जनवरी : घनश्यामदासजी मेरी सीट के लिए हद से ज्यादा चेष्टा कर रहे हैं। शाम को बिरलाजी के यहाँ खाना खाया। उन्होंने आज १५ जगह फोन किए। ऐसा मालूम देता है, सीट का ढंग बैठ जायगा। फिर भी चिंता तो बहुत होती है।

लोसल-सीकर-लक्ष्मणगढ़

२७ फरवरी : लोसल से ५ बजे चले, ६ बजे सीकर पूगे। वहाँ से १० बजे लक्ष्मणगढ़ गया। लक्ष्मणगढ़ का रिजल्ट अपने हक में है। ४ बजे सीकर आया, बाजार घूमा। ऐसा मालूम देता है, काफी मेजोरिटी से जीत जाऊँगा। आज खास थकावट नहीं आई।

कोटपुतली

४ मार्च : यहाँ परिस्थिति खराब-सी है। हजारीलाल हार जायेंगे। नन्दू, चिम्मन आदि यहाँ हैं। यहाँ काम ठीक नहीं हो पाया, हमारे आदमी अच्छा संगठन नहीं बना सके। उधर, सिंगरावट की पोलिंग कल खराब हुई। चिंता की बात होरही है।

दिल्ली

२९ मार्च : सुबह ६.१५ बजे दिल्ली पूगा, प्लेन से। ८ बजे अंदाज दरयागंज आया। मालूम हुआ, बद्रीनारायणजी आए हुए हैं, अच्छा लगा। तारानगर के कई मित्र आए

हुए हैं। बद्रीनारायणजी से मोटरों के बारे में बातचीत की। ग्रेट पिरामिड की ऑफिस बेतरतीब पड़ी है, वहाँ जाकर सब ठीक की। ३ बजे मीटिंग हुई, पार्लियामेंट हाउस में भी गया। मैंने नेहरूजी को प्रपोज नहीं किया, मन में ही रह गया। एक घंटे तक सभा थी। काफी लोगों से मिलना हुआ। फिर ५ बजे से पार्टी चली। प्रायः छः-सात सौ आदमी थे। गंगाशरणजी, मैथिलीशरणजी, दिनकरजी, श्री देशपांडे, बीकानेर महाराज, दम्माणीजी, सोमानीजी, राजबहादुरजी, मालवीयजी, श्री भगत आदि थे।

३० मार्च : दिन में गंगा बाबू से मिला। मैथिलीशरणजी के यहाँ चाय पीने गया। उनके बगल का मकान लेने के लिए गंगा बाबू से फोन करवाया। ८ नं० फ्लैट शायद मिल जायगा। वर्मा साहब से नहीं मिल सका। प्रभुदयालजी अपना फ्लैट छोड़ रहे हैं। श्री रवि भंडारी के यहाँ भोजन पर गए। कालूलालजी श्रीमाली तथा ओंकार बोहरा और कई लोग आए थे। दिल्ली में सर्दी पड़ रही है।

नयी दिल्ली

९ मई : सुबह मुगलसराय में गोपाली बाबू आए, उदास थे। पिछले वर्ष घाटा लग गया। मैंने भी उन्हें खबर देकर गलती की। फजूल में २५ रु. उनके खर्च हो गए होंगे। काफी चीजें ले आए, उनमें से कुछ अतुल्य बाबू को दे दी।

१० मई : दिन में लोक-सभा में गया। अतुल्य घोष, एस० एन० सिन्हा, ए० के० सेन, महाराज बीकानेर, एम० एल० वर्मा आदि से मिला, और भी बहुत से एम० पी० से मिला, जगजीवनरामजी से भी। पार्लियामेंट में करने के लिए काम बहुत है।

११ मई : सुबह ५ बजे उठा। कागज-पत्र जँचाए। पत्र वगैरह भी लिखे। कसरत चार-पाँच दिनों से छूट गयी है। शरीर में थकान मालूम देती है। सुबह गंगा बाबू के पास गया। ११ बजे पार्लियामेंट गया। बनारस के श्री रघुनाथसिंह से जान-पहचान की। उन्होंने क्वेश्चन के तरीके बताए और एक सबजेक्ट पर ही ज्यादा ध्यान देने को कहा। अच्छे आदमी हैं। गाड़ी मरम्मत में दी है।

१२ मई : रात नीचे ही सो गया, पढ़ते-पढ़ते। सुबह ६.१५ बजे उठा। मन्मथजी के साथ वर्मा साहब के गया। मास्टरजी से मिला। मैथिलीशरणजी गुप्त के गया, वहाँ महादेवीजी, दिनकरजी आदि थे। अच्छा लगता है, साहित्यकारों को एक जगह देखना और उनकी बातें सुनना। १.३० बजे बाजार करने गया, ४० रु. की चीजें ले आया। ५.३० बजे अतुल्य बाबू की पार्टी में गया। काफी लोग आए थे– अशोक सेन, पन्तजी, मि० चाँदा, डिप्टी मिनिस्टर हाउसिंग, रेणुका राय, नित्यानंद कानूनगो, मेहरचंद खन्ना, मि० जोशिम अल्वा और उनकी पत्नी। अल्वाजी से जान-पहचान हुई, अच्छे भले हैं। घर आया, किताबें

पढ़ीं, पत्र लिखे। एक पत्र कालीप्रसादजी खेतान को लिखा है।

१३ मई : आज राष्ट्रपति का भाषण सुना। अच्छा भाषण था। देश की समस्याओं की उन्हें पूरी जानकारी है। बीकानेर महाराजा ने मुझे कहा कि आप भाषण पर कुछ कहिए। मुझे झिझक मालूम देती है। ५ बजे पार्टी मीटिंग में गया। जवाहरलालजी का भाषण हुआ। महावीर त्यागीजी ने खूब खुल कर कहा। ६.३० बजे वाइफ के साथ राष्ट्रपति की लाउंज में गया। प्रायः हजार-ग्यारह सौ आदमी थे। वाइफ को भी अच्छा लगा। गंगा बाबू थे। रात में मास्टरजी और चतुर्वेदीजी जीमने आए। चतुर्वेदीजी जयपुर में मिनिस्ट्री में हैं। कलकत्ते से ठंढ यहाँ ज्यादा है।

१८ मई : भागीरथजी यहाँ हैं। सुबह मैदान घूमने गया, उनसे मिला। दिन में घनश्यामदासजी से बातचीत हुई, नंदाजी से जान-पहचान करायी। खुश नजर आते हैं। पार्लियामेंट में बराबर जाता रहता हूँ। शाम को कांग्रेस पार्टी की मीटिंग में गया। अपनी बात ठीक से कह न सका, कुछ हँसी-सी हुई। शुरू-शुरू में ऐसी बातें होंगी, परंतु अपने को इम्प्रूव करना है।

जयपुर

२० मई : सुबह भागीरथजी कानोड़िया, रामकुमारजी भुवालका, मातादीनजी खेतान के साथ जयपुर पूगा। और भी लोग थे। दिन में एक बॉल बेयरिंग फैक्टरी देखी। शास्त्रीजी के खाना खाया, अच्छा बना था। शाम को ७ बजे मीटिंग हुई, काफी लोग आए थे। कुंभारामजी ने अगेंस्ट में कहा। खैर, जलबोर्ड रहने का निश्चय हो गया। अच्छा काम होना चाहिए, विरोध तो होते रहेंगे।

नयी दिल्ली

२८ मई : सुबह ७ बजे दिल्ली आ गया। १०.३० बजे पार्लियामेंट गया। दिन में बोलने की चेष्टा की बजट पर, परंतु समय नहीं मिला। शायद कल मिल जायगा। राधेश्यामजी मुरारका और गजाधरजी सोमानी दोनों अच्छा बोले। दिन में गंगा बाबू ने एक उलाहना दिया, जगजीवनरामजी को मैंने उनके सामने पार्टी के लिए कुछ कहा था। ऐसी बात के लिए आइंदा पर निगाह चाहिए। गंगा बाबू ने अच्छा किया, मुझे सावधान कर दिया। मैं ज्यादा बोल जाता हूँ, गलत बात है। शाम को ७ बजे पार्टी मीटिंग हुई, काफी लोग थे। दिन में शोभारामजी से बातचीत हुई, और लोगों से भी। गजाधरजी से कॉटन मिल के बारे में बात हुई। दिल्ली में मेरा मन लग गया है, परंतु राजू का कमती लगा है।

२९ मई : सुबह स्टेशन गया। भार्गव साहब वगैरह ७ बजे आए। उन्हें घर ले आया। दिन में उन्हें पार्लियामेंट ले गया। अच्छी तरह खातिरदारी की। रात में गंगा बाबू के

साथ मैथिलीशरणजी गुप्त के भोजन पर गया। वहाँ राष्ट्रपति के पी० ए० गीता दरबार, डॉ० नगेंद्र, नरेंद्र शर्मा, भगवती चरण वर्मा, दिनकरजी और नवीनजी आदि भी थे। एक अच्छा गीतकार शमशेरबहादुर भी था। ९ बजे तक बहुत ही अच्छी गोष्ठी रही। साहित्यकारों के जीवन में नेताओं और व्यवसायियों से कहीं अधिक शांति है, भले ही धन कमती है। ये लोग दुनिया को देकर जाते हैं, इसीलिए इनका नाम चलता रहता है। आजकल खर्च ज्यादा कर रहा हूँ, परंतु टाइम अच्छा कट जाता है।

कलकत्ता

२१ जून : डॉ. रामसुभग सिंह मेरे घर पर ठहरे हैं, कल आए। बहुत व्यस्त प्रोग्राम है। आज उनके साथ पी० एंड टी० का वर्कशाप देखा। काफी बड़ा कारखाना है। १२ बजे मुरारजी भाई के साथ बिरला पार्क में खाना खाया। २.३० बजे ऑफिस गया, फिर गद्दी। इन दिनों रुपयों की काफी टान-सी है। कामकाज भी कमती है। इधर देख नहीं पाता हूँ, दिल्ली का रास्ता अलग ही है। सीकर जाना जरूरी है, परंतु जा नहीं पा रहा हूँ। रात में सोलह-सत्रह लोग जीमने आए, आठ-दस एम० पी० थे। बाकी पी० एंड टी० के।

नयी दिल्ली

१७ जुलाई : सुबह लोदी गार्डन गया, बिरलाजी से बातचीत की। प्रायः तीन मील घूमा। तबीयत अच्छी मालूम देती है।आसाम के देवकांत बरुआ काफी प्रभावशाली हैं। ४ बजे मैं भी बजट पर बोला, शायद अच्छा ही रहा। मालिया से बात की। अतुल्य घोष, उपेन बर्मन, फिरोज गांधी सबसे बातें हुईं। देश का काम पार्लियामेट के माध्यम से अच्छा हो सकता है। परंतु इसके लिए काफी स्टडी करनी होगी। अभी मैं नया हूँ। जान-पहचान बढ़ रही है। तौर-तरीका सीख रहा हूँ। शाम को बिरलाजी के गया। चारों भाई काफी प्रेम से मिले।

कलकत्ता

१५ अगस्त : शाम को स्टेशन गया। देवव्रत शास्त्री, संपादक 'नवराष्ट्र' रांची गये। ९ बजे कृष्णबल्लभ बाबू गये। जयप्रकाशजी भी रांची गये। रात में टांटिया हाई स्कूल के फंक्शन में गया, वे भी गये थे। कृष्णबल्लभ बाबू अच्छे आदमी हैं। रात में देर तक नींद नहीं आयी। विचार आते रहे। दस वर्ष हो गये आजादी पाये। दूसरे देशों के मुकाबले हम लोगों ने कितना किया? इस बार दिल्ली में इस पर बात करूँगा। धन के वितरण और टैक्स पर लिखने के लिये सोचता रहा।

२२ अगस्त : फिर डायरी लिखने में देरी हो गयी है। मिल वालों से बातचीत की, धुबड़ी ऑयल मिल बेचने की। शाम को कांता को सारी बातें कहीं।

१९५८

कलकत्ता

१ जनवरी : साल का पहला दिन है। डायरी के पृष्ठ पर लिखा है, 'प्रार्थना ही आत्मा की खुराक है।' विश्वास मेरे मन में होने पर भी प्रार्थना के लिए एकाग्र नहीं हुआ जाता। इसीलिए आत्मा की खुराक जुटानी बहुत मुश्किल हो जाती है।

११ जनवरी : सुबह सीतारामजी सेकसरिया से मिलने गया। इनका जीवन कितना नियमित है। बहुत काम करते हैं, पढ़ते-लिखते भी हैं। इनमें उतावलापन भी नहीं। मुझे अपने को सुधारना चाहिए। बृजमोहनजी बिरला के गया।

गौहाटी

१६ जनवरी : दिन में कामाख्या धाम गए, वर्मा साहब साथ थे। जीप में थे। कामाख्या के बारे में बहुत-सी बातें होती रही। तंत्र-मंत्र में कुछ दम है या नहीं, पता नहीं। किंतु ऐसा लगता है, अब यहाँ दिखावा है, साधना नहीं। हरिभाऊजी से मिलना नहीं हो सका। मन में एक चिन्ता-सी रही। अधिवेशन में गया, लोगों से भेंट होती रही। गांधी जी के बाद इन दस वर्षों में राजनीति जनता से या तो दूर हट गयी है या ऊपर उठ गयी, ऐसा लगता है।

सरदारशहर

२४ जनवरी : सुबह गौशाला गया। काफी जमीन है, पानी की सुविधा है, और भी बढ़ सकती है। परंतु फिर भी काम नहीं होता। मैं चाहता हूँ, हरियाली बढ़ायी जाये। गौशाला को मॉडल के माफिक बनाया जाये। इससे गाँव वाले गोपालन और दूध का काम सीखेंगे। परंतु गाँव वाले गो-सेवा का मतलब धर्म से लगाते हैं। गौरक्षा के नाम पर पुरानी लकीर छोड़ना नहीं चाहते। कर्मचारी इसका फायदा उठाते हैं। मायतों की बात सर माथे पर।

२५ जनवरी : कल कन्हैयालालजी सेठिया के साथ मोटर में कई गाँवों में गया। बड़रासर में एक बूढ़े ने कहा कि 'दरबार का हुक्म तो खतम हो गया। अब किसका हुकुम है?' दस वर्ष हो गये, आजाद हुए। ऐसा प्रश्न सुन कर आश्चर्य हुआ। वह कहता था, 'पहले कुछ तो सुनवाई होती थी। अब लिखाई-पढ़ाई होती है, सुनवाई नहीं।' आज सुबह रामनगर गया। प्रायः दो मील घूमा। गौरा बामणी से प्रायः २५ वर्ष बाद मिला। बूढ़ी हो गयी है। चेहरे पर झुर्रियां, चमड़ी पर सलें उभर आयी हैं। कितना समय निकल गया, कितना बदल गया सब कुछ! उसने मुझे पहचान लिया। हमारे यहां रसोई बनाती थी। मैंने उससे कहा कि कुछ खिला। हँसने लगी, दाँत नहीं थे। कहने लगी, 'मेरे हाथ का अब क्यों भायेगा?' बेसन के लड्डू खिलाये, छाछ पी। बहुत देर तक पिछली बातें करती रही। रात में शोभाचंदजी से भजन सुना।

१ फरवरी : सुबह १०० ब्राह्मण जिमाये, गोदान किया। सब १००० रुपये खर्च हुए। कुछ ऊपर भी हुए होंगे। मेरी समझ में अब ये सब व्यर्थ हैं। दान की गाय बेच दी जाती है या दाने-चारे के अभाव में बीमार होकर मरती है। ब्राह्मण सतयुग में ब्रह्म साधता था, त्रेता में मंत्र, द्वापर में गुरु बनकर कान फूँकता था और अब रसोइया बन कर चूल्हा फूँकता है। पढ़ने-पढ़ाने, पूजन-पाठ के काम तो कब के छूट गये। परंतु मुझे अनचाहे सब करना पड़ता है, पिताजी, माँजी के आगे क्या बोलता? वाइफ बहुत राजी थी, उसे संतोष हुआ।

दिल्ली

१० फरवरी : सारे दिन झंझटों में फिर रहा हूँ। जो काम करना चाहता हूँ, वह हो नहीं पाता। सरकारी मशीनरी कुछ अफसरवादी है। मन खिन्न था। मैथिलीशरणजी के गया। गरम पकौड़ी और लड्डू खाये। मैंने समस्याओं के बारे में कहा। दद्दा बड़े जोर से हँसे, कहने लगे – 'कंबल ओढ़ लिया तो पसीना आयेगा ही।' बात सही है, समाज की सेवा लिख कर भी हो सकती है। परंतु मुझमें वैसी योग्यता कहाँ? शाम को स्टेशन गया गंगाबाबू को पहुँचाने, दिनकरजी भी थे।

२२ फरवरी : मौलाना आजाद चले गये। भले थे। अरबी, फारसी के बहुत बड़े विद्वान। आजादी की लड़ाई में गांधीजी का साथ दिया। नेहरूजी इन्हें बहुत मानते थे। मुसलमानों ने इनको अपना नेता कभी नहीं माना, बड़े ताज्जुब की बात है। पंडितजी बेहद दुखी हैं। बहुत से लोग इकट्ठा हो गये। सुनने में आया कि किसी ज्योतिषी ने भविष्यवाणी की थी कि जिस दिन कृष्णमाचारी रिजाइन करेंगे, उसी दिन मौलाना को चोट आयेगी और चार दिनों बाद उनका देहांत होगा। चोट लगने पर कलकत्ते से डा०

विधान राय देखने आये थे और उन्होंने कहा था कि कोई खतरा नहीं है। परंतु आश्चर्य है, ज्योतिषी की बात सही निकली। बड़ी चर्चा है।

२ मार्च : ४.३० बजे विश्वायतन योगाश्रम में गया। पंडितजी, मुरारजी, नंदाजी, जगजीवनरामजी भी थे। ब्रह्मचारीजी का स्वास्थ्य बहुत अच्छा है। लगते हैं ५० के आसपास के, परंतु लोगों का कहना है – उम्र बहुत ज्यादा है, ठीक पता नहीं चलता। योग के अच्छे जानकार बताते हैं। ६.३० बजे तक था। जगजीवनरामजी से बात हुई।

३ मार्च : गंगाबाबू के साथ मैथिलीशरणजी के गया। अपने यात्रा-लेखों के बारे में बात की। दद्दा ने भाषा के बारे में कुछ सुझाव दिये। 'सरस्वती' में लेख भेजा है। 'सरिता' वाले भी माँगते हैं। ११ बजे पार्लियामेंट में एक सवाल पर सप्लिमेंट ठीक से पूछ नहीं सका। २०० रु. शुक्ला को दिये। १०० रु. पारीख को। अच्छा नहीं किया। इन लोगों की फौज इकट्ठी करने से क्या लाभ? खैर, गरीबी और जरूरत है ही। परंतु इस तरह इनके प्राब्लेम मिटेंगे नहीं।

१५ मार्च : रात में जे० पी० को रिसीव करने गंगाबाबू के साथ स्टेशन गया। मुझे इनसे बहुत प्रेरणा मिलती है। न जाने कैसा स्नेह-सा है। दिन में श्री अशोक मेहता के साथ गुरुद्वारा रोड पर बँगला देखने गया था। वापिस आकर लेख लिखने लग गया। दद्दा के गया, चंद्रगुप्तजी विद्यालंकार, संपादक 'आजकल' से उन्होंने परिचय करवाया। अच्छे विद्वान हैं।

२७ मार्च : बनारसीदासजी चतुर्वेदी मिल गए। रामानंद चटर्जी और माडर्न रिब्यू के बारे में कुछ चर्चा हुई, 'विशाल भारत' के लिए भी। रात में भीलवाड़ा जाने के लिए स्टेशन गया, परंतु मनु भाई का प्रोग्राम कैंसल हो गया, इसलिए वापस आ गया।

दिल्ली

१६ अप्रैल : नन्दू वगैरह यहीं हैं। गीगा की तबीयत थोड़ी नरम है। भाईजी कल रात आये और आज रात राजस्थान जा रहे हैं। मंदिर की प्रतिष्ठा है। हमें भी जाना होगा।

१७ अप्रैल : आज कलकत्ते जा रहा हूँ, पाँच चार दिनों के लिए। जाना ही है, बहुत दिन हो गए। ऐसा लगता है, जीवन में कुछ रस नहीं मिला, न कुछ चेंज ही आया। लोग समझते हैं, मैं आगे बढ़ा, धन कमाया, नाम कमाया, पार्लियामेंट में आ गया। मेरे को लगता है, सब गँवाया। न पढ़ पाता हूँ, न लिख पाता हूँ। पहले भी भाग-दौड़, आज भी भाग-दौड़, कोई चेंज नहीं, चैन नहीं, स्वास्थ्य खराब।

१२ मई : सुबह मैथिलीशरणजी, राजपतजी दूगड़, नाहरजी तथा कुंभारामजी से मिला

था। रामसुभग सिंहजी, जानकी देवीजी बजाज और वर्माजी से भी। ९.३० बजे स्टेशन पर गाड़ी में बैठा, साथ में डी० एन० तिवारी थे। सिलचर की सीट के बारे में बात हुई। दिन में गरमी थी, परंतु किसी तरह रास्ता कट गया। अखबार वगैरह पढ़ता रहा। ज्यादा खबरें कांग्रेस और मंत्रियों के बारे में रहती हैं। इलाहाबाद में 'सरस्वती' खोजी, मिली नहीं। इस बार दिल्ली में काफी जान-पहचान बढ़ी। बिरलाजी ने मसूरी बुलाया है। जाने का मन भी है, परंतु काम बहुत पड़ा है।

कलकत्ता

२२ मई : सुबह ९.३० बजे टी० बोर्ड की मीटिंग में गया। चाय बगानों और उद्योग में नये तौर-तरीके अपनाने होंगे। प्रोडक्शन को बढ़ाना जरूरी है। परंतु इसके लिए रिसर्च भी चाहिए। दुनिया बहुत आगे बढ़ चुकी है। पाकिस्तान और सीलोन कंप्टीशन में आ रहे हैं।

जसीडीह

४ जुलाई : यहाँ आने पर मुझे अपने में परिवर्तन मालूम देता है। वातावरण बदल जाता है। न राजनीति और न व्यापार वगैरह। चिन्ता नहीं-सी रहती है, भूख भी लगती है। किताबें पढ़ता रहता हूँ। भवन में गया, प्रार्थना में मन लग गया। परंतु कब तक यह चलेगा, मुझे यहाँ से जाना ही होगा।

नयी दिल्ली

१५ अगस्त : लगता है, स्वाधीनता दिवस का अब कोई खास महत्व नहीं रह जायेगा। तैयारी होती है, भाषण होते हैं। भीड़ आती है, चली जाती है, आसपास के गाँवों से दिल्ली देखने के लिये। गलती तो हम लोगों की है। दिन में मुरारजी भाई के यहाँ खाने पर गया। शाम को राष्ट्रपति भवन गया, मैथिलीशरणजी और गंगाबाबू साथ में थे।

२५ सितम्बर : ट्रेजरर होने से बहुत जिम्मेवारी का काम आ जाता है, परमात्मा ठीक-ठीक पार लगा दे। २.३० बजे इला पाल चौधरी के यहाँ गया। पंतजी, जगजीवन राम, लाल बहादुर शास्त्री, केसकर आदि सभी थे। वहीं श्री नस्कर तथा जगजीवनरामजी से टाइम कर लिया। १०.३० बजे घर आया डॉ० सत्यनारायण सिंह आये हुए थे।

कलकत्ता

१ नवम्बर : कलकत्ते में थोड़ा पढ़-लिख रहा हूँ। थोड़ी देर ऑफिस में था। रात में

गर्ग बालकृष्ण आया। साहित्य और राजनीति पर काफी चर्चा रही। वह संस्मरण लिखने को कहता है, परन्तु कब लिखूं? अभी तो विदेश यात्रा के लेख ठीक करने हैं। पार्लियामेंट के लिये भी बहुत तैयारी करनी पड़ती है।

नयी दिल्ली

२० नवम्बर : कुछ लोग तो बेकार ही आते हैं, दिन भर शहर घूमते हैं, बच्चे-पत्नी को ले आते हैं, जाने का नाम नहीं लेते। जिनके लिये जगह चाहिए, उन्हें ठहरा नहीं पाता हूँ। अब संकोच की आदत सुधारनी होगी। कलकत्ता नन्दू और कांता से बात हुई। मेरा जाना संभव नहीं होगा। मन में विचार आता है, व्यापार छोड़ राजनीति में आया, परन्तु इसमें ज्यादा उलझन है। झूठ ज्यादा बोलता हूँ। इससे बच कर रहना चाहिए परंतु यह कैसे हो? मुरारजी भाई से राजस्थान मिनिस्ट्री की बात कही। कहना उचित नहीं था। नोपानीजी का काम एक रकम हो गया है।

२१ नवम्बर : तबीयत अच्छी है, मौसम भी ठीक है, ठंड पड़ने लगी है। सुबह नोपानीजी और मातादीनजी के साथ ३ मील घूमा। फिर मोटर ड्राइव करके श्री अशोक मेहता के पास गया। वहाँ से ८.३० बजे के० सी० जैन, दरयागंज के पास नोपानीजी के साथ लीगल ड्राफ्ट के लिये गया। वहाँ से बी० बी० वर्मा के पास, फिर त्यागीजी के पास। त्यागीजी ने बी० बी० घोष को फोन किया। उन्होंने कहा कि विथड्रॉवल का नोटिस चला गया है। खुशी हुई।

४ दिसम्बर : भाईजी रविवार को आने की कह गये हैं। बुखार तो आज नहीं है, परंतु कमजोरी है। नवभारत टाइम्स में कल मेरा स्केच निकला, वैसे अच्छा है। दिन में पार्लियामेंट में एक्सपोर्ट पर अंग्रेजी में बोला। मुझे संतोष हुआ। रात में अच्छी तरह याद कर लिया था। शाम को गंगाबाबू, मैथिलीशरणजी, श्री अशोक मेहता, डॉ० रामसुभग सिंह, श्री थिरानी, श्रीमती थिरानी घर पर आये। श्री नारायणजी चतुर्वेदी भी थे। रसोई अच्छी बनी थी।

१९५९

जसीडीह

१ जनवरी : नया दिन जसीडीह में बिता रहा हूँ। बसंती और वाइफ हैं। राजा कलकत्ते है, नन्दू बंबई है। पिछला वर्ष एक रकम ठीक-सा रहा। रात में 'ऑयल' पढ़ता रहा, अच्छी किताब है।

दिल्ली

११ अप्रैल : फिरोज गांधी से उनकी कांस्टिचुएंसी के बारे में बातचीत की। अच्छा अनुभव रहा। वायलेट अल्वा कलकत्ते में मेरे यहां ठहरी हैं। डॉ० रामसुभग सिंह से बात की। वे मुझे ट्रेजरार के लिए खड़े होने को कहते हैं, मेरा भी मन है।

१६ अप्रैल : पार्लियामेंट में आज लालबहादुरजी की स्पीच अच्छी रही। मेरा नाम भी उन्होंने लिया, चाय और पाट के सिलसिले में। शाम को शांडिल्यजी से बात की। मोटर १२,००० रु. में बेच दी है, चेक जमा दे दिया। रुपया आया या नहीं, पता नहीं। १००० रु. फिरोज गांधी की कॉलेज के लिए दिया। १००० रु. एक आदमी को उधार दिए उसने कलकत्ते में देने को कहा है। रात में प्लेन पर के० पी० गोयनका मेरे साथ हो गए।

कलकत्ता

२२ अप्रैल : नन्दू के साथ एस० एम० मोहता के घर गया। एक मिल कोयंबटूर में है, उसके कागज-पत्र देखे।

मसूरी

१७ मई : सुबह कार से दलाई लामा को देखने बिड़ला हाउस गया। काफी भीड़ थी। अच्छी सजावट थी। दलाई लामा का व्यक्तित्व अच्छा है, स्वभाव भी सरल। विद्वान हैं। राजनीति की चर्चा बिल्कुल नहीं करते। मसूरी में मन लग गया है। किताबें पढ़ लेता हूँ।

७ अगस्त : शाम को मैथिलीशरणजी के घर जीमने गया। आज उनका जन्म-दिन था। कितना सरल और पवित्र जीवन इनका रहा है ! देश की कितनी सेवा इन्होंने की ! ऐसे ही लोगों का जीवन सार्थक होता है। काफी बातचीत हुई। दिन में कुछ लेखों की रूपरेखा तैयार की। पार्लियामेंट का काम कम कर पाता हूँ। पत्रों का जवाब रेग्युलर दे रहा हूँ।

८ अगस्त : सुबह मैथिलीशरणजी को लेख सुनाए। दिल्ली वाला लेख उन्हें पसंद आया। ९.३० बजे बीकानेर हाउस गया, फिर जगजीवनरामजी के। बी० बी० वर्मा और अतुल्य घोष के भी गया था। मलैया से भेंट नहीं हुई, घर पर नहीं था। १२.३० बजे पार्लियामेंट हाउस गया। ५.१५ बजे तक पढ़ता-लिखता रहा। गर्ग के आने से काफी सुविधा हो गयी है। घर में भीड़ भी आजकल कमती है। यशपालजी को फोन किया। शंकर को २९०० रु. लॉरी के लिए उधार दिए। ८ बजे से ९.३० बजे तक मनु भाई के कमरे में था। राजस्थान की मिलों के बारे में मीटिंग हुई। काफी लोग आए थे। राजस्थान की मिलों को टैक्स की स्पेशल राहत नहीं दी जाती है तो समस्या बनी रहेगी, ऐसी मेरी धारणा है। प्रोडक्शन कॉस्ट घटाना जरूरी है। और दूसरी समस्या तो किसी रकम सुधारी जा सकती है। इन मिलों को फाइन, सुपर-फाइन में नहीं जाना चाहिए।

२६ अगस्त : मैथिलीशरणजी गुप्त के साथ 'हरक्युलीज' फिल्म देखने गया। भव्य सेटिंग और फोटोग्राफी भी कौशलपूर्ण, किंतु रंगमंचीय अभिनय था। हमारे यहाँ भी महाभारत पर आधारित फिल्में अधिक प्रभावपूर्ण बन सकती हैं, यदि परिश्रम और निष्ठा से बनायी जायें। वासुदेवशरणजी से बात हुई। मुझे लगता है, संपूर्णानंदजी की तरह भारतीय संस्कृति और इतिहास का इनका अध्ययन बहुत गंभीर है। इनकी पुस्तकों का अंग्रेजी में अनुवाद बहुत जरूरी है, परंतु वह तो अकेले का काम नहीं। जगजीवनरामजी और राजबहादुरजी को चाय दी।

१९६०

कलकत्ता

३० जनवरी : सुबह मैदान जाता हूँ। शाम को 'वाइकिंग' अंग्रेजी फिल्म देखने गया। कितने असभ्य, बर्बर और निर्दयी थे, युरोपियनों के पूर्वज! शायद अफ्रीका के जंगली ऐसे नहीं थे। मगर आज तो यूरोप सभ्यता और संस्कृति का अगुआ माना जाता है। मेरे मन में आता है कि मनुष्य की मूल प्रवृत्ति में कोई खास अंतर आता नहीं, ऊपरी आवरण बदलता है। आज ३० जनवरी है, गांधीजी का निर्वाण-दिवस। सारा जीवन जिस सिद्धांत के लिए उन्होंने लगाया, उसी के लिए उन्हें प्राण देने पड़े। कैसी विचित्रता है!

३१ जनवरी : डायरी झुंझनूं में गुम गयी, इसलिए जनवरी का ब्यौरा रह गया। इस महीने में बंबई, रतलाम, उज्जैन, भोपाल, देवास, नयी दिल्ली, बनारस, जसीडीह आदि विभिन्न स्थानों पर गया। बंबई में एक कपड़े की मिल शोलापुर में खरीदी, जिसका सौदा कैंसिल हो गया।

पिलानी

६ फरवरी : बिड़ला बंधुओं की कृति पिलानी है। सरस्वती मंदिर का निर्माण बहुत ही बड़ी और सात्विक सूझ है। मेरी धारणा है, इस नयी परंपरा का श्रेय बिड़ला-बंधुओं को है। बिड़ला परिवार के सब लोग यहीं मिले। घनश्यामदासजी से मिलना हुआ, शाम को ६ से ७.३० बजे तक संगीत का अच्छा प्रोग्राम रहा।

दिल्ली

२२ फरवरी : सुबह ४.३० बजे उठा। चिट्ठियाँ लिखीं। कागज-पत्र देखे। १०.३० बजे पार्लियामेंट गया। २ क्वेश्चन थे। अच्छे थे। जी० डी० बिड़ला अप्रैल में अमेरिका जा रहे हैं। मैं भी जाने की सोच रहा हूँ। मुरारीलालजी केडिया बनारस से आये। अच्छी सूझबूझ और साहित्यिक रुचि के हैं। बात करने में मजा आता है।

चुटकुले खूब सुनाते हैं। इन्हें पार्लियामेंट हाउस दिखाया। काम बहुत है, एक सहकारी रखे बिना काम पूरा पार पाना मुश्किल है।

२३ फरवरी : सियारामशरणजी के तथा हरिशचंद्र वर्मा के गया। ९ बजे इंडस्ट्री कॉमर्स की मीटिंग में गया। शास्त्रीजी थे, मनुभाई, कानूनगो तथा बंबई के जोशी भी थे।

१ मार्च : सुबह ५.३० बजे उठा। ७.३० बजे तक प्रभुदयालजी हिम्मतसिंहका के साथ ४ मील घूमा। पी० डी० में इस उम्र में भी जो फुर्ती है, वह मेरे में नहीं। उनके साथ रहने पर बहुत कुछ सीखने को मिल जाता है। कितने तरह के काम उन्होंने अपने ऊपर ले रखे हैं, सभी को ढंग से करते हैं, जबकि मेरा काम अस्तव्यस्त होता है। बाद में उदासी मन में रहती है। ९ बजे मालिश, स्नान वगैरह करके मुरारजी भाई की मीटिंग में गया। ११ बजे तक चली। अच्छी रही। मैंने 'वेज बोर्ड' के बारे में कहा। १०.४५ पर 'प्रश्नवेला' में राजस्थान की मिलों के बारे में मेरा एक सवाल था, काफी अच्छा रहा। अंग्रेजी अखबारों ने मेरा नाम नहीं दिया। थोड़ी निराशा-सी हुई। ओंकार बोहराजी सुबह चले गये। शाम को मैथिलीशरणजी के पास गया। अशोक मेहता के एक्सिडेंट हुआ है, उनसे मिलने गया। बालकृष्ण शर्मा नवीन से मिला। अग्नियुग के इन कवियों को राजसभा, लोकसभा में लाना ठीक नहीं हुआ। मुझे ऐसा लगता है, इनकी प्रतिभा कुंठित हो रही है। साहित्य के साधक को राजनीति से क्या मतलब? कालिदास, सूर, तुलसी, भूषण ने राजनीति से अपने को दूर ही रखा था। रवीन्द्र, शरद, प्रेमचन्द ने भी।

३ मार्च : बद्रीप्रसादजी पोद्दार के साथ लालबहादुरजी शास्त्री से मिलने गया। प्रेम से बातचीत हुई। भले आदमी हैं, आडंबर नहीं है, कार्य-कुशल हैं। मुझे ऐसा लगता है कि काशी विद्यापीठ से निकले पहले के लोगों की विचार-शक्ति और कार्य-शैली कुछ खास रकम की होती है। सम्पूर्णानन्दजी, आचार्य नरेंद्रदेव वगैरह में भी इसी ढंग की विशेषता मिली। आज एक आदमी झुंझनू से आया। क्षय का रोगी था। बिना कहे घर पर आ गया, ठहरा भी। मुझे उसका गैरजिम्मेदार ढंग बुरा लगा। मैंने कुछ कड़े शब्द कह दिये। इतना नहीं कहना चाहिए था। मुसीबत का मारा था। उसे मैं ही दिखाई पड़ा, मुझे यह सोच लेना था। आगे से सावधान रहूँगा।

७ अप्रैल : शाम को शास्त्रीजी के साथ एक फंक्शन में गया। जैनेन्द्र, अक्षयकुमार, यशपाल आदि थे। वापस आने पर पता चला कि बिड़लाजी ने खाने पर बुलाया था, देर हो गयी। जा न सका। पार्लियामेंट में कोई खास रुचि नहीं है, क्वेश्चन है नहीं, कुछ मन भी खिन्न है।

१३ अप्रैल : एक दाँत कढ़ाया। दिन में मैथिलीशरण गुप्त अभिनंदन के कार्ड बाँटे और कुछ लिखे भी। ४ बजे पार्लियामेंट गया। चौधरी कुंभाराम मिले। एलेक्शन की चेष्टा कर रहा हूँ।

२८ अप्रैल : पार्लियामेंट चला गया। कमलनयन ११.४५ बजे आए। वोटिंग मेरे फेवर में होती मालूम हुई। इस बार चेष्टा भी बहुत रही और अच्छी प्लानिंग के ढंग से। कमलनयन वहीं पर थे। ४ बजे तक पता चल रहा था कि मैं जीत जाऊँगा।

२९ अप्रैल : पार्लियामेंट गया। १५ मिनट में ही मेरी जीत का पता चलने लगा। आखिर, मैं जीता। रामसुभगजी भी जीते। प्रभुदयालजी और सारे मित्र जीत गए। मन में अच्छा लगा। इज्जत बढ़ गयी। सब बधाई दे रहे थे।

कलकत्ता

१९ मई : ३ बजे गंगा बाबू और सीतारामजी के साथ 'क्षुधित पाषाण' देखने गया। अच्छा था। बँगला सिनेमा वाले मूल रचना को जहाँ तक संभव है, सही उतारते हैं। पर हिंदी सिनेमावाले तो भ्रष्ट कर देते हैं। गंगाबाबू का कहना है कि हिन्दी सिनेमा के क्षेत्र में अल्पशिक्षित लोग अधिक हैं, और इन लोगों का दृष्टिकोण हल्का रहता है। ६ बजे विधवा-विवाह में गया। अब तो ऐसे विवाहों पर ज्यादा टीका-टिप्पणी नहीं होती, बल्कि लोग सराहना करते हैं, परंतु पहले कितनी मुसीबतें उठानी पड़ती थी!

शिलांग

२३ मई : सुबह की प्लेन से ११.१५ बजे शिलांग उतरा। लाहोटीजी के पास ठहरा। १.३० बजे तक फिरोज गाँधीजी के पास था, वहाँ बरुआ, फखरुद्दीन अहमद थे। फिरोजजी की बात से ऐसा लगता है कि वे सरकार के काम करने के ढंग से खुश नहीं। फखरुद्दीन अहमद ढुलमुल हैं, अपना चाँस बनाते हैं। परंतु मुझे इन सब से क्या मतलब? मैं तो अपने विचार स्पष्ट रखूंगा।

आगरा

२४ जून : मुमताज और शाहजहाँ अगल-बगल चिरनिद्रा में सोये हैं। जिंदगी में मुगलिया ताज का कितना बड़ा बोझ शाहजहाँ को सम्हालना पड़ा और मृत्यु के बाद उसकी मिट्टी पर ताजमहल का कितना बड़ा बोझ है। ४.१५ बजे दयाल बाग गया। अब तक राधास्वामी पंथियों का यह मंदिर (समाधि) बन ही रहा है। न जाने क्या बनाना चाहते हैं, कब तक बनेगा। संगमरमर पर काम कलापूर्ण है, किंतु बहुत प्रभावी नहीं लगते।

पहलगांव-चन्दनबाड़ी-शेषनाग

४ जुलाई : घोड़े पर चंदनवाड़ी। वहाँ खाना खाया। १२.३० बजे शेषनाग के लिए चले। रास्ते में बर्फ के दृश्य देखता जा रहा था। कहीं-कहीं तो लगता था, बर्फ के पुल से बने हैं।

५ जुलाई : सुबह शेषनाग में ५ बजे उठा। घोड़े पर ६ बजे चला। रास्ते में अभूतपूर्व दृश्य देखने को मिले। घोड़े पर से उतर पड़ा और पैदल ही बर्फ पर चला। मन में एक बात उठती थी कि क्यों ऋषि-मुनि हिमालय की बर्फीली चोटियों पर अनंत को खोजते थे। क्या वहीं परम आनंद है? १२,००० फुट ऊँचाई पर था। साथ में थे मध्यप्रदेश के मिनिस्टर शर्माजी और कानपुर के चड्ढाजी। पंचतरणी एक बजे पूगा। १.३० बजे अमरनाथ के मंदिर के घंटे की आवाज सुनायी दी। मन मुग्ध हो गया। मंदिर गया। ऐसा लगा, जीवन की एक साध पूरी हो गयी। स्वयं ही भक्ति-भाव जग उठे। तीन बजे वापस लौटा। पंचतरणी में रुक कर विश्राम किया। खास थकावट नहीं थी।

पंचतरणी-शेषनाग-श्रीनगर

६ जुलाई : सुबह ४ बजे सर्दी काफी थी। पंचतरणी से ५ बजे रवाना हुए। बर्फ पर ही चला। अच्छा मालूम दे रहा था। ऊपर चढ़ती दफे जितना डर मालूम देता था, उतना वापसी में नहीं। ८ बजे चंदनवाड़ी पहुँचे। एक बजे घोड़े पर चला। ३ बजे पहलगाँव पूगा। मध्यप्रदेश के मिनिस्टर शंकरदयालजी शर्मा मोटर से आए।

जयपुर

९ जुलाई : रास्ते में डॉ० कालिदास नाग से भेंट हो गयी। प्रेम से मिले।

दिल्ली

९ अगस्त : सुबह दद्दा के यहाँ गया। आज 'भारत छोड़ो' आन्दोलन दिवस है। इस पर कुछ बातें हुईं। अब इस क्रांति की बात कौन याद करता है?

कलकत्ता

१९ अगस्त : दिन में रतनलाल भरतिया से मिला। उसको भरतिया स्टील का ऑफर दिया। रात में भाईजी से बात की। सौदा क्लोज कर लिया है। रतनलाल ने कल १०.३० बजे बुलाया है। बाबूजी के काम अच्छी तरह जँच गया है।

२० अगस्त : सुबह १०.३० बजे रतन भरतिया के ऑफिस गया। बाबूजी, नन्दू साथ थे। एडवांस के शुरू में दे दिए, चिट्ठी ले ली। भाईजी, मदन की मनाही आयी है। मन में बड़ी दुश्चिंता रही। लोगों को सौदा बुरा नहीं लगा।

२५ अगस्त : मदन, बिरजू फैक्टरी लेने से नाराज हैं। यह तो नफे का सौदा है, और लोग भी इसके 'बायर' हैं।

दिल्ली

११ सितम्बर : मन अशांत है। इधर-उधर भटकता है, शांति नहीं मिलती। दिन-भर लोगों से मिलता रहा। सुबह चन्द्रभानु गुप्त, त्यागीजी, डॉ० नगेन्द्र वगैरह से मिला। ६ बजे 'मुगले आजम' सिनेमा देखने गया, साथ में दद्दा, सेंगरजी, डॉ० नगेन्द्र थे।

१३ सितम्बर : १० बजे सुबह एयरपोर्ट पर सब गए। सर्वपल्ली राधाकृष्णन आए। ज्ञान भारती का फंक्शन आज है। शांतिप्रसादजी जैन थोड़ी देर से आए। खैर, फंक्शन अच्छा रहा। एक लाख स्कूल को मिला। मैं भी ठीक से बोला।

२५ सितम्बर : रात खाना खाकर विमल मित्र का 'साहब बीबी गुलाम' पढ़ता रहा। आज अशोक मेहता आए।

दिल्ली

२९ सितम्बर : दिन में कई जगह गया। लोगों से मिला। कमजोरी-सी महसूस करता हूँ। इन दिनों भरतिया वाली चिंता से शरीर को काफी नुकसान हुआ। श्री केशव देव मालवीय के गया, कपिलाजी के गया। मातादीन खेतान यहीं हैं। सुखाड़ियाजी से मिला। बहुत-सी बातें हुईं, राजनैतिक भी।

सरदारशहर

१ अक्टूबर : ऐसा मालूम पड़ता है, यहाँ की आबहवा मुझे जँच जायेगी। गाय लेने की चेष्टा हो रही है।

६ अक्टूबर : तीन मील घूमना हो जाता है। ताराशंकर की 'आरोग्य निकेतन' खतम की। अच्छी किताब है। शशि कंपाउंडर का चरित्र अच्छा बना है। शरद बाबू के बाद बंगला उन्यासकारों में इन्हें अच्छा सम्मान मिला। विमल मित्र का 'साहब बीबी गुलाम' बहुत बड़ा है। वैसे विषय-वस्तु के अनुसार बड़ा है। समकालीन समाज का बहुत स्वाभाविक वर्णन मिलता है।

१४ अक्टूबर : रात काफी देर तक ताराशंकर बंदोपाध्याय की 'कालिंदी' पढ़ता रहा। बहुत अच्छा लिखते हैं। मेरी धारणा है, ये बँगला के प्रेमचन्द हैं।

१५ अक्टूबर : 'स्नेहयज्ञ' गुजराती उपन्यास खत्म किया। अच्छा है। परंतु बंगला वाली बात नहीं है। कभी-कभी यह सोचता हूँ कि बँगाल में रहने के कारण वातावरण का प्रभाव शायद मेरे स्वभाव पर पड़ा है, इसलिए बंगला में उपन्यास मुझे अधिक अच्छे लगते हैं।

१९ अक्टूबर : ताराशंकर की 'रायकमल' पढ़ी। आज शायद ३६ वर्षों बाद यहाँ की दीवाली देखी। बहुत ही साधारण-सी, फिर भी इसमें शांति का प्रकाश है।

सरदारशहर

१६ दिसम्बर : पर्ल बक की 'माइ सेवरल वर्ल्डस्' खतम की। अच्छी किताब है। 'गुड अर्थ' जब मैंने पहले पढ़ी, तभी धारणा बनी थी कि इसमें प्रतिभा है। आज भी याद है, चीनी समाज का जितना वास्तविक चित्रण उसमें मिला, उतना अन्यत्र कहीं नहीं।

१९६१

दिल्ली

७ मार्च : पंडित गोविंद बल्लभ पंत का देहांत हो गया। स्वाधीनता संग्राम का एक वीर सेनानी हमारे बीच से चला गया। सोचता हूँ, इनकी पीढ़ी के लोगों जैसे कर्मठ आगे क्यों नहीं हो पाए। पंतजी के घर गया। १.३० बजे तक था। और भी बहुत लोग आए थे।

कलकत्ता

३० जून : शाम को दिनकरजी घर आये। ९.१५ तक कविता होती रही। अच्छा लगा। दिमाग का तनाव दूर हो जाता है।

१३ सितम्बर : शाम को ६.३० बजे तक चोर बागान था। ८ बजे हरचंदरायजी का शरीरांत हो गया। रात में ८.३० बजे फिर गया। २ बजे तक गंगाजी और श्मशान में था। हरचंदरायजी के जाने से मन दुखी हुआ। शुरू के दिनों में इनका बहुत सहारा मिला, मैं आगे बढ़ सका।

१९६२

नयी दिल्ली

२९ मार्च : दद्दा के गया, दिनकरजी थे। दिनकरजी ने अपने मन से 'व्याल विजय' सुनाया। बहुत अच्छा लगा। अवाज में बुलंदी है, पर्सनेलिटी भी अच्छी है, कहने का ढंग भी जोरदार। गंगाबाबू का आज चुनाव था, वे यहीं हैं। जीत का चाँस है। पन्नालालजी सरावगी और सीताराम जयपुरिया को सीट मिल गयी, बधाई का तार दिया।

३० मार्च : गंगाबाबू चुनाव जीत गए, खबर सुबह मिली। मन में बहुत खुशी हुई। दिन में पार्लियामेंट में अपनी तरफ से कोशिशें करता रहा।

१४ अगस्त : चीन बड़ी लड़ाई की तैयारी में है। पिछले महीने मुरारजी भाई ने दस हजार फुट से ऊपर रहने वाली मिलिट्री के लिए अतिरिक्त भत्ते की मंजूरी दे दी है। परंतु मिलिट्री वाले आधुनिक हथियारों के लिए पाँच-छः अरब रुपयों की जरूरत बताते हैं। मुरारजी भाई ने कहा है कि रक्षा-मंत्री इस मामले को कैबिनेट में रखें। पंडितजी का कहना है कि इसकी जरूरत नहीं, चीन हमला नहीं करेगा। समझ में नही आता कि क्या सही और क्या गलत।

१९ अगस्त : मुरारजी भाई से मिला। काफी बातचीत हुई। वहीं मनुभाई और जीवराजजी थे। दद्दा और रायकृष्णदासजी भोजन पर आए।

मद्रास-तिरुपति

२ सितम्बर : सुबह ६.३० बजे तिरुपति को रवाना हुए। १२ मील पहाड़ पर। बहुत ही सुंदर दृश्य मिलते है। तीन हजार फुट की ऊँचाई पर मंदिर है। बहुत ही भव्य। सालाना आमदनी १० करोड़ रुपयों की है। स्कूल, कॉलेज, अस्पताल और धर्मार्थ कई संस्थाओं का खर्च मंदिर का ट्रस्ट चलाता है। दर्शन किए, मन प्रसन्न हो गया, सफाई भी अच्छी है। बहुत यात्री आते ही रहते हैं। ठहरने की व्यवस्था भी अच्छी है। ४ बजे लौटे।

कलकत्ता

२० सितम्बर : इन दिनों सावरकर की कुछ किताबें पढ़ीं। अच्छी लगीं। स्पष्टवादिता है। हिंदू और हिंदूत्व के बारे में उनके विचार संकीर्ण नहीं कहे जा सकते। इतिहास इसका फैसला करेगा।

जसीडीह

९ अक्तूबर : नेफा का कमांडर लेफ्टिनेंट जनरल कौल को बनाया गया है। अनुभवहीन आदमी है। ऐसा लगता है, भारत के दुर्दिन आ रहे हैं। थिमैया की बात सही निकलेगी।

कलकत्ता

२० अक्तूबर : शाम को ६ बजे रायकृष्णदासजी, सीतारामजी, भागीरथजी, नथमलजी तथा मैं 'सेतु' नाटक देखने गए। अच्छा रहा। रात में १० बजे सीतारामजी के घर खाना खाया। फिर १२ बजे तक मनुभाई के पास था।

२१ अक्तूबर : खबर आयी, चीन ने नेफा पर हमला जोर से कर दिया है। मन में बहुत दुःख हुआ। अपनी कुछ भी तैयारी नहीं है, हथियार भी नहीं। सेना ने पिछले जून महीने में सातवीं बार रक्षा-मंत्रालय को हथियार और सामान की कमी के बारे में चेतावनी दी थी। हम लोगों ने कृष्ण मेनन से भी मीटिंगों में कहा, परंतु उसने किसी की नहीं सुनी। पंडितजी ने उसका फेवर कर के बहुत बड़ा खतरा उठा लिया है।

२२ अक्तूबर : पंडितजी के भाषण से लोगों में निराशा है। बाजार में शेयरों के भाव बहुत तेजी से टूटे। तरह-तरह की अफवाहें आ रही हैं।

२४ अक्तूबर : सारे दिन लड़ाई की चर्चा रही कि क्यूबा में अमेरिका और रूस तथा हिमालय में भारत और चीन लड़ रहे हैं। परंतु रूस और अमेरिका तो आपस में नही लड़ रहे हैं, धमकियाँ हैं। मुझे तो दिखावा लगता है। चीन ने तो हमारे ऊपर धावा बोल दिया है। दुनिया में कमजोर रहना अपराध है। मन में अशांति है, पंडितजी के साथ-साथ सारे कांग्रेसी नेता, एम० पी० वगैरह भी नेफा कांड के लिए जिम्मेदार ठहरायें जायेंगे। मन में दुख-सा हो रहा है।

२५ अक्तूबर : हमारे बहुत से जवान मरे और घायल हुए बताते हैं। हाथ में मामूली हथियार, बदन पर जरूरत के गरम कपड़े तक नहीं। ठंड से हाथ-पैर की उँगलियाँ गल गयी।

२६ अक्तूबर : सुबह अखबारों में देखा, टुएनसांग चला गया। चीन की सेना बाढ़ की तरह आ रही है। आसाम पर खतरा उतरने से पाकिस्तान भी झमेला जरूर खड़ा कर देगा। मन में दुःख होता है। अपना देश हारता जा रहा है। हमारे बहादुर जवानों की जान हमारी लापरवाही से जा रही है। कल जो स्टेटमेंट मैंने दिया था, वह अखबारों में आया।

२७ अक्तूबर : हम लोगों ने वार फंड में एक लाख रुपये देने का तय किया। पिताजी को भी जँच गया।

३ नवम्बर : लड़ाई की हालत अच्छी नहीं है। नेफा के कमांडर कौल तो ११ तारीख को ही दिल्ली आ गए थे। उन्होंने पंडितजी और मेनन को बता दिया था कि चीन की घुस-पैठ हो चुकी है और उन्हें दबाना बूते के बाहर है। इस बीच मैंने अखबारों में कई लेख भेजे और पत्र भी संसद के अपने मित्रों को लिखे हैं। देखें क्या होता है? लद्दाख में हमारी सेना ने चीनियों को बढ़ने नहीं दिया। कौल को फिर से नेफा कमांड पर भेजा गया है।

नयी दिल्ली

६ नवम्बर : सारे दिन मेनन के बारे में लोगों में चर्चा रही। ऐसा लगता है, पार्टी के सदस्य और संसद सदस्यों को पछतावा है और असंतोष भी।

७ नवम्बर : शाम को पार्टी मीटिंग में पंडितजी ने मेनन को हटा दिया। एक प्रकार से मजबूर थे। मेनन के हटने से सब को खुशी हुई।

८ नवम्बर : कल पार्टी में पंडितजी ने मेनन को छोड़ देने को कह दिया। मेरा भी इसमें हाथ रहा, मुझे संतोष है। शायद पंडितजी नाखुश होंगे।

सरदारशहर

१८ नवम्बर : सुबह घूमने निकल गया। भगवान ने मुझे कितना आगे बढ़ाया, परंतु मेरा गाँव अभी भी गरीब और पिछड़ा है। कोशिश करता हूँ, परंतु अकेला कितना कर सकता हूँ? ८ बजे गांधी विद्या मंदिर गया।

१९ नवम्बर : सुबह उठ कर भंगियों के मुहल्ले में घूमने गया। दो मील घूमा। लोगों से बात की। पढ़ाई के प्रति इनमें खास उत्साह नहीं है। शायद इसलिए कि गाँव में लिख-पढ़ कर भी अलग-अलग ही इन्हें रहना पड़ेगा। इन लोगों ने यह भी बताया कि लिखे-पढ़े होने पर अपना काम नहीं करना चाहेंगे। बेकार रह जायेंगे। ऐसी बात तो और जगहों में भी होगी। जात-पाँत ढीली तो हो रही है, पर एकदम मिटने में टाइम

लगेगा। मोहनलालजी जालान के सभापतित्व में मीटिंग में बोला। नेफा के मोर्चे की खबरें खराब आ रही हैं।

नयी दिल्ली

२० नवम्बर : गंगा बाबू के गया, दद्दा से मिला। ११ बजे पार्लियामेंट गया, तीन सवाल थे। दिन में लड़ाई के बारे में खबरें सुनता रहा। मन खिन्न हो रहा है। दुनिया वाले हम लोगों पर हँसते होंगे। ४ बजे नेहरूजी से मिला, और भी लोग थे। तीन बजे मुरारजी भाई के साथ मीटिंग हुई थी। रात में महावीरजी त्यागी आए। नेफा के मामले से वे बहुत चिंतित थे।

२१ नवम्बर : सुबह उठते ही अखबारों में देखा कि चीन ने 'सीज फायर' कर दिया है। दिन में नेहरूजी का स्टेटमैंट सुना। कुछ दम नहीं था। दुनिया ने देख लिया, हमारी विदेश नीति कितनी कमजोर है और विदेशों में हमारा कितना प्रभाव है। पार्लियामेंट में डॉ० श्यामप्रसाद मुखर्जी जैसा कोई जोरदार विरोध करने वाला होता, तो पंडितजी सम्हले रहते और देश का भला होता। लोहियाजी बोलते हैं, परंतु उनकी चोट पंडितजी पर व्यक्तिगत रहती है। चीन को जो करना था, कर दिया, जमीन तो हड़प ही ली।

गौहाटी-नौगाँव

१३ दिसम्बर : चीन के हमले से शुरू में कुछ डर-सा बना था, पर अब लोगों में घबराहट नहीं है।

नौगाँव-डिब्रूगढ़

१४ दिसम्बर : अपने घायल जवानों की हालत देख कर दुखी थे। कुछ लोगों ने ओलमा भी दिया कि हम लोग पार्लियामेंट में क्या करते हैं। अच्छा लगा, पब्लिक का जगे रहना देश के लिए फायदेमंद है। ६ बजे डिब्रूगढ़ पूगे, जालानजी के ठहरे। अच्छी व्यवस्था थी। मैं तो शायद २३ वर्ष बाद यहाँ आया हूँ। पुरानी बातें एक बार आँखों के सामने आ गयी। पता नहीं, मैं बदला या समय। भगवान की कृपा है।

तिनसुकिया-तेजपुर

१५ दिसम्बर : लोगों ने चीन के हमले पर हिम्मत नहीं छोड़ी। कोई भगदड़ भी नहीं मची। जवानों की सहायता के काम भी यहाँ हुए बताते हैं। इन सबसे अपने समाज का इमेज अच्छा बना। शहर में गया, लोगों से मिला। यहाँ के लोगों ने सबसे ज्यादा

काम किया है।

तेजपुर-गौहाटी

१६ दिसम्बर : परन्तु सबने डिफेन्स को मजबूत बनवाने के लिए जोर दिया। पूर्वी पाकिस्तान से बीच-बीच में हिंदुओं का आना चालू है और मुसलमान भी भारत की सीमा में आकर बसते जा रहे हैं, इस बात की भी चर्चा हुई। आगे चल कर इससे प्राब्लेम बढ़ेंगे। आसाम की यात्रा अच्छी रही। लोगों में हम लोगों के प्रति स्नेह और विश्वास बढ़ा।

गौहाटी-कलकत्ता

१७ दिसम्बर : सुबह रेलवे मिनिस्टर रामस्वामी से मिला। आसाम और पूर्वी भारत के प्रांतों में रेलवे की लाइनें कमती हैं। बार्डर पर खतरा बना रहेगा, इसलिए रेल लाइनों का बढ़ाया जाना जरूरी है। मैंने अपनी इस बार की यात्रा के अनुभव भी उन्हें बताये। पी० डी० साथ में थे।

शांति निकेतन

२४ दिसम्बर : शांति निकेतन काफी घूमा। काशी विश्वविद्यालय की तरह नहीं है, फिर भी काफी बड़ी जगह है। रवींद्रनाथ ने बहुत बड़ा काम कर दिखाया है, कला और शिल्प की शिक्षा के लिए। श्री निकेतन भी देखा। उत्तरायन और चीन भवन भी गया। गंगाबाबू और खाडिलकर से मिला। बच्चों और छात्रों की पढ़ाई की खुली व्यवस्था बहुत अच्छी लगी। मेरा मन भी इसी तरह से बच्चों को पढ़ाने का हो रहा है। इससे बढ़ कर पुण्य और किसमें हैं?

१९६३

कलकत्ता

५ जनवरी : शाम को ४.३० से ५.४५ बजे तक दिनकरजी की 'परशुराम' कविता सुनी, अच्छी थी। पंडितजी की लिखी चिट्ठी शाम को मिली, उनकी अपनी सही की हुई थी।

आज मेरा जन्म दिन है। ५३ वर्ष का हो गया हूँ। दिन में 'चौरंगी' किताब पढ़ता रहा। कसरत बंद है। कारण, २-३ दिन पहले छाती में दर्द आ गया था।

६ फरवरी : रात में छाती में थोड़ा दर्द था। नन्दू के ३.५५ पर लड़का हुआ। मन में खुशी हुई।

१२ फरवरी : 'काला हंस' किताब पढ़ता रहा। अच्छी लगी। आज गीगे का नाम था। काफी लोग आए थे। अच्छा रहा। मन में एक तरह की प्रसन्नता हुई।

नयी दिल्ली

१ मार्च : सुबह पी० डी० के साथ घूमने गया। देखा, झंडे नीचे हैं। राजेन्द्र बाबू नहीं रहे। बहुत दुःख हुआ। राष्ट्र को बड़ा नुकसान पहुँचा। ऐसे लोग फिर कब आयेंगे?

कलकत्ता

१० मार्च : कई जगह मिलने गया। कलकत्ते में बजट के प्रति लोगों में उत्साह कम है। कल शेयर मार्केट से आँकड़े इकट्ठा करूँगा।

नयी दिल्ली

१९ मार्च : जगजीवनराम, भगत, महामाया बाबू, बी० एन० वर्मा वगैरह १२ लोग आए। अच्छा रहा। जिमाने में खर्च और हैरानी तो है, पर नजदीक से सीखने-समझने का मौका मिलता है। मेरी गाड़ी खराब पड़ी है। पी० डी० की गाड़ी आ जाती है।

नयी दिल्ली-बम्बई

२५ मार्च : बंबई १.४५ बजे पूगे, जी० डी० बिड़ला के साथ। मिल की हालत खराब है। मिल बहुत दिनों बाद देख रहा हूँ। पिछले वर्ष बराबर रही। बोनस के १२ लाख लग गए।

चिरगाँव (झाँसी)

२ अप्रैल : सुबह ६ बजे झाँसी पूगा। ताँगा लेकर शहर गया। बस से चिरगाँव ७ बजे पूगा। दद्दा के घर गया। दाँत भूल गया था, इसलिए दिन में खाना नहीं खा सका। केवल गन्ने का रस और दही लस्सी ली। १० बजे झाँसी आकर किला देखने गया। शिव मंदिर, जहाँ रानी पूजा करने आती थी, उसे देखा। किला साधारण-सा है।

नयी दिल्ली

२४ अप्रैल : १० बजे लालबहादुरजी की मीटिंग में गया। मैं भी बोला। चुनाव के ढंग अच्छे मालूम देते हैं।

७ मई : २०९ वोट से जीत में रहा। काफी चर्चा रही। कमलनयन सुस्त दिखाई दे रहे थे। रात की ट्रेन से सीकर रवाना हो गया। नींद ठीक से आयी।

६ जून : पिताजी आज ज्यादा बीमार हैं। डॉक्टर कहते हैं, ज्यादा दिन नहीं निकालेंगे। कारोनरी थ्रम्बोसिस हो गया है, कफ में खून आता है। उन्होंने शाम को बनारस ले जाने के लिए कहा। रात में उन्हें काफी तकलीफ रही।

वाराणसी

८ जून : सुबह माँजी के साथ ७ बजे मुगलसराय उतरा। वहीं नन्दू का साला था। उसने कहा, कल रात में पिताजी का देहांत हो गया है। मन में दुख हुआ। माताजी विलाप करने लगीं।

१८ जून : ५.४५ बजे 'दद्दा' के साथ एक मकान अस्सी पर देखने गया। बड़ा मकान था। परंतु गरीबी के कारण टूटी हालत में है। ४० वर्ष पहले बना था। अग्रवाल हैं। आदमी की खराब हालत होने से कितनी दयनीय दशा हो जाती है।

कलकत्ता

२ जुलाई : ४ बजे बिड़ला प्लेनेटोरियम गया। पंडितजी आए। फिर जनसभा में गया। प्रायः एक लाख आदमी थे।

नयी दिल्ली

५ अगस्त : सुबह 'पत्रावली' पढ़ता रहा। अखबार भी पढ़े। ९ बजे श्री महावीर त्यागी के घर उमा और छोटी लड़की से राखी बँधाने गया। ४२ रु. दिए। यहाँ आने पर तबीयत बहुत अच्छी हो गयी। सीने में दर्द नहीं है।

चंडीगढ़

११ अगस्त : ४.३० बजे चंडीगढ़ पूगा। बहुत अच्छा शहर है, नए ढंग का। आचार्य हजारी प्रसाद द्विवेदी के गया। ११.३० बजे आनंदपुर पूगे। यहाँ गुरु गोविंद सिंह रहे थे, बड़ा गुरुद्वारा है। २ बजे श्री गुप्ता को लेकर भाखड़ा बाँध देखने गया। बड़ा काम हुआ है। डेढ़ वर्ष बाद ९ लाख कि० वा० और पावर हो जाएगा।

नयी दिल्ली

२० अगस्त : १२ बजे पार्लियामेंट गया। ५ बजे तक था। पाटिल बहुत अच्छा बोले। उनको सुन कर ऐसा लगा कि मैं ऐसा क्यों नहीं बोल पाता। चेष्टा करनी चाहिए।

उदयपुर

१५ सितम्बर : कुछ संसद सदस्य साथ हैं, उदयपुर दिखाने लाया हूँ। सुबह चितौड़ का किला देखा। देखता ही रहा। पुराना और भव्य है। तरह-तरह की भावनाएँ आयी। राजस्थान की धरती वीर-प्रसूता है। रजवाड़ों को दुर्गति क्यों हुई? राजपूती आन कहाँ रही? आगे क्या समय आ रहा है? ब्राह्मण, बनिये, भील सभी तलवार उठाते थे। उदयपुर पूगे। वर्षा हो रही थी, दृश्य अच्छा लगा।

हल्दीघाटी-नाथद्वारा-अजमेर

१६ सितम्बर : दिन में हल्दीघाटी देखी। बहुत कुछ पढ़ा और सुना था। हल्दीघाटी का युद्ध कैसा रहा होगा, सोचने लगा। उजड़ा-सा स्थान है, देखने में कुछ खास नहीं। अभिशप्त-सा लगता है। इसे ऐतिहासिक दृष्टि से सँवारा जा सकता है। नाथद्वारा आया। पुष्टिमार्ग के बारे में ज्यादा जानता नहीं।

जसीडीह

३० अक्तूबर : प्रेमचन्द का 'गोदान' फिर से पढ़ रहा हूँ।

१३ नवम्बर : इधर किताबें खूब पढ़ीं। 'गुजरात के नाथ', 'टेढ़े मेढ़े रास्ते' कल और आज में खत्म किए।

कलकत्ता

२९ दिसम्बर : रात में नींद अच्छी आयी। छटपटी नहीं रही। कुल मिला कर ऑपरेशन बहुत ही अच्छा रहा। मेरी हिम्मत ने साथ दिया। आगे के लिए संकट कट गया। जी० डी० बिड़ला ने फल और फूल भेजे। उनसे व्यवहार की बातें सीखनी चाहिए।

१९६४

कलकत्ता

२६ जनवरी : सुबह सवा पाँच बजे उठा। ७५ माला फेरी। दिन में असत्य नहीं बोला। आज ५४ वर्ष का हो गया हूँ। स्वास्थ्य कुछ अच्छा है। पिछला वर्ष एक तरह बहुत अच्छा रहा, परंतु स्वास्थ्य जरूर खराब रहा।

४ फरवरी : आज तेल मालिश के बाद आइने में देखा। बूढ़ा-सा लगने लग गया हूँ। 'डेविड कॉपर फाल्ड' फिर से पढ़ रहा हूँ। डिकन्स मुझे अच्छा लगता है। उसमें कहीं-कहीं खुद को पाता हूँ। परसों गीगा का जन्म दिन है।

६ फरवरी : आज गीगा का जन्म दिन है। नन्दू, राजू, बेला कलकत्ता से आए। दिन में ४५ लड़के-लड़कियों को कपड़े दिए, खाना खिलाया। अन्य ५० स्त्री-पुरुषों को नाश्ता दिया। काफी लोग इकट्ठा हुए। अच्छा उत्सव-सा रहा। सारे घर वालों का ग्रूप फोटो लिया। गीगा खुश था।

नयी दिल्ली

२६ फरवरी : शाम को दद्दा और पत्नी के साथ पंडितजी के घर होली के उत्सव में गया। जगजीवनरामजी अच्छा बोले।

१८ मार्च : सुबह दस बजे कृष्णमाचारीजी के साथ फाइनान्स की मीटिंग होती रही।

२९ अप्रैल : ७ बजे से जे० पी० के गया। अपने मित्र के ठहरे हैं। बहुत ही सुंदर लॉन और मकान है। प्रभावतीजी भी मिलीं। पौन घंटा जे० पी० से बातें हुईं। उनका दृष्टिकोण समझने लायक है। बहुत दुखी प्रतीत हुए।

७ मई : सारे दिन चुनाव की चेष्टा में रहा। जीतने की मुझे पूरी आशा थी। ६० वोट से जीता। रघुनाथसिंह, विभूति मिश्र भी जीते। पी० डी० हिम्मतसिंहका २० वोट से हार गए। मन बहुत ही खिन्न हुआ।

नयी दिल्ली

२७ मई : पंडितजी का देहांत हो गया। ऐसा लगता है, अपने देश के इतिहास का एक दौर खत्म हुआ। उनके घर गया। काफी लोग थे, उदासी छायी थी।

२९ मई : चुनाव का चक्कर जोरों पर चल रहा है। एक्सपेक्टेशन शास्त्रीजी का है। चाभी फिर खो बैठा। रात में मीना बाग गया। ताला तोड़ा। कुछ सामान लाया। रात में दस बजे से १२ बजे तक मुरारजी भाई के घर रहा। और भी लोग आए थे। मुझे लगता है, मुरारजी भाई हार जायेंगे। एक्जिक्युटिव की मीटिंग में काफी बोला।

१ जून : दिन में पार्लियामेंट में रहा। यह निश्चय है कि लालबहादुर शास्त्री पी० एम० होंगे। दिल्ली में गर्मी १०४ अंदाज है।

झांसी-चिरगांव

३ जून : ६.३० बजे झाँसी पहुँचा। गंगा बाबू साथ थे। स्टेशन पर सुमित्राजी कार लेकर आई थीं। ९.३० बजे चिरगाँव पूगे, दद्दा मिले। ६.३० बजे ओरछा पूगे। प्रवीण राय की हवेली देखी। मन में इतिहास इन जगहों पर बोलता है, ऐसा लगता है । बेतवा के किनारे एक स्टेट गेस्ट हाउस है।

रंगून

१५ जुलाई : ९ बजे साइट सीइंग के लिए रवाना हुए। कई पैगोडा देखे। कई लोगों से जान-पहचान होती गयी। तकलीफ तो है ही। मेरी समझ में बंगाल में भी कहीं ऐसी हालत न बने। अभी से संभल जाना अच्छा रहेगा। बर्मा और लंका के लोग भी किसी जमाने में भारत के थे। राजनीति ने उन्हें अभारतीय कर दिया। रंगून साफ शहर है। किसी समय बड़ा व्यापारिक शहर था, लोग खर्चीले हैं। गोयनका ने भोज दिया, ७० आमंत्रित थे। लोगों की समस्याएँ सुनी, जेल में काफी लोग हैं। ओमेगा सेकेंड हैंड खरीदी, ३७२ रु. लगे। रंगून में लोगों ने बहुत खातिरी की। इनके लिए हम कुछ कर सकें तो बहुत बड़ी बात होगी। पी० डी० भी आ गये। पेट दुखता-सा है। रामकृष्ण मिशन देखा। बहुत काम करते थे, परंतु अब खर्च की दिक्कत है। ७ बजे सिंगापुर पहुँचे।

१६ जुलाई : जुकाम कम था। चीज, मक्खन तथा फल खाए। तैयार होकर ९.३० बजे स्पीकर से मिलने गए। बातचीत की। १.३० बजे तक शहर देखा। बहुत-सी जगहें देखी। शहर सुंदर है, अभाव नहीं है, चीजों के दाम सस्ते हैं। एक दूरबीन तथा एक घड़ी ली। रंगून वाली घड़ी का दाम ऊँचा था। रेडियो पर टॉक दिया। ७ बजे कॉकटेल पार्टी और डिनर था।

हांगकांग

१८ जुलाई : गरीबी और अमीरी दोनों अपनी-अपनी हद को यहाँ पार करती हैं। खाना खाकर फिर निकल पड़ा। खर्च ज्यादातर मैं ही कर रहा हूँ। ७.३० बजे से १२ बजे तक मोटर लांच में हांगकांग के हिस्से देखे।

१९ जुलाई : बस से चायना टाउन गया। एकदम थक गया। कुछ देर वहाँ घूमे। जी घबरा उठा। चारों ओर बदबू, मांस, घोंघे और अजीब चीजें। बहुत ज्यादा घनी आबादी। लंबे-लंबे साइनबोर्ड। अंग्रेजी से काम चल जाता है। चीनियों की अंग्रेजी में भी चीनीपन है। कठिनाई होती है। हमारी अंग्रेजी में भी भारतीयपन है। अपने-अपने ढंग के उच्चारण। होटेल आकर लंच लिया। खा न सका, बदबू-सड़ाँध दिमाग में भरी थी। २.३० बजे तक सोया। फिर घूमने निकला। ४ बजे लौट आया। ४.३० बजे श्यामसुंदरजी आए। अपने घर ले गए। मुझे विस्की की प्याली से ओठ लगाना पड़ा। ठीक बात नहीं लगी। पी तो नहीं, मगर ना कर सकता था। संकोच कर गया। सावधान रहूँगा। जुकाम है। ठीक नहीं होता। ६.३० बजे हांगकांग टॉप पर गये। अच्छी ठंड थी। १५०० फीट ऊँची जगह है।

हांगकांग-ओसाका-कोबे

२१ जुलाई : सुबह ७.३० बजे तक पैकिंग वगैरह खत्म कर तैयार हो गया। ९ बजे प्लेन से चले। १०.३० बजे तायपेह पहुँचे। एयरपोर्ट साधारण-सा है। शहर घूमने का समय नहीं था। इच्छा बहुत थी। फिर कभी। दो बजे ओसाका पहुँचे। गरमी बहुत थी। एयरपोर्ट पर सोढानी, खेमका, महावीर जटिया आए थे। होटल का कमरा अच्छा था। ट्रेन से कोबे गए, आधा घंटा लगा। शहर में नाइट क्लब बहुत हैं, फलों की बहुतायत है। अच्छा राजस्थानी भोजन खाया। फल खाए, पीच, तरबूजे स्वादिष्ट हैं। हांगकांग से तीन लाख येन ले आए हैं, प्रतिव्यक्ति १०० रु. का फायदा हो गया। भूख बहुत लगती है। मारवाड़ी लोगों ने हमें बहुत सहायता दी, संकोच-सा होता है।

टोकियो-निक्को

२७ जुलाई : तोशीबा कंपनी का कारखाना देखने गए। ४०० करोड़ का माल बनाते हैं। १,१०,००० मजदूर काम करते हैं। काफी महीन काम है। ज्यादातर काम लड़कियाँ करती हैं। रात में लालजी मेहरोत्रा, राजदूत के घर खाने पर गया। बहुत ही अच्छा शाकाहारी भोजन मिला। सात-आठ महत्वपूर्ण लोग भी भोज पर आए थे। जापान से कल सुबह हम जा रहे हैं।

नियाग्रा-वाशिंगटन

७ अगस्त : टैक्सी से बी० के० नेहरू के घर गए। बहुत ही अच्छा नाश्ता मिला। भारत के बारे में काफी बातचीत हुई। उनका ख्याल है, काश्मीर के बारे में समझौता कर लेना चाहिए। इसके बिना दुनिया में हमारी बदनामी होती है। इसी प्रकार चीन से भी समझौता कर लेना चाहिए। योजनाएँ भी बिना परिवार-नियोजन के फेल होंगी। भारत में डिफेंस के बजट को कम करना चाहिए। स्पष्टवादी लगे, खरे भी। यू० एस० ए० के पार्लियामेंट भवन में गए। हमारे संसद-भवन से बड़ा है।

न्यूयार्क

८ अगस्त : भारत से आए १ अगस्त का स्टेट्समैन पढ़ता रहा, काफी खबरें थीं। दूर विदेश में देश के प्रति ममत्व बढ़ जाता है। शहर की काफी चीजों को देखा। अरबों-खरबों का देश है।

१० अगस्त : शाम को वाल्डोर्फ एस्टोरिया में श्री बिड़ला के साथ खाना खाया। बहुत ही अच्छा था। इससे पहले टी बोर्ड में गया था।

न्यूयार्क-लंदन

१३ अगस्त : सुबह जल्दी ही होटेल का बिल चुका कर टेक्सी से एयर पोर्ट आ गया। दूतावास के कई लोग आए थे। ९ बजे प्लेन उड़ा।

वेनिस

२४ अगस्त : पुराने ढंग का, किंतु भव्य शहर है। बड़ी चौड़ी सड़कें। राजप्रसाद देखा। आजकल इसमें सरकारी दफ्तर है। सैकड़ों कमरे, सोने की नक्काशी के काम। बादशाहत खत्म हो गयी, फिर भी अरबों रुपयों की संपत्ति है। साढ़े तीन रुपये लगे।

वेनिस रोमन साम्राज्य के गुजरे जमाने की झाँकी आज भी रखता है। हमारे देश में अतीत की स्मृतियों को हम मिटाते हैं, यह ठीक नहीं। बनारस, मथुरा, दिल्ली में प्राचीन काल की झाँकी बहुत कम रह गयी। अयोध्या में जो कुछ दिखाते हैं, उस पर विश्वास नहीं होता। परंतु यहाँ अतीत को संवार कर रखने की चेष्टा रहती है। टूरिस्ट इसे देखने आते हैं।

इस्तांबुल

३ बजे मि० कासिम के घर गए। यहाँ के प्रसिद्ध राजनैतिक एम० पी० हैं। घंटे भर में बहुत सी बातें हुईं। भले लगे। शाम को घूमने निकला। टर्की के विद्यार्थियों का बड़ा जुलूस निकला था, साइप्रस के लिए नारे लगा रहे थे। सात बजे पुराने शहर में गया। बहुत ही बदबूदार।

श्री लालबहादुर शास्त्री के सान्निध्य में श्री रामेश्वर टांटिया तथा उनके अनुज श्री सत्यनारायण और उनकी पत्नी

सीकर से दूसरी बार लोकसभा के लिए निर्वाचित

रक्षामंत्री श्री कृष्ण मेनन और श्री रामेश्वर टांटिया

संसद सदस्यों की गोष्ठी में श्री रामेश्वर टांटिया

लोकसभा के प्रत्याशी रामेश्वर टांटिया जी के समर्थन में सीकर के नागरिकों द्वारा आयोजित जनसभा में सुप्रसिद्ध समाजसेवी श्री बद्रीनारायण सोढाणी भाषण देते हुए।

गंगालहरी, हरिद्वार में श्री घनश्यामदास बिड़ला, पण्डित देवधर शर्मा के बीच रामेश्वर जी

बंगाल विधानसभा के अध्यक्ष श्री ईश्वरदास जालान तथा कलकत्ता के युवा मेयर
श्री आनन्दीलाल पोद्दार के सहयोगी श्री रामेश्वर टांटिया

संसद में कांग्रेस पार्टी (1963-64) की कार्य-समिति के सदस्यों के बीच कोषाध्यक्ष श्री रामेश्वर टांटिया

संसद में कांग्रेस पार्टी (1964-65) की कार्य-समिति के साथ कोषाध्यक्ष श्री रामेश्वर टांटिया

संसद में कांग्रेस पार्टी (1966) के सदस्यों के बीच कोषाध्यक्ष श्री रामेश्वर टांटिया

जन-जीवन के विभिन्न व्यक्तियों के बीच श्री रामेश्वर टांटिया। बायें से : साहू शान्तिप्रसाद जैन, बी.पी. सिंह रॉय, श्री घनश्यामदास बिड़ला, श्री टी.टी. कृष्णमाचारी, श्री टांटिया तथा श्री कमलनयन बजाज

बेरुत

यहाँ भी ईसाइयों और मुसलमानों में दबी हुई खींचा-तानी है। लगता है, यह भी किसी दिन रंग लाएगी। फिलस्तीनी शरणार्थी यहाँ प्रभावी हैं, उत्पाती भी।

पुराने हिस्से भी देखे। लगता है, प्राचीन काल में यहाँ असीरियन सभ्यता रही होगी। इस्लाम ने तोड़-फोड़ कर सारे चिह्न मिटाए, खंडहर बताते हैं। भारतीय यात्री बहुत कम इधर आते हैं। बेरूत एक प्रकार से मेरी विश्व-परिक्रमा का अंतिम चरण है। फिर पाकिस्तान से दिल्ली होता हुआ कलकत्ता।

कराची

शहर घूमने निकला। अपना पराया हो गया। मन में कैसा लगता है। स्टेट बैंक की नयी इमारत देखी। बड़ी भारी बनी है, काफी बड़ी लाइब्रेरी भी बना रहे हैं, कई करोड़ लगेंगे। लाहौर के लिए विजा तैयार हो गया। शाम को एक साधारण से मंदिर में गया। कुछ हिंदू यहाँ हैं। इन्हें हमेशा खतरे का अंदेशा रहता है।

मि० जिन्ना की कब्र देखी।

लाहौर

लाहौर तीस वर्ष पहले देखा था। अब उससे बड़ा जरूर है, परंतु शहर में रौनक नहीं है। रात में अनारकली गया।

मन में दुःख हुआ। रात भर जासूसी का डर बना रहा। बुरे स्वप्न आते रहे।

नयी दिल्ली

२७ सितम्बर : १.३० बजे चिरगाँव पहुँचे। दद्दा और सब थे। दद्दा को ओमेगा दे दी, बदले में दूसरी घड़ी ले ली। खुश हो उठे। कितनी सरल हँसी थी।

नयी दिल्ली

४ नवम्बर : सुबह मनुभाई के यहाँ कृपलानीजी मिल गए। उनके घर गया। पार्लियामेंट गया। पहला क्वेश्चन था, एक प्रकार से अच्छा बोला। डॉ० लोहिया के घर गया। उनसे कहा कि हिंदी में बोलूँगा। पार्लियामेंट में बोला भी और लोगों ने पसंद किया। मिनिस्टरों के लिए शायद अच्छा नहीं बोला।

सरदारशहर

१० दिसम्बर : गंगाबाबू साथ हैं। काफी सर्दी है। दिन में मंदिर का समारोह था। लोग

आए थे। काफी अच्छा प्रोग्राम रहा। मंदिर का काम पूरा हुआ, शांति मिली।

१२ दिसम्बर : थकावट-सी है। कल रात दद्दा का देहांत हो गया। देश को क्या खोना पड़ा, नहीं कह सकता। मैंने जो खोया, वह पा नहीं सकता। बेसहारा-सा हो गया।

झाँसी-चिरगाँव

२२ दिसम्बर : चिरगाँव के लिए सुबह रवाना हुआ। ३ बजे झाँसी से चिरगाँव पूगा। ७ बजे चिरगाँव से चला। ८ बजे वृन्दावनलालजी के गया। उनसे बातचीत की। दद्दा के बिना सब सूना-सा लगा। शरीर है, प्राण नहीं। ट्रेन में नींद नहीं आयी।

कलकत्ता

३१ दिसम्बर : न जाने क्यों मन में उदासी-सी है। वर्ष का अंतिम दिन है। क्या खोया, क्या पाया? क्या किया? करना बहुत है, चाहता भी हूँ, कर नहीं पाता। झंझटों से पीछा छूटता नहीं।

१९६५

वाराणसी

८ सितम्बर : दिन में १२ बजे विनोबाजी का दर्शन करने गया। वहाँ कमलनयनजी बजाज, श्रीमन्नारायणजी, मदालसाजी, जानकी देवीजी, राधाकृष्णजी से बात हुई। ३ बजे लौटा, लड़ाई चालू है, चीन ने वार्निंग दी है। शायद बढ़ जाय, डर लग रहा है।

कलकत्ता

१५ नवम्बर : 'हिंदुस्तान' में छपा 'स्वर्ण योजना' पर मेरा लेख लोगों को पसंद आया। सभी चर्चा करते हैं।

नयी दिल्ली

४ दिसम्बर : पार्लियामेंट गया। १.३० बजे गंगाबाबू वगैरह आए। ५ बजे बीजू पटनायक के गया। वहाँ और भी बहुत से लोग आए थे। शास्त्रीजी वगैरह, नंदाजी आए थे। सोचने लगता हूँ, राजनीति भी कितनी रहस्यमयी है। ईमानदार को बेईमान और बेईमान को ईमानदार बनाने-बनने में देर नहीं लगती। बीजू का मान-सम्मान था, कितनी बदनामी हुई, फिर आज उन्हीं के घर पर सब आए।

२६ दिसम्बर : सुबह जी० डी० बिड़ला के साथ डेढ़ मील घूमा। ११.३० बजे श्री शिक्षायतन गया। वहाँ से भगवतीचरणजी वर्मा और श्री अमृतलाल नागर को लेकर घर आया।

१९६६

कलकत्ता

११ जनवरी : सुना, रात में शास्त्रीजी का देहांत हो गया। मन में बड़ी चिंता हुई।

१५ जनवरी : जापान पर लेख पूरा हो गया। संतोष हुआ। 'सरिता' में हवाई का लेख आया। लोगों ने सराहना की।

नयी दिल्ली

२१ जनवरी : पार्लियामेंट हाउस गया। इंदिराजी की जीत से लेफ्टिस्टों का जोर बढ़ेगा।

२७ जुलाई : शाम को मीटिंग थी। इंदिराजी से काफी बातें हुईं। उनका मूड अच्छा था। मनु भाई के गया।

४ अगस्त : रात में लोग भोजन पर आए। बीजू पटनायक, बख्शी गुलाम मुहम्मद, दिनेशसिंह, दिनकरजी, रतनलाल जोशी, बी० आर० भगत भी। अच्छी गपशप रही। दिनकरजी ने कविताएँ सुनायीं।

१९६७

नयी दिल्ली

१ जनवरी : रविवार है, साल का पहला दिन। मन में आशा है, यह वर्ष ठीक से बीतेगा। अब तक आगे बढ़ता रहा हूँ, परमात्मा का भरोसा है। ५.३० बजे सुबह दिल्ली पूगा। घर गया, चिट्ठियाँ देखीं। बनारस से नन्दू का फोन आया, सब राजी हैं। जी० डी० का कलकत्ते से फोन आया। बी० एम० से मिला। दिन में सोमानीजी से दो बार मिला। मनु भाई से मिला।

२६ फरवरी : शाम को मुरारजी से मिला। मनुभाई के घर रात में १० से १०.३० बजे तक था। वहाँ भी उदासी का वातावरण है। वहीं बीजू पटनायक मिले, वह भी उदास थे। हार का हार पहने सब बैठे हैं। इस बार के चुनाव ने बड़ों-बड़ों को उलट दिया। प्रायः सभी कहते हैं, आपसी फूट ही बड़ा कारण है। जनता का विश्वास कांग्रेस पर कम होता जा रहा है।

१५ मार्च : मन करता है कि किसी अनजानी जगह चला जाऊँ। कितना प्यार किया राजस्थान को, कितनी कोशिशें कीं अपने क्षेत्र के लिए। लोगों ने गलत समझा। शायद धन मेरी हार का बहुत बड़ा कारण हो। सभी जगह रुपयों की माँग, क्योंकि मैं पैसेवाला समझा जाता रहा। गलती मेरी भी थी, मैं देता रहा। धन की भूख बढ़ती है, मिटती नहीं, नहीं मिलने पर क्षोभ होता है। परंतु मुझे संतोष है। यहाँ कुएं, तालाब, सड़कें, स्कूल, अस्पताल रहेंगे, मैं न भी रहूं तो क्या? १२.३० बजे की बस से ३ बजे सरदारशहर गया।

२९ अप्रैल : दिल्ली छोड़ने का मन में दुःख-सा हो रहा है। परंतु दिल्ली कभी किसी की होके रही नहीं, मेरी कैसे रहती? कलकत्ता से आया था, वापस चल पड़ा। ऐसा लगता है, जीवन का एक अध्याय समाप्त हुआ।

कलकत्ता

१८ मई : सीतारामजी सेकसरिया, बालकृष्ण और पुष्पा के साथ शरद बाबू की 'दत्ता' देखने गया। अच्छा लगा। बालकृष्ण से बातचीत हुई। ब्रिटेन के लेख पर उसने कुछ सुझाव दिए। एक लेख हमीद खाँ भाटी पर लिखा।

२९ मई : ८ बजे बिड़ला हाउस गया, जी० डी० काफी उदास थे। आज उन पर पार्लियामेंट में बहस हुई। रात में विचार आते रहे, उद्योगपति इंडस्ट्री बढ़ाने की कोशिशें कर देश को आगे बढ़ाते हैं, उनका गुण कोई नहीं मानता। सही-गलत संदेह भी कर लिया जाता है। आखिर सरकार भी तो मोनोपोली और मुनाफा-खोरी करती है, उस पर क्यों नहीं बहस उठती?

बम्बई

९ अक्तूबर : डॉ० लोहिया ज्यादा बीमार हैं, मैं यहाँ से दिल्ली जाऊँगा।

सन् १९६८ ई० की दैनन्दिनी नहीं मिली।

कानपुर नगर महापालिका के मेयर पद का शपथ ग्रहण करते हुए

अखिल भारतीय मारवाड़ी सम्मेलन के पूना अधिवेशन में श्री गजाधर सोमानी
तथा श्री ओंकारलाल बोहरा के साथ

कानपुर नगर महापालिका के महापौर श्री रामेश्वर टांटिया द्वारा
श्री रामधारी सिंह 'दिनकर' का स्वागत तथा अभिनन्दन

कानपुर नगर महापालिका के महापौर श्री रामेश्वर टांटिया द्वारा भारतरत्न श्री चन्द्रशेखर वेंकटरमण
का स्वागत तथा अभिनन्दन

सीमान्त गाँधी खाँ अब्दुल गफ्फार खाँ का स्वागत करते हुए कानपुर के मेयर टांटिया जी

भूतपूर्व राष्ट्रपति श्री वी.वी. गिरि का स्वागत करते हुए टांटिया जी

कवि सुमित्रानन्दन पन्त का सम्मान करते हुए श्री रामेश्वर टांटिया

कानपुर में मेयर पद से महादेवी वर्मा का सम्मान करते हुए श्री रामेश्वर टांटिया

ठलुआक्लब, वाराणसी द्वारा रामेश्वर जी टांटिया को बही में
अभिनन्दन पत्र प्रस्तुत करते हुए डॉ. भानुशंकर मेहता

श्री रामेश्वर जी का श्री मुरारीलाल केडिया द्वारा अभिनन्दन, मंच पर
पं. सीताराम चतुर्वेदी तथा श्री पुरुषोत्तमदास मोदी (संयोजक)

ज्ञान भारती विद्यापीठ कलकत्ता द्वारा श्री रामेश्वर जी
का अभिनन्दन एवं स्वास्थ्यलाभ हेतु प्रार्थना

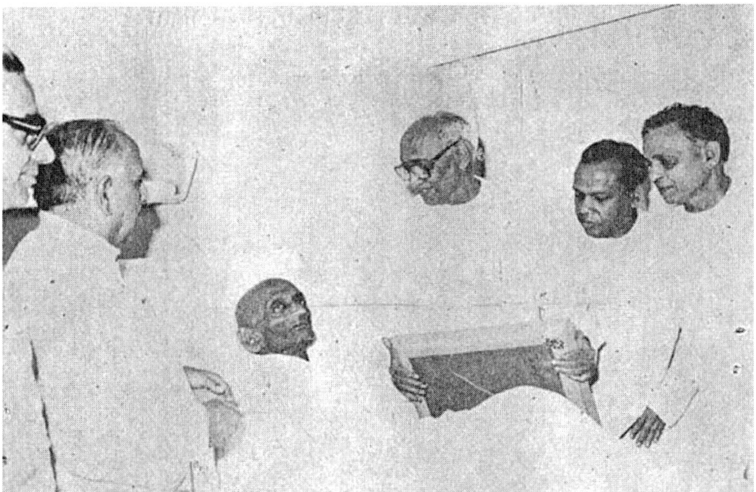

जसलोक अस्पताल बम्बई में टांटिया जी को अभिनन्दन पत्र समर्पित करते हुए
सर्वश्री भागीरथ कानोड़िया, नथमल केडिया, पुरुषोत्तम केजड़ीवाल,
भंवरलाल दवे तथा गंगाशरण सिंह।

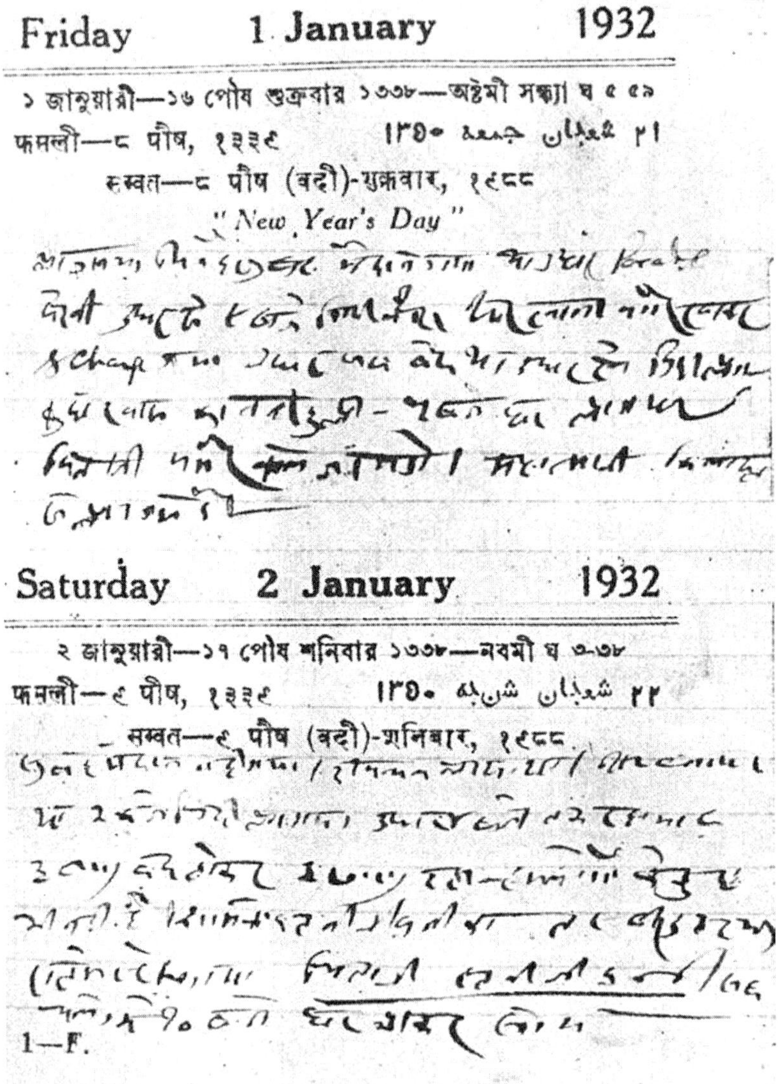

Friday 1 January 1932

১ জানুয়ারী—১৬ পৌষ শুক্রবার ১৩৩৮—অষ্টমী সন্ধ্যা ঘ ৫ ৫৯

फसली—८ पौष, १३३९ ١٣٥٠ جمعه ٢١ شعبان

सम्वत—८ पौष (वदी)-शुक्रवार, १९८८

"New Year's Day"

Saturday 2 January 1932

২ জানুয়ারী—১৭ পৌষ শনিবার ১৩৩৮—নবমী ঘ ৩-৩৮

फसली—९ पौष, १३३९ ١٣٥٠ شنبه ٢٢ شعبان

सम्वत—९ पौष (वदी)-शनिवार, १९८८

1—F.

दो दिन की डायरी।

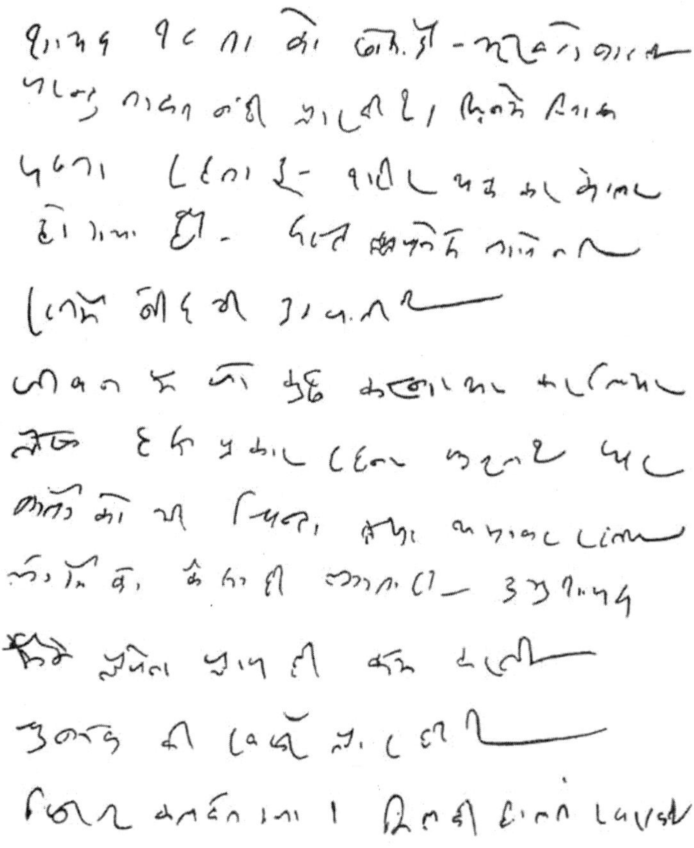

अन्तिम दिनों की डायरी का एक पृष्ठ।

१९६९

कलकत्ता

दिन में ऑफिस बंद थी, सुभाष बाबू का जन्मदिन है। उनकी स्मृति में छुट्टी हो जाती है, बस इतना ही सम्मान उन्हें मिलता जा रहा है। शायद कुछ वर्षों बाद यह भी न हो। राजनीति अकृतज्ञ होती है। दिन में कुछ काम करता रहा।

२७ जनवरी : जी० डी० ने परसों एक पत्र के साथ कपड़ा भेजा था। बहुत अच्छा पत्र लिखा था, कपड़ा भी अच्छा था। राजू को दे दिया है। रात में बंगाल के चुनाव पर लेख तैयार किया। शायद अच्छा बन पड़ा है। बिरजू आया, कारखाना अभी ठीक चल रहा है।

कलकत्ता

१२ मार्च : 'मोती काका' कहानी तैयार की। दिन में पाट बाजार में गया था। कल के 'हिंदुस्तान' में मेरा वाणिज्य उद्योग वाला लेख छपा है। मुरारजी भाई और इन्दिराजी का रिफ्ट सामने आ गया है।

दिल्ली

१९ मार्च : सरिता से किताबें ले आया। बंधाई अच्छी है, गेट अप भी ठीक, लोगों को पसंद आयी, तारीफ करते हैं।

कलकत्ता

४ अप्रैल : जयप्रकाशजी ने १००० रु. एक गरीब ब्राह्मणी लड़की के विवाह के लिए दिलाए। दिन में दो घंटे बी० के० गर्ग के साथ था, मन कुछ लग गया। दो लेख तैयार किए। शाम को ५ बजे प्रवचन सुनने गया।

नयी दिल्ली

२६ अप्रैल : दिन में हरिदेवजी जोशी तथा सीकर के कुछ लोगों से मिला। सी० बी० गुप्ता और सुखाड़ियाजी से भी बात हुई। 'हिन्दुस्तान' में आज मेरा लेख अच्छी तरह

छपा है। जोशीजी और रामानन्द से मिला। कादम्बरी के लिए लेख मांग रहे थे। गंगाबाबू को चारों लेख सुनाए, उन्हें अच्छे लगे।

२० जून : सुबह पौने छः बजे उठा। ३ बजे गुरुदीन, बीरसिंहजी, जटाधरजी, टंडनजी के गया। चुनाव का काम ठीक चल रहा है। १० बजे तक रतनलालजी शर्मा के यहां था। पन्द्रह सभासदों को अपनी पुस्तकें दीं। एक घंटा परमट घाट कैलासपतजी सिंहानिया के दाहकर्म में गया। काफी लोग आये थे।

२५ जून : सुबह ९ बजे तिलक हॉल में गया। वहां सभासदों ने नाश्ता किया। १० बजे से गिनती शुरू हुई। कुल ६१ मत मेरे और १५ राधेश्यामजी वाजपेयी के। काफी भीड़ थी। लोगों ने बधाइयां दी। मिल में आकर थोड़ी देर काम देखा। शाम तक घर में लोगों की भीड़ लग गयी, मन में प्रसन्नता हुई।

२६ जून : तार, चिट्ठियां बधाई की आती जा रही हैं। मिलने वाले लोग भी आते हैं। मन में प्रसन्नता है।

९ जुलाई : पिछले कई दिनों से महापालिका का काम देखने लग गया हूँ। व्यस्त रहना पड़ता है। सुबह चक्कर लगाने शहर में जाता हूँ। बड़ा दफ्तर है। जंचाना पड़ेगा। ऐसा लगता है, जम जाऊंगा।

७ अगस्त : सुबह रावतपुर की तरफ गया। इतना ज्यादा एनक्रोचमेन्ट है कि मन में क्षोभ हुआ। वर्षों से यह सब होता रहा। अब सुधारने में कितना समय लगेगा, कह नहीं सकता। मेयर को कार्यकाल का जो समय मिलता है, उसमें बहुत ही थोड़ा डेवलपमेन्ट या सुधार करने का मौका मिलता है। परन्तु पुलिस, लोकल-सेल्फ विभाग और महापालिका के अफसर अपनी जिम्मेदारी सच्चाई से निभाते नहीं। इसीलिये हालत बिगड़ती है।

दिल्ली-झुंझनू

१० सितम्बर : सुबह ११ बजे कार में दिल्ली से चले, श्रीप्रकाशजी साथ थे। झूँझनू ३.३० बजे पूगे, मीटिंग ४ बजे की थी। मीटिंग बहुत ही अच्छी रही। काफी लोग थे, मैं भी बोला। रात में मन्दिर के दर्शन किए। श्रीप्रकाशजी का अच्छा सम्मान हुआ। उनका भाषण भी अच्छा हुआ।

झुंझनू-सरदारशहर

११ सितम्बर : ११.३० बजे सरदार शहर पूगे। गांधी विद्या मन्दिर, टांटिया कन्या विद्यालय, बाल मन्दिर, बालिका विद्यालय आदि संस्थाएं श्रीप्रकाशजी ने देखी। रात

में पब्लिक लाइब्रेरी में मीटिंग हुई, काफी लोग थे। और भी मीटिंगें हुई, मैं भी इनमें बोला। श्रीप्रकाशजी के भाषण अच्छे रहे। कुल मिला कर सरदारशहर आना अच्छा रहा, परंतु श्रीप्रकाशजी काफी थक गए, रात ११ बज गए थे।

सरदार-शहर-झुंझनू-दिल्ली

१२ सितम्बर : सुबह सरदार शहर से चले, झूंझनू १०.३० बजे पूगे। श्रीप्रकाशजी साथ में थे, मोटर में ज्यादा भीड़ हो गयी थी। मेयर के काम में इज्जत तो है, परंतु सभासदों की तरफ से बहुत बाधाएं आती हैं, कभी-कभी तो बिना कारण की। इससे मन खराब हो जाता है, उत्साह भी नहीं रहता। एक प्रकार का भय-सा रहता है। ऐसा लगता है, क्यों इतने झंझट में फंस कर आयु में कमी की।

१६ सितम्बर : सुबह ८.३० बजे हरबंस मोहल्ला में गया। भंगियों के मोहल्ले देखे। जिस प्रकार की गन्दगी, दुख और संकट में लोग रहते हैं, देख कर ऐसा लगता है कि बहुत कठिन समस्या है। शिक्षा, संस्कार, दरिद्रता, अधिक सन्तान, सब कुछ बहुत ही जटिल है। सदियों से ऐसी हालत में रहने के शायद अभ्यस्त हो गए हैं। लोगों से बात की। लगता है, पैसे को सब से बड़ा साधन मानते हैं और कुछ नहीं चाहते। मगर पैसा जो भी मिलता है, नशाखोरी और खाने-पीने में उड़ा देते हैं, सिनेमा में भी। ऐसी जगहों पर सामाजिक कार्यकर्त्ताओं की सेवा बहुत जरूरी है। मगर अब कौन सामने आए?

२७ अक्तूबर : २ बजे ए० डी० एम० ने विश्वास दिलाया, उपवास तोड़ दिया। अखबार वाले और लोग भी थे। विद्यासागरजी ने उपवास का विरोध किया था।

ट्रेन

११ नवम्बर : कलकत्ते में मन लगा रहता है। जीवन में चालीस वर्षों तक यहां रहा। अब ५९ वर्ष की आयु में कानपुर रहने लगा हूँ। वहां न वैसे मित्र हैं न परिचित। वे सब अपने काम से आते हैं।

२२ नवम्बर : शहर की सफाई कम होती जा रही है। शुरू में तो मेरे भय से अफसर और कर्मचारी ठीक काम करते रहे। परन्तु जानते हैं, मेयर कितना-क्या कर सकता है? कारपोरेशन के सभासद भी शहर की तरफ कम, परन्तु अपनों की तरफ ज्यादा देखते हैं। सब ही शहरों में ऐसा होता है। फिर भी जितना बन पड़ेगा, करूंगा।

७ दिसम्बर : सुबह ५.३० बजे उठा। रात में नींद ठीक से नहीं आयी। नाना प्रकार के विचार आते रहे। सुबह ९.३० बजे सिखों के मन्दिर में बाबा मोहनसिंहजी के गया।

फिर ए० एन० डी० कॉलेज में गया, काफी बड़ा जलसा था। मन्दिर देखने गया। रात में रामकिंकरजी का प्रवचन सुनता रहा। बहुत ही अच्छा बोलते हैं। भगवान राम की उन पर विशेष कृपा है, इसमें संदेह नहीं। कल फिर जाऊँगा।

२५ दिसम्बर : राष्ट्रपतिजी को लाने गया, वे ११ बजे आये। एयरपोर्ट पर १२.३० बजे सिविक रिसेप्शन दिया। काफी भीड़ थी, अच्छा बोल सका।

३१ दिसम्बर : कानपुर में मेरी इज्जत बढ़ी और काम में भी मन लगा। मेयरशिप मिली, काम भी काफी किया। कुछ अंशों तक सफल भी रहा, इतना संतोष है। ऐसा लगता है कि क्या पता, कब जीवन समाप्त हो जाये।

१९७०

कानपुर

१ जनवरी : आज नया दिन है। सुबह उठा, परमात्मा से प्रार्थना की। मिलों में गया। पिछले वर्ष से काफी उलट-फेर हुए। कानपुर का मेयर चुना गया। देश की राजनीति में नया मोड़ आया। मन में कैसा ही लग रहा है। शंकर टांटिया लड़की लेकर यहाँ आ गया है। उसकी सगाई कर दी।

११ जनवरी : आजकल मन में, न जाने क्यों चिंताएँ रहती हैं। कभी गरीब या जरूरतमंद आ जाते हैं, तो मन खिन्न हो जाता है। फिर भी आते ही रहते हैं। एक हीन भावना-सी महसूस कर रहा हूँ। चाहते हुए भी सबकी नहीं कर सकता, संभव भी नहीं। श्री चंद्रभानु गुप्त खाने पर आए, ३०-४० व्यक्ति और भी थे।

१३ जनवरी : ऐसा लगता है कि एक वर्ष में शरीर काफी थक गया। लोग मुझे वृद्ध कहने लग गए हैं। सुन कर अच्छा नहीं लगता, उत्साह घटता है। शायद इसीलिए विलायत में बुजुर्गों को वृद्ध कहते नहीं। 'मेरा बचपन, मेरा गाँव' पूरा टाइप हो गया।

कानपुर

२४ फरवरी : शंकर की लड़की का मुद्दा आज हो गया। शादी में ५००० रु. खर्च लग जायेगा।

२ मार्च : २.४५ बजे दिन से शाम के ८.१५ तक शंकर की पुत्री की शादी में व्यस्त रहा। एक दायित्व-सा बोध कर रहा था। पूरा हो गया। मन का बोझ हलका हुआ। सब काम अच्छी तरह से सलट गया।

कानपुर

१५ मार्च : शाम को गोविन्द नगर की कच्ची झोपड़ियों में गया। आधुनिक उद्योग का वरदान कहूँ या अभिशाप? क्यों भाग कर लोग शहरों में आते हैं? स्वास्थ्य टूटता है,

अपना और बच्चों का जीवन नष्ट होता है। गांधीजी ने गाँवों में लौटने को कहा। स्वाधीन होकर हमने उनकी एक बात नहीं मानी। शहरों की ओर दौड़ने की होड़ मची है। एक नर्सरी स्कूल में गया। बच्चों को देखा, उनकी मुस्कान में कुछ देर के लिए खो गया। कल पंतजी, महादेवीजी आदि से मिला था, परसों श्री अमृतलाल नागर से। अपनी दुनिया में ये कितने सुखी हैं!

कानपुर

२८ मार्च : शाम को कवि-सम्मेलन का उद्घाटन करने गया। न साहित्यिक हूँ न कवि, पर ऐसी सभाओं और सम्मेलनों में सभापति बनाया जाता हूँ। उद्घाटन कराते हैं इसलिये कि मैं बड़े पद पर हूँ। पहले कई बार मैंने अस्वीकार किया, किंतु लोगों ने मुझे अहंकारी समझा, कइयों ने असामाजिक भी। अब मान लेता हूँ, लोग खुश रहते हैं, मैं भी। कवि-सम्मेलन का प्रोग्राम अच्छा था।

बनारस

७ अप्रैल : श्री प्रकाशजी के घर गया। बी० आई० सी० के बारे में बात की। वे भी वहाँ की हालत से नाराज हैं। शायद उनका विचार भी राजी-खुशी छोड़ने का नहीं है।

कानपुर

१२ मई : सुबह कार लेकर स्टेशन गया। दिनकरजी महेंद्रसिंहजी के यहाँ ठहरे। दिन में महापालिका की मीटिंग हुई। बहुत अच्छी रही। दिन में गरमी थी, मन भी खिन्न था। घर पर ही रहा, पढ़ता रहा सेठ गोविन्द दासजी की जीवनी। रात में दिनकरजी आये, एक छोटा-सा आयोजन किया। ११ व्यक्ति आये, अच्छा रहा। साहित्यिक गोष्ठी-सी रही। दिनकरजी ने अपनी कविताएँ सुनायीं। इनकी प्रतिभा से अभिभूत हो जाना पड़ता है।

२४ मई : ८ महीने पहले राजू यहाँ काम सीखने आया था। आज ३ बजे चला गया। उसका मन नहीं लगा। मेरा भी मन कम लग रहा है, फिर वह तो बच्चा है। उसे स्टेशन छोड़ने गया, जी में कैसा-सा ही लगा। रुलाई आ गयी। पता नहीं क्यों, इस उम्र में इतनी चिंता, इतनी दुविधा में पड़ा हुआ हूँ।

कलकत्ता

४ अगस्त : शाम को श्रीप्रकाशजी को देखा, प्रसन्न हैं। कलकत्ता में मन लग गया है,

६ अगस्त : श्रीप्रकाशजी के पास अस्पताल में गया। उन्हें सारी बातें बता दीं।

दिल्ली-बम्बई

२९ अगस्त : दिन में ८ बजे रमा आयी, बहुत ही हँसमुख और सुंदर लड़की है।

३१ अगस्त : कल श्री के० एम० मुंशी और श्रीमती लीलावती मुंशी से मिलने गया। मुंशी ८३ वर्ष के हैं, लीलावती शायद ६५-६७ की। दोनों में पिछले ५० वर्षों से एक-सा प्यार है। मुंशीजी ने साहित्य एवं राजनीति के क्षेत्र में यश-लाभ किया है। समाज सुधार में वे अग्रणी रहे। गुजराती साहित्य इनके प्रति चिर ऋणी रहेगा। मैंने इनकी बहुत-सी किताबें पढ़ी हैं। इतिहास, संस्कृति एवं दर्शन का बड़ा गंभीर अध्ययन है। बड़ी प्रसन्नता हुई इस बार मिल कर। एक प्रेरणा मिलती है।

कालपी

२९ सितम्बर : दोपहर को १ बजे परिपूर्णानंदजी वर्मा, बुधमलजी शामसुखा के साथ कालपी गया। वहाँ मीटिंग में बोला। महारानी लक्ष्मीबाई जहाँ ठहरी थी, उस स्थान पर थोड़ी देर रहा। मन में कितनी बातें आ गयी। कितनी असहाय अवस्था हुई होगी, पर रानी ने साहस नहीं छोड़ा। चाहती तो सब पा सकती थी। कालपी पुराना शहर है, वेदव्यासजी का जन्मस्थान। पता नहीं, बुंदेलखंड की भूमि में कैसा रस है, जिससे साहित्य, दर्शन और शौर्य निखरता है।

बम्बई

१९ अक्तूबर : सुबह ४.३० बजे अस्पताल से एस० एन० टी० का फोन आया। भाईजी की तबीयत खराब है। मन में चिंता तो हो गयी थी, पर आशा नहीं थी कि अस्पताल जाते ही शरीर शांत मिलेगा। बहुत रोया। ६० वर्ष हम दोनों साथ रहे। उनकी उम्र ६२ वर्ष ८ महीने की थी। इन दिनों में उनका स्वभाव भी कितना अच्छा हो गया था। सबकी खोज-खबर लेते थे। राजू को कल बुलाने का तय किया था, पर कौन जानता था कि एक दिन में ऐसा हो जायेगा। कैंसर की बीमारी थी। प्रायः एक-डेढ़ वर्ष से पता नहीं चल रहा था। ७.३० बजे घर ले आए। ११ बजे अर्थी ले गए। भाभी का बुरा हाल था, रोते-रोते बेहोश-सी हो रही थी। मुझे लगता है, मैं भी अब शायद ज्यादा वर्ष जिंदा नहीं रह पाऊँगा। पैरों में दर्द रहता है, ब्लड प्रेशर है, चिंता छूटती नहीं। श्मशान भूमि कार से गया। बहुत लोग आए थे।

२० अक्तूबर : सारे दिन चिंता, लोग मिलने वाले आ रहे हैं। मन खराब हो रहा है। सोचता हूँ, जीवन कितना क्षणिक है। क्या पता कब चला जाये! बिरजू वगैरह सब आ रहे हैं। राजू को भी आने को कहा है।

२१ अक्तूबर : दिन में आगे के लिए क्या करना है, इस बात को सोचता रहा। मिल की हालत खराब है। ऐसा लगता है, कभी भी कंपलसरी क्लोजिंग हो सकती है। एस० एन० टी० काफी चिंतित है। मदन ने पहले की सारी बातें बतायीं, काफी चिंताजनक थीं। नन्दू, शारदा, बेला ११.३० बजे आ गए। काफी उदास थे। मुरझाए-से खड़े थे।

नयी दिल्ली

१० नवम्बर : ललितनारायणजी मिश्र से बात हुई। शायद म्योर मिल दे देंगे। श्री दिनेशसिंह से बात हुई। उनका भी रुख ठीक है। लेख 'अग्नि परीक्षा' पर लिखा, 'नवभारत टाइम्स' में देकर आया, और भी तीन जगह भेजा। रात में कई बार रोना आ गया, भाईजी की याद बनी रहती है। मन कैसा ही हो जाता है।

जयपुर

११ नवम्बर : यहाँ बहुत से लोगों से मिला। चुनावों की तैयारियाँ हो रही हैं। मुरली देवड़ा के आने की बात है। मेरा मन नहीं है। साँवरमलजी फतहपुर से आए। दूसरे लोग भी आए। एक बार सरदारशहर जाने का विचार हुआ। परंतु जी में सोचा कि वहाँ नौकर के बिना नहीं जाना चाहिए। अब पहले जैसा मेरा स्वास्थ्य नहीं रहता।

१९७३

बम्बई

१६ जनवरी : कलकत्ता में सब राजी हैं। बंबई में मेरा मन लग गया है। यहाँ आने के बाद १५ दिनों में ३ लेख तैयार किए – 'ज़ेबुन्निसा का प्यार', 'पाँचवीं योजना' और 'बढ़ती कीमतें'– कलकत्ता भेज दिए।

२० जनवरी : मुरारजी भाई से मिला। दिन में जी० डी० बिड़ला का फोन आया, वे कल यहाँ आ गए। उन्हें २३ को दिल्ली जाने का कह दिया। परंतु फिर सोचा कि मुझे तो अभी १०-१२ दिन यहाँ रहना चाहिए। अभाव-ग्रस्त गरीबों की बस्ती है, क्लब के नाम पर कुछ जुआघर थे, वेश्याएँ भी थीं। तरह-तरह के विचार आए। गरीबी अभिशाप है। इस समस्या को सुलझाना संभव नहीं है। पुराने जमाने से कोशिश होती रही है। क्या है? क्यों आती है? मैं भी अभावग्रस्त था। आज मेरे पास बहुत है, फिर भी अभाव है। रुपयों की टान है। चिंता रहती है। मन भटकता है।

नयी दिल्ली

२६ जनवरी : सुबह याद ही नहीं रहा कि आज मेरा जन्म-दिन है। दिन गुजरते हैं, आयु भी। कितना बीता, कैसा बीता, आदमी जानता है, पर कितना बीतेगा, कैसा रहेगा, नहीं जानता। शायद जानने की सच्ची चाह भी नहीं रखता। रवि बाबू की – 'कि पाइनी तार हिसाब मिलाते मन मोर नहे राजी' की पंक्तियाँ याद आती हैं। पैरों में दर्द है। जी० डी० बिड़ला से, रतनलालजी जोशी से बात की। आज झूठ नहीं बोला।

बड़ौदा

१८ फरवरी : घूमने निकला। ताप्ती नदी का पुल पार किया। मन को शांति मिलती है। समुद्र के किनारे घूमता रहा। इतिहास में सूरत प्रसिद्ध रहा है। व्यापार, रफ्तानी का बड़ा काम होता था। अब तो बंबई बड़ा है। पुराना किला देखा। बताया, १५४० ई० में बना था। साधारण-सा लगा। शिवाजी सूरत आये थे। मराठों के इतिहास की घटनाएँ मन में आने लगीं। गरमी काफी पड़ रही थी। थकावट भी काफी आ गयी।

बस से शहर वापस आ गया। बहुत ही गंदा-सा शहर लगा। २.३० बजे ट्रेन से बड़ौदा चला आया। चार घंटे पैदल और बस में शहर घूमता रहा। बहुत अच्छा व्यापारिक शहर है। काफी बड़े-बड़े मकान वगैरह हैं। कल-कारखानें भी हैं। शहर बढ़ रहा है। रात में स्टेशन के रेस्तराँ में खाना खाया। वृन्दावनलाल वर्मा की 'महादजी सिंधिया' पढ़ता रहा। आज दिन में दो शहर देखे। परंतु इस प्रकार भागदौड़ में शहर देखने का कुछ अर्थ नहीं।

किशनगढ़

२२ फरवरी : पुराना किशनगढ़ गया। ३००-४०० वर्ष पहले का शहर है, टूटा-फूटा, उजड़ा हुआ-सा। भागीरथजी तन और मन से स्वस्थ हैं। उनकी पत्नी के चेहरे पर भी संतोष और सुख है। कल एक फैय्याज अली नाम के चित्रकार के घर गया। बहुत अच्छा वातावरण था। कृष्ण का और नागरीदासजी का भक्त था। कई चित्र बना रखे थे। बोला, बेचूँगा नहीं, चाहे कितनी ही तकलीफ पाऊँ। लड़के-लड़की सब संस्कृत पढ़ते हैं। अच्छा लगा। किशनगढ़ में और तो सब ठीक है, पर खाना ज्यादा हो जाता है। मिल ९ लाख रुपया महीना कमा रही है। सार्वजनिक कार्यों में काफी बड़ा हिस्सा ये लोग लेते हैं – खर्च और दान भी करते हैं। आज सुबह बहुत से लोग कलकत्ता से आये। जे० पी० भी आये। स्टेशन पर बड़ी भीड़ थी। जे० पी० ने रुपये वाली बात के लिए धन्यवाद दिया। कुछ सेवा मुझसे बन जाती है, कोई खास बात नहीं। मैं तो कुछ भी नहीं कर पाता हूँ।

नयी दिल्ली

२४ फरवरी : दिन में पार्लियामेंट गया। रतनलालजी जोशी के घर तौलिये दे आया। रात में लालबहादुर शास्त्रीजी के लड़के के विवाह में गया। जान-पहचान के बहुत लोग मिले। परंतु आज शास्त्रीजी जिंदा होते, तो बात ही दूसरी होती।

वाराणसी

१६ मई : उपवास किया। सारे दिन फल और मट्ठा लिया। चित वैसे खुश है, डाक्टर से ब्लड प्रेशर जँचवाया। १८६/११७ है। चिंता-सी हुई। बनारस वैसे अच्छी नगरी है, चीजें अपेक्षाकृत सस्ती हैं। शाम को सीतारामजी चतुर्वेदी के और 'आज' गया। रात में विश्वनाथ मुखर्जी के गया। डॉ० गंगाप्रसाद पांडे के गया। उन्होंने सवा महीना-डेढ़ महीना जम कर इलाज कराने को कहा। दिन में घर पर ही था।

बाजोरियाजी का लड़का आया था। कानपुर शूगर से इस्तीफा देने को कहा है। मुझे मन में काफी दुख हुआ। जिनके लिये इतना किया, वे ही इस प्रकार के हो गये हैं।

नासिक

१३ जून : मौसम बहुत अच्छा है। गोदावरी के किनारे दो मील घूमा। बहुत से पुराने मंदिर देखे। स्मृतियाँ जुड़ी हैं। गोदावरी में स्नान कर चित्त प्रसन्न हो गया। लगा, सारा अवसाद मिट गया। इसे दक्षिण की गंगा कहते हैं। ९.३० बजे दो गुजराती सज्जन और नरनारायणजी आये। उनके साथ कार से गुफाएँ और मन्दिर देखने निकल गया। अच्छा समय बीता। श्री राम जहाँ ठहरे थे, बहुत रमणीक जगह है। लगता है, स्थान-विशेष का प्रभाव मन पर पड़ता है। त्रयंबकेश्वर में पहाड़ पर गोदावरी का उत्स देखा। काफी खड़ी चढ़ाई है। ऊपर से दृश्य सुंदर है। कई छोटी-बड़ी गुफाएँ हैं, एक गुफा में मंदिर भी है। गुरु गोरखनाथ का बताते हैं। जगह अच्छी है, पर उपेक्षित। रास्ते में गाँव वालों ने सूखी मछलियों के ढेर लगाये थे। बड़ी बदबू थी। इन्हें कहीं और हटाया जाना चाहिए। यात्रियों को असुविधा होती है।

नयी दिल्ली

२४ जुलाई : वहाँ से आकर एस० एन० मिश्रा, गंगाबाबू, सी० डी० पांडे, दिग्विजय बाबू, सबसे मिला, चीजें देकर आया। ११ बजे रतनलालजी जोशी, वहाँ से 'कादंबिनी', राजेंद्र अवस्थी मिले नहीं। १२ बजे पार्लियामेंट आया, ५ बजे तक था। दिल्ली में ऐसा लगा, इंदिराजी का ग्लैमर फीका पड़ रहा है। शाम को सत्येन्द्रनारायण सिन्हा, बिहार कांग्रेस (ओ) के नेता से बातचीत की। ६ बजे कई मित्रों के साथ सी० बी० गुप्ताजी से मिलने अस्पताल गया। वे बीमार हैं। हार्ट का इलाज चल रहा है। मृत्युंजय बाबू के दामाद भी बीमार हैं। घर आया, गंगाबाबू, त्यागीजी, टी० एन० सिंह, रतनलालजी जोशी वगैरह खाने पर आये। मेरा मन राज्यसभा में जाने के लिये कुछ हो रहा है।

बंबई

२३ अगस्त : स्वामीजी के पास अधिकांश समय चला जाता हूँ। मुझ पर एक धुन-सी सवार हो जाती है, यह भी एक कमजोरी है। स्वामीजी कैसे हैं, क्या करामात है, यह तो मालूम नहीं, परंतु जे० पी० उनसे प्रभावित जान पड़ते हैं। उनके ९ बड़े सवालों का ठीक जवाब दिया। मुझे लगा, बात ज्यादा करते हैं। मुझे कहते हैं, तुम्हें संसद का सदस्य बनायेंगे। इंदिराजी से फोन पर बात हुई है। जी० डी० बिड़ला के रात में गया, वे खाने पर बैठे थे, मुझे भी बैठा लिया।

नयी दिल्ली

१९ अक्तूबर : गंगाबाबू के पास दो घंटे था। वे काफी दुखी हैं। कर्जा है, उसका व्याज लगता है। भले हैं, विद्वान हैं। कभी रुपया बनाने पर उन्होंने ध्यान नहीं दिया। सारा जीवन देश और समाज पर खपा दिया। मैं चाहता हूँ, पर कर नहीं सकता, होता ही नहीं। हरियाणा स्टील की मीटिंग में गया। बहुत अच्छी चल रही है। १० प्रतिशत डिविडेंड देंगे। १०० रु. की किताबें खरीदीं, जे० पी० के लिये। गंगाबाबू को स्टेशन पर दे आया।

नयी दिल्ली

२५ अक्तूबर : दीपावली पर यहीं रह गया। लिखने में मन लग गया है। घर वालों और मित्रों से दूर हूँ। फाटके में २५ हजार का घाटा है। क्यों करता हूँ? छोड़ दिया था, मगर फिर करने लगा। शिवानी की 'चौदह फेरे' और नागर का 'मानस का हंस' पढ़ रहा हूँ। शिवानी ने बहुत अच्छा लिखा है। ३ बजे स्वामीजी के पास गया, ५.४५ बजे तक था। यशपाल कपूर के यहाँ किताबें देकर आया। कपूर नहीं थे, उनकी पत्नी थी।

१९७४

बम्बई

१ जनवरी : बंबई अस्पताल। आज वर्ष का नया दिन है, परंतु मेरे लिए तो चारों तरफ अँधेरा। पिछले हफ्ते बहुत बुरे सपने आये थे। और वैसे सपने सही होते हैं, तो व्यक्ति की मृत्यु होती है। भगवान ही जानें। बंबई आकर मैंने अच्छी जान-पहचान बढ़ा ली है। प्रभु की कृपा है, परंतु पैर की हड्डी टूटने से एक रकम अपंग हो गया।

४ जनवरी : जब दूसरों के यहाँ ऐसी मृत्यु की बात सुनता हूँ तो उनको समझाने का प्रयत्न करता हूँ। अपने पर आती है, तब समझ नहीं आती, क्या करूँ। बिड़लाजी मिलने जब आते हैं, तो एक बार सब भूल जाता हूँ। फिर अकेले में रोने लगता हूँ। बसंती कितनी निरीह, कितनी भोली है। कलकत्ता से जब आया, बच्चियाँ चहकती रहती थीं, आज कैसी हो गयी होंगी। डॉक्टर ने कहा है, १४ को कलकत्ता भेज देंगे।

५ जनवरी : मदन, सत्यनारायण से सलाह की। पुष्प के कारबार को कैसे सम्हालना होगा? शायद ५-७ लाख की दरकार पड़े। सीताराम मिल में फाइनेंस की तकलीफ जनवरी में आने वाली है। परमा और भाभी को देख कर रोना आ गया। मनुष्य मरता तो है ही। मैं भी एक दिन मर जाऊँगा। फिर शोक क्यों होता है? संसार का नियम है। ज्यादा चिंता पुष्प के कारबार की तथा उषा के विवाह की है। वह बहुत समझदार लड़की है। आज मारवाड़ी समाज में बिना बहुत-सा रुपया दिये, कोई शादी-विवाह नहीं करता। वह घूँघट-पर्दा हटा, अशिक्षा दूर हुई। परन्तु यह कैसा पर्दा पड़ा, कैसी शिक्षा आ गयी?

१३ जनवरी : आज पार्लियामेंट का चुनाव है। शायद कांग्रेस जीत जायेगी। यह जीत जबर्दस्ती की है। देश कराह रहा है, कब तक ऐसे चलेगा? किताबें पढ़ने में मन नहीं लगता। गीता में भी एकाग्र नहीं हो पाता।

कलकत्ता

२६ जनवरी : आज मेरा जन्म दिन है। परंतु मन में एकदम उदासी है। बहुत किया, लोग इसे पुरुषार्थ कहते हैं। मगर कमाई वह है, जो गँवाई न जा सके।

बम्बई

१३ मई : बंबई में मन लग गया है। बच्चों को घूमाने ले जाता हूँ। लोगों से मिलना-जुलना होता है। हैंगिंग गार्डन जाता हूँ। ३.३० बजे आचार्य रजनीश के गया। किताब ली। इनका भी अपना दृष्टिकोण है। मन की शुद्धि के लिए प्रयास के अपने-अपने ढंग होते हैं। शांति जिससे मिले, वही ठीक जँच जाता है। श्री कांति देसाई के गया। फिर ब्लिट्ज वालों के साथ घर आया। रात में मुरारजी भाई की जीवनी पढ़ता रहा।

पूना-महाबलेश्वर

२० मई : रात खूब अच्छी नींद आयी। मुन्ना के साथ खेला। राजेंद्र बाबू की आत्मकथा पढ़ी। अच्छी है। न ऐसी बातें होंगी, न ऐसे लोग मिलेंगे। अब समय बदल गया है, विचार-व्यवहार भी। करीब ९ बजे पूना से चला। ७५ मील पर महाबलेश्वर है। जाने का मन था। रास्ते में पंचगनी है, पर आगे बढ़ कर एक बजे महाबलेश्वर पूगा। गुजराती होटल में खाना खाया। बहुत ही अच्छा था। ७ रु. प्रति व्यक्ति लगे। ३ बजे तक कई होटलों में जगह देखी। नहीं मिली। घटिया कमरे १०० रु., १२५ रु. रोज के। रात में खाना नहीं खाया, बसंती को खिलाने ले गया। यहाँ का मौसम बहुत अच्छा है। होटल अच्छा मिल गया। ७५ रु. रोज का है। नये चादर हैं।

नयी दिल्ली

१५ अगस्त : महावीर त्यागीजी से मिला। १०० किताबें दीं। बहुत खुश हुए। सुबह कृष्णकांतजी के गया था। १०० किताबें उन्हें दी थीं। किताबें अच्छी आयी थीं। सुबह जगजीवनरामजी के यहाँ गया। उन्हें भी तौलिए और किताबें दे आया। कुछ बातचीत भी हुई। मन को दबाए हैं, ऐसा लगता है। इन लोगों का दबा रहना देश के लिए ठीक नहीं है। आदमी को कुछ न जँचे और कर न सके तो साथ छोड़ दे। मगर ऐसा होता नहीं, मैं भी नहीं कर पाता।

१९७५

बंबई

१ जनवरी : आज वर्ष का पहला दिन है। चिंता, फिकर, रात में बुरे सपने। जी० डी० बिड़ला की किताब 'कुछ देखा, कुछ सुना' पढ़ी। अच्छी है, बहुत अच्छी। हिंदी ग्रंथ रत्नाकर में गया, अपनी किताबें दे आया, उनकी लेता आया।

बम्बई

२१ मार्च : दिल्ली शनिवार को जाने का तय रखा। दिन में 'हरदौल' की कहानी लिखनी शुरू की। शाम को हनुमान प्रसादजी पोद्दार की स्मृति-सभा में गया। भाईजी ने असाधारण कार्य किया। गीता प्रेस का अब इतना काम शायद नहीं हो पाए। कौन इतनी लगन रखता है? दिल्ली से विष्णुहरि डालमिया आए थे। गोरखपुर में एक कैंसर अस्पताल बनाने की योजना है। अच्छा काम है। मेरे मन में भी ऐसा काम करने की इच्छा होती है।

राजगिर-पटना

१० जुलाई : मुन्ना के साथ मन लग जाता है। कल बुद्ध मंदिर देखने गये। मुन्ना पहाड़ पर चढ़ रहा था। कैसा-सा डर लगा। भगवान को याद करने लगा। राजगीर, नालन्दा के पुराने खंडहर देखने गये। पहले भी देखा था। जब भी देखा, यही प्रश्न आया, इस्लाम के नाम पर मुसलमानों ने चारों तरफ बरबादी की आँधी क्यों उड़ायी। यूरोप में भी यही देखा। मैंने जब भी इन लोगों से पूछा, वे कतराते रहे। इन लोगों के विचित्र संस्कार हैं। बहुत वर्षों बाद नालंदा आया हूँ। राजगिर तो ५ वर्ष पहले आया था। पावापुरी पहली बार आया। बहुत सफाई है, इन्तजाम भी अच्छा। मंदिर के चारों ओर कमल-सरोवर बहुत सुंदर लगा। पटना पहुँच कर खाना खाया। कार से घूमने में सुविधा रही। गंगा बाबू के घर गया। कल की शादी है। गरीबी का-सा वातावरण है। गंगा बाबू चाहते तो सम्पन्न बन सकते थे, मगर उन्होंने जीवन खपा दिया देश के लिए। मैं चाहता ही रह गया। पाकर भी न कुछ पाया, कुछ कर भी न सका। २५० रु. विवाह के लिये कह कर देने लगा, लिये नहीं।

सरदारशहर

३ सितम्बर : वाइफ की ४५ वर्ष पहले की फोटो मिली। बीते दिन सामने आ गये। मेहनत करता था, आगे बढ़ता, कभी पीछे हटता। इतनी परेशानी नहीं थी। दिन में थोड़ी देर सोया। कल मंगलवार का व्रत नहीं कर पाया, आज दूध लिया, फल खाया। यहाँ दिल्ली से जो सरकारी आदमी जाँच के लिये आया, वह शाम को असफल होकर चला गया। अच्छा व्यक्ति था। लोगों से मिलता-जुलता रहा। धर्मशाला, मंदिर गया। सरदारशहर बहुत दिनों बाद आया हूँ। लोग मिलते हैं। बहुत से बूढ़े-से हो गये, बदले हुए चेहरे के लगते हैं।

कलकत्ता-जसीडीह

६ अक्तूबर : शारदा, बेला, अशोक दिल्ली चले गये। घर सूना हो गया। मैं वाइफ के साथ ट्रेन से जसीडीह रवाना हुआ। रात में २.३० बजे कुछ बदमाश कंपार्टमेंट में घुसे। उनके पास छूरे थे। मगर काफी हिम्मत से हम लोग जूझे। सामान कुछ नहीं गया, परंतु चोट लगी है।

१९७६

१ जनवरी : सुबह ९ बजे कार से ऋषिकेश के लिए चले। जी० डी०, बी० के० सपत्नीक और उनकी पुत्री मंजुश्री और दामाद। बहुत विशाल जगह है, गंगा के तट पर हम ठहरे। राजसी ठाठ है। जी० डी० से बहुत बातें होती रहीं। शाम को स्वर्गाश्रम गये। मेरे मन में आता है, रिटायर होकर ऐसी जगह रहूँ। यहां सर्दी ज्यादा लगती है।

आबू

१८ जून : सुबह मिनी बस से घूमने निकला। ३४ दर्शनीय स्थान देखे। पहले भी आ चुका हूँ। ऐतिहासिक दृष्टि से काफी महत्त्वपूर्ण रहा है। जलवायु और प्राकृतिक दृश्य के लिए अच्छी जगह है। अब सरकार भी ध्यान दे रही है। कुछ किताबें लीं। आबू पर बहुत कम लिखा गया है। जैनियों के तीर्थ होने के कारण लोग इसे कुछ जानने लगे, पर पुराण काल से इस स्थान का महत्व रहा है। इतिहास की कड़ियाँ टूटी-बिखरी हैं। इन्हें जोड़ने का काम होना चाहिए। मेरी इच्छा होती है, पर इतनी जानकारी नहीं और अब तो बहुत देर हो गयी।

बम्बई

९ अक्टूबर : राजू ने भाभी से मिल के बारे में बात की। उनका पूरा मन बेच देने का है। तबीयत बहुत सुस्त है।

११ अक्टूबर : सुबह ८ बजे बंबई अस्पताल में भरती हो गया। डॉक्टर लोग आये। खून वगैरह मिलाया। मन में थोड़ी उदासी-सी हुई। बहुत दिनों से बीमार था। कुछ ठीक हो जाऊँगा। रात में नींद की दवा दे दी गयी।

१२ अक्टूबर : आज दूसरा दिन है। कमजोरी काफी है। लोग मिलने आ रहे हैं। यहां आना ठीक हुआ। इलाज हो जायगा। सरदारशहर में इलाज गड़बड़ हो गया था।

१३ अक्टूबर : ५ घंटे तक ऊपर का खून दिया। २ नवंबर को कानपुर का टिकट

कराया, भूख एकदम कम लगती है। शाम को थोड़ी देर मैदान गया। एस० एन० टी० दिल्ली से आया। बी० एल० टी० यहीं है। मिल लेने की बात कर रहे हैं।

२१ अक्टूबर : आज दीपावली है। मन में काफी चिंतित हूँ। बंबई में मन नहीं लग रहा है। कपड़े का बाजार मंदा है। ऐसा लगता है कि शरीर थकता जा रहा है। चक्कर आते हैं। किसी तरह यहाँ से चला जाऊँ।

१४ नवम्बर : आज किडनी का आपरेशन हुआ, मुझे बेहोश करके। २-३ दिनों में पता चलेगा कि कितनी खराबी है। वजन ४ किलो घटा है। मन में खास उदासी नहीं।

१९७७

बम्बई

१ जनवरी : आज नया दिन है परंतु मेरे लिए तो संकटमय। किडनी दोनों खराब। वजन एक वर्ष में दस किलो घट गया। शरीर थक कर कैसा ही हो गया। पिछले वर्ष मैंने बहुत गलतियाँ की, उनका फल भोग रहा हूँ। अगर पहले चेत पाता, तो किडनी की तकलीफ नहीं होती। अब तो जीवन भार-स्वरूप हो गया है। अस्पताल में भर्ती होऊँगा।

१९ जनवरी : काशी जाकर अंतिम समय में रहने का मन होता है। अगर किडनी के लिए कोई खास व्यवस्था नहीं करनी है, तो ठीक है नहीं तो वहाँ डायलेसिस का पता चलायेंगे। डायलेसिस से न जाने क्यों डरता हूँ। परंतु आज जो हालत है, वह भी चल नहीं पायेगी। न भूख है, न रुचि और न शान्ति है।

२० जनवरी : राजू के साथ सुबह मैदान गया। वापिस आकर एस० पी० जैन के गया। थकावट काफी है। चेहरे पर और पैरों में सूजन आ जाती है। छः पत्र लिखे। शारदा, बेला रात में ११ बजे कलकत्ता से आ गयी। मन में खुशी-सी हुई। रात में रोज टी० वी० देखता हूँ। समय कट जाता है, मन भी बहलता है। दो किताबें डॉक्टर को भेजीं।

२६ जनवरी : आज ६७ वर्ष पूरे हो गए। एक प्रकार लम्बा समय हो गया। जो कुछ किया, उनमें से कुछ बातों को छोड़ कर मन में संतोष है। १० वर्ष पार्लियामेंट में रहा। कानपुर का मेयर भी बना। बी० आई० सी० का मैनेजिंग डायरेक्टर रहा। जितनी सेवा बनी, करता रहा । सार्वजनिक संस्थाओं में भी रह कर काम किया। गरीबी से उठ कर संपन्न बना। बच्चे भी इज्जत करते हैं। लड़की में यद्यपि दुख पड़ गया, परंतु सम्पन्न हो गयी। आज वह लगभग करोड़पति है। नन्दू, शारदा दोनों का स्वभाव अच्छा है। बेला को अच्छा सम्बन्ध मिल गया। एक पोता, अशोक, वह पढ़ने में काफी होशियार है। भाई लोग सब मजे में हैं। भरा-पूरा परिवार है। अब मैं चला जाऊँ तो मन में फिकर नहीं।

१४ फरवरी : कल गरिष्ठ खा लिया था, नुकसान कर गया। सावधानी बरतनी चाहिए। त्रिफला ले लिया था, पेट दुखता था। सारे दिन राह देखता रहा, आज डायलेसिस नहीं हुआ। मशीनें कम हैं, बीमार ज्यादा। खाली मिलती नहीं। मन में चिंता-सी हुई। रात में नींद के लिए दवा ली। पाँच प्रतियाँ 'इतिहास के निर्झर' की बनारस से आयी हैं। पुरुषोत्तमजी मोदी ने अच्छी छापी, बहुत स्नेह रखते हैं। तबीयत सुधार पर है। परंतु एक हाथ में सूजन है। भूख खुलने लगी है। शायद पाँच-चार दिन में घर जाऊँगा। राजू-रमा रोज आते हैं। देखता हूँ, शायद डायलेसिस पर पाँच-चार वर्ष निकल जायें। ५००० रु. महीने का खर्च सिर्फ डायलेसिस पर है।

कलकत्ता

२१ मार्च : आज डायलेसिस नहीं है, परन्तु शरीर पर बुरे खून का असर मालूम देता है। कल सारी रात रेडियो सुनता रहा, आज दिन में सोया। पचीस-तीस पत्र लिखाये। मुरारजी भाई से बम्बई में नहीं मिल सका, इसका खेद रहा। ग्यारह वर्षों से इन्दिराजी शासन कर रही थी, वह अचानक खत्म हो गया। ऐसी हार की आशा नहीं थी, परन्तु जनमत का रुख कब क्या हो जाय? फ्रांस, रूस और चीन में यही हुआ। इंग्लैण्ड में भी। मीसा और संजय हार के कारण है, ऐसी मेरी धारणा है। नसबंदी ने मुसलमानों का वोट कांग्रेस के विरुद्ध कर दिया, यह हार का एक और जोरदार कारण बना।

२३ मार्च : चुनावों में जनता पार्टी आ गयी। उत्तर प्रदेश, बिहार, हरियाणा, पंजाब से एक भी कांग्रेसी नहीं आया। राजस्थान में एक आया। सुखाड़ियाजी ने गवर्नरशिप से इस्तीफा दे दिया। मेरी तबियत आज ठीक है। आठ-दस पत्र लिखवाये।

२५ मार्च : दिन में 'मेरा संघर्ष' पढ़ता रहा। शायद अच्छी किताब होगी। मशीन पर मुझे बहुत तकलीफ होती है। परन्तु कोई उपाय नहीं। अखबार पढ़े, दिल्ली की खबरें अच्छी हैं। शायद जगजीवन बाबू कैबिनेट में आ जायें। दो-तीन दिनों में मंत्री-मंडल बन जायेगा। कुछ राज्यों में कांग्रेसी रहेंगे, पर लोकसभा जनता की। नयी बात है, मेल से रहें तो देश का भला हो सकता है।

२६ मार्च : मुरारजी भाई प्रधानमंत्री तो बने, पर इसके पीछे जो खींचतान चली, वह लक्षण शुभ नहीं। शायद भगवान आगे चल कर सभी को सुबुद्धि दें।

१ अप्रैल : डायरी लिखने में देर हो गयी। कल डायलेसिस लिया था। जोर से सर्दी शुरू में लगती है, मन कैसा ही हो जाता है। सारी उम्र का फंदा हो गया । शायद एक-डेढ़ वर्ष और ज्यादा से ज्यादा। शरीर थकता जा रहा है, चल फिर नहीं सकता।

१५ अप्रैल : डायरी में क्या लिखूँ, समझ में नहीं आता। तन-मन दोनों खराब। मृत्यु

चाहता हूँ। मुझे चिन्ता नहीं। बच्चे अच्छे हैं, भले हैं।

१७ अप्रैल : घर में कन्हैयालालजी दूगड़ का प्रवचन हुआ। अच्छा रहा। हमने तो सवा लाख रुपये गांधी विद्या मंदिर को चन्दा में दिये। सुबह मैदान गया था, दिन में घर पर था। खराब सपने आते रहते हैं। रात में जुलाब और नींद, दोनों की गोलियां लेता हूँ।

१८ अप्रैल : अखबार पढ़ा। सोता रहा। मन में नाना प्रकार के खराब विचार आते हैं। मृत्यु का अब मुझे डर नहीं है। भागीरथजी के घर गया, एक घंटे था।

१९ अप्रैल : मन स्थिर रहता नहीं। सारा जीवन भाग-दौड़ में खपा दिया। बाहर ही देखा, अन्दर की पुकार सुन कर भी अनसुनी करता रहा। आज तन जर्जर है, मन अस्थिर। उस पर काबू नहीं। लोग आते हैं, आशा बंधाते हैं। मैं मुस्कुरा देता हूँ। जानता हूँ, भगवान से तन पाया, मन पाया। परंतु आज दोनों को खोये बैठा हूँ।

२० अप्रैल : भाई लोग आते हैं, दोस्त भी। कारबार की, राजनीति की चर्चा में रुचि रही नहीं। फिर भी मोह से छुटकारा नहीं मिलता। कल रात जागता रहा, भगवान से यही माँगता रहा कि शरीर की पीड़ा से मुक्त करें।

२१ अप्रैल : अब डायरी लिखी नहीं जाती। आँखों के आगे धुँधला छा जाता है। शायद अब अधिक कष्ट नहीं भोगना पड़े। जिस धन को कमाया, वह आज प्राण निकलने में बाधा पहुँचाता है। नसों में नली, सुई से खून चढ़ाना, यह सब जबरदस्ती प्राण को रोकने की कोशिश है। इससे शरीर को कष्ट होता है। गरीब को यह सुविधा कहाँ? इसलिए वह थोड़ी तकलीफ सह कर छुटकारा पा जाता है।

बम्बई

९ मई : डायलेसिस पर १० से ४ बजे तक। शरीर पर जो बीतता है, वह अलग। मन में काफी तकलीफ होती है। उम्र भर का रोग लग गया। इस जीवन से छुटकारा मिल जाये तो अच्छा। मनुष्य आखिर काम करने के लिये जिन्दा रहता है। जब काम ही नहीं कर सकता तो, उसकी क्या जरूरत? घर वालों पर १०,००० रु. महीना खर्च डालने से क्या फायदा? मेरे पर तो भगवान की कृपा है, परन्तु दूसरे गरीब तो मर जाते हैं...

❑❑

कृतज्ञता का अभाव

–कृष्णचन्द्र अग्रवाल

मेरे मित्र स्वर्गीय श्री रामेश्वर टांटिया की नवप्रकाशित पुस्तक ''मेरा बचपन : मेरा गाँव, मेरा संघर्ष : मेरा कोलकाता'' नववर्ष की छुट्टियों में पढ़ डाला। इस पुस्तक के कुछ अंश ''विश्वामित्र'' में प्रकाशित हो चुके हैं, फिर भी पुरानी बातों को पढ़ने, देखने, सुनने और कहने का पुराना शौक होने के कारण पुस्तक समाप्त करके ही उठा। यह एक कर्मवीर पुरुष के संघर्ष की सत्य कथा है जो राजस्थान से चौदह वर्ष की आयु में ही सैकड़ों मील दूर असम के बीहड़ क्षेत्र और कोलाहलपूर्ण अपरिचित कलकत्ता महानगरी में अन्य राजस्थानियों की तरह ही रोटी-रोजी की तलाश में निकला था। पूरा जीवन चरित्र बिना किसी दिखावा या शानशौकत, सत्यता के साथ प्रस्तुत किया गया है और वर्णन इतना मार्मिक एवं हृदयग्राही है कि पाठक उस युग में अपने को पाता है। असम एवं कलकत्ता का प्रथम महायुद्ध से द्वितीय युद्ध के बीच चित्र चलचित्र की तरह दिलोदिमाग में प्रवेश कर जाता है और नयी पीढ़ी को सीखने, पढ़ने को बहुत कुछ सामग्री है। शुरुआत राजस्थान के प्रसिद्ध सरदारशहर यात्री रहा और ऐसा लगा पढ़ते हुए कि सरदारशहर में बैठा हुआ हूँ। रतनगढ़ स्टेशन के बाहर हलवाई एवं चार्य की दुकान मेरी लम्बी मोटर यात्राओं में बराबर प्रिय ठिकाने रहे तो चुरू ने मुझे आकर्षित किया। इसलिए पुस्तक पढ़ने में अधिक आनन्द आता है अपने परिचित स्थलों को स्मरण कर।

एक बात विशेष उल्लेखनीय रही लेखक टांटिया जी के स्वभाव में और जिसकी मैं सदैव प्रशंसा करता रहा कि वे बिना लागलपेट के अपनी कमजोरी या दीनता को प्रगट करते थे। उसे छिपाने या अपने को दूसरे रूप से प्रगट करने

की कभी झूठी आदतों का सहारा नहीं लिया। एक बार मैं कड़ाके की ठंड में दिल्ली से कानपुर तड़के सबेरे एयरकंडीशन डिब्बे से बाहर निकला तो बगल के सेकेंड क्लास के डिब्बे से बाहर निकला तो बगल के सेकेंड क्लास के डिब्बे से एक लम्बे चौड़े देहाती को कम्बल में ढंका, सिर पर छोटा सा बिस्तर एवं बगल में टीन का बक्सा उठाये चलते देखा तो ऐसा लगा कि उसे पहचानता हूँ। कदम बढ़ाकर उसका मफलर में ढँका मुँह देखा तो रामेश्वर जी थे। वे उस समय उत्तर भारत के सबसे बड़े औद्योगिक समूह ब्रिटिश इंडिया कॉरपोरेशन के चैयरमैन थे और एयरकंडीशन क्या विशेष हवाई जहाज से यात्रा कर सकते थे किन्तु सेकेंड क्लास में आये और बाहर निकल कर रिक्शा खोजने लगे जब कि उनकी अपनी कई मोटरें थीं। मुझसे कहा, ''बेकार ठंड में ड्राइवर या स्टाफ को कष्ट देने से क्या लाभ?''

टांटिया जी ने पुस्तक में स्पष्ट रूप से स्वीकार किया कि किस प्रकार बिड़ला ब्रदर्स में, सूरजमल नागरमल फर्म में, डेडराज भरतिया के यहाँ उन्होंने थोड़े से रुपयों में जीवन आरम्भ किया। आज तो कृतज्ञता प्रगट करने में संकोच होता है कि अब बड़ा आदमी हो गया हूँ, क्यों पुरानी छोटी बातें की जाये किन्तु जो मनुष्य जीवन में दूसरों के प्रति कृतज्ञता प्रगट करता है, वह महान होता है। पुस्तक में आदि से अन्त तक टांटिया जी दूसरों के प्रति, अपने आत्मीय स्वजनों के प्रति कृतज्ञ रहे।

प्रकाशक : विश्वविद्यालय प्रकाशन
चौक वाराणसी
मूल्य : 50/-

नामानुक्रमणिका

नामानुक्रमणिका

अ

आ

इ

क

ज

ट

ठ

ड

त

थ

द

न

य

र

ल

व

श

स

ह